高职高专汽车类专业技能型教育教材

汽车电子控制技术

主　编　张建才
副主编　陈　丽　刘　英　张建臻
参　编　张　博　杨强强　王岩松　魏　理
主　审　杨志平

机械工业出版社

本书在 2013 年出版的《汽车电子控制技术》基础上，结合多年来使用本书教师的反馈、作者在教学过程中不断积累的经验，以及汽车新技术的发展编写而成。本书主要介绍了汽车电子控制系统的控制原理与组成、部件结构与工作原理以及故障的诊断与维修等内容，包括汽车电子控制技术概述、汽油机电控燃油喷射系统、汽油机电控点火系统、汽油机辅助控制系统、柴油机电控系统、汽车电控自动变速器、汽车防抱死制动系统、汽车驱动防滑与行驶稳定控制系统、汽车电控悬架控制系统、汽车电控动力转向控制系统、汽车巡航控制系统及汽车安全气囊系统 12 个项目其他电控装置；每个项目都包含学习目标、理论知识、实训任务和巩固练习。

本书适合高职高专、技工类院校汽车电子控制技术课程教学使用，也可以作为汽车技师学习汽车电子技术的参考书。

图书在版编目（CIP）数据

汽车电子控制技术/张建才主编. —北京：机械工业出版社，2021.6
（2025.7 重印）
高职高专汽车类专业技能型教育教材
ISBN 978-7-111-68726-9

Ⅰ. ①汽⋯　Ⅱ. ①张⋯　Ⅲ. ①汽车-电子控制-高等职业教育-教材　Ⅳ. ①U463.6

中国版本图书馆 CIP 数据核字（2021）第 140905 号

机械工业出版社（北京市百万庄大街 22 号　邮政编码 100037）
策划编辑：母云红　责任编辑：母云红　张亚秋
责任校对：郑　婕　责任印制：邓　博
北京中科印刷有限公司印刷
2025 年 7 月第 1 版第 7 次印刷
184mm×260mm · 20.75 印张 · 512 千字
标准书号：ISBN 978-7-111-68726-9
定价：55.00 元

电话服务　　　　　　　　　网络服务
客服电话：010-88361066　　机 工 官 网：www.cmpbook.com
　　　　　010-88379833　　机 工 官 博：weibo.com/cmp1952
　　　　　010-68326294　　金 书 网：www.golden-book.com
封底无防伪标均为盗版　　　机工教育服务网：www.cmpedu.com

前 言

为适应当前高等职业院校学生的职业技能要求,本书将基础理论和技能实训融为一体;编写内容按照必需、够用并兼顾知识的系统性原则进行取舍;行文由浅入深,通俗易懂;力求既体现行业和企业的需求,又涵盖相关国家职业标准,同时还符合学生职业能力的培养规律。

本书注重理论与实践的紧密结合,既有汽车电控系统的使用、检测、维修知识,又有电控系统故障的诊断、分析与排除知识,并力求内容广泛,保持汽车电控系统电路分析、检测维修知识的完整性。

本书根据人才培养方案要求,每章内容都安排相应的实训项目和巩固练习,各校可根据本校和所处地区的实际情况进行选择,或增加其他实训内容,以提高学生和培训者在实际生产中的知识应用能力。本书适合高职高专、技工类院校汽车运用与维修、汽车检测与维修等相关专业教学使用,也可以作为成人高等教育相关课程的教材使用,还可供汽车技师、驾驶人、汽车工程技术人员阅读参考。

为帮助汽车相关专业的学生以及汽车使用与维修人员全面、系统地掌握现代汽车电子控制装置的结构、原理、故障诊断及维修等方面的知识,适应汽车新技术发展的需要,编者根据多年的教学实践、科学研究以及故障诊断经验,并参阅了大量的文献、资料和专著,紧密结合"以职业岗位为课程目标,以职业标准为课程内容,以最新技术为视野,以职业能力为课程核心"的要求编写,力求全面、系统地介绍有关汽车电控系统的基本原理、基本组成、工作过程以及相关部件的结构、工作原理,加强了故障的诊断与维修等实践性的内容,具有知识传授和技能训练的系统性、完整性和科学性。

为使本书内容与职业标准、行业需求相对接,本书编写人员由学校教师和汽车维修企业技术骨干组成。在本书编写过程中,多年从事汽车维修的技师们倾囊相授,提供了很多宝贵的意见和建议,为本书的编写工作做出了巨大贡献。

本书由甘肃畜牧工程职业技术学院农机与汽车学院院长杨志平教授担任主审,张建才副教授担任主编,陈丽、刘英、张建臻担任副主编,参加编写的还有张博、杨强强、王岩松和魏理。具体编写工作大体分工如下:张建才编写项目二、项目五、项目九,并完成全书的统稿、审定、修改工作;陈丽编写项目一、项目三、项目六;刘英编写项目四、项目七、项目十一;张建臻编写项目八、项目十、项目十二。

由于编者水平有限,本书难免存在不足之处,恳切希望使用本书的教学单位或个人能及时提出宝贵的意见和建议,以便再版修订时进行改正与完善。

编 者

目 录

前言
项目一　汽车电子控制技术概述 ……… 1
理论知识 …………………………………… 1
课题一　汽车电子控制技术的发展 ……… 1
一、汽车电子控制技术的发展历程 ……… 1
二、汽车电子控制技术的发展背景 ……… 1
课题二　汽车电子控制技术的现状 ……… 3
一、汽车现代电子控制技术应用的优越性 ……………………………… 3
二、现代汽车电子技术的控制方式 ……… 4
三、汽车电子控制系统的组成与分类 …… 5
课题三　汽车电子控制技术的发展趋势 … 8
实训任务 …………………………………… 9
实训一　写一份调查报告 ………………… 9
实训二　汽车电子控制系统认识 ………… 9
巩固练习 …………………………………… 11

项目二　汽油机电控燃油喷射系统 ……… 13
理论知识 ………………………………… 13
课题一　电控燃油喷射系统概述 ……… 13
一、汽油机燃油喷射系统的发展过程 …… 13
二、汽油机电控燃油喷射系统的类型 …… 14
三、汽油机电控燃油喷射系统的优点 …… 16
课题二　电控燃油喷射系统的组成与控制功能 ……………………………… 17
一、电控燃油喷射系统的组成 …………… 17
二、电控燃油喷射系统的控制功能 ……… 19
课题三　燃油喷射电控系统主要元件及工作原理 ……………………………… 24
一、发动机 ECU ………………………… 24
二、信号输入装置 ………………………… 26
三、主要执行器 …………………………… 39
课题四　汽油机缸内直喷技术 ………… 44
一、GDI 汽油机的主要技术优势 ………… 44
二、GDI 汽油机电控燃油喷射系统的组成及工作原理 ………………… 45
实训任务 ………………………………… 48
实训一　发动机 ECU 的使用与维护 …… 48
实训二　热线式空气流量传感器的检测 … 50
实训三　曲轴和凸轮轴位置传感器的检测 … 51
实训四　节气门位置传感器的检测 ……… 53
实训五　冷却液温度传感器与进气温度传感器的检测 …………………… 55
实训六　电控燃油喷射系统执行器的检修 … 56
实训七　喷油系统和油泵电路的分析与检测 ………………………………… 59
巩固练习 ………………………………… 60

项目三　汽油机电控点火系统 …………… 63
理论知识 ………………………………… 63
课题一　微机控制点火系统的组成与控制原理 ………………………………… 64
一、微机控制点火系统的组成 …………… 64
二、微机控制点火系统控制原理 ………… 67
课题二　微机控制点火系统控制功能 … 69
一、点火提前角控制 ……………………… 69
二、闭合角控制 …………………………… 72
三、爆燃传感器与爆燃反馈控制 ………… 73
实训任务 ………………………………… 76
实训一　爆燃传感器的使用与维护 ……… 76
实训二　点火执行元件的检修 …………… 78
实训三　点火系统电路的分析与检测 …… 81
巩固练习 ………………………………… 83

项目四　汽油机辅助控制系统 …………… 85
理论知识 ………………………………… 85
课题一　电控怠速控制系统 …………… 85
一、怠速控制系统概述 …………………… 85
二、怠速控制装置 ………………………… 88
课题二　排气净化与排放控制系统 …… 92
一、三元催化转化器与空燃比反馈控制系统 ……………………………… 92
二、排气再循环控制系统 ………………… 98
三、二次空气供给系统 …………………… 99
四、燃油蒸气排放控制系统 ……………… 100
课题三　进气控制系统 ………………… 101
一、谐波进气增压控制系统 ……………… 101

　　二、动力阀控制系统 …………………… 103
　　三、可变配气机构控制系统 …………… 103
　　四、电控废气涡轮增压控制系统 ……… 106
　课题四　电动节气门控制系统 …………… 107
　　一、电动节气门控制系统的功能 ……… 107
　　二、电动节气门控制系统的组成及控制
　　　　原理 …………………………………… 107
　实训任务 …………………………………… 110
　　实训一　怠速控制系统故障诊断与维修 … 110
　　实训二　氧传感器的检测 ………………… 112
　　实训三　排放控制系统故障诊断与维修 … 113
　　实训四　进气控制系统故障诊断与维修 … 115
　　实训五　电子节气门系统电路分析与
　　　　　　检测 …………………………… 116
　巩固练习 …………………………………… 118

项目五　柴油机电控系统 ………………… 121
　理论知识 …………………………………… 121
　课题一　柴油机电控系统概述 …………… 121
　　一、柴油机电控技术的发展历程 ……… 121
　　二、柴油机电控系统的主要优点 ……… 122
　　三、柴油机电控系统的基本组成与控制
　　　　功能 …………………………………… 123
　　四、柴油机电控系统的控制内容 ……… 125
　　五、柴油机电控技术的发展趋势 ……… 127
　课题二　柴油机电控共轨燃油喷射系统 … 128
　　一、电控共轨燃油喷射系统概述 ……… 128
　　二、高压共轨燃油喷射系统 …………… 129
　　三、中压共轨燃油喷射系统 …………… 139
　　四、压电式共轨燃油喷射系统 ………… 140
　实训任务 …………………………………… 141
　　实训一　柴油机电控系统总体认识 …… 141
　　实训二　电控共轨燃油喷射系统的检修 … 143
　巩固练习 …………………………………… 145

项目六　汽车电控自动变速器 …………… 148
　理论知识 …………………………………… 148
　课题一　电控自动变速器概述 …………… 148
　　一、电控自动变速器的基本组成 ……… 148
　　二、电控自动变速器的控制原理 ……… 149
　　三、电控自动变速器变速杆的使用 …… 149
　　四、电控自动变速器的分类 …………… 151
　　五、电控自动变速器的特点 …………… 151
　课题二　电控自动变速器的结构与工作
　　　　　原理 …………………………… 152

　　一、液力变矩器 ………………………… 152
　　二、行星齿轮变速机构 ………………… 157
　　三、换档执行机构 ……………………… 159
　　四、液压控制系统 ……………………… 167
　　五、电子控制系统 ……………………… 175
　实训任务 …………………………………… 183
　　实训一　自动变速器的日常使用及注意
　　　　　　事项 …………………………… 183
　　实训二　自动变速器的基本检查及维护 … 184
　　实训三　自动变速器的检修 …………… 189
　巩固练习 …………………………………… 194

项目七　汽车防抱死制动系统 …………… 197
　理论知识 …………………………………… 197
　课题一　防抱死制动系统概述 …………… 197
　　一、防抱死制动系统的基本理论 ……… 197
　　二、防抱死制动系统的作用 …………… 199
　　三、防抱死制动系统的类型 …………… 200
　　四、防抱死制动系统的基本组成与控制
　　　　原理 …………………………………… 204
　　五、防抱死制动系统的发展趋势 ……… 206
　课题二　防抱死制动系统主要零部件的
　　　　　结构与工作原理 ………………… 206
　　一、车轮转速传感器 …………………… 206
　　二、ABS ECU …………………………… 209
　　三、制动压力调节器 …………………… 210
　课题三　MK20-Ⅰ型防抱死制动系统 …… 215
　　一、系统组成 …………………………… 215
　　二、主要部件结构与工作原理 ………… 215
　实训任务 …………………………………… 218
　　实训一　防抱死制动系统的使用与维护 … 218
　　实训二　防抱死制动系统的基本检修 … 220
　巩固练习 …………………………………… 223

**项目八　汽车驱动防滑与行驶稳定控制
　　　　系统** ………………………………… 226
　理论知识 …………………………………… 226
　课题一　驱动防滑控制系统概述 ………… 226
　　一、驱动防滑控制系统的基本理论 …… 226
　　二、驱动防滑控制系统的控制方式 …… 228
　　三、驱动防滑控制系统的基本组成及
　　　　控制原理 ……………………………… 230
　课题二　ASR系统主要零部件的结构与
　　　　　工作原理 …………………………… 231

  一、ASR 系统传感器………………… 232
  二、ASR 系统电控单元………………… 232
  三、ASR 系统执行机构………………… 233
 课题三 典型驱动防滑控制系统………… 235
  一、驱动防滑控制系统的组成………… 235
  二、驱动防滑控制系统的控制过程…… 236
 课题四 电子稳定程序控制系统………… 238
  一、电子稳定程序的作用……………… 238
  二、电子稳定程序的功能……………… 239
  三、电子稳定程序的组成及控制原理… 239
 课题五 电子稳定程序控制系统结构及
    工作原理………………………… 242
  一、ESP 传感器………………………… 242
  二、ESP 电控单元……………………… 245
  三、ESP 执行元件……………………… 245
 实训任务……………………………………… 246
 实训 ASR 系统的故障诊断与检修…… 246
 巩固练习……………………………………… 248

项目九 汽车电控悬架控制系统………… 251
 理论知识……………………………………… 251
 课题一 电控悬架系统概述……………… 251
  一、电控悬架系统的功能……………… 251
  二、电控悬架系统的分类……………… 252
 课题二 电控悬架系统主要零部件的结构与
    工作原理………………………… 253
  一、传感器和控制开关………………… 253
  二、悬架系统电控单元………………… 259
  三、执行机构…………………………… 260
 课题三 电控悬架系统控制原理………… 263
  一、车身高度的控制…………………… 263
  二、空气弹簧悬架刚度的控制………… 264
  三、减振器阻尼的控制………………… 265
  四、雷克萨斯 LS400 轿车电控悬架…… 267
 实训任务……………………………………… 271
 实训一 电控悬架控制系统的基本检查… 271
 实训二 电控悬架控制系统的故障诊断与
    检修……………………………… 273
 巩固练习……………………………………… 277

项目十 汽车电控动力转向控制系统…… 279
 理论知识……………………………………… 279
 课题一 电控动力转向系统……………… 279
  一、电控动力转向系统的分类及特点… 279
  二、液压式电控动力转向系统………… 280

  三、电动式电控动力转向系统………… 283
 课题二 四轮转向控制系统……………… 286
  一、概述………………………………… 286
  二、转向角比例控制四轮转向系统…… 287
  三、车速前馈控制四轮转向系统……… 289
 实训任务……………………………………… 293
 实训一 流量控制式电控动力转向系统的
    检修……………………………… 293
 实训二 电动式电控动力转向系统的故障
    诊断与检修……………………… 294
 巩固练习……………………………………… 296

项目十一 汽车巡航控制系统…………… 299
 理论知识……………………………………… 299
 课题一 概述………………………………… 299
  一、现代汽车采用巡航控制系统的
    意义……………………………… 299
  二、巡航控制系统的基本组成与控制
    原理……………………………… 300
 课题二 巡航控制系统主要零部件的结构与
    工作原理………………………… 301
  一、巡航行驶控制开关………………… 302
  二、巡航控制电控单元………………… 303
  三、巡航控制执行机构………………… 303
 实训任务……………………………………… 305
 实训 汽车巡航控制系统使用维护与
    检修……………………………… 305
 巩固练习……………………………………… 309

项目十二 汽车安全气囊系统…………… 311
 理论知识……………………………………… 311
 课题一 概述………………………………… 311
  一、安全气囊系统的功用与分类……… 311
  二、安全气囊系统的组成与控制原理… 312
 课题二 安全气囊系统主要零部件的结构与
    工作原理………………………… 314
  一、碰撞传感器………………………… 314
  二、安全气囊系统电控单元…………… 317
  三、安全气囊组件……………………… 318
  四、SRS 指示灯………………………… 319
 实训任务……………………………………… 319
 实训 安全气囊系统的使用与维护…… 319
 巩固练习……………………………………… 322

参考文献………………………………………… 324

项目一 汽车电子控制技术概述

> **学习目标：**
>
> 通过本项目的学习，了解汽车电子控制技术的发展过程；掌握现代汽车电子控制系统的组成和分类；在现场能够正确识别汽车电子控制系统的主要传感器、执行器，能阐述电控汽车常用传感器、执行器的功能和作用；了解未来汽车电子控制技术的发展趋势。为全面、系统地掌握汽车电子控制系统的构造、原理与故障检修打下坚实的基础。

理论知识

课题一 汽车电子控制技术的发展

一、汽车电子控制技术的发展历程

从传统意义上讲，汽车由发动机、底盘、车身和电气设备四部分组成。而汽车发展至今，电子控制技术已贯穿汽车的每一部分，如发动机燃油喷射控制、自动变速器控制、悬架智能控制、驱动防滑控制、电动座椅控制、空调自动控制、中控门锁控制系统等。

汽车电子控制技术是汽车技术与电子技术相结合的产物。随着汽车排放法规要求的不断提高和电子技术、计算机技术及信息技术的不断发展，电子控制技术在现代汽车上的应用越来越广泛，汽车电子化程度也越来越高，汽车电子控制技术的发展大致经历了以下四个阶段。

第一阶段，二极管的发明促使汽车电子控制技术的诞生。如车载收音机、发电机硅整流器和晶体管无触点点火等都是当时的代表性技术。

第二阶段，晶体管和模拟集成电路的诞生促进汽车电子控制技术的第二次飞跃。如发动机电子管理系统、电控自动变速器系统、防抱死制动系统等得到了很大的发展。

汽车微型计算机的兴起标志着汽车电子控制技术进入了第三阶段。如汽车动力总成控制系统，制动、转向、悬架控制系统，车身电子控制系统，通信和导航系统等。

微型传感器和大容量存储系统的发展使汽车电子进入第四阶段。电子控制技术、自动控制技术、传感器技术、网络技术和机电一体化技术综合应用在汽车上。汽车电子控制技术的发展历程如图 1-1 所示。

二、汽车电子控制技术的发展背景

汽车既可作为生产运输的生产用品，又可作为代步、休闲、旅游等消费用品，汽车技术

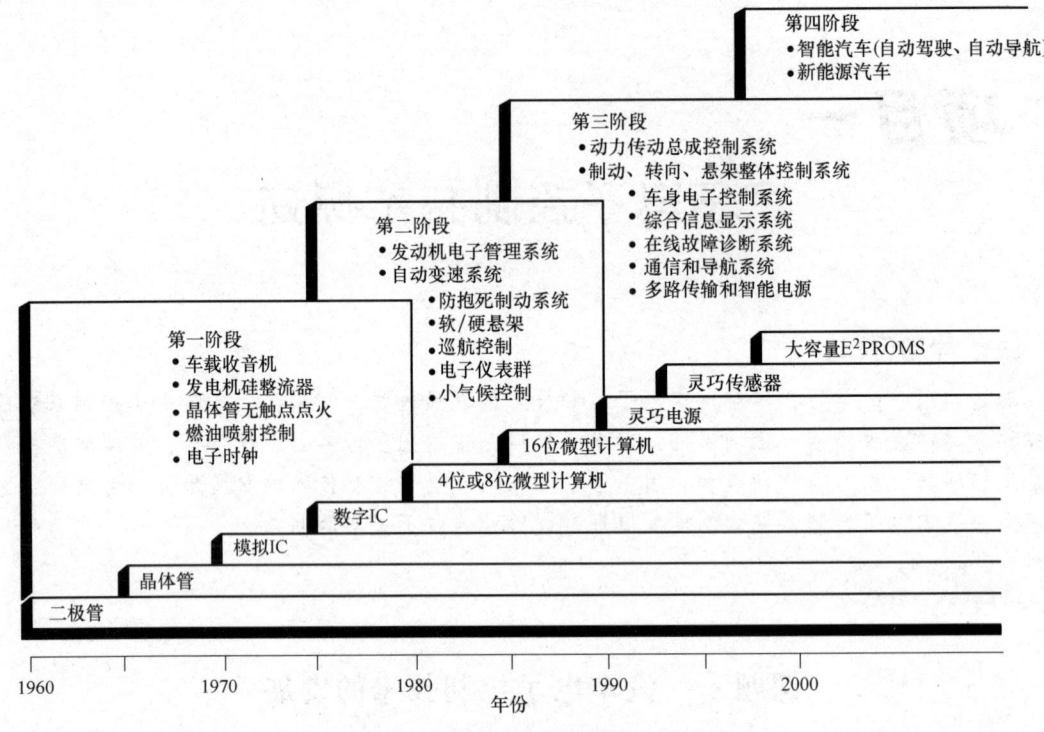

图 1-1 汽车电子控制技术的发展历程

的发展是人类文明史的见证。随着社会、经济的发展，汽车成了人类密不可分的伙伴。当然，汽车的发展也带来了一些负面的影响，如随着汽车保有量的增加，交通条件、安全、环境污染也成了日益严重的问题。汽车的安全、环保和节能是当今汽车技术发展的主要方向。

1. 安全、环保和节能的需求推动了汽车技术的发展

汽车的安全问题是人类社会的一大祸害，车辆的制动安全性、驱动安全性与行驶安全性是道路交通安全事故的三大主要根源。为此，科技人员从汽车的主动安全性和被动安全性两个方面着手，设计了防滑控制系统、车辆姿态控制系统、智能防撞预警与应急保护系统、碰撞后的保护系统等一系列电子控制装置。

HC 和 NO_x 混合在一起，在强烈的阳光照射下，会发生一系列光化学反应，产生臭氧和各种化合物。臭氧（O_3）具有很强的氧化性和毒性。1963 年，美国洛杉矶地区发生了光化学烟雾事件，促使各国重视对大气污染的研究。据统计，城市大气污染物一氧化碳（CO）、碳氢化合物（HC）和氮氧化物（NO_x）的主要污染源是汽车排气。因此，世界各国都相继制定了日益严格的汽车排放物限制法规。此外，随着汽车保有量的增加，汽车噪声也是环境保护的重点治理对象。于是，现代轿车普遍装有废气再循环控制及三元催化转化器等发动机尾气控制装置。人们还在降低机械噪声、隔振、隔声等方面进行了大量的实验与改进工作。

进入 20 世纪 70 年代，全球的石油危机使汽车节能问题受到世界各国的高度重视，汽车油耗量受相应法规限制，并成为汽车报废的一个主要标志。到 20 世纪末，美国政府提出了耗油为 3L/100km 的"3 升车"计划。传统的化油器等发动机部件虽然有了很大的改进，但

仍然满足不了排放和油耗两大法规的要求。可见，传统技术已无能为力，只有采用电控汽油喷射及电控点火等易于应用的电子控制新技术，才能有所突破。

2. 电子信息技术的发展推进了汽车技术向集成化与智能化方向迈进

汽车技术特别是汽车电子控制技术在世界较发达国家发展迅猛，其先决条件是电子技术和计算机技术的迅猛发展。20世纪物理学的革命，促使半导体技术迅速发展，尤其是集成电路（IC）和大规模集成电路（LSI）及超大规模集成电路（VLSI）的发展，使电子元件过渡到了功能块和微型计算机，不仅功能极强，而且价格便宜、可靠性好、结构紧凑、响应敏捷，迅速推动了汽车电子控制技术的发展。

由于电子信息技术的发展，以及近年来嵌入式系统、控制器局域网（Controller Area Network，CAN）和数据总线技术的成熟，汽车电子控制系统的集成化成为汽车技术发展的必然趋势。原来单一项目控制的燃油喷射控制、点火控制、排放控制、自动变速控制等，发展成为多功能的集成控制系统。如：发动机的电子控制技术是从电控燃油喷射开始的，20世纪90年代初发展到燃油喷射控制、点火控制、排放控制等多项内容复合的发动机集中控制系统；20世纪末又将发动机控制、驱动防滑控制系统等复合，成为动力控制系统或牵引控制系统（Traction Control System，TCS）。又如：戴姆勒-克莱斯勒公司（Daimler-Chrysler）的测控一体化制动系统（Sensotronic Brake Control，SBC），把制动踏板行程、转向角度、轮速、车速等信号集合，通过防抱死制动系统（Anti-Lock Brake System，ABS）或电子稳定控制程序（Electronic Stability Program，ESP）系统控制制动过程。

传感技术和计算机技术的发展，加快了汽车的智能化进程。日本丰田公司（Toyota）和德国德科电子公司（Delco）联合开发的智能车速控制系统，驾驶人可以选择滞后前车一定的时间（1.8s、2.0s、2.4s），通过前保险杠的雷达传感器测距来控制，并与前车保持一定的距离。德国德尔福电子系统公司（Delphi）的热管理系统，把信号送入系统中央控制器后，可以根据乘员的衣着和心理反应自动调节气流温度、流量、流动方向等，满足各个乘员的舒适性要求。智能汽车导航系统集合了嵌入式计算机、彩色显示器和卫星定位系统（GPS）等技术。

我国汽车电子控制技术处于发展阶段，大部分中外合资企业、自主品牌企业生产的汽车都采用了电子控制装置。

课题二　汽车电子控制技术的现状

随着世界汽车保有量的不断增长、石油能源危机的进一步加剧、环境污染的不断恶化，人们对汽车的节能和排放提出了更高要求；交通事故的频频发生，使人们的生命和财产不断受到威胁，这不但要求人们提高自身的交通安全意识，也对汽车行驶的安全性能提出了更高要求。汽车电子控制技术的迅速发展为汽车各项技术性能的改进提供了保证，汽车各项性能在不断改进，电控系统也由独立控制系统向集中控制系统发展。

一、汽车现代电子控制技术应用的优越性

由于电子控制技术、计算机技术和信息技术等新技术的发展和应用，汽车电子控制在控制的精度、范围、适应性和智能化等多方面有了较大发展，实现了汽车的全面优化运行。因

此,在降低排放污染、减少燃油消耗、提高安全性和舒适性等方面,装有电子控制系统的汽车有着明显优势。

1. 可靠性增强,减少修复时间

汽车电气设备故障约占汽车总故障的1/3。随着各种附加功能的增加,电气设备在汽车零部件中所占比例不断增加,电气设备的故障率有所提高。由于汽车结构复杂、零部件较多、工作环境复杂,加上各种错误操作和人为因素,汽车的可靠性相对有所下降。由于电子控制系统的出现,汽车集中控制使汽车的可靠性增强,汽车的自诊断系统能够及时发现故障、诊断故障,从而缩短汽车维修时间,提高社会效益和经济效益。

2. 控制精确,节油显著

汽车发动机采用电子控制系统,与传统的化油器发动机相比,可以节省燃油消耗10%~20%。汽车发动机是一个较复杂的、多参数的控制系统,在各种状况下随机变化。采用电子控制技术后,电子控制单元(Electronic Control Unit,ECU)对控制对象的相关参数(如冷却液温度、进气量、转速、发动机负荷、排气成分)进行采样、数据处理,从而控制发动机的燃油供给和点火时刻,可使汽车在最佳工况下工作,达到节油的目的。

3. 闭环控制,减少空气污染

用发动机空燃比闭环控制系统可以保证实际空燃比处于理论空燃比附近。再加装废气再循环系统和三元催化转化器等装置,不但可以使燃烧更加充分、节约燃油,还可以净化废气中碳氢化合物(HC)、一氧化碳(CO)和氮氧化物(NO_x)的含量,有利于环境保护。

4. 提高行驶稳定性、舒适性和安全性,减少交通事故

汽车在装有电控悬架装置(TEMS)、防滑差速器(ASD)、加速防滑系统(ASR)、防抱死制动系统(ABS)、动力转向车速感应稳定系统、安全气囊系统等电子控制技术装备之后,整车的安全性、稳定性能得到提高。采用电子控制技术,还可将车内温度、湿度、灯光等根据环境条件及人们的要求自动控制在合适的范围,减轻疲劳,提高乘车人的舒适性,减少交通事故的发生。

二、现代汽车电子技术的控制方式

1. 单独控制系统

汽车电控系统多采用电子控制单元的模拟或数字电路,单独对汽车某一系统(如燃油喷射系统、点火系统、安全气囊等)进行控制。

在采用模拟电路的控制系统中,要增加多个控制功能,就必须增加与这些功能实际控制逻辑相应的电路,这不仅使ECU的尺寸增大、成本升高,还会使电路更加复杂,给维护和修理带来很大困难。因此,这一时期的汽车电控系统多采用单独控制系统,即一个ECU控制汽车某一个单一的系统。

采用单独控制系统很难实现汽车全面的综合控制。多个系统采用多个ECU,而当多个控制系统的ECU都需要同一种信号时,必须同时配备几个相同的传感器,这必然造成结构、线路复杂,成本高,维修困难,控制效果较差等。

2. 集中控制系统

汽车电控系统的电子控制单元采用数字电路及大规模集成电路,将多种控制功能集中到一个ECU上,不同控制功能所共同需要的传感器也只设置一个,这种控制系统称为集中控

制系统。随着微机处理速度的不断提高和存储容量的增加，控制功能大大增强，并具有各种备用功能。而与汽油喷射控制、点火控制及其他控制系统相关的各种控制器所用传感器的很多功能都是通用的，如冷却液温度、负荷、车速（转速）传感器等，因此，利用控制功能集中化，就可以不必按功能的差别设置传感器和 ECU。

三、汽车电子控制系统的组成与分类

汽车电子控制系统的功能是提高汽车的整体性能，包括动力性、经济性、排放性、安全性、操纵性与通过性等。在同一辆车上配备有若干个电子控制系统，每一个电子控制系统都能实现不同的控制功能。

（一）汽车电子控制系统的组成

汽车电子控制系统的基本组成如图 1-2 所示。车型不同、档次不同，采用电子控制系统的多少也不尽相同。但是汽车上每一个电子控制系统的基本结构都是由信号输入装置（传感器与控制开关）、电子控制单元（ECU）和执行器（执行元件）三部分组成，这是汽车电子控制系统的共同特点。

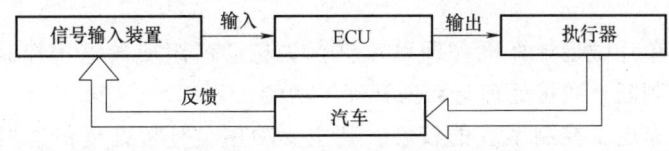

图 1-2　汽车电子控制系统的基本组成

1. 信号输入装置

信号输入装置包括各种传感器和控制开关。

（1）传感器　传感器是将各种非电量信号（物理量、化学量、生物量等）按一定规律转换成便于传输和处理的电量信号的装置。

传感器相当于人的眼、耳、鼻、舌等感觉器官。在汽车电子控制系统中，传感器的功能是将汽车各部件运行的状态参数（各种非电量信号）转换成电量信号并输送到电控单元。

车用传感器安装在汽车上的不同部位。汽车型号和档次不同，装备传感器的多少也不相同。有的汽车只有几只传感器，有的汽车装备有 50 多只传感器。一般来说，汽车装备传感器数量越多档次就越高。

按检测项目的不同，汽车电子控制系统采用的传感器可分为以下几种类型。

1) 流量传感器：如发动机燃油喷射系统采用的翼片式、涡流式、热线式与热膜式空气流量传感器等。

2) 位置传感器：如发动机燃油喷射和电控点火系统采用的曲轴位置传感器、凸轮轴位置传感器、节气门位置传感器，电控悬架系统采用的车身高度传感器，信息显示系统和液面监控系统采用的各种液面位置（或高度）传感器，自动变速度系统采用的变速杆位置传感器，巡航控制系统采用的节气门位置传感器，电控动力转向系统所采用的转向盘转角传感器等。

3) 压力传感器：如发动机控制系统采用的进气歧管压力传感器、大气压力传感器，自动变速度系统采用的燃油压力传感器，发动机采用的爆燃传感器等。

4）温度传感器：如发动机冷却液温度传感器、进气温度传感器、排气温度传感器，燃油温度传感器，自动变速度系统所采用的传动液温度传感器，空调控制系统所采用的车内温度传感器等。

5）浓度传感器：如发动机排放控制系统采用的氧传感器、安全控制系统采用的酒精浓度传感器等。

6）速度传感器：如防抱死制动系统采用的车轮转速传感器、车身横向和纵向加（减）速度传感器，变速器输入/输出轴转速传感器等。

7）碰撞传感器：如安全气囊系统所采用的滚球式、滚轴式、偏心锤式、压电式和水银式碰撞传感器等。

（2）控制开关　汽车上常用的控制开关主要有起动开关、空档起动开关、空调开关、动力转向开关、制动开关。ECU根据这些开关信号对发动机进行喷油量和点火提前角控制、自动变速器控制、怠速控制等。

2. 电控单元

汽车电子控制单元简称电控单元，又称汽车电子控制器或汽车电子控制组件，俗称汽车电脑。

电控单元是以单片微型计算机（即单片机）为核心所组成的电子控制装置，具有强大的数学运算、逻辑判断、数据处理与数据管理等功能。

电控单元是汽车电子控制系统的核心，其主要功用是分析处理传感器所采集的各种信息，并向受控装置（执行器或执行元件）发出控制指令。

3. 执行器

执行器又称执行元件，是电子控制系统的执行机构。执行器的功用是接收电控单元（ECU）发出的指令，完成具体的执行动作。

汽车电子控制系统不同，采用执行器的数量和种类不同。发动机燃油喷射系统的执行器有电动燃油泵和电磁喷油器；发动机怠速控制系统的执行器是怠速控制阀；燃油蒸气回收系统的执行器是活性炭罐电磁阀；电控点火系统的执行器有点火控制器和点火线圈；防抱死制动系统的执行器有两位两通电磁阀或三位三通电磁阀、制动液回液泵电动机；安全气囊系统的执行器是安全气囊点火器；自动变速系统的执行器有自动传动液液压泵、换档电磁阀和锁止电磁阀；汽车巡航控制系统的执行器有巡航控制电动机或巡航控制电磁阀等。

（二）汽车电子控制系统的分类

汽车电子控制系统种类繁多、形式各异，分类方法也不相同。一般可按控制系统的控制对象和控制目标进行分类。

1. 按控制对象分类

根据控制对象的不同，汽车电子控制系统可分为发动机电子控制系统、底盘电子控制系统和车身电子控制系统三大类。

2. 按控制目标分类

根据控制目标的不同，汽车电子控制系统可分为动力性、经济性与排放性、安全性、舒适性、操纵性和通过性控制系统六种类型，主要控制项目和控制功能见表1-1。其中经济性和排放性控制系统具有双重功能，既能降低燃油消耗量，又能降低有害气体的排放量。

表 1-1　汽车电子控制系统的主要控制目标与控制项目

类型	控制目标	系统名称	主要控制项目
汽车电子控制系统	动力性	发动机燃油喷射系统（EFI）	喷油时刻（喷油提前角），喷油量（喷油持续时间），喷油顺序，喷油器，喷油泵
		电控点火系统（ESA）	点火时刻（点火提前角），闭合角
		爆燃控制系统（EDCS）	点火提前角
		怠速控制系统（ISCS）	怠速转速
		电子控制变速系统（ECT）	发动机输出转矩，液力变矩器锁止时刻
		发动机进气控制系统（IACS）	切换进气通道提高进气效率，可变气门定时
		涡轮增压控制系统（ETC）	泄压阀控制，废气涡轮增压器控制
		控制器局域网（CAN）	发动机电控单元，自动变速器电控单元，防抱死制动系统电控单元
	经济性与排放性	空燃比反馈控制系统（AFC）	空燃比
		断油控制系统（SFIS）	超速断油，减速断油，清除溢流
		废气再循环控制系统（EGR）	废气再循环率
		燃油蒸气回收系统（FECS）	活性炭罐电磁阀控制
	安全性	防抱死制动系统（ABS）	车轮滑移率，车轮制动力
		电子控制制动力分配系统（EBD）	车轮制动力
		电子控制制动辅助系统（EBA）	车轮制动力
		动态稳定控制系统（DSC）	车轮制动力，车身偏转角度
		驱动轮防滑转调节系统（ASR）	发动机输出转矩，驱动轮制动力，防滑差速器锁止程度
		安全气囊控制系统（SRS）	安全气囊点火器点火时刻，系统故障报警控制
		座椅安全带收紧系统（SRTS）	安全带收紧点火时刻
		雷达车距报警系统（RPW）	车辆距离，报警，制动
		前照灯光束控制系统（HBAC）	焦距，光线角度
		安全驾驶监控系统（DMS）	驾驶时间，转向盘状态，驾驶人脑电图、体温和心率
		防盗报警系统（GATA）	报警，遥控门锁，数字密码点火开关，数字密码编码门锁，转向盘自锁
		电子仪表系统（IPC）	汽车状态信息显示与报警
		故障自诊断测试系统（OBD）	故障报警，故障码存储，部件失效保护，故障应急运行
	舒适性	电控悬架系统（EMS）	车身高度，悬架刚度，悬架阻尼，车身姿态（点头、侧倾、俯仰）
		座椅位置调节系统（SAMS）	向前/向后方向控制，向上/向下高低控制
		自动空调系统（AHVC）	通风，制冷，取暖
		CD音响、DVD播放机	娱乐欣赏
		信息显示系统（IDS）	交通信息，电子地图
		车载电话（CT）	通信联络
		车载计算机（OBC）	车内办公

(续)

类型	控制目标	系统名称	主要控制项目
汽车电子控制系统	操纵性	电子控制动力转向系统(EPS)	助力油压、气压或电动机电流控制
		巡航控制系统(CCS)	恒定车速设定,解除巡航状态
		中央门锁控制系统(CLCS)	门锁遥控,门锁自锁,玻璃升降
	通过性	轮胎中央充放气系统(CIDC)	轮胎气压
		自动驱动管理系统(ADM)	驱动轮驱动力控制
		差速器锁止控制系统(VDLS)	防滑差速器锁止程度控制

课题三 汽车电子控制技术的发展趋势

现代汽车电子控制系统的功能越来越强,采集的信息越来越多,智能化程度越来越高,可靠性和安全性也越来越好,汽车已由传统的代步工具发展为舒适、环保、节能、自动化、智能化的多功能"移动空间"。当然,今天的汽车技术与未来的汽车技术之间还存在着巨大的差距,今天的汽车工程师们正面临着巨大的挑战,需要在新旧技术之间建立起一座桥梁,通过应用先进的电子技术、自动控制技术、信息技术和电子通信技术等来推动汽车技术的进步。在汽车电子与控制技术方面,今后将集中围绕如下几方面发展:

1) 满足用户需求,大幅度提高汽车的性能,使之更舒适、方便、安全和可靠。
2) 满足社会需求,保护环境,节省能源,节约资源。
3) 实现交通系统智能化,将汽车和社会有机地连接起来。

21世纪,汽车电子与控制技术在运用信息技术使汽车与社会连接方面获得了更大的进展,包括广泛使用汽车电子导航系统与车载电话,以及采用多路总线分布式网络来集成所有汽车部件的电子控制模块,使整个系统具有数据融合、故障诊断和一定的自动修复功能。

未来汽车电子控制技术的发展包含以下几点。

(1) 总线化和中央电子控制单元向汽车电子的整体化、系统化迈出了革新的一步 各电子控制单元通过总线进行通信,传输当前状态的信息,接收中央控制单元的指令并执行特定的功能,使车辆行驶功能控制达到最佳水平。总线化还使汽车制造核心技术由硬件逐渐向软件过渡,由谙熟全程制造技术和掌握汽车各系统、各零部件原理功能的龙头企业执掌制定切实可用通信协议的主动权。这就导致技术实力较弱的中小企业只得依附强势的大公司,促使行业兼并。

(2) 模块化 电子技术和多领域高新技术进行系统集成化汽车零部件产品的构成,便于国际化采购和整车厂组装。模块化就是根据需求定制,完成所需的功能,以标准模块的规格作大集成化的封装,提高功效和可靠性,也简化配套和整车制造工艺,有利于产品质量得到有效控制。结果将使现在处于领先地位的行业寡头逐渐成为系统集成商,电子零部件企业承担的产品工作量越来越大,汽车零部件产业在汽车工业中的作用和地位更显重要。

(3) 智能化 随着计算机技术和智能化传感技术的发展,加快了汽车的智能化进程。智能交通系统(ITS)的开发将与电子、卫星定位等多个交叉学科相结合,它能根据驾驶人提供的目标汽车发动机电控系统检修资料,为驾驶人提供距离最短而且能绕开车辆密度相对集中处的最佳行驶路线。装有电子地图，采用卫星导航，可以显示出前方道路从全球定位卫星获取交通事故、交通堵塞等各种情况信息，推荐出最佳行车路线。

另外，微控制器大量进入汽车电子各系统，带来控制技术智能水平的提高，性能更优越，控制成本更低。

（4）规范化和高配普及化　新的汽车电子技术不断涌现、不断进步，但有些电子控制技术在汽车上实施还需历经一段时间，才能在标准配置上被确认。

（5）重视传感器的研发　汽车电子技术的应用中无处不在的传感器，在控制技术环节里作用至关重要，应受到充分重视。我国在传感器技术的演进发展和实践中虽已有一定基础性的成果，但因投入的研发资源远远不足，也显得十分薄弱。必须与汽车电子的研发齐头并进才能相得益彰。期望在今后，我国传感器技术及产业迎头赶上。

（6）"云控制"技术　计算机技术和信息融合技术已经发展到了云时代。"云控制"技术由以往的局部信息处理到信息共享到现代的信息融合，已经完全突破了汽车"传感器—避开障碍—目标—转向盘"的传统固有模式，使实现"目标—转向盘"的自动驾驶成为可能。"云驾驶"将大大提高识别道路行驶目标的效能，同时降低燃油耗费，将使驾驶由低事故向高可靠转变。

我国汽车工业的崛起，必须要培育发展自主研发能力，掌握先进的制造技术、工艺技术和管理体系。这是提高我国汽车电子竞争力的关键所在；只有国家更有力的汽车电子产业战略措施出台和相关政策的倾斜，把更多的资源投入汽车电子技术各环节研究创新，使我国有更多自主知识产权的核心技术，才能保证我国汽车电子技术和产业能稳步提高，跻身汽车强国之列。

实训任务

实训一　写一份调查报告

通过阅读大量的课外资料或进行社会考察，写一份关于电子控制技术在汽车上应用情况的调查报告。

实训二　汽车电子控制系统认识

1. 发动机电子控制系统的组成

发动机电子控制系统由传感器、电控单元和执行器三部分组成。传感器的功能是，检测发动机运行状态的各种电量参数、物理量和化学量等，并将这些参量转换成计算机能够识别的电量信号输入电控单元。电子控制单元（ECU）是发动机电子控制系统的核心部件，其功能是，根据各种传感器和控制开关输入的信号参数，对喷油量、喷油时刻和点火时刻等进行实时控制。执行器是控制系统的执行机构，其功能是，接收电控单元的控制指令，完成具体的控制动作，从而使发动机处于最佳的运行状态。

2. L型电控燃油喷射系统的组成

L型电控燃油喷射系统（桑塔纳2000GSi型轿车AJR发动机）的组成示意图如图1-3所

示，根据图示认识发动机控制系统的组成，并填写表1-2。

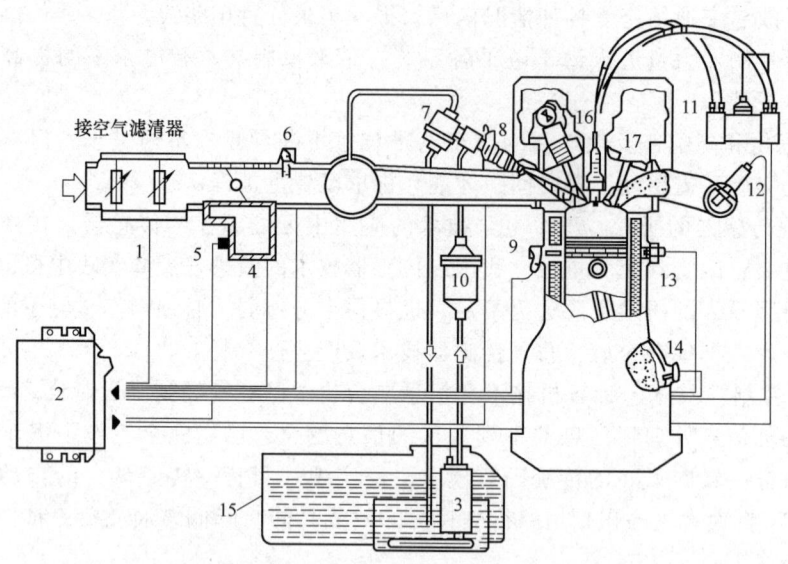

图 1-3 L 型电控燃油喷射系统（桑塔纳 2000GSi 型轿车 AJR 发动机）的组成示意图

表 1-2 L 型电控燃油喷射系统的组成

代号	元器件名称	代号	元器件名称	代号	元器件名称
	燃油箱		燃油泵		喷油器
	汽油滤清器		氧传感器		进气温度传感器
	空气流量传感器		冷却液温度传感器		点火器
	节气门位置传感器		爆燃传感器		燃油压力调节器
	电控单元		凸轮轴位置传感器		炭罐电磁阀
	怠速控制阀		曲轴位置传感器		

3. 桑塔纳 2000AJR 型发动机实训台架上传感器的认识

认识桑塔纳 2000AJR 型发动机实训台架上的传感器，并填入表 1-3。

表 1-3 发动机电子控制系统传感器

序号	传感器名称	作　　用
1	空气流量传感器	
2	曲轴位置传感器	
3	凸轮轴位置传感器	
4	冷却液温度传感器	
5	进气温度传感器	
6	节气门位置传感器	
7	爆燃传感器	
8	氧传感器	

项目一 汽车电子控制技术概述

4. 桑塔纳 2000AJR 型发动机实训台架上执行器的认识

认识桑塔纳 2000AJR 型发动机实训台架上的执行器，并填入表 1-4。

表 1-4 发动机电子控制系统执行器

序号	执行器名称	作用
1	喷油器	
2	电动燃油泵	
3	活性炭罐电磁阀	
4	点火控制器	
5	点火线圈	
6	氧传感器加热器	
7	节气门控制步进电动机	

巩固练习

一、填空题

1. 从传统意义上讲，汽车由_____、_____、_____和_____四部分组成。
2. 电子信息技术的发展推动了汽车技术向_____与_____方向迈进。
3. 汽车电子控制技术是_____与_____结合的产物。
4. 现代汽车电子控制技术的控制方式有_____和_____两种。
5. 汽车上任何电子控制系统都是由_____、_____和_____三部分组成的。
6. 随着_____系统、_____网控制和_____技术的成熟，汽车电子控制系统的集成化成为汽车技术发展的必然趋势。
7. _____技术和_____技术的发展，加快了汽车的智能化进程。
8. 今天的汽车工程师们正面临着巨大的挑战，需要在新旧技术之间建立起一座桥梁，通过应用_____技术、_____技术、_____技术和_____技术等来推动汽车技术的进步。
9. 电控单元是汽车电子控制系统的_____，其主要功用是_____信息，并向受控装置（即执行器或执行元件）发出_____。
10. _____和_____已经发展到了云时代。"云控制"技术由以往的_____到_____到_____，已经完全突破了汽车"传感器—避开障碍—目标—转向盘"的传统固有模式，使实现"目标—转向盘"的自动驾驶成为可能。

二、判断题

1. 计算机技术和信息融合技术已经发展到了云时代。（ ）
2. 随着嵌入式系统、局域网控制和数据总线技术的成熟，汽车电子控制系统的智能化成为汽车技术发展的必然趋势。（ ）
3. 执行器又称为执行元件，是电子控制系统的执行机构。（ ）
4. 一般来说，汽车装备传感器数量越多，档次就越高。（ ）

5. 汽车电子控制系统的功能是提高汽车的整体性能，包括动力性、经济性、排放性、安全性、操纵性与通过性等。（　）

6. 传感器是将各种电量（电流或电压）按一定规律转换成便于传输和处理的另一种物理量的装置。（　）

7. 汽车导航系统与定位系统可在城市或公路网范围内，定向选择最佳行驶路线，但不能在屏幕上显示地图，只能用语音提示。（　）

8. 汽车电子技术的应用中无处不在的传感器，在控制技术环节里的作用至关重要，应受到充分的重视。（　）

9. 汽车电子化越发达，自动化程度越高，对传感器的依赖性就越大。（　）

10. 将多种控制功能集中到一个ECU上，不同控制功能所共同需要的传感器也只设置一个，这种控制系统称为集中控制系统。（　）

11. 汽车已由传统的代步工具发展为舒适、环保、节能、自动化、智能化的多功能"移动空间"。（　）

三、思考题

1. 汽车电子控制技术能够提高汽车的哪些性能？
2. 按控制目标的不同，汽车电子控制系统可以分为哪些类型？
3. 在汽车电子与控制技术方面，今后将集中围绕哪几个方面发展？
4. 未来汽车电子控制技术的发展包含哪几点？
5. 汽车电子控制系统的基本结构包括哪几部分？
6. 汽车电子控制系统采用的传感器和执行器分别有哪些？
7. 汽车电子控制技术的发展背景主要体现在哪几个方面？

项目二
汽油机电控燃油喷射系统

学习目标：

通过本项目的学习，了解汽油机燃油喷射系统的发展过程、汽油机燃油喷射系统的类型和特点；掌握电控燃油喷射系统的组成及其控制功能；掌握电控燃油喷射系统主要元件的构造与工作原理；掌握电控燃油喷射系统主要元件（传感器、ECU、执行器）的使用、维修、检测方法；能够熟练阐述汽油机电控燃油喷射系统常用传感器与执行器的类型、结构、工作原理；能够熟练识读国内外典型电控发动机的电路图，阐述其工作原理、对电控燃油喷射系统进行规范化的拆装与检修。

理论知识

课题一　电控燃油喷射系统概述

一、汽油机燃油喷射系统的发展过程

汽油喷射系统于20世纪30年代首次用于军用飞机发动机，1954年德国奔驰汽车公司首次在奔驰300SL汽车上装用了机械式汽油喷射系统，简称K型汽油喷射系统。

20世纪60年代末期，在K型的基础上出现机电组合式汽油喷射系统，简称KE型，如德国奔驰380SE、500SL轿车。

1967年，博世公司推出D型Jetronic模拟式汽油喷射系统。

1973年，博世公司推出L型Jetronic的汽油喷射系统。由于采用了测量空气流量的方法控制喷油量，提高了控制精度，同时还开发出机械式汽油喷射系统。

1979年，博世公司推出了集点火与喷油于一体的数字式发动综合电子控制系统。在这期间，美国通用公司的DEFI、福特（FORD）公司的EEC、日本丰田公司的TCCS等纷纷出场。这些都是综合控制的电子系统。

自20世纪60年代，德国博世公司成功研制电控燃油喷射系统EFI后，燃油喷射系统经历了晶体管、集成电路到微机处理三大发展阶段。目前各国汽车上应用的电控燃油喷射系统都是以博世公司产品为原型发展而来的，K型和KE型喷射系统已基本淘汰，EFI系统成为汽油机燃油喷射系统的主流。

目前汽车工业发达国家在汽油机上均采用电控燃油喷射系统，以满足日益严格的排放要求。

二、汽油机电控燃油喷射系统的类型

1. 按进气量测量方式分类

（1）间接测量型电控燃油喷射系统（D型） 通过进气压力传感器检测进气管的绝对进气压力，通过ECU将进气压力信号换算成发动机的进气量，从而对发动机进行燃油喷射控制。桑塔纳2000GLi型轿车发动机即采用D型电控燃油喷射系统，如图2-1所示。

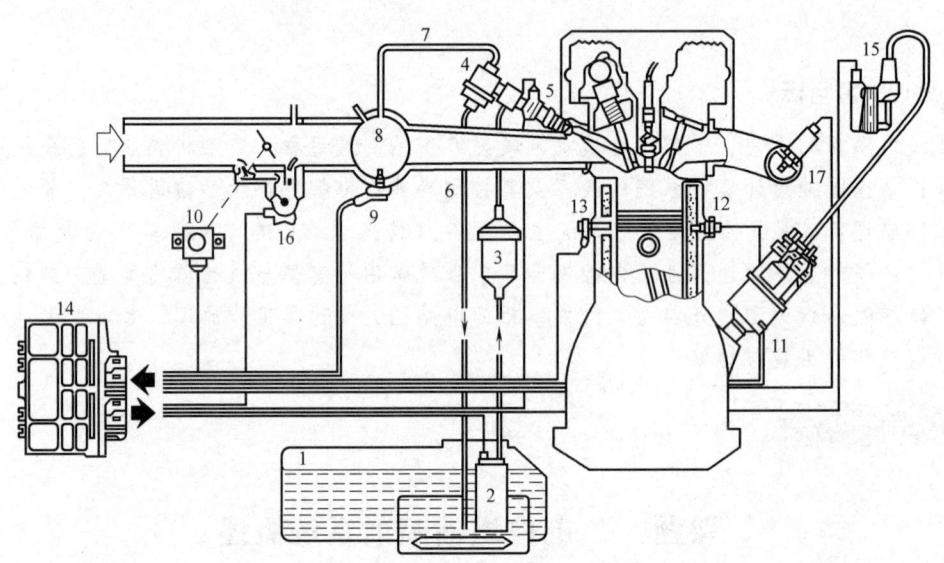

图2-1 D型电控燃油喷射系统

1—汽油箱 2—汽油泵 3—汽油滤清器 4—油压调节器 5—喷射器 6—回油管 7—真空管道 8—空气缓冲平衡箱 9—进气压力传感器与进气温度传感器 10—节气门位置传感器 11—凸轮轴位置传感器 12—冷却液温度传感器 13—爆燃传感器 14—发动机电控单元（ECU） 15—点火线圈 16—怠速控制阀 17—氧传感器

（2）直接测量型电控燃油喷射系统（L型） 通过空气流量传感器检测吸入发动机的空气量，进而对发动机实施燃油喷射控制。

空气流量传感器对空气流量的检测可分为体积流量型和质量流量型两种。体积流量型包括叶片式空气流量传感器和卡门旋涡式空气流量传感器等；质量流量型包括热线式空气流量传感器和热膜式空气流量传感器。桑塔纳2000GSi型轿车AJR发动机就采用L型电控燃油喷射系统，如图1-3所示。

2. 按喷射位置分类

（1）缸外喷射（进气管喷射） 缸外喷射是指将汽油喷射在进气管道的相应部位。根据喷油器数量和安装位置，缸外喷射分为单点喷射和多点喷射两种，如图2-2所示。

单点喷射：在进气总管的节气门上方安装1或2个喷油器进行燃油喷射，现已淘汰。

多点喷射：在每个气缸进气门之前分别设置一个喷油器，实行各缸独立喷射供油，现代轿车广泛使用。

缸外喷射采用低压（0.3~0.4MPa）喷射。成本低，工作效果好，是目前四冲程汽油机最常用的喷射方式。

（2）缸内喷射（缸内直喷） 缸内喷射是指将汽油直接喷入气缸，如图2-3所示。缸内

项目二 汽油机电控燃油喷射系统

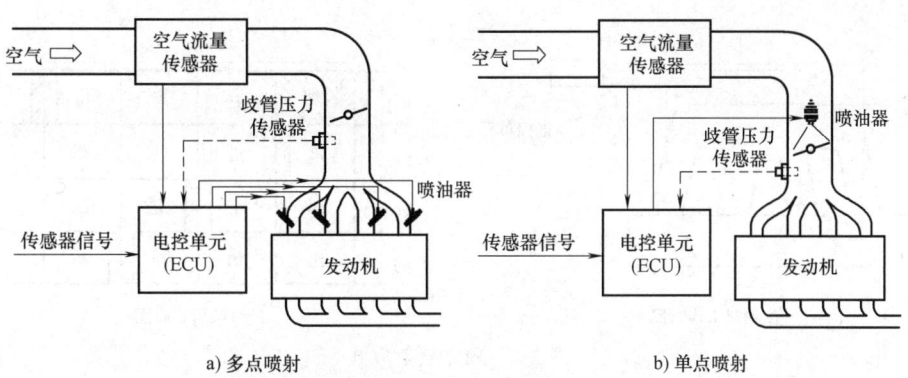

a) 多点喷射　　　　　　　　　　b) 单点喷射

图 2-2　缸外喷射

喷射需要较高的喷射压力（3~4MPa），由于汽油黏度较低，需要供油系统机件更加精密。随着材料及制造技术的提高，动态响应性好，功率和转矩可以同时提升，油耗低等优势得以体现，在高档轿车电控汽油机上应用越来越多。

3. 按燃油喷射方式分类

（1）连续喷射　连续喷射是指在发动机运转期间汽油被连续不断地喷射出去。喷油量多少取决于燃油压力的高低，无须考虑发动机的工作顺序和喷油时刻。这种喷射方式多被应用于机械控制和机电混合控制式燃油喷射系统中，现已淘汰。

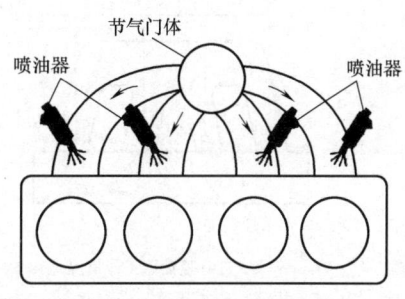

图 2-3　缸内喷射

（2）间歇喷射　间歇喷射又称为脉冲喷射，是指在发动机运转期间汽油被间断地喷射出去。每次喷射时刻和喷油量的多少取决于喷油器针阀开启时刻和开启持续时间。间歇喷射能对喷油量进精确控制，被广泛地应用于现代电控燃油喷射发动机。

间歇多点喷射按喷射时序的不同分为同时喷射、顺序喷射和分组喷射，如图 2-4~图 2-6 所示。

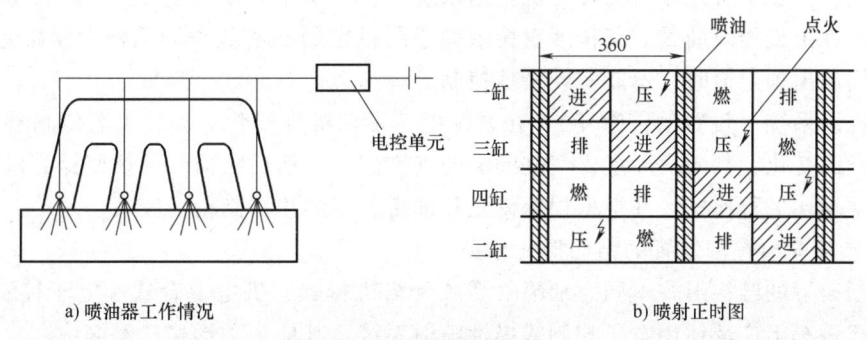

a) 喷油器工作情况　　　　　　　　b) 喷射正时图

图 2-4　同时喷射方式

同时喷射：发动机 ECU 用一个喷油指令控制所有喷油器，所有喷油器同时开启、同时关闭。采用同时喷射的电控燃油喷射系统，曲轴每转一圈各缸同时喷油一次，完成 1/2 的供油量；一个工作循环，每个气缸喷油两次。

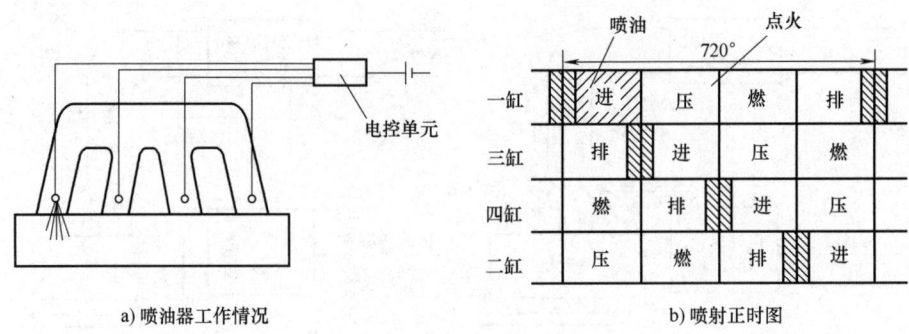

a) 喷油器工作情况　　　　　　　b) 喷射正时图

图 2-5　顺序喷射方式

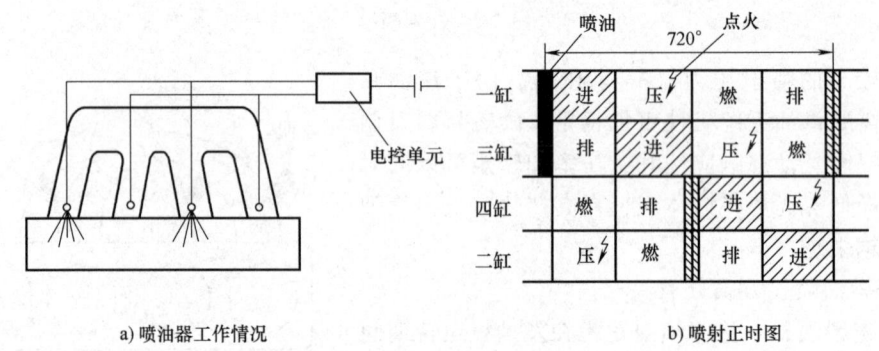

a) 喷油器工作情况　　　　　　　b) 喷射正时图

图 2-6　分组喷射方式

顺序喷射：各缸喷油器按发动机的工作顺序，在各缸排气行程上止点前某一曲轴转角顺序轮流喷射。发动机每转两圈（一个工作循环），每缸喷油器各喷油一次。

分组喷射：所有气缸的喷油器分成2~4组，同一组中的喷油器同时开始喷油，同时停止喷油。

4. 按有无反馈信号分类

开环控制系统（未设氧传感器）：通过实验室确定的发动机各工况的最佳供油参数预先存入计算机，在发动机工作时，计算机根据系统中各传感器的输入信号，判断自身所处的运行工况并计算出最佳喷油量。其精度直接依赖于所设定的基准数据和喷油调整标定的精度。当使用范围超出预定值时，不能实现最佳控制。

闭环控制系统（设置氧传感器）：在系统中，发动机排气管上加装了氧传感器，根据排气中氧含量的变化，判断实际进入气缸的混合气空燃比，然后将信号反馈回计算机与原来设定的目标空燃比进行比较，并根据误差修正喷油量，空燃比控制精度较高。

5. 按燃油喷射控制装置的结构形式分类

按控制装置的结构形式不同燃油喷射系统分为机械式、机电混合式和电子控制式三种。目前，现代轿车上广泛使用电子控制式燃油喷射系统，其他两种形式已经淘汰。

三、汽油机电控燃油喷射系统的优点

电子控制技术在汽油机上的应用全面提高了汽油机的综合性能，与化油器式汽油机相比，电控汽油喷射在以下几方面有了明显的改善和提高。

1. 改善了各缸混合气的均匀性

在微机控制的多点喷射系统中，燃油喷射在各缸的进气歧管内，从进气总管分流到各缸的仅仅是空气，这样就能使各缸混合气的浓度基本一致，有利于降低 CO 和 HC 的排放量，改善发动机的经济性。

2. 发动机的动力性和经济性有了一定程度的提高

由于电控汽油喷射采用压力喷射方式形成混合气，进气管中不需要设置喉管，这样可以降低进气系统的阻力，减少进气压力损失，使发动机具有较高的充气效率，从而有利于提高发动机的经济性和动力性。

另外，电控汽油机具有减速和限速断油控制功能，既能降低排放，也能节省燃油。

3. 有害物排放量显著减少

现代电控汽油机都采用空燃比反馈控制，因而在闭环控制时，都能把空燃比精确控制在 14.7∶1 附近。此时，三元催化转化器具有最高的净化效率，使排入大气中的 CO、HC 和 NO_x 大大减少。另外，有些电控汽油机还采用了废气再循环、二次空气喷射、进气涡流强度控制、废气涡轮增压等多种综合措施。这些综合措施不仅可以提高发动机的其他性能，而且可以进一步减少汽油机有害物的排放量。

4. 改善了汽油机过渡工况响应特性

发动机运行工况发生变化，电控系统能根据传感器输入信号的变化迅速调整喷油量或增加异步喷射，提供与发动机运行工况相适应的空燃比，不仅提高了汽油机变工况响应速度，而且也改善了工况过渡的平稳性。另外，电控汽油机采用压力喷射方式，汽油的雾化质量好、蒸发速度快，在各种工况下混合气都有良好的品质，也有利于提高汽油机非稳定工况的性能。

5. 改善了汽油机对地理及气候环境的适应性

由于电控系统是根据进气量来确定喷油量的，当汽车在不同地理环境或不同气候条件的地区行驶时，因大气压力和温度变化引起的进气密度变化，对电控系统的空燃比控制没有影响，使汽车在各种地理环境及气候条件下都能保持良好的排放性能。

6. 提高了汽油机高低温起动性能和暖机性能

发动机在高温或低温条件下起动时，电控系统根据起动时发动机冷却液的温度，提供与起动条件相适应的喷油量，使发动机在高温和低温条件下都能顺利起动。另外，发动机在低温起动后，电控系统又能根据发动机冷却液的温度，自动调整怠速空气供给量和喷油量，缩短了暖机时间，使发动机很快进入带负荷运行状态。

课题二　电控燃油喷射系统的组成与控制功能

一、电控燃油喷射系统的组成

汽油机电控燃油喷射系统由空气供给系统、燃油供给系统和电子控制系统三个子系统组成。

1. 空气供给系统

空气供给系统也称为进气系统，由空气滤清器、空气流量传感器、节气门、怠速控制阀和节气门体、进气总管和进气歧管等组成,如图2-7所示。

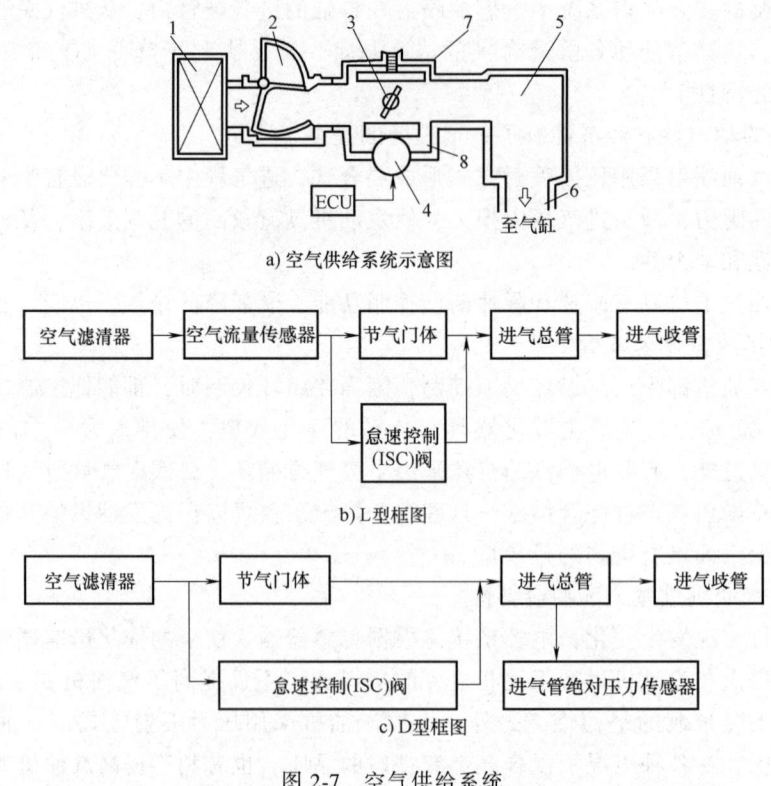

图2-7 空气供给系统
1—空气滤清器 2—空气流量传感器 3—节气门 4—怠速(空气)控制阀 5—进气总管 6—进气歧管 7—节气门体 8—旁通气道

空气供给系统为发动机提供必要的清洁空气,测量和控制燃油燃烧所需的进气量。空气经空气滤清器过滤后,用空气流量传感器(或进气压力传感器)进行测量,然后经节气门到达进气总管,再分配给进气歧管。喷油器喷出的汽油与空气在进气歧管内混合后,再进入气缸内进行燃烧。

2. 燃油供给系统

燃油供给系统由燃油箱、燃油泵、燃油滤清器、燃油分配管(供油总管)、喷油器、油压调节器和回油管等组成,如图2-8所示。燃油供给系统向燃油分配管供给一定压力的燃油,由ECU控制的喷油器将燃油以高压雾状喷出,以便形成所需的可燃混合气。

燃油泵将燃油从油箱中泵出,经过燃油滤清器除去杂质及水分后,送至燃油分配管,当由ECU控制的喷油器开启时,燃油以高压雾状喷出并与空气混合形成可燃混合气,当进气门开起时,可燃混合气被吸入气缸。

3. 电子控制系统

电子控制系统是由传感器、ECU和执行器(喷油器)组成的。图2-9所示为桑塔纳AJR型发动机电控燃油喷射系统(L型),其控制原理图如图2-10所示。

发动机燃油喷射电子控制系统的功能是根据发动机运转状况和车辆运行状况确定最佳喷油量和喷油时刻。供给发动机的汽油量由喷油持续时间来控制,而喷油持续时间则由ECU

项目二　汽油机电控燃油喷射系统

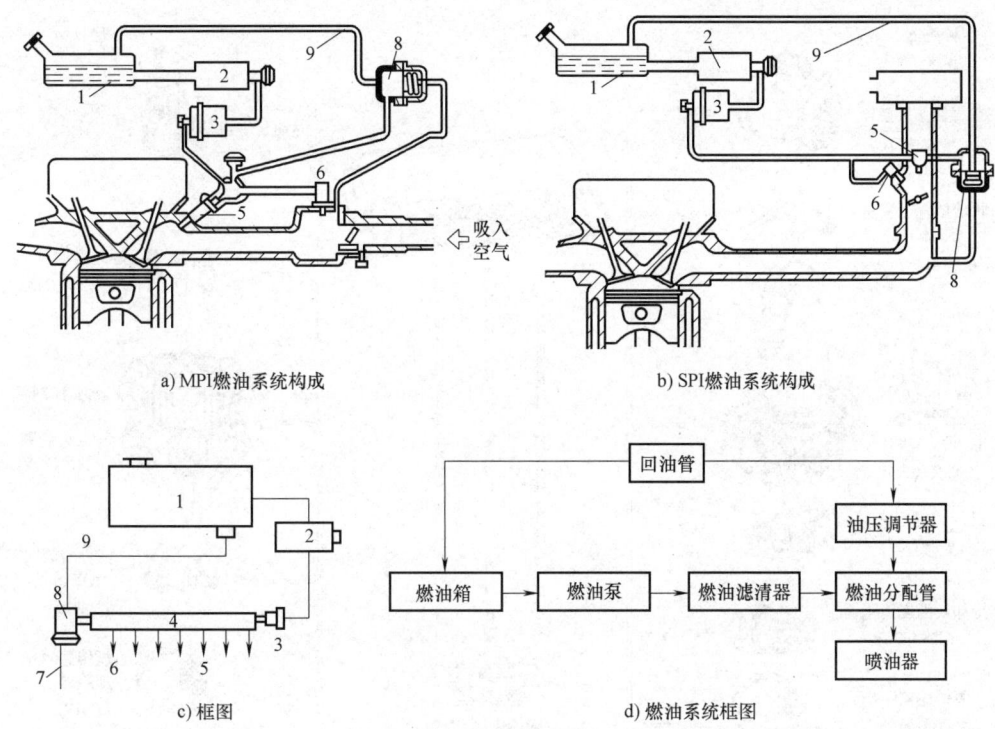

图 2-8　燃油供给系统

1—燃油箱　2—燃油泵　3—燃油滤清器　4—燃油分配管　5—喷油器
6—冷起动喷油器　7—真空管　8—油压调节器　9—回油管

根据进气歧管压力传感器或空气流量传感器检测到的进气量来决定。根据进气量和转速计算出基本喷油持续时间，然后进行温度、海拔、节气门开度等各种工作参数的修正，最终得到发动机在这一工况下运行的最佳喷油持续时间，从而精确地控制喷油量。

ECU 根据空气流量信号和发动机转速信号确定基本喷油时间，再根据其他传感器对喷油量进行修正，并按最后确定的喷油时间向喷油器发出指令，使喷油器开始喷油或停止喷油。

二、电控燃油喷射系统的控制功能

1. 燃油喷射正时控制

喷射正时又称为喷油时刻，也就是喷油器在什么时刻开始喷油的问题。对于间歇喷射的发动机，按照喷油时刻可分为同步喷射和异步喷射两种类型。

同步喷射：燃油的喷射与发动机的旋转同步，根据发动机各缸工作循环，在既定的曲轴转角位置进行喷油，具有规律性。在多点同步喷射的控制系统中，根据喷射时序的不同，可分为顺序喷射、同时喷射、分组喷射三种。

异步喷射：油的喷射与发动机的曲轴旋转无关，无规律性，它是在同步喷射的基础上为改善发动机的性能而额外增加的喷油。它主要有起动异步喷射和加速异步喷射两种。

（1）同步喷射正时控制　同步喷射正时控制是指在设定的曲轴转角进行喷射，在发动机稳定工况的大部分运转时间里，喷油系统以同步方式工作。同步喷射正时控制包括顺序喷

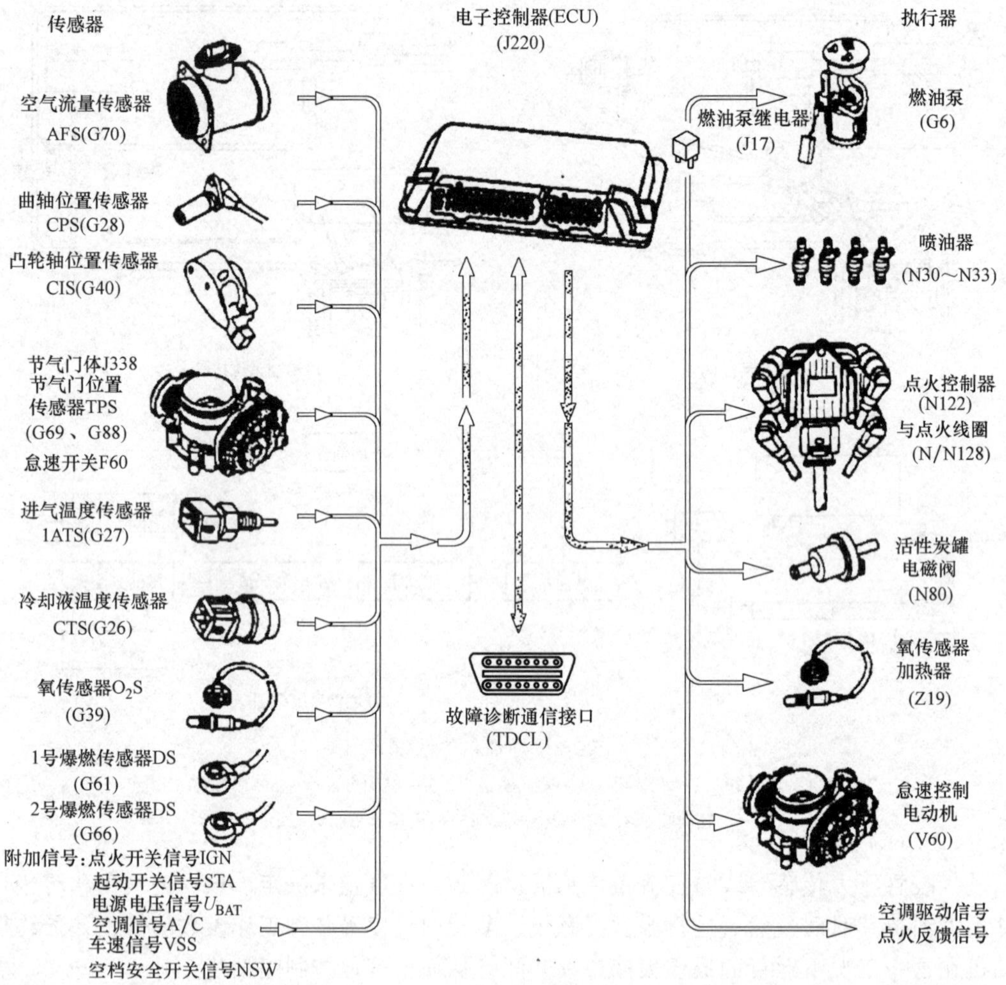

图 2-9　桑塔纳 AJR 型发动机电控燃油喷射系统（L 型）

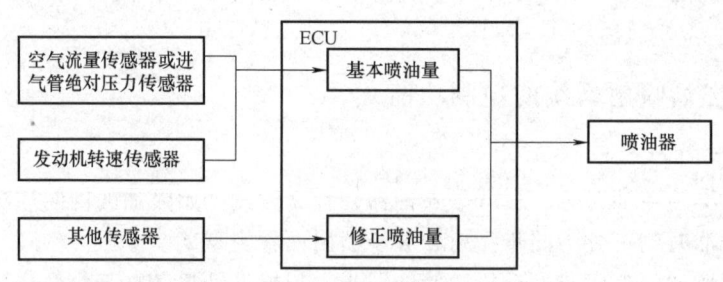

图 2-10　电子控制系统控制原理

射正时控制、分组喷射正时控制、同时喷射正时控制。

顺序喷射正时控制：ECU 根据凸轮轴位置传感器、曲轴位置传感器和发动机的做功顺序，确定各气缸的工作位置。当确定各缸活塞运行至排气行程上止点前某一位置时，ECU 输出喷油控制信号，接通喷油器电磁线圈电路，使该缸开始喷油。顺序喷射正时控制电路中喷油器驱动回路数与气缸数目相等。顺序喷射正时控制电路如图 2-11 所示。

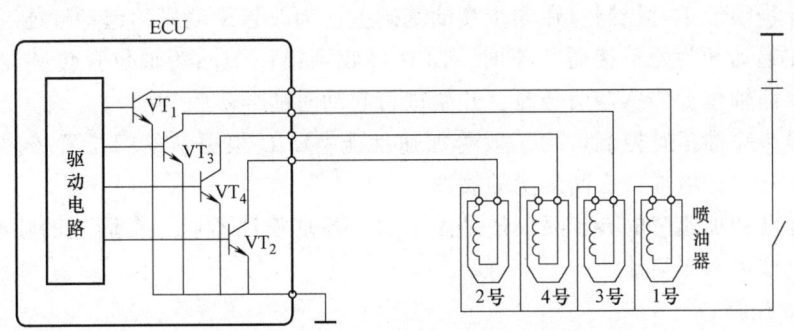

图 2-11　顺序喷射正时控制电路

分组喷射正时控制：把所有喷油器分成 2~4 组，由 ECU 分组控制喷油器。以各组最先进入做功的缸为基准，在该气缸排气行程上止点前某一位置，ECU 输出喷油指令信号，接通该组喷油器电磁线圈电路，该组喷油器开始喷油。处在同一组的喷油器同时开始喷油，同时停止喷油。分组喷射正时控制电路如图 2-12 所示。

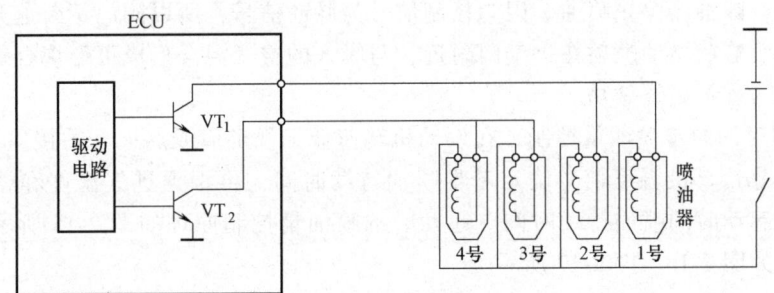

图 2-12　分组喷射正时控制电路

同时喷射正时控制：以发动机最先进入做功行程的缸为基准，在该缸排气行程上止点前某一位置，ECU 输出喷油指令信号，同时接通所有喷油器电磁线圈电路，喷油器开始喷油。所有喷油器由 ECU 控制同时开始喷油和停止喷油。同时喷射正时控制电路如图 2-13 所示。

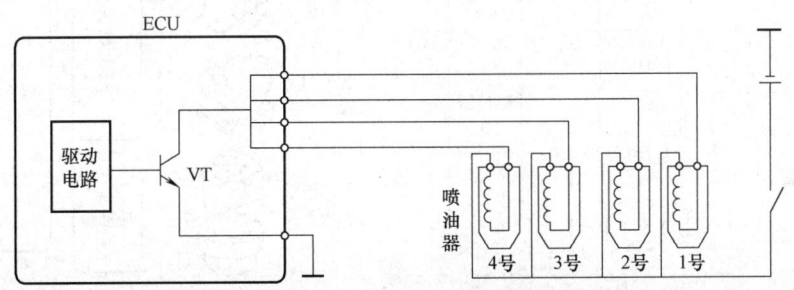

图 2-13　同时喷射正时控制电路

（2）异步喷射正时控制　发动机在起动和加速时，为了保证起动迅速、加速响应快，ECU 会根据冷却液温度、节气门变化程度适当地增加供油量，此时应采取与曲轴转角无关的异步喷射。

起动时异步喷油正时控制：在同步喷油基础上，为改善发动机的起动性能，再增加一次异步喷油。在起动开关处于接通状态时，ECU 接收到第一个凸轮轴位置传感器信号后，在接收到第一个曲轴位置传感器信号时，开始进行起动时的异步喷油。

加速时异步喷油正时控制：为了改善加速性能，ECU 根据节气门位置传感器中怠速信号从接通到断开时，增加一次固定量的喷油。

发动机起动和加速时的异步喷油量是固定的，各缸喷油器以一个固定的喷油持续时间，同时向各气缸增加一次喷油。

2. 喷油量控制

喷油量控制的目的是使发动机在各种运行工况下，都能获得最佳的喷油量，以提高发动机的经济性和降低排放污染。喷油量的控制是通过对喷油器喷油时间的控制来实现的。

各类型电控燃油喷射系统喷油器的控制电路大同小异，桑塔纳 2000 系列控制电路[⊖]如图 2-14 所示，当 ECU 向喷油器发出的控制脉冲信号高电平"1"加到驱动晶体管 VT 基极时，喷油器电磁线圈通电，产生电磁吸力将阀门吸开，喷油器开始喷油；当控制脉冲信号低电率"0"加到驱动晶体管 VT 基极时，VT 截止，喷油器电磁线圈断电，在回位弹簧弹力作用下阀门关闭，喷油器停止喷油。因为控制信号为脉冲信号，所以阀门不断地开闭使喷油器雾化质量良好。雾状燃油喷射在进气门附近，与吸入的空气混合形成可燃混合气。当进气门打开时，再吸入气缸燃烧做功。

（1）起动时的同步喷油量控制　在发动机转速低于规定值或点火开关接通 STA（起动）档时，ECU 根据冷却液温度信号确定基本喷油持续时间，再根据进气温度和蓄电池电压进行修正，得到起动时的喷油持续时间。起动时的喷油量控制原理如图 2-15 所示，起动时的喷油持续时间如图 2-16、图 2-17 所示。

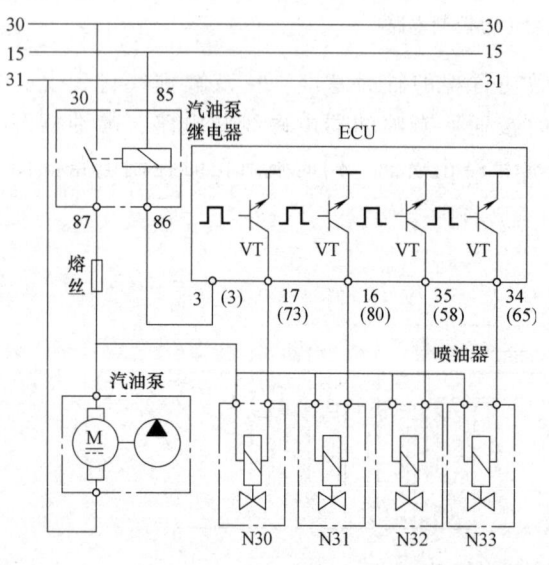

图 2-14　桑塔纳 2000 系列轿车喷油器控制电路

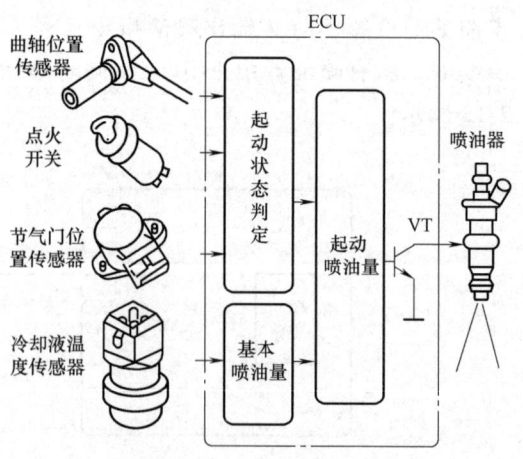

图 2-15　起动时的喷油量控制原理

⊖ 为便于对照原厂资料学习，本书保留原厂电路图。请注意，原厂电路图可能不符合国标要求。

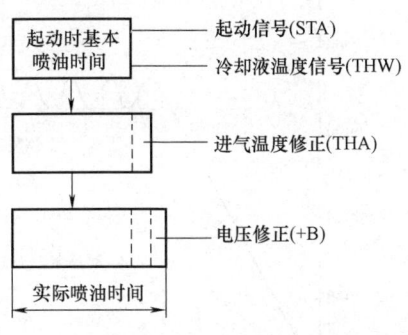

图 2-16 起动时喷油时间的确定

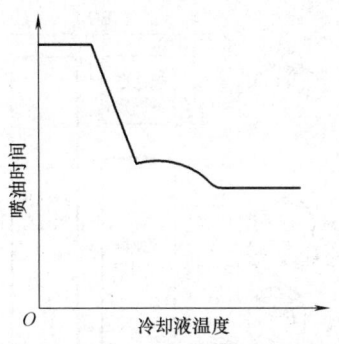

图 2-17 起动时基本喷油时间

(2) 起动后的同步喷油量控制 当发动机起动后转速超过预定值时，ECU 确定的喷油量是由基本喷油量、修正喷油量和喷油增量三部分组成的，其喷油量控制原理如图 2-18 所示。基本喷油量由空气流量传感器或进气歧管压力传感器信号、曲轴位置传感器信号和试验设定的目标空燃比计算确定；喷油修正量由与进气量有关的进气温度传感器、大气压力传感器、氧传感器等传感器信号和蓄电池电压信号计算确定；喷油增量由反映发动机工况的点火开关、冷却液温度传感器和节气门位置传感器等传感器信号计算确定。

3. 断油控制

(1) 超速断油控制 当发动机转速达到 ECU 设定的最高转速时，ECU 会控制喷油器暂时中断喷油，以防止超速运转而损坏机件。待发动机转速降低到规定值时，ECU 控制喷油器又恢复喷油。如此循环，即可防止发动机转速无限上升。在实

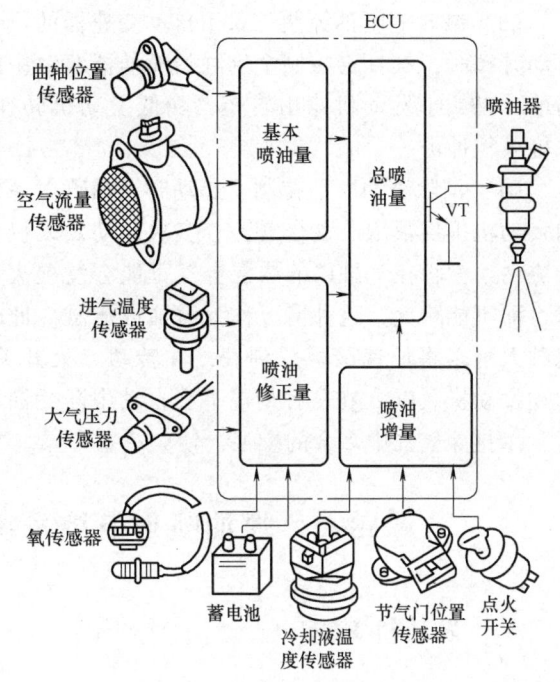

图 2-18 起动后的喷油量控制原理

行超速断油控制时，发动机工作在最高转速 6000~7000r/min 转速范围内。超速与减速断油控制原理如图 2-19 所示，超速断油控制曲线如图 2-20 所示。

(2) 减速断油控制 当在发动机运转过程中突然松开加速踏板，且满足某些条件时（节气门位置传感器怠速开关接通；发动机转速高于 ECU 内存的设定值 80~100r/min），ECU 会控制喷油器停止喷油，即实行减速断油。待发动机转速下降到规定值时，ECU 又控制喷油器恢复供油。停止与恢复供油的转速与发动机冷却液温度及外加负荷有关，发动机冷却液温度越低、外加负荷越大，则停止与恢复供油的转速越高；反之，发动机冷却液温度越高、外加负荷越小，则停止与恢复供油的转速就越低。减速断油控制既可以降低燃油消耗，又可以减少污染物的排放。减速断油控制曲线如图 2-21 所示。

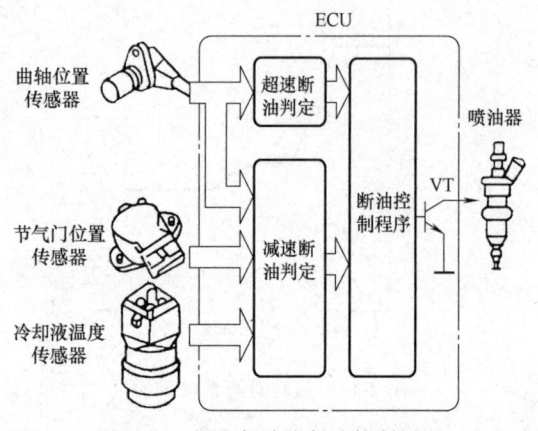

图 2-19 超速与减速断油控制原理

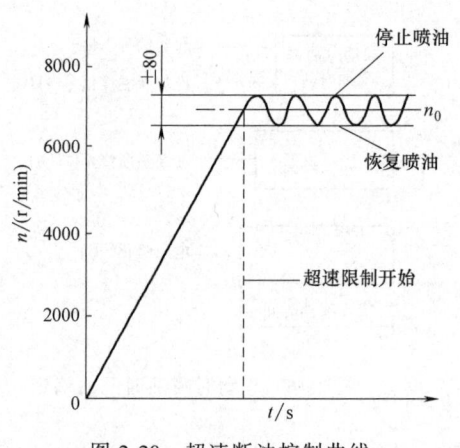

图 2-20 超速断油控制曲线

（3）减转矩断油控制 采用自动变速器的汽车自动升档时，ECU 会控制个别缸的喷油器暂时中断喷油，以减小发动机输出转矩，降低发动机转速，减轻换档冲击。

（4）消除溢油断油控制 起动时汽油喷射系统向发动机提供很浓的混合气，若多次起动发动机仍未成功，淤积在气缸内的浓混合气可能会浸湿火花塞，而不能跳火，这种情况称为溢油或淹缸。此时驾驶人可以将加速踏板踩到底，并转动点火开关，起动发动机。ECU 在这种情况下会自动中断燃油喷射，以排除气缸中多余的燃油，使火花塞干燥。

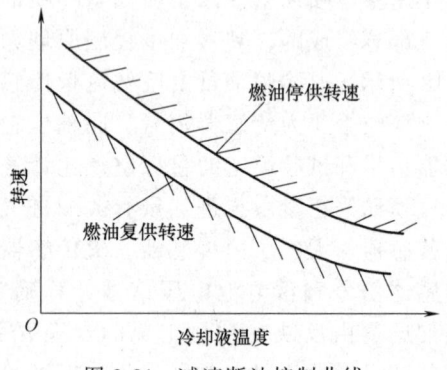

图 2-21 减速断油控制曲线

课题三 燃油喷射电控系统主要元件及工作原理

一、发动机 ECU

1. 基本组成

发动机控制单元（ECU）主要由微处理器、输入电路、输出电路、A/D 转换器等组成，如图 2-22 所示。ECU 的作用是根据传感器经输入电路送来的信号，用存储器中的控制程序进行运算和处理之后输出控制信号，通过输出电路控制点火器、喷油器、怠速控制阀等执行机构的工作。

（1）输入回路 微处理器只能识别 0~5V 的数字信号。但传感器输送给发动机 ECU 的信号有两种：一种是数字信号，一种是模拟信号。输入电路可将模拟信号的杂波滤去，或将数字信号作削峰处理，换算成 0~5V 的方波，以便微处理器识别。

（2）A/D 转换器 微处理器不能直接处理模拟信号，A/D 转换器可将模拟信号转换成数字信号，然后输入微处理器进行处理。

（3）微处理器 微处理器包括中央处理器（CPU）、存储器、输入/输出接口和总线，其构成原理图如图 2-23 所示。

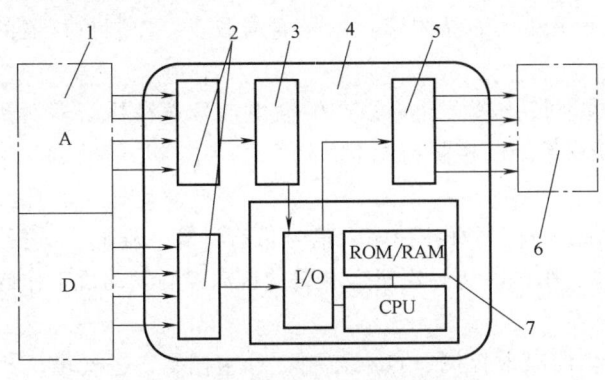

图 2-22　发动机 ECU 的组成
A—模拟信号输入　D—数字信号输入
1—传感器　2—输入回路　3—A/D 转换器　4—电控
单元　5—输出回路　6—执行器　7—微处理器

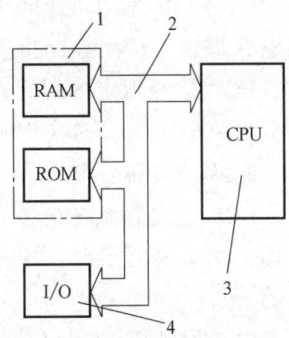

图 2-23　微处理器构成原理
1—存储器　2—总线　3—CPU
4—输入/输出接口

中央处理器是整个控制系统的核心，所有的数据都要在 CPU 内进行运算，当接收到传感器的信号后，中央处理器根据预先设定的程序进行运算，从而控制燃油喷射、点火、怠速、排放系统等。

存储器主要用来存储信息，分为随机存储器（RAM）和只读存储器（ROM）。

随机存储器（RAM）是既能读出又能写入的存储器，主要用来存储计算机操作时的可变数据，如发动机的学习参数、故障码等，起暂时存储的作用。当电源切断时，所有存入 RAM 的数据会完全丢失。在发动机运行过程中，为了长期保存存入 RAM 的某些数据，如故障码、空燃比学习修正值等，防止点火开关关闭时这些数据丢失，RAM 一般都通过专用的后备电源电路与蓄电池直接连接，使其不受点火开关的控制。但当后备电源电路断开或蓄电池上的电源线拔掉时，存入 RAM 的数据也会丢失。

只读存储器（ROM）用来存储一系列控制程序，如喷油特性脉谱图、点火正时脉谱图等，是制造厂一次性写入的，只读存储器中的内容不可更改。

输入/输出接口是 CPU 与传感器、执行器进行正常通信的控制电路，是微型计算机中不可缺少的部分。

总线是计算机内部各单元之间连线的总称，根据传输的信号类型，总线分为数据总线、地址总线和控制总线，如图 2-24 所示。

数据总线主要用于数据与指令的传输，承担中央处理器与其他组件之间数据传输的任务。地址总线用于传送地址码，中央处理器通过其把地址码存入寄存器，使总线传输的信号能够认出所需信息在寄存器中的确切位置。控制总线传输信号以控制计算机的工作，它能选择所需的工作单元，确定此时的数据传输方向。数据传输方向用"读"或"写"表示，"读"表示数据传输给中央处理器，"写"表示数据由中央处理器输出。

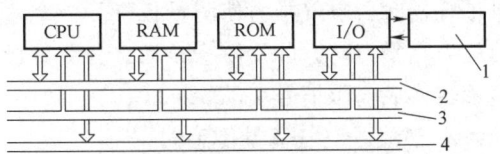

图 2-24　微处理器的总线
1—输入/输出回路　2—数据总线
3—地址总线　4—控制总线

（4）输出回路　输出回路将低电压的数字信号转换成可以驱动执行器工作的控制信号。一般是由CPU输出的信号控制大功率电子元件（如晶体管）的导通与截止，控制执行器的供电或搭铁，从而控制执行器的动作。

ECU按照拟定的程序对各项输入参数进行比较、计算，产生输出信号送往执行器。执行器再将电子信号转换为机械动作，实现对系统的控制和调节。

2. 基本功能

ECU是控制系统的核心。ECU按照一定的程序对各种输入信号进行运算、存储、分析、处理，然后输出指令，控制相关执行元件工作，以达到快速、准确、自动控制发动机工作的目的。

电控发动机ECU的主要控制功能有燃油喷射控制、点火控制、怠速控制、进气增压控制、尾气排放控制，以及充电控制、空调压缩机控制、冷却风扇控制和发动机转速控制等。除此之外，ECU还具有失效保护、故障自诊断等功能。

二、信号输入装置

汽油喷射电子控制系统中，发动机ECU对信号输入装置的信号进行综合分析和处理，通过控制喷油量，使发动机具有最佳性能。信号输入装置包括传感器和一些控制开关，主要有空气流量传感器、进气压力传感器、曲轴位置传感器、凸轮轴位置传感器、节气门位置传感器、冷却液温度传感器、进气温度传感器、起动开关、空档起动开关、空调开关、动力转向开关和制动灯开关等。

（一）空气流量传感器

空气流量传感器的主要作用是对进入气缸的空气量进行测量，并把空气量信号输送到发动机ECU，发动ECU据此决定基本喷油量和点火时间，即空气流量传感器给出的是电控发动机喷油量和点火正时的主控信号。空气流量传感器失效后，基本喷油脉宽由节气门位置传感器和发动机转速传感器负责。

1. 叶片式空气流量传感器

叶片式空气流量传感器的结构如图2-25所示。空气流量传感器主要由测量板、补偿板、回位弹簧、电位计、旁通空气道组成，此外还包括尾气成分调整螺钉、油泵开关及进气温度传感器等组成。

叶片式空气流量传感器的工作原理如图2-26所示。来自空气滤清器的空气通过空气流量传感器时，空气推力使测量板打开一个角度，当吸入空气推开测量板的力与弹簧变形后的回位力相平衡时，叶片停止转动。与测量板同轴转动的电位计检测出叶片转动的角度，将进气量转换成电压信号U_S送给ECU。

2. 热线式空气流量传感器

（1）热线式空气流量传感器的结构与工作原理　热线式空气流量传感器为质量式流量传感器。它安装在空气滤清器与节气门之间的进气通道中。热线式空气流量传感器的结构和工作原理如图2-27所示。

热线式空气流量传感器是利用空气流过热线时的冷却效应制成的。它由热线铂丝电阻R_H、温度补偿电阻R_K（又称为冷线）、控制电路板（包括R_A、R_B两个固定电阻）、防护网等组成。空气流量传感器内的取样管上装有一根直径约为0.07mm的铂丝热线和一个温度补

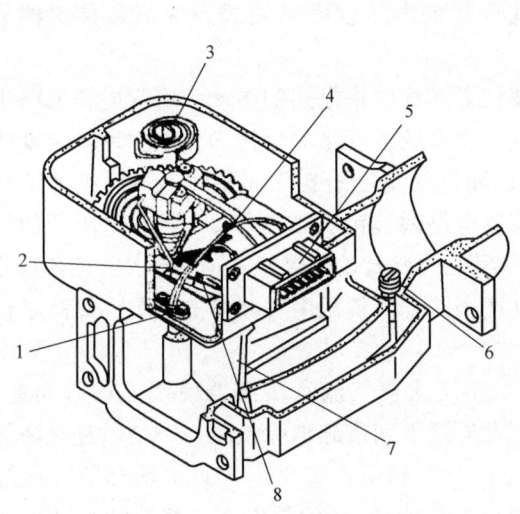
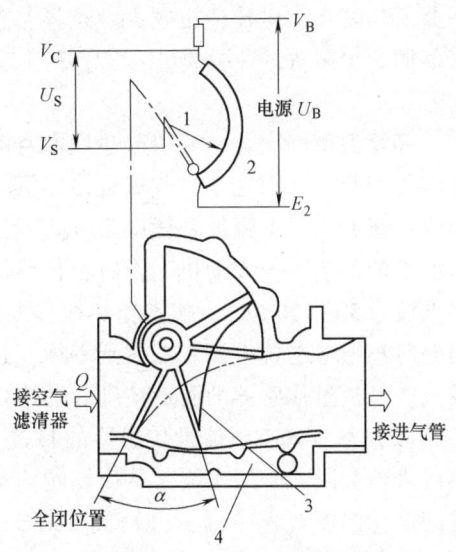

图 2-25 叶片式空气流量传感器的结构
1—进气温度传感器 2—电动汽油泵动触点 3—回位弹簧 4—电位计 5—导线插接器 6—CO 调节螺钉 7—旋转叶片（测量片） 8—电动汽油泵静触点

图 2-26 叶片式空气流量传感器的工作原理
1—电位计滑臂 2—可变电阻 3—测量叶片 4—旁通进气道

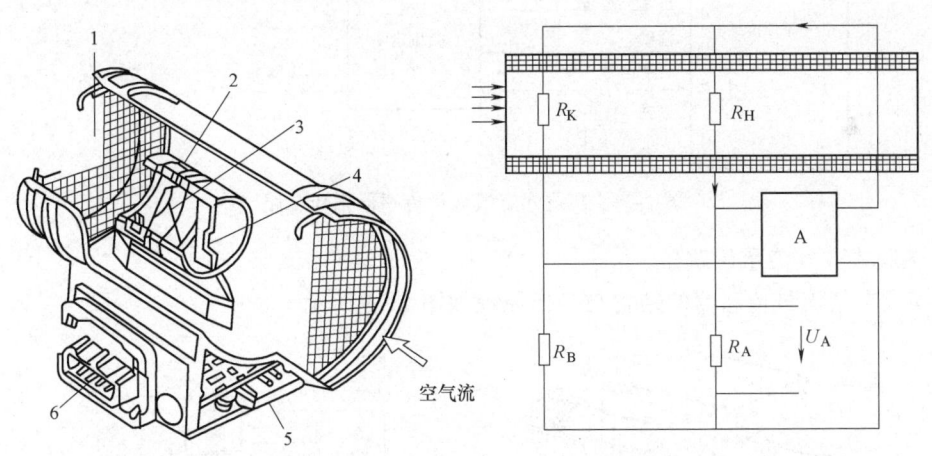

a) 热线式空气流量传感器的结构　　b) 旁通测量热线式空气流量传感器

图 2-27 热线式空气流量传感器的结构和工作原理
1—防护网 2—取样管 3—铂金热线 4—温度补偿电阻 5—控制电路 6—插接器
A—混合集成电路 R_H—热线电阻 R_K—温度补偿电阻 R_A—精密电阻 R_B—电桥电阻

偿电阻。铂丝热线和其他几个电阻组成惠斯通电桥电路。铂丝热线的电阻值与其本身的温度成正比。在环境温度一定时，给惠斯通电桥电路供电，它便会达到平衡。当有空气流过取样管中的铂丝热线时，进气会带走热线的热量，使其温度降低，热线的电阻值随即也降低，电桥电路的平衡被破坏。为重新达到平衡，使热线电阻恢复到原来的数值，就必须增大电流，使热线温度提高。空气流量越大，带走的热量越多，热线电阻值的变化就越大，为重新达到平衡所需增加的电流值也越大。这样，就把空气流量的变化转换为电流的变化，电流的变化又使固定电阻 R_A 两端的电压 U_A 发生变化，此变化的电压就是热线式空气流量传感器的信号。

环境温度的变化也会引起热线本身温度的变化，破坏电桥电路的平衡，引起电桥电路中电流的变化，从而造成空气流量传感器输出不能正确反映进气量的信号。为消除环境温度的影响，设置了一个温度补偿电阻 R_K，其电阻值也随进气温度的变化而变化，从而抵消了环境温度的影响。当发动机工作时，传感器中的控制电路调节铂丝热线和温度补偿电阻上的加热电流（50~120mA），使铂丝热线和温度补偿电阻上的温差始终保持在100℃，也只有在此温差时惠斯通电桥电路才能达到平衡。这样就彻底消除了环境温度对测量的影响，提高了热线式空气流量传感器的测量精度和适应性。

（2）热线式空气流量传感器的自清洁作用　热线式空气流量传感器使用一段时间后，热线表面会附着一层尘埃，从而影响测量精度。常通过下列措施消除尘埃：一是通过提高热线的保持温度（保持温度升高到200℃以上）防止灰尘黏附；二是设置自清洁功能，通过ECU控制加热热线来清除污垢。通常在发动机停转后，在ECU的控制下，将热线自动加热到1000℃，烧掉附着在热线上的灰尘。热线式空气流量传感器工作电路如图2-28所示。

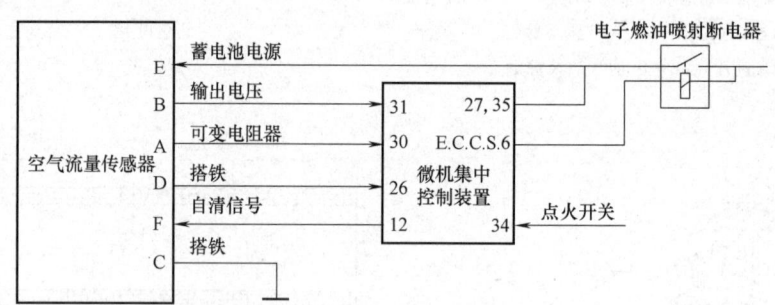

图2-28　热线式空气流量传感器工作电路

3. 热膜式空气流量传感器

热膜式空气流量传感器的结构与工作原理如图2-29所示。

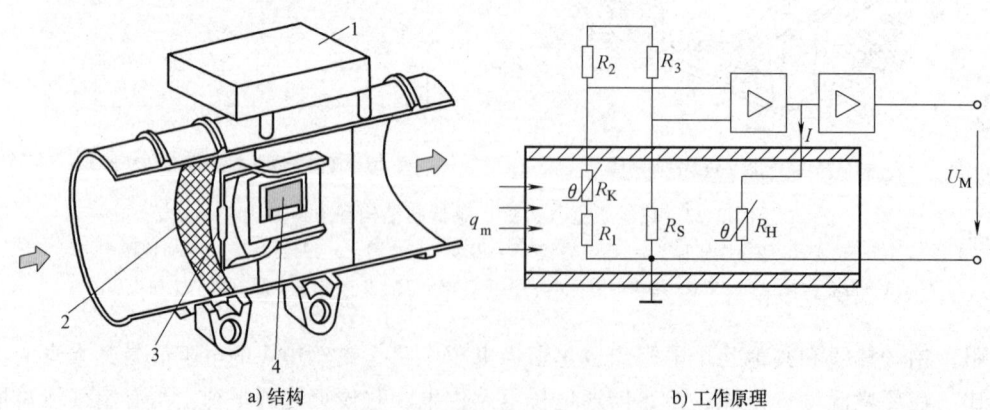

a) 结构　　　　　　　　b) 工作原理

图2-29　热膜式空气流量传感器的结构与工作原理

1—控制电路板　2—金属网　3—温度传感器　4—热膜　R_H—热线电阻　R_1、R_2、R_3—高阻值电阻　R_S—精密电阻　U_M—电压输出信号　I—加热电流　q_m—空气质量流量　R_K—信号取样电阻

热膜式空气流量传感器的结构和工作原理与热线式空气流量传感器相同，都是用惠斯通电桥电路工作的，只是将发热体由热线改为热膜，热膜是由发热金属铂固定在薄的树脂上构成的，这种结构可使发热体不直接承受空气流动所产生的作用力，增加了发热体的强度，提高了其可靠性。桑塔纳2000Si AJR型发动机用的就是这种形式的空气流量传感器。

4. 卡门旋涡式空气流量传感器

卡门旋涡式空气流量传感器通常安装在空气滤清器与节气门之间的进气管路上，或装在空气滤清器的外壳上。

在稳定的流体中放置一圆柱状物体后，其下游的流体就会产生相互平行的两列涡旋，而且旋涡交替出现，这就是卡门旋涡现象，如图2-30所示。其中用于产生涡流的柱状物体称为旋涡发生器。当流体的流速变化时，卡门旋涡产生的频率也将发生变化。测出涡流的频率，可计算出流体的流速，从而计算出流体的流量。

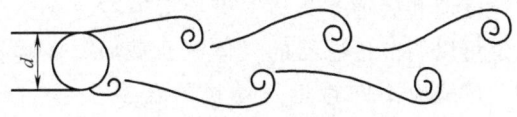

图2-30 卡门旋涡产生的机理

卡门旋涡式空气流量传感器主要包括光电式和超声波式两种。

（1）光电式空气流量传感器 光电式空气流量传感器由旋涡发生器、发光二极管、光电晶体管和反射镜等组成，如图2-31所示。其中发光二极管、光电晶体管和反射镜构成了旋涡频率的检测器。

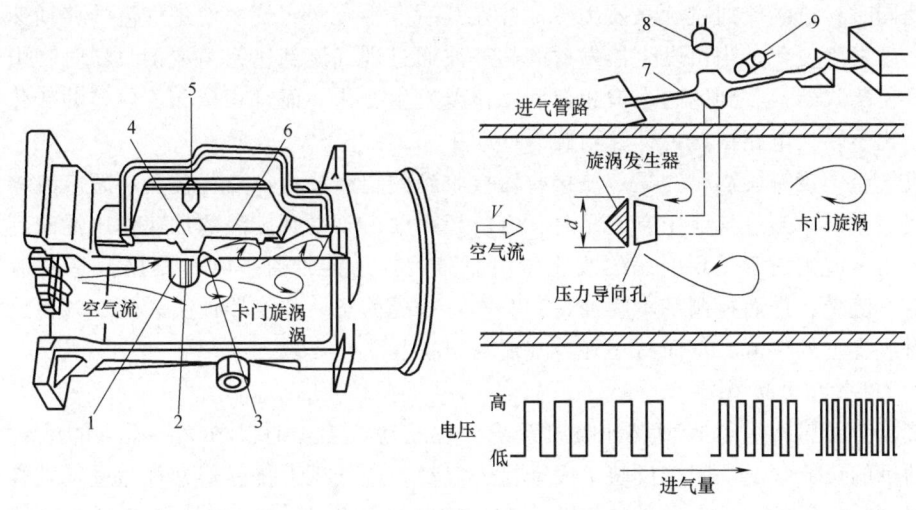

图2-31 光电式卡门旋涡空气流量传感器的工作原理
1—旋涡发生器 2—压力导向孔 3、9—光电晶体管 4—反光镜 5、8—发光二极管 6—钢板弹簧 7—支承板

当空气流过旋涡发生器时，便产生卡门旋涡。这时，旋涡发生器的锥形体外围侧压力会发生变化，通过导压孔将压力的变化引向由金属膜制成的反射镜表面，使反光镜产生振动，反光镜的振动频率等于旋涡的频率。当发光二极管产生的光线经反射镜反射到光电晶体管上时，光电晶体管导通；当光线不能反射到光电晶体管上时，光电晶体管截止。光电晶体管导通与截止的频率与反射镜振动的频率成正比，同样与旋涡的频率成正比。通过光电晶体管可以检测到卡门旋涡的频率。ECU据此便可计算出空气流量，而确定基本喷油量和基本点火

提前角。

（2）超声波式空气流量传感器　超声波式卡门旋涡空气流量传感器的结构与工作原理如图 2-32 所示。它是由旋涡发生器、旋涡稳定板、超声波发生器、超声波接收器、转换电路、整流栅等组成。其中超声波发生器、超声波接收器和转换电路用于检测旋涡的频率。

超声波式空气流量传感器设置有主空气道和旁通空气道，设置旁通空气道可以调节传感器的气体流通截面积，以适应不同排量发动机的需要。旋涡发生器为三棱柱体，设置在主空气道内，其后设有几个旋涡稳定板，以使下游能够产生稳定的旋涡。超声波发生器和超声波接收器设置在旋涡

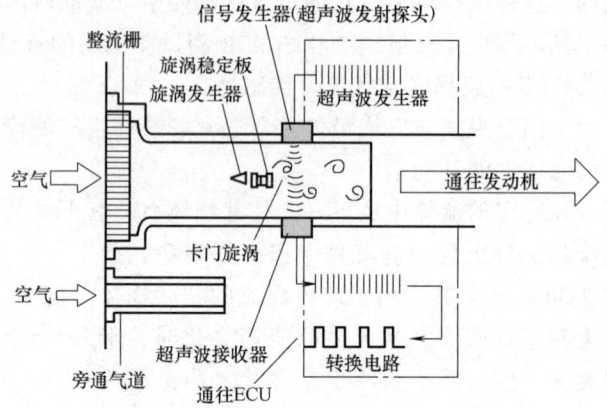

图 2-32　超声波式卡门旋涡空气流量传感器的结构与工作原理

发生器的两侧与进气流垂直的方向上，分别用于产生、发射和接收超声波。集成电路则对信号进行整形处理，并向 ECU 发出数字信号。

当发动机工作时，超声波发生器不断地向超声波接收器发出一定频率（40kHz）的超声波。与此同时，进气流通过旋涡发生器，并在其后产生旋涡，旋涡使进气流的移动速度随进气流的密度发生变化。当由发生器发射的超声波通过进气流到达超声波接收器时，由于旋涡的影响，使接收器接收到的超声波相位和相位差发生变化，而且相位和相位差的变化与旋涡频率成正比。转换电路据此可计算出旋涡的频率。

当进气流中没有旋涡时，超声波接收器接收到的超声波相位与相位差和超声波发射器发射的完全相同。当进气流中有旋涡时，有的超声波由于受到旋涡的加速作用提前到达接收器，有的超声波则由于受到旋涡的减速作用而滞后到达接收器。ECU 根据传感器信号便可计算出空气流量，进而控制基本喷油量和基本点火提前角。整流器使吸入的空气在旋涡发生器上游形成稳定的气流，从而减小外界气流的干扰。

（二）进气压力传感器

进气压力传感器用于 D 型燃油喷射系统。在发动机工作时，节气门后方的绝对压力反映了发动机的负荷状况，间接反映了发动机进气量。进气压力传感器又称为进气歧管绝对压力传感器，其作用是测量出进气歧管节气门后方的进气压力，经 ECU 转换成进气量后来确定基本喷油量。进气压力传感器失效后，ECU 按照设定的固定值控制喷油量，使应急备用系统维持发动机基本运转。

在当今发动机电子控制系统中，进气压力传感器应用较为广泛的有半导体压敏电阻式和真空膜盒传动式两种，其中半导体压敏电阻式应用最多。

1. 压敏电阻式进气压力传感器

压敏电阻式进气压力传感器的结构与工作原理如图 2-33 所示。压敏电阻式进气压力传感器由绝对真空室、硅膜片等组成。硅膜片一侧是真空室，另一侧承受来自进气歧管中气体的压力，在气体压力的作用下，硅膜片发生变形，且压力越大，形变越大，硅膜片上应变电

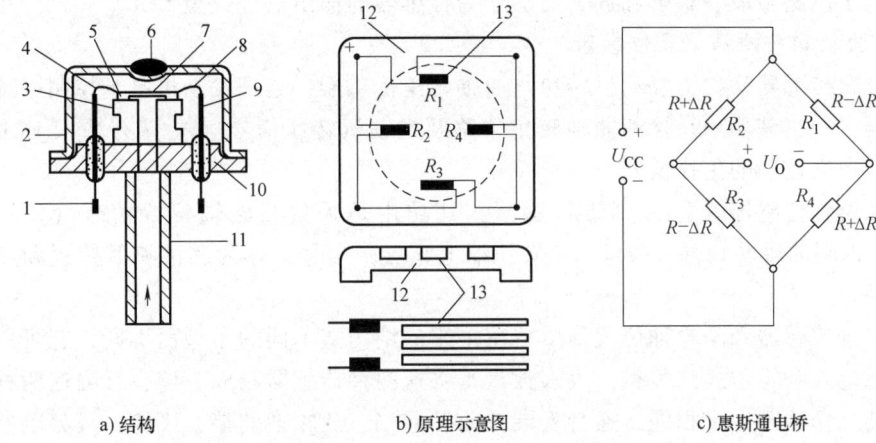

a) 结构　　　　　　　　b) 原理示意图　　　　　　　c) 惠斯通电桥

图 2-33　压敏电阻式进气压力传感器的结构与工作原理

1—线端子　2—壳体　3—硅杯　4—绝对真空室　5、12—硅膜片　6—锡焊封口
7、13—应变电阻　8—金线电极　9—电极引线　10—底座　11—真空管

阻的阻值变化也越大。压力传感器把进气管内压力的变化转换成电信号送入 ECU，计算出空气量。

压敏电阻式进气压力传感器通常通过一根真空软管与进气道相通。它尺寸小、成本低、精度高、响应性和抗振性好，大众、丰田等轿车的部分发动机采用压敏电阻式进气压力传感器。

2. 真空膜盒传动式进气压力传感器

真空膜盒传动式进气压力传感器的结构和工作原理分别如图 2-34 和图 2-35 所示。真空膜盒传动式进气压力传感器主要由膜盒、铁心、感应线圈等组成。膜盒由薄金属片焊接而成，其内部被抽成真空，外部与进气歧管相通。外部压力变化将使膜盒产生膨胀和收缩的变化。置于感应线圈内部的铁心和膜盒联动。感应线圈由两个绕组构成：其中一个绕组与振荡电路相连，产生交流电压，在绕组周围产生磁场；另一个为感应绕组，产生信号电压。当进气管压力变化时，膜盒带动铁心在磁场中移动，使感应线圈产生的信号电压随之变化，该信

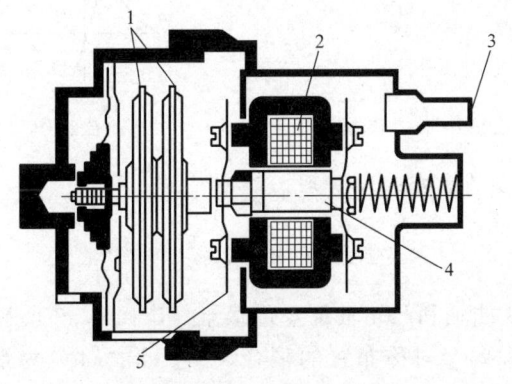

图 2-34　真空膜盒传动式进气压力传感器的结构
1—膜盒　2—感应线圈　3—至进气歧管
4—铁心　5—回位弹簧

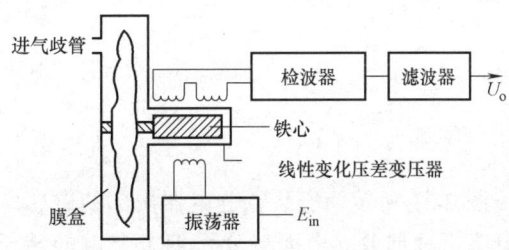

图 2-35　真空膜盒传动式进气压力传感器的工作原理

号电压由电子电路检波、整形和放大后,作为传感器的输出信号送至ECU。

(三)曲轴和凸轮轴位置传感器

曲轴位置传感器又称为发动机转速与曲轴转角传感器,它是发动机电子控制系统中最重要的传感器之一,其功用是检测曲轴转角位移及发动机转速信号(N_e)并输入ECU,作为燃油喷射和点火控制的主控信号。

凸轮轴位置传感器又称为判缸传感器,其功用是采集凸轮轴位置信号(G)并输入ECU,用于识别曲轴转角基准位置(1缸压缩上止点)信号,作为燃油喷射控制和点火控制的主控信号。

曲轴位置传感器和凸轮轴位置传感器所采用的结构随不同的车型而不同,它可以分为磁脉冲式、光电式和霍尔式三大类。大多数汽车将这两种传感器制成一体,且当这两种传感器同类型时其工作原理完全相同,通常安装在曲轴前端、凸轮轴前端、飞轮上或分电器内。

1. 磁脉冲式曲轴和凸轮轴位置传感器

磁脉冲式曲轴位置传感器主要由转子(触发齿轮)、永久磁铁、耦合线圈等组成,其工作原理如图2-36所示。当发动机转动时,转子也随着旋转,磁心与转子凸起之间的相对位置是变化的,因此,通过耦合线圈的磁通产生变化,耦合线圈中便产生感应电压。当转子上的凸起逐渐接近磁心时,磁路中的气隙逐渐变小,通过线圈的磁通量逐渐增大,于是在线圈中产生感应电动势;当转子上的齿正对磁心时,磁路中的气隙最小,此时通过线圈的磁通量最大,但其变化率为零,因而在感应线圈中产生的感应电动势为零;当转子上的齿逐渐离开磁心时,磁路中的气隙逐渐增大,通过线圈的磁通量逐渐变小,于是在感应线圈中产生一反向电动势。如此反复,即可产生脉冲式曲轴位置传感信号。

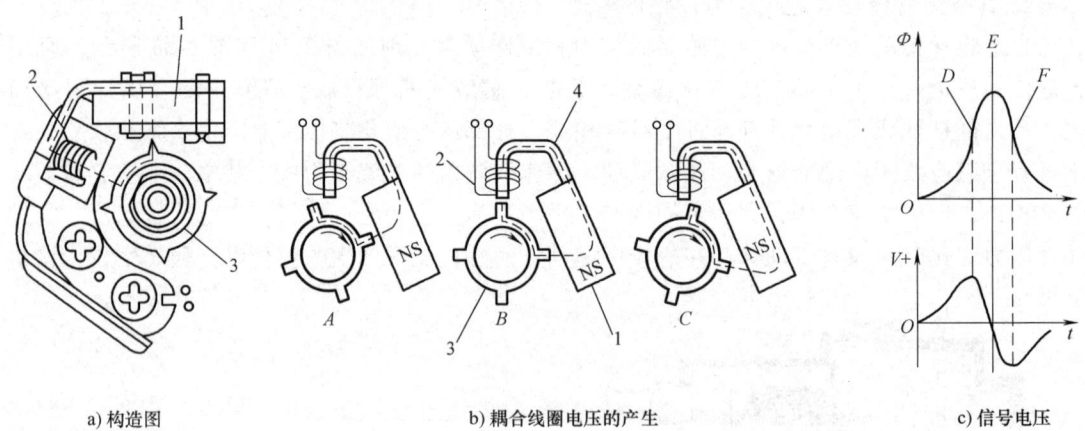

图2-36 磁脉冲式曲轴位置传感器的工作原理
1—永久磁铁 2—耦合线圈 3—信号转子 4—支座
A—靠近 B—正对 C—远离 D、E、F—分别为A、B、C三处对应的电压 Φ—通过线圈的磁通量

图2-37所示为安装在分电器内部的磁感应式曲轴和凸轮轴位置传感器(丰田)。该传感器分上下两部分:上面部分为带1个齿的转子和两个对称布置的耦合线圈;下面部分为带24个齿的转子和耦合线圈。两个转子均装在分电器轴上,随分电器轴同步转动。

G_1和G_2耦合线圈产生的信号用于检测活塞在气缸中的位置。当发动机工作时,分电器轴转过一圈(曲轴转两圈),其上的正时转子也转过一圈,耦合线圈G_1和G_2各产生一个电脉冲信号。通过合理的设计，使 G 转子上的齿分别在 1 缸和 6 缸压缩上止点前 10°时与两耦合线圈最接近，即在 1 缸、6 缸压缩上止点前 10°时，耦合线圈 G_1 和 G_2 各产生一个电脉冲信号，ECU 以此信号为基准来判定各缸活塞的工作位置。

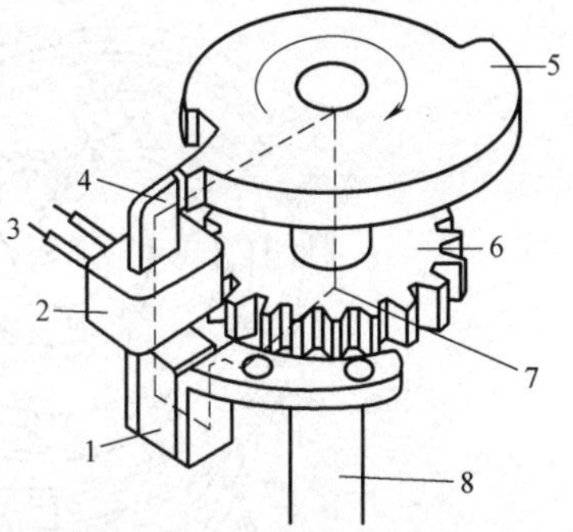

N_e 转子上有 24 个齿，N_e 耦合线圈用来产生曲轴转角信号。当 N_e 转子随分电器轴转一圈（即曲轴转两圈）时，N_e 耦合线圈产生 24 个电压脉冲信号。ECU 根据某段时间内产生的脉冲信号数计算出发动机转速。同时，为提高喷油时刻和点火时刻的控制精度，ECU 内部的分频器将每个 N_e 电压脉冲信号等分成 30 个脉冲信号，每个脉冲信号相当于曲轴转角 1°。

丰田 2JZ-GE 发动机磁感应式曲轴位置传感器的工作电路如图 2-38 所示。曲轴位置传感器的信号轮均分 36 等分，留有 34 个齿，缺少两个齿。由于信号轮上有两个缺齿，则曲轴每转 360°，有一个大的交流信号，与此信号对应的就是活塞上止点位置，作为 ECU 计算点火提前角的基准。

2. 光电式曲轴和凸轮轴位置传感器

光电式曲轴和凸轮轴位置传感器是利用半导体的光电效应原理将发动机曲轴转角和气缸压缩上止点位置信号转换为电信号制成的，如图 2-39 所示。有光线时，光电晶体管导通，有电流输出，传感器输出高电平信号；没有光线时，光电晶体管截止，没有电流输出，传感器输出低电平信号。

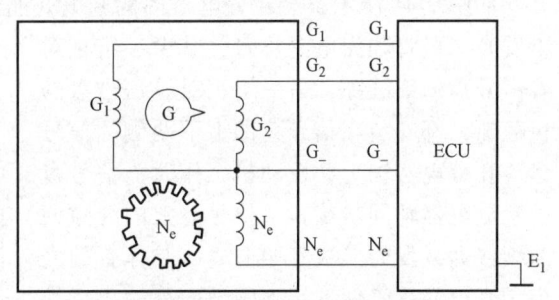

图 2-37 安装在分电器内部的磁感应式曲轴和凸轮轴位置传感器（丰田）
1—永久磁铁 2—线圈 3—信号输出
4—铁心 5—G_1、G_2 转子
6—N_e 转子 7—磁路 8—分电器轴

图 2-38 丰田 2JZ-GE 发动机磁感应式曲轴位置传感器的工作电路

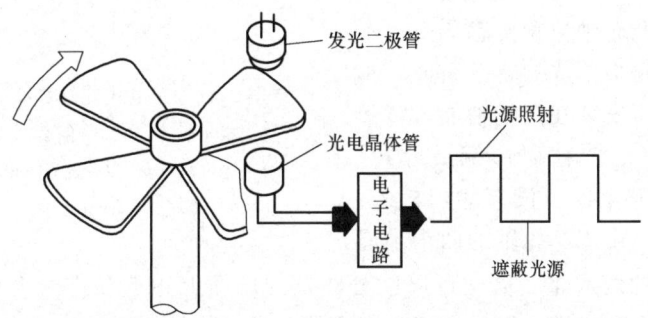

图 2-39 光电信号发生器的作用机理

如图 2-40 所示，光电式曲轴和凸轮轴位置传感器由信号发生器（发光二极管、光电晶体管）、信号盘（转盘）、整形电路等组成。信号盘位于发光二极管和光电晶体管之间。信号盘上有 360 条细缝，每条细缝用于产生一个 1°的凸轮轴转角信号和 2°的曲轴转角信号；还有 6 条粗缝用于产生 60°的凸轮轴转角信号和 120°的曲轴位置信号，其中较宽的一条粗缝

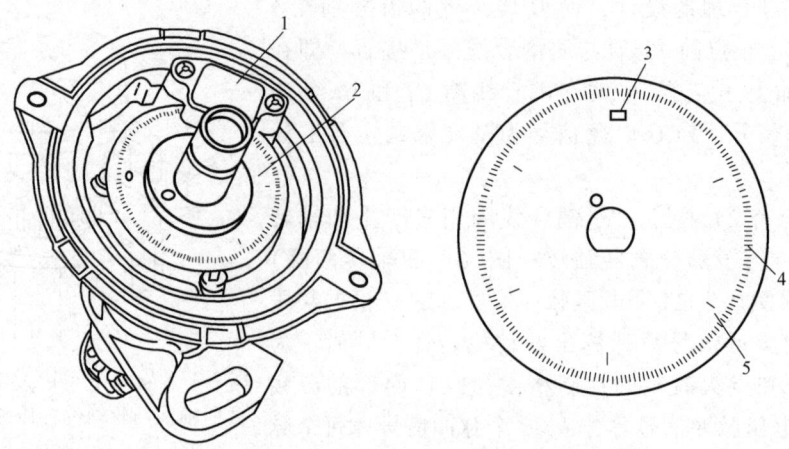

图 2-40 光电式曲轴和凸轮轴位置传感器的结构
1—光电信号发生器 2—信号盘 3—1缸压缩上止点对应的信号孔 4—1°信号孔 5—120°信号孔

用于产生1缸压缩上止点位置对应的信号。

如图2-41所示，装在分电器内的光电式曲轴和凸轮轴位置传感器（日产轿车）共有两组发光二极管和光电晶体管，其中一组正对着信号盘的细缝隙，另一组正对着信号盘的粗缝隙，都安装在信号盘的上下两侧。信号盘装在分电器轴上，发动机工作时，信号盘随着分电器轴同步旋转，信号盘上的缝隙便断续接通从发光二极管照向光电晶体管的光束，光电晶体管便连续不断地向外输出反映曲轴及凸轮轴转角和位置（活塞在气缸中的位置）的脉冲信号。

3. 霍尔式曲轴和凸轮轴位置传感器

霍尔式曲轴和凸轮轴位置传感器由一个霍尔传感器和一个钢板制成的转子组成。霍尔传感器固定，转子安装在凸轮轴上，转子是一个范围为180°的圆柱面形钢质叶片。当叶片遮住霍尔传感器时，没有输出信号；否则，有输出信号。由于凸轮轴的两个半周

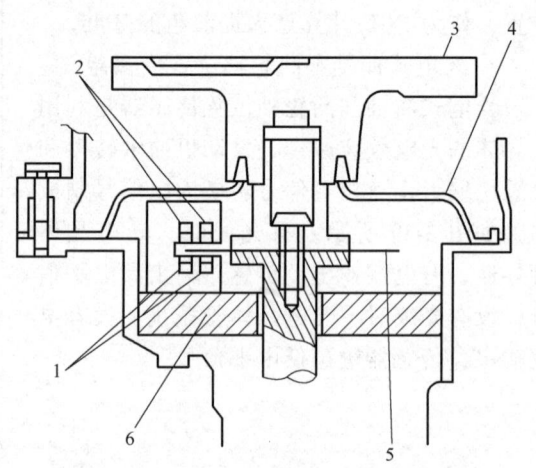

图 2-41 光电式曲轴和凸轮轴位置传感器（日产轿车）信号发生器示意图
1—光电晶体管 2—发光二极管 3—分火头
4—密封盖 5—信号盘 6—电子电路

合起来相当于曲轴的两周整，借此可以区分曲轴的压缩上止点和排气上止点。采用霍尔原理，集成电路位于永久磁铁一极的前端，当凸轮轴带动信号轮经过时，齿形的变化导致磁力线强弱的变化，从而输出电压信号，如图2-42所示。

图2-43所示为叶轮触发霍尔式曲轴和凸轮轴位置传感器。霍尔元件固定在支座上，永久磁铁在其对面，两者之间有空气间隙。霍尔元件的工作电流由 A、B 端供给，霍尔电压由 C、D 端输出。触发叶轮上有和发动机气缸数目相同的缺口和叶片，它们随同分电器轴或曲轴一起旋转。当叶片离开永久磁铁与霍尔元件之间的间隙时，永久磁铁的磁场穿过霍尔元

件,产生霍尔电压;当叶片进入永久磁铁与霍尔元件之间的间隙时,磁场被叶片隔离,没有霍尔电压。如此往复,产生与叶片相对应的脉冲信号,可转换成发动机转速信号。

(四)节气门位置传感器

节气门位置传感器安装在节气门体上节气门轴的一端,反映驾驶人对加速踏板操纵的情况。其作用是将节气门开度的大小转变为电信号输入ECU,以便ECU判断发动机的怠速工况、部分负荷工况和大负荷工况等,并根据不同的工况来控制喷油和点火。节气门位置传感器有开关量输出型和线性可变电阻输出型两种。

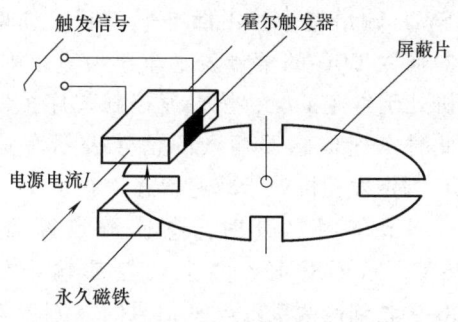

图 2-42 霍尔式曲轴和凸轮轴位置传感器的结构与工作原理

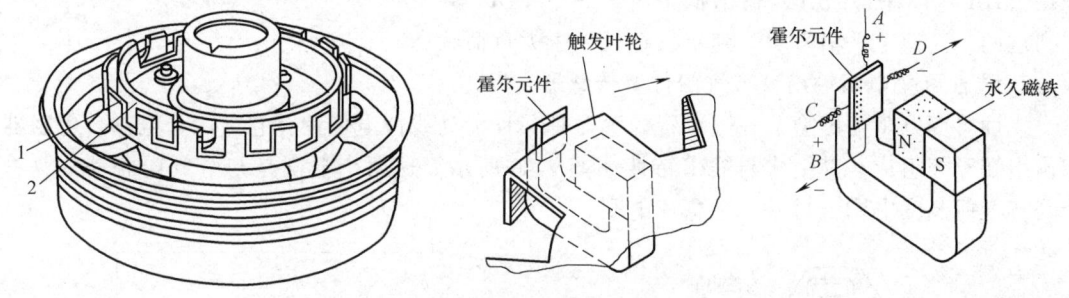

图 2-43 叶轮触发霍尔式曲轴和凸轮轴位置传感器
1—外信号轮 2—内信号轮

1. 开关量输出型节气门位置传感器

开关量输出型节气门位置传感器又称为节气门开关。丰田 IG-EU 发动机开关量输出型节气门位置传感器的结构与输出特性如图 2-44 所示,它有两副触点,分别为怠速触点(IDL)和功率触点(PSW),由一个和节气门同轴的凸轮控制两开关触点的开起和闭合。该传感器与 ECU 的连接电路如图 2-45 所示。当节气门处于全关闭的位置时,怠速触点(IDL)闭合、功率触点(PSW)断开,怠速触点(IDL)输出端子输出高电平"1",功率触点

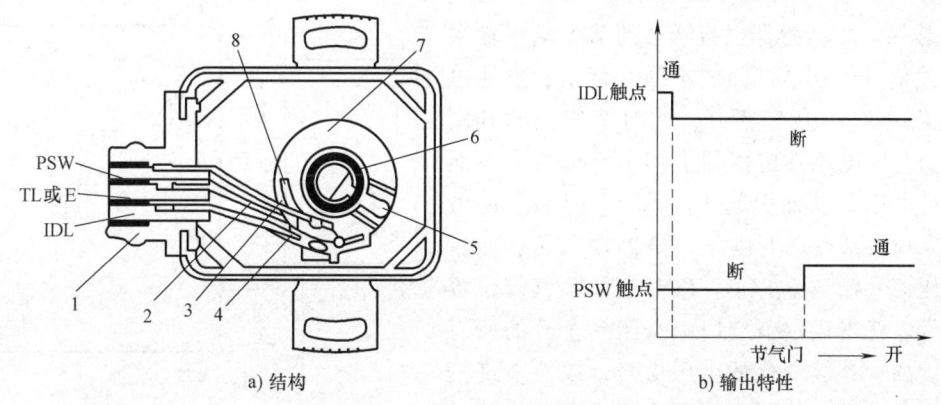

图 2-44 丰田 IG-EU 发动机开关量输出型节气门位置传感器的结构与输出特性
1—插接器 2—动触点 3—全负荷触点 4—怠速触点 5—控制臂 6—节气门 7—凸轮 8—槽

（PSW）输出端子输出低电平"0"。如果此时车速传感器输入 ECU 的信号表示车速为零，则 ECU 判定发动机处于怠速工况，按怠速控制程序控制发动机；如果此时车速传感器输入的信号表示车速不为零，则 ECU 判定发动机处于减速状态。

当节气门打开时，怠速触点断开，功率触点（PSW）也断开时，两个触点都输出低电平"0"，ECU 接收到这两个低电平信号时，判定发动机处于部分负荷状态。

当节气门接近全开（80%以上开度）时，凸轮转动使功率触点（PSW）闭合，输出高电平"1"，怠速触点（IDL）仍保持断开，输出低电平"0"。ECU 接收到这两个高低电平信号时，判定发动机处于大负荷状态。

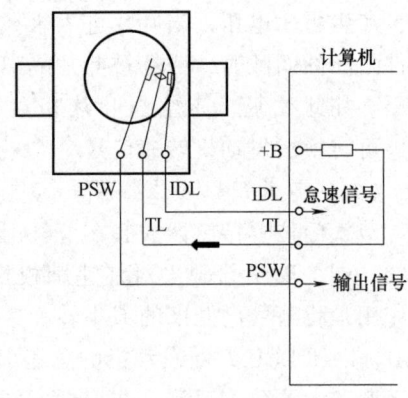

图 2-45 开关量输出型节气门位置传感器与 ECU 的连接电路

2. 线性可变电阻输出型节气门位置传感器

线性可变电阻输出型节气门位置传感器是一种滑动线性电位计，它由两个电刷、电阻器和输出端子等组成。其结构与输出特性如图 2-46 所示。这两个电刷是与节气门联动的，一个是节气门开度电刷，另一个是怠速电刷。

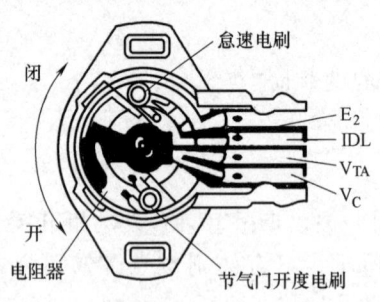 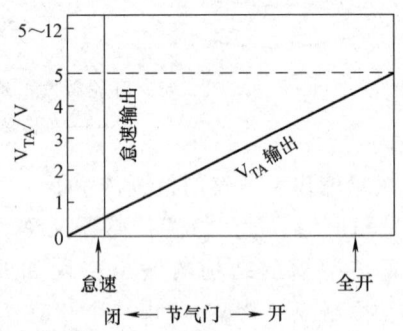

图 2-46 线性输出型节气门位置传感器的结构与输出特性

当节气门全关闭时，怠速电刷与怠速触点（IDL）接触，由传感器插接器上的 IDL 端子输入 ECU 怠速信号。在节气门的不同开度下，怠速电刷和怠速触点（IDL）断开，此时节气门的开度靠节气门开度电刷在电阻器上的滑动而产生不同的电位计电阻，从而引起 V_{TA} 和 E_2 两端子的电压不同来检测节气门开度，如图 2-47 所示，然后将此电压信号输送给 ECU。ECU 通过节气门位置传感器可以获得表示节气门由全闭到全开的所有开起角度的、连续变化的电压信号，以及节气门开度的变化速率，从而更精确地判定发动机的运行工况。

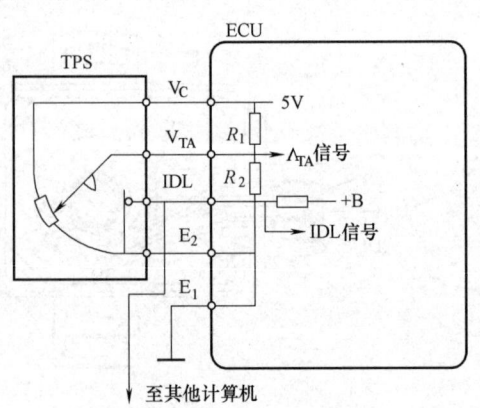

图 2-47 线性输出型节气门位置传感器与 ECU 的连接电路

（五）冷却液温度传感器与进气温度传感器

1. 冷却液温度传感器

冷却液温度传感器俗称水温传感器，用来检测冷却液的温度并将其转换为电信号。该信号输入 ECU 后用于修正喷油量和点火提前角，冷起动时决定喷油量，影响怠速喷油和废气再循环（EGR）系统工作，使发动机在各种工况下处于最佳状态运行。它一般安装在发动机缸体、缸盖的水套或节温器壳体内并浸入冷却液中。

图 2-48 所示为冷却液温度传感器的结构。冷却液温传感器的核心是负温度系数的热敏电阻，其基本特性是：冷却液温度越低，电阻越大；冷却液温度越高，电阻越小。

图 2-49 所示为冷却液温度传感器的工作电路。ECU 内部的 5V（或 12V）电压通过分压电阻 R 加在冷却液温度传感器内的热敏电阻上，再通过 ECU 搭铁构成回路。传感器信号为加在热敏电阻上的电压。温度越高，电阻越小，信号电压就越低；温度越低，电阻越大，信号电压就越高。信号电压为 5V，表明传感器断路；信号电压为 0V，表明传感器短路。

冷却液温度传感器的常见故障有传感器外部破损、插接器插接不牢、导线断开、热敏电阻阻值不准确等。冷却液温度传感器信号不正常会引起喷油量控制、点火提前角控制、冷起动喷油量控制及废气再循环控制等失常，从而导致起动困难、怠速不稳、油耗上升和失速等故障。

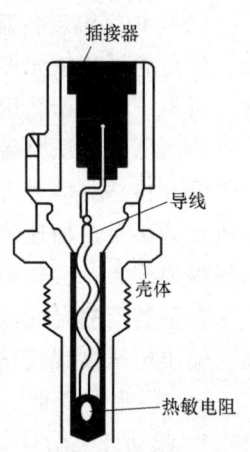

图 2-48 冷却液温度传感器的结构

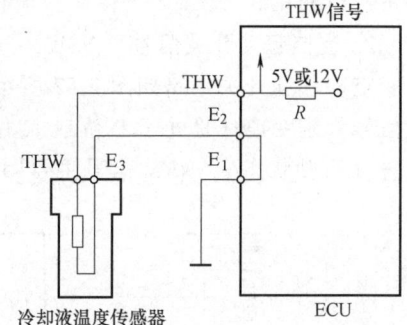

图 2-49 冷却液温度传感器的工作电路

2. 进气温度传感器

进气温度传感器装在 AFS 内或装在进气软管上，而不是装在进气歧管上。根据进气温度的变化，调节混合气浓度和点火提前角，也是自动变速器和怠速控制的参考信号。进气温度升高时，空气密度小，混合气偏浓，发动机转速通常也相应地增加；进气温度降低时，空气密度大，混合气偏稀，发动机转速通常也相应地降低。

（1）进气温度传感器及其控制电路　进气温度传感器的核心是负温度系数的热敏电阻（温度越高，电阻值越低，输出信号越低）。其结构、工作原理与冷却液温度传感器相同，其工作电路如图 2-50 所示。

图 2-50 进气温度传感器的工作电路

（2）进气温度传感器的常见故障与危害　进气温度传感器感受温度部分被废气返流污染，使传感器热敏元件感受进气温度变化的灵敏度下降，导致电阻值不能反映实际进气温度。可拆下传感器，用清洗剂清洗，晾干后可恢复正常。

传感器内部线路接触不良或传感器热敏元件性能不良，使传感器无信号或信号不正常。进气温度传感器信号失真时，ECU对混合气浓度和点火提前角的修正会出现偏差，导致发动机动力不足、加速缓慢、怠速不稳，甚至会造成冷机时无怠速；会造成燃油经济性下降，出现爆燃现象；会影响到ECU对EVAP和EGR的控制精度。

在某特定的温度范围内发动机运转不正常，读取数据流时进气温度没有随热机连续升高，输出电压（温度信号）不时地被中断，说明进气温度传感器有故障，应予以更换。

（六）开关信号

1. 起动开关信号（STA）

起动开关信号电路如图2-51所示。起动开关向ECU提供起动电路接通并工作的信息，用来判断发动机是否处于起动状态。在发动机起动时，进气管内的混合气流速度慢、温度低、燃油雾化差。为了改善发动机起动性能，在起动发动机时必须使混合气加浓。ECU利用STA信号确认发动机处于起动状态，自动增加喷油量，进行加浓修正，同时也对点火提前角进行修正。

2. 空档起动开关信号（NSW）

空档起动开关电路如图2-52所示。在装有自动变速器的汽车上，ECU根据空档起动开关信号判别变速杆是处于P位或N位（停车或空档），还是处于"L""2""D"或"R"状态（行驶状态）。NSW信号主要用于怠速系统的控制和起动机的控制。

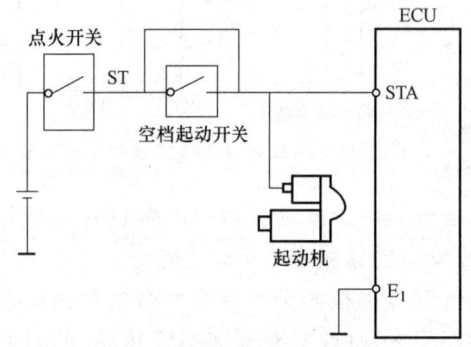

图2-51　起动开关信号电路

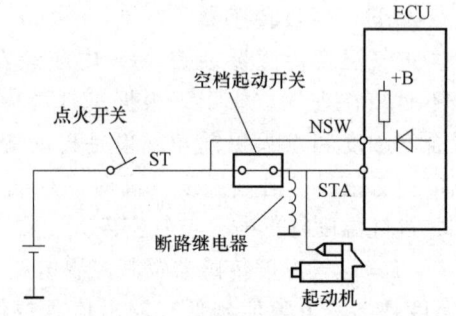

图2-52　空档起动开关电路

当自动变速器处于"L""2""D"或"R"等档位行驶时，空档起动开关断开；若自速器处于P位或N位时，空档起动开关闭合，发动机才能起动。

3. 空调开关信号（A/C）

空调开关信号是用来检测空调压缩机是否工作的，它一般与空调压缩机电磁离合器电源接在一起。当空调开关打开，压缩机工作时，发动机负荷增大，A/C开关向ECU提供高电平信号以控制发动机怠速时的喷油量、点火提前角和怠速转速等。

4. 动力转向开关信号（PSW）

采用动力转向装置的汽车，当转向盘由中间位置向左、右转动时，动力转向泵工作而使发动机负荷增大，此时动力转向开关接通，向ECU输入信号，以修正喷油量、点火提前角等。动力转向开关是一个压力开关,安装在动力转向系统的高压油路中。

5. 制动开关信号

此开关在汽车制动时接通,向 ECU 提供高电平信号,ECU 根据这个信号对喷油量、点火正时、自动变速器等进行相应的控制。

三、主要执行器

(一)电动汽油泵

电动汽油泵将燃油从油箱中吸出,并以足够的泵油量和泵油压力向燃油供给系统提供燃油。安装在油箱内时称为内装式电动汽油泵(涡轮式),安装在油箱外的供油管路上时称为外装式电动汽油泵(滚柱式)。目前,汽油机电控燃油喷射系统多采用内装式电动汽油泵。

1. 电动汽油泵的结构与工作原理

根据泵体结构的不同,电动汽油泵分为滚柱泵、齿轮泵和涡轮泵等。

(1)涡轮式电动汽油泵 涡轮式电动汽油泵由永磁电动机、涡轮泵、出油阀及溢流阀组成,如图 2-53 所示。通过电刷给电动机电枢供电时,电动机就带动涡轮(叶轮)转动。

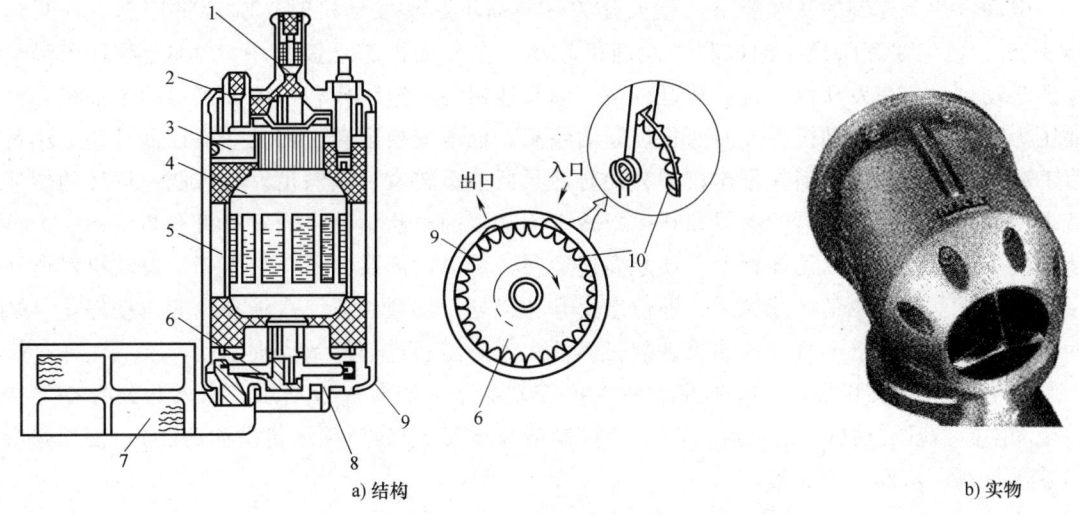

图 2-53 涡轮式电动汽油泵的结构
1—出油阀 2—溢流阀 3—电刷 4—电枢 5—磁极 6—叶轮 7—滤网 8—泵盖 9—泵壳 10—叶片沟槽

叶轮上的叶片在离心力的作用下贴紧外壳,形成一个个小的密封腔室,涡轮转子的转动将汽油从进油口带到出油口,并以一定的压力输出。在汽油泵出油口处设有止回阀,其作用是让汽油只能向外单向流动,不倒流,保证发动机熄火后供油管内的燃油仍有一定的压力,便于下一次顺利起动。汽油泵上的溢流阀(限压阀)能防止汽油泵压力过高。当汽油泵压力过高时,溢流阀打开,汽油又流回进油腔内。涡轮式电动汽油泵的泵油量大,输油压力稳定,其输出油压可达 294kPa。

电动汽油泵输送的汽油都从电动机中流过,对电动机的线圈、轴承、油泵本身都起冷却作用。因此,在无油情况下禁止运转电动汽油泵。

(2)滚柱式电动汽油泵 滚柱式电动汽油泵由永磁电动机、滚柱式油泵、单向阀(止回阀)及溢流阀等组成,如图 2-54 所示。

当给永磁电动机通电时,电动机便带动滚柱式汽油泵运转。转子被偏心地装在泵体内,滚柱放在转子边缘上的凹槽内。当转子转动时,位于凹槽内的滚柱便在离心力作用下压在泵体内表面上,从而在相邻滚柱间形成密封腔室。由于转子被偏心安装,腔室的容积在转动过程中不断变化。腔室容积变大时,其内部形成低压,将燃油吸入;当腔室容积变小时,其内部压力增大,将燃油挤出。这样就可以将燃油从油箱内吸出,加压后排到供油管路中。柱式电动汽油泵出口处设有缓冲器,以减小出油口处的油压脉冲和降低运转噪声。

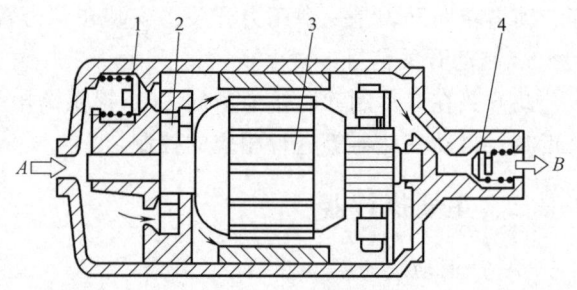

图 2-54 滚柱式电动汽油泵的结构
1—溢流阀 2—滚柱式油泵 3—永磁电动机 4—单向阀
A—进油口 B—出油口

2. 电动汽油泵的控制电路

电动汽油泵控制的基本要求:点火开关打开而不起动发动机时,ECU 将控制汽油泵运转 3~5s,向供油管路预充油以利于发动机起动;在发动机起动过程中,油泵能同时运转,保证起动供油;在发动机正常运转过程中,油泵能始终恒速工作,以保证正常的泵油量和供油压力。它能根据发动机工况的变化控制油泵高、低速变换运转,当发动机在低转速、小负荷工况下工作时,燃油消耗量比较小,此时油泵低速运转就可以满足发动机低速运转的燃油需求,同时可以减少油泵的磨损和噪声,减少不必要的电能消耗;当发动机在高转速、大负荷工况下工作时,燃油消耗较大,油泵高速运转,可以增加泵油量,从而满足发动机对燃油量增多的需求;当发动机熄火后,即使点火开关仍处于接通位置,汽油泵也能自动停止,从而防止汽车因撞车等事故造成油管破裂时燃油大量外溢,进而导致火灾。

(1) 点火开关和 ECU 共同控制汽油泵的控制电路 如图 2-55 所示,点火开关由 OFF 档转至 ON 档,但发动机不起动时,ECU 会控制油泵运转 3~5s(预运转供油功能),使油路中的油压提高,从而方便起动。

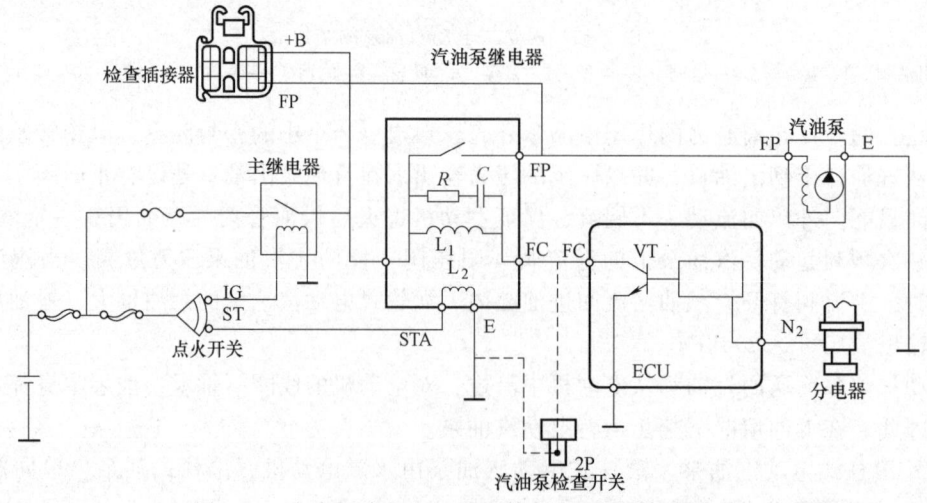

图 2-55 点火开关和 ECU 共同控制汽油泵的控制电路

发动机起动时，点火开关处于起动档（ST档），油泵继电器的线圈 L_2 通电，继电器触点闭合，汽油泵工作，处于起动供油状态。

发动机正常运转时，ECU 根据转速传感器 N_2 送来的信号控制 FC 端子搭铁线圈 L_1 通电，汽油泵继电器触点闭合，汽油泵工作。

当发动机停止运转时，ECU 因接收不到转速信号而使线圈 L_1 的搭铁回路断开，继电器触点断开，汽油泵停止工作。

（2）汽油泵继电器与 ECU 共同控制汽油泵的控制电路　如图 2-56 所示，当电阻器串入汽油泵的电路中时，汽油泵就低速运转；当电阻器被隔除时，汽油泵高速运转，这样就可实现汽油泵的变速控制。

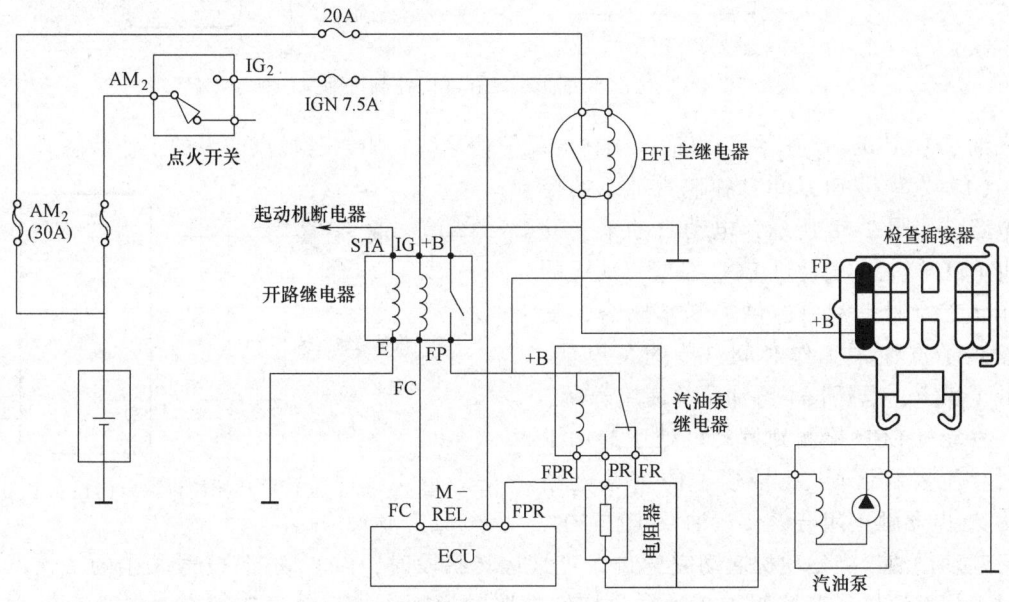

图 2-56　汽油泵继电器与 ECU 共同控制汽油泵的控制电路

电阻器的接入与隔除由 ECU 的 FPR 端子控制。当发动机在小负荷下工作时，ECU 就控制 FPR 端子搭铁，汽油泵继电器动作，电阻器被接入汽油泵电路，油泵低速运转；当发动机在大负荷或加速工况下工作时，ECU 切断 FPR 端子的搭铁电路，电阻器就被隔除，蓄电池电压直接加在汽油泵上，汽油泵高速运转。

（3）发动机 ECU 和汽油泵 ECU 共同控制汽油泵的控制电路　如图 2-57 所示，通过汽油泵 ECU 和发动机 ECU 的共同控制，可以实现汽油泵变速控制，即根据发动机的工况（起动、小负荷和大负荷等）变化，使汽油泵高速或低速运转。

当发动机在起动或大负荷等工况下工作时，发动机 ECU 会通过 FP 端子向汽油泵输出一个高电平信号，汽油泵 ECU 根据此信号向汽油泵输出高电压（12~14V），使汽油泵高速运转，增大供油量。

当发动机在怠速、小负荷工况下工作时，发动机 ECU 向汽油泵 ECU 输出低电平，汽油泵 ECU 根据此信号向汽油泵输出低电压（8~10V），使汽油泵低速运转，输出小流量燃油。

当发动机转速低于规定的最低转速（120r/min）时，汽油泵 ECU 断开汽油泵电路，使泵不工作。因此，点火开关即使接通，在发动机不运转时汽油泵也不会工作。发动机 ECU

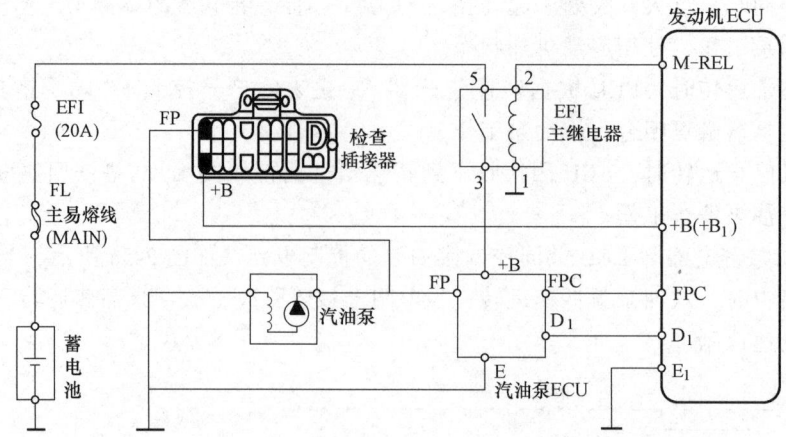

图 2-57 发动机 ECU 和汽油泵 ECU 共同控制汽油泵的控制电路

与汽油泵 ECU 的 D_1-D_1 线为汽油泵工作的反馈信号线，用以监视汽油泵的工作状态。

（4）发动机 ECU 单独控制汽油泵的控制电路 如图 2-58 所示，电动汽油泵受发动机 ECU 控制，发动机 ECU 根据发动机的工作状态控制汽油泵，供需基本吻合，从而缩短了汽油泵工作时间，节约了电能，降低了噪声，也延长了汽油泵的使用寿命。

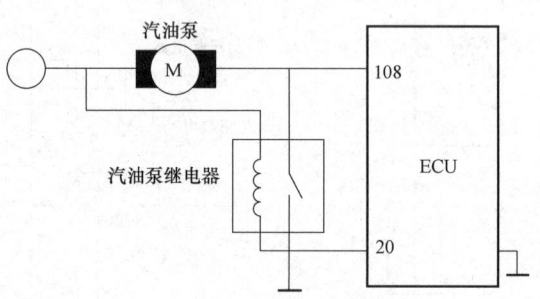

图 2-58 发动机 ECU 单独控制汽油泵的控制电路

发动机 ECU 检测到发动机处于起动工况时，便控制接通 20 号端子的搭铁电路 30s，继电器触点闭合，使汽油泵工作 30s，进行起动供油；当发动机起动完毕进入正常运转阶段时，ECU 切断 20 号端子的搭铁电路，同时根据发动机工况控制 108 号端子搭铁电路的通断；当发动机转速较高或负荷较大时，ECU 接通 108 号端子搭铁电路的时间长，切断搭铁电路的时间短，加在汽油泵上的平均电压较高，汽油泵的泵油量就较大；反之，当发动机转速较低或负荷较小时，ECU 接通 108 号端子搭铁电路的相对时间较短，加在汽油泵上的平均电压较低，汽油泵的泵油量就较小。如此，即可使汽油泵根据发动机工作时的燃油需求量来供油。发动机熄火 1s 内，ECU 控制汽油泵停止工作；当接通点火开关而不起动发动机时，ECU 控制接通 108 号端子的搭铁电路，使汽油泵工作 5s，提高油路中的压力，以利于起动。

（二）燃油压力调节器

燃油压力调节器的作用是调节供油压力与进气压力之差保持不变，使喷油器的喷油量不受进气压力的影响，而由喷油器的开启时间决定。燃油压力调节器的结构如图 2-59 所示。

由金属壳体组成的内腔被膜片分成油室和气室两室：膜片的一侧作用着有预压力的弹簧，该腔称为气室，与进气歧管相通；膜片的另一侧作用着工作油压，该腔称为油室，与输油管相通。由于油泵的泵油量远大于喷射所需油量，当工作油压超过弹簧的预调压力时，油压克服弹簧压力使膜片向气室一侧移动，由膜片控制的阀门将回油孔开启，使超压的燃油经回油孔和回油管流回油箱。由于在气室内有管与节气门后方腔室相通，使供油压力随进气压力变化，保证了供油压力与进气压力之差是恒定的，该数值约为 250kPa。

（三）喷油器

喷油器的功用是根据 ECU 的控制信号，向进气管内喷射适量的雾化汽油。在 EFI 中使用的喷油器都是电磁式的：单点喷射系统中，喷油器装在节气门体上向进气总管喷油，也称为中央喷射；多点喷射系统中，喷油器的喷孔端通过绝缘隔热垫圈安装在进气歧管上或气缸盖上各缸的进气道处，另一端一般装在燃油分配总管上。

1. 电磁喷油器的类型和结构

电磁喷油器按喷口形式可分为孔式和轴针式两种，这两种喷油器的结构如图 2-60 所示，它们一般都是由接线端子、滤网、弹簧、电磁线圈、磁心和针阀等组成。轴针式喷油器可使汽油环状喷出，有利于汽油的雾化，针阀在喷口中往复运动，不易引起喷口阻塞。孔式喷油器有单孔和多孔两种，多孔的喷油器一般与四气门和五气门发动机相配用。孔式喷油器的最大优点是雾化质量高。电磁喷油器电磁线圈的阻值可分为高阻值和低阻值两种：高阻值喷油器的电磁线圈电阻为 12~16Ω，低阻值喷油器的电磁线圈电阻为 2~3Ω。高阻值电磁线圈的电感较大，对控制信号的响应较慢。

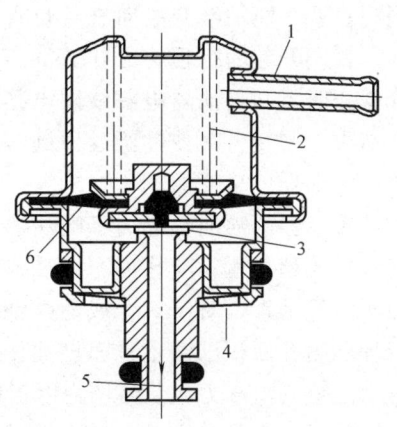

图 2-59　燃油压力调节器的结构
1—接真空管　2—弹簧　3—阀门
4—进油孔　5—回油孔　6—膜片

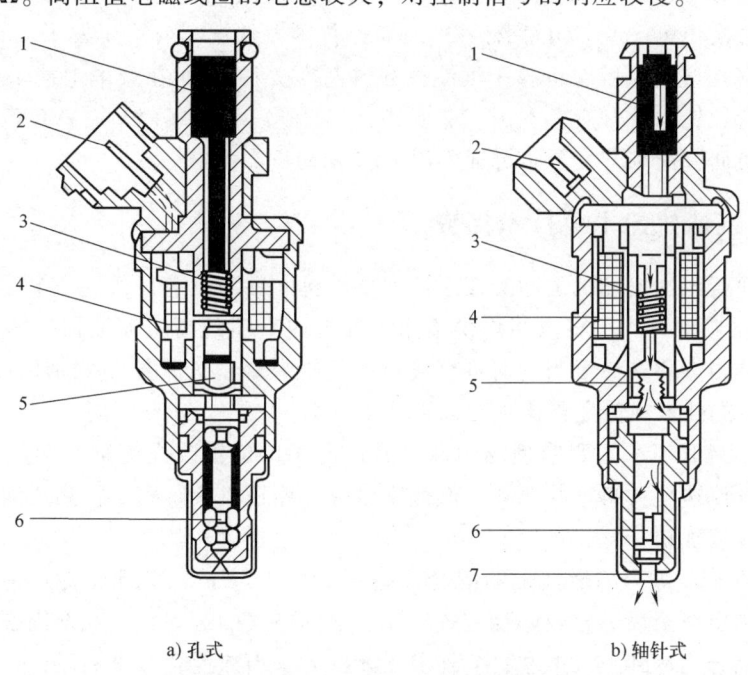

a) 孔式　　　　　b) 轴针式

图 2-60　孔式和轴针式电磁喷油器的结构
1—燃油滤网　2—接线端子　3—弹簧　4—电磁线圈　5—磁心　6—针阀　7—轴针

2. 电磁喷油器的控制原理

发动机工作时，ECU 根据传感器输入的信号进行运算、判断后输出控制信号，控制大功率晶体管导通与截止，如图 2-61 所示。当晶体管导通时，即接通喷油器电磁线圈电路，产生生电磁吸力，当电磁力超过弹簧力时，磁心被吸起，和磁心一体的针阀随之离开阀座，阀门打开，喷油器开始向进气歧管或总管喷射汽油。针阀开起的行程约为0.1mm。当大功率晶体管截止时，则喷油器电磁线圈电路被切断，电磁力消失，弹簧力又使针阀返回到阀座上，阀门关闭，喷油器停止喷油。

喷油器的喷油量取决于喷油器打开的持续时间、针阀的行程、喷孔面积、喷射环境压力与燃油压力等因素。对于一个成品喷油器，其针阀的行程和喷孔面积已确定，而燃油压力与喷射环境

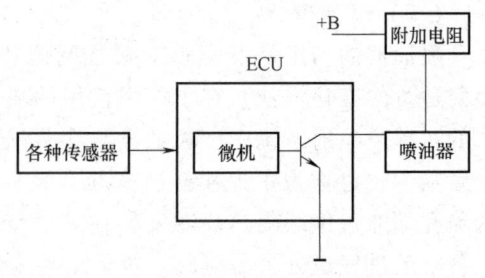

图2-61 喷油器的控制原理

压力之差则由压力调节器调为恒定值，因此喷油量就由针阀的开起持续时间，即电磁线圈通电时间一个因素来决定。喷油器每次喷油的时间为2~10ms。

课题四 汽油机缸内直喷技术

缸内直喷（GDI）是指喷油器将燃油以较高的喷油压力直接喷射到气缸。缸内直喷系统均为多点喷射系统，其喷油器安装在火花塞附近的气缸盖上，需要较高的喷油压力，对喷油器的技术水平和加工精度要求较高。1996年，日本三菱公司应用传统涡旋式喷油器和逆向滚流技术成功开发出第一款GDI系统。2000年，德国大众汽车公司研发了2.0L的FSI发动机（简称燃料分层喷射系统，也属于汽油机缸内直接喷射），用在豪华中档轿车奥迪A4上。此外，还有福特、铃木、日产、本田、菲亚特、马自达、雷诺、FEV、AVL等许多国外汽车公司以及发动机研究所都开发了十分成熟的GDI发动机产品。

一、GDI汽油机的主要技术优势

先进的直喷式汽油发动机采用类似于柴油发动机的供油技术，通过一个活塞泵提供所需的10MPa以上的喷油压力，将汽油提供给用于气缸内直喷的高压喷油器，然后通过计算机控制高压喷油器将燃料在最恰当的时刻直接喷入气缸燃烧室，其控制的精确度接近毫秒级。GDI汽油发动机的技术优势主要体现在以下几个方面。

（1）提高压缩比 采用紧凑型燃烧室，通过进气口位置改进使缸内形成较强的空气运动旋流，提高气流速度；将火花塞置于燃烧室中央，缩短点火距离；提高压缩比至13∶1左右，促使燃烧速度加快。

（2）分层燃烧 如果稀燃技术的混合比达到25∶1以上，按照常规，混合气是无法点燃的，必须采用由浓至稀的分层燃烧方式。通过缸内空气的运动在火花塞周围形成易于点火的浓混合气，混合比达到12∶1左右，外层逐渐稀薄，当浓混合气点燃后，燃烧迅速波及外层。为了提高燃烧的稳定性，降低氮氧化物（NO_x），现在采用燃油喷射定时与分段喷射技术，即将喷油分成两个阶段：在进气初期喷油，燃油首先进入缸内下部，随后在缸内均匀分布；在进气后期喷油，浓混合气在缸内上部聚集在火花塞周围被点燃，从而实现分层燃烧。

（3）高能点火 高能点火和宽间隙火花塞有利于火焰形成，火焰传播距离缩短，燃烧速度增快，稀燃极限大。有些稀燃发动机采用双火花塞或者多极火花塞装置。

（4）高热效率 由于分层充气模式的燃烧只发生在火花塞附近，缸壁上的热损耗很小，

热效率提高了。强制分层充气可使废气再循环率高达35%,吸入的空气直接进入燃烧室,降低了气缸温度,进而降低了爆燃的可能性,可提高压缩比,这就提高了压缩终了时气缸压力和热效率。

(5) 油耗减少 缸内直喷汽油机的喷油方式是直接将燃油喷射到气缸中,通过改变喷入气缸的油量来控制发动机负荷。这种调节方式使得发动机在中小负荷工况下不需要使用节气门来限制油量,很大程度上使发动机在部分负荷工况换气过程中的泵吸损失得以降低,油耗也相应地降低了15%~20%。

(6) HC排放量减少 缸内直喷汽油机是将燃油直接喷入缸内,使得发动机的瞬态响应十分优秀,且对于冷起动的燃油经济性十分有利,同时可以将起动时的HC排放量减少30%左右。

(7) 高燃油经济性 GDI发动机对燃油喷射可以进行精准控制,而且具有减速断油等保护模式,提高了整机的燃油经济性。而在PFI发动机上,需要在进气道表面形成稳定的油膜,而稳定油膜的建立需要几个循环甚至更久,在减速断油之后的重起动过程中,燃烧室内的混合气十分稀薄,发动机很容易出现失火,这都将大幅增加未燃的HC,因此在PFI发动机上燃油经济性总是难以实现理想化。

二、GDI汽油机电控燃油喷射系统的组成及工作原理

GDI汽油机电控燃油喷射系统主要由三部分构成,即电控单元(ECU)、传感器以及执行器。GDI汽油机燃油喷射系统的结构示意图如图2-62所示,GDI汽油机电控系统的组成框图如图2-63所示。其中电控单元(ECU)是整个系统的核心,用于对各种传感器的输入信号进行分析判断,确定发动机此时的工作状态,由此计算出该工况下发动机的最佳燃油喷射量、喷油时刻、油轨压力、泵油角度等控制参数,并通过其内部的控制策略向相应的执行器发送控制信号,以完成对执行器相应的控制。传感器的作用主要是对发动机的各种输入信号进行采集并通过发动机线束系统输入到电控单元(ECU)中,传感器对于整个控制系统的控制效果至关重要,其精度是保证整个控制系统精度的前提。GDI汽油机电控燃油喷射系统的主要传感器包括曲轴和凸轮轴位置传感器、油轨压力传感器、氧传感器等。GDI汽油机电控燃油喷射系统的执行器主要包括高压油泵和喷油器。高压油泵是将低压燃油输入高压油轨,配合喷油器的喷油以完成油轨压力的实际控制,喷油器的作用是根据电控单元的输出信号通过调节针阀的开启时间长短来控制喷油量。

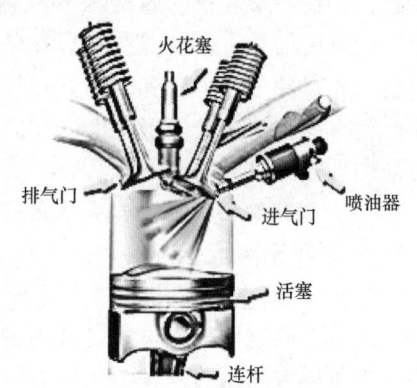

图2-62 GDI汽油机燃油喷射系统的结构示意图

1. 主要传感器

整个燃油喷射控制系统中用到的传感器有冷却液温度传感器、氧传感器、进气温度传感器、进气压力传感器、进气流量传感器、曲轴位置传感器、节气门位置传感器、空气压力传感器等。

(1) 曲轴位置传感器 曲轴位置传感器是用来输出曲轴转动位置信号的传感器,以缺

齿位置作为基准信号计算出曲轴位置，进而计算出发动机的转速。在喷射系统中，为了更充分地发挥 GDI 发动机电控喷射的特点，需要灵活地选择喷射开启时间，该时间点对应曲轴转角的某一位置，因此需要实时地确定曲轴转角位置。电控汽油喷射系统中的电控单元（ECU），根据发动机每一工作循环进入气缸的空气量来控制燃料喷射量，为使混合气达到最佳空燃比，要根据空气流量传感器测量的结果计算出每循环平均进气量。但空气流量传感器所测量的信号是单位时间内所流过的空气量，需要换算到每循环空气流量，这就需要测出发动机转速。此外曲轴位置传感器和凸轮轴轴位置

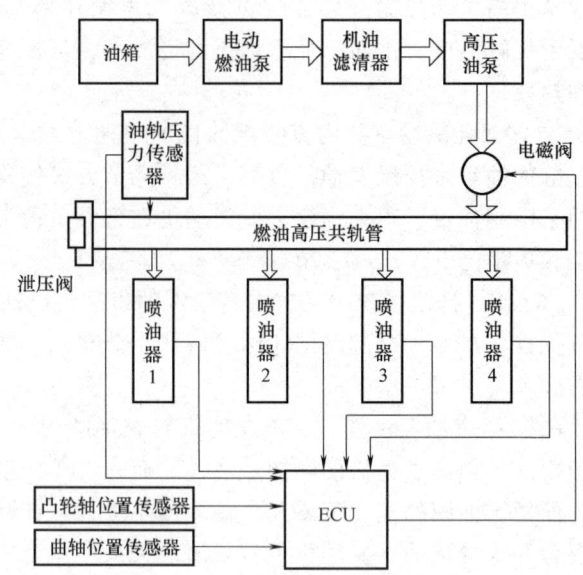

图 2-63 GDI 汽油机电控系统的组成框图

传感器对于发动机的判缸、点火控制等发动机关键参数的确定也十分重要。

（2）燃油压力传感器　在汽车电控系统中，常用的进气压力传感器是可变电容式压力传感器，而该发动机的燃油压力传感器采用的是应变电阻式压力传感器，用于监测油轨压力，测量的信号再通过滤波、A/D 转化，然后传送到 ECU 进行采样处理。传感器测量压力的核心元器件为一个镀有应变电阻的膜片，燃油压力通过传感器压力接口作用在膜片上，膜片产生形变带动应变电阻产生位移，使传感器的电阻发生变化，经信号处理电路检测，转换为与燃油压力对应的电信号。

（3）宽频氧传感器　宽频氧传感器主要由感应室和泵氧元组成，如图 2-64 所示。感应室的一面与大气接触，另一面为测试腔，测试腔通过扩散孔与排气管中的废气接触。当感应室两侧的氧含量不同时，就会在感应室两侧产生一个电势差 U_s。普通的氧传感器即利用 U_s 的值来确定混合气过量空气系数，而宽频氧传感器则是使感应室两侧的氧含量保持一致，使电势差维持在 0.45V。而维持这个电势差的工作，就是通过泵氧元来完成的。泵氧元的两侧分别是废气和测试腔，有扩散孔从中穿过。将电压施加到泵氧元上，氧化锆上的氧离子便会发生移动，废气中的氧通过泵氧元被泵入或者排出测试腔，使感应室两侧的电势差维持在 0.45V。混合气的过量空气系数小，混合气偏浓，废气中的氧含量就小，感应室两侧的电势差就会较大，为了维持感应室两侧电势差为

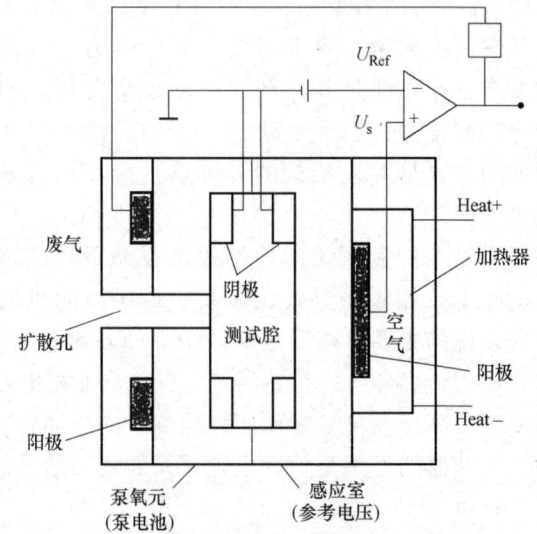

图 2-64 宽频氧传感器的结构与工作原理示意图

0.45V，需要增加泵氧元的泵氧效率，使废气中的氧更快地转移到测试腔，这是通过增加泵氧元的泵电流来实现的；如果混合气的过量空气系数较大，混合气偏稀，也是同样的道理，此时泵电流的作用是向外转移氧而使测试腔两侧的电压值维持在 0.45V。当向测试腔外排出氧时，泵电流为正；当将氧转移到测试腔时，泵电流为负。发动机 ECU 正是根据泵电流的大小来确认混合气的过量空气系数的。

2. 执行器

（1）高压油泵　在 GDI 汽油机燃油喷射系统中，低压油泵对油箱中的燃油进行加压，燃油流经压力调节阀，送入高压油泵，高压油泵在泵油凸轮驱动下，使燃油进一步升压，最后输送给高压油轨，高压油轨与喷油器相连，喷油器的数量与气缸数量相对应，将燃油直接喷入气缸。

高压油泵一端连接低压油路，另一端连接高压油路，其主要作用是通过泵油腔和柱塞使低压油路输送的燃油压力升高，进而向高压油轨输送燃油。其剖面结构示意图如图 2-65 所示，高压油泵主要由低压进油腔、燃油压力调节阀、出油单向阀、柱塞等几部分组成。其中低压进油腔的开闭是由拉杆控制的，而拉杆是由电磁线圈和回位弹簧共同控制的。当不通电时，拉杆在回位弹簧的作用下，抵开叶片阀，使低压进油腔保持常开状态。当通电后，拉杆在电磁力的作用下运动，使低压进油腔关闭。柱塞和低压进油腔以及出油单向阀共同形成了泵腔，当泵腔内的燃油压力大于出油单向阀的目标压力时，出油单向阀打开；否则，出油单向阀保持常关状态。

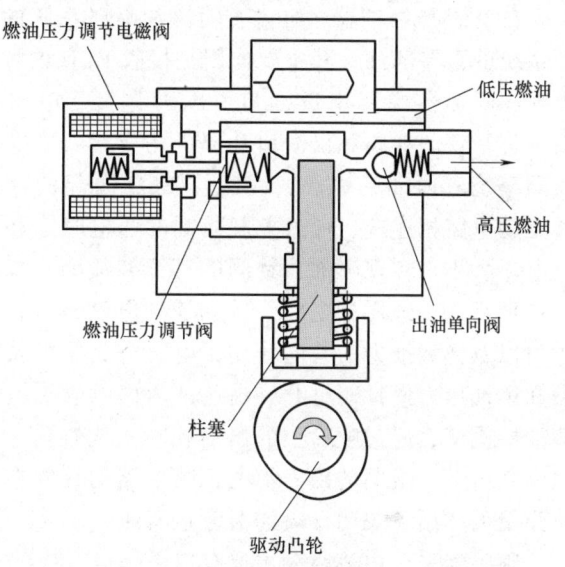

图 2-65　高压油泵的剖面结构示意图

高压油泵的工作过程示意图如图 2-66 所示，具体可以分为以下三个阶段。

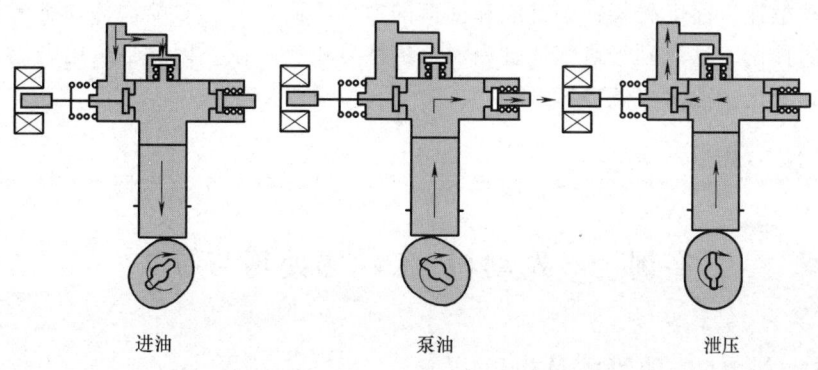

图 2-66　高压油泵的工作过程示意图

1）进油阶段。在高压油泵电磁阀未通电时，低压进油腔保持常开状态，高压油泵柱塞下行时，低压油路的燃油经低压进油腔流入泵油腔，这一过程称为进油阶段，进油阶段高压油路的出油单向阀由于泵腔压力未达到其目标压力而未打开。

2）泵油阶段。高压油泵电磁阀通电时，低压进油腔关闭，柱塞在泵油凸轮的作用下自下而上运动对泵腔内的燃油进行加压，当泵油腔内的燃油压力大于出油单向阀的开启压力时，燃油经出油单向阀流入高压油轨。

3）泄压阶段。高压油泵电磁阀不通电时，低压进油腔开启，油泵柱塞自下而上运动时将燃油从泵油腔压回低压油路，此时高压油路的出油单向阀未打开。

驱动凸轮采用的是双桃形结构，凸轮轴转动一圈，则高压油泵向油轨泵油两次，其中电磁阀在凸轮轴上止点前关闭的时间决定了泵油量的多少。

（2）高压喷油器 缸内直喷燃油喷射系统的喷油器是发动机电控系统中高压燃油供给子系统的重要部件，其主要作用是接收 ECU 的控制信号，定时、定量地向气缸内进行燃油喷射。喷油器主要由进油口、压力弹簧、电磁线圈、带衔铁的针阀和出油口几部分构成，其中电磁线圈环绕着内部的铁心，线圈与 ECU 内部的喷油器驱动电路相连接，通过控制线圈的通电时间和通电电流大小来实现喷油器针阀的打开和关闭，如图2-67 所示。当线圈通电时，针阀受到电磁力、燃油压力以及弹簧推力的共同作用，电磁力克服弹簧推力和燃油压力使针阀打开，高压油轨内的燃油流经喷油器阀座，通过喷嘴上的出油孔喷入气缸内。当绕圈断电后，线圈的磁力消失，喷油器的针阀在复位弹簧的作用下关闭，喷油器停止喷油。

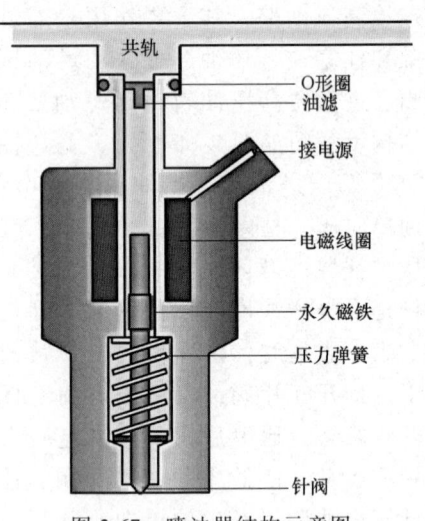

图 2-67 喷油器结构示意图

喷油器采用电流驱动主要有以下优点：

① 在开启阶段强电流的驱动下，开启速度快，响应迅速。

② 针阀开启保持阶段，电磁线圈电流较小，这样就形成了限流保护，避免了喷油器在喷油时刻电磁阀一直处于强电流的通电状态而发生烧坏，对喷油器起到了保护作用。

采用驱动电流，使电磁阀针阀升起和回落的速度得到提升，对喷油器动态流量范围能进行十分有效的控制，这有利于对于气缸内混合气浓度进行控制。因此，采用电流驱动的喷油器在目前市场上已经成为主流。

 实训任务

实训一　发动机 ECU 的使用与维护

一、发动机 ECU 的组成及功用

发动机 ECU 的组成及其功用示意图如图 2-68 所示。认识发动机 ECU 的组成及功用，并填写表 2-1。

项目二 汽油机电控燃油喷射系统

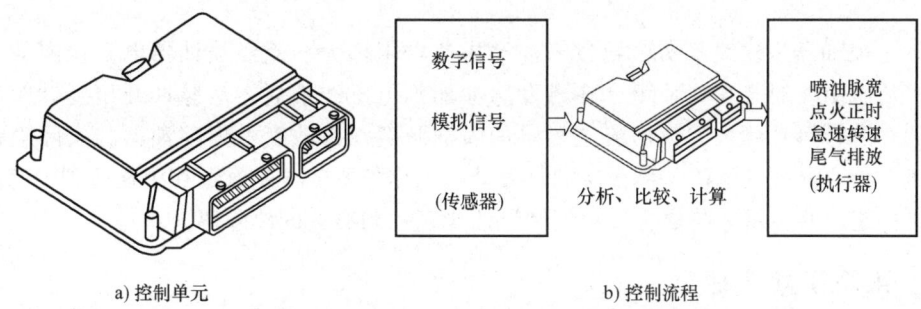

a) 控制单元　　　　　　　　　　　b) 控制流程

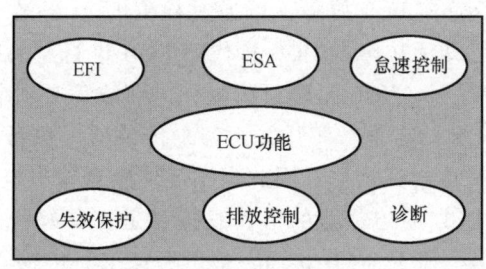

c) 发动机ECU的功用

图 2-68　发动机 ECU 的组成及功用示意图

表 2-1　发动机的组成及各部分的功用

ECU 的组成	功用
输入回路	
A/D 转换器	
微处理器	
输出回路	

二、发动机 ECU 的常见故障

发动机 ECU 的常见故障有焊点松脱、电容器失效、集成元件损坏、控制单元固定脚螺钉松动、电子元器件损坏等。发动机 ECU 一旦出现故障，就会造成发动机不能起动或起动困难、无高速、油耗过大等。使用时间过长、自然磨损老化、环境因素、电流超载、不规范操作等均会导致 ECU 故障。

如果发动机 ECU 中进水，则将造成短路和不可恢复的腐蚀、插接器损坏等。机件过热和振动，也可能会在电路板中引起微小的裂纹。电磁阀或执行器内的电路短路将导致 ECU 电流超载，如果短路的电磁阀或执行器未被发现和修复，就直接更换发动机 ECU，新换的发动机 ECU 还会再次损坏，因此，在更换新的 ECU 之前，一定要彻底查清 ECU 损坏的原因。在拆装过程中未采取静电防护措施、安装发动机 ECU 之前未断开蓄电池、电源检测时 ECU 回路中的电阻较小（电流较大）等也会损坏 ECU。

ECU 上喷油器搭铁线不实（接触不良）会导致发动机失速。汽车在中速行驶中有时会出现发动机失速，发动机转速突然下降 200r/min 左右，失速时间通常持续数秒，然后恢复正常。失速故障的出现时间没有规律性。这类故障通常是由于 ECU 上喷油器搭铁线不实造

49

成的。

ECU上喷油器搭铁线不实，导致喷油器搭铁电阻增大，流经喷油器电磁线圈的电流明显减小，从而使喷油器开阀时间（在触发脉冲加到电磁线圈后，从脉冲开始到针阀形成最大升程状态的时间）延长，数据流上显示的喷油脉宽没有改变，但喷油器的实际喷油量小于正常值，导致混合气偏稀，仍无法满足发动机工作需要，于是汽车在中速行驶中有时会出现发动机失速，并会留下与混合气浓度和燃油修正控制有关的故障码。

三、维修注意事项

1) 在维修中，如果怀疑ECU有故障，可通过检测ECU各端子的工作参数与标准参数进行比较来确定；用一个已知无故障的ECU替代旧ECU进行试验，若故障现象消失，则说明原ECU有故障；一般情况下，ECU是不可修复件，有故障必须予以更换。

2) 对于大部分电控系统，接通点火开关，各个传感器、执行器的正极就被接通，ECU需要对它们进行控制时，就接通其负极。因此当温度传感器输出电压过低而其他传感器输出电压过高时，应首先检查ECU上传感器的搭铁线接触是否良好，传感器的导线是否有断路处。当然，也有少数执行器是通过ECU接通正极电源端来对传感器和执行器进行控制的。

3) ECU一旦进水或受潮，必须在最短的时间内拆下，擦干净表面的浮水，用塑料口袋封闭，用真空机将内部的水分抽干净。不要将ECU放入低温烤箱内烘烤，也不要用热风机烘烤ECU，那样会使水分进入ECU电路板内部，造成永久性损坏。ECU进水后不得继续行驶或重新起动发动机，继续行驶或重新起动发动机可能使进水的ECU内部短路。

4) 更换发动机ECU之前，需要检查所有的传感器工作是否正常、蓄电池的电压是否正常、搭铁是否良好。

5) 更换发动机ECU时，需要识别车辆的年款、厂家、型号、发动机排量、发动机ECU上的OEM零件号。更换发动机ECU后，许多车型必须将ECU与发动机进行匹配。

6) 拆卸旧发动机ECU和安装新ECU之前，都应断开蓄电池。装好发动机ECU并重新连接好线束后，再重新接上蓄电池。许多发动机ECU在安装后或断开电源后，必须要经过"再学习"过程。比如对于某些车型，蓄电池断开后可能要经过特定程序才能建立基本怠速，而有些车型只需经过短时期的驾驶让ECU自我调节。

实训二 热线式空气流量传感器的检测

以日产MAXIMA轿车VOG3OE发动机热线式空气流量传感器为例，其检测电路如图2-69图所示。

1) 检查空气流量传感器的输出信号。拔下空气流量传感器的导线插接器，拆下空气流量传感器；按图2-69a所示，将蓄电池的电压施加于空气流量传感器的端子D和端子E之间（电源极性应正确），然后用万用表电压档测量端子B和端子D之间的电压，其标准电压值为 (1.6±0.5) V。如果其电压值不符，则须更换空气流量传感器。在进行上述检查之后，如图2-69b所示，给空气流量传感器的进气口吹风，同时测量端子B和端子D之间的电压。在吹风时，电压应上升至2~4V。如果电压值不符，则须更换空气流量传感器。

2) 检查自清洁功能（参考图2-28）。装好热线式空气流量传感器及其导线插接器，拆

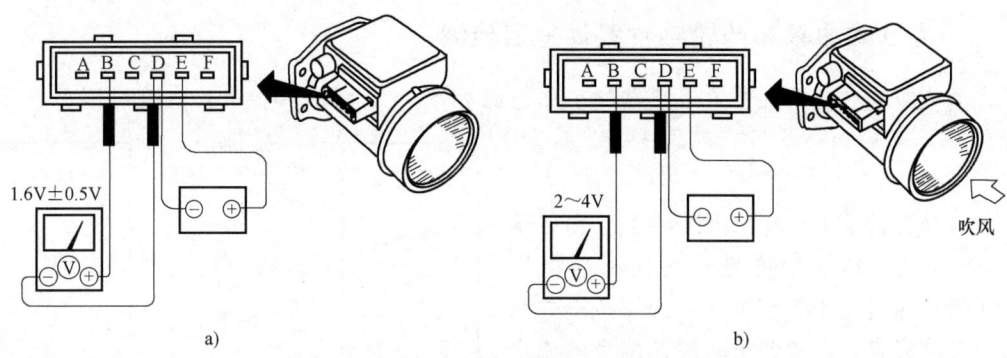

图 2-69 热线式空气流量传感器的检测电路

下空气流量传感器的防尘网,起动发动机并加速到 2500r/min 以上。当发动机停转后 5s,从空气流量传感器的进气口处,可以看到热线自动加热烧红(约为 1000℃)约 1s。如果无此现象发生,则须检查自清信号或更换空气流量传感器。

实训三 曲轴和凸轮轴位置传感器的检测

一、磁电感应式曲轴位置传感器及其工作电路的检测

磁电感应式曲轴位置传感器的基本检测方法如下(参考图 2-37、图 2-38)。

1)检查传感器内的线圈电阻。拔下传感器插接器,分别测量线圈上 G_- 端子与 G_1、G_2、N_e 端子之间的电阻值,标准见表 2-2,若不符,则应更换分电器外壳总成。

2)检查传感器的输出信号。

方法一:使发动机怠速运转,分别测量曲轴位置传感器上 G_1 与 G_-、G_2 与 G_-、N_e 与 G_- 之间的电压。传感器正常时,应有脉冲信号输出。若无脉冲信号输出,则更换曲轴位置传感器。

方法二:在发动机怠速运转时,用示波器检查曲轴位置传感器上 G_1 与 G_-、G_2 与 G_-、N_e 与 G_- 之间的波形,其波形应符合要求。

表 2-2 曲轴位置传感器的线圈电阻值

端子	2JZ-GE 发动机		2JZ-FE 发动机电阻值 /Ω
	冷态电阻值/Ω	热态电阻值/Ω	
G_1—G_-	125~200	160~235	125~190
G_2—G_-	125~200	160~235	125~190
N_e—G_-	155~250	190~290	155~240

3)检查磁隙。用塞尺检查信号转子与传感线圈凸出部分的间隙,标准值为 0.2~0.4mm。若不符合标准,则更换分电器总成。

4)检查传感器连接导线。传感器与 ECU 之间的三根连接导线均应导通,否则修复或更换导线。

二、光电式曲轴和凸轮轴位置传感器检测

光电式曲轴和凸轮轴位置传感器的工作电路如图 2-70 所示，参考此电路对该传感器进行检测。

1. 检测电压、电流信号

点火开关转至 ON 位，检测端子 1 和端子 2 间的电压为 12V，给传感器施加 12V 电压值，在信号输出端子 3 和端子 4 与端子 1 之间分别接上电流表，转动转子一周，两个电流表应分别摆动 1 次和 4 次，电流值应为 1mA。

2. 观察输出电压信号的波形

检查波形幅值的一致性，因为传感器供电电压不变，所以所有波形的高度均应相等。实

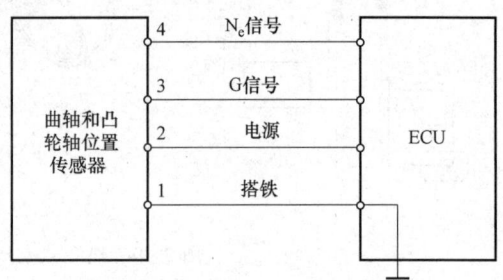

图 2-70 光电式曲轴和凸轮轴位置传感器的工作电路

际应用中有些波形有缺痕或上下各部分有不规则形状，这也是正常的，在这里关键是一致性。

如果在波形检测设备电压 0V 处呈一条直线，则应检查波形检测设备和传感器连接是否良好；确认相关的零件（分电器、曲轴和凸轮轴等）都在转动；用波形检测设备检查传感器的电源电路和发动机 ECU 的电源及搭铁电路；检查电源电压和传感器参考电压。

如果在波形检测设备上显示传感器电源电压呈一条直线，则应检查传感器搭铁电路的完整性，确认相关的元件都在转动（分电器、曲轴、凸轮轴等），如果传感器的电源、搭铁良好，波形检测设备显示传感器供给电源电压呈一条直线，则很可能是传感器损坏。

3. 检查转子盘

检查曲轴位置传感器信号的转子盘是否积尘或损坏，必要时加以清洗或更换。

三、霍尔式曲轴和凸轮轴位置传感器的检测

以北京切诺基汽车曲轴和凸轮轴位置传感器为例，介绍霍尔式曲轴和凸轮轴位置传感器的检测。图 2-71 所示为北京切诺基汽车霍尔式曲轴和凸轮轴位置传感器的工作电路。

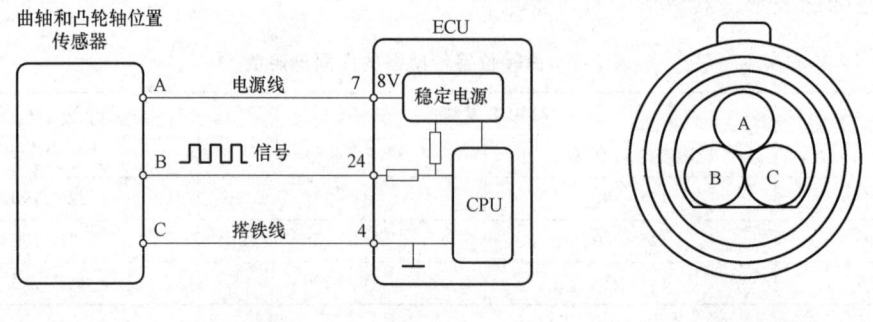

a) 传感器电路   b) 传感器接线柱

图 2-71 北京切诺基汽车霍尔式曲轴和凸轮轴位置传感器的工作电路

1. 检查传感器的电源电压

接通点火开关，测量传感器电源电压（图中的端子 A 与端子 C），标准电压值为 8V，测

量值与标准值不符则应检查 ECU 与传感器之间的连接线路。

2. 检查传感器的信号电压

接通点火开关，起动发动机并使其怠速运转，测量端子 B 与端子 C 之间的电压，标准电压值为 0.3~5V。测量值应在 0.3~5V 范围内变化（电压表指针来回摆动），否则应进一步检查传感器的电源电压及传感器与 ECU 之间导线的连接情况。也可在端子 B 与端子 C 之间串联一只发光二极管（正极连接端子 B）和一只 330Ω 的电阻，发动机正常运转时，发光二极管应当间歇闪亮，否则应进一步检查传感器的电源电压及传感器与 ECU 之间导线的连接情况。

3. 检查传感器的连接线束

测量传感器与 ECU 之间的连接线束，正常情况下其阻值应小于 0.5Ω。如果阻值为无穷大，则说明线路断路，应更换线束。

实训四　节气门位置传感器的检测

一、开关量输出型节气门位置传感器的检查

以丰田 1S-E 和 2S-E 的节气门位置传感器（参考图 2-45）为例进行说明。

1. 端子间的导通性检查

点火开关置于 OFF 位置，拔下节气门位置传感器插接器，在节气门限位螺钉和限位杆之间插入适当厚度的塞尺；用万用表电阻档在节气门位置传感器插接器上测量怠速触点和全负荷触点的导通情况。当节气门全闭时，怠速触点（IDL）应导通；当节气门全开或接近全开时，全负荷触点（PSW）应导通；在其他开度下，两触点均应不导通，具体情况见表 2-3，否则应调整或更换节气门位置传感器。

表 2-3　端子间导通性的检查表（丰田 1S-E 和 2S-E）

限位螺钉与限位杆之间的间隙/mm（或节气开度）	端子		
	IDL-E（TL）	PSW-E（TL）	IDL-PSW
0.5	导通	不导通	不导通
0.9	不导通	不导通	不导通
节气门全开	不导通	导通	不导通

2. 开关量输出型节气门位置传感器的调整

如果检查结果不符合要求，可进行如下调整：松开节气门位置传感器的两个固定螺钉，在节气门限位螺钉和限位杆之间插入 0.7mm 的塞尺，并将万用表电阻档的插头连接节气门位置传感器端子 IDL 和 E（TL），逆时针平稳地转动节气门位置传感器，直到万用表有读数显示，并用两只螺钉固定；然后换用 0.50mm 或 0.90mm 的塞尺，再检查端子 IDL-E（TL）之间的导通性，限位杆和限位螺钉之间的间隙 0.5mm 时导通（万用表读数为 0），间隙为 0.9mm 时不导通（万用表电阻档读数为 ∞）。

二、线性可变电阻输出型节气门位置传感器的检查

线性可变电阻输出型节气门位置传感器的检查以皇冠 3.0 轿车为例（参考图 2-40）。

1. 怠速触点导通性的检查

点火开置于 OFF 档，拔下节气门位置传感器的导线插接器，用万用表电阻档在节气门位置传感器插接器上测量怠速触点（IDL）的导通情况，当节气门全闭时 IDI-E_2 端子间应导通（电阻为0），当节气门打开时 IDL-E_2 端子间应不导通（电阻为∞），具体情况见表2-4，否则应更换节气门位置传感器。

表2-4 线性节气门位置传感器各端子间的电阻（皇冠3.0轿车）

限位螺钉与限位杆间隙/mm（或节气门开度）	端子名称	电阻值/kΩ
0	VT_A-E_2	0.34~6.30
0.45	IDL-E_2	0.50 或更小
0.55	IDL-E_2	∞
节气门全开	VT_A-E_2	2.4~11.20
	V_C-E_2	3.10~7.20

2. 电位计电阻的检查

点火开关置于 OFF 位置，拔下节气门位置传感器的导线插接器，用万用表的电阻档测量线性电位计端子 E_2 和端子 VT_A 之间的电阻，该电阻应能随节气门开度增大而呈线性增大。在节气门限位螺钉和限位杆之间插入适当厚度的塞尺，用万用表的电阻档测量此传感器导线插接器上各端子间的电阻，其电阻值应符合表2-4所列。

3. 电压的检查

插好节气门位置传感器的导线插接器，当点火开关置于 ON 位置时，发动机 ECU 插接器上 IDL、V_C 和 V_{TA} 这三个端子处与传感器搭铁线 E_2 之间应有电压；用万用表电压档检测 IDL-E_2、V_C-E_2、V_{TA}-E_2 端子间的电压值，应符合表2-5所列。

表2-5 节气门位置传感器各端子间的电压

端子	条件	标准电压/V
IDL-E_2	节气门全开	9~14
V_C-E_2	—	4.5~5.5
VT_A-E_2	节气门全闭	0.3~0.8
	节气门全开	3.2~4.9

4. 节气门位置传感器的调整

拧松节气门位置传感器的两个固定螺钉，如图2-72a所示，在节气门限位螺钉和限位杆之间插入 0.50mm 的塞尺，同时用万用表电阻档测量端子 IDL 和端子 E_2 间的导通情况，如图2-72b所示。逆时针转动节气门位置传感器，使怠速触点断开，然后按顺时针方向缓慢转动节气门位置传感器，直到怠速触点闭合为止（万用表有读数显示），拧紧节气门位置传感器的两个固定螺钉，再先后用 0.45mm 和 0.55mm 的塞尺插入节气门限位螺钉和限位杆之间，测量怠速触点（端子 IDL）和端子 E_2 之间的导通情况。当塞尺为 0.45mm 时端子 IDL 和端子 E_2 间应导通，当塞尺为 0.55mm 时 IDL 和端子 E_2 间应不导通，否则应重新调整节气门位置传感器。

项目二　汽油机电控燃油喷射系统

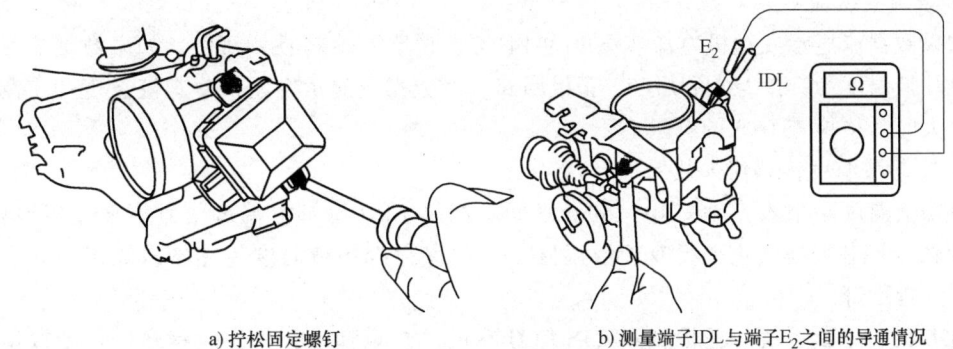

a) 拧松固定螺钉　　　　　　　b) 测量端子IDL与端子E_2之间的导通情况

图 2-72　节气门位置传感器的调整

实训五　冷却液温度传感器与进气温度传感器的检测

一、冷却液温度传感器的检测

冷却液温度传感器的检测参考图 2-49。

1. 检查电源电压

拆下 CTS 插接器，接通点火开关，测量线束端插接器上两端子之间的电压。正常情况下，该电压值应为 5V；若电压值不正常，应检查线路及 ECU。

2. 检查信号电压

连接好 CTS 的插接器，接通点火开关，测量传感器两端子之间的电压。冷却液温度为 80℃时，该电压值应为 0.2~1.0V。

3. 检查工作特性

拆下冷却液温度传感器，按图 2-73 所示的方式对冷却液加热，测量不同冷却液温度下 CTS 的电阻值，将其与标准值对比，即可判定 CTS 是否正常。桑塔纳 2000Si、GSi 型轿车发动机冷却液温度传感器的标准电阻值见表 2-6。

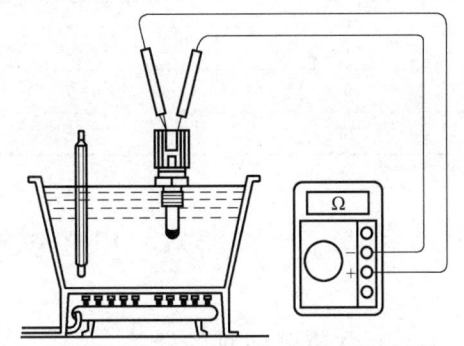

图 2-73　冷却液温度传感器的检查

表 2-6　桑塔纳 2000Si、GSi 型轿车冷却液温度传感器的标准电阻值

温度/℃	电阻值/kΩ	温度/℃	电阻值/kΩ
-20	14~20	50	0.72~1.0
0	5~6.5	60	0.53~0.65
10	3.3~4.2	70	0.38~0.48
20	3.3~4.2	80	0.28~0.35
30	1.4~1.9	90	0.21~0.28
40	1.0~1.4	100	0.17~0.20

4. 读取数据流

如果数据流显示发动机冷却液温度为141℃，说明 CTS 搭铁线短路；如果数据流显示发动机冷却液温度为-40℃，说明 CTS 正极断路。当数据流显示发动机冷却液温度和实测温度相差很大时，须检查 CTS 的电阻值。

5. 冷却液温度传感器失效保护

冷却液温度一般设定在-50~150℃之间。如果 ECU 冷却液温度信号不在上述范围内，ECU 便命令控制程序停止采集冷却液温度信号，保存冷却液温度传感器故障码，并点亮发动机故障指示灯。

ECU 的自诊断系统一旦检测到 CTS 信号不正常，即启用安全保险程序，自动按某个规定的冷却液温度（一般为80℃）来控制发动机的工作。一旦在存储器上存储有 CTS 的故障码，ECU 在启动时便把进气温度传感器的信号当作替代值，然后每运转20s，使冷却液温度增加1℃，直到增加到设定温度值（如80℃）为止。

二、进气温度传感器的检测

进气温度传感器的检测参考图2-50。将进气温度传感器放入盛满水的容器中，加热容器中的水，分别在0℃、20℃和80℃等温度下，用电阻表测传感器的电阻值，看是否与厂家规定相符（表2-7）。如果测量时传感器的电阻值过大或过小，电阻值随温度的变化与特性曲线不符，则均需予以更换。

表2-7 桑塔纳2000Si、GSi型轿车进气温度传感器的标准电阻值

温度/℃	电阻值/kΩ	温度/℃	电阻值/kΩ
-20	10~20	40	0.9~1.3
0	4~7	60	0.4~0.7
20	2~3	80	0.2~0.4

实训六 电控燃油喷射系统执行器的检修

一、电动燃油泵的检修

1. 电动燃油泵使用的注意事项

在电动燃油泵泵油过程中，燃油不断穿过油泵和电动机，油泵本身及电动机中的线圈、电刷、轴承等部位都靠燃油来润滑和冷却。因此，绝对禁止在无油的情况下运转电动汽油泵，以免烧坏电动汽油泵。燃油进入燃油泵前要先经过燃油滤网，以过滤燃油中的杂质。燃油滤网最好定期清洗，若滤网太脏，会使燃油系统压力降低，喷油器喷油量不足，导致汽车高速行驶或急加速时动力不足、加速困难。此外，如果燃油在滤网处堵塞，说明油箱中的沉积物或水分过多，最好拆下整个油箱进行彻底清洗。

新旧汽油泵均不能进行干测试。旧油泵拆下后，泵壳内存有剩余汽油，在通电测试时，若电刷与换向器接触不良，会产生火花引燃泵壳内的汽油而引起爆炸。由于油泵电机密封在泵壳内，如果对新油泵进行干测试，通电产生的热量无法散发，会使电枢过热而烧坏电动

机，因此必须将油泵浸泡在汽油中进行测试。

2. 电动燃油泵的检修

各种燃油喷射系统电动燃油泵的检修方法基本相同。检修时，应判断是油泵控制电路故障还是油泵本身的故障。首先关闭点火开关，拆下行李舱底板处的油泵检测盖板，拔下电动燃油泵导线插头；再打开点火开关（有初始油压型发动机）或用起动机带动曲轴旋转（无初始油压型发动机），用万用表检测电动燃油泵导线插头中电源端子和搭铁端子之间的电压，若为12V左右，说明油泵控制电路完好，故障点在油泵；若不为12V，说明故障点在油泵控制电路。现以桑塔纳2000GSi AJR发动机电动燃油泵的检修为例进行说明。

（1）电动燃油泵电阻的检测　关闭点火开关，拔下电动燃油泵导线插头，测量电动燃油泵电源端子和搭铁端子间的电阻，即电动燃油泵直流电动机线圈的电阻，其阻值应为120Ω左右（20℃），否则应更换电动燃油泵。

（2）电动燃油泵控制电路的检查

1）打开点火开关，油泵运转约2s。

2）如果油泵不运转，应关闭点火开关，拔下中央继电器盒2号位的燃油泵继电器J17。参考电路如图2-74所示，检查继电器供电情况时，用万用表检测燃油泵继电器插座第2脚（端子2/30）、第4脚（端子4/86）与搭铁之间的电压，应为蓄电池电压（12V左右）。

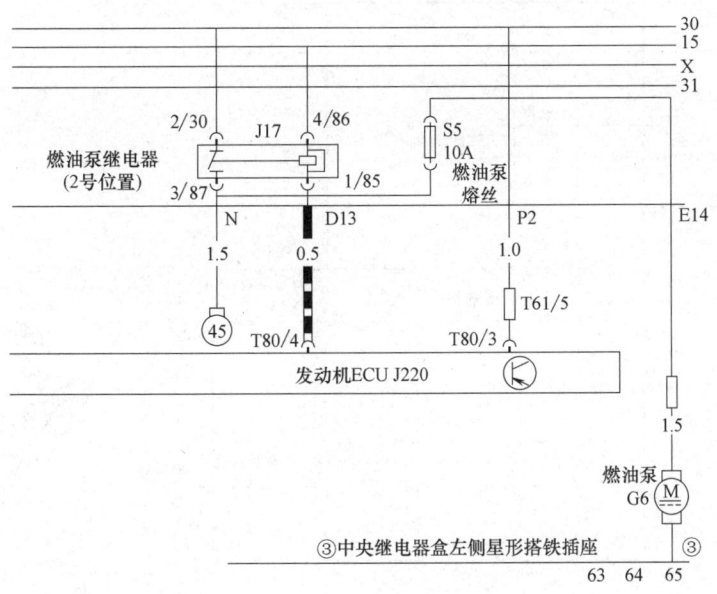

图2-74　桑塔纳AJR发动机电动燃油泵控制电路

3）在燃油泵继电器插座第3脚（端子3/87）和蓄电池间接入一跳线开关。打开跳线开关，油泵应连续运转。如果油泵仍然不运转，则检查熔断器盒5号位燃油泵熔丝S5（10A）。若熔丝未断，则打开行李舱饰板，从密封凸缘上拔下三个端子的油泵导线插头，用万用表测量插头上端子1和端子3之间的电压，应为12V的蓄电池电压。

4）拔下中央继电器盒5号熔丝，用测试二极管将5号熔丝的一端搭铁，短时起动发动机（不得超过4s），燃油泵继电器应吸合，二极管应闪亮，否则在5号熔丝的另一脚重试。若二极管仍不亮，检查燃油泵继电器插座第3脚与5号熔丝间有无断路。若无断路故障，则应更换燃油泵继电器。

5) 若燃油泵继电器能吸合，燃油泵仍不运转，则说明燃油泵有故障，应更换燃油泵。

二、喷油器的检修

当喷油器发生堵塞、滴漏等机械故障时，发动机 ECU 检测不到，使用故障检测仪也读取不到故障信息，喷油器的电气故障可以通过检测其电阻和电压进行判断。在发动机运转时，用手指接触喷油器，正常时应可觉察到喷油脉动；用手触摸或用触杆式听诊器接触喷油器测听各缸喷油器工作的声音，能听到有节奏的、清脆均匀的"嗒嗒"声；若喷油无脉动或者某缸喷油器工作声音很小甚至听不见声音，则应对喷油器做进一步检查。现以桑塔纳 2000GSi AJR 发动机喷油器的检修为例进行说明。

(1) 喷油器电阻检查　关闭点火开关，取下喷油器插头，测量喷油器插脚间的电阻，冷态阻值应为 13~18Ω。

(2) 电源检查　关闭点火开关，拔下喷油器插头，在插头的端子 1 和搭铁之间接入电压表，如图 2-75 所示。原地起动发动机，起动瞬时电压表的读数应为电源电压（12V 左右）。如果没有电压，则应检查燃油泵继电器和连接电路。

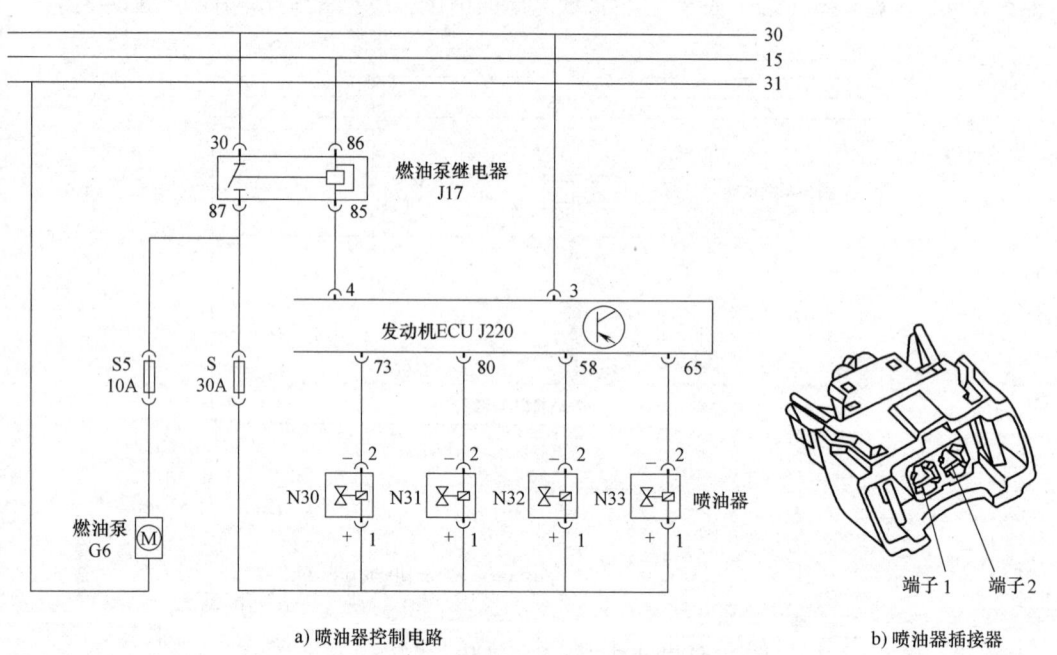

图 2-75　桑塔纳 AJR 发动机喷油器控制电路及插接器

(3) 连接线路检查　在喷油器插头端子 1 与端子 2 间接入 LED 测试灯，起动发动机，若 LED 测试灯闪亮，则说明有控制信号；若 LED 灯不亮，则检查线路。检查 1 缸喷油器 N30 插头的端子 2 与 ECU 插头的端子 73、2 缸喷油器 N31 插头的端子 2 与 ECU 插头的端子 80、3 缸喷油器 N32 插头的端子 2 与 ECU 插头的端子 58、4 缸喷油器 N33 插头的端子 2 与 ECU 插头的端子 65 之间的电阻，其阻值应小于 1.0Ω。导线和导线之间不得有短路和漏电，否则应更换相应的导线。如果导线也正常，则说明 ECU 有问题。

（4）喷油量的检查　关闭点火开关，取下喷油器，插好插头，在喷油器下放一量杯。打开点火开关，使发动机原地怠速运行，30s 内喷油量应该为 78~85mL，喷油形状应为圆锥角小于 35° 的圆锥雾状。关闭发动机后，检查喷油器的滴漏。喷油器在正常油压下，每分钟漏油不应多于两滴，否则更换喷油器。

实训七　喷油系统和油泵电路的分析与检测

帝豪 EC715 喷油系统和油泵电路如图 2-76 所示，电路中各插接器及连接点见表 2-8、表 2-9。对照实车电路完成以下实训内容。

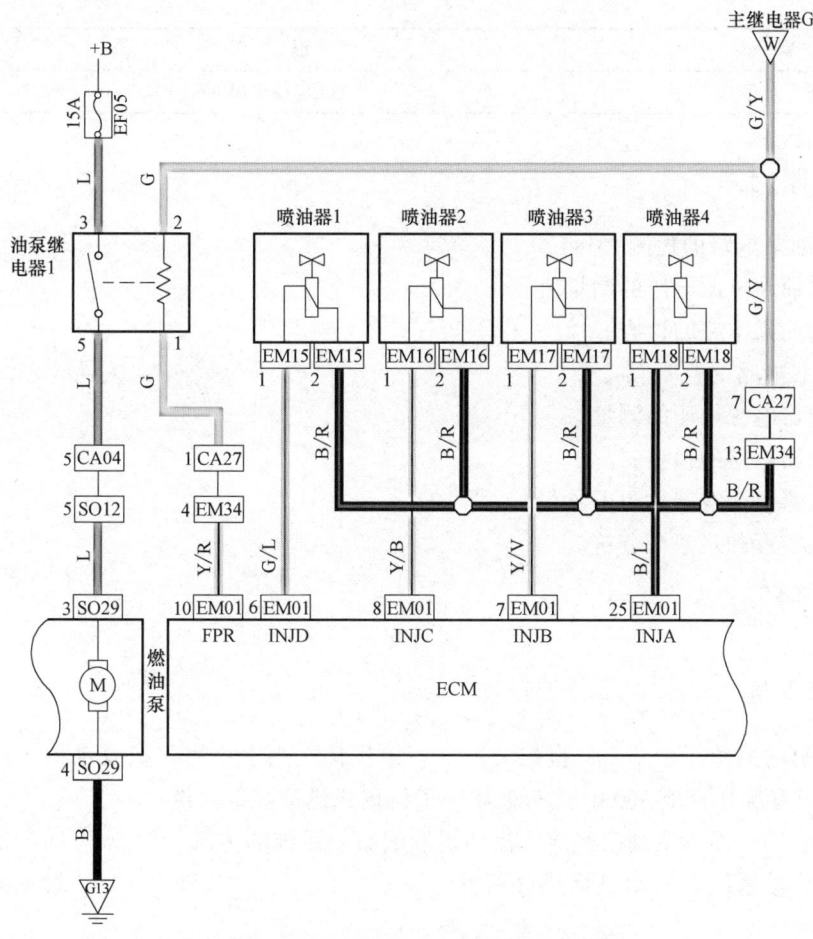

图 2-76　帝豪 EC715 喷油系统和油泵电路

一、电路分析

1）分析电动油泵电路的组成、电路的连接。
2）简述电动油泵电路的工作原理。
3）分析喷油器电路的组成、电路的连接。
4）简述喷油器电路的工作原理。

表 2-8

线束插接器	名称	线束插接器	名称
EM15	喷油器 1 线束插接器	EM34	接发动机舱电盒(3)线束插接器
EM16	喷油器 2 线束插接器	EM01	EM 线束插接器
EM17	喷油器 3 线束插接器	SO29	燃油泵线束插接器
EM18	喷油器 4 线束插接器	CA04	接底板线束插接器
CA27	接发动机线束插接器	G13	底板搭铁
SO12	接发动机舱线束插接器		

表 2-9

连接点	说　明
W	主继电器输出电源

二、电路检测

1. 电动油泵电路的检测

1）电动油泵电源电压的测量。

2）电动油泵电路的检查。

2. 喷油器电路的检测

1）喷油器电源电压的测量。

2）喷油器电路的检查。

3）喷油器电磁线圈电阻的测量。

4）喷油波形的观察与分析。

巩固练习

一、填空题

1. 汽油喷射系统于_____世纪_____年代首次用于军用飞机发动机，1954 年德国_____公司首次在奔驰 300SL 汽车上装用了机械式汽油喷射系统。

2. 目前，_____系统已经成为汽油机燃油喷射系统的主流。

3. 空气供给系统为发动机提供必要的_____、_____和_____燃油燃烧所需的进气量。

4. 燃油供给系统向_____供给_____，由 ECU 控制的喷油器将燃油_____，以便形成所需的可燃混合气。

5. 通过空气流量传感器检测_____，进而对发动机实施燃油控制。

6. 缸外喷射是指将汽油喷射在_____部位。根据喷油器数量和安装位置，缸外喷射分为_____和_____两种。

7. 汽油机电控燃油喷射系统由_____、_____和_____三个子系统组成。

8. 发动机燃油喷射电子控制系统的功能是根据发动机运转状况和车辆运行状况确定最

佳_____和_____。

9. 电控单元（ECU）主要由_____、_____、_____、_____四部分组成。
10. 曲轴位置传感器的功用是_____并输入ECU，作为_____和点火控制的_____信号。
11. 节气门位置传感器的作用是将节气门开度的大小转变为_____并输入ECU，以便ECU判断发动机的_____、_____和_____等，并根据不同的工况来控制喷油和点火。
12. 异步喷射是指燃油的喷射与发动机的_____无关，_____，它是在同步喷射的基础上为改善发动机的性能而_____的喷油。它主要有_____喷射和_____喷射两种。
13. 发动机电控单元（ECU）主要由_____、_____、_____、_____等组成。
14. 电动汽油泵将燃油从_____，并以足够的_____和_____向燃油系统提供燃油。
15. 喷油器的功用是根据_____，向进气管内_____雾化汽油。
16. 缸内直喷（GDI）是指喷油器将_____直接喷射到气缸燃烧的喷射。缸内直喷系统均为_____，其喷油器安装在火花塞附近的气缸盖上，需要较高的_____，对喷油器的_____和_____的要求较高。

二、判断题

1. 目前只有汽车工业发达的国家在汽油发动机上均采用电控燃油喷射系统，以满足日益严格的排放要求。（　　）
2. 缸内喷射是目前大部分汽车采用的汽油喷射方式。（　　）
3. 缸外喷射是指将汽油喷射在进气管道的相应部位。（　　）
4. 发动机ECU根据空气流量信号和发动机转速信号确定基本喷油时间。（　　）
5. 发动机在起动和加速时，只应采取与曲轴转角无关的异步喷射。（　　）
6. 喷射正时又称为喷油时刻，也就是喷油器在什么时刻开始喷油的问题。（　　）
7. 发动机起动和加速时的异步喷油量是不固定的。（　　）
8. 在发动机起动过程和运转过程中，燃油泵应保持正常工作。（　　）
9. 电控单元内部的微处理器只能识别0～5V的数字信号。（　　）
10. ECU是汽车电子控制系统的控制核心。（　　）
11. 汽车电子控制系统的信号输入装置只包括传感器。（　　）
12. 热线式空气流量传感器为消除环境温度的影响，设置了一个温度补偿电阻。（　　）
13. 传感器输出电压变化过缓或电压保持不变，则表明氧传感器有故障。（　　）
14. 燃油压力调节器的作用是调节供油压力与进气压力之差保持不变。（　　）
15. 喷油器驱动方式有电流驱动和电压驱动。（　　）

三、思考题

1. 汽油机燃油喷射系统由哪几大部分组成？它们各起什么作用？

2. 汽油机电控燃油喷射系统有哪些优点？
3. 缸内喷射和缸外喷射各有什么特点？
4. 同时喷射、分组喷射和顺序喷射各有什么特点？
5. 按空气量测量方式分类，电控燃油喷射系统可以分成几类？它们各有什么特点？
6. 电控燃油喷射系统中传感器的信号类型有哪几种？
7. 热膜式空气流量传感器故障对发动机有何影响？
8. 试分析压敏电阻式进气压力传感器常见故障及对发动机性能的影响。
9. 试分析曲轴位置传感器常见故障及其对发动机性能的影响。
10. 节气门位置传感器常见故障有哪些？如何进行检测？
11. 冷却液温度传感器的作用是什么？冷却液温度传感器发生故障后对发动机性能有何影响？
12. 汽油机电控燃油喷射系统中常用的喷油器有哪些类型？如何检测喷油器？
13. 简述起动时的同步喷油量控制过程。
14. 简述起动后的同步喷油量控制过程。
15. 断油控制有哪些类型？简述各类型断油控制的控制原理。
16. 简述 ECU 的基本组成和基本功能。ECU 常见的控制功能有哪些？
17. ECU 的信号输入装置有哪些？
18. GDI 汽油机的技术优势有哪些？

项目三 汽油机电控点火系统

学习目标：

通过本项目的学习，了解汽油机对点火系统的要求和电控点火系统的类型；掌握微机控制点火系统的基本组成、控制原理、控制功能；掌握爆燃传感器的结构、工作原理、使用维护、检修方法；掌握几种典型电控点火系统执行元件的检修方法；能够对微机控制点火系统的故障进行正确检查、准确判断、合理维修，为能够全面、准确地排除电控发动机常见故障打下坚实的基础。

理论知识

汽油机电控点火系统，根据发动机的不同工况适时在气缸内提供足够能量的电火花，使混合气能准时、迅速地燃烧做功。发动机在任何转速和负荷下都要求有精确的点火正时及较强的电火花。点火正时准确与否、点火能量是否足够对发动机的性能影响很大。

1. 点火系统必须满足的要求

为使点火系统能在发动机各种工况和使用条件下都能可靠而准确地点火，点火系统必须满足以下要求。

1）点火系统应能迅速、及时地产生足以击穿火花塞电极间隙的高电压。火花塞电极之间产生火花的电压称为击穿电压。影响击穿电压的因素有火花塞电极间隙、气缸内混合气的压力与温度、电极的温度与极性、发动机工作情况等。发动机起动时，击穿火花塞气隙需要17kV左右的高电压；汽车行驶时，发动机在满载低速时击穿火花塞气隙需要8~10kV的高电压；发动机正常工作时，点火电压一般在15kV以上。为保证点火可靠，考虑各种不利因素的影响，现代发动机中大多数点火系统都能提供20kV以上的点火电压。

2）电火花应具有足够的点火能量。为保证发动机能在较高经济性和较严排放量标准的条件下正常工作，要求点火系统在发动机各种工况和使用条件下可靠点火，电火花必须具有足够的点火能量。电火花的点火能量不仅与火花塞电压有关，而且还与火花电流、火花持续时间有关。点火能量越大，着火性能越好。在发动机起动、怠速、急加速等情况下，要求较高的点火能量。目前采用的高能点火装置，点火能量都要求超过80~100mJ。

3）点火系统应按发动机各缸的工作顺序并以最佳时刻（点火提前角）进行点火。按照发动机各缸的工作顺序，6缸发动机的一般点火顺序为1-5-3-6-2-4，4缸发动机的点火顺序为1-3-4-2。最佳点火提前角由发动机的动力性、经济性和排放性能要求共同确定，为使发动机在不同的转速、负荷工况下，把热能转化成机械能的过程中输出最大功率，点火系统必须随发动机转速和负荷的变化及时调整点火提前角，从而实现最佳点火。

目前，绝大多数汽油机采用电控燃油喷射技术，与之相配套的汽油机电控点火系统已经成为主流。电控点火系统由微机根据传感器输出的曲轴转角、空气流量（或进气歧管绝对压力）、节气门开度、冷却液温度、空燃比、转速等发动机工作信息，对点火时间进行精确的控制，使发动机性能更加优异。

2. 点火系统的种类

电控点火系统可分为普通电子控制点火系统和微机控制点火系统两种类型。

（1）普通电子控制点火系统　普通电子控制点火系统虽然增加了闭合角控制、恒流控制等，大大提高了点火系统的性能，但其点火时刻的调整是依靠机械离心式调节装置和真空式调节装置完成的。这种点火系统存在机械滞后、磨损等，响应速度慢；点火提前角的控制不精确，考虑点火提前角的影响因素不全面；为避免大负荷时出现爆燃，必然采用妥协方式减小点火提前角，导致发动机整体性能不理想。因此普通电子控制点火系统逐步被淘汰。

（2）微机控制点火系统　微机根据各种传感器输入的信号，经过数学运算和逻辑分析，控制点火线圈初级电路通断的点火系统。微机控制点火系统取消了普通电子点火系统的离心式点火提前角调节装置和真空式点火提前角调节装置，利用各种传感器采集发动机工作时的实际运行状况参数，考虑了点火提前角等影响因素，由微机计算出发动机在各种工况下的最佳点火时间，达到降低发动机排放、节约能源、提高发动机动力性能的要求。

由于微机控制点火系统具有控制响应速度快、运算和控制精度高、抗干扰能力强等突出的优点，应用越来越广泛。

微机控制点火系统按照有无分电器，可分为有分电器点火系统和无分电器点火系统两种类型，有分电器的微机控制点火系统已经淘汰，无分电器的微机控制点火技术成为电控点火系统的主流技术。

课题一　微机控制点火系统的组成与控制原理

一、微机控制点火系统的组成

微机控制点火系统由传感器、电控单元（ECU）、点火执行器（点火器、点火线圈）、火花塞等组成，如图3-1所示。

1. 传感器

绝大部分传感器与电控燃油喷射系统是共用的，传感器的作用是检测发动机运行工况，向电控单元提供发动机的各种运行参数，以便电控单元确定最佳的点火时刻。主要的传感器有发动机转速传感器、曲轴位置传感器、凸轮轴位置传感器、空气流量传感器（或进气压力传感器）、冷却液温度传感器、进气温度传感器、爆燃传感器、节气门位置传感器等。

2. 电控单元

电控单元是一种电子综合控制装置，即点火系统与发动机其他电子控制系统共用一个ECU（发动机采用集中控制方式），其工作原理是电控单元内存储的控制程序对传感器送来的各种信号经过数据处理后计算出最佳点火提前角，并向电子点火器输出点火控制信号，使发动机在最佳时刻完成点火,从而使发动机的动力性、经济性和排放性等处于最佳状态。

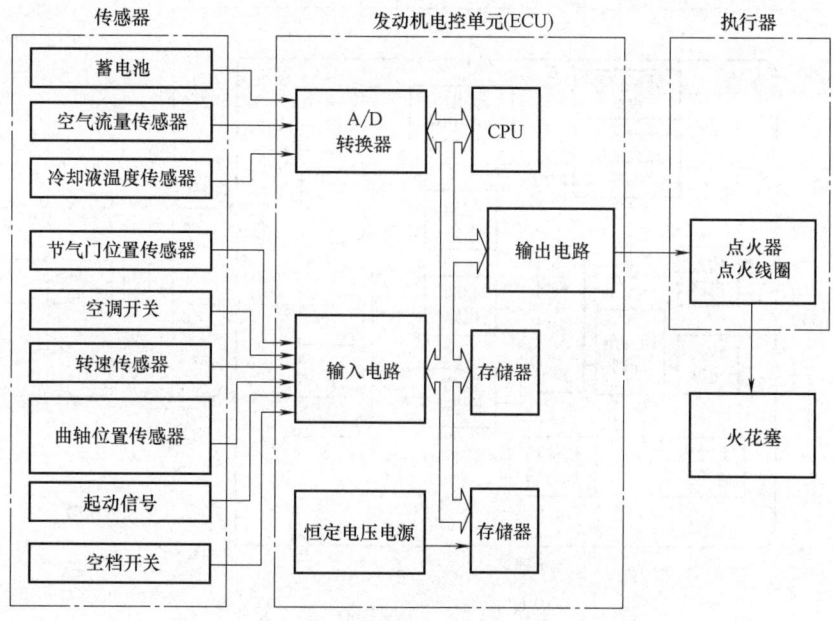

图 3-1　微机控制点火系统的组成

3. 点火器

点火器是微机控制点火系统的功率输出级,它通过接收电子控制单元输出的指令进行工作,并对点火信号进行放大,驱动点火线圈工作。

点火器的内部结构和电路各不相同,有的点火器单纯起开关的作用,用于接通或切断点火线圈的初级电路;有的点火器则除起开关的作用外,还有电流控制、闭合角控制、判别缸位、点火监视等功能。

有的发动机不单设点火器,将大功率晶体管组合在电控单元中,由电控单元直接控制点火线圈初级电流的通断。

图 3-2 所示为丰田发动机点火器的内部电路框图。该点火器的功能如下:

1)根据电控单元输入的点火信号,使大功率晶体管适时导通和截止。

2)闭合角控制及恒流控制。其作用是根据发动机转速和蓄电池电压调节闭合角,以保证足够的点火能量。在发动机转速上升和蓄电池电压下降时,闭合角控制电路使闭合角加大,即延长初级电流的通电时间,防止初级储能下降,确保点火能量。

3)点火监视。该点火器中设有点火监视电路,用来监视点火系统初级电路通断情况,此信号通常称为点火监视信号,有的也称为点火确认信号,用 IGf 表示。其作用是,若点火器中的大功率晶体管不能正常导通与截止,即点火器发生故障时,火花塞则不能正常跳火,此时若喷油器正常喷油,则由于混合气不能被点燃,残留气缸内的燃油会污染火花塞和冲刷气缸壁,排入排气管的部分燃油会使三元催化转化器过热而加速损坏。为避免上述异常情况的发生,当点火监视信号 IGf 连续 3~5 次未反馈到电控单元时,电控单元便向汽油喷射控制电路发出停止喷油的信号,喷油器停止喷油。

4)点火感知。当发动机转速急剧上升时,点火感知电路向闭合角控制电路发出信号,

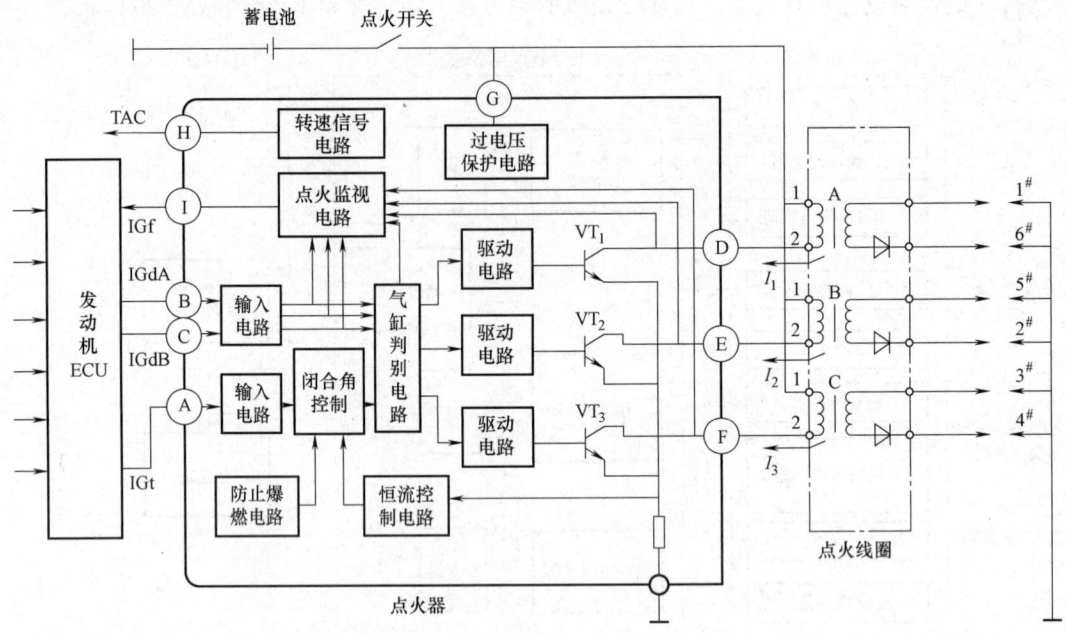

图 3-2 丰田发动机点火器的内部电路框图

通过闭合角控制电路使大功率晶体管提前导通,保证点火线圈有足够的初级电流通过,产生足够的次级电压,从而避免发生断火现象。

5)锁止保护。当停车而未关断点火开关超过一定时间时,锁止保护电路使大功率晶体管自动截止,从而自动切断初级电路,防止点火线圈的初级绕组及点火器通电时间过长而发热,损坏点火线圈和点火器。

4. 点火线圈

点火线圈由初级绕组、次级绕组和铁心组成,其作用是将低压电转变为 15~30kV 的高压电,以实现火花塞跳火。与微机控制电子点火系统相匹配的点火线圈为专用高能点火线圈,一般采用闭磁路点火线圈,铁心有口字形和日字形两种,图 3-3 所示为日字形闭磁路点火线圈的结构及磁路。由于磁路是封闭的,其能量损失小,对外电磁干扰小。线圈的初、次级绕组的电阻与电感比较小,初级电流上升快,其稳定值比较大,在不控制状态下一般可达

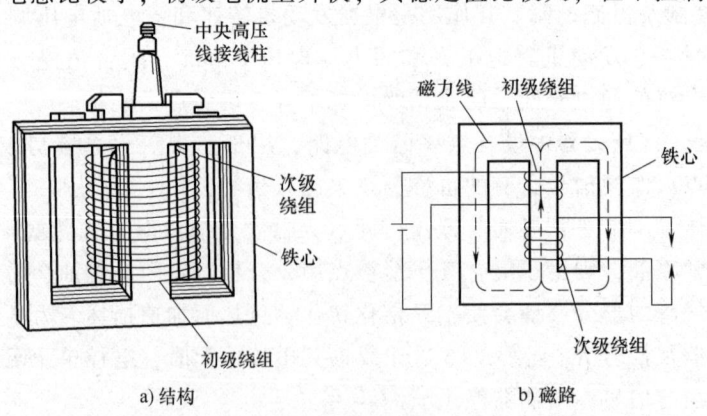

a) 结构 b) 磁路

图 3-3 日字形闭磁路点火线圈的结构及磁路

20~30A。为此，在点火器内一般设置恒流控制装置，即当初级电流上升到一定值时，使其保持恒定不变，从而保证了发动机在任何工况下都能实现稳定的高能点火。

5. 火花塞

火花塞安装在燃烧室内，其功用是将高电压引入燃烧室，在电极间形成火花，以点燃可燃混合气。由于在燃烧室中要承受周期性高温、高压以及燃烧产物的强烈腐蚀，其工作条件恶劣，因而对火花塞提出了较高的要求。例如，要求火花塞必须有足够的机械强度，应有足够的绝缘强度，能承受30kV高电压；火花塞不但要耐高温，而且能承受温度剧变，不出现局部过冷或过热；火花塞要耐腐蚀，要有合适的电极间隙；火花塞安装位置要合适，以保证有合理的着火点；火花塞气密性应好，以保证燃烧室不漏气。

二、微机控制点火系统控制原理

发动机工作时，ECU根据接收到的各传感器信号，按存储器中存储的有关程序和相关数据，确定出该工况下的最佳点火提前角和点火线圈初级电路闭合角（通电时间），并以此向点火器发出指令。点火器则根据ECU的指令，控制点火线圈初级电路的导通和截止。当电路导通时，有电流从点火线圈初级电路通过，点火线圈将点火能量以磁场能的形式存储起来。当初级电路中的电流被切断时，在次级线圈中将产生很高的感应电动势（15~30kV），按照发动机工作顺序，经分电器或直接送至气缸的火花塞。点火能量经火花塞瞬间释放，产生的电火花点燃气缸内的混合气，使发动机完成做功过程。

此外，在具有爆燃控制功能的电控点火系统中，ECU还根据爆燃传感器的输入信号来判断发动机有无爆燃及爆燃的程度，并对点火提前角进行闭环控制。

微机控制无分电器点火系统取消了传统的分电器式机械配电装置，而采用电子配电方式，即在点火控制器的控制下，点火线圈的高电压按照一定的点火顺序直接加到各缸的火花塞上。无分电器式电子点火系统是目前最先进的电子点火系统，其突出优点在于：点火电压高，火花能量大；点火电压上升速度快，受火花塞积炭影响较小；维护频率低，寿命长；点火系统高压电路中的阻抗减小，点火更加可靠等。因此，越来越多的汽车采用无分电器配电方式。

无分电器点火控制系统可分为双缸同时点火方式和各缸单独点火方式两种类型。

1. 双缸同时点火方式

双缸同时点火方式是指两个缸的火花塞共用一个点火线圈，点火线圈有两个输出端，分别接两个缸的火花塞，一个缸在排气上止点，另一个缸在压缩上止点，两缸火花塞同时串联点火。在排气末期点火的为无效点火，无效点火的气缸压力小，因此击穿火花塞间隙需要的电压小，消耗的电能少；在压缩末期点火的为有效点火，大部分电能消耗在有效点火上。双缸同时点火方式可分为二极管分配式和点火线圈分配式两种。

（1）二极管分配式　利用二极管分配高压电的双缸同时点火电路原理如图3-4所示。点火线圈由两个初级绕组和一个次级绕组组成，次级绕组的两端通过4个高压二极管与火花塞构成两个回路。4个二极管有内装式（安装在点火线圈内部）和外装式两种。对于点火顺序为1-3-4-2的发动机，1缸、4缸为一组，2缸、3缸为另一组。点火控制器中的两个功率晶体管分别控制一个初级绕组，两个功率晶体管由电控单元（ECU）按点火顺序交替控制其导通与截止。

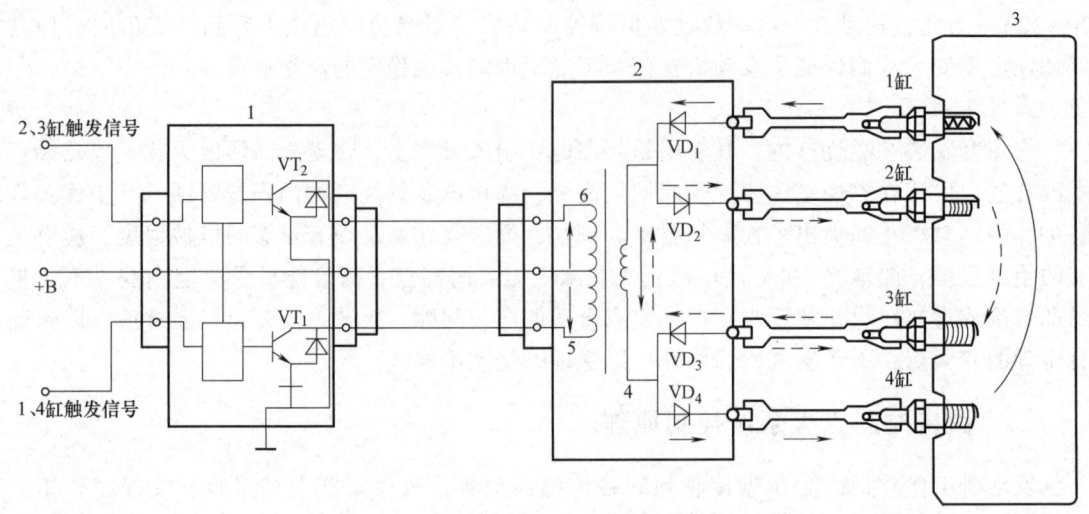

图 3-4 利用二极管分配高压电的双缸同时点火电路原理
1—电子点火器 2—点火线圈 3—气缸盖 4—次级绕组 5—初级绕组 A 6—初级绕组 B

当电控单元将 1 缸、4 缸的点火触发信号输入点火控制器时，功率晶体管 VT_1 截止，初级绕组 A 中的电流切断，次级绕组中就会产生高压电动势，方向如图 3-4 中实线箭头方向所示。在该电动势的作用下，二极管 VD_1、VD_4 正向导通，1 缸、4 缸火花塞电极上的电压迅速升高直至跳火，高压放电电流经图中实线箭头所指方向构成回路；VD_2、VD_3 反向截止，不能构成放电回路，因此 2 缸、3 缸火花塞电极上无高压火花放电电流而不能跳火。

当 ECU 将 2 缸、3 缸点火触发信号输入点火控制器时，晶体管 VT_2 截止，初级绕组 B 中的电流切断，次级绕组产生高压电动势，方向如图 3-4 中虚线箭头方向所示。此时，二极管 VD_1、VD_4 反向截止，VD_2、VD_3 正向导通，因此 2、3 缸火花塞电极上的电压迅速升高直至跳火，高压放电电流经图中虚线箭头所指方向构成回路。

（2）点火线圈分配式 利用点火线圈直接分配高压的同时点火电路原理如图 3-5 所示。桑塔纳 2000GSi、捷达 AT、GTX 和奥迪 200 型轿车点火系统采用了这种配电方式。

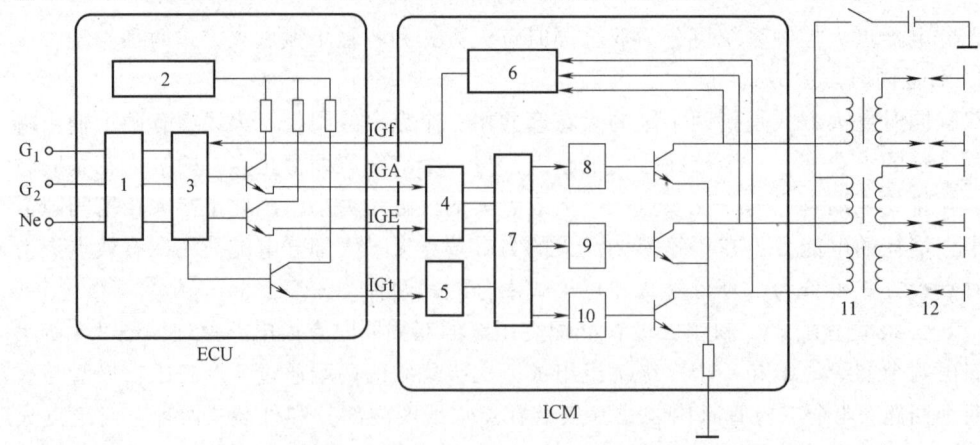

图 3-5 利用点火线圈直接分配高压的同时点火电路原理
1—输入电路 2—稳压电源 3—微处理器 4—输入电路 5—闭合角控制电路 6—IGf 发生电路
7—气缸判别电路 8、9、10—驱动电路 11—点火线圈 12—火花塞

点火线圈组件由两个（4缸发动机）或三个（6缸发动机）独立的点火线圈组成，每个点火线圈供给成对的两个火花塞工作（4缸发动机的1缸和4缸、2缸和3缸分别共用一个点火线圈；6缸发动机1缸和6缸、2缸和5缸、3缸和4缸分别共用一个点火线圈）。点火控制组件中设置有与点火线圈数量相等的功率晶体管，分别控制一个点火线圈工作。点火控制器根据电控单元（ECU）输出的点火控制信号，按点火顺序轮流触发功率晶体管的导通与截止，从而控制每个点火线圈轮流产生高压电，再通过高压线直接输送到成对的两缸火花塞电极间隙上跳火点燃混合气。

2. 各缸单独点火方式

各缸单独点火方式电路原理如图3-6所示。各缸单独点火方式也叫独立点火方式，它是指每缸一个点火线圈，点火线圈的数量与气缸数相等，无需分电器就能将高电压适时地分配给各个火花塞。该点火方式的优点在于：由于每缸都有各自独立的点火线圈，即使发动机转速很高，点火线圈也有较长的通电时间（大的闭合角），可提供足够高的点火能量；在发动机转速相同时，与其他配电方式相比，单位时间内通过点火线圈初级电路的电流要小得多，点火线圈不易发热，且点火线圈的体积可以非常小，点火线圈可以直接装在火花塞上面，不需要高压线，避免了对微机信号的电磁干扰，消除了干扰源；发动机ECU可一缸接一缸地改变点火正时，对爆燃传感器发出的信号能及时做出响应。

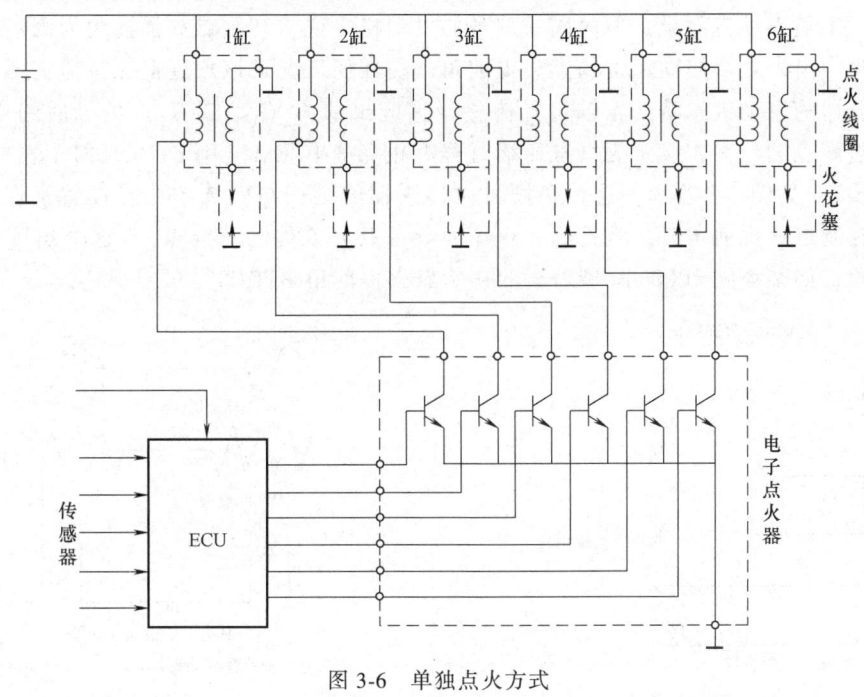

图 3-6 单独点火方式

课题二 微机控制点火系统控制功能

一、点火提前角控制

在微机控制点火提前角控制系统中，ECU根据发动机负荷信号、转速信号等传感器信号计算出最佳点火时刻（最佳点火提前角），输出点火正时信号（IGt 点火信号），控制电子点火器实现点火。

发动机在不同转速和负荷下的最佳点火提前角被预先存储在 ECU 的存储器内，在发动机实际运行时，ECU 根据所存储的点火特性进行点火提前角自动控制。具体过程如下：ECU 首先根据负荷和转速信号，从存储器内读出相应工况下的点火提前角；再根据冷却液温度传感器、进气温度传感器、节气门位置传感器、点火开关、空调开关、自动变速器档位开关等测得的发动机其他运转参数，对所选取的点火提前角进行修正，以保证在任意运转工况下都能获得最佳的点火提前角；最后，ECU 还要根据曲轴位置传感器测得的曲轴位置基准信号，通过控制点火器，在各缸活塞到达压缩行程上止点之前，精确地按照这一最佳点火提前角触发火花塞点火。发动机在起动时，不经过 ECU 计算，点火时刻在固定的曲轴转角位置点火，与发动机工况无关。

1. 点火提前角的确定

实际点火提前角的控制，不同的发动机采取不同的方法，如丰田车系电控点火系统中，实际点火提前角等于初始点火提前角、基本点火提前角和修正点火提前角之和。点火提前角的计算如图 3-7 所示。

（1）初始点火提前角　初始点火提前角是 ECU 根据发动机上止点位置确定的固定点火时刻，其大小随发动机而异，但对同一型号的发动机来说，初始点火提前角为固定值。它是在发动机生产出来之后便固定了的点火提前角，在任何工况下该角度都保持恒定不变。

丰田公司的发动机是将凸轮轴位置传感器感应出的 G（G_1 或 G_2）信号后的第一个 N_e 转速信号过零点的位置，设定为气缸压缩行程上止点前 10℃ A（用 BTDC10℃ A 表示，CA 表示曲轴转角），如图 3-8 所示。这一角度可由传感器的结构与安装的相对位置来保证。ECU 在计算、控制点火提前角时，就把这一点作为参考点（或称为基准点），这个角度称为初始点火提前角，如桑塔纳 2000GLi 型轿车的初始点火提前角 BTDC8°。

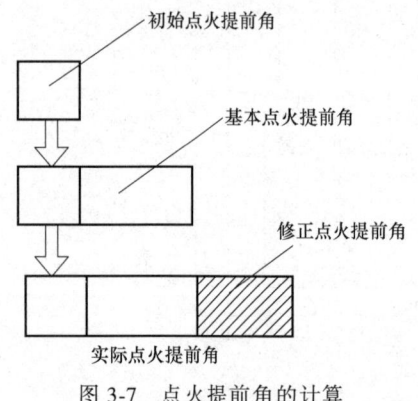

图 3-7　点火提前角的计算

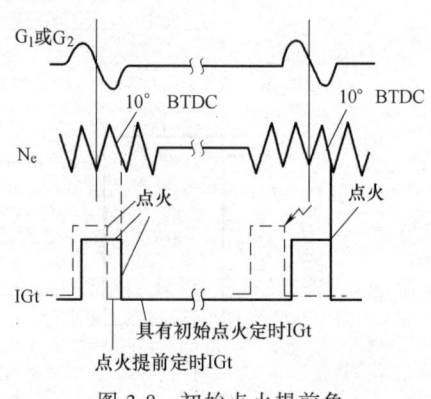

图 3-8　初始点火提前角

一般在下列情况时实际点火提前角等于初始点火提前角。

1）在发动机起动期间，转速变化大，进气量不稳定，点火提前角不能准确地进行控制，因此采用固定的初始点火提前角。

2）发动机转速低于 400r/min 时。

（2）基本点火提前角　基本点火提前角是发动机最主要的点火提前角，它是在设计微机控制点火系统时确定的。现在普遍采用台架试验的方法，利用发动机最佳运行状态下的实验数据来确定基本点火提前角。试验所得的以转速和负荷（进气管真空度）为变量的三维点火特性脉谱图以数据形式存储在 ECU 的只读存储器（ROM）中，如图 3-9 所示。汽车运行时，ECU 根据发动机转速信号和负荷信号（由空气流量传感器和节气门位置传感器确定），在存储器中查到这一工况下运转时相应的基本点火提前角来控制点火。

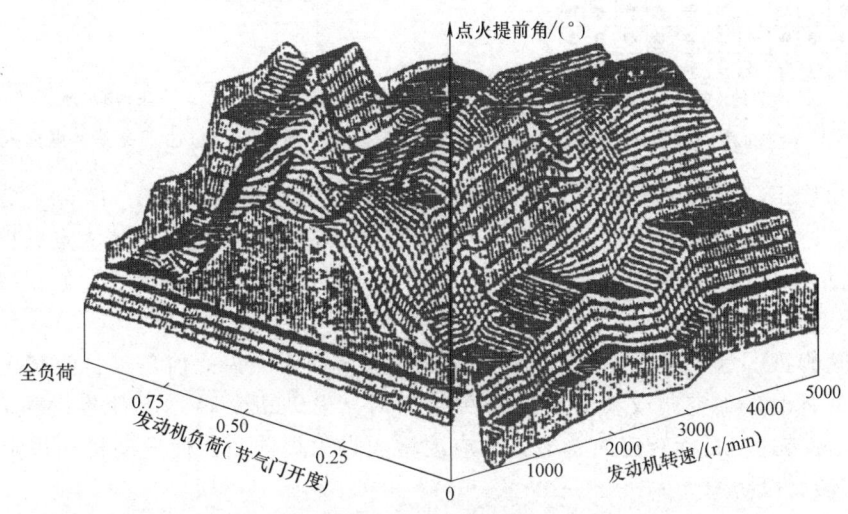

图 3-9　三维点火特性脉谱图

（3）修正点火提前角　为了使实际点火提前角适应发动机的运转状态，以便得到良好的动力性、经济性和排放性能，必须根据相关因素（如冷却液温度、进气温度、爆燃信号、开关信号等）适当地增大或减小点火提前角，即对点火提前角进行必要的修正。

ECU 根据初始点火提前角、基本点火提前角和修正点火提前角计算出实际点火提前角而进行控制点火，把点火时间控制在最佳状态。点火提前角的控制包括两种基本情况：起动时点火提前角的控制和起动后点火提前角的控制。

2. 起动时点火提前角的控制

在起动过程中，发动机转速变化大，并且由于转速较低（一般低于 500r/min），进气歧管绝对压力传感器或空气流量传感器的信号不稳定，ECU 无法正确计算点火提前角，一般将点火时刻固定在设定的初始点火提前角。此时的控制信号主要是发动机转速信号（N_e）和起动开关信号（STA）。

3. 起动后点火提前角的控制

（1）基本点火提前角　在非怠速工况时，节气门位置传感器的怠速触点（IDL）断开，ECU 根据发动机的转速和负荷信号，按存储器的数据确定基本点火提前角，其数据表格存储形式如图 3-10 所示。

在怠速工况下运行时，节气门位置传感器怠速触点闭合，此时，ECU 根据发动机转速和空调开关是否接通等确定基本点火提前角，如图 3-11 所示。

（2）点火提前角的修正　点火提前角的修正项目随车型的不同而不同，在丰田车系 TCCS 系统的控制中主要有暖机修正和怠速修正。

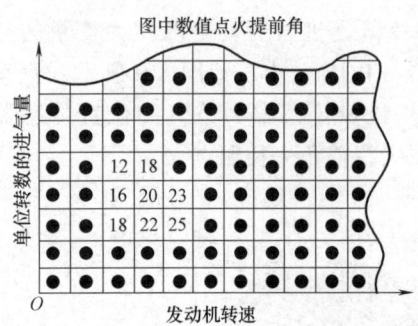

图 3-10 点火提前角的数据表格存储形式

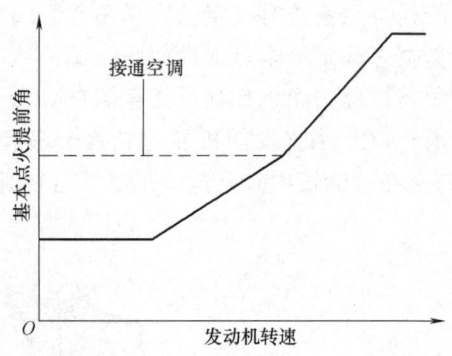

图 3-11 怠速工况基本点火提前角

1)暖机修正。暖机修正是指节气门位置传感器的怠速触点（IDL）闭合，发动机冷却液温度较低时对点火提前角进行的修正。当冷却液温度较低时，应适当增大点火提前角，以促使发动机尽快暖机。随着冷却液温度的升高，点火提前角应相应地减小，修正提前角的大小随车型的不同而有所差异。

2)怠速修正。怠速修正是为了保证怠速运转稳定而对点火提前角进行的修正。当怠速触点（IDL）闭合，而空调或动力转向开关接通时，发动机负荷增大使发动机转速下降，ECU根据实际转速与目标转速的差值，相应地增大点火提前角，使发动机在规定的怠速转速下稳定运转，以防熄火。

发动机实际点火提前角为初始点火提前角、基本点火提前角和修正点火提前角之和，发动机每转一周，ECU就计算处理后输出一个点火正时信号，控制电子点火器，再通过点火器控制点火线圈使火花塞点火。当ECU确定的实际点火提前角超过允许的最大或最小点火提前角时，发动机难以正常运转，此时，ECU将以最大或最小点火提前角的允许值进行控制。

二、闭合角控制

闭合角是指点火线圈初级电路通电期间曲轴转过的角度。对于电感储能式电控点火系统，当点火线圈的初级电路被接通后，初级电流是按指数规律增长的。初级电路被断开的瞬间，初级电流所能达到的值（即断开电流）与初级电路接通的时间长短有关，只有通电时间达到一定值时，初级电流才可能达到饱和。因断开电流影响次级电压的高低，而次级电压的高低又直接影响点火系统工作的可靠性，所以在发动机工作时必须保证点火线圈的初级电路有足够的通电时间。但如果通电时间过长，点火线圈又会发热并增大电能消耗。要兼顾上述两方面的要求，就必须对点火线圈初级电路的通电时间进行控制。

此外，蓄电池电压也将影响初级电流。若蓄电池电压下降，在相同的通电时间里初级电流所达到的值将减小。因此，还必须根据蓄电池电压对通电时间进行修正。蓄电池电压修正曲线如图3-12所示。

在传统的汽油机点火系统中，点火线圈初级电路的接通时间取决于发动机的转速，点火线圈初级绕组通电时间随发动机转速的提高而缩短，这必将导致发动机高速时点火能量降低，点火系统工作可靠性下降。因此，在现代汽车的电控点火控制中，要随着发动机转速的变化对闭合角进行控制，当转速升高时，闭合角应增大，如图3-13所示。

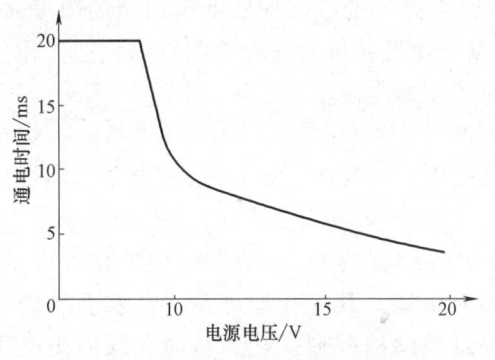

图 3-12 蓄电池电压修正曲线

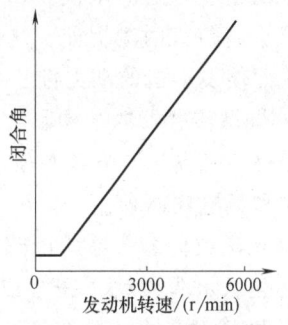

图 3-13 闭合角与转速的关系

ECU 根据发动机转速信号（N_e 信号）和电源电压信号确定最佳的闭合角，其控制模型如图 3-14 所示。闭合角控制模型存储在 ECU 内的 ROM 中，发动机工作时，ECU 根据 N_e 信号和电源电压信号计算确定最佳的闭合角，并向点火器输出指令信号（IGt 信号），以控制点火器中晶体管的导通时间。随发动机转速提高和电源电压下降，闭合角应增大。

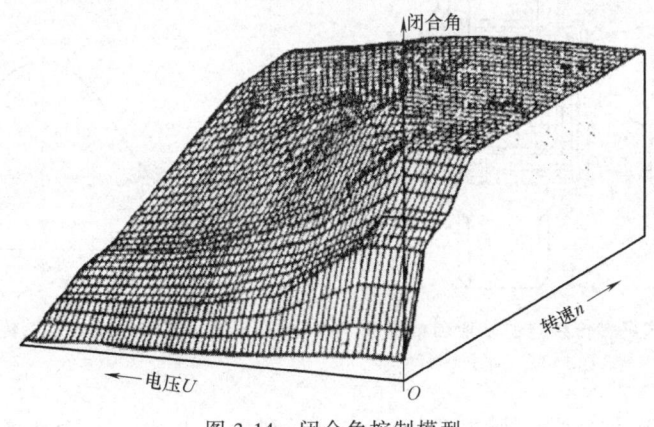

图 3-14 闭合角控制模型

ECU 对闭合角的控制通常是根据电源电压查得导通时间，再根据发动机转速换算成曲轴的转角，以确定闭合角的大小。

三、爆燃传感器与爆燃反馈控制

发动机工作时，混合气在气缸中正常的燃烧是分层燃烧。在火焰传播过程中，处在最后燃烧位置上的那部分未燃混合气，进一步受到压缩和热辐射的作用，加速了先期反应，如果在火焰前锋尚未到达之前，未燃混合气已经自燃，这部分混合气燃烧速度极快，使燃烧室内的局部压力、温度很高，并伴随有冲击波，这种不正常燃烧现象称为爆燃。

爆燃产生的压力冲击波反复撞击气缸壁，发出尖锐的敲缸声；严重时会破坏附着在气缸壁表面的油膜，使传热增加，冷却液过热，发动机功率下降，耗油增加；甚至会造成活塞、气门烧坏，轴瓦破裂，火花塞绝缘体破坏，机油氧化成胶质，活塞环卡死在环槽内等故障。因此汽油机工作时应对爆燃加以控制。

爆燃传感器是电控点火控制系统检测爆燃的反馈元件，一旦爆燃传感器检测的信号表示爆燃程度超过规定的限度，ECU 立即发出指令推迟点火；当爆燃程度低于规定的限度时，ECU 又会将点火时刻提前，这样循环调节点火时刻，使发动机始终处于临界爆燃的工作状态，从而使发动机的动力性、燃油经济性得到一定程度的改善。

1. 爆燃传感器的结构和工作原理

爆燃传感器通常安装在发动机缸体上，检测爆燃引起的振动。常见的爆燃传感器有磁致伸缩式和压电式两种。

（1）磁致伸缩式爆燃传感器　磁致伸缩式爆燃传感器的外形和结构如图 3-15 所示，它由外壳、永久磁铁、铁心以及铁心周围的线圈等组成。其工作原理是，当发动机的气缸体振动时，磁性材料的铁心受振移动，致使穿过线圈的磁通变化，从而在线圈中产生感应电动势作为传感器的输出信号，并将这一电信号送入 ECU，当振动频率达到一定程度时，传感器与发动机产生共振，此时传感器输出最大电压信号，如图 3-16 所示，ECU 即判定发生爆燃。

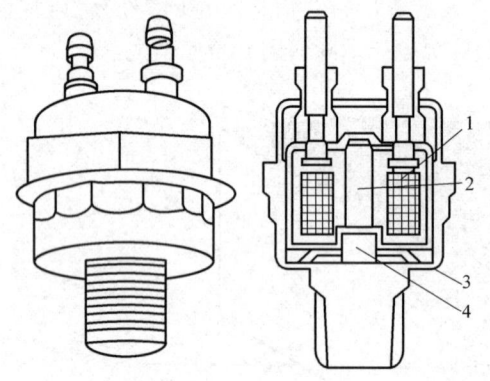

图 3-15　磁致伸缩式爆燃传感器的外形和结构
1—线圈　2—铁心　3—外壳　4—永久磁铁

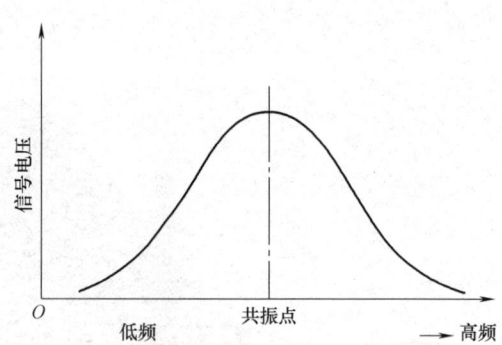

图 3-16　磁致伸缩式爆燃传感器的输出特性

（2）压电式爆燃传感器　压电式爆燃传感器利用压电效应来检测爆燃，有非共振型、共振型和火花塞座垫型三种。

1）非共振型。非共振型爆燃传感器的结构如图 3-17 所示。这种传感器是利用结晶或陶瓷多晶体的压电效应而工作的。该传感器由外壳、压电元件、配重块及导线等组成，其工作原理是，当发动机的气缸体出现振动且振动传递到传感器外壳上时，外壳与配重块之间产生相对运动，夹在外壳和配重块之间的压电元件所受的压力发生变化，从而产生电压，当发生爆燃时输出电压最高。ECU 检测出该电压，并根据电压的大小判定爆燃程度。

2）共振型。共振型爆燃传感器由压电元件、振子、基座、外壳等组成，如图 3-18 所示。压电元紧贴在振子上，振子固定在基座上。压电元件检测振子的振动压力，并转换成电信号输入 ECU，当发动机爆燃的频率与振子频率一致时，传感器输出最高电压。

由于共振型爆燃传感器振子的固有频率与发动机爆燃时的振动频率一致，所以必须与发动机配套使用，通用性差。但当爆燃发生时，振子与发动机共振，压电元件输出的信号电压会明显增大，易于测量。

3）火花塞座垫型。火花塞座垫型爆燃传感器安装在火花塞垫圈部位，根据燃烧压力直接检测爆燃，并将爆燃时的压力转换成电压信号输入 ECU。一般每个部位安装一个火花塞。

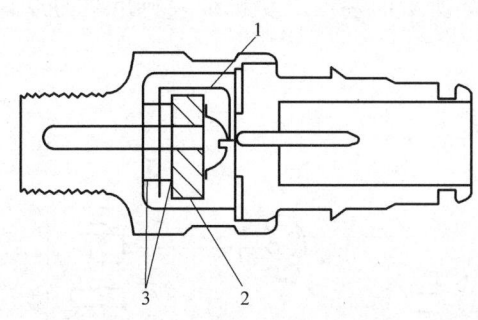

图 3-17 压电式非共振型爆燃传感器的结构
1—导线 2—配重块 3—压电元件

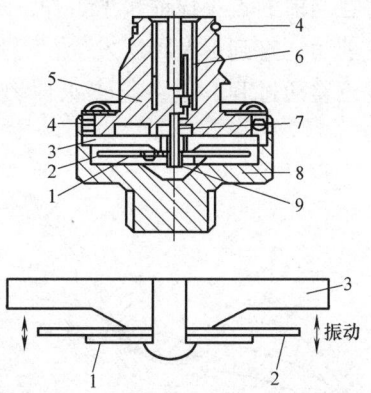

图 3-18 压电式共振型爆燃传感器
1—压电元件 2—振子 3—基座 4—O形圈 5—插接器 6—接头 7—密封剂 8—壳体 9—导线

2. 爆燃强度的判别

发动机爆燃强度的判别取决于爆燃传感器输出信号电压的振幅和持续时间。爆燃信号电压值超过基准电压值的次数越多,爆燃强度越大;反之,超过基准电压值的次数越少,说明爆燃强度越小。确定爆燃强度常用的方法如图 3-19 所示,首先利用基准电压值对传感器输出信号进行整形处理,然后对整形后的波形进行积分,求得积分值 U_i。爆燃强度越大,U_i 越大;反之,爆燃强度越小,U_i 越小。当 U_i 超过 U_b 时,ECU 将判定发动机发生爆燃。

3. 爆燃反馈控制

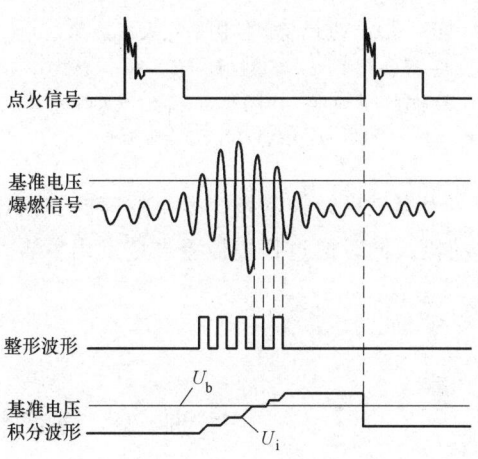

图 3-19 确定爆燃强度常用的方法

点火提前角是影响爆燃的主要因素之一,减小点火提前角是消除爆燃的有效措施。如图 3-20 所示,在无爆燃控制的传统点火系统中,为了防止爆燃的产生,其点火时刻的设定必须远离爆燃范围,否则必然会导致发动机的动力性、经济性不能发挥到最佳。在电控点火系统中,ECU 根据爆燃传感器信号,判定有无发生爆燃及爆燃的强度,并根据其判定结果对点火提前角进行反馈控制,使发动机处于爆燃的边缘工作,既能防止爆燃发生,又能有效地提高发动机的动力性和经济性。

爆燃反馈控制系统的结构简图如图 3-21 所示,其工作过程是,发动机工作时,爆燃传感器的信号输入 ECU,由 ECU 判断爆燃是否发生,然后根据曲轴和凸轮轴位置传感器的信号进行计算、处理后,输出指令控制点火器中晶体管的截止时刻,从而控制点火线圈初级电路的断开时刻,完成对火花塞点火时刻的控制。

当发动机产生爆燃时,微机通过爆燃传感器的输入信号和比较电路判别出发动机爆燃的产生,由微机控制减小点火提前角。爆燃强度越大,点火提前角减小的值越大;爆燃强度越小,点火提前角减小的值越小。每次以固定的角度使点火提前角减小,若仍有爆燃存在,再以固定的角度减小点火提前角,直到爆燃消失为止。爆燃消失后的一段时间内,系统使发动机维持在当前的点火提前角下工作，此时间内若无爆燃发生，则以一个固定的角度逐渐增大点火提前角，直到爆燃再次发生，然后又重复上述过程。爆燃控制过程就是对点火提前角进行反复调整的过程，最终把点火时刻控制在图 3-20 所示的接近发动机最大转矩时的点火时刻。

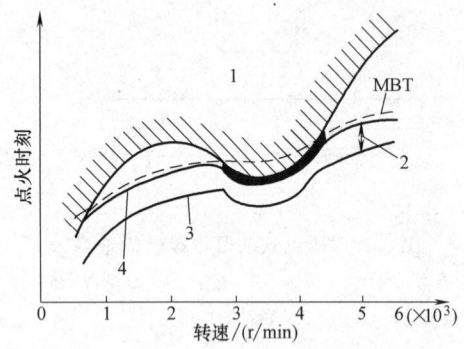

图 3-20　爆燃反馈控制的点火提前角
1—爆燃范围　2—爆燃控制余量　3—无爆燃控制时点火时刻　4—有爆燃控制时点火时刻
MBT—最大转矩时的点火时刻

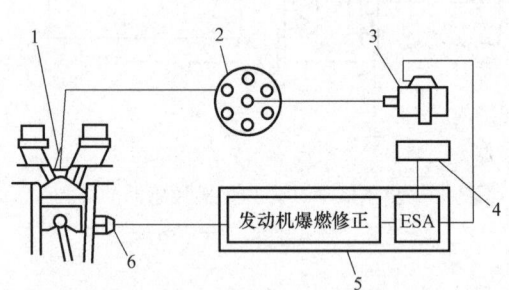

图 3-21　爆燃反馈控制系统的结构简图
1—火花塞　2—分电器　3—点火器和点火线圈
4—其他传感器　5—ECU　6—爆燃传感器

当爆燃反馈控制系统发生故障时，启用控制系统的安全电路，将点火时刻推迟，以保护发动机，同时通过仪表板警告灯发出警告。

实训任务

实训一　爆燃传感器的使用与维护

一、爆燃传感器的正确使用

爆燃传感器是发动机爆燃反馈控制系统必不可少的传感器，一旦爆燃传感器信号异常，电控单元（ECU）就不能正确判定发动机是否发生爆燃，爆燃控制系统随之失效。因此，在使用中应当注意以下两点。

1）不同发动机使用的共振型爆燃传感器不能互换使用。共振型爆燃传感器的特点是传感器的共振频率与发动机爆燃的固有频率相匹配，因此，共振型爆燃传感器只适用于特定的发动机，不能与其他发动机互换使用。

2）非共振型爆燃传感器的拧紧力矩不得随意调整，必要时必须按使用说明书规定的数值进行调整。非共振型爆燃传感器虽然在理论上可用于所有的发动机，但其输出信号电压与传感器上作用力的大小有关，即与传感器固定螺栓的拧紧力矩有关，调整固定螺栓的拧紧力矩便可调整传感器输出的信号电压。因此，传感器的输出特性出厂时都已调好，使用过程中拧紧力矩不得随意调整。当更换传感器需要调整固定螺栓的拧紧力矩时，必须按规定的数值进行调整，例如捷达 AT、GTX 型、桑塔纳 2000GSi 型轿车的标准力矩为 (25 ± 5) N·m。

二、爆燃传感器的检修

爆燃传感器是发动机爆燃控制必不可少的传感器，如果爆燃传感器及其连接线路发生故障，微机控制点火系统就不能将点火提前角控制在最佳值，发动机的动力性、经济性和排放性能都会降低。下面以桑塔纳2000GSi、3000型轿车爆燃传感器的检修为例，说明其检修方法。

爆燃极限提前角取决于燃油品质、发动机工况以及运行条件。桑塔纳2000GSi、3000型轿车采用了两个爆燃传感器，因此，电控单元能够将各缸的点火提前角调节到爆燃极限提前角，从而提高动力性、降低油耗。为了避免爆燃传感器误传爆燃信号，必须保证爆燃传感器固定螺栓的拧紧力矩准确无误，标准拧紧力矩为（25±5）N·m。

在桑塔纳2000GSi、3000型轿车的电子控制器J220内部存储有两个点火特性脉谱图，发动机起动与正常工作时各使用一个。当使用低辛烷值汽油时，电控单元将控制每缸点火提前角推迟量平均大于8°。在发动机工作过程中，如果爆燃传感器信号中断，ECU就会将各缸的点火提前角推迟约15°，驾驶人会明显感到发动机动力不足。当爆燃传感器发生故障时，发动机ECU能够检测到，并将各缸点火提前角推迟约15°运行，利用专用V.A.G1551或V.A.G1552故障阅读仪，通过诊断插座可以读取此故障的有关信息。桑塔纳2000GSi、3000型轿车爆燃传感器插接器及插头与插座上的端子位置如图3-22所示，检修时用万用表电阻档（×100kΩ）检测传感器电阻。检测时，断开点火开关，拔下传感器线束插头，检测结果应当符合表3-1的规定。

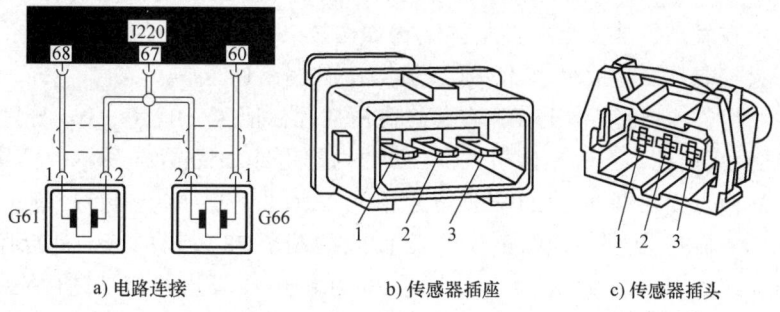

a) 电路连接　　b) 传感器插座　　c) 传感器插头

图3-22　桑塔纳2000GSi、3000型轿车爆燃传感器插接器及插头与插座上的端子位置

1、2、3—端子序号

当用万用表电阻档（×200kΩ）检测线束电阻时，断开点火开关，拔下控制器线束插头和感器线束插头，检测两插头上各端子之间导线电阻其值应当符合表3-1的规定。如果阻值过大或无穷大，则说明线束与端子接触不良或断路，应予以修理。

表3-1　桑塔纳2000GSi型轿车爆燃传感器检修标准

检测项目	检测条件	检测部位	标准电阻
爆燃传感器电阻	断开点火开关,拔下传感器插头	传感器插座上端子1和端子2	>1MΩ
爆燃传感器电阻	断开点火开关,拔下传感器插头	传感器插座上端子1和端子3	>1MΩ
爆燃传感器电阻	断开点火开关,拔下传感器插头	传感器插座上端子2和端子3	>1MΩ

(续)

检测项目	检测条件	检测部位	标准电阻
传感器信号正极线	拔下控制器和传感器插头	控制器端子60至传感器插头端子1	<0.5Ω
传感器信号正极线	拔下控制器和传感器插头	控制器端子68至传感器插头端子1	<0.5Ω
传感器信号负极线	拔下控制器和传感器插头	控制器端子67至传感器插头端子2	<0.5Ω
传感器屏蔽线	拔下传感器插头	发动机搭铁点至传感器插头端子3	<0.5Ω

实训二　点火执行元件的检修

微机控制点火系统的执行元件是控制系统的功率输出，任意一个点火执行元件发生故障，点火系统都无法正常点火，发动机就无法正常工作。点火执行元件主要包括点火控制器、点火线圈和火花塞等。各型汽车点火执行元件结构各不相同，下面介绍几种典型执行元件的检修方法。

一、桑塔纳2000GSi、3000型轿车点火控制组件的检修

桑塔纳2000GSi、3000型轿车采用了无分电器点火系统，每两个气缸共用一组闭磁路式点火线圈，4个气缸共用两组点火线圈。两组点火线圈与点火控制器组装成一体，称为点火控制组件，固定在发动机缸体上，其整体结构如图3-23所示。在使用过程中，当任意一组点火线圈或点火控制器发生故障时，只能更换点火控制组件总成。

在点火控制组件N152壳体上标注有各缸高压插孔标记A、B、C、D，分别表示1缸、2缸、3缸、4缸高压插孔。点火控制组件N152的内部电路如图3-24所示，两组线圈初级电路的接通与切断由点火控制器N122根据电控单元J220发出的指令进行控制。1缸、4缸共用一个点火线圈N128，初级电流由电控单元J220的端子78发出的信号进行控制；2缸、3缸共用一个点火线圈N，初级电流由控单元J220的端子71发出的信号进行控制。当每个线圈初级绕组的电流切断时，次级绕组中产生的高压电同时分配到两个气缸的火花塞跳火。

1. 检查点火控制组件N152的电源电压

点火控制组件的检测条件是，蓄电池电压必须高于11.5V，发动机转速传感器和凸轮轴位置传感器工作正常。

检测点火控制组件N152的电源电压时，从点火线圈组件上拔下四端子线束插头，如图3-25所示。将数字式万用表的两根表笔分别连接插头上的端子2与端子4，接通点火开关时，电源电压标准值应当大于等于11.5V。如果电源电压为零，则说明点火控制组件至中央线路板中央继电器盒15号电源线之间的线路断路，应逐段进行检修。点火控制组件插头上的端子4与中央线路板15号电源线之间的导线电阻值应小于1.5Ω。

2. 检查电控单元J220对点火控制组件的控制功能

检测电控单元J220对点火控制组件N152的控制功能就是检查J220是否向N152发送控制脉冲信号。控制功能可用桑塔纳2000GSi型轿车专用检测仪器和工具检测，也可用发光二

极管 LED 与串联 510Ω/0.25W 电阻组成的 LED 调码器检测，下面以简易的 LED 调码器检测为例说明检测方法。在检测过程中，不要触摸点火控制组件及检测导线。

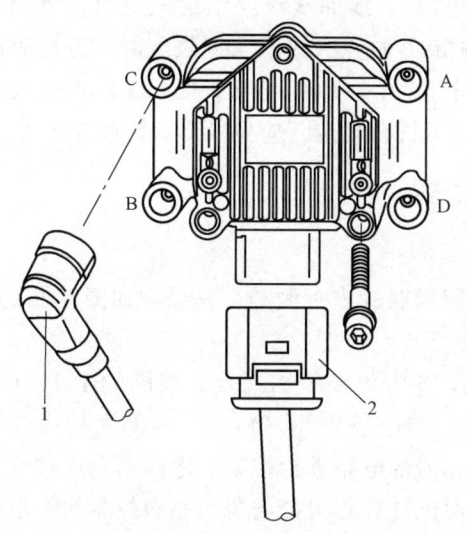

图 3-23　点火控制组件的整体结构
1—3 缸高压线　2—点火控制组件线束插头
A—1 缸高压插孔　B—2 缸高压插孔
C—3 缸高压插孔　D—4 缸高压插孔

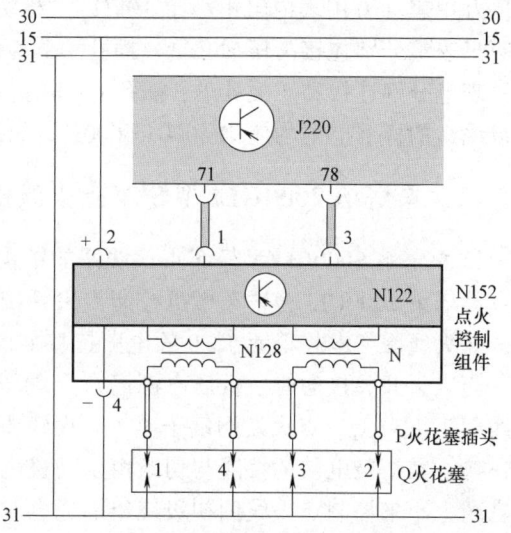

图 3-24　点火控制组件 N152 的内部电路
J220—电控单元　71—2、3 缸点火电流控制端子
78—1、4 缸点火电流控制端子　N—2、3 缸点火线圈
N122—点火控制器　N128—1、4 缸点火线圈

检测时，首先拔下中央线路板上的燃油泵熔丝 S5，使燃油泵停止转动（停止泵油）。然后拔下点火控制组件 N152 的线束插头，将 LED 调码器分别连接线束插头端子 1 和端子 4 以及端子 3 和端子 4，分别检测 1 缸和 4 缸、2 缸和 3 缸点火线圈的控制信号。起动发动机时，如果发光二极管闪亮，则说明电控单元 J220 的点火控制功能正常。当点火系统发生故障时，如果点火控制组件 N152 电源电压和电控单元 J220 的控制功能都正常，则就说明点火控制组件 N152 有故障，需要更换新品。

在检测电控单元 J220 控制功能时，如果发光二极管不闪亮，则说明电控单元 J220 至点火控制

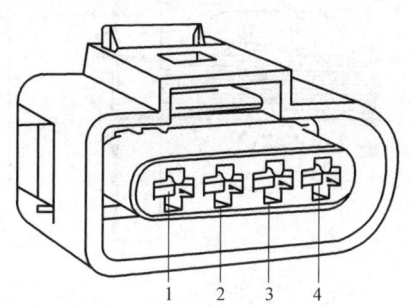

图 3-25　点火控制组件插头
1—2、3 缸点火控制信号端子　2—点火控制器 N152 电源正极端子　3—1 缸、4 缸点火控制信号端子　4—搭铁端子

组件之间的导线断路或电控单元故障。可用数字式万用表检测线束插头上端子 1 至电控单元 71 号插孔、端子 3 至电控单元 78 号插孔之间的电阻值，标准阻值应当小于 1.5Ω。如果阻值为无穷大，则说明导线断路，检修即可。再检查插头上端子 1 至电控单元 78 号插孔或插头上端子 3 至电控单元 71 号插孔之间的导线有无短路故障，阻值为无穷大则说明导线良好，阻值为零则说明导线短路。

在检查电控单元的控制功能时，如果发光二极管不闪亮，检查导线又无断路或短路故障，则说明电控单元 J220 故障，应更换新品。

3. 检查点火线圈次级绕组的电阻

检测次级绕组的阻值时可参考图 3-23 进行，为防止损坏点火控制器，检测必须使用高阻抗万用表（万用表内阻不小于 10kΩ）。检测 1 缸和 4 缸线圈次级绕组的电阻时，万用表的两只表笔分别连接高压插孔 A、插孔 D；检测 2 缸和 3 缸点火线圈次级绕组时，万用表的两只表笔分别连接高压插孔 B、插孔 C。在室温条件下，1 缸和 4 缸或 2 缸和 3 缸点火线圈次级绕组的标准电阻均应为 4000~6000Ω。如果阻值不符合规定，应更换点火控制器组件。

二、桑塔纳 2000GLi 型轿车点火线圈的检修

1. 桑塔纳 2000GLi 型轿车点火线圈的结构特点

桑塔纳 2000GLi 型轿车微机控制点火系统采用闭磁路式点火线圈，其结构如图 3-26a 所示，点火线圈与电控单元 J220 的电路连接如图 3-26c 所示。

当点火开关接通时，低压电源经点火端子 15 和 15 号电源线加到点火线圈端子 15（点火线圈正极）上。点火线圈端子 1（点火线圈负极）与电控单元（ECU）内部大功率晶体管连接。其初级电流的接通与切断由发动机电控单元内部电路进行控制。电控单元通过计算闭合角大小来控制点火线圈初级绕组的通电时刻，通过计算点火提前角大小来控制初级电流的切断时刻。

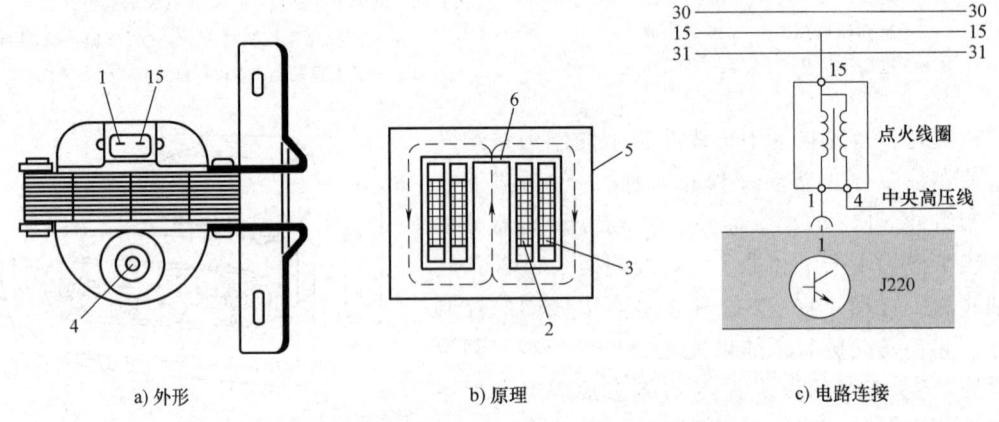

图 3-26 桑塔纳 2000GLi 点火线圈的结构与电路连接
1—点火线圈负极 2—次级绕组 3—初级绕组 4—高压插孔
5—铁心 6—气隙 15—点火线圈正极 J220—电控单元

2. 桑塔纳 2000GLi 型轿车点火线圈的检修

当桑塔纳 2000GLi 型轿车点火线圈发生故障时，电控单元 J220 检测不到故障信息，用故障阅读仪也调取不到此故障的有关信息。点火线圈有无故障，可用万用表检测各端子之间的电阻进行判断。桑塔纳 2000GLi 型轿车点火系统的检修参数见表 3-2。

检测初级绕组电阻时，万用表的两根表笔分别连接端子 15 与端子 1，阻值应为 1.2~1.4Ω；检测次级绕组电阻时，万用表的一根表笔连接高压插孔 4，另一根表笔连接端子 15 和端子 1 中任意一个端子，阻值应为 6000~8000Ω。如果阻值过小或为无穷大，则说明线圈短路或断路，应予以更换。

项目三 汽油机电控点火系统

表 3-2 桑塔纳 2000GLi 型轿车点火系统的检修参数

项目	技术参数	项目	技术参数
点火线圈形式	闭磁路式	点火顺序	1-2-3-4
初级绕组电阻	1.2~1.4Ω	初始点火提前角	12°±1°,(850±50)r/min
次级绕组电阻	6000~8000Ω	火花塞型号	W8DC,W9DC
分缸线电阻(20℃)	4600~7600Ω	火花塞电极间隙	0.2~0.9mm
发动机型号	AJR	火花塞拧紧力矩	25N·m

实训三 点火系统电路的分析与检测

帝豪 EC715 点火系统电路原理如图 3-27 所示，对照实车电路完成以下实训内容。电路中各线束插接器及连接点见表 3-3、表 3-4。

一、电路分析

1) 分析点火系统的电路组成、电路连接。
2) 简述点火系统的工作原理。
3) 分析点火线圈（火花塞）的电路连接及其工作原理。
4) 分析进气凸轮轴位置传感器的电路连接及工作原理。
5) 分析排气凸轮轴位置传感器的电路连接及工作原理。
6) 分析爆燃传感器（KS）的电路连接及工作原理。
7) 分析曲轴位置传感器（CKP）的电路连接及工作原理。

二、电路检测

1. 点火系统电路的检测
1) 点火线圈的检测。
2) 电源电压的检测。
3) 点火波形的检测与分析。
2. 进气凸轮轴位置传感器的检测
1) 进气凸轮轴位置传感器连接线路的检测。
2) 进气凸轮轴位置传感器的信号检测与分析。
3. 排气凸轮轴位置传感器的检测
1) 进气凸轮轴位置传感器连接线路的检测。
2) 进气凸轮轴位置传感器的信号检测与分析。
4. 曲轴位置传感器（CKP）的检测
1) 曲轴位置传感器连接线路的检测。
2) 曲轴位置传感器的信号检测与分析。
5. 爆燃传感器（KS）的检测
1) 爆燃传感器连接线路的检测。
2) 爆燃传感器的信号检测与分析。

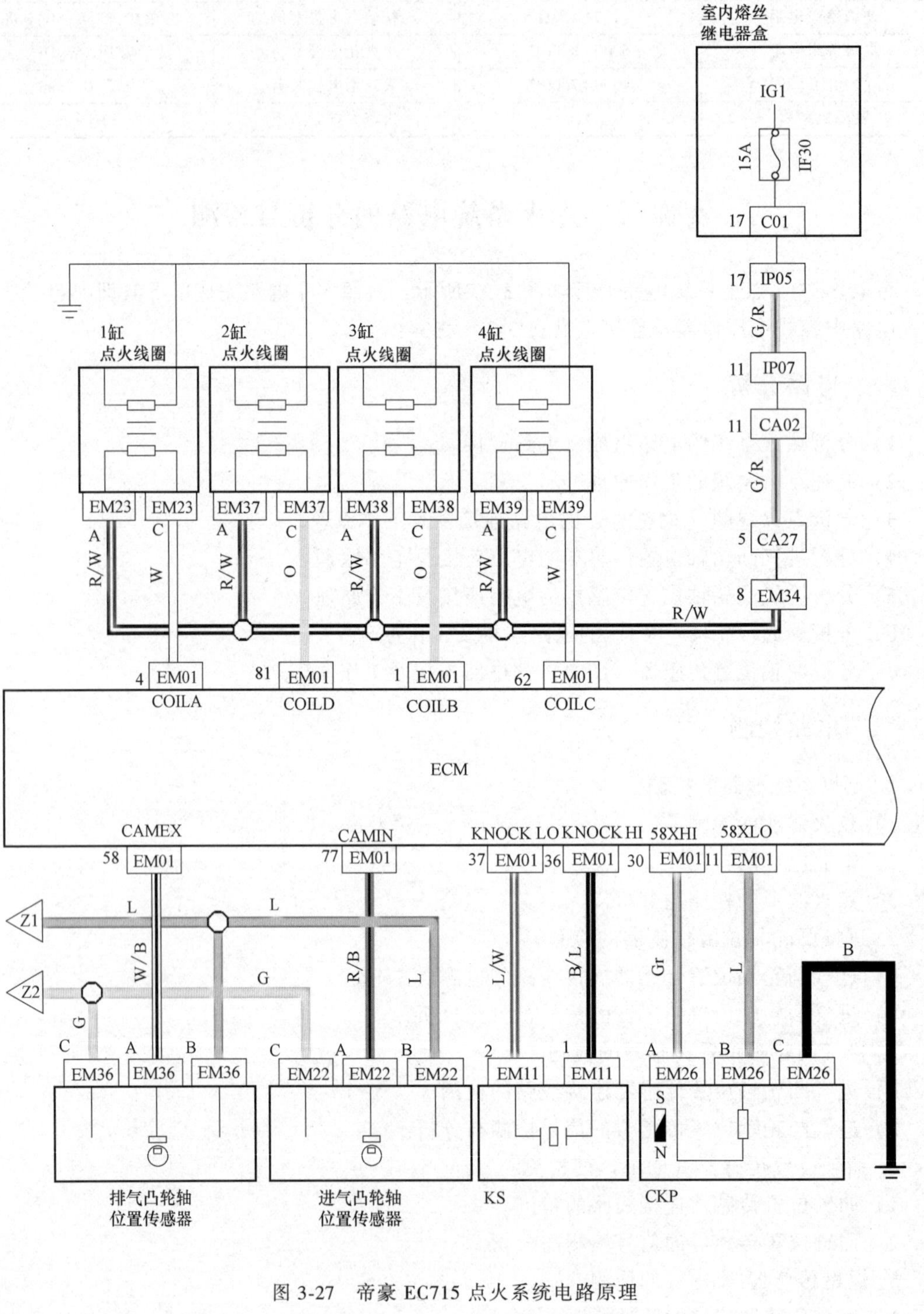

汽车电子控制技术

图 3-27　帝豪 EC715 点火系统电路原理

项目三 汽油机电控点火系统

表 3-3

线束插接器	名称	线束插接器	名称
EM34	接机舱配电盒 3 线束插接器	EM39	点火线圈 4 线束插接器
C01	室内熔断器盒背面插接器	EM38	点火线圈 3 线束插接器
IP05	接室内熔断器盒线束插接器	EM23	点火线圈 1 线束插接器
IP07	接发动机舱线束插接器	EM36	排气相位传感器线束插接器
CA02	接仪表线束 2 线束插接器	EM22	进气相位传感器线束插接器
CA27	接发动机线束插接器	EM11	爆燃传感器线束插接器
EM37	点火线圈 2 线束插接器	EM26	发动机转速传感器线束插接器
EM01	ECM 线束插接器		

表 3-4

连接点	说明	连接点	说明
Z1	传感器搭铁	Z2	传感器 5V 电源

巩固练习

一、填空题

1. 点火正时＿＿＿＿＿、＿＿＿＿＿对发动机的性能影响很大。

2. 由于微机控制点火系统具有＿＿＿＿＿、＿＿＿＿＿、＿＿＿＿＿等突出优点，应用越来越广泛。

3. 微机控制点火系统主要由＿＿＿＿＿、＿＿＿＿＿和＿＿＿＿＿三大部分组成。

4. 汽油机电控点火系统主要由＿＿＿＿＿、＿＿＿＿＿、＿＿＿＿＿、＿＿＿＿＿等组成。

5. 各缸单独点火方式也称为＿＿＿＿＿，它是指＿＿＿＿＿，点火线圈的数量与＿＿＿＿＿相等，无需分电器就能将高压电适时地分配给各个火花塞。

6. 在微机控制点火提前角控制系统中，ECU 根据＿＿＿＿＿信号、＿＿＿＿＿信号等传感器信号计算出＿＿＿＿＿，输出＿＿＿＿＿信号，控制电子点火器实现点火。

7. 丰田车系电控点火系统中，实际点火提前角等于＿＿＿＿＿、基本点火提前角和＿＿＿＿＿之和。

8. 磁致收缩式爆燃传感器利用＿＿＿＿＿原理检测发动机爆燃。压电式爆燃传感器利用＿＿＿＿＿原理检测发动机爆燃。

9. 点火提前角的控制包括＿＿＿＿＿、＿＿＿＿＿两种基本工况控制。

10. 要保证正确的点火正时，必须对＿＿＿＿＿进行控制；为了获得强烈的火花，必须对＿＿＿＿＿进行控制。

11. IGt 为＿＿＿＿＿信号，IGf 为＿＿＿＿＿信号。

12. 微机控制点火具有＿＿＿＿＿、＿＿＿＿＿、＿＿＿＿＿三方

面的控制功能。

13. ＿＿＿＿＿＿＿＿＿＿传感器是发动机爆燃控制系统必不可少的传感器，一旦该传感器信号异常，＿＿＿＿＿＿＿＿＿＿系统就会随之失效。

二、判断题

1. 电控点火系统一般无点火提前角调节装置。（   ）
2. 一般来说，缺少发动机转速信号，电控点火系统将不能点火。（   ）
3. 在无分电器点火系统（一个点火线圈驱动两个火花塞）中，如果其中一个气缸的火花塞无间隙短路，那么相应的另一缸火花塞也将无法跳火。（   ）
4. 无分电器点火控制系统可分为双缸同时点火方式和各缸单独点火方式两种类型。（   ）
5. 与微机控制电子点火系统相匹配的点火线圈为专用高能点火线圈。（   ）
6. 火花塞气密性应好，以保证燃烧室不漏气。（   ）
7. 微机控制点火系统按照有无分电器，可分为有分电器点火系统和无分电器点火系统两种类型。（   ）
8. 点火时刻即点火提前角。（   ）
9. 发动机负荷增大，最佳点火提前角也应增大。（   ）
10. 通电时间和闭合角是基本相同的两个概念。（   ）
11. 采用爆燃传感器来进行反馈控制，可使点火提前角在不发生爆燃的情况下尽可能地增大。（   ）
12. 双缸同时点火方式是指两个缸的火花塞共用一个点火线圈。（   ）
13. 减小点火提前角是消除爆燃的最有效措施。（   ）
14. 任意一个点火执行元件发生故障，微机控制点火系统都无法正常点火。（   ）
15. 爆燃传感器是电控点火控制系统检测爆燃的反馈元件。（   ）
16. 爆燃反馈控制系统发生故障时，启用控制系统的安全电路将点火时刻推迟，以保护发动机。（   ）

三、思考题

1. 为了保证汽油发动机在各种工况和使用条件下都能可靠点火，点火系统必须具备什么条件？
2. 微机控制点火系统有哪些优点？
3. 修正点火提前角考虑了哪些因素？这些因素对发动机的点火提前角有何影响？
4. 什么叫闭合角控制？为什么要进行闭合角控制？
5. 以爆燃反馈控制系统为依据，试分析 ECU 是如何对爆燃进行反馈控制的。
6. 以 4 缸发动机为例介绍无分电器式双缸同时点火系统的控制电路、组成、点火信号和工作原理。
7. 以 4 缸发动机为例介绍各缸单独点火系统的控制电路、组成、点火信号和工作原理。
8. 爆燃传感器在使用过程中应注意什么？如何检测爆燃传感器？
9. 如何检测电子点火器和点火线圈？
10. 火花塞的性能要求是什么？

项目四 汽油机辅助控制系统

学习目标：

通过本项目的学习，了解怠速控制系统的控制功能、基本组成、控制方式；理解怠速控制系统的控制原理、控制过程；掌握主要怠速控制装置的结构、工作原理、控制内容、故障诊断与检测方法；掌握排气净化与排放控制系统的主要内容，系统的结构、工作原理、主要零部件及系统的故障诊断与检测方法；了解进气控制系统的类型、结构组成、工作原理、故障诊断与检测方法；了解可变配气机构的结构，熟悉其工作原理、控制原理；了解电动节气门系统的结构，熟悉其工作原理。为全面、系统地掌握汽车发动机电子控制系统的类型、结构、工作原理、故障诊断与检修打下坚实的基础。

理论知识

课题一 电控怠速控制系统

一、怠速控制系统概述

1. 怠速控制系统的功能

怠速是指加速踏板完全松开，且发动机对外无功率输出并保持最低转速稳定运转时的工况。怠速控制（ISC）系统是发动机辅助控制系统之一，其功能是在发动机怠速工况下，根据发动机冷却液温度、空调压缩机是否工作、自动变速器是否挂入档位等实际情况，通过怠速控制阀对发动机进气量进行控制，使发动机以最佳怠速稳定运转。

当汽车在交通密度大的城市道路上行驶时，约有30%的燃油消耗在怠速工况。怠速转速的高低直接影响燃油消耗和污染排放。怠速转速过高，燃油消耗增加；但怠速转速过低，又会增加排放污染。此外，怠速转速过低，发动机冷车运转、空调打开、电器负荷增大、自动变速器挂入档位等，由于运行条件较差或负载增加，容易导致发动机怠速波动甚至熄火。

在怠速以外的其他工况下，驾驶人可通过加速踏板控制节气门的开度，从而改变发动机的进气量，以调节发动机的转速和输出功率。而在加速踏板完全松开的怠速工况下，驾驶人则无法控制发动机进气量。电控汽油喷射式发动机在怠速工况时，空气通过节气门缝隙或旁通怠速空气道进入发动机，并由空气流量传感器（或进气管绝对压力传感器）对进气量进行检测，电控燃油喷射系统（EFI）则根据各传感器信号控制喷油量，保证发动机稳定怠速运转。

2. 怠速控制方式

怠速控制的本质是对怠速时进气量的控制，虽然进气量控制的方式及所采用的控制装置随车型不同而有所差异，但是从怠速进气量控制方式的基本特征进行分类，可以分为两种类型，如图 4-1 所示。一类是以控制怠速旁通空气通道截面的大小为基本特征，对怠速空气流量进行调节的旁通气道控制方式；另一类是以直接控制节气门的开度为基本特征，对怠速空气流量进行调节的节气门直动控制方式。目前，在电控汽油机中，旁通气道控制方式应用较为广泛。

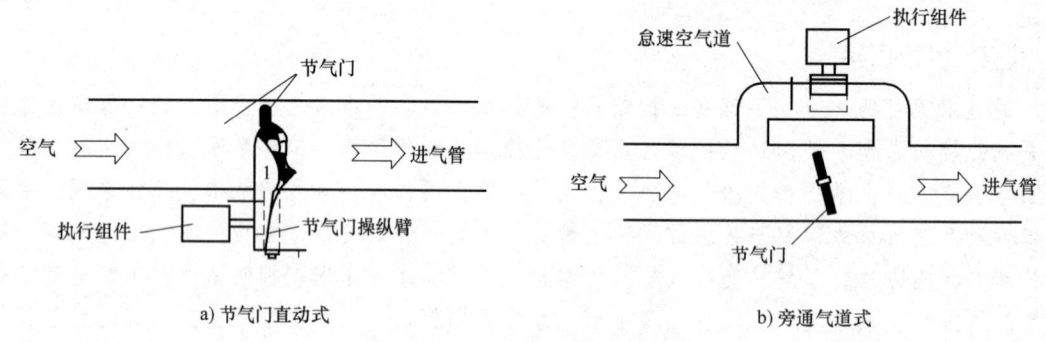

图 4-1 怠速控制方式

3. 怠速控制系统的组成

旁通空气式怠速控制系统的组成如图 4-2 所示，由各种传感器、信号控制开关、电子控制器、怠速控制阀和节气门旁通空气道等组成。

车速传感器提供车速信号，节气门位置传感器提供怠速触点开闭信号，这两个信号用来判断发动机是否处于怠速状态。发动机怠速时，节气门关闭，节气门位置传感器的怠速触点（IDL）闭合，传感器输出端子（IDL）输出低电平信号。因此，当 IDL 端子输出低电平信号时，如果车速为零，则说明发动机处于怠速状态；如果车速不为零，则说明发动机处于减速状态。

冷却液温度信号用于修正怠速转速。在 ECU 内部，存储有不同冷却液温度对应的最佳怠速转速，如图 4-3 所示。在冷车起动后的暖机过程中，ECU 根据发动机温度信号，通过控制怠速控制阀的开度来控制相应的怠速转速，并随发动机温度升高逐渐降低怠速转速。当冷却液温度达到正常工作温度时，怠速转速恢复正常的怠速转速。

空调开关、动力转向开关、空档起动开关的信号和电源电压信号等向 ECU 提供发动机负荷变化的状态信息。ECU 内部存储有不同负荷状态下对应的最佳怠速转速。

4. 怠速控制原理

怠速控制的实质是控制怠速时的进气量。当发动机怠速负荷增大时，ECU 控制怠速控制阀使进气量增大，从而使怠速转速提高，防止发动机运转不稳或熄火；当发动机怠速负荷减小时，ECU 控制怠速控制阀使进气量减少，从而使怠速转速降低，以免怠速转速过高。怠速时的喷油量则由 ECU 根据预先设定的怠速空燃比和实际进气量计算确定。

5. 怠速控制过程

在发动机怠速状态下，当空调开关、动力转向开关等接通或空档起动开关断开时，发动机负荷就会增大，转速就会降低。如果转速降低过多，发动机就可能熄火，给车辆使用带来不便。因此，在接通空调开关或动力转向开关之前，需要先将怠速转速提高，防止发动机熄火。当空调开关或动力转向开关断开时，发动机负荷又会减小，转速就会升高，不仅油耗增大，而且会给汽车驾驶带来一定困难（如起步前冲，容易导致汽车追尾等）。因此，在断开空调开关或动力转向开关之后，需要将怠速转速降低，防止怠速过高。另外，当电气负荷增大（如夜间行车接通前照灯）时，电气系统的供电电压就会降低，如果电压过低，就会影响电控系统正常工作和用电设备正常用电，因此在电压降低时，需要提高怠速转速，以便提高电压。

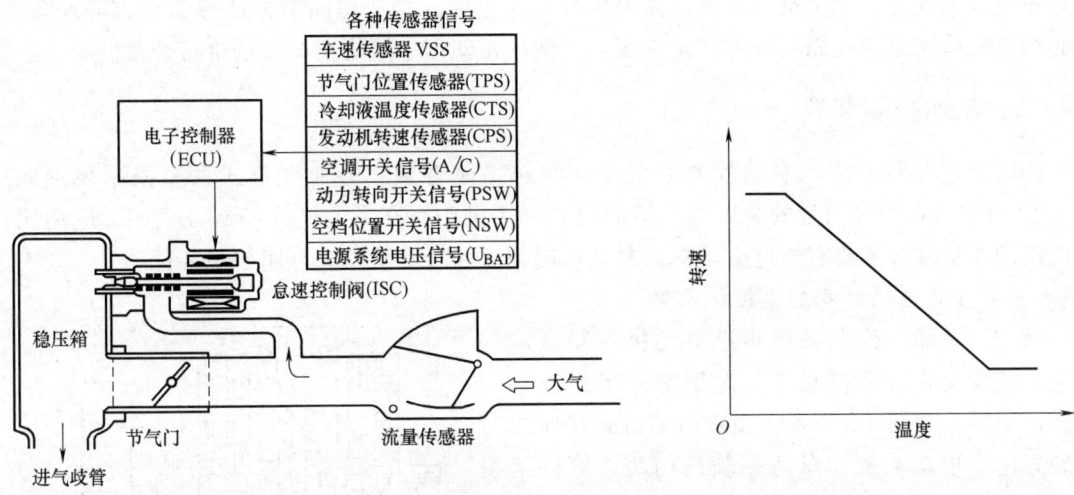

图 4-2　旁通空气式怠速控制系统的组成　　　　图 4-3　不同温度下的怠速转速

怠速转速控制过程如图 4-4 所示。ECU 首先根据节气门位置传感器提供的怠速触点（IDL）信号和车速信号，判断发动机是否处于怠速状态。当判断为怠速工况时，再根据发动机冷却液温度传感器信号、空调开关及动力转向开关信号，从存储器存储的怠速转速数据中查询该工况下的目标转速（即能稳定运转的怠速转速），然后将目标转速与曲轴位置传感器检测的发动机实际转速进行比较。

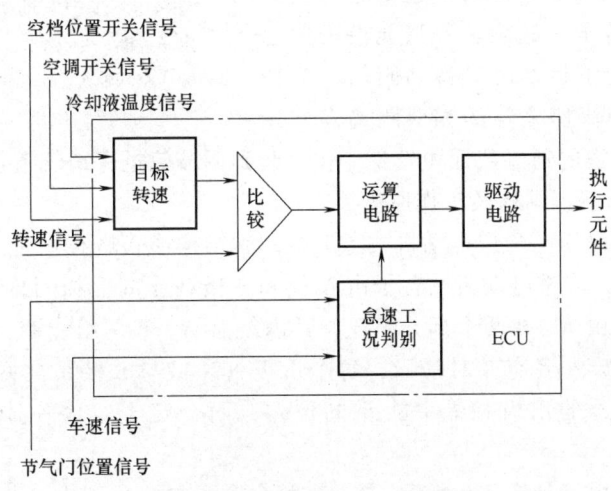

图 4-4　怠速转速控制过程

当发动机负荷增大，需要发动机快怠速运转，目标转速高于实际转速时，ECU将控制怠速控制阀（增大比例电磁阀式怠速控制阀的占空比，或增加步进电动机的步数），增大旁通进气量来实现快怠速。反之，当发动机负荷减少，目标转速低于实际转速时，ECU将控制怠速控制阀，减小旁通进气量来调节怠速转速。例如，当接通空调发动机负荷增大时，需要发动机快怠速运转。ECU就会使怠速控制阀的阀门开度增大，增大旁通进气量。当旁通进气量增大时，ECU将控制喷油器增大喷油量，发动机转速随之提高到快怠速转速运转。

需要特别说明的是，电控发动机的怠速转速在出厂时已经精确设定与调整好了，使用中一般不会发生变化，无须进行调整。如果出现怠速不稳、怠速忽高忽低或怠速熄火等现象，则必须首先检测怠速控制系统工作是否正常，然后按使用手册规定的方法进行调整。

二、怠速控制装置

旁通气道控制方式在怠速控制系统中用得越来越普遍，旁通气道式怠速控制装置如图4-1b所示。在节气门旁的旁通空气道内设立一个阀门。在旁通气道控制方式中，应用比较广泛的控制装置主要有步进电动机式怠速控制装置和旋转滑阀式怠速控制装置。

（一）步进电动机式怠速控制装置

目前，大部分汽车采用步进电动机控制怠速转速，使发动机在不同怠速工况下都处于最佳怠速转速运转。如图4-5所示，步进电动机式怠速控制装置由步进电动机和怠速控制机构两大部件组成，其中步进电动机由永久磁铁的转子4、定子线圈1及轴承2等组成，怠速控制机构由进给丝杆3、阀轴8、阀门6、阀座7及旁通空气通道5等组成。怠速控制机构进给丝杆的一端通过阀轴与阀门连在一起，进给丝杆的螺纹端旋入步进电动机转子内。步进电动机的转子既可以顺时针旋转，也可以逆时针旋转。转子旋转时，进给丝杆受到挡板的约束不能随转子一起旋转，只能沿轴向上下运动。进给丝杆上下运动时，带动阀门一起作轴向运动，使阀门与阀座之间的相对距离发生变化，也使旁通空气通道的通过截面积发生变化，起到调节流过旁通气道空气量的作用。

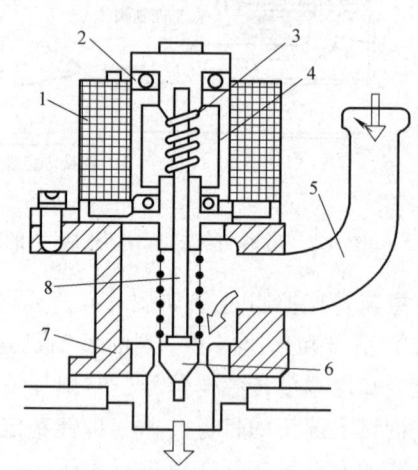

图4-5 步进电动机式怠速控制装置
1—定子线圈 2—轴承 3—进给丝杆 4—转子
5—旁通空气通道 6—阀门 7—阀座 8—阀轴

1. 步进电动机的基本结构及工作原理

不同汽车公司所采用的步进电动机式怠速控制阀结构形式略有差异，但其基本工作原理相同。如图4-6所示，步进电动机的转子由N极和S极在圆周上相间排列的永久磁铁组成，共有8对磁极。定子由A、B两个部分组成，其内绕有A、B两组线圈，线圈由导磁材料制成的爪极包围。每个定子各有8对爪极，每个爪极（N极与S极）之间保持一个爪宽度的间距，A、B两个定子的爪极相差一个爪的位差，两个定子组成一体安装在外壳内，如图4-7所示。

相线绕组的控制电路如图4-8所示，A、B两个定子绕组分别由1相、3相绕组和2相、4相绕组组成，ECU通过晶体管控制各相绕组的搭铁，交替变换定子爪极的极性，使步进电动机转子产生步进式转动,如欲使步进电动机正转,相线控制脉冲按 1-2-3-4 相序依次滞后 90°相位角,使定子上的 N 极向右移动,则转子正转,如图 4-9 和图 4-10 所示。如欲使步进电动机反转,相线控制脉冲按 1-2-3-4 相序依次超前 90°相位角,使定子上的 N 极向左移动,则转子反转。

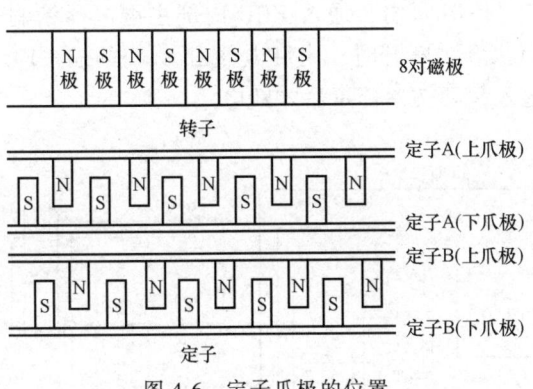

图 4-6 定子爪极的位置

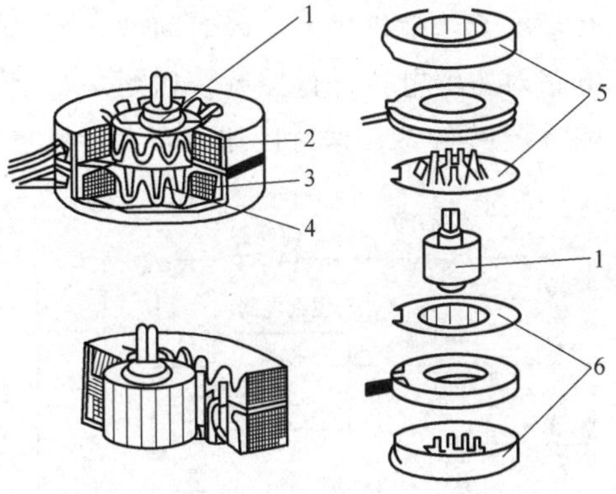

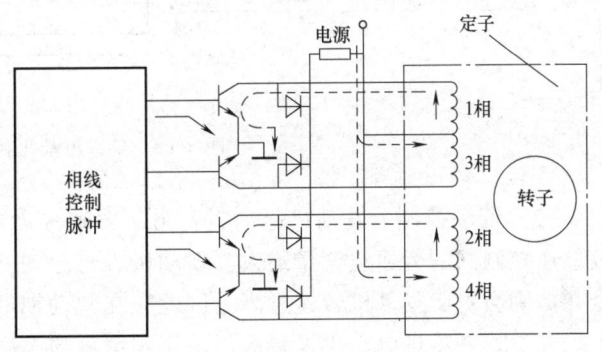

图 4-7 定子结构

1—转子 2—线圈 A 3—线圈 B
4—爪极 5—定子 A 6—定子 B

转子的转动是为了使定子线圈电磁铁和转子永久磁铁的 N 极和 S 极互相吸引到最近距离。当定子的爪极极性由于相线控制脉冲的变化而改变时,转子也随之转动,始终保持转子的 N 极与定子的 S 极对齐。转子转动一圈需 32 个步级,每一个步级转动一个爪的角度(即 11.25°),步进电动机的正常工作范围为 0~125 个步级。

图 4-8 相线绕组的控制电路

2. 步进电动机式怠速控制装置的控制内容

电控系统对怠速控制装置的控制内容因发动机而异。对于步进电动机式怠速控制装置,其主要控制内容如下。

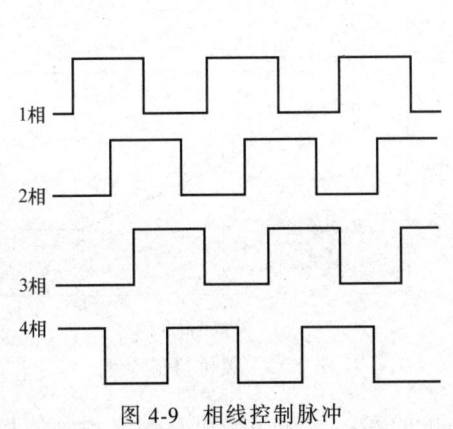

图 4-9 相线控制脉冲

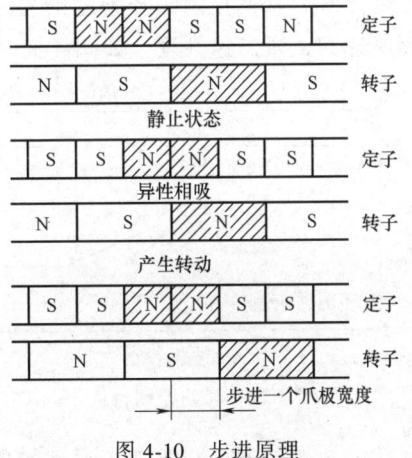

图 4-10 步进原理

（1）起动初始位置的设定 为了改善发动机的再起动性能，在发动机点火开关关闭（OFF）后，ECU控制步进电动机转动使怠速控制阀开至最大位置（即125步级），以便为下次起动做好准备。

为了使怠速控制阀门在发动机下次起动时处于完全打开状态，在点火开关切断电源后，必须继续给微机供电一段时间（一般为2s）。在这段时间内，通过ECU内部主继电器控制电路对主继电器进行控制，如图4-11所示。当点火开关断开时，主继电器由ECU的M-REL端继续供电2s，保持接通状态，待步进电动机进入起动初始位置后才断电。

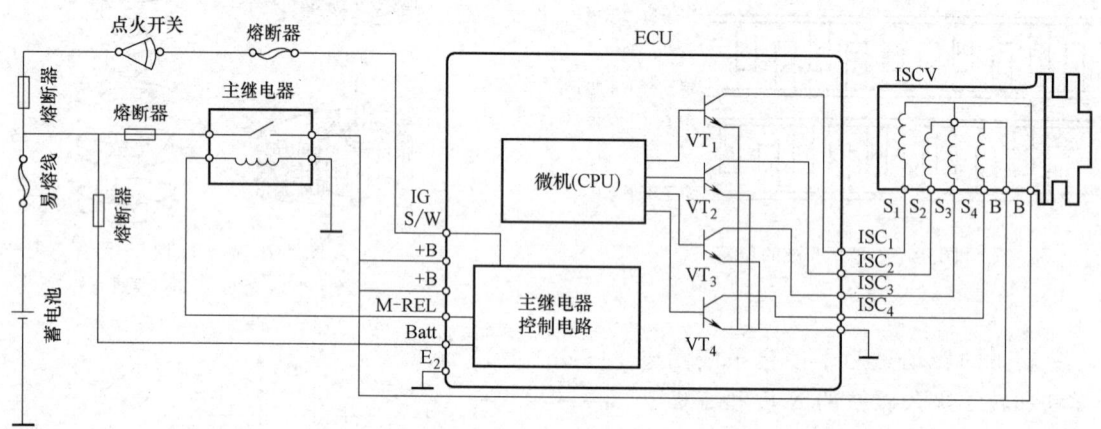

图4-11 步进电动机控制电路

（2）起动控制 发动机起动时，由于怠速控制阀预先设定在全开位置，在起动期间经过怠速控制阀的旁通空气量最大，发动机容易起动。当发动机起动后，若怠速控制阀仍保持全开，则会引起发动机转速过高。因此，在起动期间或起动后，发动机转速达到规定值时，微机开始控制步进电动机，将阀门关小到由冷却液温度确定的阀门位置。如果起动时冷却液温度为20℃，则当发动机转速达到500r/min时，微机将控制怠速控制阀从全开位置（125步）的A点到达B点位置，如图4-12所示。

（3）暖机控制 在暖机时，ECU根据冷却液的温度来确定步进电动机的运动步数，随着温度上升，怠速控制阀开始逐渐关闭。当冷却液温度达到70℃时，暖机控制结束，怠速控制阀达到正常怠速开度，如图4-13所示。

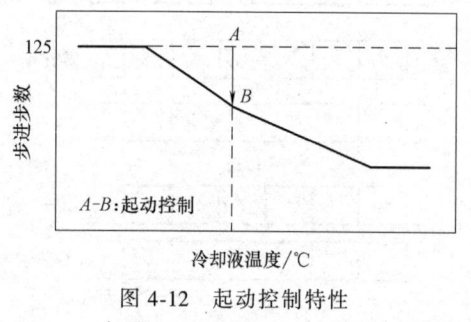

图4-12 起动控制特性

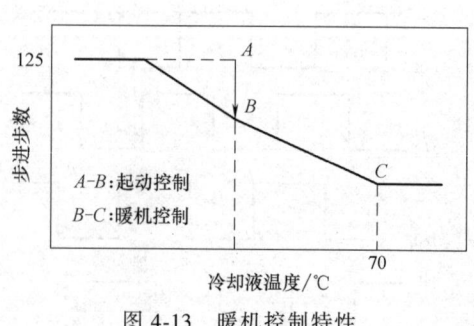

图4-13 暖机控制特性

（4）反馈控制 在怠速工况运转时，如果发动机的实际转速与微机存储器预置的目标转速的差值超过规定值（如20r/min）时，ECU控制步进电动机转动，通过怠速控制阀增减旁通空气量，使发动机实际转速与目标转速相同。目标转速与发动机怠速工况时的负荷有关，对应于空档起动开关是否接通、空调是否打开、动力转向装置是否工作以及用电器是否增加等不同情况，都有不同的目标转速。

（5）发动机负荷变化的预控制　发动机处于怠速工况时，如空调开关、空档起动开关等接通或者断开都会即时引起发动机怠速负荷变化，产生较大的怠速波动。为了避免发动机怠速时的转速波动或熄火，ECU在接收到以上开关信号后，在发动机转速变化出现前控制步进电动机转动，预先把怠速控制阀开大或关小一个固定的数值，以提高发动机的怠速稳定性。

（6）电器负载增多时的怠速控制　在怠速运转时，如果使用的电器负载增大到一定程度时，蓄电池电压就会降低。为了保证微机端子B和点火开关端子IG具有正常的供电电压，需要控制步进电动机，相应地增加旁通空气量，以提高发动机的怠速转速，从而提高发动机的输出功率。

（7）学习控制　微机通过步进电动机的正反转步数，确定怠速控制阀的位置，达到调整发动机怠速转速的目的。由于发动机在整个使用期间，其性能在使用过程中会发生变化，虽然步进电动机控制阀门的位置未变，但是怠速转速会与初设的数值不同。出现这种情况的时候，ECU除了采用反馈控制使怠速达到目标值外，同时将此时步进电动机转过的步数存储在备用存储器中，以便在以后怠速控制过程中出现相同情况时调用，以此提高控制精度。

（二）旋转滑阀式怠速控制装置

旋转滑阀式怠速控制系统主要由电磁控制的旋转滑阀式怠速调整装置、传感器及ECU组成。如图4-14所示，旋转滑阀式怠速控制装置由永久磁铁定子3、电枢4、旋转滑阀6、螺旋回位弹簧和电刷等组成。旋转滑阀固装在电枢轴上，与电枢轴一起转动，改变旁通气道截面的大小可以调节怠速时的空气量。其连接电路图如图4-15所示，永久磁铁固定在外壳上。其间形成固定的磁场。电枢位于永久磁铁的磁场中，电枢的铁心上缠有两组绕向相反的电磁线圈L_1和L_2，当线圈L_1通电时，电枢带动旋转滑阀顺时针偏转，空气旁通气道截面变小；当线圈L_2通电时，电枢带动旋转滑阀逆时针偏转，空气旁通气道截面变大。

ECU首先根据各传感器的输入信号采用占空比控制方式控制晶体管T_1和T_2的导通与截止，进而控制电枢轴（滑阀）的偏转角，以此改变旁通的空气量，调整发动机的怠速转速。线圈L_1和L_2的两端与电刷滑环相连接，经电刷引出与ECU相连接。电枢轴上的集电环与电机换向器结构类似，它由三段滑片围合而成，分别与一个电刷相接触。电枢绕组线圈L_1和L_2的两端分别焊接在相应的滑片上。当点火开关打开时，怠速控制装置接线插头2上即受蓄电池电压，电枢绕组线圈L_1和L_2是否通电，由ECU控制两线圈的搭铁晶体管VT_1和VT_2的通断决定。由于占空比（一个脉冲周期高电平的时间与一个脉冲周期所经历的时间之比）控制信号和晶体管T_1的基极之间接有反向器，所以晶体管T_1和T_2集电极的输出相位相反，使两个电枢绕组总是交替地通过电流，又因为两组线圈绕向相反，致使电枢上交替地产生方向相反的电磁力矩。由于电磁力矩交变的频率（约250Hz）较高，且电枢转动具有一定的惯性，所以旋转滑阀根据控制信号的占空比，摆到一定的角度即处于稳定状态。当占空比为50%时,线圈L_1和L_2的平均通电时间相等,两者产生的电磁力矩相互抵消,电枢轴停止偏转。当占空比小于50%时,线圈L_1的平均通电时间长,其合成电磁力矩使电枢带动旋转滑阀顺时针偏转,空气旁通气道截面变小,怠速降低;反之,当占空比大于50%时,空气旁通气道截面变大,怠速升高。旋转滑阀从关闭到最大开度对应的占空比范围在18%～82%之间,旋转滑阀变化的最大偏转角度限制在90°以内。

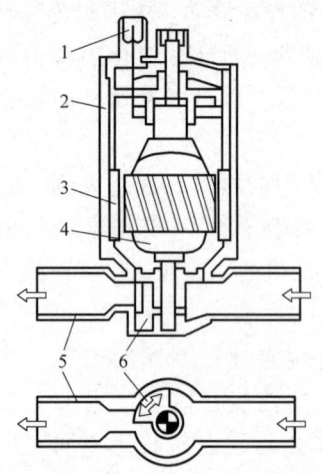

图4-14 旋转滑阀式怠速控制装置
1—电接头 2—外壳 3—永久磁铁定子
4—电枢 5—旁通气道 6—旋转滑阀

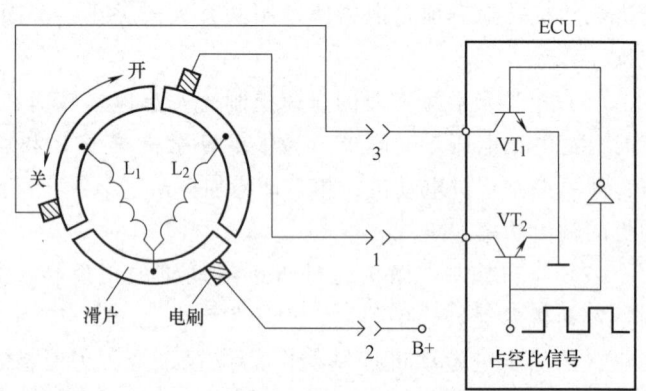

图4-15 旋转滑阀式怠速控制装置的连接电路图

对旋转滑阀式怠速控制装置来说,滑阀的偏转角度由两组线圈的通电时间比例(即由控制脉冲的占空比)确定。ECU对旋转滑阀式怠速控制装置的控制内容与步进电动机式基本相同,在此不再赘述。

课题二 排气净化与排放控制系统

汽车排放的有害物已构成大气污染的主要来源。为了减少汽车使用过程中对大气环境的污染,现代汽车对发动机的污染源采取了多项控制有害物排放及净化的措施,这些方法大致包括发动机本身的改进和增加排放净化装置。目前,在发动机本身方面的改进如采用缸内直喷式汽油机,由于改变了油气混合机理,采用稀薄分层燃烧技术,可有效降低HC、CO及NO_x的排放,同时新的混合方式使混合气体积和温度降低,爆燃的倾向大为改观,发动机的压缩比相比进气管喷射有所提高。由于兼有柴油机的低油耗和汽油机的高输出,缸内直喷是未来汽油发动机的发展方向。增加排放净化装置的措施主要有采用三元催化转化器及空燃比反馈控制、排气再循环(EGR)控制、二次空气喷射控制、活性炭吸附及炭罐清洗控制等。

一、三元催化转化器与空燃比反馈控制系统

1. 三元催化转化器

图4-16所示是三元催化转化器的工作原理示意图。三元催化转化器是利用催化剂的作

用，使排气中的有害成分 CO、HC 和 NO_x 尽量进行化学反应转化为对人体无害的 CO_2、H_2O 和 N_2 的一种排气净化装置，也称为催化转化净化器。

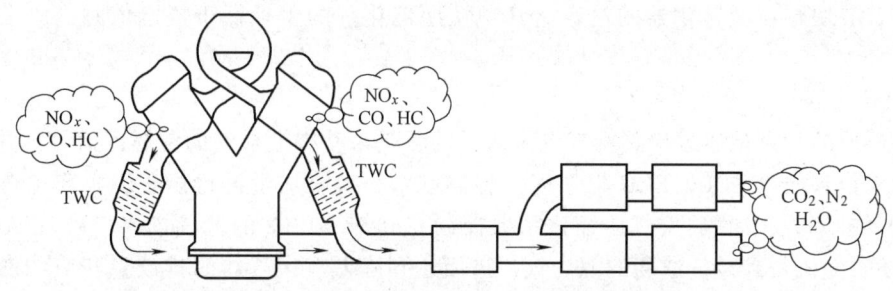

图 4-16 三元催化转化器的工作原理示意图

三元催化转化器可同时减少 CO、HC 和 NO_x 的排放，它以排气中的 CO 和 HC 作为还原剂，把 NO_x 还原为氮和氧，而 CO 和 HC 在还原反应中被氧化为 CO_2 和 H_2O。三元催化转化器（图 4-17）的外形如大型消声器，用耐高温耐腐蚀的不锈钢制成，安装在排气管上，消声器之前，壳体内的催化剂是直径为 $2\sim4mm$ 的氧化铝颗粒，在其多孔性的表面上涂有铂。催化剂表面积很大，每克表面积可达 $50\sim300m^2$。催化转化器的结构应保证排气通过时与催化剂颗粒均匀接触。

三元催化转化器的使用条件相当严格。首先，由图 4-18 可知，只有在理论空燃比附近，对废气中的三种有害气体（CO、HC 和 NO_x）的转化效率均比较高。发动机工作时，为把空燃比精确控制在理论空燃比附近，在装用三元催化转化装置的汽车上，一般都装有氧传感器检测排气中的氧气浓度，该信号输送给 ECU 后，用来对空燃比进行反馈控制。其次，装用催化转化器的发动机只能使用无铅汽油。如果使用含铅汽油，铅覆盖在催化剂表面将使催化剂"铅中毒"失效。其次，仅当温度超过 $250\sim350℃$ 时，催化转化器才起催化反应。温度较低时，转化器的转化效率急剧下降。因此，催化转化器都安装在温度较高的排气管后面。再次，催化剂与载体的容积必须与发动机的排气量相匹配，具有足够的强度和抗热冲击性，才能保证对 CO、HC 和 NO_x 的净化效率高。最后，催化转化器必须配有温度控制装置或旁通管道，避免载体烧毁堵塞排气管道。

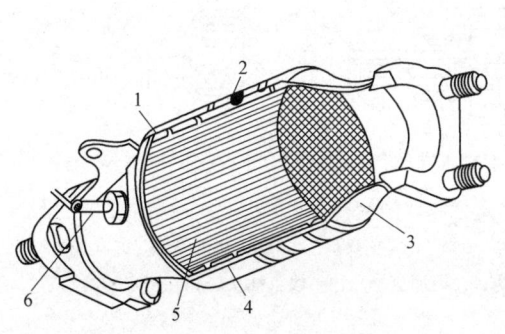

图 4-17 三元催化转化器
1—支承环　2—波纹网眼环　3—支承环　4—密封垫
5—整体式催化转化器载体　6—温度传感器

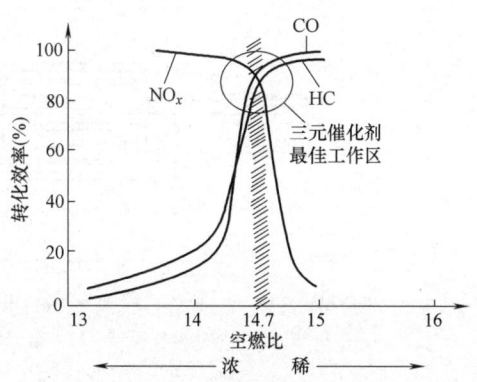

图 4-18 TWC 的转换率与混合气浓度的关系

另外,因三元催化转化器固定不牢或汽车在不平路面上行驶时的颠簸,容易导致催化转化器中的催化剂载体损坏。装用蜂巢型转化器的汽车,一般汽车每行驶80000km应更换转化器芯体;装用颗粒型转化器的汽车,其颗粒型催化剂的重量低于规定值时,应全部予以更换。

2. 氧传感器

氧传感器的功用是通过检测排气中氧离子的含量来获得混合气的空燃比信号,并将该信号转变为电信号输入ECU。ECU根据氧传感器信号,对喷油量进行修正,实现空燃比反馈控制(闭环控制),从而将空气压缩比系数控制在0.98~1.02的范围内(空燃比A/F约为14.7),使发动机得到最佳浓度的混合气,进而达到降低有害气体的排放量和节约燃油的目的。汽车发动机燃油喷射系统中比较广泛地采用氧传感器。氧传感器主要有氧化锆型和氧化钛型两种类型。

(1) 氧化锆型氧传感器的结构与工作原理 氧化锆型氧传感器也称为二氧化锆型氧传感器,其结构如图4-19所示,由钢质保护套管、锆管、加热器、电极、线束插头和防水护套等组成。其基本元件是氧化锆陶瓷管,也称为锆管,做成U形。钢质保护套管也是U形的,上面有很多小孔,以便排气进入传感器内U形锆管的外表面。锆管固定在带有安装螺纹的固定套中,内外表面均覆盖着一层金属铂,铂既做电极,又具有催化作用,其内表面与大气接触,外表面与排气管中的废气接触。氧传感器的接线端有一个金属护套,其上开有一个用于锆管内腔与大气相通的孔;导线将锆管内外两表面的铂极经绝缘套引出。

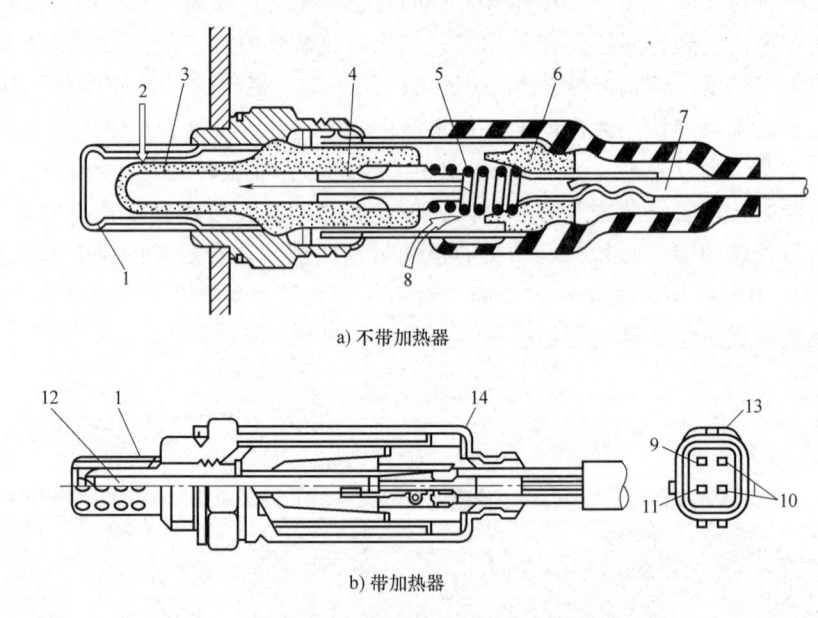

图4-19 氧化锆型氧传感器的结构

1—钢质保护套管 2—废气 3—锆管 4—电极 5—弹簧 6—绝缘体 7—信号输出导线 8—空气
9—搭铁端 10—加热器接线端 11—信号输出端 12—加热器 13—线束插头 14—防水护套

氧化锆在温度超过300℃后才能进行正常工作。早期使用的氧传感器靠排气加热,不带加热器,如图4-19a所示。这种传感器必须在发动机起动运转数分钟后才能开始工作,它只有一根接线与ECU相连。现在,大部分汽车使用带加热器的氧传感器,如图4-19b所示。

这种传感器有一个电加热元件，可在发动机起动后的 20~30s 内迅速将氧传感器加热至工作温度。它共有四根接线，其中两根线是信号正、负极接 ECU，另外两根接线为加热电源的正、负极。

锆管的陶瓷体是多孔的，渗入其中的氧气在高温时发生电离。锆管内侧与外侧氧含量不一致，内侧与大气接触，氧离子浓度高；外侧与排气接触，氧离子浓度低。U 形锆管的内侧与外侧存在氧离子浓度差，因而氧离子从浓度高的内侧向浓度低的外侧扩散，从而使锆管成为一个微电池，在两铂极间产生电压，如图 4-20 所示。

当混合气的实际空燃比小于理论空燃比，即发动机以较浓的混合气工作时，排气中的氧含量低，且废气在锆管外表面铂的催化作用下与氧发生反应，将消耗排气中残余的氧，使锆管外表面的氧气浓度更低，这就使得锆管内侧与外侧氧的浓度差更大，氧离子从浓度高的内侧向浓度低的外侧扩散作用加强，两铂电极间的电压约为 0.9V。

当混合气稀时，排气中氧含量较高，锆管内侧与外侧氧浓度差较小，两电极间产生的电压较低，约为 0.1V。

在理论空燃比附近时，排气中的氧离子和 CO 含量都低，在催化剂铂的作用下，氧离子和 CO 发生化学反应，从缺氧状态急剧变为富氧状态，氧离子浓度急剧变化，而锆管内侧大气中的氧离子可认为基本不变。因此，锆管内侧与外侧氧离子浓度差急剧变化，传感器产生的电压发生突变，从 0.9V 左右急剧变化为 0.1V 左右，其产生的电压与空燃比的变化关系如 4-21 所示。

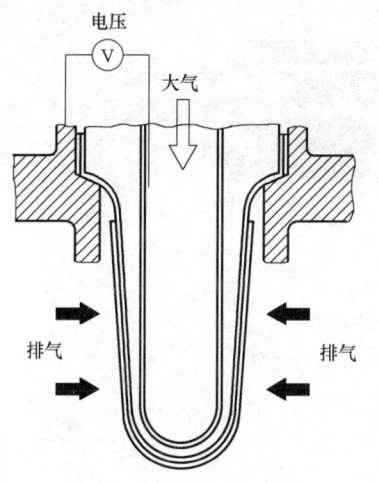

图 4-20 氧化锆型氧传感器的工作原理

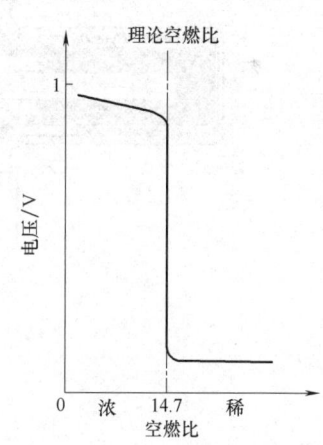

图 4-21 氧化锆型氧传感器的输出特性

要准确地保持混合气浓度为理论空燃比是不可能的。实际上，空燃比反馈控制只能使混合气在理论空燃比附近一个狭小的范围内波动，因此氧传感器的输出电压在 0.1~0.9V 之间不断变化，通常每 10s 内变化 8 次以上。如果传感器输出电压变化过缓，每 10s 少于 8 次或电压保持不变，则表明氧传感器有故障。

（2）氧化钛型氧传感器的结构和工作原理　氧化钛型氧传感器是利用二氧化钛材料的电阻值随排气中氧含量的变化而变化的特性制成的，因此又称为发生电阻变化的氧传感器。

二氧化钛型氧传感器的外形和氧化锆型氧传感器相似，在传感器前端的护罩内是一个二氧化钛厚膜元件，如图4-22所示。纯二氧化钛在常温下是一种高电阻的半导体，表面一旦缺氧，其晶格便出现缺陷，电阻随之减小。因为二氧化钛的电阻也随温度的不同而变化，所以在二氧化钛型氧传感器内部也有一个电加热器，以保持氧化钛式氧传感器在发动机工作过程中的温度恒定不变，一般为600℃。因此，现在的氧化钛型氧传感器大都带加热器，有四根导线。

当混合气浓度较稀时，排气中氧离子浓度高，传感器周围氧离子浓度也高，二氧化钛呈现高电阻状态；当混合气较浓时，排气中的氧离子浓度低，传感器周围的氧离子浓更低，二氧化钛呈现低电阻状态。在理论空燃比附近，氧化钛型氧传感器的电阻发生突变，其阻值随空燃比变化情况如图4-23所示。

氧化钛型氧传感器的工作原理如图4-24所示，其电阻随空燃比的变化最终转变为电压的变化，通过端子3输入ECU，当排气中的氧浓度随发动机混合气浓度变化时，氧传感器的电阻随之改变，端子3上的电压信号也随着变化。当端子3上的电压高于参考电压（端子2电压1V）时，ECU判定混合气过浓；当端子3上的电压低于参考电压时，ECU判定混合气过稀。ECU通过闭环控制可保持混合气的浓度在理论空燃比附近。在实际的控制工作过程中，二氧化钛型氧传感器与ECU连接的端子3上的信号电压也在0.1~0.9V之间不断变化。

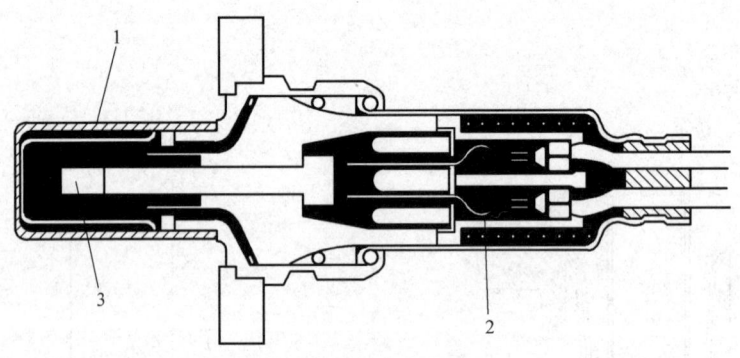

图4-22 氧化钛型氧传感器
1—保护套管 2—连接线 3—氧化钛厚膜元件

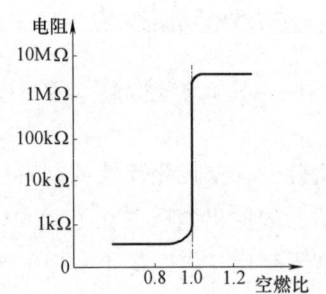

图4-23 氧化钛型氧传感器输出特性

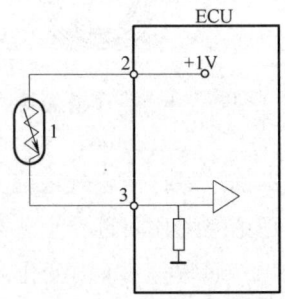

图4-24 氧化钛型氧传感器的工作原理
1—氧化钛型氧传感器 2—1V电源电压端子
3—传感器信号输出端子

3. 空燃比反馈控制系统

为了满足越来越严格的排放法规的要求，最有效的排放控制是利用三元催化转化器对排气的催化净化效能。现代电控汽油机在绝大部分运行工况下对空燃比都实行空燃比反馈控制。空燃比反馈控制系统的构成原理如图4-25所示。

在空燃比反馈控制过程中，空燃比、氧传感器输出的电压信号和空燃比反馈控制信号三者之间的变化关系如图4-26所示。假定开始时混合气的实际空燃比略小于14.7，此时氧传感器输出高电平信号，ECU根据氧传感器的高电平信号，对基本喷油持续时间进行减量修正，实际喷油持续时间缩短，喷油量减少，修正过程按先快后缓的方式进行，如图

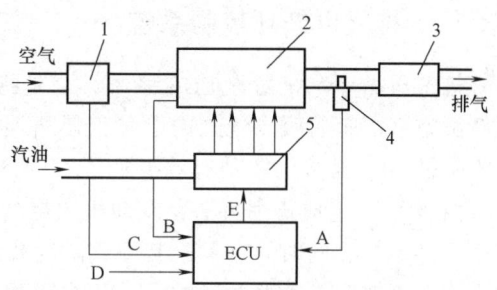

图4-25 空燃比反馈控制系统的构成原理
A—氧传感器反馈 B—转速 C—空气流量传感器
D—冷却液温度传感器 E—喷油量控制
1—空气流量传感器 2—发动机 3—三元
催化转化器 4—氧传感器 5—喷油器

4-26所示。由于喷油量持续减少，混合气逐渐变稀，当混合气的实际空燃比略大于14.7时，氧传感器的输出信号从高电平跳跃到低电平，ECU根据氧传感器的低电平信号，对基本喷油时间进行增量修正，修正过程仍按先快后缓的方式进行。由于喷油量持续增加，混合气又逐渐由稀变浓，一旦空燃比小于14.7，氧传感器的输出信号将从低电平跳跃到高电平，然后ECU根据氧传感器的高电平信号，重复前面的由浓到稀的修正过程，如此反复循环，最终使混合气的实际空燃比始终稳定在理论空燃比附近。从整个修正过程看，当实际混合气偏浓时，由于混合气偏浓的时间比混合气偏稀的时间长，氧传感器输出高电平的时间也相对较长。

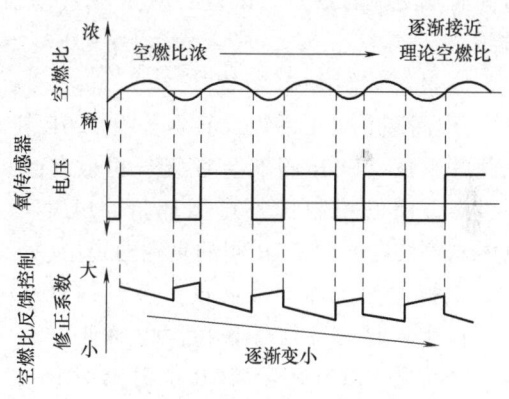

图4-26 空燃比反馈控制过程

当电控系统对混合气空燃比实行反馈控制时，实际混合气的浓度基本上在理论空燃比附近变动，但理论空燃比对发动机的某些工况并不适宜，如发动机的起动工况、暖机工况等。为了使发动机正常起动或暖机，需要较浓的混合气，此时电控系统对空燃比实行开环控制，向发动机提供偏浓的混合气。又如发动机在大负荷或高转速工况时，需要较浓的混合气，此时电控系统也将实行开环控制，向发动机提供较浓的混合气，以满足汽车对发动机动力的要求。根据发动机各运行工况对混合气浓度的要求，电控系统将对空燃比实行开环控制的工况有发动机起动工况、冷起动后的暖机工况、大负荷、高转速工况及加速工况等。另外，如果由于发动机的原因或氧传感器的原因，造成氧传感器的输出电压持续处于低电平（如持续时间超过10s以上），或者氧传感器的输出电压持续处于高电平（如持续时间超过4s），则ECU将自动停止空燃比反馈控制，发动机将在空燃比开环控制状态运行。当氧传感器的工作温度低于300℃时，氧传感器不能正常工作，电控系统也将实行开环控制。

二、排气再循环控制系统

排气再循环系统简称 EGR 系统,它是指在发动机工作时将一部分废气引入进气管,并与新鲜空气混合后吸入气缸内以降低燃烧温度,从而达到降低 NO_x 排放的目的,它是目前用于降低 NO_x 排放的一种有效措施。

由 NO_x 的生成机理可知,发动机燃烧过程中 NO_x 的生成量与混合气中的氧浓度、燃烧温度及高温持续的时间有关,其中氧浓度和燃烧温度是两个最重要的因素。燃烧温度对 NO_x 的生成浓度有非常重要的影响。采用排气再循环方法能有效抑制 NO_x 的生成量。这是因为在新鲜混合气中掺入适当比例的废气后,H_2O、CO_2 和 N_2 能够燃烧热量,使混合气燃烧温度下降,从而使 NO_x 的生成量减少。废气再循环中引入的废气量必须适当。若引入废气量太少,则会对降低 NO_x 生成量的效果不明显;若引入废气量过多,则不仅会使混合气着火性能变差,发动机输出功率下降,而且还会使发动机排放性能恶化。

对于废气再循环过程引入的废气量,一般用 EGR 率来表示,EGR 率的定义为

$$EGR 率 = \frac{EGR 气体量}{吸入空气量 + EGR 气体量} \times 100\%$$

对于大多数发动机而言,排气再循环的 EGR 率控制在 6%~15% 范围内较适宜。另外,虽然适量排气再循环可以有效地降低 NO_x 的排放量,但是也存在影响混合气着火性能和发动机输出功率的缺点。因此,一般在发动机 NO_x 排放量较多的运行工况下才进行废气再循环。

1. 开环控制 EGR 系统

开环控制 EGR 系统(日本公爵 3.0E 轿车)如图 4-27 所示,主要由 EGR 阀和 EGR 电磁阀等组成。EGR 阀安装在废气再循环通道中,用以控制排气再循环量。EGR 电磁阀安装在通向 EGR 阀的真空通道中,ECU 根据发动机冷却液温度、节气门开度、转速和起动等信号来控制电磁阀的通电或断电。ECU 不给 EGR 电磁阀通电时,控制 EGR 阀的真空通道接通,EGR 阀开启,进行排气再循环;ECU 给 EGR 电磁通电时,控制 EGR 阀的真空通道被切断,EGR 阀关闭,停止排气再循环,这种控制系统属于普通电子控制的 EGR

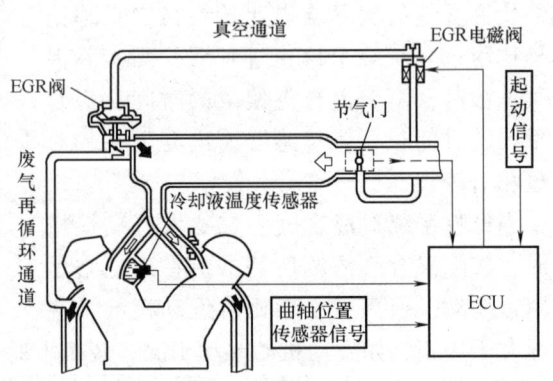

图 4-27 开环控制 EGR 系统(日本公爵 3.0E 轿车)

系统。发动机工作时,ECU 给 EGR 电磁阀通电停止废气再循环的工况有起动工况(起动开关信号)、急速工况(节气门位置传感器急速触点闭合信号)和暖机工况(冷却液温度信号),转速低于 900r/min 或高于 3200r/min(转速信号)。在除上述以外的其他工况,ECU 均不给电磁阀通电进行废气再循环。排气再循环量取决于 EGR 阀的开度,而 EGR 阀的开度直接由 EGR 阀与 EGR 电磁阀之间的真空通道中的真空度控制。由于真空管口设在靠近节气门全闭位置的上方,随发动机转速和负荷(节气门开度)的增大,真空管口处的真空增加,EGR 阀的开度增大;随发动机转速和负荷的减小,EGR 阀的开度也减小。

有些发动机的 EGR 控制系统中，EGR 电磁阀采用占空比控制型电磁阀，ECU 通过占空比控制电磁阀的开度，调节作用在 EGR 阀上的真空度，控制 EGR 阀的开度，以实现对排气再循环量的控制。在开环控制 EGR 系统中，EGR 率只能预先设定，发动机在各种工况下的实际 EGR 率则不能检测。

2. 闭环控制 EGR 系统

三菱公司开发了一种闭环控制式排气再循环系统。由前述可知，在开环控制式排气再循环系统中，EGR 率只受 ECU 预先设置好的程序控制，不能检测发动机各种工况下的 EGR 率，因此无反馈信号；而在闭环控制式废气再循环系统中，ECU 是以 EGR 率作为反馈信号实现闭环控制的，其控制原理如图 4-28 所示，新鲜空气经节气门进入稳压箱，发动机排气中的一部分（回流废气）经控制阀进入稳压箱，稳压箱中设置有 EGR 率传感器，它对稳压箱中新鲜空气与废气所形成的混合气中的氧气浓度不断地进行检测，并将检测结果输入 ECU，ECU 经过分析计算后向控制阀输出控制信息，不断地调整 EGR 率，使废气再循环的 EGR 率在 ECU 的控制下保持在最佳值，从而有效地减少 NO_x 的排放量。

闭环控制式 EGR 系统检测实际的 EGR 率或 EGR 阀开度作为反馈控制信号，其控制精度更高。与开环控制系统相比，只是在 EGR 阀上增设一个 EGR 阀开度传感器。

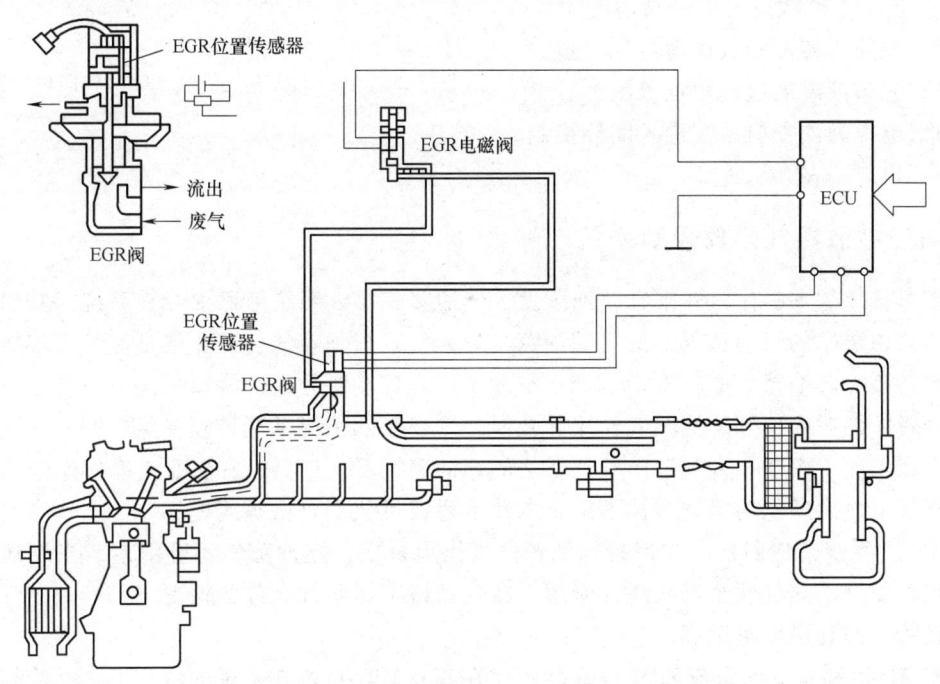

图 4-28 闭环控制式废气再循环（EGR）系统的控制原理

三、二次空气供给系统

二次空气供给系统是在一定工况下，将新鲜空气送入排气管，促使废气中的 CO 和 HC 进一步氧化，从而降低 CO 和 HC 的排放量，同时也加快了三元催化转化器的升温过程。

电控二次空气供给系统（韩国现代轿车）如图 4-29 所示。二次空气控制阀由舌簧阀和膜片阀组成，来自空气滤清器的二次空气进入排气管的通道受膜片阀的控制，膜片阀的开闭用进气歧管的真空度驱动，其真空通道由ECU通过电磁阀控制。装在二次空气控制阀中的舌簧阀是一个单向阀，主要用来防止排气管中的废气倒流。

当点火开关接通后，蓄电池向二次空气电磁阀供电，ECU控制电磁阀搭铁回路。电磁阀不通电时，关闭通向膜片阀真空室的真空通道，膜片阀弹簧推动膜片下移，关闭二次空气供给通道，不允许向排气管内提供二次空气。ECU给电磁阀通电，电磁阀开启膜片阀真空室的真空通道，进气管真空度将膜片阀吸起，排气管内的脉动真空吸开舌簧阀，使二次空气进入排气管。有些发动机的二次空气供给系统，利用空气泵将新鲜空气强制送入排气管。下列情况下ECU不给二次空气电磁阀通电。

1）发动机转速和负荷超过规定值。
2）冷却液温度超过规定范围。
3）电控燃油喷射系统进入闭环控制。
4）ECU有故障。

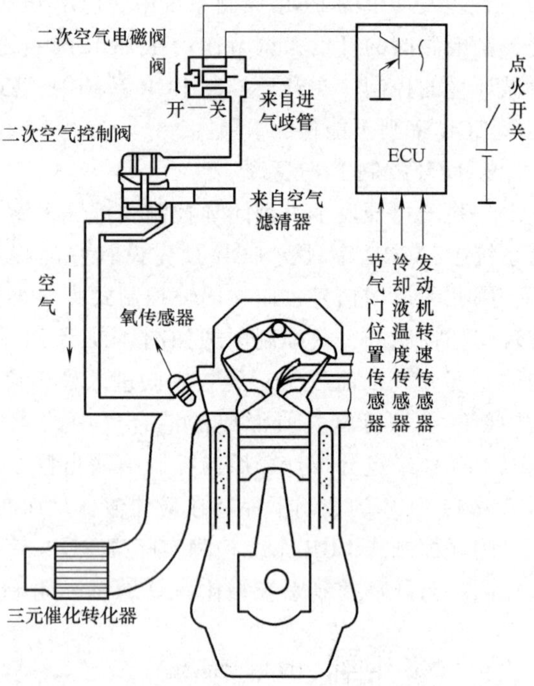

图 4-29 电控二次空气供给系统（韩国现代轿车）

四、燃油蒸气排放控制系统

汽车排放的HC有20%来自燃油蒸发，燃油蒸气排放系统简称EVAP系统，其功能是收集燃油箱内蒸发的燃油蒸气，并将燃油蒸气导入气缸参加燃烧，防止燃油蒸气直接排入大气而造成污染。燃油蒸气应在发动机处于空燃比闭环控制时导入燃烧室燃烧，只有在空燃比闭环控制时才能对因额外燃油蒸气作用导致混合气变浓的情况下调节喷油量。同时，还必须根据发动机工况，控制导入气缸内参加燃烧的燃油蒸气量。EVAP系统不正确的操作会造成因混合气过浓而出现发动机动力性下降、怠速不稳或排放不合格等问题。

EVAP系统是密封的，并保持燃油箱蒸气压力稳定，燃油蒸气不会泄漏。当燃油蒸气压力过高时，燃油蒸气就会进入活性炭罐。在发动机工作条件允许的情况下，燃油蒸气再导入进气歧管，回到燃烧室燃烧。

EVAP控制系统的组成如图4-30所示，在装有EVAP控制系统的汽车上，燃油箱盖上只有空气阀，而不设蒸气放出阀。活性炭罐与油箱之间设有排气管和单向阀，汽油箱内的燃油蒸气超过一定压力时，顶开单向阀经排气管进入活性炭罐，活性炭罐内的活性炭将燃油蒸气吸附在炭罐内。发动机工作时，活性炭罐内的燃油蒸气经定量排放孔被吸入进气管，然后进入气缸燃烧。活性炭罐的上端设有一个真空控制阀，真空控制阀为一个膜片阀，膜片上方为真空室，控制阀用来控制定量排放孔的开闭。真空控制阀与进气管之间的真空管路中设有受ECU控制的电磁阀，用以调节真空控制阀上方真空室的真空度，改变真空控制阀的开度，从而控制吸入进气管的燃油蒸气量，这样也有利于抑制爆燃。当发动机判断要产生爆燃时，立即使炭罐电磁阀关闭，切断真空，关闭排放电磁阀，直至爆燃消失后且超过150ms时，ECU才使炭罐电磁阀恢复工作。另外，为防止活性炭罐内的燃油蒸气被吸入进气管后使混合气变浓，活性炭罐下方设有进气滤芯并与大气相通，使部分清洁空气与活性炭罐内的燃油蒸气一起被吸入进气管，同时空气从炭罐下部进入时还可以清洗活性炭。

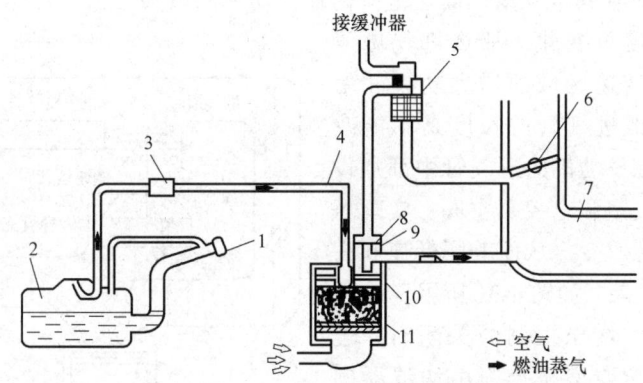

图4-30　EVAP控制系统的组成
1—燃油箱盖　2—燃油箱　3—单向阀　4—排气管　5—炭罐电磁阀　6—节气阀
7—进气阀　8—真空室　9—真空控制阀　10—定量排放　11—活性炭罐

课题三　进气控制系统

为了提高进气量，改善发动机的动力性能，可变技术在汽车发动机上得到了广泛的应用。可变技术是指随着使用工况及要求的变化，或者为了减少及避免发动机不正常工作现象的出现，使相关系统的结构或参数作相应的变化，从而使发动机在各种工况下的综合性能指标能大幅度地提高，而且能避免不正常燃烧及超负荷现象的产生的技术。可变技术涉及范围较广，如可变压缩比、可变进气系统、可变配气相位技术、可变喷油系统、可变增压系统等。对于解决较大转速范围内动力性和经济性的矛盾问题，可变技术显示出独特的优势。近代电子技术的发展，促成了可变技术的迅速推广，使可变技术在汽车发动机上的应用和影响日益突出。

一、谐波进气增压控制系统

1. 谐波进气增压控制系统的功能

谐波进气增压控制系统的功能就是根据发动机转速的变化，改变进气管内压力波的传播距离，以提高充气效率，改善发动机性能。

2. 谐波进气增压控制系统的工作原理

当气体高速流向进气门时，进气门突然关闭，进气门附近的气体流动突然停止，由于惯性，进气管仍在进气，进气门附近的气体被压缩，压力上升。被压缩的气体开始膨胀，向着进气气流相反的方向流动，此时压力下降。当反流的膨胀气体传到进气管口时又被反射回来，如此反复进行就形成了进气脉动压力波。

如果进气脉动压力波与进气门开闭相配合，使反射的压力波集中于要打开的进气门附近，即使进气管内的空气产生谐振，在进气门打开时也会形成增压进气的效果。当进气管长时，形成的压力波波长就长，这种情况可提高发动机在中低速区域的充气效率，从而提高发动机在中低速区域的输出功率。当进气管短时，压力波波长就短，可提高发动机高转速区域内的充气效率，从而有利于发动机高速范围内输出功率的增加。

如果进气管长度可变化，那么进气增压就可兼顾高低两个转速区域的增大功率和增大转矩。但是，一般进气管的长度是不能改变的。因此，可以在发动机的进气管中部加设一个大容量的真空气室和电控真空阀，实现压力波传播路线长度的改变，从而兼顾低速和高速区域的进气增压效果，如图4-31所示。

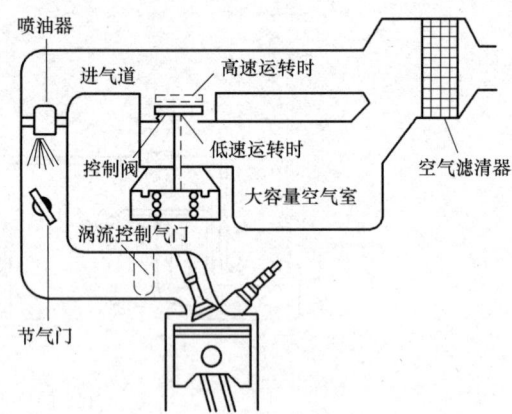

图4-31 谐波进气增压控制系统工作原理

气室出口的进气增压控制阀关闭时，进气管内的脉动压力波传递路径为由滤清器到进气门。此距离最长，它适宜发动机在中、低转速区域形成气体动力增压效果。当控制阀开启时，由于大容量空气室的参与，进气脉动压力波不能在空气室出口与进气门之间传播，这样便缩短了压力波的传播距离，使发动机在高速区也能得到较好的气动增压效果。

发动机工作时，真空罐是靠电磁真空通道阀（简称电磁真空阀）与真空马达（膜片式驱动装置）相通，而电磁真空通道阀受发动机ECU控制。谐波进气增压系统控制原理图如图4-32所示。

电磁真空阀的工作电路如图4-33所示。当发动机低速运转时，ECU不接通ACIS端子的搭铁电路，电磁真空阀不动作，真空罐与真空马达的真空管路被切断，真空马达不动作，进气增压控制阀不打开，进气管内压力波的传递距离较长。当发动机高速运转时，ECU接通ACIS端子的搭铁电路，电磁真空阀动作，真空罐的真空被引向真空马达，吸动真空马达的膜片，膜片通过联动机构将真空增压控制阀打开，进气管内压力波的传递距离较短。

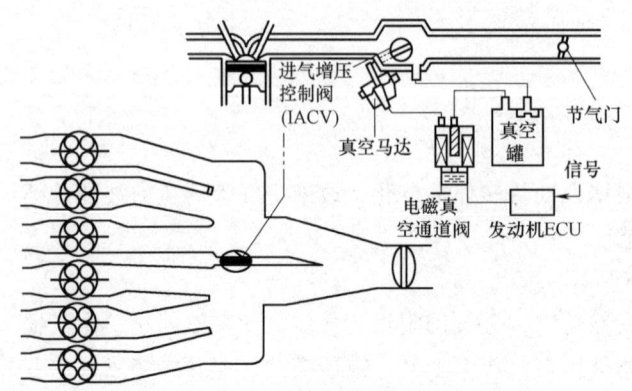

图4-32 谐波进气增压系统控制原理

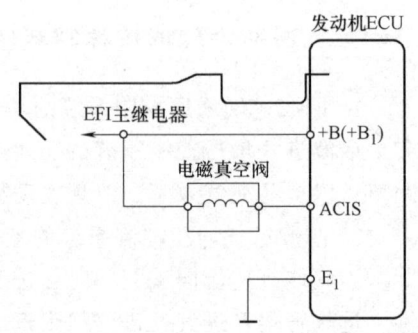

图4-33 电磁真空阀的工作电路

二、动力阀控制系统

1. 动力阀控制系统的功能

动力阀控制系统的功能是控制发动机进气道的空气截面大小，以适应发动机不同转速和负荷时的进气量要求，从而改善发动机的动力性。在进气量较少的低速、小负荷工况下，使进气道空气流通截面减小，可提高进气流速，增大进气流惯性，以提高发动机的充气效率。此外，随进气流速的提高也可增加气缸内的涡流强度，有利于低速、小负荷工况下混合气的燃烧和热效率的提高，从而改善发动机的低速性能。而在进气量较多的高速、大负荷工况下，适当增大进气道空气流通截面，不仅可以减小进气阻力，对由于进气流速过高而导致的燃烧室内的气流扰动也可起到抑制作用，有助于改善发动机的高速性能。这种系统在本田雅阁等轿车发动机上有采用。

2. 动力阀控制系统的工作原理

ECU控制的动力阀控制系统的工作原理如图4-34所示，控制进气道空气流通截面大小的动力阀安装在进气管上，动力阀的开闭由膜片真空室控制，ECU根据各传感器信号通过电磁真空阀（VSV阀）控制真空罐与真空室的真空通道。发动机小负荷运转时，进气量较少，ECU断开电磁真空阀搭铁回路，真空罐中的真空度不能进入膜片真空室，动力阀处于关闭位置，进气通道变小。当发动机大负荷运转时，进气量较多，ECU接通电磁真空阀搭铁回路，真空罐中的真空度经电磁真空阀进入膜片真空室，动力阀开启，进气通道变大。动力阀控制系统的主要控制信号有发动机转速、冷却液温度、空气量等信号。

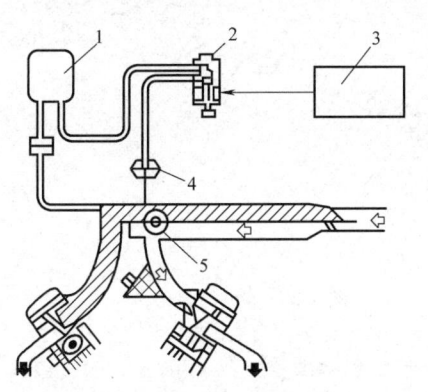
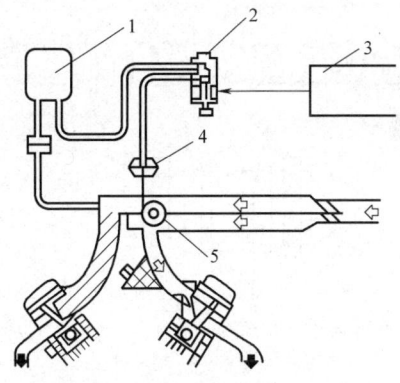

a) 发动机小负荷运转时　　　　　　　　b) 发动机大负荷运转时

图4-34　ECU控制的动力阀控制系统的工作原理
1—真空罐　2—电磁真空阀　3—ECU　4—膜片真空气室　5—动力阀

三、可变配气机构控制系统

传统的发动机配气机构在发动机制造装配好之后，配气相位角及气门升程便无法改变，但理想的配气相位角应随发动机的转速、负荷及其他工况而改变。为了使发动机在高转速时能提供较大的功率，在低速时又能产生足够的转矩，现代轿车发动机采用可变气门正时和升程的电子控制技术。

1. VTEC 的基本结构

图 4-35 所示为本田雅阁 F23A 和 F20BI 发动机的 VTEC 结构，主要由气门、凸轮轴、摇臂轴、同步活塞等组成。

凸轮轴对应的每一个缸有五段凸轮参加工作，如图 4-36 所示。其中排气凸轮轴 2、6 与常规排气凸轮相同。进气有三个凸轮，主进气凸轮 3 有较大的进气提前角和较大的气门升程；辅助进气凸轮 5 有较小的进气提前角和较小的气门升程；还增加了一个中间进气凸轮 4，具有最大的进气提前角和最大的气门升程。

三个进气凸轮分别驱动三根摇臂，其组件如图 4-37 所示。与主凸轮、辅助凸轮和中间凸轮相对应的摇臂分别为主摇臂 7、辅助摇臂 5 和中间摇臂 6。三根摇臂内部装有由液压控制移动的同步活塞 3、4 和正时活塞 1。

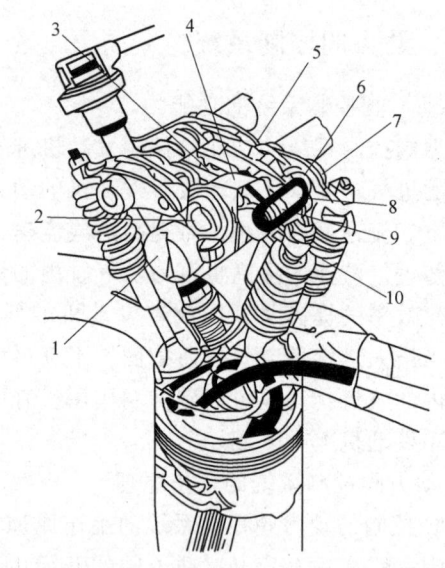

图 4-35　本田雅阁 F23A 和 F20BI 发动机的 VTEC 结构
1—凸轮轴　2—摇臂轴　3—主摇臂　4—正时板
5—中间摇臂　6—止推活塞　7—辅助摇臂
8—同步活塞 B　9—同步活塞 A　10—正时活塞

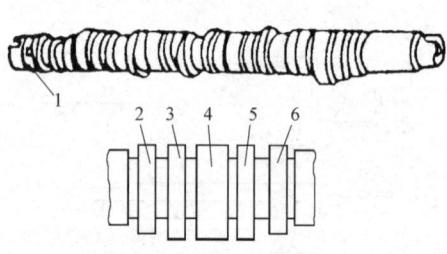

图 4-36　有五段凸轮参加工作
1—凸轮轴　2、6—排气凸轮轴　3—主进气凸轮
4—中间进气凸轮　5—辅助进气凸轮

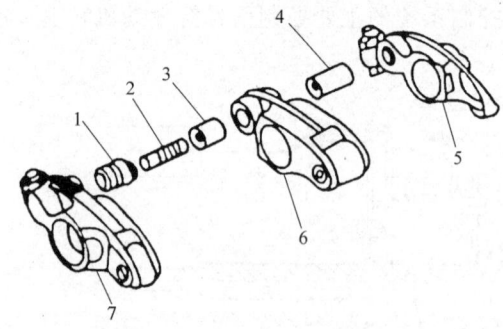

图 4-37　摇臂组件
1—正时活塞　2—正时活塞弹簧　3—同步活塞 A
4—同步活塞 B　5—辅助摇臂　6—中间摇臂　7—主摇臂

2. VTEC 的工作原理

发动机低速运转时如图 4-38 所示，VTEC 机构的油道内没有机油压力，正时活塞 14、同步活塞 B、同步活塞 A 和止推活塞 11 在止推活塞弹簧 10 的作用下都处于左端，正时板卡入正时活塞 14，使其不能移动，此时正时活塞和同步活塞 A 正好处在主摇臂 5 内，同步活塞 B 处在中间摇臂 6 内，止推活塞 11 处在辅助摇臂 7 内，三根摇臂分离，彼此独立工作。主凸轮 2 和辅助凸轮 4 分别推动主摇臂和辅助摇臂，控制两个进气门的开启。主凸轮升程较大，因此它驱动的气门开度较大；辅助凸轮升程较小，因此它驱动的气门开度较小。这时，中间摇臂 6 虽然也被凸轮驱动，但因为三个摇臂彼此分离独立，所以中间摇臂并不参与工作，对气门动作无影响。因此，发动机低速运转时，VTEC 的工作和普通发动机相似。

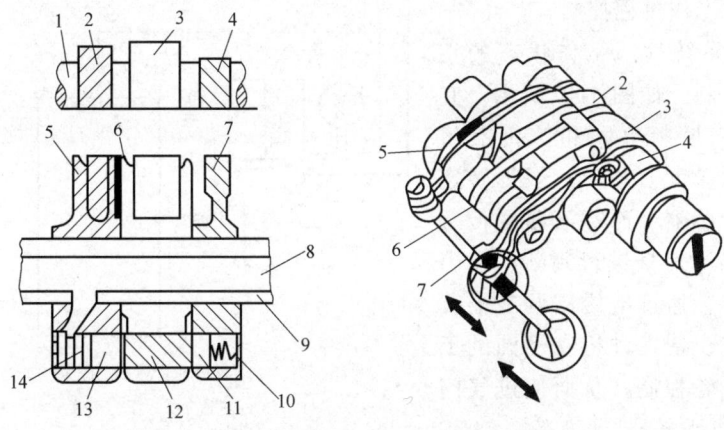

图 4-38 发动机低速运转时

1—凸轮轴 2—主凸轮 3—中间凸轮 4—辅助凸轮 5—主摇臂 6—中间摇臂
7—辅助摇臂 8—摇臂轴中心油孔 9—摇臂轴 10—止推活塞弹簧
11—止推活塞 12—同步活塞 B 13—同步活塞 A 14—正时活塞

如图 4-39 所示,发动机达到某一个设定的高转速时,由 ECU 传来的信号打开 VTEC 电磁阀,压力机油通过摇臂轴上的油孔 16 进入正时活塞,正时板 14 移出,推动摇臂内的正时活塞 15,使三根摇臂锁成一体。由于中间凸轮升程最高,摇臂锁为一体后由它驱动,进气门开启时间延长,升程增加。因此发动机高速运转时,VTEC 系统改变气门正时和气门升程,使发动机功率和转矩提高。

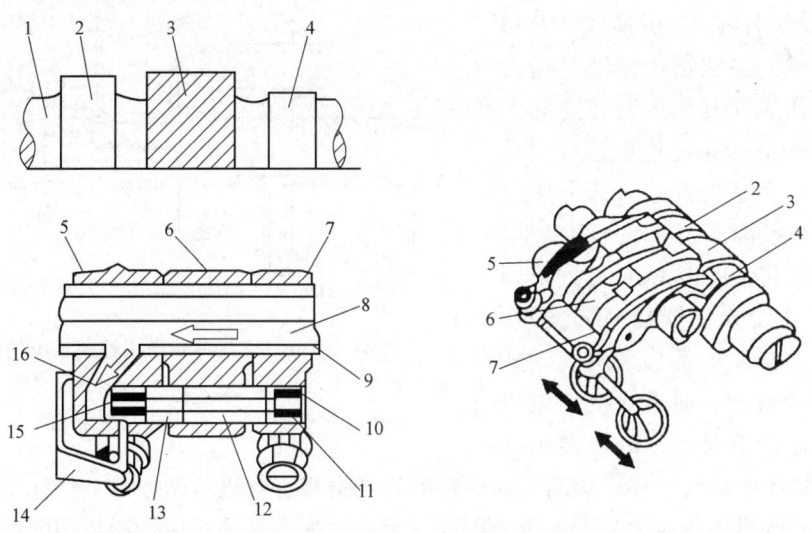

图 4-39 发动机高速运转时

1—凸轮轴 2—主凸轮 3—中间凸轮 4—辅助凸轮 5—主摇臂 6—中间摇臂
7—辅助摇臂 8—摇臂轴中心油孔 9—摇臂轴 10—止推活塞弹簧 11—止推活塞
12—同步活塞 B 13—同步活塞 A 14—正时板 15—正时活塞 16—摇臂轴油孔

当发动机转速再次降低到某一个设定的低转速时,VTEC 电磁阀断电,切断油路,摇臂内的液压也随之降低,活塞在回位弹簧作用下退回原位,三根摇臂再次分离,独立工作。

3. VTEC 的工作过程控制

VTEC 控制系统气门工作状态的切换由控制系统控制，如图 4-40 所示。它主要由传感器、控制单元和执行器组成。发动机控制单元（ECU）根据转速传感器、车速传感器、冷却液温度传感器、负荷传感器等信号进行判断，输出相应的控制信号，通过电磁阀调节摇臂内活塞液压系统，使发动机在不同的工况下由不同的凸轮控制，从而使进气门的开度和正时处于较佳的状态。VTEC 电磁阀开启后，控制系统通过压力开关反馈信号给 ECU，以监控系统工作。

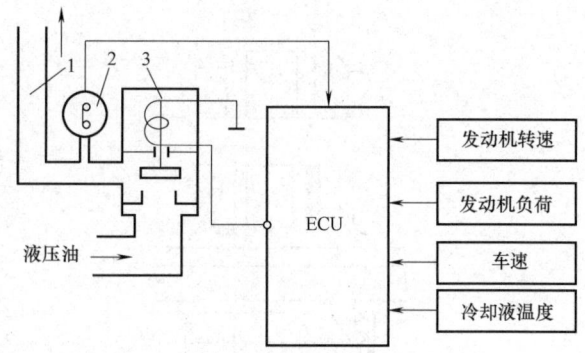

图 4-40　VTEC 控制系统
1—压力油道　2—压力开关　3—电磁阀

四、电控废气涡轮增压控制系统

目前，废气涡轮增压控制系统在汽油机轿车上的应用不多，一般只限于对发动机功率和结构紧凑性要求较高的车辆中。但随着排放标准，特别是降低燃油消耗率、减少 CO_2 排放量标准的提高，为了使车辆在城市道路运行和在高速公路运行时都能具有较低的燃油消耗率、较好的动力性和排放性能，预计废气涡轮增压控制技术将在汽油机中得到广泛的应用。

电控废气涡轮增压控制系统的组成如图 4-41 所示，整个系统由释压电磁阀 1、气动执行器 2、旁通阀 3 及增压器 4 等组成。系统增压控制是通过旁通阀的开闭来实现的，若旁通阀关闭，废气几乎全部通过增压器，增压压力提高；若旁通阀开启，部分废气经旁通气道直接排出，增压压力降低。旁通阀的开启和关闭由 ECU 通过对释压电磁阀和气动执行器控制来实现，受工作温度的限制，系统采用气动式执行器操纵旁通阀，而不直接用电磁阀控制。在正常情况下，ECU 输出高电平信号使释压电磁阀动作，切断气动执行器的气室与空气进口的连通，使气室与增压器出口连通，此时气室内的压力与增压压力相等，压力较高，气动式执行器推动弹簧使旁通阀关闭，废气涡轮处于正常工作状况。当增压压力过高时，ECU 输出低电平信号，释压电磁阀释放，切断气动执行器的气室与增压器出口的连通，使气室与空气进口连通，于是气室压力降低，弹簧恢复力使旁通气阀打开，增压压力下降。

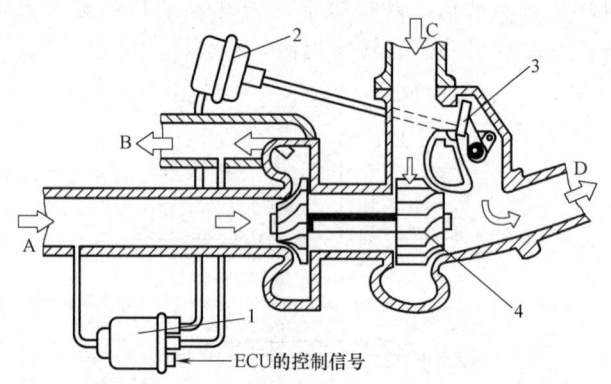

图 4-41　电控废气涡轮增压控制系统的组成
A—空气进口　B—增压后的空气出口　C—废气进口　D—废气出口
1—释压电磁阀　2—气动执行器　3—旁通阀　4—增压器

ECU 主要根据进气歧管的压力对增压压力进行控制，在高速、大负荷时旁通阀开启（即所谓的放气），其目的是提高低速时转矩的同时，避免高速时发动机的机械负荷和热负荷过高。在有些车型中，还增加了爆燃反馈控制功能，当发动机发生爆燃时，ECU 立即打开旁通阀放气，增压压力降低，在爆燃消失后，再逐渐关闭旁通阀，使之恢复到正常的增压压力。

近年来，可变旁通阀开度的闭环增压压力控制系统也开始得到应用。在闭环控制系统中，ECU根据发动机的工况，首先以预置的旁通阀开度数据控制旁通阀的开度，然后由位置传感器将实际执行结果反馈到ECU，ECU根据偏离情况做出调整。采用增压压力的闭环控制后，可以更精确地控制发动机的转矩，从而大大改善了急加速时转矩滞后的现象。

课题四　电动节气门控制系统

一、电动节气门控制系统的功能

节气门的作用是控制进入发动机的空气流量，决定发动机的运行工况。电动节气门控制系统（ETCS）是一种柔性控制系统，它取消了传统节气门与加速踏板之间采用拉索或杠杆机构的直接机械连接，在电子控制单元的控制下，通过节气门体上的电动机驱动节气门，可实现节气门开度的快速、精确控制，使发动机在最适当的状态下工作，从而提高了汽车的动力性、安全性和舒适性以及降低排放污染。目前，ETCS被广泛地运用于汽车的急速控制（ISC）、巡航控制（CCS）、驱动防滑控制（ASR）及车辆稳定性控制（VSC）等汽车动力控制系统中，为集中控制和简化结构提供了基础，并逐渐成为标准配置。目前，一汽一大众奥迪A6、上海大众帕萨特B5和雷克萨斯LS400，以及上海通用和广州本田等公司生产的部分高级轿车上已经配置了ETCS。

二、电动节气门控制系统的组成及控制原理

1. 系统的组成

如图4-42所示，电动节气门控制系统主要由节气门体、加速踏板、加速踏板位置传感器、节气门位置传感器、节气门驱动装置和节气门电子控制单元（绝大部分与发动机ECU集成为一体等组成。

加速踏板位置传感器产生反映加速踏板下踏量大小和变化速率的电压信号输入电子控制单元，用于检测加速踏板的位置变化情况。电子控制单元由信息

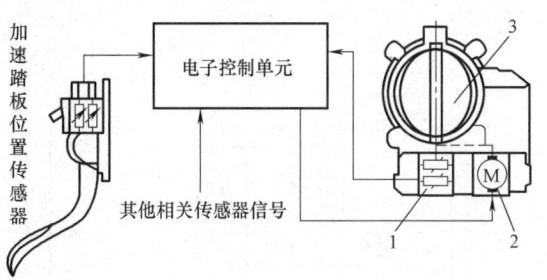

图4-42　电动节气门控制系统结构组成
1—节气门位置传感器　2—驱动电动机　3—节气门

处理模块和电动机驱动电路模块两部分组成，它根据加速踏板位置传感器及其他相关传感器的信号进行最佳节气门开度的判断，并输出控制指令。节气门驱动装置由执行电动机和机械传动机构组成。其作用是按照电子控制单元的指令动作，及时将节气门调整到适当的开度。节气门位置传感器用于将节气门的位置信息反馈给电子控制单元。节气门体取消了传统节气门的旁通气道和急速旁通阀，急速空气流量通过节气门的小开度进行控制。节气门体上的回位弹簧可使节气门回转到一个微小的开度，以保证在系统失去作

用后发动机仍有一个较高的转速。

驾驶人操纵加速踏板，加速踏板位置传感器产生相应的电压信号输入ECU，ECU根据当前的工作模式、加速踏板移动量和变化率解析驾驶人意图，计算出对发动机转矩的基本需求，得到相应的节气门转角的基本期望值。同时，ECU还获取到发动机转速、自动变速器档位、空调压缩机负载等其他各种传感器信号和ASR、CCS等其他控制系统的控制信号，由此计算出所需求的全部转矩，通过对节气门转角基本期望值进行修正，得到节气门的最佳开度参数。节气门位置传感器随时监测节气门的位置并把节气门的开度信号反馈给ECU，当节气门的开度与最佳开度参数不一致时，ECU把相应的电压信号发送到驱动电路模块，驱动执行电动机使节气门处于最佳的开度位置。整个系统控制过程是典型的闭环反馈控制。

（1）加速踏板位置传感器 加速踏板位置传感器由两个无触点线性电位器传感器组成，如图4-43所示。在同一基准电压下工作，基准电压由ECU提供。随着加速踏板位置的改变，电位器阻值也发生线性的变化，由此产生反映加速踏板下踏量大小和变化速率的电压信号输入ECU，如图4-44所示。

图4-43 加速踏板位置传感器组成

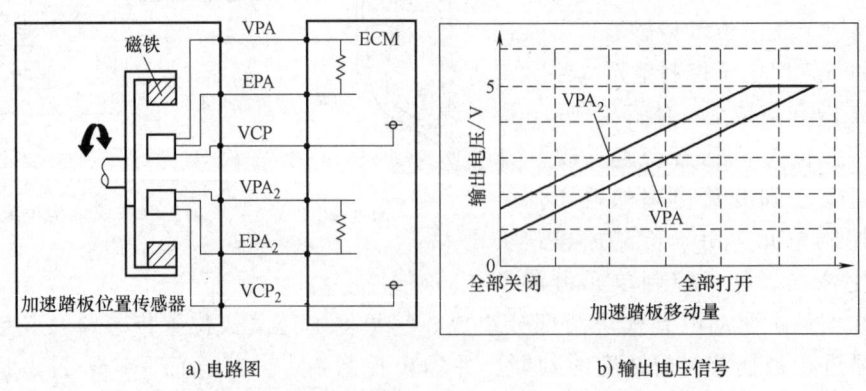

a) 电路图　　　b) 输出电压信号

图4-44 加速踏板位置传感器工作原理

（2）节气门位置传感器 节气门位置传感器由两个无触点线性电位器传感器组成，如图4-45所示。由ECU提供相同的基准电压。当节气门位置发生变化时，电位器阻值也随之线性地改变，由此产生相应的电压信号输入 ECU，该电压信号反映节气门开度大小和变化速率，如图 4-46 所示。

图 4-45 节气门位置传感器结构

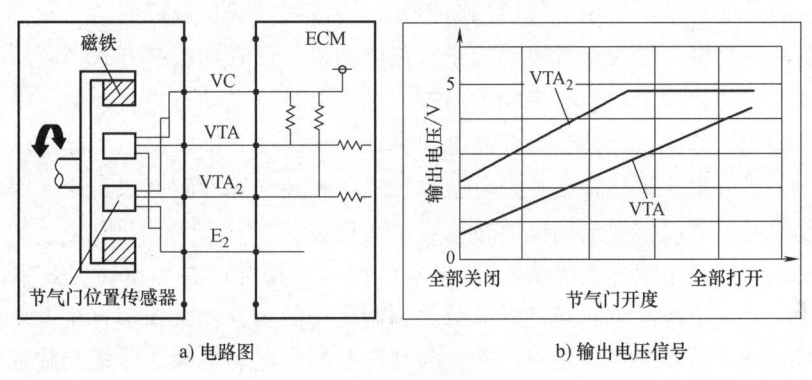

a) 电路图　　　　　　　　　　b) 输出电压信号

图 4-46 节气门位置传感器工作原理

（3）节气门控制电动机　节气门控制电动机一般选用步进电动机或直流电动机，经过两级齿轮减速来调节节气门开度。早期以使用步进电动机为主。步进电动机精度较高、能耗低、位置保持特性较好，但其高速性能较差，不能满足节气门较高的动态响应性能的要求，因此现在比较多地采用直流电动机。直流电动机精度高、反应灵敏、便于伺服控制，如图 4-47 所示。

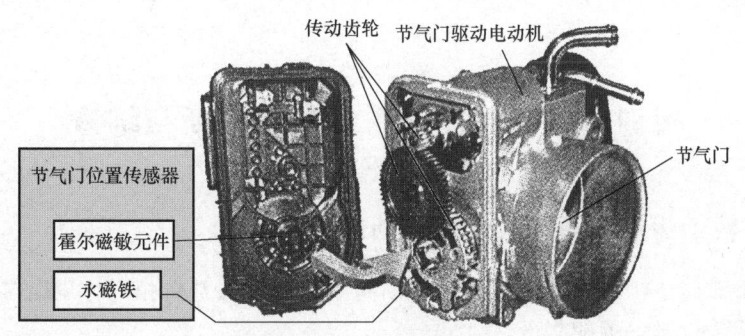

图 4-47 节气门控制电动机

（4）电子控制单元（ECU） 电子控制单元是整个系统的核心，包括信息处理模块和电动机驱动电路模块。信息处理模块接收来自加速踏板位置传感器的电压信号，经过处理后得到加速的最佳开度，并把相应的电压信号发送到电动机驱动电路模块。电动机驱动电路模块接收来自信息处理模块的信号，控制电动机转动相应的角度，使节气门达到或保持相应的开度。电动机驱动电路应保证电动机能双向转动。

2. 系统的控制原理

驾驶人操纵加速踏板，加速踏板位置传感器将加速踏板位置信号输入ECU，ECU首先对输入的信号进行滤波，以消除环境电磁波的影响，然后根据当前的工作模式、加速踏板移动量和变化率解析驾驶人意图，计算出对发动机转矩的基本需求，得到相应的节气门转角的基本期望值。然后经过CAN总线和整车控制单元进行通信，获取其他工况信息以及各种传感器信号，如发动机转速、变速器档位、节气门位置、空调能耗等，由此计算出整车所需求的全部转矩，通过对节气门转角期望值进行补偿，得到节气门的最佳开度，并把相应的电压信号发送到驱动电路模块，驱动控制电动机使节气门达到最佳的开度位置。节气门位置传感器则把节气门的开度信号反馈给节气门控制单元，形成闭环的位置控制。

节气门驱动电动机一般为步进电动机或直流电动机，两者的控制方式也有所不同。电子控制单元通过发出的脉冲个数、频率和方向控制电平对步进电动机进行控制。电平的高低控制步进电动机转动的方向，脉冲个数控制电动机转动的角度，即发出一个脉冲信号，步进电动机就转动一个步进角，脉冲频率控制电动机转速，转速与脉冲频率成正比。因此，通过对上述三个参数的调节可以实现电动机的精确定位与调速。

控制直流电动机采用脉冲宽度调制（PWM）技术，其特点是频率高、效率高、功率密度高、可靠性高。电子控制单元通过调节脉宽调制信号的占空比来控制直流电动机转角的大小，电动机方向则是由和节气门相连的回位弹簧控制的。电动机输出转矩与脉宽调制信号的占空比成正比。当占空比一定，电动机输出转矩与回位弹簧阻力矩保持平衡时，节气门开度不变；当占空比增大时，电动机驱动力矩克服回位弹簧阻力矩，节气门开度增大；反之，当占空比减小时，电动机输出转矩和节气门开度也随之减小。ECU对系统的功能进行监控，如果发现故障，将点亮系统故障指示灯，提示驾驶人系统有故障。同时电磁离合器被分离，节气门不再受电动机控制。节气门在回位弹簧的作用下返回到一个小开度的位置，使车辆可慢速行驶到维修地点。

> 实训任务

实训一 怠速控制系统故障诊断与维修

一、永磁转子步进电动机式怠速控制阀的检修

各种车用永磁转子步进电动机式怠速控制阀的检修方法基本相同，现以丰田轿车怠速控制阀的检修方法为例进行说明。

1）车上检测。当发动机熄火时，怠速控制阀会发出"咔嗒"的响声，使阀门开度推到

最大位置。如果不响，应检查步进电动机式怠速控制阀和电子控制单元（ECU）。

2) 检查定子绕组。拔下步进电动机的导线插接器，用万用表电阻档检测插座上定子绕组的电阻值，应符合规定值。永磁转子步进电动机式怠速控制阀有两组或四组线圈，各组线圈标准阻值为 30~60Ω，如果阻值不符合要求，则应更换怠速控制阀。

丰田轿车用永磁转子步进电动机的定子绕组有四组线圈，其阻值为 40Ω。奥迪 200 型轿车用永磁转子步进电动机的定子绕组有两组线圈，其阻值为 45~60Ω。

3) 检查步进电动机的工作情况。车下检查永磁转子步进电动机式怠速控制阀的步骤如下。

① 按正确步骤从节气门体上拆下怠速控制阀。

② 如图 4-48a 所示，在怠速控制阀插接器的端子 B_1 和 B_2 接蓄电池的正极，而后依次将端子 S_1、S_2、S_3、S_4 搭铁（接负极），此时阀门应逐渐关闭。若不能关闭，则应更换怠速控制阀。

③ 如图 4-48b 所示，把怠速控制阀插接器的端子 B_1 和 B_2 接蓄电池的正极，而后依次将端子 S_4、S_3、S_2、S_1 搭铁（接负极），此时阀门应逐渐开启。若不能开启，则应更换怠速控制阀。检查完毕后，再向节气门体上装怠速控制阀时，应使用新的 O 形圈。

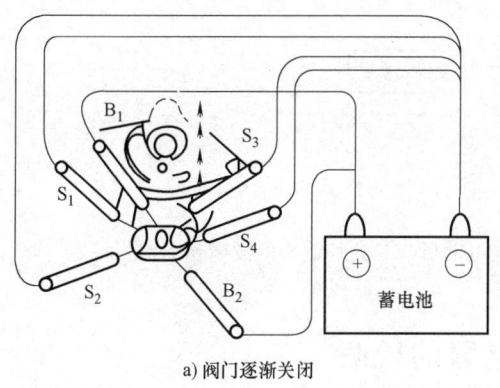
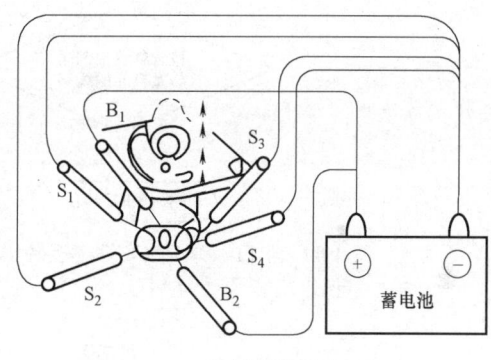

a) 阀门逐渐关闭　　　　　　　　　　　b) 阀门逐渐开启

图 4-48　检查怠速控制阀步进电动机的工作情况

④ 检查步进电动机的工作电压。将怠速控制阀安装到节气门体上，插好插接器插头。当点火开关接通时，检测 ECU 的端子 IS_1、IS_2、IS_3、IS_4 与端子 E_1 之间（或检测怠速控制阀插接器端子 S_1、S_2、S_3、S_4 与搭铁之间）应有 9~12V 的脉冲电压。若电压为 0，则再检查蓄电池和主继电器是否正常。

二、怠速控制系统的故障诊断方法

怠速控制系统常见的故障有怠速不稳、怠速失常、怠速过高或过低、无冷车快怠速以及无空调快怠速等。发生故障的主要原因是阀门卡滞、脏堵、漏气（垫片和密封胶圈）、插接器松动、无工作电压、怠速控制阀及电子控制单元（ECU）故障等。此时，应从怠速控制阀、控制电路以及电子控制单元三个方面按顺序进行故障诊断。

图 4-49 所示为丰田子弹头汽车发动机装用永磁步进电动机式怠速控制阀的故障诊断流程。

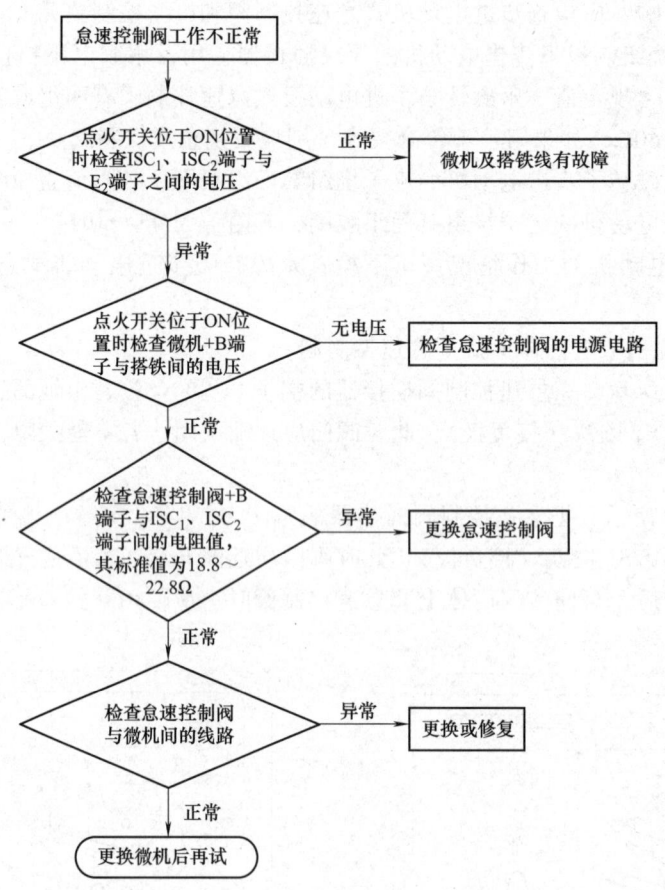

图 4-49 丰田子弹头汽车发动机装用永磁步进电动机式怠速控制阀的故障诊断流程

实训二 氧传感器的检测

下面以北京切诺基采用的带加热元件的二氧化锆型氧传感器为例进行说明,其氧传感器的连接电路如图 4-50 所示,氧传感器上有四根导线,其中两根是氧传感器的信号输出线和搭铁线,另外两根是氧传感器加热元件的电源输出正极线和搭铁线。

(1) 线束的检查　按照电路图检查氧传感器和 ECU 的连接导线是否正常,分别拔下氧传感器端和 ECU 端的插接器,用万用表电阻档测量每根导线的电阻,应为 0 或小于 0.5Ω,否则说明接触不良或线路断路。

(2) 氧传感器加热器电阻和电源的检查　拔下氧传感器线束插头,测试传感器端子 A 和端子 B 间的电阻值,在常温下,其电阻值为 $5\sim7\Omega$,温度上升很少时,阻值就会显著增大;电阻值若为无穷大,则是加热电阻烧断,应更换氧传感器。拔下氧传感器线束插头,起动发动机,检查线束插头上端子 A 和端子 B 间的电压应为 $12\sim14V$,如果电压为零,则说明熔断器断路或燃油泵继电器触点接触不良。

(3) 氧传感器信号电压的检查　良好的氧传感器在接线正常的情况下,当发动机处于正常工作温度且运转稳定时,氧传感器端子 C 和端子 D 间的电压值应在 $0.1\sim1V$ 之间变化。

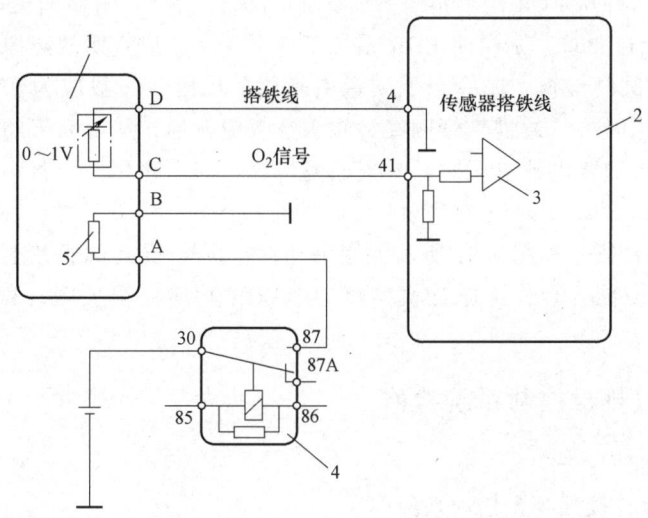

图 4-50 氧化锆型氧传感器的连接电路
1—氧传感器　2—ECU　3—比较器　4—燃油泵继电器　5—加热元件

让发动机以 2500r/min 左右的转速保持运转，同时检查电压表指针能否在 0.1～1V 之间来回摆动，记 10s 内电压表指针摆动次数。在正常情况下，随着反馈控制的进行，氧传感器的反馈电压精确在 0.4V 左右不断变化，10s 内信号电压的变化次数应不少于 8 次。在对氧传感器的信号电压进行检查时，最好使用指针型的电压表或示波器，以便直观地反映出反馈电压的变化情况。

如果测得的电压值在 0 且保持不变，用突然踩下或松开加速踏板的方法来改变混合气浓度。在突然踩下加速踏板时，混合气变浓，反馈电压应上升，电压表读数应上升到 0.8～1.0V；突然松开加速踏板时，混合气变稀，反馈电压应下降，此时电压表读数一般为 0.1～0.3V。如果在混合气浓度变化时，氧传感器的输出电压不能相应地改变，则说明氧传感器有故障。此时可拆去一根真空软管，使发动机高速运转，以清除氧传感器上的铅或积炭，然后进行测试。如果氧传感器反馈电压能按上述规律变化，则说明氧传感器良好，否则须更换氧传感器。

如果测得的电压值在 1V 且保持不变，则需要拆去进气歧管上的一根真空软管，让混合气变稀。此时，若电压值开始变化，则说明氧传感器有效，否则说明氧传感器已损坏，应更换。

实训三　排放控制系统故障诊断与维修

一、检查废气再循环系统

（1）一般检查　在冷机起动后，立即拆下 EGR 阀上的真空软管，发动机转速应无变化，用手试触真空软管口应无真空吸力；发动机温度达到正常温度后，急速时按上述方法进行检查，其结果应与冷机时相同；发动机在正常工作温度下，若将转速提高到 2500r/min 左右,折弯真空软管后并从 EGR 阀上拆下软管,发动机转速应有明显的提高(因中断排气再循环)。若不符合上述要求,则说明 EGR 系统工作不正常,应查明故障原因,予以排除。

(2) EGR 电磁阀的检查　在冷态下测量电磁阀的电阻,一般应为 33~39Ω。如图 4-51 所示,电磁阀不通电时,从通进气管侧接头吹入空气应畅通,从通大气的滤网处吹入空气应不通。当给电磁阀接通蓄电池电压时,吹气通畅情况应与上述相反;若不符合,则应更换电磁阀。

(3) EGR 阀的检查　如图 4-52 所示,用手动真空泵给 EGR 阀膜片上方施加约 15kPa 的真空度时,EGR 阀应能开启;不施加真空度时,EGR 阀应完全关闭。若不符合上述要求,应更换 EGR 阀。

二、燃油蒸气排放控制系统检修

具体操作步骤如下:

1) 检查油管及连接处有无松动现象。
2) 检查油箱盖垫圈及阀门有无损坏。
3) 检查活性炭罐外表有无损坏、开裂现象。如图 4-53 所示,吹入压缩空气(98kPa)后,压缩空气应能从图中箭头 C 所示方向流出。
4) 检查活性炭罐中过滤片的清洁。用手指堵住管口,将 294kPa 压缩空气从管口 A 吹入即可,如图 4-53 所示,切不可用水清洗活性炭罐。

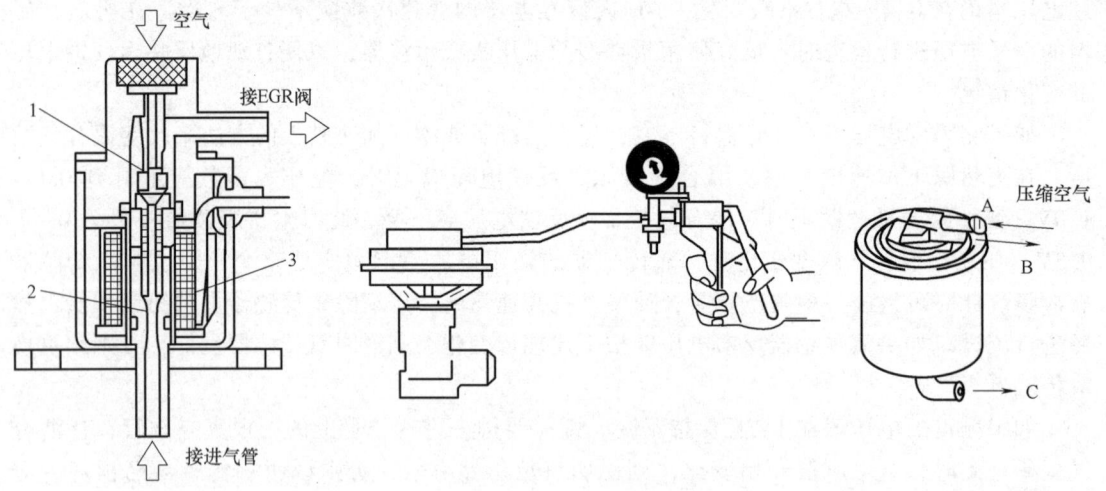

图 4-51　EGR 电磁阀的检查　　　　图 4-52　EGR 阀的检查　　　　图 4-53　检查活性炭罐
1—空气通道　2—阀体　3—电磁线圈

三、二次空气供给系统的检修

根据图 4-29 进行如下检修。

1) 发动机低温起动后,拆下空气滤清器盖,应听到舌簧阀发出的"嗡嗡"声。
2) 从空气滤清器上拆下二次空气供给软管,用手指堵住软管口进行检查,应符合下列要求:发动机温度在 18~63℃ 范围内怠速运转时,有真空吸力;发动机温度在 63℃ 以上,起动后 70s 内应有真空吸力,起动 70s 后应无真空吸力;发动机转速从 4000r/min 急减速时,应有真空吸力。

3）测量电磁阀的电阻。其阻值一般应为 36~44Ω。拆开二次空气电磁阀上的软管，电磁阀不通电时，从进气管侧软管接头吹入空气应不通，从通大气的滤网处吹入空气应畅通。当给电磁阀接通蓄电池电源电压时，吹气通畅情况应与上述相反；若不符合，应更换电磁阀。

4）舌簧阀的检查。拆下二次空气控制阀，从空气滤清器侧软管接头吹入空气应不漏气；用手动真空泵从真空管接头施加 20kPa 的真空度，从排气管接头处吹入空气应不漏气，否则舌簧阀密封不良，应予以更换。

实训四 进气控制系统故障诊断与维修

一、谐波增压进气系统的检测

1. 检查谐波增压进气系统的工作情况

1）用三通接头把真空表接入进气谐波增压阀的真空管路中。
2）起动发动机，怠速时应无真空指示，如图 4-54a 所示。
3）迅速将节气门完全打开，真空表指针应在 53.3kPa 位置处摆动，如图 4-54b 所示，并且真空马达的拉杆也应伸出，这说明进气谐波增压系统工作正常，否则应检查真空管路。若真空管路无破裂、漏气现象，则应检查真空马达、真空罐及电磁真空阀。

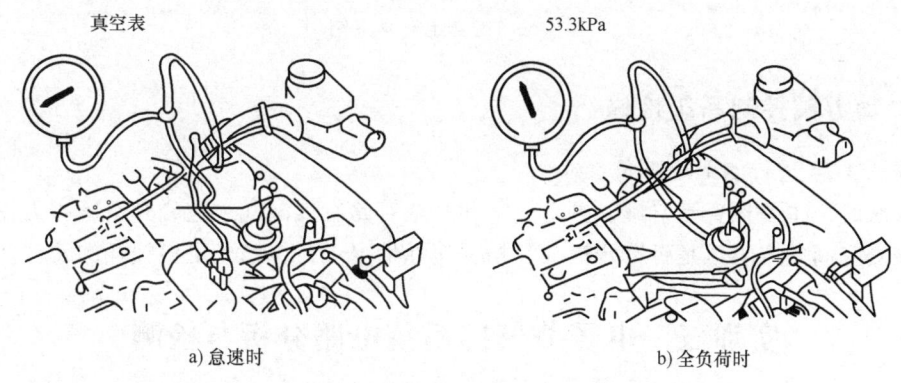

图 4-54 检查进气谐波增压系统的工作情况

2. 检查真空马达

向真空马达的真空接口施加 53.3kPa 的真空压力时，真空马达的拉杆应移动。加真空 1min 后，拉杆应无回位动作。如果不符合上述要求，可旋动调整螺钉进行调整，若调整无效，则说明真空马达损坏，应予以更换。

3. 检查真空罐

如图 4-55 所示，检查内容及步骤如下。
1）用嘴或其他工具向真空罐内吹气，空气由 A 向 B 应当通，空气由 B 向 A 应不通。
2）用手指按住 B 口并施加 53.3kPa 的真空压力，1min 内真空度应无变化。如果不符合要求，则应更换真空罐。

4. 检查电磁真空阀

1）检查电磁真空阀线圈有无短路或断路现象。断开点火开关，拔下电磁真空罐的插接器，用万用表电阻档测量电磁真空阀插孔上两端子间的电阻，20℃时两端子间的电阻值是 38.5~44.5Ω，同时两端子与阀壳也不应接通，否则应更换电磁真空阀。

2）检查电磁真空阀的工作情况。不通电时，空气应能从通道 E 进入，从滤清器中排出，如图 4-56a 所示；当给两端子加 12V 电压后，真空应能从通道 E 进入，从 F 口排出，如图 4-56b 所示。若不符合上述要求，则应更换电磁真空阀。

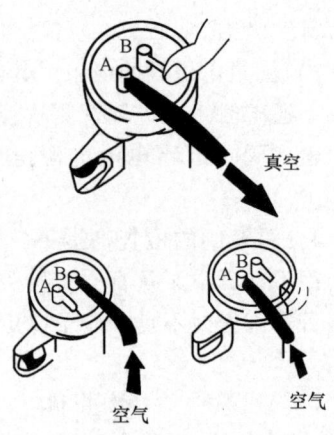

图 4-55 检查真空罐

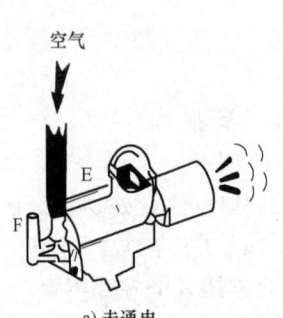 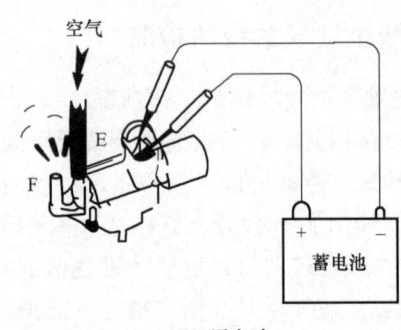

a) 未通电　　　　　　　　b) 通电时

图 4-56 检查电磁真空阀

二、动力阀控制系统检修

根据图 4-34 进行如下检修。

在检修时，主要检查真空罐、真空气室和真空管路有无漏气，电磁真空阀有无短路或断路，电磁真空阀的电阻值是否符合标准，根据实际情况进行维修或更换损坏的元件。

实训五　电子节气门系统电路分析与检测

帝豪 EC715 电子节气门控制系统原理图如图 4-57 所示，电路中的插接器及连接点见表 4-1、表 4-2，对照实车电路完成以下实训内容。

一、电路分析

1）分析电子节气门系统的电路组成、电路连接。
2）简述电子节气门系统的工作原理。
3）分析节气门位置传感器的电路连接及其工作原理。
4）分析节气门驱动电动机的电路连接及其工作原理。
5）分析冷却液温度传感器的电路连接及工作原理。
6）分析加速踏板位置传感器的电路连接及工作原理。

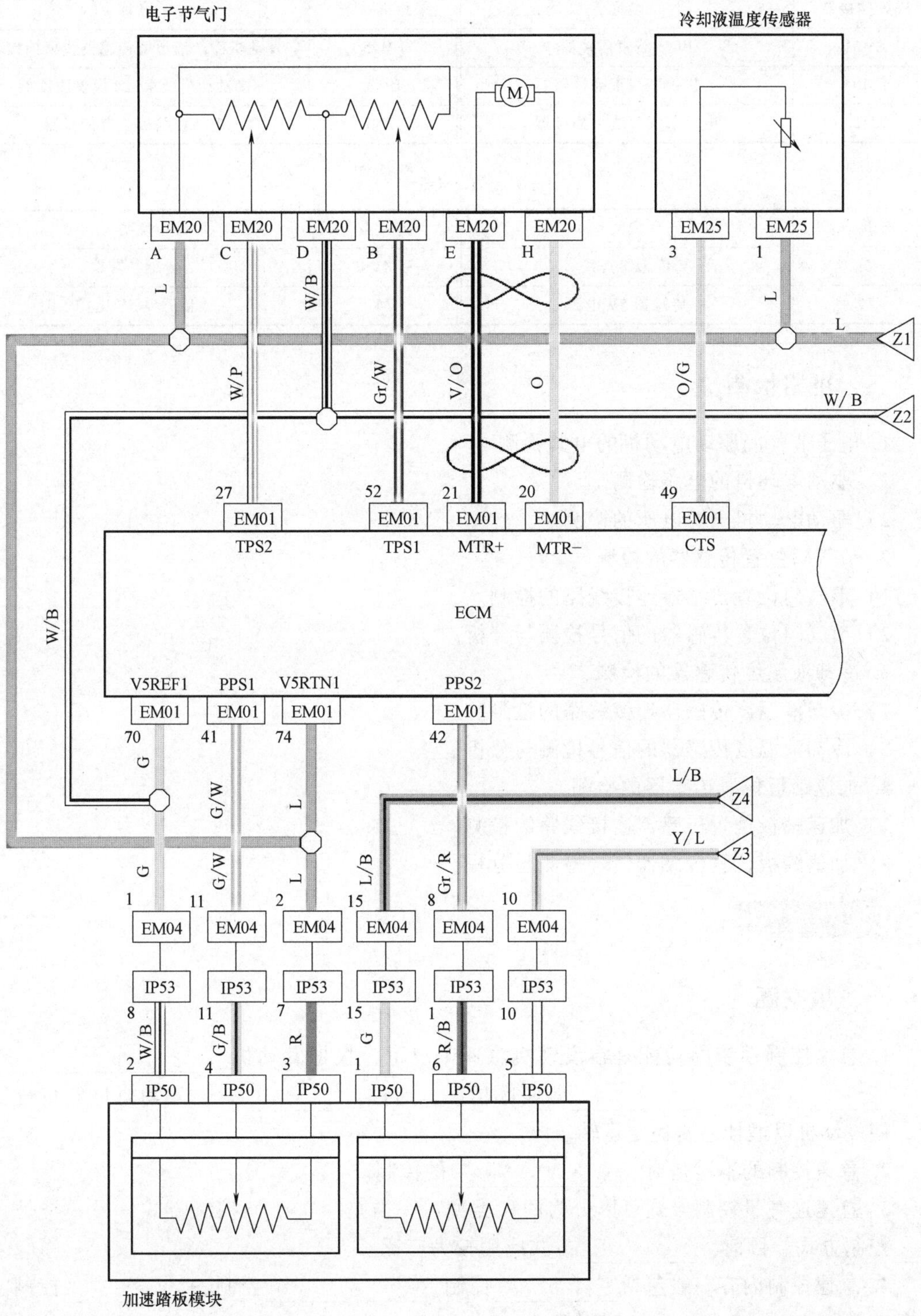

项目四 汽油机辅助控制系统

图 4-57 帝豪 EC715 电子节气门控制系统原理

表 4-1

线束插接器	名称	线束插接器	名称
EM01	ECM 线束插接器	EM25	发动机冷却液温度传感器线束插接器
EM04	接仪表线束插接器	IP53	接发动机线束（2）线束插接器
EM20	电子节气门线束插接器	IP50	接加速踏板位置传感器

表 4-2

连接点	说明	连接点	说明
Z1	传感器搭铁	Z3	传感器搭铁
Z2	传感器 5V 电源	Z4	传感器 5V 电源

二、电路检测

1. 电子节气门驱动电动机的电路检测

1）驱动电动机的电路检测。

2）驱动电动机电源电压的检测。

2. 节气门位置传感器的检测

1）节气门位置传感器连接线路的检测。

2）节气门位置传感器的信号检测与分析。

3. 冷却液温度传感器的检测

1）冷却液温度传感器连接线路的检测。

2）冷却液温度传感器的信号检测与分析。

4. 加速踏板位置传感器的检测

1）加速踏板位置传感器连接线路的检测。

2）加速踏板位置传感器信号检测与分析。

巩固练习

一、填空题

1. 怠速控制系统的功能是在发动机怠速工况下，根据发动机_____、_____、_____等实际情况，通过_____对发动机进气量进行控制，使发动机以最佳怠速稳定运转。

2. 怠速控制的本质是对_____的控制。

3. 怠速进气量控制方式可以分为两种类型：一类是_____控制方式，另一类是_____控制方式。目前，_____方式应用较为广泛。

4. 怠速控制内容一般包括_____控制、_____控制、_____控制、电器负荷变化控制及_____控制等。

5. 怠速时的喷油量则由 ECU 根据_____和实际_____确定。

6. 电控发动机的怠速转速_____，使用中一般_____，无需进行调整。

7. 三元催化转化器是利用_____，使排气中的有害成分_____尽可能进行化学反应转化为对人体无害的_____的一种排气净化装置。

8. 为了满足越来越严格的_____的要求，最有效的排放控制是利用_____对排气_____，现代电控汽油机在_____下对空燃比都实行空燃比反馈控制。

9. 发动机工作时，为把空燃比控制在_____附近，在装用三元催化转化装置的汽车上，一般在排气管上都装有_____检测排气中的_____，该信号输送给ECU后，用来对空燃比进行_____反馈控制。

10. 废气再循环系统简称EGR系统，它是指_____，并与新鲜空气混合后吸入气缸以_____，从而达到降低_____的目的，它是目前用于降低NO_x排放的一种有效措施。

11. 二次空气供给系统是在一定工况下，将_____，促使废气中的_____进一步氧化，从而降低_____的排放量，同时也加快了_____的升温过程。

12. 谐波进气增压系统的功能就是_____，改变_____，以提高充气效率，改善发动机性能。

13. 动力阀控制系统的功能是_____，以适应发动机不同_____的进气量要求，从而改善发动机的动力性。

14. 为了使发动机在高转速时能提供较大的_____，在低速时又能产生足够的_____，现代轿车发动机采用可变气门_____和_____的电子控制技术。

15. 电动节气门控制系统被广泛地运用于汽车的_____、_____、_____及_____等汽车动力控制系统，为集中控制和简化结构提供了基础，并逐渐成为标准配置。

二、判断题

1. 怠速是指加速踏板完全松开，且发动机对外无功率输出的工况。（　　）
2. 怠速转速的高低对燃油消耗和污染排放没有影响。（　　）
3. 旁通气道控制方式在怠速控制系统中用得越来越普遍。（　　）
4. 为了改善发动机的暖机性能，在发动机点火开关关闭后，ECU控制步进电动机转动使怠速控制阀开至最大位置。（　　）
5. 对旋转滑阀式怠速控制装置来说，滑阀的偏转角度由两组线圈的通电时间比例（即由控制脉冲的占空比）确定。（　　）
6. 三元催化转化器的使用条件相对比较宽松。（　　）
7. 氧化锆在温度超过600℃后才能进行正常工作。（　　）
8. 氧化钛型氧传感器是利用二氧化钛材料的电阻值随排气中氧含量的变化而变化的特性制成的。（　　）
9. 理论空燃比对发动机的所有工况都适宜。（　　）
10. 在发动机任何工况下都可进行废气再循环。（　　）
11. 在发动机任何转速和负荷下都要进行二次空气喷射控制。（　　）
12. 压缩比越大，发动机循环效率越高，经济性越好。（　　）

13. 采用可变气门正时技术，改善了发动机在低、中转速下的转矩输出。（   ）
14. 电动节气门控制系统（ETCS）是一种柔性控制系统。（   ）
15. 电控废气涡轮增压控制系统的增压控制是通过旁通阀的开闭来实现的。（   ）

三、思考题

1. 发动机为什么要进行怠速控制？
2. 在电控汽油机中，怠速控制采用哪几种方式？它们各有什么特点？
3. 步进电动机怠速控制机构是如何对怠速进行控制的？
4. 以步进电动机怠速控制为例，阐述怠速控制系统主要包含的控制内容。
5. 简述永磁转子步进电动机式怠速控制阀的检修过程。
6. 简述怠速控制系统的故障诊断方法。
7. 使用三元催化转化器的电控汽油机为什么要求把空燃比控制在理论空燃比附近？
8. 简述三元催化转化器的工作条件。
9. 电控汽油机中 ECU 是如何对空燃比进行反馈控制的？
10. 什么是排气再循环？排气再循环对发动机的性能有何影响？
11. 简述汽油蒸发控制系统的工作原理。
12. 简述动力阀控制系统的基本结构和工作原理。
13. 装有排气再循环系统的发动机工作时，哪些工况下该系统会停止工作？
14. 旋转滑阀式怠速控制机构是如何对怠速进行控制的？
15. 简述可变配气机构控制系统的工作原理。
16. 可变进气管有效长度的谐振增压系统是如何工作的？
17. 电控废气涡轮增压系统是如何工作的？
18. 简述电动节气门控制系统的功能、系统组成及控制原理。

项目五 柴油机电控系统

学习目标：

通过本项目的学习，了解柴油机电控技术的发展历史与应用现状；了解柴油机电控系统的特点、基本组成和工作原理；了解电控共轨燃油系统的特点、技术优势、结构类型；掌握电控共轨燃油喷射系统的结构、控制原理，掌握主要零部件的结构与工作原理、系统的检修方法。为全面、系统地掌握柴油机电控系统故障检测与维修打下坚实的基础。

理论知识

课题一 柴油机电控系统概述

一、柴油机电控技术的发展历程

在世界发生石油危机和严格控制汽车排放减少环境污染的背景下，仅仅根据柴油机转速控制喷油量和喷油时刻的机械式燃油系统已经远远不能满足要求了，需要根据实时转速和实际负荷进行特殊形式的控制。于是，柴油机电控技术在飞速发展的电子控制技术平台上应运而生，当然，汽油机电控技术的发展也为柴油机电控技术的发展提供了宝贵经验。

在满足柴油机排放法规、进一步提高燃油经济性和驾驶安全性等社会要求的背景下，从20世纪80年代始，柴油机电子控制喷油技术先后被世界各大汽车厂商采用。

到目前为止，柴油机电控技术已经历了三代。

第一代为凸轮压油位置控制技术。该技术保留了传统柴油机供给系统的基本组成，只是取消了机械控制部件如调速器等，增加了传感器、ECU、执行器等组成的控制系统，使控制精度和速度得以提高。位置控制的喷油系统主要是在直列泵和分配泵上进行改进。其优点是柴油机的结构几乎无需改动，便于对现有柴油机进行升级换代；其缺点是响应速度慢，控制精度不够高，供油压力不能精确控制。

第二代为凸轮压油时间控制技术。该技术基本保留了传统燃油供给系统的组成，通过高速电磁阀直接控制高压燃油的适时喷射。一般情况下，电磁阀关闭，执行喷油；电磁阀打开，喷油结束。因此，既可实现供油量的控制，又可实现供油正时的控制。其优点是控制自由度更大，供油加压与供油调节在结构上相互独立，使喷油泵结构得以简化，强度得到提高，高压喷油能力大大加强；其缺点是供油压力无法精确控制。

第三代为共轨蓄能时间控制技术。这是国外于20世纪90年代中期研制的一种新型柴油机电控技术，国内一般称为高压共轨系统。该技术基本改变了传统燃油供给系统的组成，主要以电控共轨（各缸喷油器共用一个高压油管）式喷油系统为特征，直接对喷油器的喷油量、喷油正时、喷油速率和喷油规律、喷油压力等进行时间-压力控制。高压油泵并不直接控制喷油，而仅仅向共轨供油以维持所需的共轨压力，并通过连续调节共轨压力来控制喷射压力。

二、柴油机电控系统的主要优点

柴油机电控技术与汽油机电控技术有许多相似之处，整个系统都是由传感器、电子控制单元和执行器三大部分组成。在电控柴油机上所用的传感器中，如转速、压力、温度、加速踏板传感器等，与汽油机电控系统大致相同。汽油机电控技术在国内外已经成熟，商品化程度已经很高，大部分传感器和电子控制单元等技术日趋成熟，这些技术也不会是柴油机电控技术的难点。柴油机电控技术有两个明显的特点：一是其关键技术和技术难点就在柴油喷射电控执行器上，二是柴油机电控喷射系统的多样化。

与传统柴油机相比，采用电控技术的现代柴油机的主要优势体现在以下几个方面。

1. 改善了柴油发动机的经济性和排放性能

柴油发动机在不同的发动机转速和不同负荷下均存在着一个最佳喷油始点（最佳喷油提前角），稍微偏离该最佳值都会使油耗明显增加、排放变差，为了使柴油发动机在绝大多数工况都具有较好的经济性和排放性能，要求柴油发动机的燃油喷射控制系统能够把实际喷油提前角始终保持在最佳喷油提前角附近。对于这一要求，机械式控制系统是无法满足的。而计算机电控系统能在综合计入对喷油提前角有影响的各种因素后，在初步确定的喷油提前角的基础上，通过反馈控制使其达到或逼近最佳值。与机械式喷油提前装置相比，采用计算机控制技术可使柴油发动机的燃油消耗率降低5%以上，排放也可明显得到改善。

另外，柴油发动机电控系统还能根据海拔、冷却液温度、燃油温度及进气状态等对油量进行校正，这些多参数高精度的控制措施对于提高柴油发动机的经济性和改善排放性能都是十分有效的。

2. 提高了控制的灵活性

柴油发动机电控系统的最大特点之一是控制对策的灵活性。对于不同用途的柴油发动机，其控制对策往往不同。当需要改进或与其他机型匹配时，传统的办法是改变相应的机械式控制系统，重新设计、试制加工和调试，存在周期长、成本高等缺陷。电控系统在这方面具有独特的优势，对与各种用途的柴油发动机或与其他动力装置的匹配，电控系统需要修改的仅仅是存储器中的程序，对系统本身基本上不需要做任何变更，便能用于不同类型的柴油发动机。例如全能电子调速器，它在出厂前的软件编程中已充分考虑了不同调速率的要求，控制盒上设有不同调速率的转换开关，用户可以根据柴油发动机的工作性质不同，设定不同的调速率，这样不仅增强了电子调速器的匹配适应能力，也大大地方便了客户。

3. 提高了柴油发动机运行工况的控制精度

电控系统接收到一个输入信号到处理完毕并输出相应的控制信号，所需的时间一般为毫秒级，这个时间远远小于柴油发动机或其他机械控制机构的响应时间。因此，一旦柴油发动机及其系统的运行参数或状态稍微偏离目标值，电控系统就能立即进行跟踪并及时的调节和控制，完成同步调速、无波动转速控制和燃油喷射控制。

4. 提高了柴油发动机的工作可靠性

电控系统可以很方便地扩展控制功能，为柴油发动机提供各项保护功能。借助传感器的输入信号，计算机控制系统可以实时对影响发动机工作可靠性的一些参数如机油压力、排气温度、轴承温度和发动机转速等进行检测。一旦这些参数或状态超出规定值的范围，电控系统会立即发出提示警告，同时通过控制执行器进行相应的调节，直到这些参数或状态恢复正常为止。对于一些影响发动机运转可靠性的主要参数，控制系统还可以为柴油发动机提供双重甚至是多重保护，以免造成巨大损失。例如，当柴油发动机发生重大事故时，电控系统一方面可以控制燃油喷射系统迅速减油恢复零位，同时也可通过控制电磁阀切断油路或关闭进气阀，使发动机迅速停转。

另外，柴油发动机电控系统具有故障自诊断和带故障运行控制功能，前者有利于确认故障和方便维修，而后者对保证发动机的正常运行和应付突发事故则极为有用。当电控柴油发动机系统中的某一环节出现故障，但该故障又不需要发动机或车辆立即停止运转时，带故障运行控制在此时就显得很重要，有时甚至是必需的。在此情况下，带故障运行控制可以根据具体情况合理地决定整个系统带故障工作的方式，或者启用备用系统或者降级控制，使发动机继续运转，以便完成必需的剩余工作程序。

综上所述，电控技术在柴油发动机上的应用，使柴油发动机在降低燃油消耗、减少有害物排放，提高控制灵活性、工作可靠性和操纵自动化等方面有很大的改进。随着柴油发动机电控技术的进步和控制功能的进一步拓展，制造和使用成本将进一步降低，电控柴油发动机也将在我国轿车上得到广泛的应用。

三、柴油机电控系统的基本组成与控制功能

由于柴油机与汽油机使用的燃料不同，结构（尤其是燃料供给系统）和工作特点也存在很大差异，两者采用的电控技术也各有特点。

1. 柴油机电控系统的基本组成

与汽油发动机电控系统一样，柴油机电控系统由信号输入装置、电子控制单元（ECU）和执行元件三部分组成。

（1）信号输入装置 信号输入装置（传感器和一些控制开关）用来检测柴油机与汽车的运行状态，并将检测结果转换成电压信号输送给 ECU。一般来说，电控柴油机一般主要有以下传感器和控制开关。

1）进气温度和压力传感器。它们可以分别将柴油机进气（通过涡轮增压器后）的温度和压力转换成电压信号，这些信号经 ECU 处理后可以用于计算柴油机的进气量。

2）曲轴信号传感器。曲轴信号传感器安装在靠近曲轴正时齿轮或飞轮的位置，当曲轴上安装的柴油机转速脉冲齿轮通过传感器时，传感器内线圈的磁场发生变化，从而产生 AC（交流）电压。柴油机 ECU 将 AC 电压作为检测信号而检测出来，通过对电压信号的处理，可以得到柴油机转速、角加速度的瞬态值和平均值。

3）凸轮轴信号传感器。电控柴油机的凸轮轴上要有铁磁材料的信号轮。凸轮轴信号传感器安装在凸轮轴旁边，当凸轮轴转动时，凸轮轴信号传感器就会产生与凸轮齿廓对应的电脉冲信号。凸轮轴信号主要用于对柴油机的运转状态进行相角初定位。

4）冷却液温度传感器。常用的冷却液温度传感器是用热敏电阻制成的，通过铜材料外

壳的保护，直接安装在柴油机的冷却液循环通道内的合适位置。控制系统将根据不同的冷却液温度实施相应的控制策略。

5）加速踏板位置传感器。在电控柴油机中，"油门"已经不是传统的含义，其对应的功能由一个加速踏板位置传感器取代。其外观仍像传统的加速踏板，但它与供油量的控制没有任何机械的连接关系。在其转轴位置安装着一个由精密导电塑料作为接触材料制成的电位器（也有汽车厂家采用霍尔元件），与加速踏板一起转动，可以将加速踏板的位置转角转换成电信号。控制系统通过对这一传感器的采样可以了解驾驶人的操控意图，并结合其他控制要素的综合处理，最终控制供油量和供油时机。

6）废气再循环阀位置传感器。废气再循环（EGR）阀工作时连动着一个位置传感器，该传感器一般是由精密导电塑料制成的电位器，它将EGR阀的位移量转换为电信号量。通过对这一传感器采样，控制系统可以获取废气再循环阀的当前开度，通过与开度期望值的比较，可以决定此刻应对该阀实施的控制动作。

7）E/G开关。发动机点火开关（E/G开关）向ECU输入发动机工作状态的信号。

8）A/C开关。空调开关（A/C开关）向ECU输入空调工作状态的信号，是怠速控制信号之一。

9）动力转向油压开关。它用于检测动力转向油压的变化，所获信号是怠速控制信号之一。

10）空档起动开关。它向ECU输入自动变速器是否处于空档位置的信号，是怠速控制信号之一。

11）制动开关。在汽车制动时接通，它向ECU提供高电平信号，ECU根据这个信号对喷油量、喷油压力、自动变速器等进行相应的控制。

（2）电控单元（ECU） 电控单元的功用是根据各传感器输入信号和内存程序，计算出喷油量和喷油开始时刻，并向执行元件发出指令信号。柴油机电控系统在运算原理、控制原理、存储原理、数据传输原理及程序设计等方面与汽油机电控系统基本相同。

从外观上看，电控单元就是一个铝外壳的扁平盒子，里边装有一块集成电路板，集成电路板上有多路的插接器，所有的对外电路连接都通过插接器实现。集成电路板上一般是采用贴片制造工艺安装的电路元件，其中最重要的元件是一片单片计算机，或称为微控制器。另外，还有一些其他的元件完成一些辅助的输入/输出功能。电控单元既然是微型计算机系统，其所有工作当然是受软件控制的。电控单元的软件系统完成的主要功能有单片计算机运行环境的配置、外部信号的输入操作、内部的逻辑运算和处理、对输出信号和驱动的控制、对其他信息系统的通信等。

（3）执行元件 柴油机电控系统中所用的执行元件与汽油机有很大的不同，特别是燃油喷射控制所用的执行元件。由于柴油机在缸内混合时对循环喷油量、喷油正时的精度要求很高，柴油机燃油喷射又具有高压、高频和脉动等特点，再加上柴油机燃油喷射装置的多样性，这些都使得现代汽车柴油机电控系统在燃油喷射控制中所用的执行元件远比汽油机复杂，技术含量也要高得多。

柴油机电控系统执行元件主要包括以下部件。

1）电控高压燃油设备。对于柴油机电控系统，最重要的执行器就是电控高压燃油设备。目前，电控高压燃油设备比较昂贵，大概能占整个柴油机电控系统成本的60%~

项目五 柴油机电控系统

70%，是电控系统成本中最主要的部分。电控高压燃油设备在制造工艺方面和精度保证方面具有较大的实现难度，国内直到21世纪近几年才开始有所突破。电控高压燃油设备有多种，结构原理虽有不同，但基本上都可以将其简单地看作是一种逻辑控制动作：依靠供油控制电脉冲的前沿来控制供油开始时刻、依靠供油控制电脉冲的宽度来控制每次喷射的供油量。

2）废气再循环阀。废气再循环阀通常简称EGR阀，它是一种由比例电磁铁或真空腔控制的气阀，阀的开度决定了废气的再循环量（EGR阀把一定比例的废气引入气缸内）。废气的再循环量会对柴油机排放物中的NO_x含量有显著影响。在柴油机电控系统中，常使用脉宽驱动（PWM）方式来控制EGR阀开度。

3）控制开关。根据柴油机的工作状况，柴油机需要随时对一些辅助的、附属的电器做出各种控制动作，针对这一类的控制动作有不同的控制逻辑。例如，当柴油机冷却液温度达到某一较高值时，需要及时开启冷却风扇来散热。如果车辆运行速度较高而使冷却液温度低于某一数值时，需要及时关闭冷却风扇。对于需要较大工作电流的设备，常表现为由控制器驱动一些继电器来实现开关；而对于工作电流不是很大的设备，则可直接用控制设备的输出来驱动执行设备。

4）可调喷嘴增压器。可调喷嘴增压器是一种较新的柴油机增压设备部件，一般简称VNT，即可变喷嘴环涡轮机；也有的资料上称为VGT，即可变几何参数涡轮机。该设备能够通过改变柴油机喷嘴环的角度调整涡轮机的工作性能，对于改善柴油机的低速转矩有极好的作用。

2. 柴油机电控系统的控制功能

柴油机电控系统的任务是对喷油系统进行电子控制，实现对喷油量以及喷油定时随运行工况的变化而进行实时控制。采用转速、加速踏板位置、喷油时刻、进气温度、进气压力、燃油温度、冷却液温度等传感器，将实时检测的参数同时输入电控单元（ECU），与已存储的设定参数值或参数图谱（MAP图）进行比较，经过处理计算按照最佳值或计算后的目标值把指令送到执行器。执行器根据电控单元指令控制喷油量（供油齿条位置或电磁阀关闭持续时间）和喷油正时（正时控制阀开启或电磁阀关闭始点），同时对废气再循环阀、预热塞等执行机构进行控制，使柴油机运行状态达到最佳。

四、柴油机电控系统的控制内容

1. 燃油喷射控制

燃油喷射控制是柴油发动机电控系统最主要的控制功能，主要包括喷油量控制、喷油正时控制、喷油规律控制，其他还有各缸喷油量不均性控制、喷油压力控制等内容。

（1）喷油量的控制　电控系统以柴油发动机转速和负荷为基本控制参数，根据预先设定的计算程序或三维脉谱图确定基本循环喷油量，然后根据其他有关输入信号（如进气温度、进气压力、燃油特性修正、低温起动后的修正和急减速时的修正等）进行修正，最后确定实际循环供（喷）油量。

（2）喷油正时控制　电控系统以柴油发动机转速和负荷为基本控制参数，按预设的基本供（喷）油正时三维脉谱图确定基本供（喷）油正时，然后根据其他有关输入信号（如进气温度、进气压力等）进行修正。在有些柴油发动机电控系统中，配置了专用着火正时传感器对实际燃烧开始时间进行检测，ECU根据着火正时传感器的输入信号修正喷油正时。

（3）燃油喷射规律控制　燃油喷射规律控制即喷油速率和喷油量随时间变化的规律，电控系统以柴油发动机转速和负荷为基本控制参数，按预设的喷油速率和喷油规律完成循环的喷油过程的控制。

（4）各缸喷油量不均性控制　电控系统以各缸间转速波动允许偏差为控制目标值，通过精确测定各缸做功行程曲轴转速的偏差修正各缸的喷油量，以保证各缸间转速波动在控制目标值内。

2. 进气控制

进气控制是电控柴油发动机的第二个主要控制功能，进气控制包括可变进气涡流控制、可变配气正时控制、进气节流控制和进气预热控制等内容。

（1）可变进气涡流控制　电控系统以柴油发动机转速和负荷为基本控制参数，按预设的最佳进气涡流比脉谱图对进气涡流强度进行控制，以满足高、低转速工况时对进气涡流强度不同的要求。

（2）可变配气正时控制　电控系统以柴油发动机转速和负荷信息为基本控制参数，按预设的最佳配气相位，通过各种电控可变配气正时机构改变柴油发动机的配气相位，以满足不同工况时对配气正时不同的要求。

（3）进气节流控制　电控系统以柴油发动机转速和负荷信息为基本控制参数，通过对进气管中节流阀开度的控制，适应高、低转速工况对进气流量的不同要求。另外，为降低怠速时的振动、噪声和柴油发动机停车时的振动，电控系统通过怠速时的节流控制和停车时的中断进气来减轻发动机的振动。

（4）进气预热控制　电控系统以柴油发动机的冷却液温度为基本控制参数，通过对加热塞通电时间的控制对进气进行预热，以提高柴油发动机的低温起动性能和低温下的怠速稳定性。

3. 怠速控制

怠速控制主要包括怠速转速稳定性控制和怠速时各缸工作均匀性控制。

（1）怠速转速及怠速稳定性控制　柴油发动机处于怠速工况时，电控系统根据发动机负荷的变化，如空调离合器是否接合、空气压缩机是否工作，自动变速器的档位等情况，同时参考冷却液温度、进气温度等修正因素，按预先确定的怠速转速控制目标值。电控系统通过对怠速喷油量的控制，使柴油发动机在适当的怠速转速下运转，并通过各种反馈信息对怠速喷油量进行反馈控制，以保证怠速转速的稳定。

（2）怠速时各缸均匀性控制　柴油发动机处于怠速工况运转时，电控系统通过对发动机曲轴转速的精确测定，计算出怠速时各缸工作的循环差，然后对各缸的喷油量进行补偿调节，以保证怠速时各缸的不均匀性在允许的范围内。

4. 废气再循环控制

废气再循环控制的内容和作用与汽油发动机基本相同，控制包括废气再循环工况的确定和废气再循环量的控制。

5. 废气涡轮增压压力控制

废气涡轮增压压力控制的目的与汽油发动机基本相同，即防止增压压力过高，使发动机爆发压力过高，或增压压力过低，造成空气量不足使排气温度过高。控制方式视增压器而异，主要有废气旁通通道控制和涡轮流通截面控制两种方法。

(1) 废气旁通通道控制 废气旁通通道控制与前述的汽油发动机废气涡轮增压压力控制方法基本相同，计算机控制系统以目标增压压力为基本参数，通过控制废气旁通阀的开度调节增压压力。

(2) 涡轮流通截面或喷嘴截面控制 电控系统以目标增压压力为基本控制参数，通过改变废气涡轮进口截面或涡轮喷嘴截面调节增压压力。

6. 故障自诊断与带故障运行控制

柴油发动机的故障自诊断和带故障运行控制的内容与汽油发动机基本相同，当电控系统出现故障时，故障自诊断系统将对驾驶人发出提示警告信息，并存储故障信息以便维修人员检修时调用，同时电控系统进入带故障运行控制程序，仍能维持最基本的行驶功能开到维修站进行检修。

五、柴油机电控技术的发展趋势

1. 高喷射压力

为了满足排放法规的要求，柴油喷射压力从 10MPa 提高到 200MPa。如此高的喷射压力可明显改善柴油和空气的混合质量，缩短着火延迟期，使燃烧更迅速、更彻底，并且控制燃烧温度，从而降低废气排放。

2. 独立的喷射压力控制

传统柴油机的供油系统喷射压力与柴油机的转速及负荷有关。这种特性不利于车辆在低转速、部分负荷使用条件下满足燃油经济性和排放要求。若供油系统具有不依赖转速和负荷的喷射压力控制能力，就可选择最合适的喷射压力、喷射持续期、最佳着火延迟期，使柴油机在各种工况下的废气排放最低而经济性最优。

3. 改善柴油机的燃油经济性

在燃油价格越来越高的现实条件下，用户非常关注柴油机的燃油消耗状况。而高喷射压力、独立的喷射压力控制、小孔径喷油、较高的平均喷油压力等措施都能降低燃油消耗率，从而提高柴油机的燃油经济性。

4. 独立的燃油喷射正时控制

喷射正时直接影响着柴油机活塞上止点前喷入气缸的油量，决定着气缸的峰值爆发压力和最高温度。高的气缸压力和温度可以改善燃油经济性，但会导致 NO_x 增加，而不依赖于转速和负荷的喷射正时控制能力，是在燃油消耗率和排放之间实现最佳平衡的关键措施。

5. 可变的预喷射控制能力

预喷射可以降低颗粒排放，又不至于增加 NO_x 的排放，还可以改善柴油机的冷起动性能，降低冷态工况下白烟的排放，降低噪声，改善低速转矩。但是预喷射量、预喷射与主喷射之间的时间间隔在不同工况下的要求是不一样的。因此，具有可变的预喷射控制能力对柴油机的性能和排放十分有利。

6. 最小油量的控制能力

供油系统具有高喷射压力的能力与柴油机怠速所需要的小油量控制能力之间发生矛盾。当供油系统具有预喷射能力后，将能够使控制小油量的能力进一步提高。由于工程机械用柴油机的工况很复杂，怠速工况经常出现，而柴油机电控技术容易实现最小油量控制。

7. 快速断油能力

燃油喷射结束时，必须快速断油。如果不能快速断油，则柴油机会因在低压力下喷射的柴油燃烧不充分而冒黑烟，导致 HC 的排放增加。电控柴油机喷油器上采用高速电磁阀开关就很容易实现快速断油。

8. 降低驱动转矩冲击载荷

燃油喷射系统在很高的压力下工作，既增加了驱动系统所需要的平均转矩，也加大了冲击载荷。燃油喷射系统对驱动系统平稳加载和卸载的能力，是一种衡量喷射系统的标准。而柴油机电控技术中的高压共轨技术则大大降低了驱动转矩冲击载荷。

课题二 柴油机电控共轨燃油喷射系统

一、电控共轨燃油喷射系统概述

1. 电控共轨燃油喷射系统的特点

电控共轨燃油喷射系统是 20 世纪 90 年代研制出的一种全新的燃油喷射系统。这种燃油喷射系统通过各种传感器和开关检测出发动机实际运动的状态信息，通过电子控制单元计算处理后，对喷油量、喷油时间、喷油压力和喷油率等进行最佳控制。电控高压共轨燃油喷射系统是 21 世纪新一代绿色柴油机的燃油喷射系统，该系统正式问世的时间还不长，但已经显示出其巨大的优越性和发展潜力。

传统的泵喷嘴燃油喷射系统中，喷油压力与发动机的转速和负荷有关，不是一个独立变量；而在高压电控共轨系统中，喷油压力（共轨压力）与发动机的转速和负荷无关，是可以独立控制的。由共轨压力传感器测出燃油压力，并与设定的目标燃油压力进行比较后进行反馈控制。

与采用普通凸轮驱动的泵喷嘴燃油喷射系统相比，电控高压共轨燃油喷射系统与发动机匹配时就比较方便灵活，其突出的优点可归纳如下：

1) 广阔的应用领域。用于轿车和轻型货车，每缸功率可达 30kW；用于重型货车以及机车和船舶的柴油机，每缸功率可达 200kW。

2) 共轨燃油喷射系统中的喷油压力柔性可调（共轨压力控制）。通过控制共轨压力而控制喷油压力。利用共轨压力传感器测量燃油压力，从而调整供油泵的供油量、调整共轨压力。对不同负荷和转速可以确定所需的最佳喷射压力，从而优化柴油机的综合性能，使喷射压力可不随柴油机转速变化，有利于增大柴油机低速时的转矩和改善低速烟度。

3) 自由调节喷油量。根据发动机的转速和喷油量等参数计算出最佳喷油时间，并控制电控喷嘴在适当的时刻开启、在适当的时刻关闭等，从而准确控制喷油时间。

4) 共轨燃油喷射系统可柔性控制喷油速率变化，为实现理想的喷油规律创造了条件如可以实现预喷射、主喷射和后喷射，根据发动机的实际需要等要求实现多段喷射。这样既可减少柴油机 NO_x 的排放和降低噪声，同时又能保证柴油发动机具有优良的动力性、经济性。

5) 喷油压力与实际使用工况相适应。在电控共轨燃油喷射系统中，喷油压力的建立与燃油喷射之间无互相依存的关系，喷油压力不取决于发动机转速和喷油量。在高压燃油存储器即"共轨"中，始终充满喷射用的具有一定压力的燃油。喷油量由电子控制单元通过计算决定，受到的其他制约条件很少。

6) 共轨燃油喷射系统可独立地柔性控制喷油正时，配合高的喷射压力（120～170MPa），可同时使 NO_x 和微粒（PM）的排放控制在较小的数值内，以满足排放标准的要求。

7) 共轨燃油喷射系统采用电磁阀控制喷油，控制精度高，高压油路中不会出现气泡和残压为零的现象，因此在柴油机运转范围内，喷油量循环变动小，可以改善各缸不均匀性，改善柴油机的振动，改善驱动性能，减少有害物排放。

2. 电控共轨燃油喷射系统的类型

共轨技术不仅是指用一个公共油轨，还包括用高压（或中压）输油泵、压力传感器和ECU组成的闭环系统独立控制喷油压力的供油方式。在电控共轨燃油系统中，由高压（中压）输油泵将高压燃油输送到公共油轨，ECU对共轨内的油压和喷油时间进行控制。其中，保持喷油压力一定，通过控制喷油时间来控制喷油量，为"时间-压力控制"方式；保持喷油时间一定，通过控制喷油压力来控制喷油量，为"压力控制"方式。共轨柴油系统按油轨压力大小可分为高压油轨和中压油轨两种基本类型。按控制喷油器喷油的电控执行元件的不同，共轨系统可分为电磁阀式和压电式两种类型。

（1）高压共轨系统 高压共轨系统不再采用喷油系统的柱塞泵分缸脉动供油原理，而是用一个设置在高压油泵和喷油器之间的具有较大容积的共轨管，把喷油泵输出的燃油蓄积起来并抑制压力波动，再通过各高压油管输送到每个喷油器上，ECU根据柴油机的工作需要控制高速电磁阀迅速打开或关闭，电磁阀起作用的时刻决定喷油定时，其起作用的持续时间和共轨压力共同决定喷油量。此类系统一般采用"时间-压力控制"方式。

（2）中压共轨系统 中压共轨系统中，输油泵输出的燃油是中、低压燃油，压力为10～30MPa，压力燃油进入共轨，然后进入喷油器。ECU根据柴油机的工作需要通过高速电磁阀控制喷油器开闭，喷油器中有液压放大结构（即增压器），燃油在此被加压到120MPa以上，然后喷入气缸。此类系统一般通过控制共轨中的油压来控制喷油量，即采用"压力控制"方式。

（3）压电式共轨系统 高、中压共轨系统均属于电磁阀式共轨系统，即利用电磁阀作为执行元件，通过控制喷油器的开始与结束来实现燃油喷射控制。而在压电式共轨系统中，则是利用压电晶体作为执行元件，通过控制喷油器喷油的开始与结束来实现燃油喷射控制。

二、高压共轨燃油喷射系统

1. 系统的组成

从功能方面的组成分析，电控共轨燃油喷射系统可以分成电子控制和燃油供给两大子系统，其组成框图如图5-1所示，其组成原理图如图5-2所示。

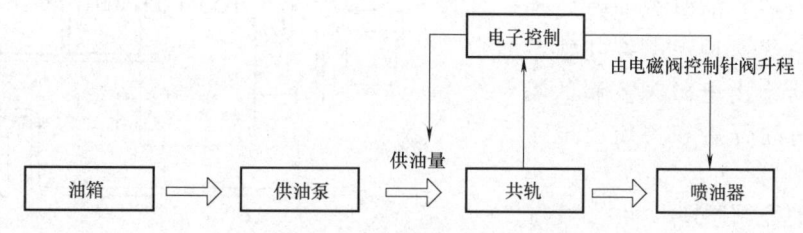

图 5-1 高压共轨燃油喷射系统的组成框图

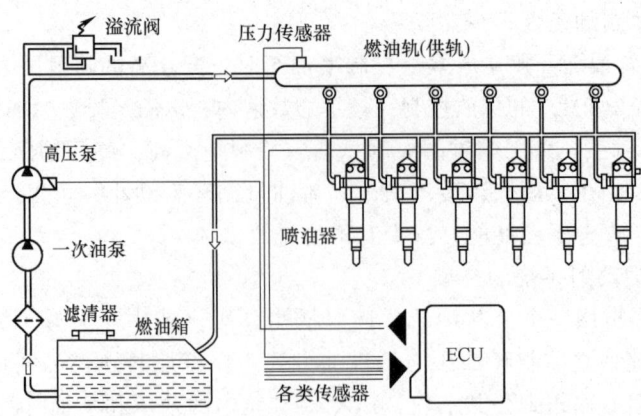

图 5-2 电控共轨燃油喷射系统的组成原理

1）电子控制系统。电子控制系统可以分成三大部分：传感器、发动机电控单元和执行器。发动机电控单元是电控共轨燃油系统的核心部分。根据各个传感器的信息，发动机电控单元计算出最佳喷油时间和最合适的喷油量，并且计算出在什么时刻、在多长的时间范围内向喷油器发出开启或关闭电磁阀的指令等，从而精确控制发动机的工作过程。ECU 的输入是安装在车辆和发动机上的各种传感器和开关，ECU 的输出是送往各个执行机构的电子信息。电子控制系统的组成框图如图 5-3 所示。

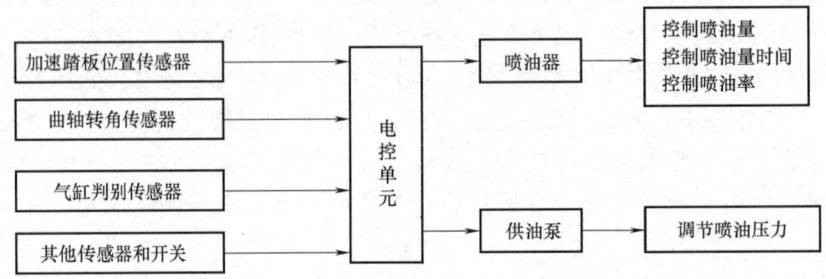

图 5-3 电子控制系统的组成框图

2）燃料供给系统。燃料供给系统主要由供油泵、共轨和喷油器组成，如图 5-4 所示。燃料供给系统的工作原理是，供油泵将燃油加压成高压油后供入共轨内，共轨实际上是一个燃油分配管，存储在共轨内的高压燃油在适当的时刻通过喷油器喷入发动机气缸内，电控共轨系统中的喷油器是由电磁阀控制的喷油阀，电磁阀的开启和关闭由电子控制单元控制。

2. 系统的控制原理

电控高压共轨燃油喷射系统的

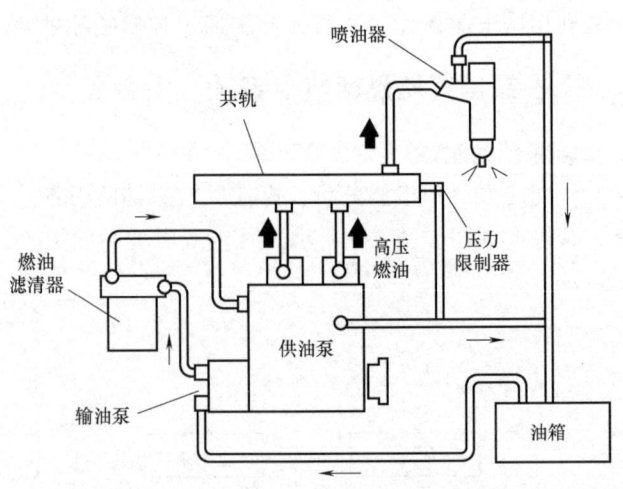

图 5-4 燃油供给系统的组成

控制原理如图 5-5 所示。燃油由发动机凸轮轴驱动齿轮泵经滤清器从油箱中抽出，通过一个电磁紧急关闭阀流入供油泵，此时的压力约为 0.2MPa。然后油流分为两路：一路经安全阀上的小孔作为冷却油通过供油泵的凸轮轴流入压力控制阀，然后流回油箱；另一路则充入供油泵。在供油泵内，燃油压力上升到 135MPa，进入共轨。共轨上有个压力传感器和一个通过切断油路来控制流量的压力调节阀，用这种方法来调节控制单元设定共轨压力。

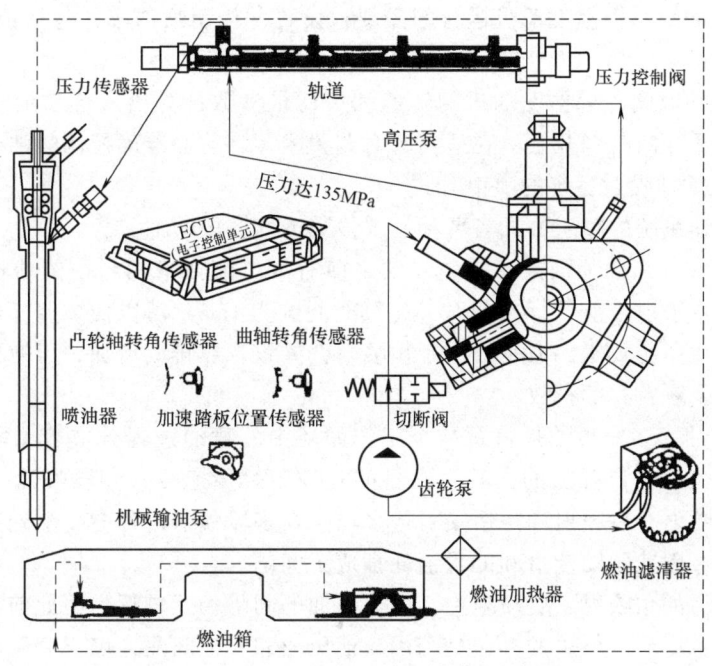

图 5-5　电控高压共轨燃油喷射系统的控制原理

高压燃油从共轨流入喷油器后又分为两路：一路直接喷入燃烧室，另一路则在喷油期间与针阀导向部分和控制柱塞处泄漏出的燃油一起流回油箱。

在电控高压共轨燃油系统中，由各种传感器（如发动机转速传感器、加速踏板位置传感器、各种温度传感器等）实时检测发动机的实际运行状态，由电子控制单元根据预先设计的程序进行计算后，求出适合于该运转状态的喷油量、喷油时间、喷油率模型等参数，使发动机始终都能处于最佳工作状态。

曲轴位置传感器用于测定发动机转速，凸轮轴转速传感器用于确定发火顺序，加速踏板位置传感器用于检测驾驶人对转矩的要求（即驾驶人的加速操作意图）。

在低温和发动机处于冷态时，ECU 可根据冷却液温度传感器和空气温度传感器的数值对喷油始点、预喷油及其他参数进行最佳的匹配。根据车辆的不同，还可以将其他传感器和数据传输线接到 ECU 上，以适应日益增长的安全性和舒适性要求。

电子控制单元具有自我诊断功能，它对系统的主要零部件进行技术诊断，如果某个零件产生了故障，诊断系统会向驾驶人发出警报，并根据故障情况自动做出处理；或使发动机停止运行，即所谓故障应急功能，或切换控制方法，使车辆继续行驶到安全的地方。

在电控高压共轨燃油系统中，供油压力与发动机的转速、负荷无关，是可以独立控制的。由共轨压力传感器测出燃油压力，并与设定的目标喷油压力进行比较后进行反馈控制。

3. 系统的控制功能

（1）调节喷油压力（共轨压力）　利用共轨压力传感器测量共轨燃油压力，从而调整供油量，控制共轨压力。共轨压力就是喷油压力。

（2）调节喷油量　以发动机的转速及加速踏板位置等信息为基础，由电子控制单元计算出最佳喷油量，通过控制喷油器电磁阀的通电和断电时刻直接控制喷油量。

（3）调节喷油率　根据发动机运行的需要，设置并控制喷油率，包括预喷射、后喷射、多段喷射等。

（4）调节喷油时间　根据发动机的转速和负荷量参数计算出最佳喷油时间，并控制电子控制喷油器在适当的时刻开启、在适当的时刻关闭等，从而准确控制喷油时间。

4. 高压共轨燃油喷射系统的喷射方式

电控共轨燃油系统的喷射方式有两种：二段喷油和多段喷油。

（1）二段喷油　二段喷油是指在主喷油之前有一个喷油量相当小的预喷过程，即预喷射加主喷射。在主喷射之前进行预喷射（持续时间约为1ms）可以使燃烧噪声明显降低，这是一项已经实用化了的技术。但是，由于预喷射会导致颗粒排放增加，可使预喷射段靠近主喷射段，从而减少颗粒物的排放。

（2）多段喷油　多段喷油是将每一个工作循环中的喷油过程分成若干段来进行，每段喷油均是相互无关、各自独立的，其主要目的是控制燃烧速度。多段喷油一般包括引导喷射、预喷射、主喷射、后喷射和次后喷射等多段。在多段喷射过程中，电磁阀必须完成多次开启和关闭动作，因此驱动能量和能量消耗都成了问题。

在主喷射前后的预喷射、后喷射中，由于喷油的间隔相互靠近，因此前段喷射会对后段喷射的喷油量产生影响。解决的办法是利用喷油压力和喷油间隔，修正后续的喷油指令。

多段喷油构成中，各段喷油的作用如图5-6所示。

喷射	作用
引导喷射	通过预混合燃烧，减少颗粒的排放
预喷射	缩短主喷射的着火延迟时间，降低NO_x和燃烧噪声
后喷射	促进扩散燃烧，减少颗粒的排放
次后喷射	排气温度升高，通过提供还原剂，促进后处理（催化剂）

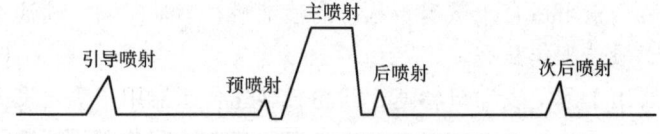

图5-6　多段喷油各段喷油的作用

5. 系统的主要组成部件

电控高压共轨燃油喷射系统的主要部件有预供油泵、燃油滤清器、高压油泵、压力控制阀、共轨高压蓄能器、限压阀、流量限制器、喷油器等，各部件在发动机上的分布位置如图5-7所示。

（1）预供油泵　预供油泵负责向高压油泵提供充足的燃油。电控高压共轨燃油系统中所采用的预供油泵分为电动式预供油泵（滚柱式电动油泵）和齿轮式预供油泵两种。

1）滚柱式电动油泵。滚柱式电动油泵用于小轿车和轻型汽车中，它不仅向高压油泵供

项目五 柴油机电控系统

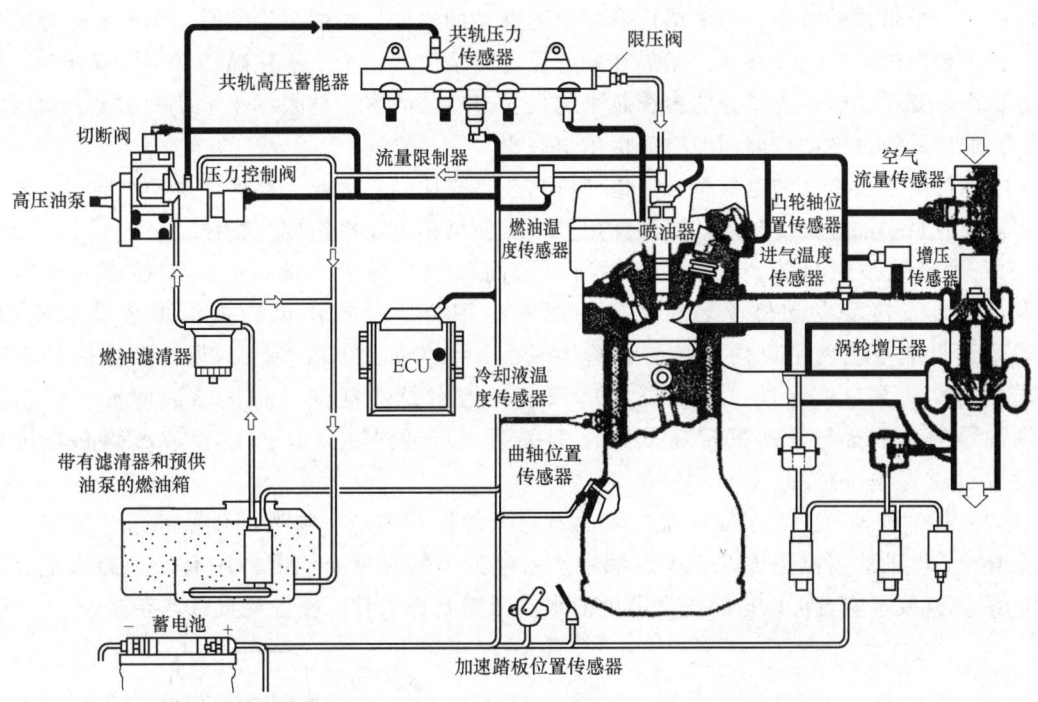

图 5-7 电控高压共轨燃油喷射系统各主要部件的分布位置

油,而且在紧急情况下也负责断油。滚柱式电动油泵主要由泵、电动机、端盖三个部分组成,如图 5-8 所示。泵是电动油泵的一部分,共轨式燃油泵采用滚柱式电动油泵(单向泵)。

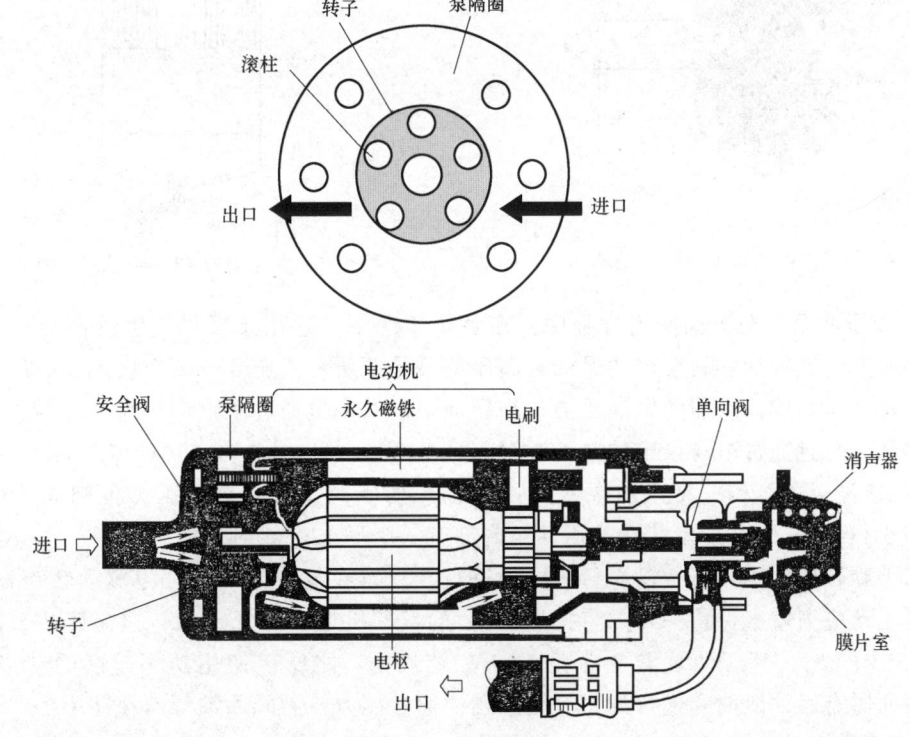

图 5-8 电动油泵的构造

泵体内有一个带槽的转子，每个槽内有一个可移动的滚柱。当油泵旋转时，由于离心力的作用，转子槽内的滚子向外移动，紧靠在偏心设计的泵体壁面上。滚柱随转子一同旋转时，泵腔容积产生变化，燃油进口处的容积越来越大，出口处的容积越来越小，使燃油经入口吸入油泵，加压后经过电动机周围的空间由出口泵出。

电动机由永久磁铁和电枢组成，电动机与泵是一体的，因此，要保证电动机与泵间密封良好，同时泵中油起到冷却电动机的作用，端盖使泵和电动机组成一整体。

2）齿轮式预供油泵。齿轮式预供油泵与高压油泵融为一体，且一同被驱动或附着在发动机上直接受发动机驱动，驱动的形式是耦合驱动或用齿轮或齿形传动带驱动。齿轮式预供油泵由两个反向旋转的齿轮构成，其结构如图5-9所示。齿与泵体间的变化形成压力，从泵口处泵油，要保证入口和出口处密封性良好，防止燃油回流。齿轮式预供油泵的泵油量与发动机转速成正比例关系，可通过在入口处设置节流阀和在出口处设置过压阀进行控制。

（2）燃油滤清器　为了使油泵、喷油器等元件保持清洁，在燃油供给系统中安装有燃油滤清器。燃油滤清器还可以减少燃油中水对喷油器的腐蚀。滤清器中有一个储水室（图5-10），调整放水螺钉可以排除滤清器中的水。当需要排水时，警告装置将点亮警告灯。

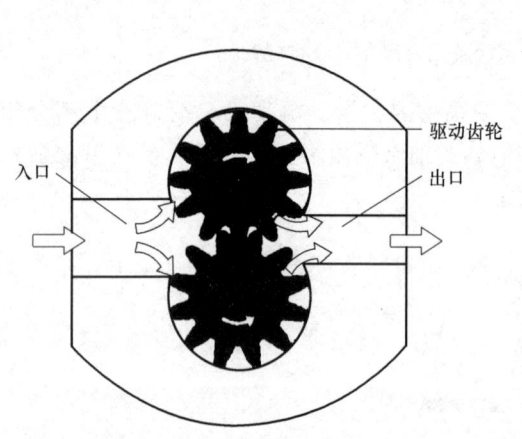

图5-9　机械式预供油泵的结构

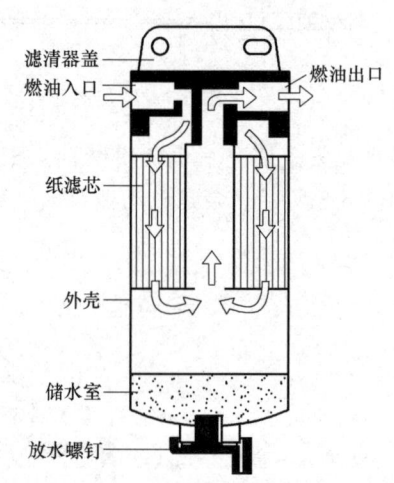

图5-10　燃油滤清器（带油水分离器）

（3）高压油泵　在车辆使用过程中，在各个工况下，它用于提供足够的高压油，包括快速起动所需的燃油和共轨管中的燃油。高压油泵是低压和高压部分的交接点。高压油泵持续产生共轨高压蓄能器所需的燃油压力。高压油泵由发动机通过联轴器、齿轮、链条或齿形传动带驱动，并且通过自身泵出的柴油润滑。

1）高压油泵的结构。高压油泵主要由泵体、切断阀、安全阀、压力控制阀等部件组成，如图5-11和图5-12所示。在高压油泵内部有三个呈120°放射状的泵活塞。

在每个旋转周期内，三个输送行程同时进行，只有在低峰值时才产生驱动转矩，这样，整个油泵驱动应力就会保持一致。将排量为2L的发动机运转到规定的转速，使共轨内的油压达到135MPa时，高压油泵需要消耗3.8kW的功率。之所以使用功率较高的动力装置，是因为喷油器有燃油泄漏和进行油量控制，燃油通过压力控制阀回油等消耗功率。

2）高压油泵的工作过程。燃油通过带有油水分离器的燃油滤清量过滤，预供油泵通过

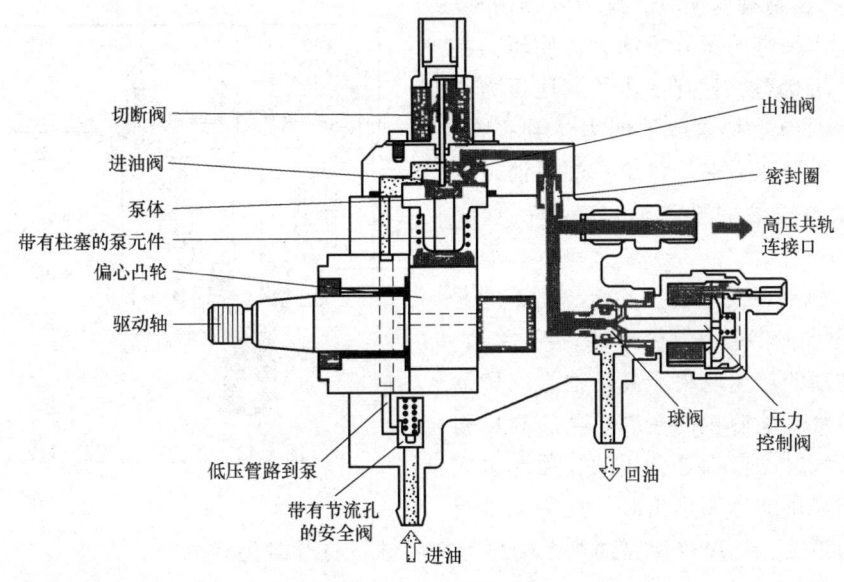

图 5-11　高压油泵的组成

进油管和安全阀将燃油输送至高压油泵，使燃油强制通过安全阀处的节流孔，进入高压油泵的润滑和冷却系统。带有偏心凸轮的驱动轴带动三个泵柱塞随着凸轮的形状上下运动。

压力达到安全阀开启压力时，油泵泵出的油将通过高压油泵进油阀进入泵腔，此时泵腔中的活塞向下运动（吸油过程）。当活塞到达下止点时，进油阀关闭。当泵腔中的油压超过输送过程中的正常压力时，压力会再增加，从而打开出油阀，将油输送到高压油路。泵活塞继续输送燃油，一直

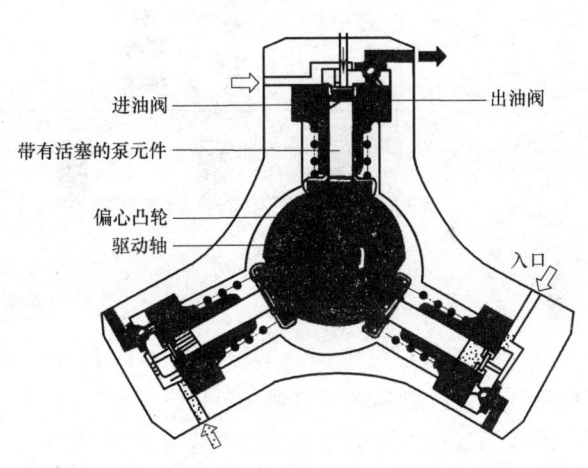

图 5-12　高压油泵的断面

到上止点（压油过程），之后压力迅速下降，活塞回位，出油阀关闭，直到活塞再次向下运动。泵腔中的压力降到油泵压力以下时，进油阀再次起动，开始下一个循环。

（4）压力控制阀　压力控制阀保持共轨管中的压力正确和恒定。如果共轨管压力过高，则压力控制阀打开，部分燃油通过回油管回到燃油箱；如果共轨管压力过低，则压力控制阀关闭，由低压升为高压。压力控制阀通过一个法兰盘装在高压油泵或共轨高压蓄能器上，其组成如图 5-13 所示，主要有电磁铁、弹簧、电枢、球阀等。

压力控制阀的工作过程如下所述。

1）压力控制阀不通电时，共轨管中的高压油或高压油泵输出的油通过高压入口进入压力控制阀，不通电时没有电磁铁的外力作用，过量的高压油的压力大于弹簧的弹力，顶开弹簧，压力控制阀开启大小由油量决定。弹簧预先设计最大压力约为 10MPa。

2）压力控制阀通电时，压力继续增加，电磁铁通电，阀座的压紧力增大，使压力控制阀保持关闭状态，直到一边的高压压力与另一边弹簧的弹力加电磁铁的力达到平衡，阀门打开，燃油压力保持恒定。油泵油量的变化或过量高压油的排除通过控制阀门来实现。

（5）共轨高压蓄能器 共轨高压蓄能器的组成如图 5-14 所示，它存储高压燃油，同时压力波动的产生取决于高压油泵的燃油分配和共轨管燃油容积的衰减。共轨高压蓄能器对所有气缸而言都是公用的，因此也叫作共轨，当大量的燃油排出时，几乎能维持内部的压力不变，这可确保喷油剩余的压力在喷油器打开时仍然恒定。

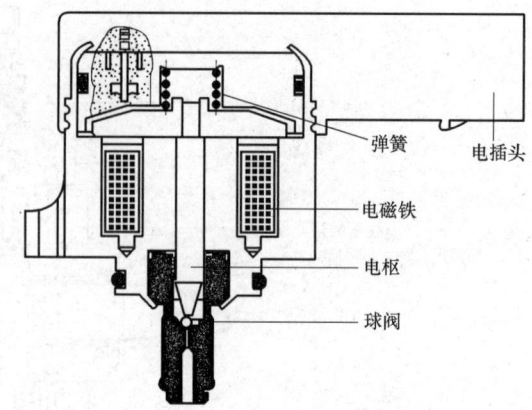

图 5-13 压力控制阀的组成

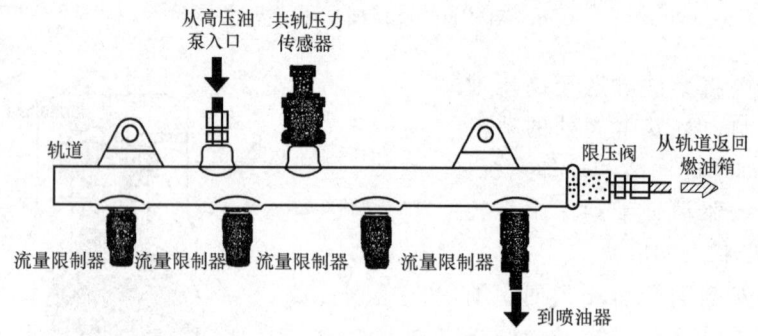

图 5-14 共轨高压蓄能器的组成

（6）限压阀 限压阀的结构如图 5-15 所示，由底座螺钉、一端连接到油箱的回油管、可移动的柱塞、弹簧等部件组成。

限压阀通过打开轨道旁通道限制轨道中的压力。限压阀允许短时间内轨道上的最大压力为 150MPa，一般安装在共轨高压蓄能器的一端。

限压阀连接到轨道上以后，底座上有一个通道，一个圆锥形的柱塞与底座的表面接触，形成密封面，在正常的工作压力（大于 135MPa）下，弹簧推动柱塞与底座接合，轨道保持压力。当压力过高时，柱塞被轨道压力推动，克服弹簧压力，燃油通过回油管流回燃油箱。当阀门打开时，轨道中的压力便会降低。

（7）流量限制器 喷油器总在打开位置，为了阻止燃油连续不断地喷入，流量限制器将关闭油路。流量限制器一侧通过螺纹拧到轨道上（高压），另一侧通过螺纹拧到喷油器油路上。每个底座都带有一个通道，目的是与轨道进行液压连接，与喷油器进行油路连接。

流量限制器的结构如图 5-16 所示，主要由柱塞、弹簧、底座、外壳等零件组成，其内部有一个柱塞，通过弹簧直接与共轨高压蓄能器相连。柱塞的底座密封，通道贯穿进、出口。通道的尾部直径减小，起节流作用。

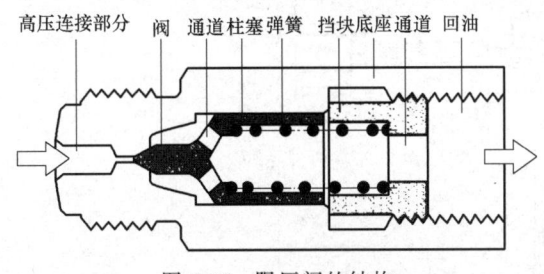

图 5-15 限压阀的结构

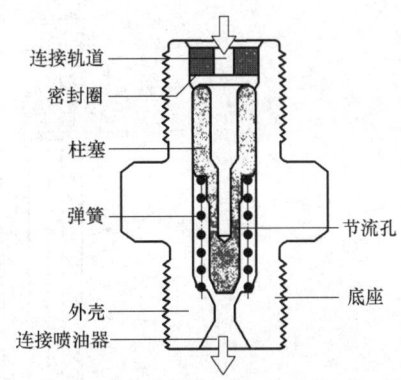

图 5-16 流量限制器的结构

流量限制器的工作原理如下所述。

1）正常情况下。柱塞位于停止位置，也就是说流量限制器的导轨端向上顶着止动器。喷射燃油时，喷油器端部的喷射压力下降，使柱塞在喷油器内移动的方向改变。流量限制器通过柱塞改变燃油的体积，以补偿喷油器从导轨内喷出的燃油体积，而不是通过节流孔。在喷油末期，柱塞偏离底座而占据中间的位置，没有将出口完全关闭。弹簧迫使柱塞回到最初的停止位置，同时燃油可以通过节流孔。

2）严重泄漏时。由于大量燃油离开燃油导轨，流量限制器被迫离开静止位置并且向上顶着出口的密封底座。柱塞保持在这个位置，向上顶着流量限制器喷油器侧的止动器，阻止燃油到达喷油器。

3）轻微泄漏时。由于存在泄漏量，流量限制器柱塞不能回到静止位置。几次喷射发生之后，柱塞移动到出口孔径处的密封底座上。柱塞保持在这个位置，向上顶着流量限制器喷油器侧的止动器，直到发动机熄灭、切断喷油器的燃油输入为止。

（8）喷油器　喷油始点和喷油数量是通过电触发喷油器控制的，其结构如图 5-17 所示，主要由喷嘴部分、油压活塞部分和电磁阀部分组成。

喷油器由电磁阀直接控制喷油始点、喷油间隔和喷油终点，从而直接控制喷油量、喷油时间和喷油率。喷油器实际上完成了传统喷油装置的喷油器、调速器和提前器的功能。

当喷油器的电磁阀被触发时，节流孔打开；阀控制室的压力降低，阀控制柱塞的压力也降低，之后喷油器针阀的压力也降低，针阀打开，燃油以雾状喷入燃烧室。液压加力系统用来间接控制喷油器针阀，开启针阀的力要迅速，是不能通过电磁阀直接产生的。供油的数量要比实际需要的多，多余的油通过阀控制室返回燃油箱。燃油在喷油针阀和柱塞上有损失，这些受控和泄漏的燃油通过回油管和集油管返回燃油箱，并且经过溢流阀、高压油泵和压力控制阀。

喷油器的工作过程可分为四步：喷油器关闭（产生高压）、喷油器打开（开始喷油）、喷油器全部打开、喷油器关闭（喷油结束）。

1）喷油器关闭（复位状态）。在复位状态下，电磁阀不吸合，喷油器关闭，如图 5-18a 所示。弹簧力将电枢下的球阀压向节流孔座处，节流孔关闭。轨道中的高压作用在阀控制室中，而且相同的压力也作用在喷油器腔内。轨道压力作用在柱塞的末端，与喷油器弹簧的弹

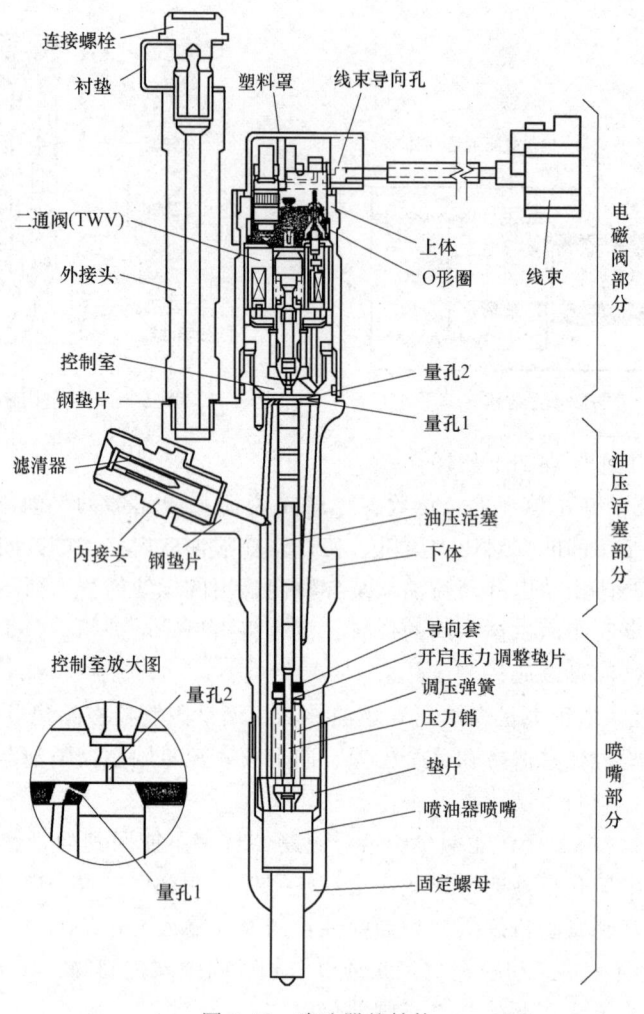

图 5-17 喷油器的结构

力一起使喷油器保持关闭状态。

2）喷油器打开（开始喷油）。喷油器停留在最初的静止位置，电磁阀由伺服电流激活，伺服电流能确保电磁阀迅速开启，如图 5-18b 所示。由触发的电磁阀施加的吸合力大于阀弹簧的拉力时，电枢打开节流孔。几乎与此同时，执行电流减到最小并保持不变，满足电磁铁的需要。由于电磁铁电流的作用，间隙减小是有可能的。节流孔打开，燃油从阀控制室流到刚好位于其上部的腔室，并且从那里通过回油管返回燃油箱。节流孔防止完全的压力平衡，阀控制室中的压力因此下降。由此导致阀控制室中的压力低于喷油器腔内的压力，这个压力与共轨中的压力仍旧是一致的。阀控制室的压力降低引起作用在柱塞上的外力减小，因此针阀打开，燃油喷出。

3）喷油器全部打开。喷油器针阀打开的速度取决于节流孔和反馈孔的流量。喷油器全部打开时，喷油器喷入燃烧室的油压几乎等于轨道中的油压。

4）喷油器关闭（喷油结束）。电磁阀不吸合，弹簧力将球阀压回球阀座中。节流孔关闭，燃油通过反馈孔，阀控制室中充满燃油，压力与针阀弹簧的弹力一起将针阀关闭，喷油器不喷油。喷油器关闭的速度取决于反馈孔的流量。

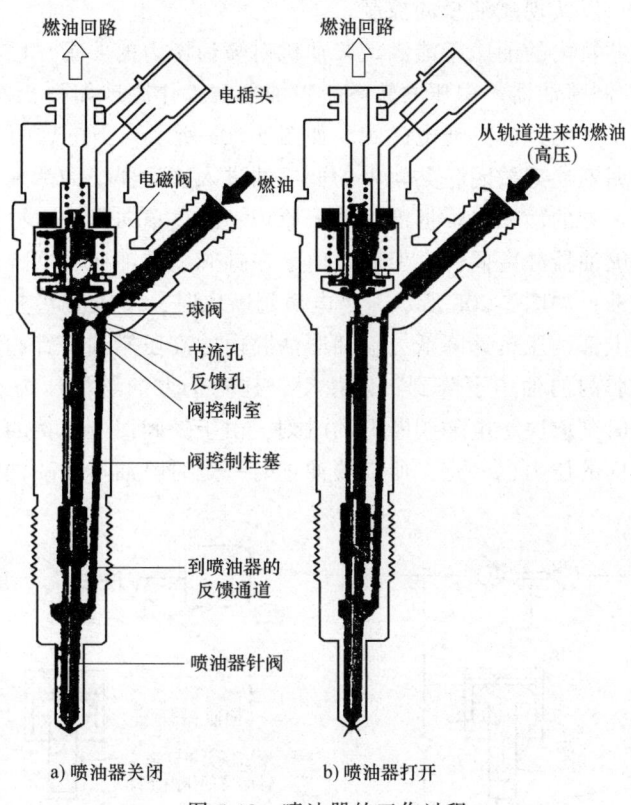

图 5-18 喷油器的工作过程

三、中压共轨燃油喷射系统

中压共轨系统对喷油量控制采用"压力控制"方式。中压共轨系统如图 5-19 所示，主要由低压输油泵、蓄能式电液控制喷油器、调压阀、共轨等组成。ECU 根据各传感器信号

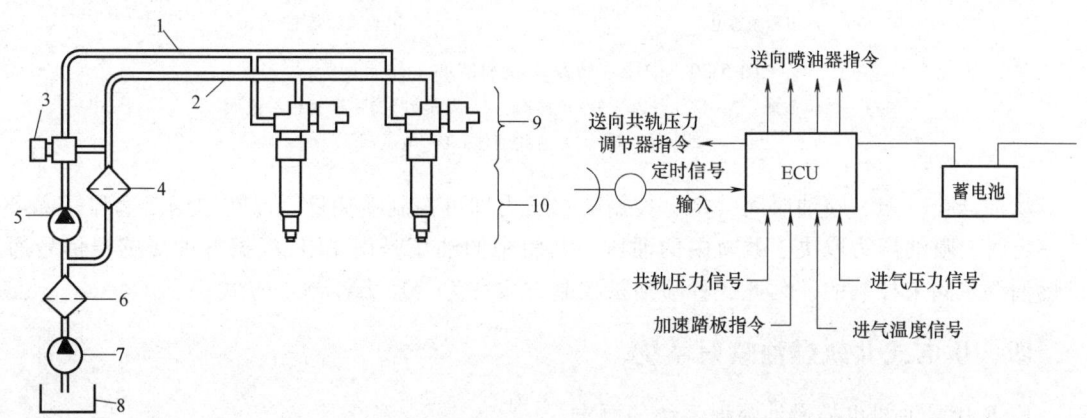

图 5-19 中压共轨系统
1—公共油轨 2—回油管 3—调压阀 4—热交换器 5—中压输油泵 6—燃油滤清器
7—低压输油泵 8—油箱 9—电磁阀和油压调节器 10—喷油器

控制调压阀，以调节共轨中的油压；同时，ECU 通过控制安装在喷油器上的电磁阀工作，使喷油时间保持不变，以实现喷油量的控制。

中压共轨系统中共轨内的油压不能满足柴油机对喷油压力的要求，因此都采用具有增压功能的蓄能式电/液控制喷油器。中压共轨系统喷油器的工作原理如图 5-20 所示。

喷油器上部装有一个电控的三通电磁阀，如图 5-20a 所示，当电磁阀通电时，增压活塞上方进油通道开启而回油通道关闭，共轨中的低压油进入喷油器中的活塞上方，由于增压活塞上方面积大于柱塞下方的面积，根据液力放大原理，经过单向阀进入柱塞下方蓄能室中的燃油压力提高并充满喷油器柱塞偶件，但此时由于在针阀上部油压和回位弹簧力作用下，针阀关闭，喷油器不喷油；如图 5-20b 所示，当电磁阀断电时，增压活塞上方回油通道开启而进油通道关闭，针阀上部油压迅速降低，喷油器油腔内的高压燃油将针阀顶开，喷油器开始喷油，直到喷油器油腔内的油压下降到一定值时，柱塞上方的燃油压力和弹簧力使针阀关闭，喷油结束。喷油时刻取决于电磁阀断电的时刻，由于针阀回位弹簧的弹力是一定的，停止喷油时喷油器油腔内的压力也一定，所以喷油正时一定时喷油器的喷油时间也就固定。

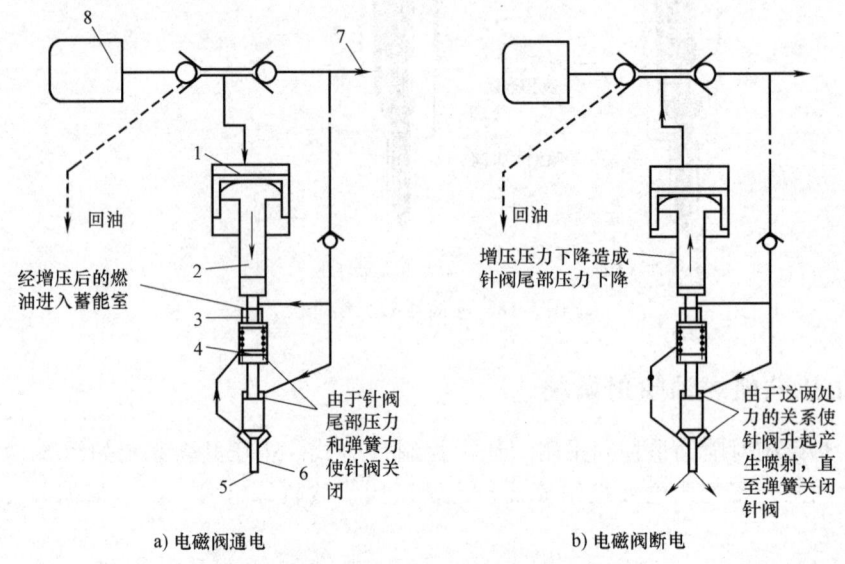

图 5-20　中压共轨系统喷油器的工作原理

1—增压活塞　2—增压柱塞　3—单向阀　4—蓄能室　5—针阀密封锥面
6—喷油器针阀　7—公共油轨　8—电磁阀

喷油器孔一定，喷油时间一定，控制喷油压力即可控制喷油量；而在增压活塞和柱塞尺寸一定时，喷油压力取决于共轨中的油压。共轨中的油压是由 ECU 根据各种传感器信号通过燃油调压阀来控制的，因此此种喷油量控制方式称为"压力控制"方式。

四、压电式共轨燃油喷射系统

1. 现代柴油机电控燃油喷射系统的要求

根据柴油机混合气形成和燃烧过程的特点，在保证柴油机动力性的前提下进一步改善经济性和排放特性，其关键技术就是放热规律的精确控制。高压共轨及泵喷嘴等柴油机电控技术已极大地改善了柴油机喷射规律的控制自由度，大幅地减少了有害气体的排放量，为柴油

机的节能和环保及开发打下了良好的基础。但随着排放法规及节能要求的日趋严格，有效控制排放热规律，不断提高燃油喷射压力，实现多次喷射已经成为对柴油机喷射系统的基本要求。

2. 压电共轨系统的特点

压电共轨系统是指采用压电技术的共轨系统，主要是控制喷油器的执行元件用压电元件取代了电磁阀，用压电元件作为控制执行元件的喷油器称为压电式喷油器。压电元件像一个在电压下立即就能充电的电容器，它在施压以后的 0.1ms 以内就会发生形变，因此压电共轨的系统响应速度快。也正是由于压电元件具有快速的响应性，才能实现高频率切换高精度控制，压电式喷油器每个工作循环喷射次数可达 5 次，最小喷射间隔时间可达 0.1ms，最小喷射量可控制在 0.5mm 以下。此外，压电式共轨系统在 20~200MPa 内弹性调节，最高喷射压力达到 180MPa。

3. 压电式喷油器的工作原理

压电元件具有正向和反向压电效应，当压电元件受到外力变形时，会在压电元件两端产生电压；反之，当在压电元件两端施加电压时，压电元件就会发生形变。给压电元件施加正向电压时，其体积膨胀；给压电元件施加反向电压时，其体积收缩。压电式喷油器就是利用这一原理来使喷油器控制油道通断或针阀升程改变，从而实现对喷油量和喷油正时的控制。此外，利用压电元件快速响应的能力，通过压电元件通、断电多次切换，即可实现多次喷射，以满足最佳喷油规律的要求。

 实训任务

实训一　柴油机电控系统总体认识

一、认识柴油机电控系统的组成

1. 柴油机电控系统是由传感器、执行器和发动机电控单元（ECU）组成的，各组成部分的功用是什么？

2. 图 5-21 所示为柴油发动机燃油喷射系统各部件安装位置示意图，阐述发动机电控系统的功用，并大致描述各部件的安装位置。

3. 找出柴油发动机电控系统区域，阐述发动机电控系统的工作原理。

4. 对照捷达整车，认识柴油发动机燃油喷射系统部件的安装位置，并完成下表。

代号	元器件名称	代号	元器件名称	代号	元器件名称
	进气歧管（上部）		喷油器		进气连接件
	废气再循环阀（机械）		废气再循环阀（N18）		继电器（G359）与（G360）
	进气歧管温度传感器（G72）		柴油直喷系统 ECU（248）		制动踏板开关（F47）
	制动灯开关（F）		离合器踏板开关（F36）		冷却液温度传感器（G62）
	发动机转速传感器（G28）		O 形环		2 脚插接器
	3 脚插接器		10 针插头		喷油提前角调节器（N108）
	燃油切断阀（N109）		喷油泵		

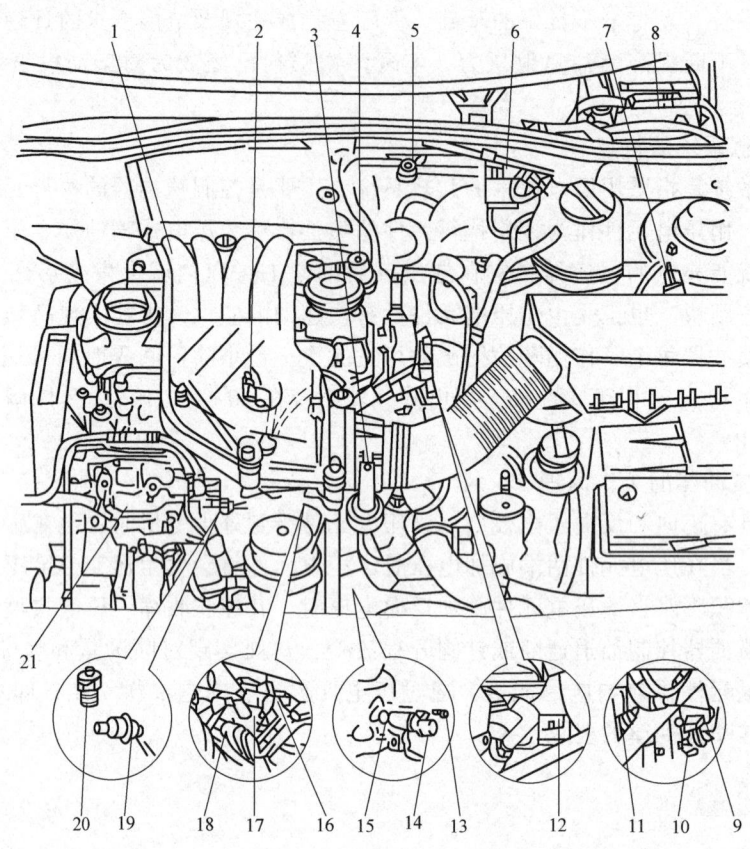

图 5-21 柴油发动机燃油喷射系统各部件安装位置示意图

二、康明斯 ISBe 柴油机燃油喷射系统认识

1. 柴油机高压共轨燃油喷射系统主要由哪几部分组成？阐述各组成部分的功能。

2. 康明斯 ISBe 高压共轨柴油机燃油喷射系统如图 5-22 所示，填写图注空格。

1—来自燃油箱的燃油；2—_____；3—_____；4—至_____；5—至_____；6—燃油滤清器座；7—_____；8—至_____；9—_____；10—_____；11—_____；12—至_____；13—高压油管；14—_____；15—燃油从喷油器和油轨流回_____；16—燃油从高压油泵流向_____；17—至_____

3. 填写下表所示内容。

序号	元器件名称	功用	安装位置	特点	类型
1	燃油齿轮泵				
2	高压油泵				
3	燃油油轨				
4	电磁喷油器				

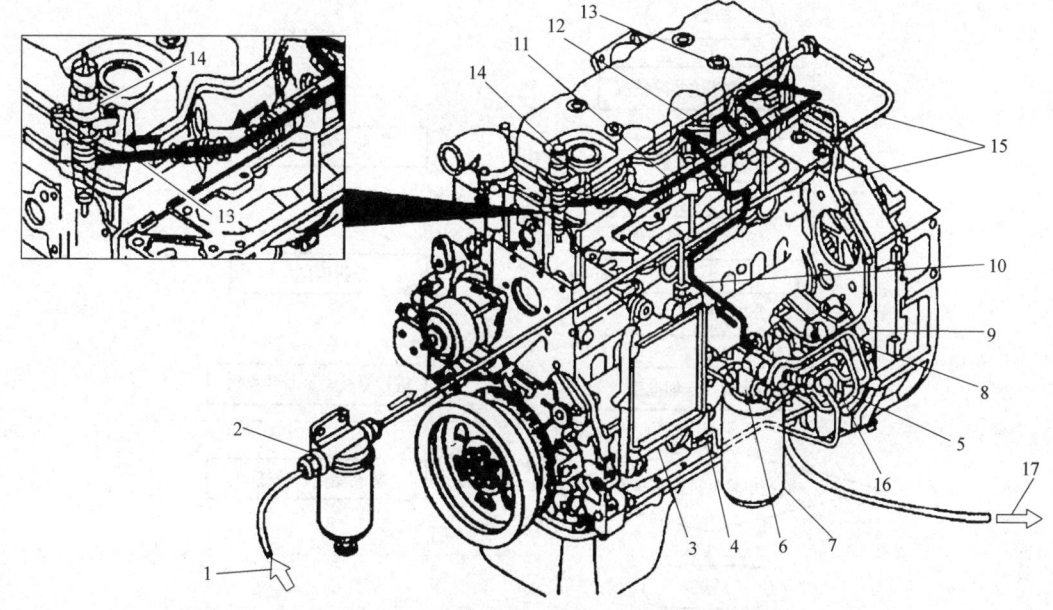

图 5-22 康明斯 ISBe 高压共轨柴油机燃油喷射系统

实训二 电控共轨燃油喷射系统的检修

一、故障诊断步骤

电控柴油机故障的多样性和复杂性决定了没有万能的故障排查步骤和技巧，特别是对电子控制系统的故障排查，必须按一定的诊断思路去解决问题，从而找到故障的原因并加以排除。故障诊断步骤如图 5-23 所示。

二、柴油机不能起动故障检修

柴油机是压燃式内燃机。柴油机的顺利起动，不仅需要大量燃油充分雾化后喷入气缸，而且要求气缸内的空气压缩后具有一定的温度和压力，这样才能使柴油自燃。因此，柴油机如果不能顺利起动，原因一般在起动系统、电控燃油系统、进/排气系统或柴油机配合间隙上，可根据故障的伴随特征，按步骤进行分析判断。

1. 起动机不工作

起动机一般由 ECU 控制，ECU 接收到空档信号。然后输出电流驱动起动继电器，控制起动机起动。如果起动机不工作，可按如下步骤进行检查。

1) 检查是否变速杆在空档位置。
2) 检查停车开关的位置（应处于断开状态）。
3) 检查空档开关及连接线束是否完好。
4) 检查蓄电池电压是否过低，以致不能带动起动机。
5) 起动机继电器及接线是否完好。
6) 检查起动机是否已烧坏。

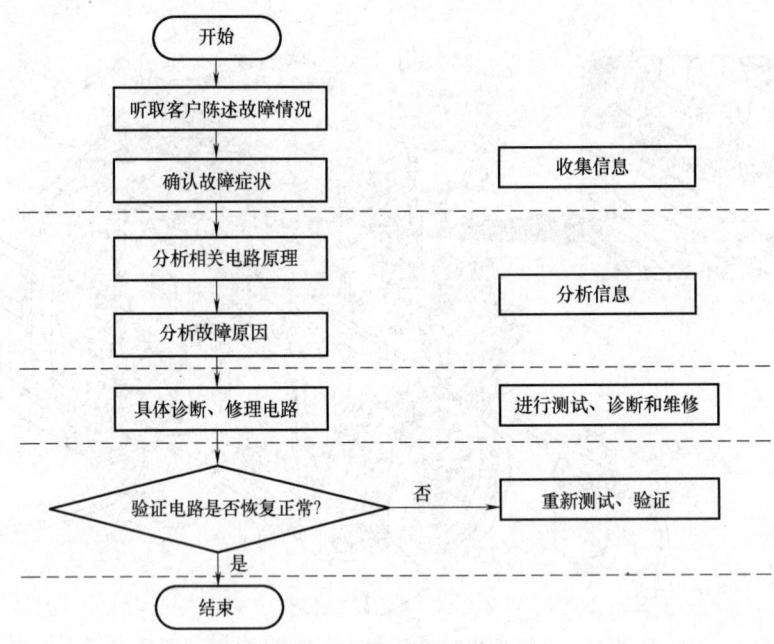

图 5-23 故障诊断步骤

7）点火开关及起动开关是否已坏。

2. 共轨油压无法建立（起动机能正常工作，但无法起动）

共轨系统对燃油油路要求较高，低压油路和高压油路都要保证密闭。任何一个环节出了问题，共轨油压都不能正常建立。如果轨压无法建立，可做如下检查。

1）检查燃油箱油位是否过低。

2）检查手压油泵是否工作正常。

3）检查低压油路是否有气泡，并排空气。排气方法是松开粗滤器上的放气螺栓，用手压动粗滤器上的手压油泵，直到放气螺栓处持续出油为止。

4）低压油路空气排净后仍不能起动柴油机，则判断高压油路有空气，也需要排出高压油路的空气。排气方法是松开某缸的高压油管，用起动机带动柴油机运转，直到高压油管持续出油为止。

5）检查高压油路有无泄漏。

6）检查油路是否通畅，检查柴油滤清器是否堵塞。

7）检查轨压传感器的初始电压值是否在 0.5V 左右，或设定轨压是否为 30~50MPa。若不正常，则首先检查插接件是否牢靠。若无检查设备，则可以拔掉轨压传感器尝试再起动。

8）检查流量计量阀是否完好。

3. 线束及插接件故障

检查喷油器线束、传感器线束、整车线束插接件是否插好；用万用表按照线路图检查线路是否有断路或短路。

4. 曲轴信号和凸轮轴信号丢失

柴油机上安装两个转速传感器，分别在飞轮壳和高压油泵外侧。电控柴油机的喷油正时取决于这两个传感器。如果出现柴油机不能起动、两个信号全部丢失的情况，可能原因如下。

1）传感器损坏，线束短路或断路。

2）传感器固定不牢，造成传感器与感应齿之间的间隙过大或过小（一般为1mm±0.5mm）。

排除方法：检查传感器是否损坏，线束是否连接良好，传感器是否松动等。

三、故障码诊断方法

1. 利用仪表诊断

当发动机在运行状态时，闪码灯常亮，则说明发动机有故障。可以利用ECU的自诊断功能通过整车仪表板上的闪码灯读出故障码，参照故障码表初步判断故障部件及原因。

2. 利用专用诊断仪诊断

利用专用诊断仪读取故障码，当电控系统出现故障码时，则说明电控系统存在一定的故障。进行电路和控制系统的故障排查时，通常进行下列五个方面的基本检查。

（1）元件功能检查

由于电路元件的多样性，元件的功能检查需要根据实际的元件采取不同的方法，如温度传感器可采取测量其电阻的办法、压力传感器需要专用的测试导线在其工作时测量其输出的信号电压、对电磁阀可以通过诊断仪测试。

（2）供电电源的检查

正确的电源供应是电子控制系统元件正常工作的前提。没有电源供应或者错误的电源供应都会导致系统不能工作或工作异常。在整个控制系统中，ECU由蓄电池供电，其他大部分元件由ECU提供工作电源。常见的电源故障包括由于插头损坏等造成的电路虚接、熔丝熔断和错误的接线等。

（3）导通性检查

导通性检查是电子控制系统最常用的检查项目，是指测量两点之间的电阻值，用于确认这两点之间是否导通。对导通性的要求是两点之间的电阻值小于10Ω。

（4）对搭铁短路检查

对搭铁短路是指电路上的某点按电路设计要求不应该搭铁而实际电路已经搭铁的故障。相线对搭铁短路会引起熔丝熔断等故障。

（5）线与线短路检查

与对搭铁短路检查相似，线与线之间短路是指两点之间按照电路设计的要求不应该导通而实际却导通的故障。两点之间开路的要求是两点之间的电阻大于100kΩ。

巩固练习

一、填空题

1. 柴油机电控技术与汽油机电控技术有许多相似之处，整个电控系统由_____、_____和_____三大部分组成。

2. ECU的功用是根据_____和_____，计算出_____时刻，并向_____。柴油机电控系统在_____、_____、_____和数据传输原理及_____等方面与汽油机电控系统基本相同。

3. 柴油机电控系统中所用的执行元件与汽油机有_____，特别是燃油喷射控制所用的执行元件。由于柴油机在缸内混合时对_____、_____要求很高，柴油机燃油喷射又具有_____、_____和_____等特点，再加上柴油机_____的多样性，这些都使得现代汽车柴油机电控系统在燃油喷射控制中所用的执行元件远比汽油机复杂，技术含量也要高得多。

4. 在起动、怠速、正常运行等各种工况下，ECU根据_____、_____和_____来确定_____，再根据_____信号、_____信号、起动开关信号、空调开关信号、反馈信号等对喷油量进行修正。

5. 在柴油机电控燃油喷射系统中，ECU根据发动机_____、_____和内存的控制模型来确定基本的_____提前角，再根据_____进行修正。

6. 在共轨式现代柴油机电控燃油喷射系统中，由ECU分别对_____控制（顺序喷射控制），ECU可以通过精确_____，根据各缸做功行程中_____变化确定各缸喷油量的偏差，然后进行补偿调节。

7. 电控共轨燃油喷射系统是_____年代研制出的一种全新的燃油喷射系统。这种燃油系统通过_____实际运动状态，通过电子控制单元计算处理后，对喷油量、_____、_____和_____等进行最佳控制。

8. 根据柴油机混合气_____和_____的特点，在保证柴油机动力性的前提下进一步改善_____特性和_____特性，其关键技术就是_____的精确控制。

9. 压电共轨系统是指采用了_____的共轨系统，主要是控制喷油器的执行元件用_____取代了电磁阀，用_____作为控制执行元件的喷油器称为压电式喷油器。

10. 中压共轨系统主要由_____、_____、_____、_____等组成。

二、判断题

1. 柴油机是压燃式的，发动机在低温条件下着火相当困难。（ ）
2. 柴油机的排放控制主要是废气再循环控制。（ ）
3. 柴油机电控燃油喷射系统一般对供油量采用开环控制。（ ）
4. 在不同柴油机的电控燃油喷射系统中，供油正时和供油量的执行元件是不同的。（ ）
5. 多缸柴油机工作时，若喷油量控制指令值一定，则各缸喷油量就一定。（ ）
6. 喷油提前角对柴油机的动力性、经济性及排放影响很大。（ ）
7. 柴油机电控系统能在不同工况及工作条件下对喷油量进行校正补偿。（ ）
8. 对于不同用途、不同机型的柴油机，柴油机电子控制系统应有较强的适应性。（ ）
9. 冷却液温度传感器只起修正喷油正时的作用，不起修正喷油量的作用。（ ）
10. 进气温度传感器只起修正喷油量的作用，不起修正喷油正时的作用。（ ）
11. 进气压力传感器既起修正喷油量的作用，又起修正喷油正时的作用。（ ）

12. 空档起动开关向ECU输入空档位置的信号，是怠速控制信号之一。（　　）

13. 柴油机电子控制模式的功用和组成与汽油机电子控制模式有很大区别。（　　）

14. 压电元件具有正向和反向压电效应，当压电元件受到外力变形时，会在压电元件两端产生电压。（　　）

三、思考题

1. 简述柴油机电控技术的发展历程。
2. 柴油机电控系统的主要优点是什么？
3. 简述柴油机电控系统的基本组成与控制功能。
4. 现代柴油机电子控制系统的控制内容是什么？
5. 简述柴油机电控技术的发展趋势。
6. 电子控制高压共轨燃油系统有哪些突出的优点？
7. 电子控制高压共轨燃油系统主要包括哪些部件？
8. 现代柴油机对电控燃油喷射系统的要求是什么？
9. 简述中压共轨系统的蓄能式电/液控制喷油器的工作原理。
10. 压电共轨系统的特点是什么？

项目六

汽车电控自动变速器

学习目标：

通过本项目的学习，理解电控自动变速器的特点；掌握自动变速器的作用、类型、基本组成和控制原理；掌握液力变矩器的功用、结构及工作原理；掌握行星齿轮机构的功用、结构、工作原理及各档传递路线的分析方法；掌握自动变速器液压控制系统和电子控制系统的功用、结构及工作原理；了解自动变速器常用电磁阀的结构原理；了解国内外典型电控自动变速器的结构特点与工作原理；熟悉自动变速器的日常使用及注意事项；掌握自动变速器的基本检查及维护、检修方法。

理论知识

课题一 电控自动变速器概述

一、电控自动变速器的基本组成

自动变速器的厂牌型号很多，外部形状和内部结构也有所不同，但它们的组成基本相同。电控液力自动变速器一般由液力变矩器、齿轮变速机构、换档执行机构、液压控制系统和电子控制系统五大部分组成，如图6-1所示。

（1）液力变矩器　液力变矩器位于自动变速器的最前端，安装在发动机的飞轮上，其作用与普通汽车中的离合器相似。利用油液循环流动过程中动能的变化把发动机的动力传递给自动变速器的输入轴，并能根据汽车行驶阻力的变化，在一定范围内自动、无级地改变传动比和转矩比，具有一定的减速增矩功能。

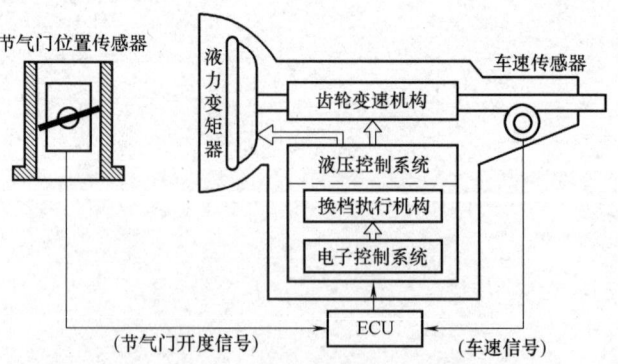

图6-1　电控自动变速器的组成示意图

（2）齿轮变速机构　齿轮变速机构用于形成不同的传动比，从而组成变速器不同的档位。目前绝大多数自动变速器采用行星齿轮机构进行变速。

（3）换档执行机构　换档执行机构主要是用来改变行星齿轮中的主动元件或限制某个元件的运动，从而改变动力传递的方向和转速比。它主要由多片式离合器、制动器和单向离合器等组成。

（4）液压控制系统　自动变速器的液压操控系统主要包括供油部分和液压控制部分。供油部分由油泵、调压阀、油箱、过滤器及管道等组成。液压控制系统由各种控制阀和相应的油路所组成。各种阀和油路设置在一个板块内，称为阀板总成。

（5）电子控制系统　电子控制系统由信号输入装置、电控单元、执行器三部分组成。信号输入装置主要包括各种传感器和部分控制开关。电控单元（ECU）根据各传感器和控制开关的信号以及设定的控制程序，通过运算分析，向各个执行器输出控制信号，从而实现对自动变速器的控制。

二、电控自动变速器的控制原理

电控自动变速器控制原理如图 6-2 所示。电控自动变速器通过传感器和档位开关等信号，监测汽车、发动机和变速器的运行状态，根据驾驶人的操作指令，将发动机转速、节气门开度、车速、发动机冷却液温度、自动变速器传动液的压力和油温等信息转换为电信号，并结合发动机控制单元（ECU）的信息，输入自动变速器控制单元（TCU）。TCU 根据这些电信号，按照设定的换档规律向换档电磁阀、油压电磁阀等发出电子控制信号，而换档电磁阀和油压电磁阀再将输入的电子控制信号转换成液压控制信号，并通过液压控制阀板中各个功能控制阀的位置改变来控制换档执行机构（即离合器、制动器、单向离合器等）的作用，从而实现自动换档。

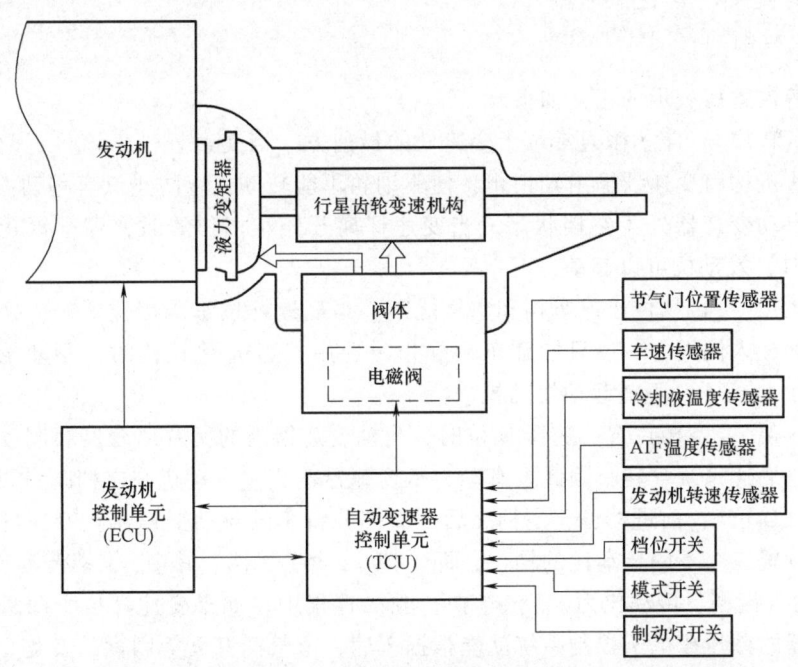

图 6-2　电控自动变速器控制原理

三、电控自动变速器变速杆的使用

不同形式的电控自动变速器档位大同小异，使用方法基本相同。变速杆一般有 4~7 个位置，如欧美部分车变速杆位置为 P、R、N、D、S、L 或 P、R、N、D、3、2、1；本田车系变速杆位置为 P、R、N、D4、D3、2、1；丰田车系变速杆位置为 P、R、N、D、2、L；日产车系变速杆位置为 P、R、N、D、2、1 等。变速操纵如图 6-3 所示。

选档指示器可设置在变速杆旁边，也有的设置在仪表板上，所选档位可用指针显示，也可用灯光表示。图 6-4 所示为不同类型的档位指示器。

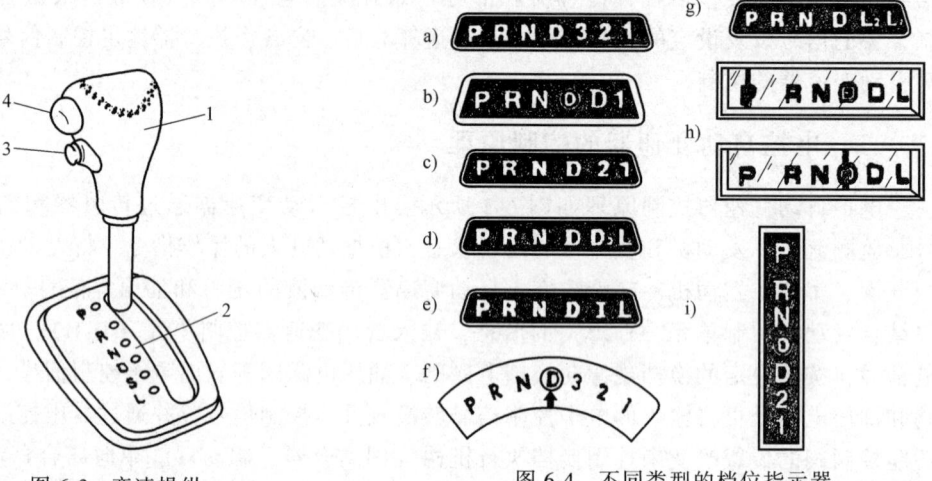

图 6-3 变速操纵
1—变速杆　2—选档指示器
3—超速档开关　4—锁止按钮

图 6-4 不同类型的档位指示器

变速杆各位置所表示的意义如下。

停车档（P 位）：停车档通常位于变速杆的最前方。当变速杆位于该位置时，自动变速器的停车锁止机构将变速器输出轴锁止，使驱动轮不能转动，以防止汽车移动。同时，换档执行机构使自动变速器处于空档状态。当变速杆离开停车档位置时，停车锁止机构即被释放。在 P 位时，发动机可以起动。

倒档（R 位）：倒档位于停车档和空档之间。当变速杆位于倒档位置时，换档执行机构使自动变速器挂入倒档，R 位只能在车辆静止时选用。当选择 R 位时，驱动轮反转，实现倒车行驶。在 R 位下，不能起动发动机。

空档（N 位）：空档位置。选择 N 位时，自动变速器内的所有离合器和制动器均处于分离状态，齿轮变速系统空转，因此没有动力从变速器输出。发动机在空档时可以起动。

前进档（D 位）：前进档位于空档之后，大部分轿车的自动变速器在变速杆位于前进档位置时可以设置三个不同传动比的档位，即 1 档、2 档、3 档。其中，1 档传动比最大；2 档次之；3 档为直接档，传动比为 1。汽车在行驶的过程中，如果变速杆位于前进档位置，那么自动变速器的液压或电子控制系统就能根据车速、节气门开度等因素的变化，按照设定的换档规律自动变换档位。在 D 位时，不能起动发动机。

前进低档（S 位）：遇到较长距离爬坡或下坡时选用此档，汽车根据节气门的开度和车速在 1 档、2 档之间自动实现换档，这样避免了不必要的换入高档，下坡时可以利用发动机制动效果。在 S 位时不能起动发动机。

前进低档（L 位）：低速发动机制动档。选用这一档位时，汽车只能用 1 档行驶，不能升档。这个档位在汽车行驶于坑洼、湿路面或结冰路面上时选用。在下陡坡时，也可选择这个档位，用发动机的制动作用控制车速。在 L 位时发动机不能起动。

配置电控自动变速器的汽车不能长时间拖动，这是因为发动机不工作时，自动变速器油泵不工作，换档执行机构得不到润滑，会烧坏离合器和制动器。

四、电控自动变速器的分类

1. 按前进档的档位数分类

按前进档的档位数不同，自动变速器可分为 3 个前进档、4 个前进档、5 个前进档。新型轿车装用的自动变速器多采用 4 个前进档，即设有超速档。

2. 按驱动方式分类

按照汽车驱动方式的不同，自动变速器可分为后驱动自动变速器和前驱动自动变速器（即自动变速驱动桥）。后驱动自动变速器的变矩器和齿轮变速器的输入轴及输出轴在同一轴线上，前驱动自动变速器在自动变速器的壳体内还装有主减速器和差速器。

3. 按齿轮变速类型分类

按齿轮变速类型的不同，自动变速器可分为行星齿轮式自动变速器和平行轴式自动变速器两种。行星齿轮式自动变速器结构紧凑，能获得较大的传动比，被绝大多数轿车所采用，平行轴式自动变速器体积较大，最大传动比较小，只有少数几种车型使用。

4. 按换档控制方式分类

按控制方式的不同，自动变速器可分为液控自动变速器和电控自动变速器两种。由于电控自动变速器采用车速传感器能更准确地测定车速，且对车速进行精细的控制，广泛普及，而液控自动变速器的使用越来越少。

5. 按变速原理分类

按变速原理的不同，自动变速器可分为有级式自动变速器和无级式自动变速器。

五、电控自动变速器的特点

1. 优点

1) 自动变速器可以消除职业和非职业驾驶人操作技能上的差异。随着轿车的大量普及，老人和妇女涉及该商品的使用领域，由于体能和操作技能上的差异，往往给这些人的使用带来许多障碍，甚至导致许多交通安全事故。自动变速器能根据汽车行驶工况，自动控制升降档。当道路行驶条件变化较大时，只需改变变速杆位置就可能适应新的道路条件，操作非常简单，使得驾驶性能与驾驶人的技术水平关系不大，因而特别适用于非职业驾驶，减少技能和体能上差异所造成的影响。

2) 电子控制技术的快速发展促使自动变速器燃油经济性明显改善。自动变速器燃油经济性较差的问题，一直制约自动变速器在普及型轿车上的广泛应用，关键是变矩器"软"连接引起的高速状态时的滑转，传动效率很低。20 世纪 80 年代后期，由于电子控制技术的快速发展，电子元件的成本大幅度降低和可靠性大幅度提高，为电控自动变速器的发展创造了良好的条件，变矩器"软"连接引起的一系列问题也随之解决。

3) 减轻驾驶人操作时的劳动强度，提高行驶安全性。随着轿车的普及以及公路的高速化，造成交通事故的概率也在增大。社会的激烈竞争，造成人们的思想高度紧张，极易产生

身体的疲劳,人们需要追求一种放松的作业环境,摆脱劳累和放松情绪。自动变速的车辆,取消了离合器踏板,只要控制加速踏板,就能自动变速,简化了操作,减轻了驾驶人的疲劳强度,因此可使驾驶人将注意力集中于对外界情况的观察,提高了行驶安全性。

4)大大提高发动机和传动系统的使用寿命。采取液力自动变速器的汽车与采用齿轮变速器的汽车对比试验表明:前者发动机的寿命可提高85%,传动轴和驱动半轴期寿命可提高75%~100%。液力传动汽车的发动机与传动系统,由液体工作介质"软"性连接。液力传动起一定的吸收、衰减和缓冲的作用,大大减少了冲击和动载荷。例如:当负荷突然增大时,可防止发动机过载和突然熄火;汽车在起步、换档或制动时,能减少发动机和传动系统所承受的冲击及动载荷,因而提高了有关零部件的使用寿命。

5)提高汽车通过性。采用自动变速器的汽车,在起步时,驱动轮上的驱动转矩是逐渐增加的,以防止很大的振动,减少车轮的打滑,使起步容易,且换档平稳,其稳定车速可以降到最低。举例来说,当行驶阻力很大时(如爬陡坡),发动机也不至于熄火,使汽车仍能以极低速度行驶;在特别困难的路面行驶时,因换档时没有功率间断,不会出现汽车停车的现象。因此,对于提高汽车的通过性具有良好的效果。

6)自动变速器可以降低发动机污染物的排放。发动机变工况的使用是造成发动机排放指标差的重要原因之一。在手动变速器的汽车上,通过稳定发动机转速而频繁变更变速器档位是很难实现的。但在自动变速器的汽车上,可把发动机转速稳定在低污染和低油耗的区域,而通过变速器档位的自动变换来适应外界的路况变化。

2. 缺点

1)结构较复杂。自动变速器的结构较复杂,零件加工难度大,生产成本较高,修理也较复杂。

2)传动效率低。自动变速器的效率不够高。当然,通过与发动机的匹配优化、液力变矩器锁止、增加档位数等措施,可使自动变速器的效率接近手动变速器的水平。

课题二 电控自动变速器的结构与工作原理

一、液力变矩器

液力变矩器是自动变速器的核心组成部分之一,其作用是利用液体循环流动过程中的动能变化传递动力。

1. 液力变矩器的结构

典型的液力变矩器由泵轮、导轮、涡轮和单向离合器等组成,如图6-5所示。

(1)泵轮 泵轮的作用是将发动机的机械能转变为液力能,并通过延伸套驱动变速器油泵工作。泵轮与液力变矩器壳体连成一体,液力变矩器壳体用螺栓固定在发动机飞轮上,因为泵轮与曲轴相连接,所以它总是和曲轴一起转动。泵轮由许多具有一定曲率的叶片按一定方向辐射状安装在泵轮壳体上,泵轮的壳体固定在发动机飞轮上,当曲轴旋转时,泵轮便随曲轴同方向同速旋转,而每两个叶片间均充满自动变速器油液,当泵轮旋转时,其叶片便带动其间的液体介质一起运动。

(2)涡轮 涡轮的作用是将液力能转变为机械能,输入变速器。涡轮装有弯曲方向与

项目六　汽车电控自动变速器

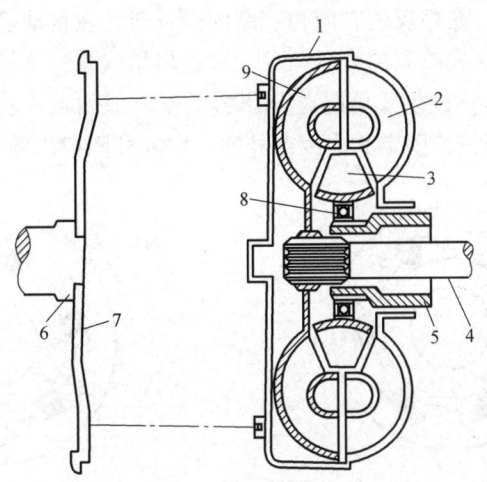

图 6-5　液力变矩器的结构

1—变速器壳体　2—泵轮　3—导轮　4—变矩器输出轴　5—导轮固定套
6—曲轴　7—驱动端盖　8—单向离合器　9—涡轮

泵轮叶片弯曲方向相反的叶片，涡轮转轮装在变速器输入轴上，其叶片与泵轮叶片相对放置，中间留 3mm 的间隙。

涡轮转轮与变速器输入轴相连，变速杆置于 D 位、2 位、L 位、R 档位，当车辆行驶时，涡轮转轮就与变速器输入轴一起转动；当车辆停止行驶时，涡轮转轮不能转动。在变速器变速杆置于 P 位或 N 位时，涡轮转轮与泵轮一起自由转动。

（3）导轮　导轮的作用是在汽车起步和低速行驶时，增大变速器输入的转矩。其结构如图 6-6 所示。

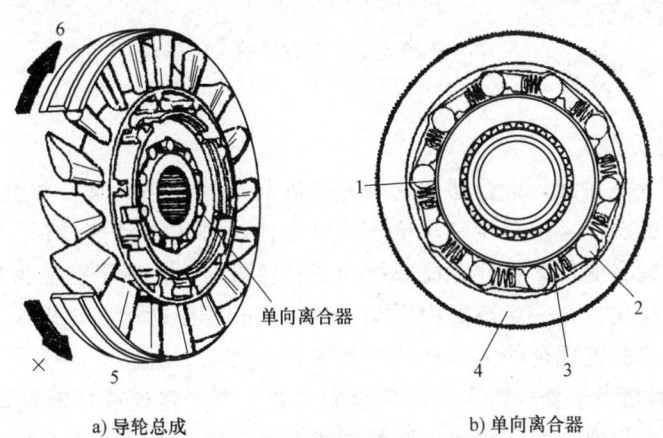

a) 导轮总成　　b) 单向离合器

图 6-6　导轮组件与单向离合器

1—内座圈　2—滚柱　3—弹簧　4—外座圈　5—导轮不能按此方向转动　6—导轮可按此方向转动

导轮上有许多具有一定曲率、一定方向的叶片组装在导轮架上，导轮轴孔内装有单向离合器。因此，导轮只能向一个方向自由转动，而向另一方向转动时，则被单向离合器锁止在壳体上。

（4）单向离合器　单向离合器可限制一些运动元件只能做单方向的转动，或者限制两个元件在某一方向自由转动，在相反的方向相互制约。目前，在自动变速器中应用的单向离合器有滚柱式单向离合器和楔块式单向离合器两种。滚柱斜槽式单向离合器的工作原理如图 6-7 所示（外圈主动，内圈被动）。楔块式单向离合器的工作原理如图 6-8 所示（外圈主动，内圈被动）。以上两种单向离合器，若固定其内圈或外圈，则其外圈或内圈只能作单方向旋转。

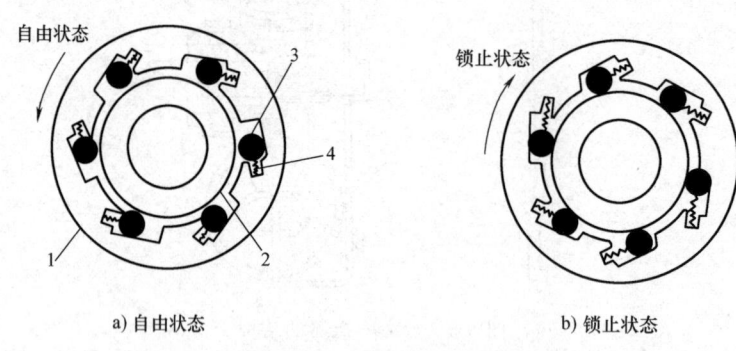

图 6-7 滚柱斜槽式单向离合器的工作原理
1—外座圈　2—内座圈　3—滚柱　4—弹簧

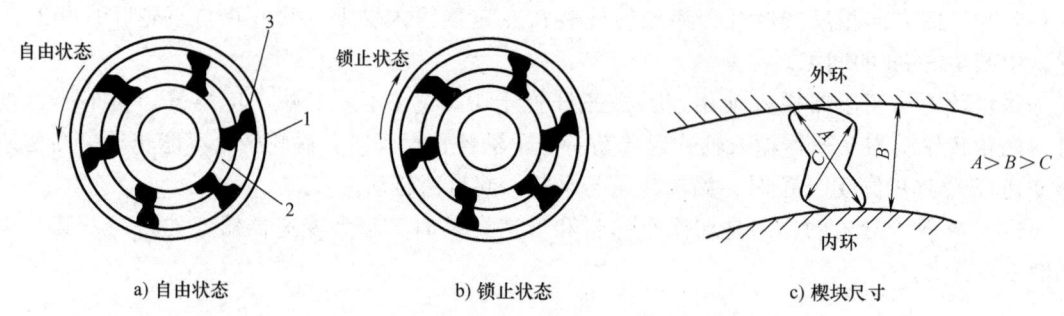

图 6-8 楔块式单向离合器的工作原理
1—外座圈　2—内座圈　3—楔块

2. 液力变矩器的作用

液力变矩器技术是在液力耦合器的基础上发展起来的，它既具有传统飞轮的惯性作用，又具有自动离合器的功能。由泵轮和涡轮这一对工作组合进行动能传递，使得在汽车起步、换档时，利用液体特有的传动特性，能减缓冲击，保障动力传输平稳。另外，还能使汽车随车速与行驶阻力的变化，在一定范围内自动、无级地改变传动比和转矩比，并且变速、变矩时还拥有低速增矩、高速耦合的工作特性，其主要作用如下所述。

1) 液力变矩器相当于普通汽车上的离合器装置，用于传递或切断发动机与自动变速器传动机构之间的动力传递，但在传递力矩的方式上又不同于普通的离合器。

2) 液力变矩器主要是靠液体的规律性流动来传递力矩的，在一定范围内可以改变发动机转矩，因此可将发动机的转矩增大 2 倍输出，而且可实现无级变速。

3) 液力变矩器的壳体用螺栓与发动机飞轮连接在一起，也起到了飞轮的作用，使发动机运转平稳。

4) 液力变矩器的壳体与泵轮焊接在一起，且壳体与发动机飞轮连接，因此，壳体与泵轮随发动机转动，作为发动机动力输入的同时，又负责驱动液压控制系统的油泵运转。

3. 液力变矩器的工作原理

液力耦合的原理可以用两个风扇来说明，如图 6-9 所示。通电转动的风扇带动空气流动，冲击在对置的不通电的风扇的叶片上。空气流动的能量推动了对置的风扇叶片，因此能量从一个风扇传递到另一个风扇上了。尽管这种耦合的效率很低，但事实告诉人们，两个相互间没有刚性连接的叶轮，同样可以进行能量的传递。它是一种"软"性连接能量传递方式。为了提高两叶轮间的传递效率，将两叶轮安装在一个密闭的容器中，让两叶轮对置的间隙尽可能减小，并在其中充满油液，其中一个叶轮由发动机曲轴直接驱动，称为泵轮，而另一个被动的叶轮则作为输出，称为涡轮。

当变矩器工作时，变矩器壳体内充满液压油，发动机带动外壳旋转，外壳再带动泵轮旋转，此时泵轮叶片间的液压油在离心力的作用下从内缘流向外缘。当泵轮转速大于涡轮转速时，泵轮叶片外缘的液压大于涡轮外缘的液压。油液在绕着泵轮轴线作圆周运动的同时，在上述压差的作用下由泵轮流向涡轮。泵轮顺时针旋转，油液带动涡轮顺时针旋转。若涡轮静止或涡轮的转速比泵轮的转速小得多，则由液体传递给涡轮的动能很小，而大部分能量在油液从涡轮反弹回泵轮的过程中损失了。油液在从涡轮叶片外缘流向内缘的过程中，圆周速度和动能逐渐减小。当油液回到泵轮后，泵轮对油液做功，使之在泵轮叶片内缘流向外缘的过程中动能和圆周速度渐次增大，再流向涡轮，如图 6-10 所示。

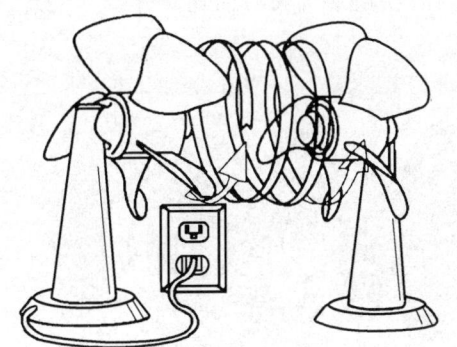

图 6-9 风扇耦合的原理

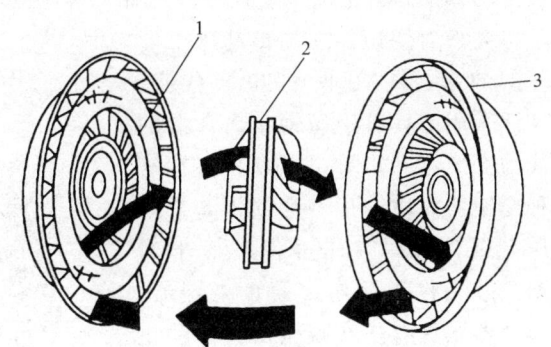

图 6-10 液力变矩器的工作原理
1—涡轮 2—导轮 3—泵轮

液力变矩器安装在发动机和齿轮变速机构之间，液力变矩器的壳体用螺栓与发动机飞轮连接在一起，壳体又和泵轮焊接在一起。因此，壳体与泵轮随发动机转动，作为发动机的动力输入。泵轮的叶片冲焊在壳体上，当泵轮转动时，在离心力的作用下，液体被从中央甩到泵轮的边缘。涡轮、锁止离合器和导轮浮装在液力变矩器的壳体内，并通过涡轮与自动变速器输入轴前端啮合，将发动机输出动力通过液力传动的方式传递给自动变速器输入轴。

4. 导轮的增矩作用

对于普通的液力耦合器，只有两个叶轮是不能够实现增大转矩功能的，而液力变矩器中导轮的引入，使发动机转矩的增大变为现实。这样，液力耦合器就成了变矩器。

发动机运转时，其输出动力通过飞轮、液力变矩器直接传递到泵轮，泵轮叶片的旋转在带动自动变速器油液运动的同时，也将发动机输出的动能传递给了自动变速器油，通过 ATF 油液的液力传动，发动机传递给泵轮的动能被传递给了涡轮，从而实现了动能的传输。

从图 6-10 所示变矩器中泵轮、涡轮、导轮三个叶轮间液体的流动关系可以看出，当液体离开泵轮冲击涡轮时，把液体能量传递给涡轮并使其转动，与此同时流经涡轮的液体从中间流出，撞击导轮叶片的正面（此时单向离合器锁止），液体受到导轮正面叶片的阻挡而产生液体折射，具有方向性的液体返回到泵轮叶片上，而这种具有方向性的液体起到了帮助发动机转动泵轮的作用。当自动变速器油液由涡轮流向导轮时，会对导轮叶片产生一个冲击力，同时因导轮叶片的阻碍，油液运动速度减慢；根据作用力与反作用力的原理，在油液经涡轮对导轮产生冲击力的同时，导轮也将通过油液对涡轮产生一个与该冲击力大小相等、方向相反的反作用力。此作用力具有阻止涡轮逆转的功能，这正是配置液力变矩器的自动档汽车仍具有发动机制动功能的原因。此时的涡轮一方面接收来自泵轮的动力，另一方面同时又受到导轮的反作用力，涡轮输出的动力实际上是两者的合力。经过导轮叶片折射后回流到泵轮中心的液流，仍有一定的速度和动能。若回流油液的运动方向与泵轮泵出油液的运动方向一致，那么回流油液一方面能使泵出油液的速度增大，另一方面对泵的动能需求就会减小，这在客观上也就增大了泵轮的动能输出。这就是液力变矩器中导轮的增矩作用。这种导轮对液体产生的作用力矩，可以使液力变矩器的输出转矩提高两倍，甚至更多。

5. 带锁止离合器的液力变矩器

因液力变矩器的涡轮和泵轮之间存在转速差和液力损失，液力变矩器的传动效率不如机械传动效率高，最高传动效率也只有 85%～90%，因而在正常行驶时油耗高，经济性差。为了提高液力变矩器在高传动比工况下的效率，从 20 世纪 70 年代起，广泛采用了具有液压锁止离合器的液力变矩器，如图 6-11 所示。在这种变矩器内增设了一套锁止离合器压盘组件，其工作过程类似于活塞，故又称为活塞式锁止离合器。离合器压盘有扭转减振器，在锁止过程中起缓冲和减振作用。在压盘的左侧或外侧是摩擦片，摩擦片和经过机械加工的液力变矩器壳里的主动盘配合。

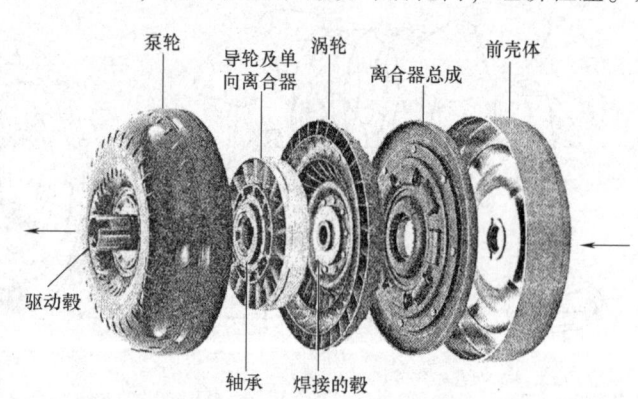

图 6-11 带锁止离合器的液力变矩器的实物分解图

如图 6-12 所示，锁止离合器的主动盘即变矩器的壳体，从动盘是一个可进行轴向移动的压盘，它通过花键套与涡轮连接。压盘右侧的液压油与液力变矩器泵轮、涡轮中的油液相通；压盘左侧的油液通过液力变矩器输出轴中间的控制油道与阀板总成上的锁止控制阀相通。锁止控制阀由自动变速器的电子控制单元（ECU）通过锁止电磁阀来控制。

当车速较低，不满足锁止条件时，锁止控制阀让油液从锁止离合器压盘与变矩器盖之间进入，使压盘两侧保持相同的油压，锁止离合器处于分离状态，如图 6-12a 所示，动力由泵轮通过油液传递给涡轮，这时可充分发挥液力传动减振吸振、自动适应行驶阻力剧烈变化的优点，适合于汽车起步、换档或在坏路面上行驶工况使用。

当车速较高（一般大于 60km/h），满足锁止条件时，锁止控制阀接通变矩器回油油路，使压盘左侧的油压降低，而压盘右侧的油压仍较高，压盘在左右两侧压力差的作用下压紧在

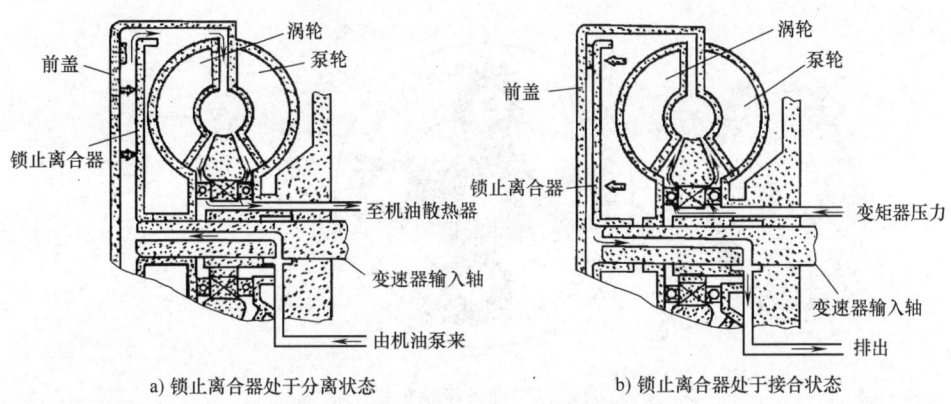

a) 锁止离合器处于分离状态　　　b) 锁止离合器处于接合状态

图 6-12　锁止离合器工作原理示意图

主动盘上，如图 6-12b 所示。这时输入液力变矩器的动力通过锁止离合器的机械连接，由压盘带动涡轮输出。液力变矩器中因泵轮和涡轮的转速相同而不起液力传动作用，故传动效率接近 100%，提高了燃油经济性。另外，锁止离合器接合能减少液压油因摩擦产生的热量，有利于降低液压油温度。

由于带锁止离合器的液力变矩器既能自动适应汽车行驶工况的变化，又能提高传动效率，所以应用越来越广泛。

二、行星齿轮变速机构

自动变速器的齿轮变速系统主要有行星齿轮系统和平行轴齿轮系统两种，目前绝大多数自动变速器采用行星齿轮系统与液力变矩器配合使用。行星齿轮系统由行星齿轮机构和换档执行机构组成，换档执行机构根据自动变速器控制系统的命令，放松或固定行星齿轮机构的某个元件，通过改变动力传递路线得到不同的传动比。

在行星齿轮机构中，至少有一个轴线可以绕共同的固定轴线转动的齿轮机构。自动变速器由多个行星排组成，行星排的多少取决于排档数量。

1. 组成

最简单的行星齿轮机构称为单排行星齿轮机构，由太阳轮、齿圈、行星轮和行星架组成，如图 6-13 所示。行星轮通过齿轮轴支撑在行星架上，齿圈制有内齿，太阳轮为中心齿轮；行星轮有 3~6 个，对称布置在太阳轮与内齿圈（环形齿圈）之间，行星轮轴上安装有滚针轴承。各行星轮用行星轮架（简称行星架）连接成为一个整体。所有行星轮在与太阳轮外啮合的同时还与齿圈内啮合。因此行星轮既能绕行星轮轴自转，又能围绕太阳轮公转，这种关系如同太阳系中地球与太阳的关系，因此，将这样的齿轮机构称为行星齿轮机构。

2. 变速原理

在行星齿轮机构中，虽然将行星架虚拟成一个具有明确齿数的齿轮（齿数＝太阳轮齿数+内齿圈齿数）之后，其传动比也可按平行轴式齿轮变速机构传动比的计算公式计算。但是，由于行星轮的轴线是转动的，且虚拟齿轮及其齿数来源不便于理解，需要利用行星齿轮机构的运动规律方程式来计算其传动比。此外，通过分析单排行星齿轮机构的运动规律，便可了解双排、多排或其他形式组合而成的行星齿轮变速器的变速原理。

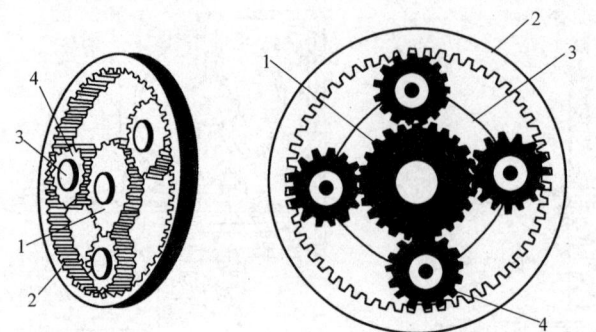

图 6-13 行星齿轮机构
1—太阳轮　2—齿圈　3—行星架　4—行星轮

设太阳轮、内齿圈和行星架的转速分别为 n_1、n_2、n_3 和齿数分别为 z_1、z_2、z_3，内齿圈和太阳轮的齿数比为 α。根据单排行星齿轮机构的受力情况建立力矩平衡方程式后，再根据能量守恒定律可得太阳轮、内齿圈和行星架三个部件上输入与输出功率的代数和等于零的方程式，即可得到单排行星齿轮机构的运动规律方程式，即

$$n_1 + \alpha n_2 - (1+\alpha)n_3 = 0$$

由运动规律方程式可见，将太阳轮、内齿圈和行星架三者中的任意元件与主动轴相连作为输入主动件，第二元件与被动轴相连作为输出从动件，再将第三元件强制固定（称为制动）使其转速为零或约束其运动使其转速为某一定值，则整个系统就能以一定的传动比传递动力，从而实现不同档位和速度的变化。在行星齿轮机构中，行星轮对传动比没有任何影响，在传递动力过程中只起过渡作用，决定传动比的仍然是主、从动齿轮的齿数或转速。为了便于定量分析变速传动比，设太阳轮齿数 $z_1 = 24$，内齿圈齿数 $z_2 = 56$，则

$$\alpha = \frac{z_2}{z_1} = \frac{56}{24} = 2.33$$

1）太阳轮固定（$n_1 = 0$）。

① 内齿圈为主动件（输入），行星架为从动件（输出）——减速运动，如图 6-14a 所示，由齿轮机构运动规律方程式可得传动比 i_{23} 为

$$i_{23} = \frac{n_2}{n_3} = \frac{1+\alpha}{\alpha} = 1 + \frac{z_1}{z_2} = 1.43$$

② 行星架为主动件（输入），内齿圈为从动件（输出）——超速传动，如图 6-14b 所示，由齿轮机构运动规律方程式可得传动比 i_{32} 为

$$i_{32} = \frac{n_3}{n_2} = \frac{\alpha}{1+\alpha} = \frac{z_2}{z_1+z_3} = 0.70$$

2）内齿圈固定（$n_2 = 0$）。

① 太阳轮为主动件（输入），行星架为从动件（输出）——减速运动，如图 6-14c 所示，太阳轮带动行星架沿静止的齿圈旋转，由齿轮机构运动规律方程式可得传动比 i_{13} 为

$$i_{13} = \frac{n_1}{n_3} = 1 + \alpha = 3.33$$

② 行星架为主动件（输入），太阳轮为从动件（输出）——超速传动，如图 6-14d 所示，太阳轮带动行星架沿静止的齿圈旋转，由齿轮机构运动规律方程式可得传动比 i_{31} 为

$$i_{31} = \frac{n_3}{n_1} = \frac{1}{1+\alpha} = 0.30$$

3）行星架固定（$n_3 = 0$）。

① 太阳轮为主动件（输入），内齿圈为从动件（输出）——倒档减速运动，如图 6-14e 所示，行星轮只能自转，齿圈的旋转方向与太阳轮相反，由齿轮机构运动规律方程式可得传动比 i_{12} 为

$$i_{12} = \frac{n_1}{n_2} = -\alpha = -2.33$$

② 内齿圈为主动件（输入），太阳轮为从动件（输出）——倒档升速运动，行星轮只能自转，齿圈的旋转方向与太阳轮相反，由齿轮机构运动规律方程式可得传动比 i_{21} 为

$$i_{21} = -\frac{n_2}{n_1} = -\frac{1}{\alpha} = -0.43$$

4）若三元件中的任意两个元件被联锁在一起转动，则第三元件必然与前两者以相同的转速旋转，此时的传动比为

$$i = 1$$

5）若所有元件均不受约束，则行星齿轮机构将失去传动作用。

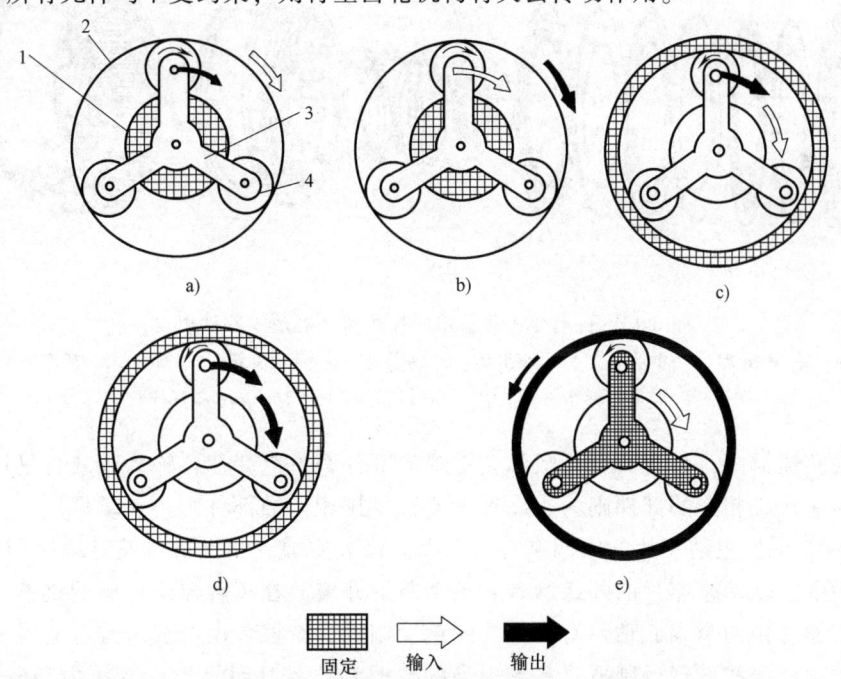

图 6-14 单排行星齿轮机构的动力传动形式
1—太阳轮　2—齿圈　3—行星架　4—行星轮

三、换档执行机构

自动变速器的换档执行机构有换档离合器（简称离合器）和换档制动器（简称制动器）

两种。目前采用的离合器有单向离合器与片式离合器两种，制动器有片式制动器和带式制动器两种。单向离合器的类型以及结构原理与液力变矩器以及起动系统使用的单向离合器基本相同，故不再赘述。片式离合器或片式制动器是一种利用传动液（ATF）压力来推动活塞移动，从而使离合器片（或制动器片）接合的离合器（或制动器），故又称为活塞式离合器（或制动器）。

（一）换档离合器

在自动变速器中，换档离合器的功用是将行星齿轮变速机构的输入轴与行星排的某一个元件或将行星排的某两个元件连接成一体，用以实现变速传动。

1. 片式离合器的结构特点

自动变速器采用的片式离合器的零部件组成如图6-15所示，主要由活塞、回位弹簧、离合器片、离合器毂等组成。在离合器毂的内圆制作有若干个键槽，用于安放离合器片。离合器片由若干片主动片（钢片）和从动片（摩擦片）组成。主动钢片与离合器主动件相连，从动摩擦片与离合器从动件相连。在离合器片的外圆或内圆上制有若干个凸缘，以便与离合器毂连接并传递动力。

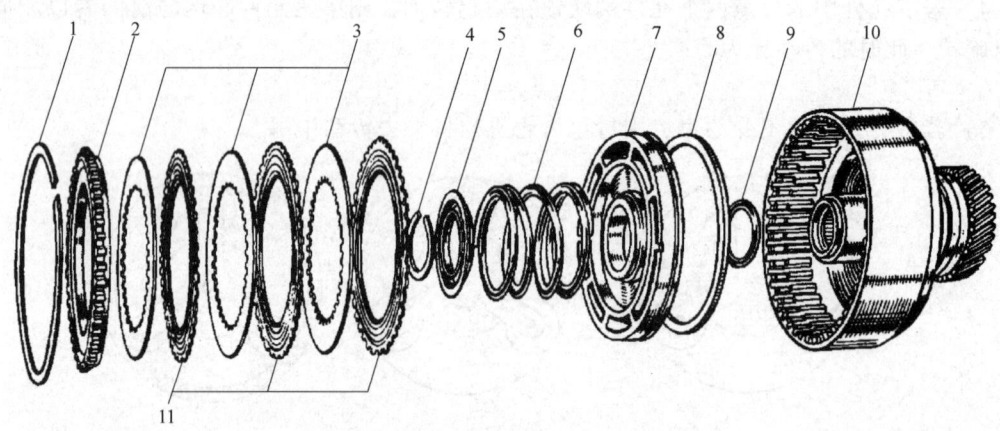

图6-15 自动变速器采用的片式离合器的零部件组成

1—卡环 2—承压盘 3—主动钢片 4—小卡环 5—弹簧座 6—回位弹簧 7—活塞 8—活塞外缘密封圈
9—活塞内缘密封圈 10—离合器毂与壳体 11—从动摩擦片

在自动变速器中，具有离合器毂和花键毂的部件都可与变速器输入轴或行星排的某个元件连接。与输入轴相连的部件则为主动件，与行星排相连的部件则为从动件。

在图6-15中，主动钢片的内圆制有若干个凸缘并安放在主动部件花键毂（图中未画出）外圆的键槽中，从动摩擦片的外缘制有若干个凸缘并安放在离合器毂内圆的键槽中。

从动摩擦片由两个表面粘贴有摩擦片的钢片制成。摩擦片由合成纤维、酚醛树脂和纸质材料经过硬化和浸渍处理后制成，具有很高的摩擦系数，其摩擦性能受压力和温度影响小。因为变速器的离合器片都浸泡在传动液中，所以又称为湿式摩擦片离合器。

2. 片式离合器的工作原理

片式离合器的工作过程如图6-16所示，输入轴为主动件，驱动齿轮与输入轴制成一体，主动钢片内圆的凸缘安放在驱动齿轮的键槽中，从而实现滑动连接。主动钢片既能随驱动齿轮转动，又能作少量轴向移动。

离合器毂为从动件，从动摩擦片外圆上的凸缘安放在离合器毂内圆的键槽中，从而实现滑动连接。摩擦片也可作少量轴向移动。

离合器的活塞安装在离合器毂内，活塞与离合器毂之间形成一个环状油腔，该油腔与液压控制油道相通。环形油腔由活塞内、外圆上的 O 形密封圈保证密封。

当液压控制系统的传动液（ATF）经控制油道进入环形油腔时，活塞在油压作用下，克服回位弹簧弹力向右移动，将主动钢片与从动摩擦片压紧在一起，离合器接合传递动力，如图 6-16b 所示。动力传递路线为输入轴—驱动齿轮—主动片—从动片—离合器毂—输出轴。因此，当离合器处于接合状态时，便可将驱动齿轮和离合器毂连接的机件（变速器轴和行星排的基本元件）连接成一体，从而实现变速传动。

当液压控制系统的油压解除后，活塞在弹簧弹力的作用下回位，离合器又处于分离状态，如图 6-16a 所示。

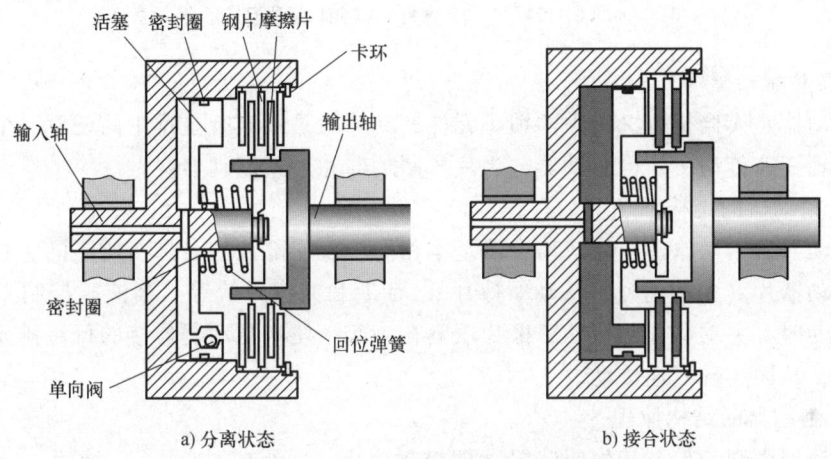

图 6-16 片式离合器的工作原理

3. 安全阀的作用

为了保证离合器工作时能够彻底分离，必须满足以下两个条件。

1) 当离合器处于分离状态时，主动片与从动片之间必须具有足够的间隙，标准间隙为 0.25~0.38mm。间隙不当时，可选用不同厚度的止推垫圈或从动摩擦片进行调整。

2) 当液压控制系统的油压解除后，离合器环形油腔内不能残存传动液。

在离合器的油腔内，由于结构限制，仅设有一条控制油道，通常设在活塞旋转的中心部位。离合器接合与分离时，传动液（ATF）均从同一油道流入与流出。因此，当离合器分离时，残留在油腔中的传动液在离心力的作用下就会甩向油腔外缘，使油腔外缘产生一定的油压。这一油压作用在活塞上会使离合器分离不彻底，导致离合器从动摩擦片与主动钢片磨损加剧而缩短其使用寿命。为此，在油腔周围的离合器毂外缘或活塞外缘上设有一个球阀，称为安全阀或甩油阀。

当传动液流入环形油腔时，具有一定压力的传动液将球阀压紧在阀座上，如图 6-17b 所示，安全阀阀口处于关闭状态。传动液（ATF）充入油腔使油压升高。

当需要离合器分离时，液压控制系统接通回油道，油腔内的传动液 ATF 流出，油压降低，球阀在离心力作用下离开阀座，如图 6-17a 所示，安全阀阀口处于开启状态，残留在油腔的传动液在离心力的作用下便可从安全阀阀口流出，使离合器快速并彻底分离。

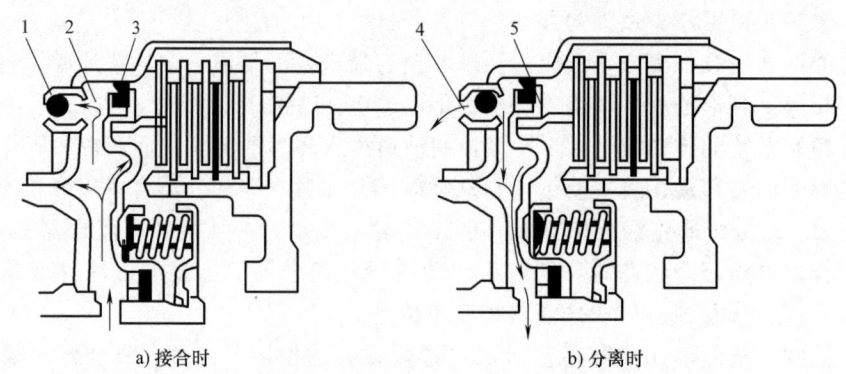

图 6-17　带单向安全阀的离合器

1—单向球阀　2—液压缸　3—油封　4—辅助泄油通道　5—活塞

（二）换档制动器

换档制动器是换档执行机构中的锁止元件，其功用是锁定行星排中的任意一个或两个元件，以便实现变速传动。换档制动器分为片式制动器和带式制动器两种。

1. 片式制动器的结构原理

片式制动器的结构原理与片式离合器基本相同，仅零部件的名称有所不同。分别称为制动器毂、制动器片（主动钢片、从动摩擦片）、活塞和回位弹簧等。当液压控制系统的传动液使活塞移动时，主动钢片与从动摩擦片压紧在一起，便将制动器连接的行星排元件与变速器壳体锁定，从而实现变速传动。

2. 带式制动器的结构原理

带式制动器由制动带及其伺服装置（即控制液孔缸）组成。

（1）制动带　制动带是内表面镀有一层摩擦材料的开口式环形钢带。

按制动带的变形能力不同，可分为刚性制动带和挠性制动带两种。刚性制动带比挠性制动带厚，具有较高的强度和较大的热容量，其缺点是不能产生与制动毂相适应的变形。挠性制动带可与制动毂完全贴合，因此制动效果好，且价格低廉。按制动带的结构不同，可分为单边制动带和双边制动带两种，如图 6-18 所示。双边制动带制动效果比单边制动带好，多用于转矩较大的低档和倒档制动器。相同类型的制动带用于不同档位时，其内表面的摩擦材料镀层不尽相同。低档、

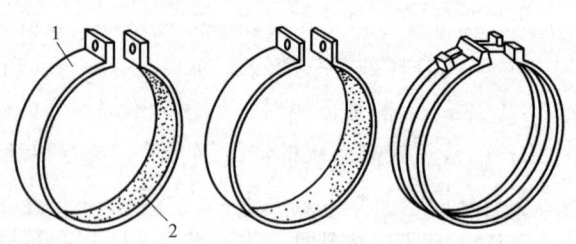

a) 刚性单边制动带　　b) 挠性单边制动带　　c) 双边制动带

图 6-18　带式制动器制动带的结构

1—光滑表面　2—摩擦材料镀层

倒档制动带镀层大多采用金属摩擦材料，其目的是保证具有足够的制动力矩；高档制动带镀层一般采用有机耐磨材料，其目的是防止制动毂过度磨损。

（2）伺服装置　伺服装置分为直接作用式和间接作用式两种。

直接作用式制动器的结构如图 6-19 所示，由制动带 2、活塞 5、回位弹簧 6 和顶杆 7 等

组成。制动带开口的一端固定在调整螺杆前端的推杆上，调整螺杆固定在与变速器壳体相连的支座上，另一端支撑在与液压缸活塞相连的顶杆上。制动器不工作时，活塞在回位弹簧弹力作用下右移到极限位置。

当液压控制系统的传动液从控制油道进入活塞的工作液压腔（即活塞右面无弹簧一侧液压腔）时，在油压作用下，活塞克服弹簧弹力推动顶杆左移，制动带以左侧顶杆支撑点为支点收紧。在制动力矩的作用下，制动带将制动毂抱死并停止转动，此时行星齿轮机构与制动毂连接的元件便处于锁止状态，从而实现变速传动。

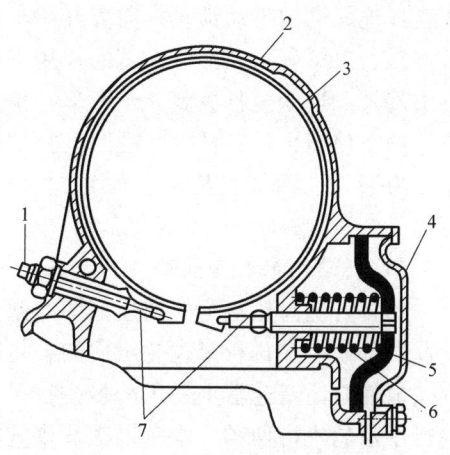

图 6-19　直接作用式制动器
1—调整螺钉（固定支撑端）　2—制动带
3—制动鼓　4—液压缸盖　5—活塞
6—回位弹簧　7—顶杆

当工作液压缸泄压时，活塞在回位弹簧弹力作用下，带动顶杆一同复位，制动解除。如果仅靠弹簧弹力，则活塞复位速度较慢，这种结构多用于早期生产的自动变速器以及换入空档用制动器。目前，大多数制动器设置了左侧油腔进油道，当右侧油腔回油使油压力降低时，活塞在左侧油腔压力和回位弹簧弹力共同作用下复位，可迅速解除制动。

间接作用式制动器如图 6-20 所示，与直接作用式制动器的区别在于增设了一套杠杆机构，杠杆 3 一端与活塞推杆 4 连接，另一端与制动带顶杆连接。活塞移动时，活塞推杆通过杠杆使制动带顶杆动作，从而使制动带收紧。由于采用了杠杆机构将活塞作用力放大，因此可以增大制动力矩。

（三）停车锁止机构

目前，大多数自动变速器都是通过锁止输出轴实现驻车（停车）。停车锁止机构的结构如图 6-21 所示，主要由停车棘爪、停车齿圈和锁止杆等组成。停车棘爪上制作有一个锁止凸齿，一端支承在变速器壳体的支承销上，且可绕支承销转动。锁止杆的一端制作成直径大小不同的圆柱杆，另一端经连杆机构与变速杆连接。当变速杆置于 P 位以外的任一位置时，

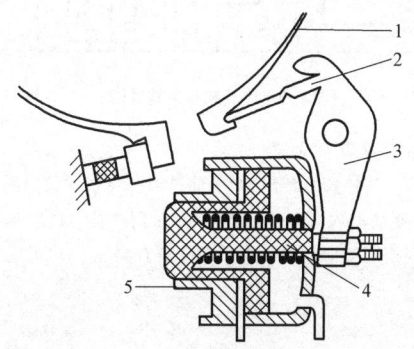

图 6-20　间接作用式制动器
1—制动带　2—制动带推杆　3—杠杆
4—活塞推杆　5—液压缸壳体

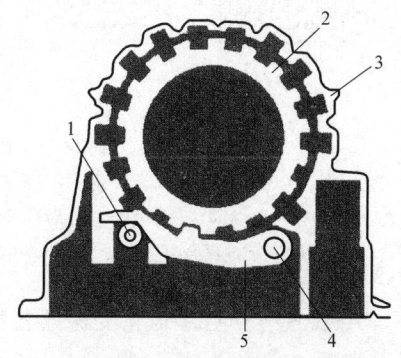

图 6-21　停车锁止机构
1—锁止杆　2—输出轴外齿圆　3—变速器壳体　4—支承销　5—锁止棘爪

变速杆连杆机构带动锁止杆向离开停车棘爪方向移动，使锁止杆直径较小的圆柱杆与停车棘爪接触，停车棘爪在回位弹簧的作用下回位，其锁止凸齿与外齿圈分离，变速器输出轴可以自由旋转。当变速杆拨到P（停车）位置时，变速杆连杆机构推动锁止杆向接近停车棘爪方向移动，使锁止杆直径较大的圆柱杆部分与停车棘爪接触，将停车棘爪顶向停车齿圈。当锁止凸齿嵌入齿圈的齿槽时，便将输出轴与变速器壳体连成一体而无法转动，使汽车停止不动。

（四）典型的行星齿轮变速机构

单排行星齿轮机构的变速范围有限，不能满足汽车的实际要求，实际应用中的行星齿轮变速器都是由多排行星齿轮组成的，传动比可根据单排行星齿轮的运动方程式来推导。现代汽车电控自动变速器上使用的多排行星齿轮机构，常用的有辛普森式行星齿轮机构和拉维娜式行星齿轮机构两种，本章以辛普森式行星齿轮机构为例来说明电控自动变速器行星齿轮变速系统的工作过程。

1. 辛普森式行星齿轮变速器的结构

辛普森式行星齿轮机构包括两个行星排，其特点是：前后两排行星齿轮机构共用一个太阳轮，形成前后太阳轮组件；前行星架和后齿圈连成一体，并且和输出轴连接；输入轴一般选择前齿圈或太阳轮组件。经过这样的组合后，该行星齿轮机构共有四个独立元件，分别是共用太阳轮、前齿圈、后行星架和前行星架/后齿圈组件。

辛普森式三档行星齿轮变速器如图6-22所示，该机构可组成三个前进档和一个倒档，设置了五个换档执行元件：倒档及高档离合器C1、前进离合器C2、2档制动器B1、低档及倒档制动器B2和低档单向离合器F1。换档执行元件的工作情况见表6-1。

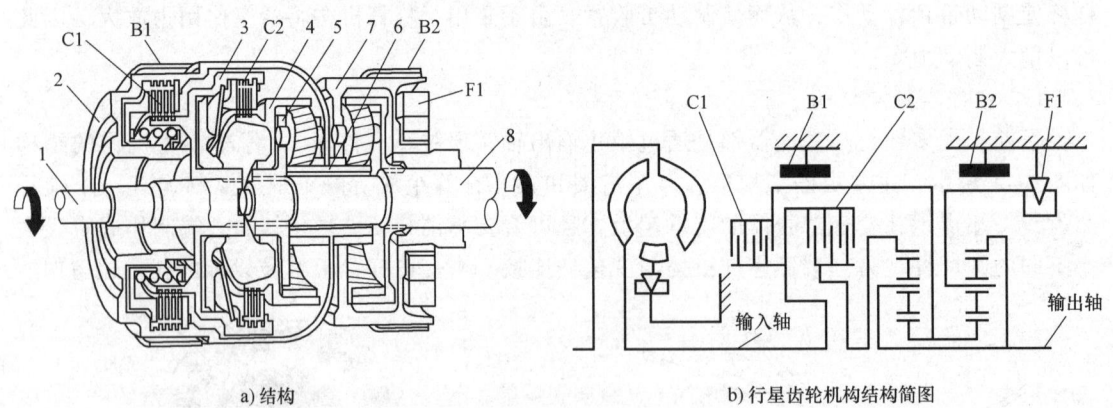

图6-22 辛普森式三档行星齿轮变速器

1—输入轴 2—倒档及倒档离合器毂 3—前进离合器毂和倒档及高档离合器毂 4—前进离合器毂和前齿圈 5—前行星架 6—前/后太阳轮组件 7—后行星架和低档及倒档制动器毂 8—输出轴 C1—倒档及高档离合器 C2—前进离合器 B1—2档制动器 B2—低档及倒档制动器 F1—低档单向离合器

2. 辛普森式三档行星齿轮变速器各档动力传递路线

设前齿圈、前/后太阳轮组件、后行星架、前行星架和后齿圈组件的齿数分别为z_1、z_2、z_3、z_4，由于前、后行星排齿轮参数完全相同，齿圈和太阳轮的齿数之比设为α。则运动方程为前行星排：$z_2 + \alpha z_1 - (1+\alpha)z_4 = 0$

表 6-1 换档执行元件的工作情况

变速杆位置	档位	换档执行元件				
		C1	C2	B1	B2	F1
D	1 档		●			●
	2 档		●	●		
	3 档	●	●			
R	倒档	●			●	
S、L 或 2、1	1 档		●		●	
	2 档		●	●		

注：●表示接合、制动或锁止。

后行星排：$z_2+\alpha z_4-(1+\alpha)z_3=0$

根据各执行元件的工作情况可以计算各档的传动比。

（1）D 位 1 档　此时前进离合器 C2 接合，使前排齿圈成为输入元件，低档单向离合器 F1 使后行星架无法逆时针旋转。动力传递路线是第一轴—前排齿圈—太阳轮—后排齿圈—第二轴。如图 6-23 所示，此时传动比为

$$i_1=2+\frac{1}{\alpha}$$

若要在 1 档实现发动机制动，则需要把变速杆置于 L 位或 1 位，此时后行星架被低档及倒档制动器 B2 制动，驱动轮逆向传入的动力通过变速器将发动机转速提高，从而消耗动力使驱动轮转速迅速下降，实现发动机制动。

（2）D 位 2 档　此时前进离合器 C2 接合，使前排齿圈成为输入元件，2 档制动器 B1 将太阳轮固定。动力经第一轴、前排齿圈和行星架输出给第二轴。其传动路线如图 6-24 所示，此时传动比为

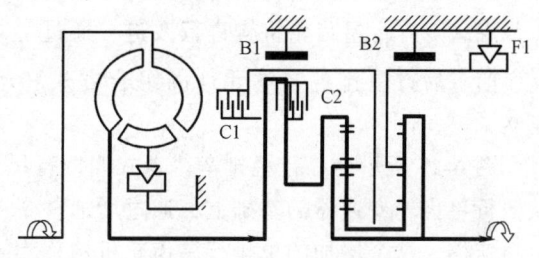

图 6-23　D 位 1 档传动路线

$$i_2=1+\frac{1}{\alpha}$$

此时单向离合器 F1 处于释放状态，输出轴的反向动力通过前行星排传给发动机，因此在辛普森机构的 2 档工作状态下（无论变速杆置于 D 位、S 位还是 2 位），来自驱动轮逆向传入变速器的动力可以直接传至发动机，实现发动机制动。

（3）D 位 3 档　此时前进离合器 C2 和倒档及高档离合器 C1 同时作用，前排太阳轮和齿圈均与第一轴相连，因此行星架也同速转动，形成直接档，将第一轴的动力直接传给第二轴。其传动路线如图 6-25 所示，传动比 $i_3=1$。在 3 档状态下，行星齿轮变速器具有反向传递动力的能力，能实现发动机制动的功能。

（4）倒档　此时倒档及高档离合器 C1 接合，使前排太阳轮成为输入元件。低档及倒档制动器 B2 固定后排行星架。动力经第一轴、太阳轮、后排行星轮和后排齿圈传至第二轴。由于行星架是固定元件，使第二轴的旋转方向与第一轴的相反，变速器得到倒档。其传动路

线如图 6-26 所示，传动比 $i_4=-\alpha$。

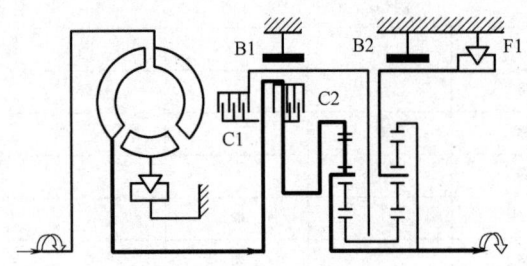

图 6-24　D 位 2 档传动路线

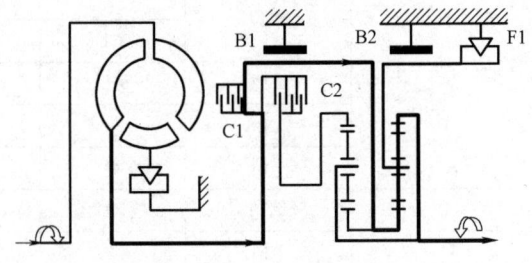

图 6-25　D 位 3 档传动路线

3. 辛普森式四档行星齿轮机构

现代轿车的自动变速器大都采用了四档行星齿轮变速器。其最高档四档是传动比小于 1 的超速档。辛普森式四档行星齿轮变速器是在辛普森式三档变速器的基础上发展起来的，它有两种类型：一种是在辛普森式三档变速器原有的双排行星齿轮机构的基础上再增加一个单排行星齿轮机构；另一种是对辛普森式双排行星齿轮机构进行改进，通过

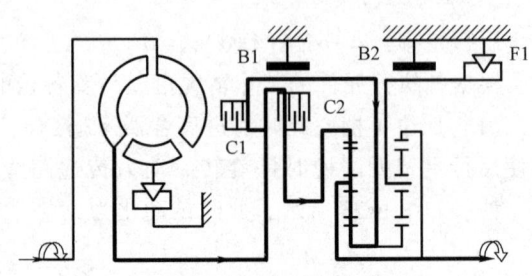

图 6-26　倒档传动路线

改变前、后行星排各基本元件的组合方式和增加换档执行元件，而成为四档行星齿轮变速器。

图 6-27 所示为三行星排辛普森式四档行星齿轮变速器，它是在图 6-22 所示的辛普森式三档行星齿轮变速器的基础上，通过增加一个单排行星齿轮机构和相应的换档执行元件来产生超速档。这个增加的单排行星齿轮机构称为超速行星排，其行星架是主动件，与变速器输入轴连接；齿圈则作为从动件，与后面的双排辛普森行星齿轮机构连接。另外，还增加了控制超速行星排工作的直接档离合器 C0 和超速制动器 B0；为了改善换档性能，还增设了直接档单向离合器 F0、2 档制动器 B1 和 2 档单向离合器 F2。直接档离合器 C0 用于连接超速行

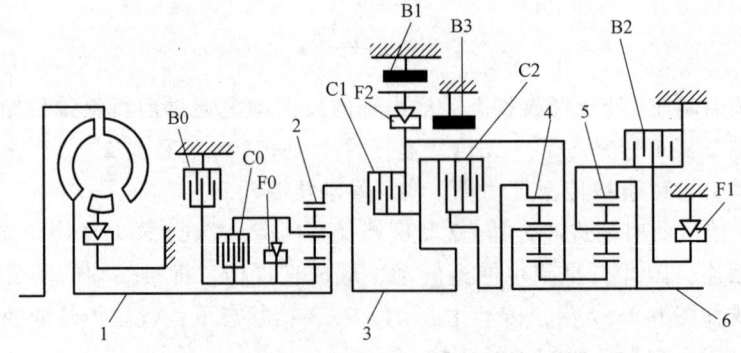

图 6-27　三行星排辛普森式四档行星齿轮变速器

1—输入轴　2—超速行星排　3—中间轴　4—前行星排　5—后行星排　6—输出轴　C0—直接档离合器
C1—倒档及高档离合器　C2—前进离合器　B0—超速制动器　B1—2 档制动器　B2—低档及倒档制动器
B3—2 档强制制动器；F0—直接档单向离合器；F1—低档单向离合器；F2—2 档单向离合器

星排的太阳轮和行星架，制动器 B0 用于固定超速行星排的太阳轮。新增的制动器 B1 和单向离合器 F2 的作用是防止从 2 档换至 3 档的过程中存在运动干涉；要求辛普森机构二档存在两种状态，即汽车滑行和发动机制动。

三行星排辛普森式四档行星齿轮变速器换档执行元件在不同档位的工作情况见表 6-2。

表 6-2 三行星排辛普森式四档行星齿轮变速器换档执行元件在不同档位的工作情况

变速杆位置	档位	换档执行元件									
		C1	C2	B1	B2	B3	F1	F2	C0	B0	F0
D	1档	○					○		○		○
	2档	○		○				○	○		○
	3档	○	○	●					○		○
	超速档	○	○	●						○	
R	倒档		○			○			○		○
S、L 或 2、1	1档	○					○		○		
	2档	○		●	○				○		
	3档	○	○						○		

注：○表示接合、制动或锁止；●表示接合、制动或锁止，但不传递动力。

四、液压控制系统

自动变速器的自动变速是靠液压控制系统来完成的。液压控制系统由动力源、执行机构和控制机构三部分组成。动力源是液力变矩器泵轮驱动的液压泵，它除了向控制机构、执行机构供给压力油以实现换档外，还给液力变矩器提供冷却补偿油，向行星齿轮机构供应润滑油。执行机构包括各离合器、制动器的液压缸。控制机构包括主油路调压阀、手控阀、换档阀及调速阀等，安装在自动变速器的阀体上，如图 6-28 所示。

1. 液压泵

（1）作用与类型　液压泵又称油泵，一般位于液力变矩器和行星齿轮系统之间，由液力变矩器泵轮驱动，和发动机曲轴同步旋转，负责向液压控制系统提供动力源。它主要有齿轮泵、转子泵和叶片泵三种类型。这三种泵的共同特点是，内部元件由液力变矩器花键毂或驱动轴驱动，外部元件与内部元件之间有一定的偏心距。

半月形齿轮泵和转子泵是定容积泵（图 6-29 和图 6-30），即转子每转一圈，被油泵吸入变速器油的容积固定不变；叶片泵是泵量可变的容积泵，其吸油腔容积的大小取决于转子和定子之间的偏心距。偏心距越大，腔室容积的变化量就越大。因此，可通过改变定子的位置调节偏心距，进而改变油泵的泵油量。这种容积可调的油泵更适应自动变速器的工作要求，在换档过程中提供较多的油量，在正常行驶时，油泵的泵油量减少。

叶片泵主要由转子、定子、叶片和配油盘组成，如图 6-31 所示。相邻叶片间形成密封的工作腔室，通过油道与位于油底壳上方的滤清器相连。当转子按顺时针方向旋转时，叶片间工作腔室的容积发生变化。其中，右边叶片工作腔室容积增大，产生低压区，甚至形成局部真空。在叶片泵壳体内真空的作用下，油底壳内变速器油被吸入滤清器，并通过油道进入低压腔室，因此该腔室是油泵的吸油腔。与此相反，容积减小的腔室是压油腔，变速器油从这里被压出油泵，进入压力调节机构。

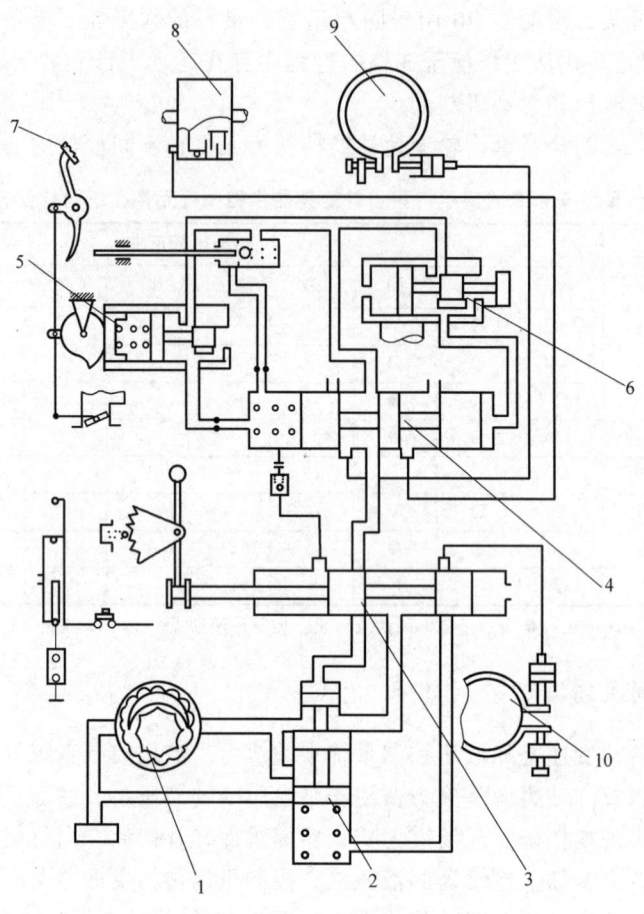

图 6-28 液压控制系统

1—油泵 2—调压阀 3—手控阀 4—换档阀 5—节气门阀 6—调速阀 7—加速踏板
8—直接离合器 9—低档制动器 10—倒档制动器

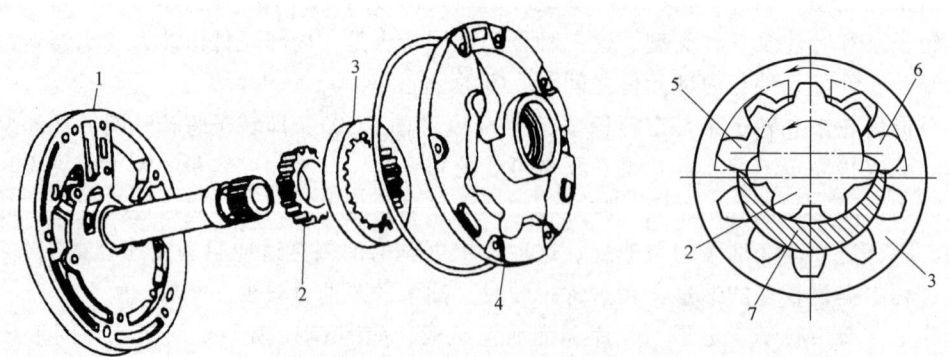

图 6-29 半月形齿轮泵的结构与工作原理

1—泵盖 2—主动齿轮 3—从动齿轮 4—壳体 5—进油腔 6—出油腔 7—月牙板

(2) 注意事项

1) 发动机不工作时,油泵不泵油,变速器内无控制油压。推车起动时,即使档位在 D 位或 R 位,输出轴实际上是空转,因此发动机无法起动。

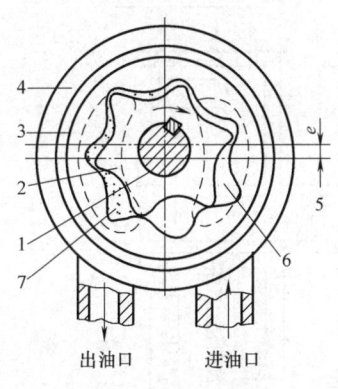

图 6-30 转子泵
1—驱动轴 2—内转子 3—外转子 4—泵壳
5—偏心距 6—进油腔 7—出油腔

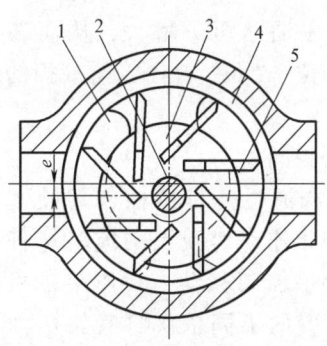

图 6-31 叶片泵的工作原理示意图
1—配油盘 2—轴 3—转子 4—定子 5—叶片

2）车辆被牵引时，发动机不工作，油泵也不工作，无压力油。长距离牵引，齿轮系统无润滑油，磨损加剧。因此，牵引距离不应超过50km，牵引速度不得高于30~50km/h。

3）变速器齿轮系统有故障或严重漏油时，牵引车辆应将传动轴脱开。对于前轮驱动的汽车，应将前轮悬空牵引。

2. 主油路调压阀

液压油从油泵输出后，即进入主油路系统，油泵是由发动机直接驱动的，输出流量和压力均受发动机运转状况的影响，变化很大。当主油路压力过高时，会引起换档冲击和增加功率消耗；而主油路压力过低时，又会使离合器、制动器等执行元件打滑，因此在主油路系统必须设置主油路调压阀。

主油路调压阀的作用主要体现以下三个方面。

1）节气门开度较小时，自动变速器所传递的转矩较小，执行机构中的离合器、制动器不易打滑，主油路压力可以降低。而当发动机节气门开度较大时，因传递的转矩增大，为防止离合器、制动器打滑，主油路压力要升高。

2）汽车在低速档行驶时，所传递的转矩较大，主油路压力要高。而在高速档行驶时，自动变速器传递的转矩较小，可降低主油路油压，以减少液压泵的运转阻力。

3）在使用倒档时需提高操纵油压。

主油路调压阀通常采用阶梯型滑阀，如图 6-32 所示。它由上部的阀芯、下部的柱塞套筒及调压弹簧组成。在阀门的上部，受到来自油泵的液压力作用；下端则受到柱塞下部来自调压电磁阀所控制的节气门油压力作用，以及调压弹簧的作用力。共同作用的平衡，决定阀体所处的位置。

若油泵压力升高，作用在 A 处向下的液压力大，推动阀体下移，出油口打开，油泵输出的部分油液经出油口排到油底壳，使工作油压力被调整到规定值。当加速踏板踩下时，发动机转速增加，油泵转速随之加快，由油泵产生的液压力也升高，向下的液压作用力增大。但此时节气门控制油压也增强，使得向上的作用力也增大，于是主调压压力继续保持平衡，满足了发动机功率增加时主油路油压增大的要求。

倒档时，手动阀打开另一条油路，压力油引入主调压阀柱塞的 B 腔，使得向上推动阀体的作用力增加，阀芯上移，出油口被关小，主油路压力增大，从而获得了高于D位、2位、L位等前进档的管路压力。

3. 手控阀

手控阀通过连杆机构与驾驶室内的变速杆相连，驾驶人操纵变速杆便可以带动手控阀移动，其作用是根据变速杆位置的不同依次将管路压力导入相应的各挡油路。图6-33所示为简易手控阀的结构原理。

手控阀是一种由人工手动操纵的换向阀，滑阀（阀芯）通过机械连杆机构或缆索与变速杆连接。当变速杆处于不同位置（P、R、N、D、2和L）时，滑阀随阀杆移动而移动至相应的位置，从而接通相应的油路。手控阀的功用是根据变速杆位置，接通主调压阀与不同档位之间的油路。手控阀的结构及其控制油路如图6-34所示。

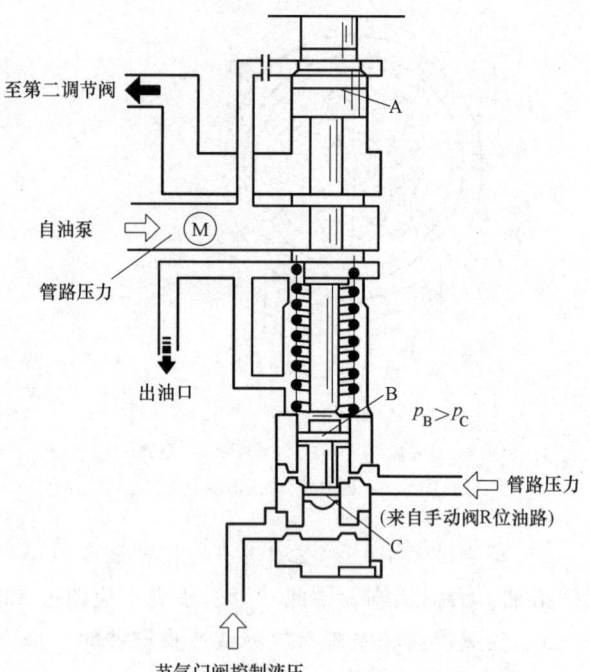

图6-32 主油路调压阀的工作原理

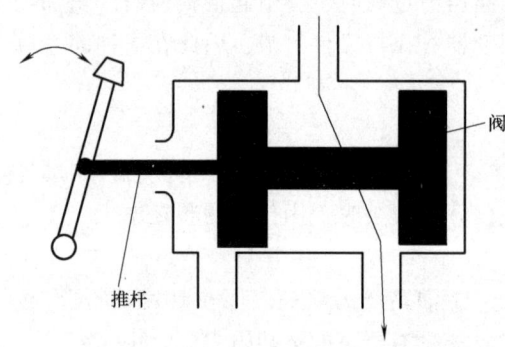

图6-33 简易手控阀的结构原理

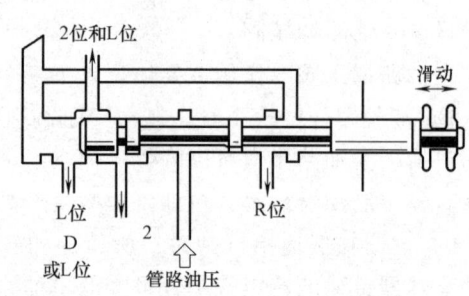

图6-34 手控阀的结构及其控制油路

变速杆有按钮式和手柄式两种：手柄式如图6-35所示；按钮式一般布置在组合仪表板上，通过操纵按钮来选择档位位置。变速杆既可布置在驾驶室地板上，也可布置在转向柱管上。

4. 换档阀

电控自动变速器的升降档由节气门位置传感器和车速传感器向变速器控制单元提供发动机负荷和车速信号，控制单元通过换档电磁阀的工作油压操纵换档阀实现换档。在D位时，变速器控制单元根据节气门位置传感器和车速传感器的信号（负荷大，降档；车速高，升档），通过换档电磁阀进行升降档控制。

换档电磁阀对控制阀中的换档阀进行升降档的控制，如图6-36所示。控制单元根据接收到的节气门位置传感器与车速传感器信号，当通过分析判断需要降档时，控制单元接通换

项目六 汽车电控自动变速器

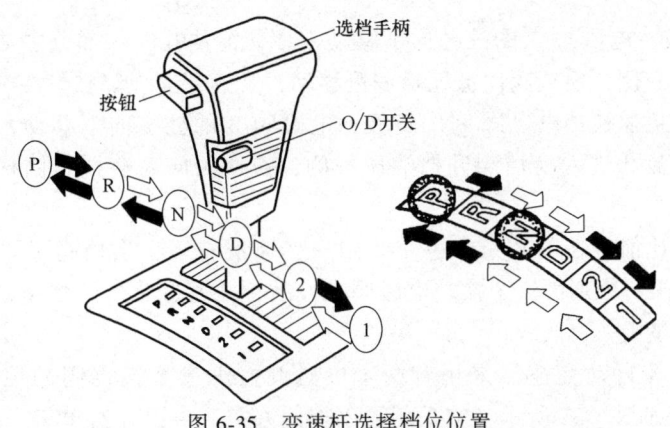

图 6-35 变速杆选择档位位置

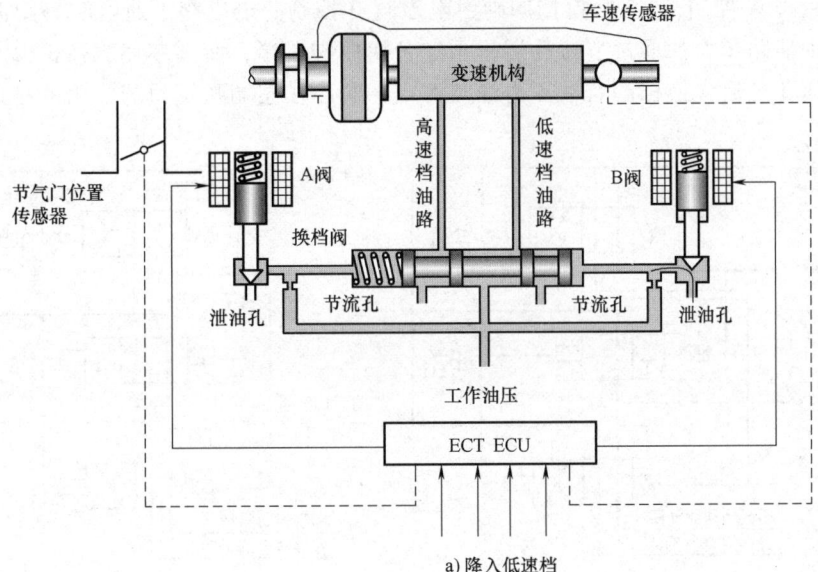

a) 降入低速档

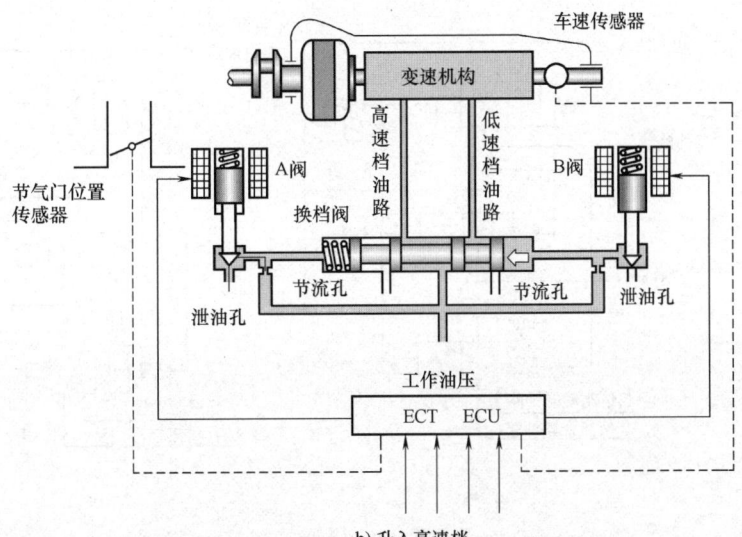

b) 升入高速档

图 6-36 换档电磁阀对控制阀中的换档阀进行升降档的控制

档电磁阀 A 的负极，电磁阀 A 的柱塞向下移动，堵住泄油孔，一部分主油压经过节流孔进入换档阀降档油压一侧，换档阀向低速档一侧移动，变速器完成降档。当通过分析判断需要升档时，控制单元接通换档电磁阀 B 的负极，电磁阀 B 的柱塞向下移动，堵住泄油孔，一部分主油压经过节流孔进入换档阀升档油压一侧，换档阀向高速档一侧移动，变速器完成升档。

换档阀的数量比前进档的数量少一个，四速变速器有三个换档阀，即 1-2 换档阀、2-3 换档阀和 3-4 换档阀，分别由三个换档电磁阀来控制，并通过三个换档阀之间油路的互锁作用实现四个档位的变换。

目前大部分电控自动变速器采用有两个电磁阀操纵三个换档阀的控制方式，如丰田 341E，其工作原理如图 6-37 所示，它采用泄压控制方式。由图 6-37 可知，1-2 换档阀和 3-4 换档阀由电磁阀 A 控制，2-3 档换档阀则由电磁阀 B 控制。电磁阀不通电时关闭泄油孔，来自手动阀的主油路压力油通过节流孔后作用在各换档阀右端，使阀芯克服弹簧力左移。电磁阀通电时泄油孔开启，换档阀右端压力油被泄空，阀心在左端弹簧力的作用下右移。

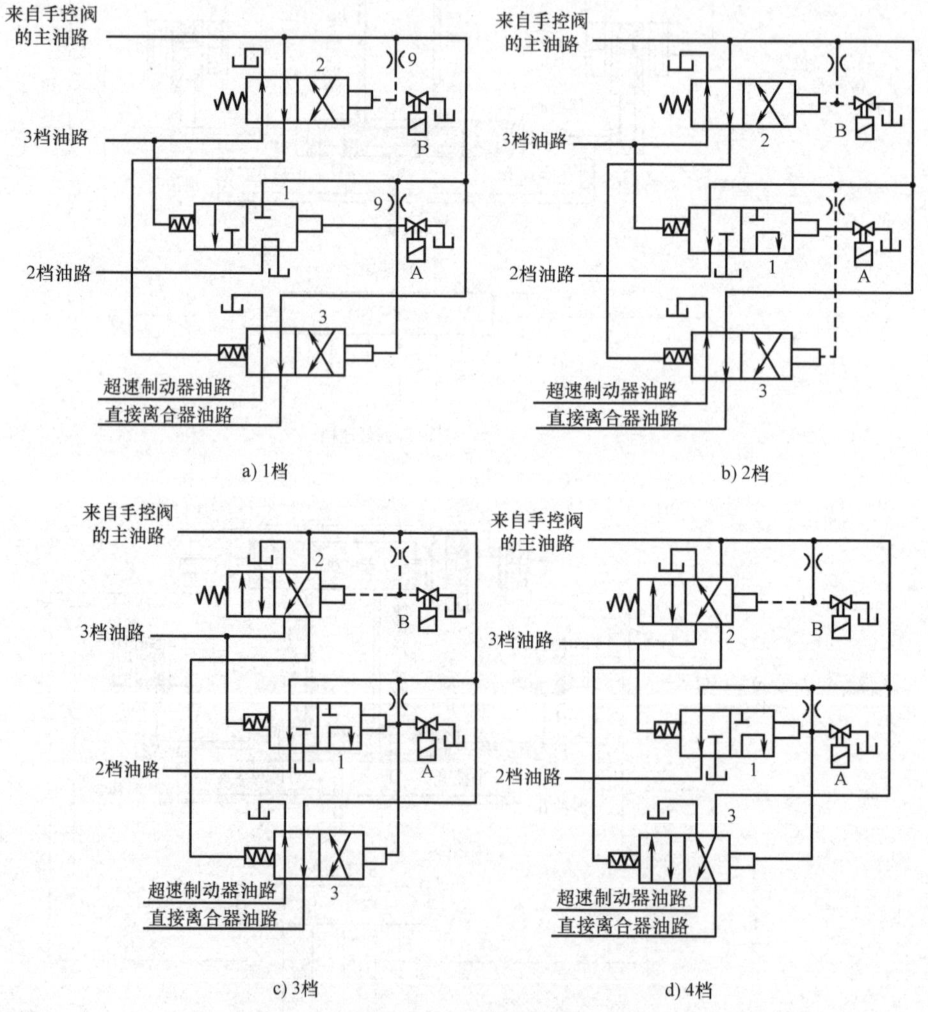

图 6-37 丰田 341E 电控自动变速器换档液压系统的工作原理
A、B—换档电磁阀　1—1-2 档换档阀　2—2-3 档换档阀　3—3-4 档换档阀

图6-37a为1档，此时电磁阀A断电，电磁阀B通电，1-2档换档阀阀芯左移关闭2档油路；2-3档换档阀阀芯右移，关闭3档油路。同时使主油路油压作用在3-4档换档阀阀芯右端，让3-4档换档阀阀芯停留在右位。

图6-37b为2档，此时电磁阀A和电磁阀B同时通电，1-2换档阀右端油压下降，阀芯右移，打开2档油路。

图6-37c为3档，此时电磁阀A通电，电磁阀B断电，2-3档电磁阀右端油压上升，阀芯左移，打开2档油路。同时使主油路油压作用在1-2档换档阀左端，并让3-4档换档阀阀芯左端控制油压泄空。

图6-37d为4档，此时电磁阀A和电磁阀B均不通电，3-4档换档阀阀芯右端控制压力上升，阀芯左移，关闭直接档离合器油路，接通超速制动器油路，由于1-2档换档阀阀芯左端作用着主油路油压，虽然右端有压力油作用，但是阀芯仍然保持在右端不能左移。

5. 液力变矩器锁止离合器控制阀

目前，在一些新型的电控自动变速器上，锁止电磁阀采用脉冲式电磁阀，ECU可利用脉冲信号占空比大小来调节锁止电磁阀的开度，以控制作用在锁止离合器控制阀右端的油压，由此调节锁止离合器控制阀左移时排油孔的开度，从而控制锁止离合器活塞右侧油压的大小。液力变矩器锁止离合器控制阀如图6-38所示。

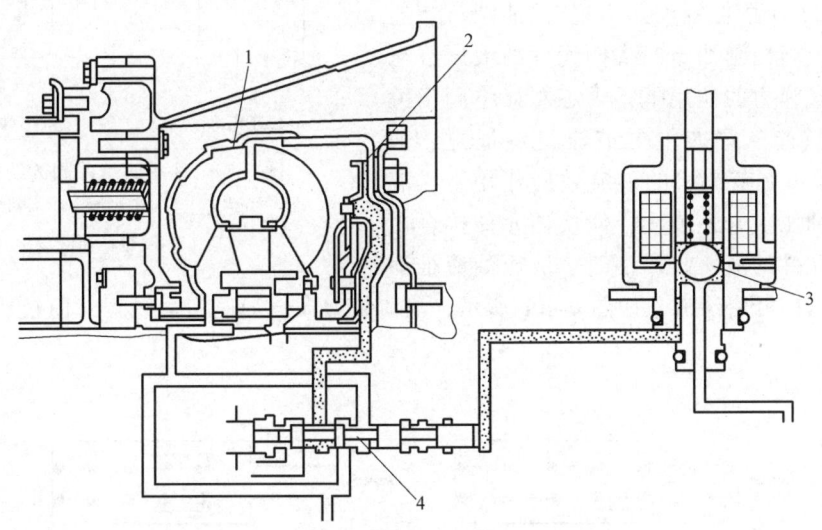

图6-38 液力变矩器锁止离合器控制阀
1—变矩器 2—锁止离合器 3—脉冲线性锁止电磁阀 4—锁止离合器控制阀

当作用在锁止电磁阀上的脉冲信号的占空比为0时，电磁阀关闭，没有油压作用在锁止离合器控制阀的右端，此时锁止离合器活塞左右两侧的油压相同，锁止离合器处于分离状态。当作用在锁止电磁阀上的脉冲信号较小时，电磁阀的开度和作用在锁止离合器控制阀右端的油压以及锁止控制阀左移打开的排油孔开度均较小，锁止离合器活塞左右两侧油压差以及由此产生的锁止离合器接合力也较小，使锁止离合器处于半接合状态。脉冲信号的占空比越大，锁止离合器活塞左右两侧油压差以及由此产生的锁止离合器接合力也越大。当脉冲信号的占空比达到一定数值时，锁止离合器即可完全接合。这样，ECU在控制锁止离合器接合时，可以通过电磁阀来调节其接合速度，让接合力逐渐增大，使接合过程更加柔和。有些车型的自动变速器 ECU 还具有滑动锁止控制程序，也就是在汽车的行驶条件已接近但尚未达到锁止控制程序所要求的条件时，先让锁止离合器处于滑磨状态（即半接合状态），变矩器处于半机械半液力传动工况。

6. 缓冲阀

缓冲阀安装在换档阀到换档执行元件之间的油路中。其功能是，当换档执行元件接合时，通过对流入换档元件的传动液进行节流，来延缓换档元件接合时油压上升的速度，从而减小换档冲击；当换档元件分离时，增大换档元件的泄流量，加速泄流过程，使换档元件迅速分离。缓冲阀有球阀式和弹簧式两种类型。

1) 球阀式缓冲阀的结构如图 6-39 所示，进/排油液连接控制油路，进/排油液口 2 连接换档元件。当控制油路向换档元件的液压缸充油时，球阀关闭，传动液只能从球阀旁边的节流口通过，如图 6-39a 所示，液体流量小，油压上升速度慢，使换档元件接合柔和。当换档元件的液压缸回油时，液压缸油液使球阀开启，两个节流口同时泄流，如图 6-39b 所示，泄流量增大，加速回油过程，使换档元件迅速分离。

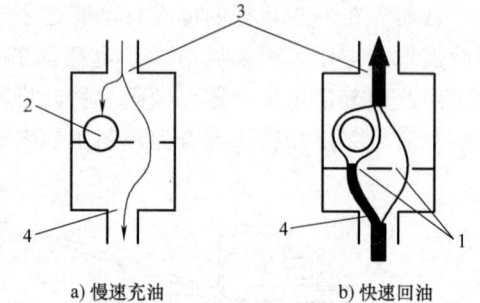

图 6-39　球阀式缓冲阀的结构
1—节流孔　2—放松球　3—进排油液口 1　4—进排油液口 2

2) 弹簧式缓冲阀的结构原理如图 6-40 所示，进/排油液口 1 连接控制油路，进/排油液口 2 连接换档元件。当控制油路向换档元件的液压缸充油时，在弹簧弹力的作用下，阀芯左移将阀门关闭，传动液只能从阀芯上的节流口中通过，如图 6-40a 所示，在节流口的节流效应作用下，液体流量小，油压上升速度慢，使换档元件接合柔和。当换档元件的液压缸回油时，液压油液推动阀芯右移，阀门开启泄流，如图 6-40b 所示，泄流量增大，加速回油过程，使换档元件迅速分离。

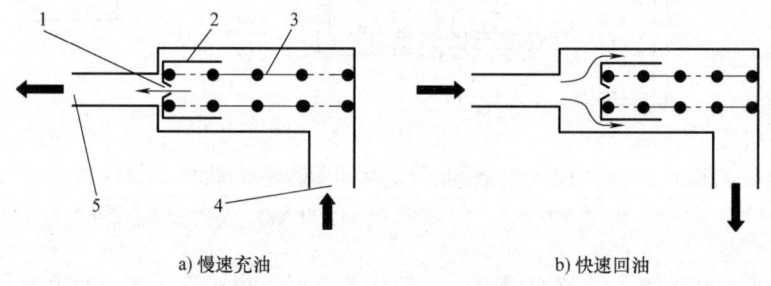

图 6-40　弹簧式缓冲阀的结构原理
1—节流孔　2—阀芯　3—弹簧　4—进/排液口 1　5—进/排液口 2

7. 蓄能器

蓄能器又称为蓄能减振器，其功能是防止换档元件接合时产生冲击现象。在自动变速器中，每个前进档都并联设有一个蓄能器。蓄能器由活塞和弹簧等组成，其进/排液口与换档阀到换档执行元件之间的油路相通，如图 6-41 所示。当变速器换档时，换档阀输出的主油路液压油既输入换档执行元件的液压缸，也输入蓄能器的液压缸。在换档元件接合初期，油压迅速升高，使换档执行元件迅速克服自由行程而开始接合。传动液压力 F_1 既作用到换档执行元件的活塞 A 上，也作用到蓄能器的活塞 B 上。当传动液压力升高到一定程度时，作用力 F_1 就会克服蓄能器弹簧的预紧力使活塞 B 向下移动，部分传动液随之流入蓄能器的液压缸，使活塞 A 和活塞 B 上的油压升高速度减慢，从而防止换档元件接合时产生冲击现象。

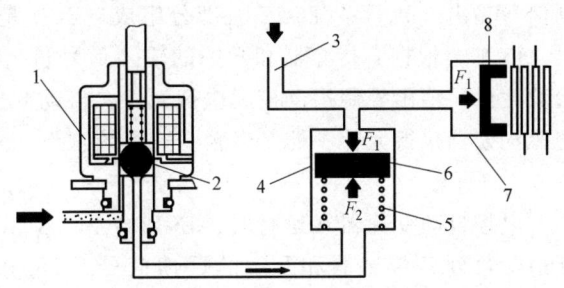

图 6-41 蓄能器及其背压控制
1—背压控制电磁阀　2—球阀　3—进/排液口　4—蓄能器
5—弹簧　6—活塞 B　7—执行元件　8—活塞 A

蓄能器的背压控制过程为 ECU 通过控制背压控制电磁阀 1 的占空比来控制蓄能器活塞下的油压，实现平顺换档。换档结束后提高蓄能器活塞下的油压，使执行元件可靠压紧。

五、电子控制系统

（一）电子控制系统基本构成

自动变速器的电子控制系统基本构成如图 6-42 所示，主要由信号输入装置（节气门位置传感器、发动机转速传感器、车速传感器、输入和输出速度传感器、ATF 温度传感器、ATF 压力传感器、控制模式选择开关、超速档开关、多功能档位开关等）、电子控制单元（ECU）、自诊断接口、故障指示灯等组件构成。

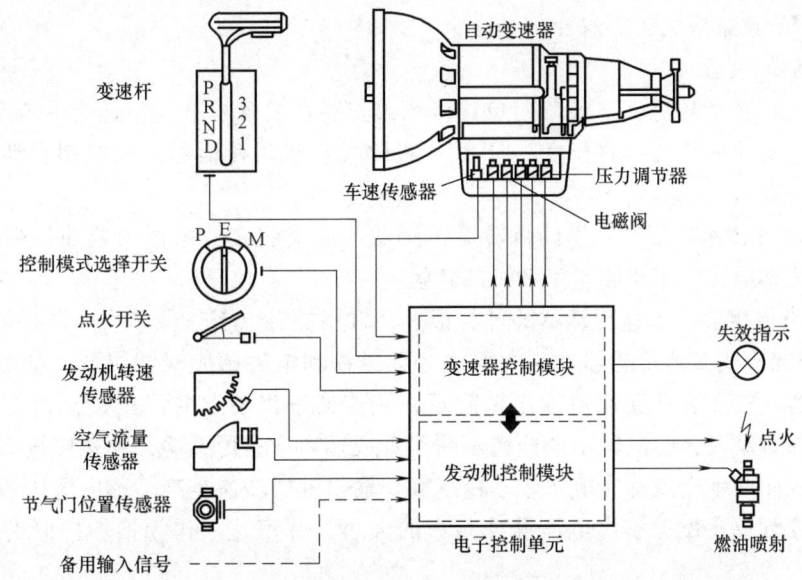

图 6-42 自动变速器的电子控制系统基本构成

（二）电子控制系统工作原理

1. 自动变速器电控原理

电控自动变速器的电子控制系统由信号采集（输入系统）、计算分析（处理系统）、控制信号输出（执行系统）三大部分组成。ECU是电控系统的核心。在电控自动变速器运行时，ECU会根据各传感器和开关的输入信号进行计算处理，在选择出最佳运行模式和控制参数之后，输出控制指令控制执行元件。自动变速器将按照一定的换档控制规律，由电液系统驱动换档执行元件、控制齿轮变速系统工作，实现自动换档，其电子控制系统组成框图如图6-43所示。

电控自动变速器在运行时，ECU会不断地接收到各传感器和开关的反馈信号。ECU接到反馈信号之后，将根据反馈信号进行计算分析，并判断汽车实际行驶状态，然后根据程序最终计算结果，对照修正的控制参数后，再发出控制信号驱动电磁阀工作，改变自动变速器运行参数，以使其工作在最佳状态。如此循环反复，持续进行反馈控制。

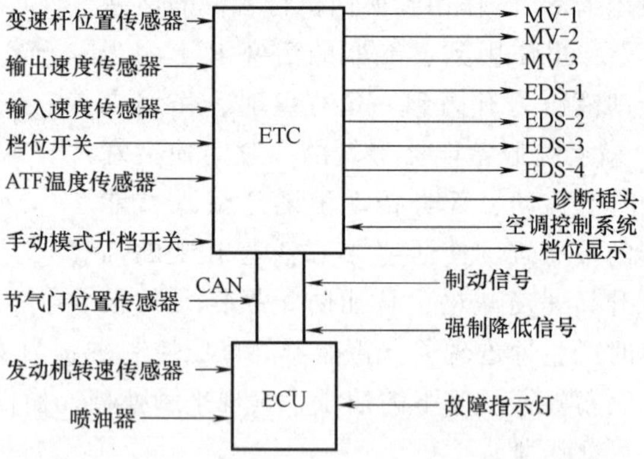

图6-43 自动变速器的电子控制系统组成框图

2. 自动变速器控制过程

电控自动变速器实际工作时，是由电控单元根据汽车实际行驶状态和驾驶人操作意识，以及节气门开度、车速、档位状态、发动机工作温度、ATF温度等相关信息进行计算、分析、处理，并按照设定的换档规律，从中筛选出最佳的传动比控制方案，然后给换档控制电磁阀发出工作指令。通过电磁阀调节控制油路压力，使相应的液压滑阀工作，进而使换档执行元件实现接合与分离，并对元件接合和分离时的速度与质量做进一步的调节控制，以保证换档过程的平顺和稳定，使电子控制单元实现理想的自动升档和降档的切换。

（三）电子控制系统主要组件

1. 信号输入装置

（1）节气门位置传感器　节气门位置传感器安装在发动机节气门体上并与节气门联动，其作用是测量发动机节气门的开度，向ECU提供发动机负荷信号，以控制自动变速器换档时刻及主油路油压。

（2）发动机转速传感器　发动机转速传感器一般安装在分电器内或曲轴后端的飞轮附近，通常为磁感应式，用于测量发动机的转速。

（3）车速传感器　车速传感器的种类很多，常用的有以下三种。

1）电磁感应式车速传感器：它主要由永久磁铁和电磁感应线圈组成，如图6-44所示。该车速传感器一般安装在变速器输出轴附近，变速器输出轴上的停车锁止齿轮充当感应转子。当输出轴转动时，感应转子的凸齿不断靠近或远离车速传感器，使感应线圈内的磁通量发生变化，从而产生交流感应电压。车速越高，输出轴的转速越高，感应电压的脉冲频率也越大。电子控制单元根据感应电压脉冲频率的大小计算车速，作为换档控制的另一个主要依据。

2）舌簧开关式车速传感器：舌簧开关由小玻璃管内安装的两个细长触头构成，触头由铁、镍等磁性材料组成，受玻璃管外的磁极控制，触头可因互相吸引而闭合，也可因互相排斥而断开，具有开关作用。舌簧开关置于车速表的转子附近（图6-45），当车速表软轴旋转时，产生脉冲信号。

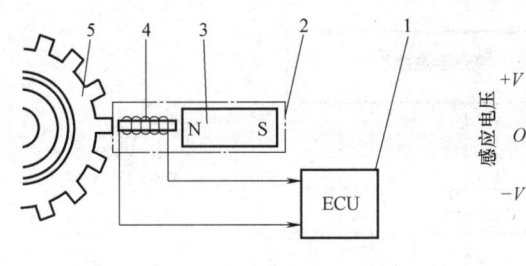 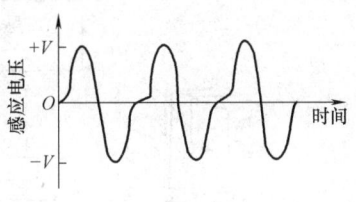

a) 结构 b) 感应电压曲线图

图 6-44 电磁感应式车速传感器

1—电子控制单元 2—车速传感器 3—永久磁铁 4—感应线圈及铁心 5—感应转子

3) 光电式车速传感器:如图 6-46 所示,光电式车速传感器由发光二极管、光敏元件及速度表软轴驱动的遮光板组成。其工作原理如图 6-47 所示,ECU 根据脉冲数计算出车速。

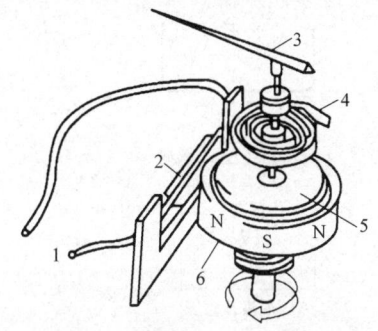 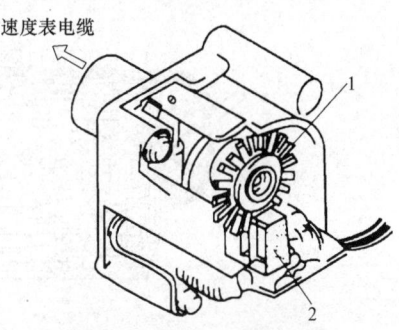

图 6-45 舌簧开关式车速传感器

1—输出 2—舌簧开关 3—指针 4—游丝 5—磁铁 6—转子

图 6-46 光电式车速传感器

1—遮光板 2—光耦合部件

(4) 自动变速器输入和输出速度传感器 自动变速器输入和输出速度传感器多采用电磁感应式或霍尔式结构,如图 6-48 所示,主要是给电控单元提供相应的转速变化信号。

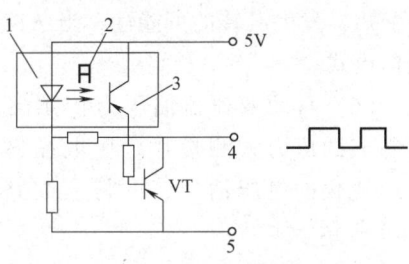

图 6-47 光电式车速传感器的工作原理

1—发光二极管 2—遮光板 3—光电晶体管 4—传感器输出 5—搭铁

输入速度传感器用于测量液力变矩器的涡轮转速,即输入轴转速,然后将输入速度信息提供给自动变速器电控单元;输出速度传感器用于测量自动变速器的输出轴转速,并将输出速度信息及时地反馈给电控单元处理。电控单元可通过比较和计算发动机转速(即变矩器泵轮转速)与涡轮转速,可判断液力变矩器是否存在滑转,锁止离合器应该分离还是锁止。通过比较和计算涡轮转速与输出轴转速,可判断换档执行元件是否存在滑转现象,及其工作油压是否需要调节。通过综合比较和计算各转速信号,以选择相应的换档规则。在换档时根据液力变矩器的滑转程度,及时调整换档点时间和工作油压的大小,必要时转入安全控制模式。

(5) 自动变速器油温度传感器 自动变速器油温度传感器采用热敏电阻或其他热敏元件制成,装在阀体附近的液路中,沉浸在油底壳中的 ATF 内,用于监测 ATF 的工作温度,如图 6-49 所示。

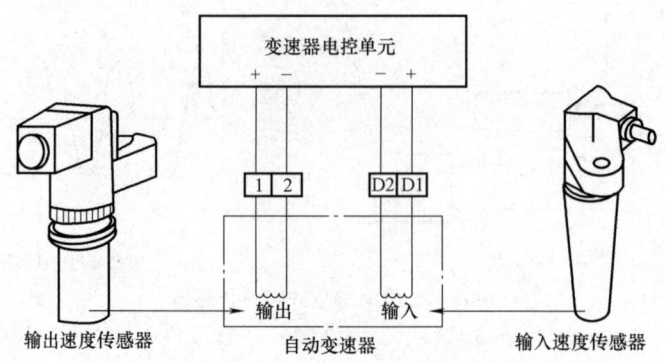

图 6-48 自动变速器输入和输出速度传感器

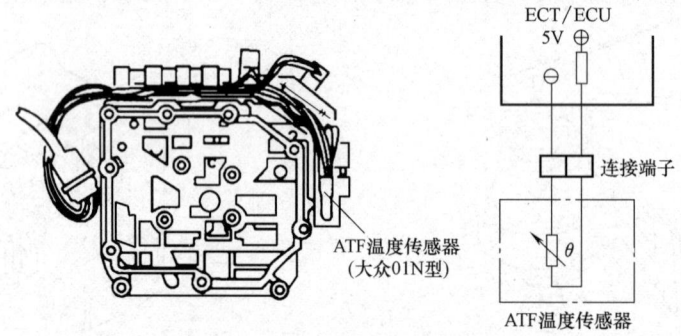

图 6-49 自动变速器油温度传感器

若换档过程中油温偏高,则自动变速器控制单元将延迟换档点,并提前锁止。其目的是使发动机处于较高转速下运行,通过提高发动机输出转矩,来降低 ATF 温度,从而降低液力变矩器发生滑转的可能性;当 ATF 温度降到正常值后,自动变速器控制单元将恢复正常换档模式。

(6) 自动变速器油压力传感器　自动变速器油压力传感器是由压电晶体或压敏电阻制成的应力式测量片。压电晶体式测量片在受压变形后,可直接产生与所受压力呈对应变化的电压信号,可将主油路工作油压转变成电压信号后传输给电控元件,如图 6-50 所示。

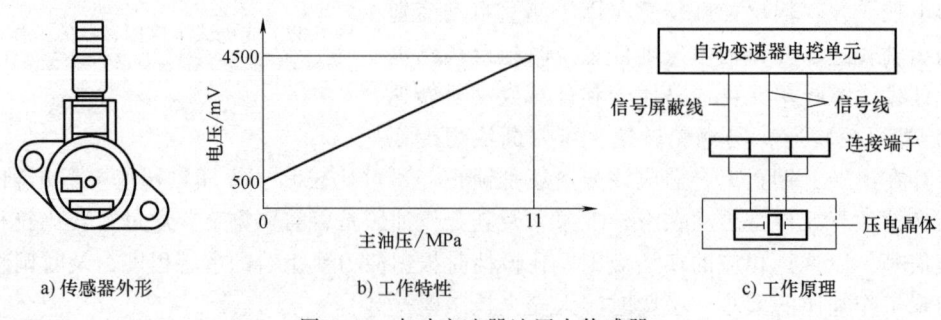

a) 传感器外形　　b) 工作特性　　c) 工作原理

图 6-50 自动变速器油压力传感器

压敏电阻型应力测量片,由自动变速器电控单元给其提供一个 5V 电源,随着主油路压力的变化,传感器电阻会跟着发生变化。电控单元通过监测反馈电压,即能感知主油路压力的连续变化情况。

电控单元收到压力信息后，若判断主油路压力异常，则可通过对压力调节电磁阀脉冲控制信号的修正来校正主油路工作压力，使主油路工作油压值时刻符合自动变速器的实际工作需要。

（7）控制模式选择开关　模式选择开关又称为程序开关，用于选择自动变速器的控制模式，即选择自动变速器的换档规律，以满足不同的使用要求。图6-51所示为安装在变速杆旁边的模式选择性开关。

常见的控制模式大致有以下几种。

1）经济模式（Economy）。该模式以汽车获得最佳燃油经济性为目标设计换档规律。当自动变速器在经济模式下工作时，其换档规律使汽车在行驶过程中，发动机经常在经济转速范围内运转，降低了燃油消耗。发动机转速相对较低时就会换入高档，即提前升档，延迟降档。

2）动力模式（Power）。该模式以汽车获得最大动力性为目标设计换档规律。当自动变速器在动力模式下工作时，其换档规律使汽车在行驶过程中，发动机经常处于大转矩、大功率范围内运行，提高了整车的动力性和爬坡能力。只有发动机转速较高时，才能换入高档，即延迟升档，提前降档。

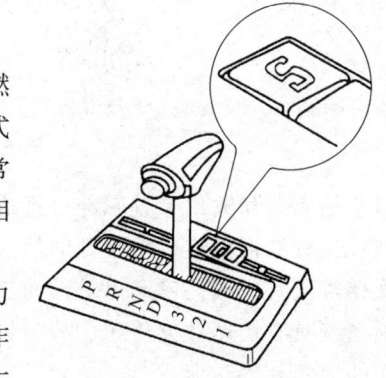

图6-51　安装在变速杆旁边的模式选择性开关

3）普通模式（Normal）。普通模式的换档规律介于经济模式和动力模式之间，它使汽车既保证了一定的动力性，又有较好的燃油经济性能。

4）手动模式（Manual）。该模式只在拥有手自一体自动变速器的换档控制模式的车型中使用，它让驾驶人可以在所有的前进档之间以手动方式选择合适的档位，使汽车像装了手动变速器一样行驶，而又不必像手动变速器那样换档时刻都必须踩下离合器踏板。

（8）超速档开关　超速档开关通常安装在自动变速器变速杆上，如图6-52所示。它用来控制自动变速器的超速档。如果超速档开关打开，变速器变速杆处于D位置，则在自动变速器随着车速的提高而升档时，可升到最高档（即超速档）；当超速档开关关闭时，无论车速怎样提高，自动变速器最多只能升至次高档。

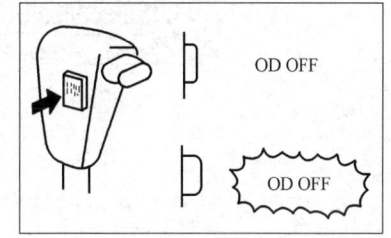

图6-52　超速档开关

（9）多功能档位开关　多功能档位开关实际就是信息传感器，或称为档位信息编码器。它由变速杆驱动，负责将变速杆位置信息提供给自动变速器电控单元，如图6-53所示。它还能够接通倒车灯信号、在行驶档位时阻止发动机起动、在P位或N位接通允许起动电机工作，并接通换档杆位置指示电路，提示驾驶人留意自动变速器所处的档位状态。

2. 电子控制单元

自动变速器电子控制单元可以与发动机共用一个ECU，也可以使用独立的电子控制单元（此时称为TCU）。电子控制单元是自动变速器电控系统的核心元件（图6-54），由接收

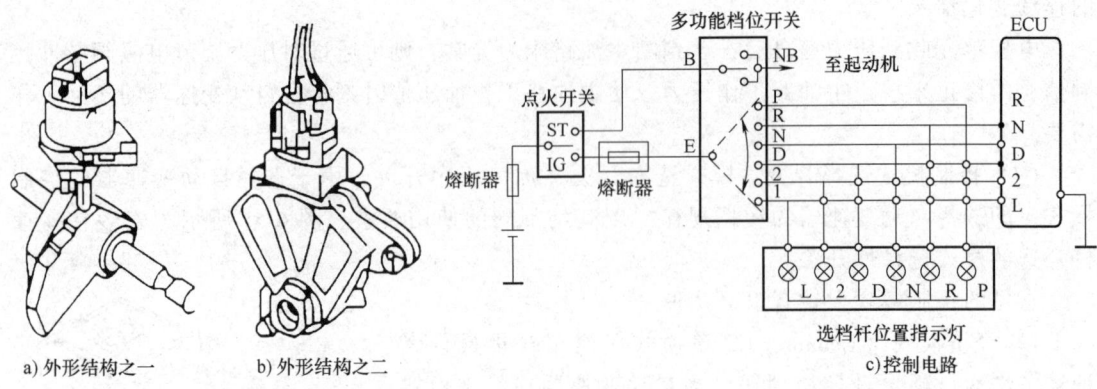

图 6-53 多功能档位开关及控制电路

器、控制器和输出装置三部分组成。接收器负责接收来自各传感器的信号,并对其放大或调制;控制器根据这些接收到的信号与内存中的数据进行比较和判断,根据对比结果做出是否换档等决定,最终确定出最佳的控制方式,并由输出装置将控制信号输送给电磁阀。其自诊断系统具有快速数据传送、故障识别和故障码存储功能,以及紧急状态下维持变速器继续工作的应急处置功能。

在汽车行驶过程中,自动变速器的电子控制单元可适时检测发动机负荷、车速、冷却液温度等信号,并根据计算机内部存储器的程序实现以下过程的控制。

1) 控制换档时刻。换档时刻的控制是 ECU 最重要的控制内容之一,汽车在每一个特定的行驶工况都有一个与之对应的最佳换档时刻,ECU 可以让自动变速器在任何行驶条件下按最佳换档时刻进行换档,从而使汽车的动力性和经济性等指标综合起来达到最佳。

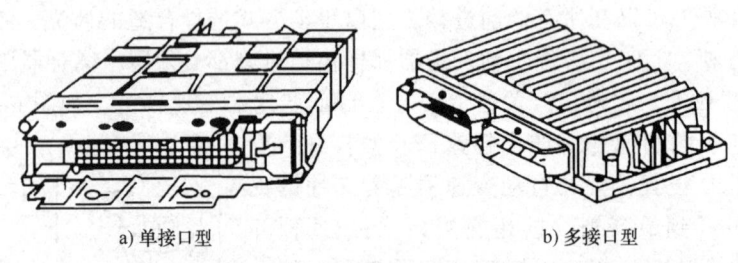

图 6-54 自动变速器电控单元的外形

通常,ECU 将汽车在不同使用要求下的最佳换档规律以自动换档图谱的形式存储在存储器中。带有模式选择开关的电控式自动变速器在模式开关处于不同位置时,对汽车的使用要求不同,其换档规律也不同,一般有普通、经济、动力等几种形式的换档规律。汽车在行驶时,ECU 根据模式选择开关和档位开关的信号,从存储器中选出相应的自动换档图,再将车速传感器、节气门位置传感器测得的车速、节气门开度与所选的自动换档图进行比较,如果在一定节气门开度下行驶的汽车达到设定的换档车速时,ECU 便向换档电磁阀输送换档指令,实现换档。

2) 控制主油路油压。电控油压控制系统的 ECU 根据节气门位置传感器测定的节气门开度,控制发往油压电磁阀的脉冲信号的占空比,使主油路油压随节气门开度而变化。节气门

项目六 汽车电控自动变速器

开度越大，脉冲电信号的占空比越小，油压电磁阀排油孔开度越小，节气门油压也就越大。

3）控制锁止离合器。ECU 根据自动变速器的档位、选取的控制模式等工作条件从存储器内选择出相应的锁止控制程序，再将车速、节气门开度与锁止控制程序进行比较，向锁止电磁阀发出电信号，使锁止离合器接合，液力变矩器按机械传动工况工作。

4）当汽车采取制动或节气门全闭时，为了防止发动机失速，ECU 切断通向锁止电磁阀的电路，强行解除锁止；在自动变速器升降档过程中，ECU 暂时解除锁止，以减小换档冲击；如果发动机冷却液的温度低于 60℃，锁止离合器应处于分离状态，加速预热，以提高总体的驾驶性能。

5）在升档或降档的瞬间，ECU 通过油压电磁阀适当降低主油路油压，以减小换档冲击，达到改善换档质量的目的。也有一些控制系统在换档时通过电磁阀减小减振器活塞的背压，以降低离合器或制动器液压缸内油压的增长速度，达到减小换档冲击的目的。

6）在换档的瞬间，通过延迟发动机的点火时间或减少喷油量，暂时减少发动机的输出转矩，以减小换档冲击和汽车加速度出现的波动。ECU 通过各个传感器测得汽车行驶状况和驾驶人的操作方式，经过运算分析，自动选择采用经济模式、动力模式或普通模式进行换档控制，以满足不同的行驶要求，实现自动模式选择。

7）发动机制动作用控制。ECU 按照设定的控制程序，在变速杆位置、车速、节气门开度等满足一定条件（如变速杆位于前进低档位置，且车速大于 10km/h，节气门开度小于 1/8）时，向强制离合器电磁阀或强制制动器电磁阀发出电信号，打开离合器或制动器的控制油路，使之接合或制动，让自动变速器具有反向传递动力的能力，从而在汽车滑行时可以实现发动机制动。

8）使用输入轴转速传感器的控制。ECU 在进行换档油压控制、减小转矩控制、锁止离合器控制时，利用输入轴转速进行计算，使控制的时间更加准确，从而获得最佳的换档感觉和乘坐舒适性。

9）超速行驶控制。只有当变速杆位于 D 位且超速开关打开时，汽车才能升入超速档。当汽车以巡航方式在超速档行驶时，若实际车速低于 40km/h，巡航控制单元向自动变速器 ECU 发出信号，要求自动退出超速档，还可以防止自动变速器在发动机冷却液温度低于 60℃时进入超速档工作。

10）自动变速器电子控制装置具有故障自诊断和失效保护功能。在汽车行驶过程中不停地检测自动变速器电子控制装置中所有传感器和电控执行器的工作情况，一旦发现故障，仪表板上的自动变速器故障警告灯闪亮，以提醒驾驶人立即将汽车送至修理厂维修。被检测到的故障码就会一直保存在 ECU 内，即使是汽车行驶中偶尔出现的一次故障，ECU 也会及时地检测到并记录下来。在修理时，维修人员可以采用一定的方法将存储在 ECU 内的故障码读出，为寻找故障部位提供了可靠的依据。

3. 执行元件

电磁阀是电子控制系统的执行元件，按其作用可分为换档电磁阀、锁止电磁阀和调压电磁阀，按其工作方式可分为开关式电磁阀和脉冲式电磁阀。

（1）开关式电磁阀 开关式电磁阀的作用是开启和关闭变速器油路，可用于控制换档阀。开关式电磁阀由电磁线圈、磁铁、阀芯和回位弹簧等组成，如图 6-55 所示。线圈不通电时，阀芯被油压推开，打开泄油孔，油路压力为 0；线圈通电时，电磁力使阀芯下移，关闭泄油孔,油路压力上升。也有部分电磁阀通电时油路卸压,不通电时保持油压。

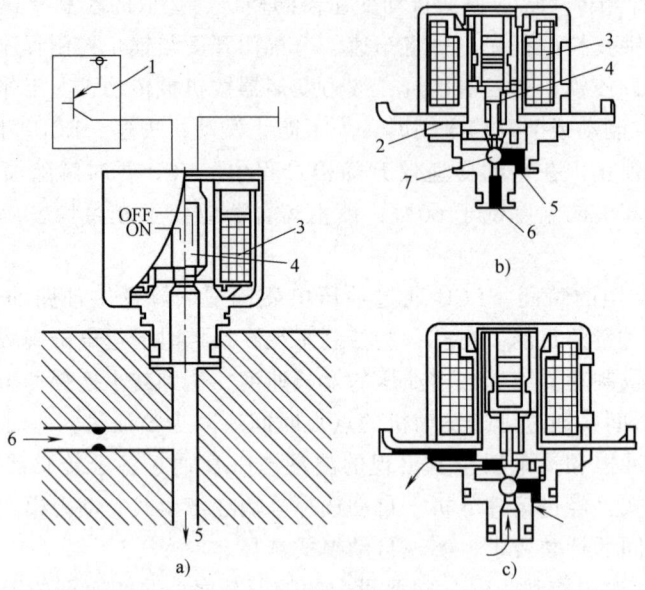

图 6-55 开关式电磁阀的结构
1—电控单元 2—泄油孔 3—电磁线圈 4—衔铁和阀芯
5—控制油道 6—主油道 7—球阀

(2) 脉冲式电磁阀 脉冲式电磁阀的结构如图 6-56 所示,其作用是控制油路中油压的大小。控制信号是频率固定的脉冲电信号,电磁阀在脉冲电信号的作用下不断反复地开启和关闭泄油孔,ECU 通过改变每个脉冲周期内电流接通和断开的时间比例,即所谓占空比,来改变电磁阀开启和关闭的时间比例,从而达到控制油路油压的目的。占空比越大,阀芯右移量越大,油路压力越大;反之,占空比越小,油路压力就越小。

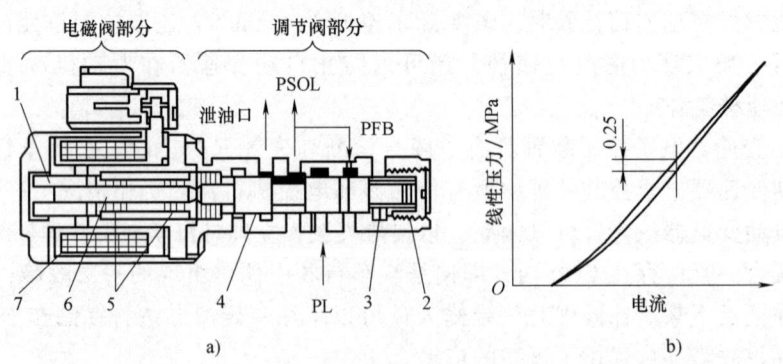

图 6-56 脉冲式电磁阀的结构
1—轴套 2—螺钉 3—弹簧 4—阀芯 5—轴承 6—心轴 7—线圈

脉冲式电磁阀一般安装在主油路、锁止离合器控制油路或蓄能减振器背压控制油路中,在变速器自动升档及降档瞬间,或在锁止离合器锁止及解除锁止动作开始时使油压下降,以减少换档和锁止、解锁冲击,使车辆行驶更平稳。

项目六　汽车电控自动变速器

实训任务

实训一　自动变速器的日常使用及注意事项

一、合理使用

1. 正确起动发动机

汽车在停车状态（即必须在 P 位或 N 位）下起动，拉紧驻车制动，踩下制动踏板，然后旋转点火开关起动发动机。

2. 汽车正确起步

发动机起动后须停留几秒钟再挂档行车。换档时必须查看变速杆的位置或仪表板上档位指示是否正确无误。选定档位后，放松驻车制动并缓慢放松制动踏板，利用爬行功能使汽车缓慢起步。起步时，不允许边踩加速踏板边挂档，不允许先踩加速踏板后挂档，也不允许踩着制动或者还未松开驻车制动就狠踩加速踏板。

3. 合理拖车

当车辆发生故障无法行驶而需要拖车时，必须低速行驶（不得超过 30~50km/h），每次被牵引的距离不得超过 50km。因为此时发动机不工作，所以自动变速器油泵无工作油输出，若车辆被高速或长距离拖行，则会使旋转零件表面上的油膜消失，从而引起严重磨损，甚至卡滞。当要高速长距离拖行时，应将后轮驱动的车型拆去传动轴，前轮驱动的车型应支起驱动轮。

4. 正确倒车

汽车完全停车后，应把变速杆由 D 位换至 R 位。在没有停稳时，不允许从前进档换入倒档，也不允许从倒档换入前进档，否则会引起多片离合器和制动器损坏。为了防止误倒车，某些轿车的自动变速器的液压控制油路中装有倒档限制阀，如有的自动变速器在车速高于 15km/h（即车辆尚未停稳）时，即使强行挂倒档也无法实现，从而起到保护作用。

5. 合理使用提前升档

汽车在 D 位 1 档起步，保持节气门开度为 20%~50%，加速到 15km/h 左右时，快速放松加速踏板，变速器可从 1 档立即升入 2 档。然后继续踩加速踏板，仍然保持原有的节气门开度，加速到 30km/h 左右时，再次放松加速踏板，变速器可从 2 档立即升入 3 档。然后用这种方法从 3 档升入 4 档。这样，不但换档快，还可以降低发动机磨损，且减小加速油耗和加速噪声。

6. 合理使用强制降档

正常情况下，只有当车速低于一定数值时，自动变速器才能自动地降档，但若想高速超车，则可能会感到发动机动力不足，这时就要求将自动变速器立即强制性地换入低档，即"强制降档"。现代轿车的自动变速器均具有强制降档功能。强制降档的操作方法为：当汽车行驶速度已达到一定值（如 80~90km/h），先迅速将加速踏板踩下至全开位置，然后用力向下踩一段距离，这时与加速踏板联动的机构便可通过自动变速器的液压油路，将低档强制性地接通。必须注意的是，一旦加速要求得到满足，便应立即松开加速踏板，否则对自动变速器中的油液和摩擦元件不利。

7. 合理选择换档模式

为了改善汽车的驾驶性能，配置电子控制自动变速器的轿车，一般有若干种换档模式控制。在换档模式选择中，最常用的是"经济"和"动力"两种换档模式。在"经济"换档模式下，自动变速器可在较低的车速升入高档，而仅在较大的节气门开度下或发动机负荷较高时才产生降档。在"动力"换档模式下，自动变速器要在较高的车速下才升入高档。有了这种换档模式选择，可以根据个人的爱好不同和侧重点的差异，在汽车的行驶过程中主动加以选择，使汽车驾驶更具个性化。

另外要注意，使用自动变速器的汽车减少在 N 位上滑行。高速滑行时车速高，发动机却急速运转，油泵出油量减少，输出轴上所有的零件仍在高速运转，会因润滑油不足而烧坏。

8. 临时停车要求

自动变速器的汽车需要临时停车时，若停车时间不长，可以将变速杆置于 D 位；若估计停车时间较长，最好将变速杆由 D 位推至 N 位，这一点在夏季堵车时更要注意，否则会使自动变速器油升温过高，影响其性能和使用寿命。夏季遇堵车时不妨踩加速踏板 1~2 次来提高发动机的转速，因为这样可以使液力变矩器内过热的油液在冷却器中循环冷却，防止其出现过热。

一定要注意保持车距，这是考虑到此类汽车特有的蠕动现象可能会造成碰到前、后车辆。当停车时间不长时，如变速杆置于 D 位，最好同时踩下制动踏板并拉紧驻车制动，以免制动踏板稍微放松时，汽车向前冲出而发生意外。临时停车若时间较长，应拉紧驻车制动，并将变速杆推入 N 位，同时松开制动踏板。

二、自动变速器使用注意事项

1）只有变速杆置于 P 位、N 位时，方可起动发动机，在点火开关打开状态下，若想移出这两个档位，必须先踏下制动踏板，同时按下手柄按钮，才可将变速杆移入其他档位。

2）P 位可作为驻车制动的辅助制动器，但不可替代驻车制动器。

3）车辆被牵引时变速杆必须置于 N 位置，牵引时车速不可超过 50km/h，牵引距离不可超过 50km。若需牵引更长的距离，需将驱动车轮升离地面。

4）若自动变速器的控制单元因电气故障而导致其进入应急状态，此时只有 3、1、R 位可以工作，不要认为尚有档位可用，就不去修理。应及时查明故障并排除，否则会损坏自动变速器内的多片离合器。

5）自动变速器车无法用牵引或推动起动的方法起动发动机，原因是 ATF 油泵不工作，自动变速器无法建立起正常的工作油压。

6）在寒冷的冬季，行车前先起动发动机预热 1min 后再挂档行驶。

实训二　自动变速器的基本检查及维护

一、自动变速器油质和油面高度的检查

自动变速器油面高度可用自动变速器油尺检查。原则上变速器油底壳内的油面高度应低

于行星轮等旋转件的最低位置（防止使用中旋转件的剧烈搅拌使油液产生泡沫或油温升高），但必须超过变速器壳体与控制阀阀体的安装接合面，以免在工作中渗入空气而影响控制阀的正常工作。自动变速器的油面高度至少每 6 个月或每行驶 1500km 检查一次。

1. 自动变速器油面高度的检查

1) 将汽车停放在水平地面上，并拉紧驻车制动。

2) 让发动机怠速运转。

3) 踩住制动踏板，将操纵手柄依次拨至倒档（P）、前进档（D）、前进低档（S、L 或 2、1）等位置，并在每个档位上停留几秒钟，使液力变矩器和所有换档执行元件中都充满液压油，最后将操纵手柄拨至停车档（P）位置。

4) 从加油管内拔出自动变速器油尺，将擦干净的油尺全部插入加油管后再拔出，检查油尺上的油面高度。

2. 自动变速器油面高度的标准

如果自动变速器处于冷态（即冷车刚刚起动，液压油的温度较低，为室温或低于 25℃），油面高度应在油尺刻线的下限附近（"COOL"记号附近）；如果自动变速器处于热态（如低速行驶 5min 以上，液压油温度已达 70~80℃），油面高度应在油尺刻线的上限附近（"HOT"记号附近），如 6-57 所示。如果未达到上述要求，应适当加油，而后再进行检查，直到满足要求为止。这是因为低温时液压油的黏度大，运转时有较多的液压油附着在行星轮等零件上，所以油面较低；高温时液压油的黏度小，容易流回油底壳，因此油面较高。

1) 当汽车长时间拖载或高速行驶后，应至少停车 30min 后再检查油面高度，否则测量的油面高度不准确。

2) 在停车一段时间后，在室温下检查油面高度时，如果油面高度反而升高，则有可能存在故障。

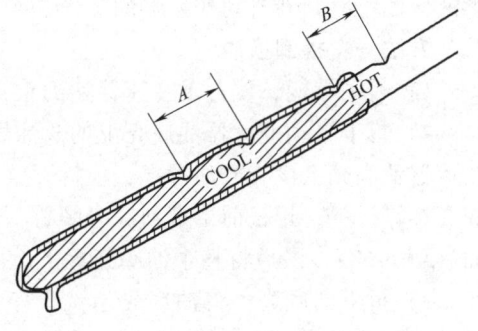

图 6-57 自动变速器油面高度检查

3) 如果油面高度过低，则应适当加油后再检查，直到符合要求为止。油面高度也不能超过上限，否则油循环差使油温升高而使摩擦片损坏。如果不慎加入油量过多时，要从放油螺塞放出。对于无放油螺塞结构的自动变速器，应从加油管往外吸出过多的部分油量。

4) 继续运转发动机，检查自动变速器油底壳、油管接头等处有无漏油。如有漏油，应立即予以修复。

5) 进口轿车自动变速器通常使用 DEXRON-Ⅱ或 M-Ⅲ型液压油。这两种液压油稳定性好，使用寿命长。

6) 在自动变速器调整、加注液压油，并经试车之后，应重新检查自动变速器液压油的油面高度是否正常、油底壳和油管接头等处有无漏油。

将油尺上的液压油滴在干净的白纸上，通过检查液压油的颜色、气味以及黏度等指标来初步判断自动变速器油的品质。正常液压油的颜色一般为粉红色，且无异味。若油液呈棕色或有焦味，说明已经变质，则应立即换油。若油液有焦味，则一般为摩擦片烧毁；若油液呈豆浆色，则散热器内的散热管损坏且与冷却液相通。常见变质液压油的特征与成因见表 6-3。

表 6-3 常见变质液压油的特征与成因

序号	油液状态	油液特征	成因
1	油液色泽为褐色	过稀	没有及时换油液，油液变质
2	油液色泽发黑	过稠	变速器过热，冷却管路堵塞，油液有效成分降低
3	油液中有金属等	变稀	离合器、制动器等部件有异常磨损
4	油液中有胶质成分	变稠	变速器油温过高或有摩擦片轻微烧蚀
5	油液中有烧焦气味	稠黑	离合器或制动器中的摩擦片严重烧蚀
6	油液色泽混浊、发白	过稀	有冷却液或水分进入油液中

二、自动变速器油的更换

一般进口轿车自动变速器每正常行驶 100000~200000km，必须换油一次，此外自动变速器每行驶 20000km 或 6 个月后，应检查一次液压油的油面高度和液压油的品质。通过检查液压油可以判断自动变速器的工作是否正常。

方法一：拆卸换油

1）行驶车辆，使自动变速器达到正常工作温度（油温在 70~80℃）后停车熄火。

2）拆下自动变速器油底壳上的放油螺塞，将油底壳内的液压油放净。有些车型的自动变速器油底壳上没有放油螺塞，应拆下整个油底壳，然后放油。拆油底壳时应先将后半部油底壳螺钉拆下，拧松前半部油底壳螺钉，再将后半部油底壳撬离变速器壳体，放出部分液压油（图 6-58），最后将整个油底壳拆下。

3）拆下油底壳，将油底壳清洗干净。有些自动变速器的油底壳用的是磁性放油螺塞，有些自动变速器在油底壳内专门放置一块磁铁，以吸附铁屑。清洗时必须注意将螺塞或磁铁上的铁屑清洗干净后放回。

4）拆下自动变速器液压油散热器管接头，用压缩空气将散热器内的残余液压油吹出，再装好油管接头。

5）装好油底壳和放油螺塞。

6）从自动变速器加油管中加入规定牌号的液压油。一般自动变速器油底壳内的储油量为 4L 左右。

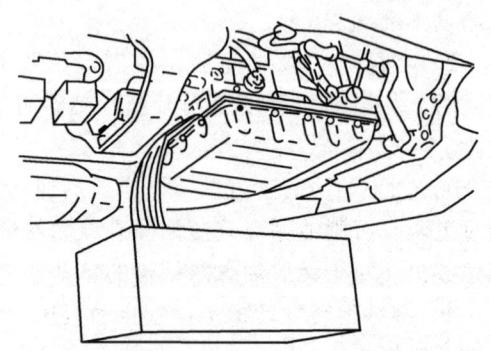

图 6-58 放出部分液压油

7）起动发动机，检查自动变速器油面高度。注意：由于新加入的油液温度较低，油面高度应在油尺刻线的下限附近。若油面太低，应继续加油至规定油面高度。

8）让汽车行驶至发动机和自动变速器达到正常工作温度，再次检查油面高度是否在油尺刻线的上限附近。若过低，则应继续加油，直到满足规定要求为止。

9) 如果不慎将液压油加入过多，使油面高于规定的高度，切不可凑合使用。这是因为当油面过高时，行驶中油液被行星排剧烈搅动，产生大量的泡沫。这些带有泡沫的液压油进入油泵和控制系统后，对自动变速器的工作是极为不利的。其后果和油面高度不足一样，会造成油压过低，导致自动变速器内的摩擦元件打滑磨损。因此，油面过高时，应把油放掉一些。有时，可以从加油管往外吸。

若液压油严重变质，必须全部更换时，可先按上述方法换油，然后让汽车行驶约 5 min 后再次换油。有些车，如宝马车等没有油尺，不能从油尺孔加注油液，应从加油孔中压入油液直至油液从加油孔中淌出为止。

方法二：随车换油

从自动变速器加油孔处注入标准量的 ATF，用升降机将汽车顶起，拆下散热器旁自动变速器散热出油管，下面放置大容器，起动发动机，自动变速器置于 D 位，发动机怠速运转，从加油口不断注入 ATF，同时观察散热器出油管放出的油质，直到放出的油色与注入的油色一致，且手摸无杂质为止，则发动机熄火，装回散热器出油管，加注 ATF 达到上述标准为止。

三、节气门拉索的检查和调整

自动变速器节气门拉索行程将影响节气门开度、发动机怠速以及自动变速器的换档时刻。发动机熄火后，节气门应全闭；当加速踏板完全踩到底时，节气门应全开。若节气门拉索行程调节不当，对于液力控制的自动变速器而言，会导致换档时刻不正确，造成过早或过迟换档，使汽车加速性能变差或产生换档冲击；对于电子控制的自动变速器来说，会导致主油路压力异常，造成油压过低或过高，使换档执行元件打滑或产生换档冲击。其调整方法如下。

1) 踩下加速踏板，检查节气门能否完全打开。如果节气门不能完全打开，应调整加速踏板的联动机构，使节气门能完全打开。

2) 将加速踏板踩到底。

3) 节气门拉索的调整。松开调整螺母，调整拉索，使橡胶防尘套端头到电缆止动器之间的距离为 0～1mm，拧紧调整螺母，再检查调整量是否合适。

有的自动变速器在调整节气门拉索时，要求节气门全闭，如皇冠 3.0 轿车用的 A340E 型自动变速器，其调整方法基本同上。

四、发动机怠速的检查与调整

发动机怠速不稳定时，重点检查对象和主要检查步骤如下：

1) 对自动变速器做进一步的检查之前，应先从转速表观察发动机的怠速是否正常。

2) 检查怠速时，应将自动变速器变速杆置于停车位（P）或空档（N）位置。

3) 通常装有自动变速器的汽车发动机怠速为 850r/min，若发动机怠速过低或过高，都应该对其进行调整。

4) 在发动机怠速异常时，应检查其节气门状态、点火系统元件、点火正时、真空度和载荷信号等影响发动机怠速的部位。

5) 在检修节气门等上述元件之后，应对发动机进行基本的设定。

当发动机怠速不稳定时，常见的主要因素有以下几个方面。

1）节气门体和进气道积垢过多，从而影响节气门开度的准确性，导致发动机电控单元无法精确控制怠速进气量，且影响混合比，致使燃烧不正常。

2）进气系统真空泄漏，使空气、燃油蒸气或废气进入气缸，造成混合气过浓或过稀，使发动机燃烧不正常。当只影响个别气缸时，发动机出现较剧烈的抖动，此故障对冷车怠速影响极为明显。

3）进气量信号与喷油脉宽失准，其主要原因是空气流量传感器、节气门位置传感器等及其电路有故障，从而引起电控单元发出错误的指令，从而导致发动机工作不正常。

4）喷油器的喷油量不均匀、雾状不好时，会造成各气缸发出的功率不均衡。

5）燃油压力不正常。

6）点火模块与点火线圈有故障，使高压火花弱或火花塞不点火，导致发动机失火。

7）点火提前角不正确时，可造成发动机点火提前角大范围波动。

五、变速杆位置的检查与调整

自动变速器变速杆及其拉索位置调整不当，会使变速杆的位置与液控操纵系统阀板中手动阀的实际位置不符，从而造成选档位置误差，或变速杆的实际位置与档位指示灯显示不符，甚至造成在 P 位和 N 位时，无法起动发动机。检查时根据车型的不同，应进行相应的调整。

1. 地板换档式变速杆的调整

1）拧松变速器连杆上的螺母。

2）将变速杆快速朝车前方推，使之到达最前端的位置。

3）将变速杆回拉到空档（N）位置后，保持不动。

4）将变速杆轻轻朝倒档（R）位置推动的同时，拧紧连杆螺母，并检查调整的情况。

2. 转向柱换档式变速杆的调整

1）拧松变速器连杆上的螺母。

2）将变速杆朝着车前方向快速推到最前端。

3）调整连杆上的螺母，将变速杆置于空档（N）位置，此时再轻轻将变速杆朝倒档（R）侧推动。

4）将连杆上的螺母拧紧，并检查调整情况。

3. 遥控换档式变速杆的调整

1）拧松变速器连杆上的螺母。

2）将变速杆朝着车前方向快速推动。

3）调整控制杆螺母，使变速杆位于控制轴连接杆的空档位置。此时应将变速杆由空档位置轻轻朝倒档（R）位置推动，然后拧紧连杆螺母。

六、档位开关的检查与调整

变速杆在拨至各个档位时，档位指示灯应与变速杆一致。在 P 位和 N 位时，发动机应能正常起动；在拨至 R 位时，倒车灯要点亮。若有异常，应调节档位开关位置、变速杆联动拉索或检查档位开关的相关电路。

实训三 自动变速器的检修

自动变速器在正常使用情况下不容易出故障，但如果操纵不当或使用时间过长，将有可能损坏自动变速器。当配置自动变速器的车辆出现最高车速下降、加速无力或爬坡无力、发动机转速偏高、ATF 变色或有焦臭味时，通常表明自动变速器已损坏，应及时检修，不可带故障运行，以免造成更大的损失。

在检修自动变速器时，应注意自动变速器中的密封衬垫、密封圈和密封环等都是一次性件，切不可重复使用。装配自动变速器时，用 ATF 涂敷零件表面来润滑，密封圈和密封环可涂抹凡士林来润滑。

一、液力变矩器的检修

液力变矩器外壳都是采用焊接式的整体结构，不可分解。液力变矩器内部除了导轮的单向离合器和锁止离合器压盘之外，没有互相接触的零件，因此在使用中基本上不会出现故障，液力变矩器的维修工作主要是清洗和检查。

1. 液力变矩器的检查

1) 检查液力变矩器外部有无损坏和裂纹、轴套外径有无磨损、驱动油泵的轴套缺口有无损伤，如有异常，应更换液力变矩器。

2) 检测单向离合器。将单向离合器内座圈驱动杆和外座圈固定器（专用工具）插入变矩器中，并卡在轴套上的缺口内，转动驱动杆，检查单向离合器工作是否正常，在逆时针方向转动时应锁住，而在顺时针方向应能自由转动，如图 6-59 所示。如有异常，说明单向离合器损坏，应更换液力变矩器。

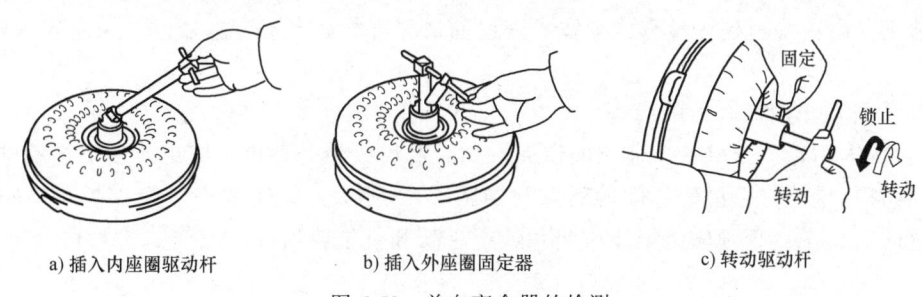

a) 插入内座圈驱动杆　　b) 插入外座圈固定器　　c) 转动驱动杆

图 6-59　单向离合器的检测

3) 测量液力变矩器轴套偏摆。暂时将液力变矩器装在传动板上，安装百分表，如图 6-60 所示。如偏摆超过 0.30mm，可通过重新调整液力变矩器的安装方位进行校正，并在校正后的位置上做一记号，以保证安装正确，若无法校正，应更换液力变矩器。

4) 检查液力变矩器的安装情况。用卡尺和直尺测量液力变矩器的安装面至自动变速器壳体正面的距离，若距离小于标准值，则应检查是否由于安装不当所致。

2. 液力变矩器的清洗

自动变速器油污染多表现为在油中可见到金属粉末。这些金属粉末大部分来自多片离合器上的磨耗。

1) 倒出变矩器中残留的液压油。

2) 向变矩器内加入干净的液压油,以清洗其内部,然后将液压油倒出。

3) 再次向变矩器内加入干净的液压油,清洗后倒出。

4) 用清洗剂清洗变矩器零部件,只能用压缩空气吹干,不要用车间纸巾或棉丝擦干。

5) 用压缩空气吹所有的供油孔或油道,确保清洁。

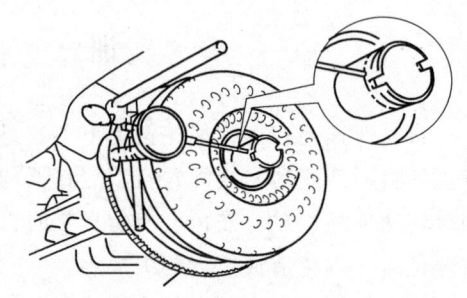

图 6-60 液力变矩器偏摆量的检查

清洗时,也可加入专用的去污剂,在清洗台上一边旋转变矩器,一边不停地注入压缩空气,以便使清洗液作用得彻底。为取出清洗液,可在变矩器最外侧较平的面上,在两叶片之间打一个孔(用钻床钻一个正圆的孔),将孔向下放置15min后,变矩器内原有变速器液压油就可排出,然后从变矩器轴孔处加入清洁剂或挥发性好的汽油,进行内部清洗。再次将钻孔向下时,清洗剂又可流出,这样反复作业两三次,最后用压缩空气吹干,再用铆钉将钻孔封死。从外侧钻孔清洗的方法属于一般的方法,其方法存在着损伤变矩器和清洗不够彻底等缺点。简易的方法是将压缩空气自下而上吹入液力变矩器,同时不断地转动变矩器,或用手上下晃动进行清洗,然后按前述方法吹出、排净。需要注意的是,清洗后一定要干燥;否则残留的汽油或清洗剂与新注入的变速器液压混合,会导致液压油变质。

二、行星齿轮机构的检修

1. 行星排、单向离合器的分解

在分解行星排、单向离合器之前,应先搞清楚各个单向离合器的锁止方向。如图 6-61 所示,用手握住与单向离合器内外圈连接的零件,分别朝不同方向转动,检查并记下内外圈的相对锁止方向。特别是在没有详细技术资料的情况下维修自动变速器时,一定要做好这一记录。

2. 行星排、单向离合器的检查

1) 检查太阳轮、行星轮、齿圈的齿面,如有磨损或疲劳剥落,应更换整个行星排。

2) 检查行星轮与行星架之间的间隙,如图 6-62 所示,其间隙一般为 0.2~0.6mm,最大不得超过 1.0mm,否则应更换止推垫片或行星架和行星轮组件。

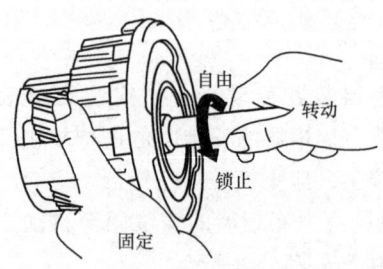

图 6-61 单向离合器锁止方向的检查

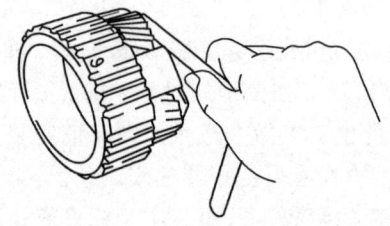

图 6-62 行星轮与行星架之间的间隙检查

3) 检查太阳轮、行星架、齿圈等零件的轴颈或滑动轴承处有无磨损,如有异常,需更换新件。

4）检查单向离合器，如滚柱破损、滚柱保持架断裂或内外圈滚道磨损起槽，应更换新件。如果在锁止方向上出现打滑或在自由转动方向上存在卡滞现象，也应予以更换。

三、自动变速器液压控制系统的检修

1. 油泵的检修

1）用塞尺分别测量油泵内齿轮外圆与油泵壳体之间的间隙（图6-63a）、小齿轮及内齿轮的齿顶与月牙板之间的间隙（图6-63b）、小齿轮及内齿轮端面与泵壳平面之间的间隙（图6-63c）。将测量结果与标准值对照，如不符合标准，应更换齿轮、泵壳或油泵总成。A341E型自动变速器的油泵间隙测量标准值见表6-4。

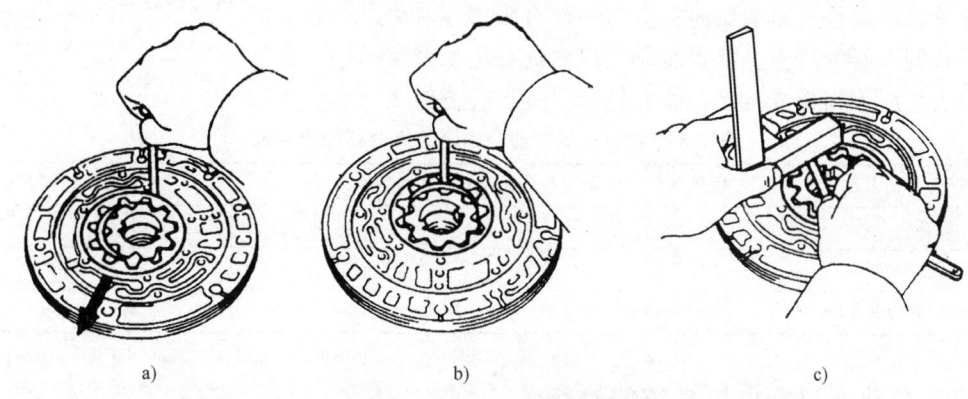

图6-63 油泵齿轮间隙的测量

表6-4　A341E型自动变速器的油泵间隙测量标准值

项目	标准间隙/mm	最大间隙/mm
内齿轮与壳体间隙	0.07~0.15	0.3
齿顶与月牙板间隙	0.11~0.14	0.3
齿轮端隙	0.02~0.05	0.1

2）检查油泵小齿轮、内齿轮、泵壳端面有无肉眼可见的磨损痕迹，如有，应更换新件。

2. 离合器的检修

（1）离合器的检查

1）检查离合器的摩擦片，如有烧焦、表面粉末冶金层脱落或翘曲变形，应予以更换。多数自动变速器摩擦片的表面上印有符号，若这些符号已被磨去，则说明摩擦片已磨损至极限，应予以更换。也可以测量摩擦片的厚度，若小于极限厚度，则应予以更换。

2）检查钢片和挡圈的摩擦面，如有磨损或翘曲变形，应予以更换。

3）检查离合器和制动器的活塞，其表面应无损伤或拉毛，否则应更换新件。

4）检查离合器活塞上的单向阀，阀球应能在阀座内活动自如，用压缩空气或煤油检查单向阀的密封性，从液压缸一侧向单向阀内吹气，密封应良好，如有异常，应更换活塞，如图6-64所示。

5）检查离合器毂，其液压缸内表面应无损伤或拉毛，与钢片配合的花键槽应无磨损。

如有异常，应更换新件。

6）测量活塞回位弹簧的自由长度，并与标准值进行比较。若弹簧自由长度过小或有变形，应更换新弹簧。A341E 型自动变速器的离合器检修标准见表 6-5。

3. 制动器的检修

片式制动器的分解、检验和装配可参照离合器的检修进行。

对于带式制动器，检查制动带内表面，如有烧焦、表面粉末冶金层脱落或表面符号已被磨去，应予以更换。此外，还要检查制动器伺服机构部件有无磨损和划痕，检查制动器的活塞，其表面应无损伤或拉毛，其液压缸内表面应无损伤或拉毛，如有异常，应更换新件。

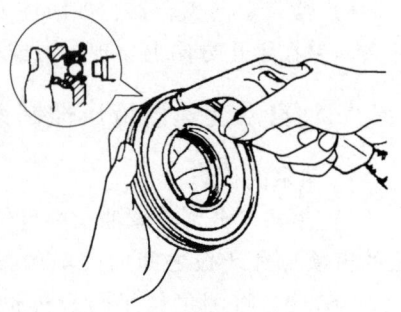

图 6-64　离合器活塞单向阀密封性的检查

表 6-5　A341E 型自动变速器的离合器检修标准

离合器的名称	代号	弹簧自由长度标准/mm	自由间隙/mm
超速离合器	C0	15.8	1.45～1.70
前进档离合器	C1	—	0.70～1.00
高档、倒档离合器	C2	24.35	1.37～1.60

四、自动变速器电控系统的检修

1. 主要电控元件的检修

电子控制系统中的传感器、控制开关、执行器等产生故障，会对自动变速器工作产生影响。利用故障诊断仪读取故障码，可以找出控制系统大部分故障的大致范围，但要确定故障所在的具体部位，还必须使用万用表等简单工具，按照维修手册中提供的检测方法、检测步骤及标准数据，对各零部件进行检测。另外，一些执行器的机械故障（比如卡滞、泄漏等）是无法被 ECU 故障自诊断电路检测出来，只有通过实际检测才能发现。

（1）车速传感器和输入轴转速传感器的检修

1）感应线圈电阻的测量。如图 6-65 所示，关闭点火开关，拔下传感器线束插头。用万用表测量传感器两接线端之间的电阻。不同车型传感器感应线圈的电阻不完全相同，通常为几百欧到几千欧。如果感应线圈短路、断路或电阻值不符合标准，应更换传感器。

2）传感器输出信号的测量。用千斤顶将汽车一侧的驱动轮顶起，使变速杆位于 N 位，用手转动悬空的驱动轮，同时用万用表测量车速传感器两接线柱之间有无脉冲感应电压信号。若在转动车轮时传感器有脉冲感应电压信号输出，说明其工作正常；否则应更换传感器。

如图 6-66 所示，测量输入轴转速传感器输出脉冲信号时，应将传感器拆下，用一根铁棒或一块磁铁迅速靠近或离开传感器。同时用万用表测量传感

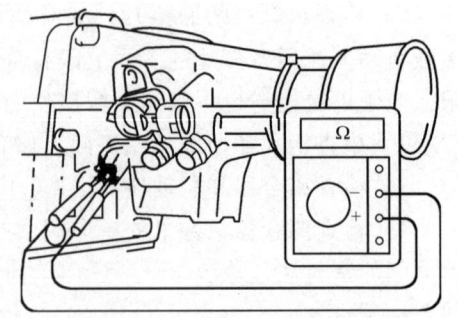

图 6-65　传感器线圈电阻的测量

器两接线柱之间有无脉冲感应电压信号。如果没有感应电压或感应电压很微弱，说明传感器有故障，应予以更换。

（2）液压油温度传感器的检修　如图6-67所示，拆下液压油温度传感器。将传感器置于盛有水的烧杯，加热杯中的水，测量在不同温度下传感器两接线端之间的电阻。将测量的电阻值与标准值进行比较，如果不符合标准，应更换传感器。

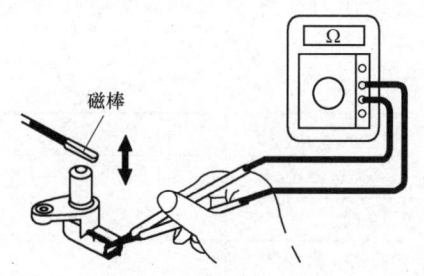

图6-66　输入轴转速传感器输出脉冲信号的检测

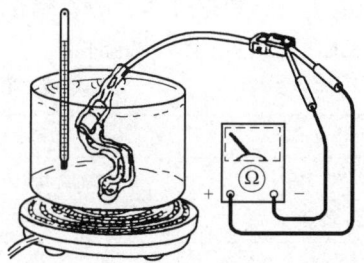

图6-67　液压油温度传感器的检修

（3）档位开关的检修　将手动阀摇臂拨至各个档位，用万用表测量档位开关线束插座内各插孔之间的导通情况。将测量结果与标准进行比较。如有不符，应重新调整档位开关。

（4）ECU及控制电路检修　ECU及其控制电路的故障可通过故障诊断仪来检测。如果无法使用故障诊断仪，也可以通过测量ECU线束插头内各接线脚的工作电压来判断ECU及其控制电路工作是否正常。采用此方法检测故障时，必须借助被测车型的详细维修技术资料。这些技术资料包括ECU各接线脚的定义和各接线脚在发动机不同工作状态下的标准电压值等。如果在检测中发现某一接线脚的实际工作电压与标准值不符，即表明ECU或控制电路有故障。

（5）电磁阀的检修

1）电磁阀的就车检查。用万用表测量电磁阀线圈的电阻。开关式电磁阀线圈的电阻一般为10~30Ω。脉冲线性式电磁阀的线圈电阻值一般为2~6Ω。若电磁阀线圈短路、断路或电阻值不符合标准，应予以更换。

将12V的电源电压加在电磁阀线圈上，此时应能听到电磁阀工作的"咔嗒"声，否则说明阀芯卡住，应更换电磁阀。

2）电磁阀的性能检查。开关式电磁阀性能的检查方法是拆下电磁阀，将压缩空气吹入电磁阀进油口。当电磁阀线圈不接电源时，进油孔和泄油孔之间应不通气；接上电源后，进油孔和泄油孔之间应相通。若不满足要求，说明电磁阀损坏，应更换电磁阀。

脉冲线性式电磁阀性能的检验方法是拆下脉冲线性式电磁阀，将蓄电池串联一个8~10W的车用灯泡，然后与电磁阀线圈连接（脉冲线性式电磁阀线圈电阻较小，不可直接与12V的电源连接，否则会烧毁电磁阀线圈）。通电时，电磁阀阀芯应向外伸出；断电时，电磁阀阀芯应向内缩入。如果异常，说明电磁阀损坏，应予以更换。

2. 电子控制系统工作过程的检查

首先检查ECU向各个电磁阀发出的控制信号是否正常。只要这些控制信号正常，就说明电子控制系统中的ECU、传感器及其控制电路的工作是正常的。控制系统的工作过程可以用故障诊断仪来检测，在无法使用故障诊断仪的情况下，则可以采用以下几种方法来检测控制系统的工作过程。

(1) 用电压表通过故障自诊断插座进行检测 在某些丰田车的故障自诊断插座内有一个 TT 插孔，这是专门用于检测电控自动变速器控制系统的。

起动发动机并运转至正常工作温度，将超速档开关置于 ON 位置，按下模式选择开关，使之位于普通模式或经济模式位置。将变速杆拨至 D 位，踩下加速踏板，让汽车行驶并加速。用电压表测量 TT 插孔与 E1 插孔的电压，其电压值与 ECU 发出的换档信号的关系见表 6-6。由表中所列数据可知，随着档位的升高，电压值将作阶跃性增大。每次电压增大的时刻即为 ECU 发出升档信号的时刻。

表 6-6 电压与档位信号的关系

档位信号	电压/V	档位信号	电压/V
1 档	0	3 档、锁止离合器接合	5
2 档	2	4 档	6
2 档、锁止离合器接合	3	4 档、锁止离合器接合	7
3 档	4		

(2) 通过电磁阀的控制电路进行检测 ECU 是通过电磁阀来控制自动变速器工作的，因此只要检测 ECU 输送给各个电磁阀的控制信号，就可以检测到控制系统的工作状态。由于电磁阀的控制信号通常是 12V 的直流电压或脉冲电压，检测电磁阀控制信号最简便的方法是采用自制的由一个 1kΩ 左右电阻和一只发光二极管串联组成的 12V 试灯，如图 6-68 所示。

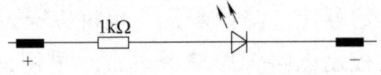

图 6-68 自制发光二极管试灯

将试灯正极与电磁阀控制线路连接，负极一端搭铁，通过观察试灯发亮情况来检测电磁阀的工作状态。若在自动变速器工作过程中，与某个电磁阀连接的信号指示灯发亮，说明该电磁阀正在工作。

这种检测方法简易，而且不受任何条件的限制，只要将测得的各个换档电磁阀的工作状态与不同档位下换档电磁阀的工作规律情况进行比较，就可以知道控制系统向换档电磁阀发出的控制信号是哪个档位。

巩固练习

一、填空题

1. 自动变速器的组成基本相同，电控液力自动变速器一般由_____、_____、_____、_____和_____五大部分组成。

2. 不同类型的电控自动变速器档位_____，使用方法_____。变速杆一般有_____个位置。

3. 变速杆各位置所表示的意义如下：P 位表示_____，R 位表示_____；N 位表示_____；D 位表示_____；3 位、D3 位表示_____；2 位、S 位表示_____；1 位、L 位表示_____。

4. 液力变矩器是自动变速器的_____，其作用是_____。

5. 典型的液力变矩器由_____、_____、_____和_____等组成。

项目六 汽车电控自动变速器

6. 单向离合器可限制_____，或者限制两个元件在_____，在相反的方向_____。

7. 液力变矩器技术是在_____的基础上发展起来的，它既有传统飞轮的惯性作用，又具有_____。

8. 自动变速器的齿轮变速系统主要有_____和_____两种，目前绝大多数自动变速器采用_____与_____配合使用，换档执行机构根据_____，放松或固定行星齿轮机构的某个元件，通过改变_____，实现自动换档。

9. 自动变速器的换档执行机构有_____和_____两种。

10. 自动变速器的自动变速是靠_____来完成的。液压控制系统由_____、执行机构和_____三部分组成。

11. 自动变速器的电子控制系统主要由_____、_____、_____、故障指示灯等组件构成。

二、判断题

1. 液力耦合器和液力变矩器均属静液传动装置。（　　）
2. 液力耦合器在正常工作时，泵轮转速总是小于涡轮转速。（　　）
3. 只有当泵轮与涡轮的转速相等时，液力耦合器才能起传动作用。（　　）
4. 对于同一台液力耦合器来说，发动机的转速越高，则作用于涡轮上的力矩也越大。（　　）
5. 汽车在运行中，液力耦合器可以使发动机与传动系统彻底分离。（　　）
6. 液力变矩器的变矩作用主要是通过导轮实现的。（　　）
7. 一般来说，综合式液力变矩器比普通液力变矩器的传动效率低。（　　）
8. 汽车上设置变速器是为了改变发动机转矩，增加发动机功率。（　　）
9. 使用自动变速器最大的优点是可以在一定范围内实现自动换档，大大降低了驾驶人的劳动强度。（　　）
10. 检查自动变速器油面高度时，发动机处于熄火状态。（　　）
11. 自动变速器在 P 位时不允许起动发动机。（　　）
12. 自动变速器在 R 位可以起动发动机。（　　）
13. 自动变速器电控系统的主要执行器是电磁阀和电动机。（　　）
14. 液力耦合器本身不能无级变速，也不起变矩作用。（　　）
15. 自动变速器的行星齿轮传动机构，只有当太阳轮、行星架和齿圈三元件中的一个为固定、一个为主动、另一个为从动时，才能实现变速传动。（　　）
16. 目前的自动变速器在液力变矩器和发动机之间装有锁止系统。这两个零件锁止的效果类似于直接传动。（　　）
17. 锁止离合器的作用是在汽车低速行驶时，将液力传动变为直接传动，减少传动能量损失。（　　）
18. 当汽车在良好路面上行驶时，锁止离合器接合，使变矩器的输入轴和输出轴成为刚性连接，即机械传动。（　　）
19. 与手动变速器相比，自动变速器具有操作简便、乘坐舒适等优点。（　　）

20. 装用自动变速器的汽车行驶中可将变速杆挂入 N 位高速滑行来节油。（   ）

21. 自动变速器中的油泵是由电动机驱动的。（   ）

22. 所有的自动变速器的变速机构都采用行星齿轮机构。（   ）

23. 液压控制系统中设置散热器的目的是防止自动变速器因齿轮机构工作时摩擦严重，发热导致变速器损坏。（   ）

24. 多功能档位开关实际就是信息传感器，或称为档位信息编码器。（   ）

25. 自动变速器电子控制单元只能使用独立的电子控制单元。（   ）

26. 电磁阀是自动变速器电子控制系统的执行元件。（   ）

27. 只要汽车在停车状态就可以旋转点火开关起动发动机。（   ）

28. 自动变速器油面高度可用自动变速器油尺检查。（   ）

29. 在分解行星排、单向离合器之前，应先搞清楚各个单向离合器的锁止方向。（   ）

30. 利用故障诊断仪读取故障码，可以找出控制系统故障的具体位置。（   ）

三、思考题

1. 电控自动变速器由哪几部分组成？对照实物、模型或图片说明自动变速器的基本组成。

2. 电控自动变速器有哪些特点？是如何分类的？

3. 液力变矩器由哪几部分组成？其工作特点是什么？对照图或实物说明液力变矩器的结构和工作原理。

4. 液力耦合器的工作特点是什么？

5. 简述单排行星齿轮机构的结构及其变速原理。对照实物或图片说明单排行星齿轮机构的组成和连接关系，说明单排行星齿轮机构是如何实现各种档位的。

6. 简述换档离合器的结构及其工作原理。

7. 换档制动器的类型有哪几种？其结构和原理是什么？

8. 电控自动变速器液压控制系统由哪几部分组成？简述其基本工作过程。

9. 电控自动变速器电子控制系统由哪些部件组成？简述其控制原理。

10. 对照分解的辛普森式行星齿轮变速器，指出各档换档执行元件及各挡动力传递路线。

11. 简述电控自动变速器 ECU 的功能。

12. 如何合理使用电控自动变速器？在使用过程中应注意哪些事项？

13. 电控自动变速器的基本检查一般包括哪些检查项目？

14. 简述液力变矩器的检修过程及注意事项。

15. 简述行星齿轮系统的检修过程。

16. 简述液压控制系统的检修项目及注意事项。

17. 简述电子控制系统的检修过程。

项目七 汽车防抱死制动系统

学习目标：

通过本项目的学习，了解防抱死制动系统（ABS）的基础理论、作用、特点、类型、发展趋势；掌握 ABS 的基本组成和控制原理；掌握 ABS 主要零部件的结构与工作原理；掌握 ABS 的合理使用与维护方法、基本检查方法、故障诊断与检修方法；熟悉 MK20-1 ABS 的组成、控制原理、检测、维修方法，能够使用故障诊断仪对该系统的故障进行诊断和排除。

理论知识

课题一 防抱死制动系统概述

防抱死制动系统（Anti-lock Braking System，ABS）能防止汽车在常规制动过程中由于车轮完全抱死而出现的后轮侧滑、前轮丧失转向能力等现象，从而充分发挥轮胎与路面间的潜在附着力，最大限度地改善汽车的制动性能，以提高汽车在制动过程中的方向稳定性和转向操纵能力，从而满足行车安全的需要。ARS 已经逐渐成为汽车的标准配置，尤其轿车已经普遍装用了 ABS。

一、防抱死制动系统的基本理论

由车轮受力分析可知，车轮在制动过程中，当制动器制动力小于或等于轮胎与路面间的附着力时，车轮将作滚动运动，如图 7-1a 所示。当制动器制动力大于附着力时，车轮将抱死滑移，如图 7-1b 所示。因此，只有制动器具有足够的制动力，同时地面又能提供较大的附着力时，汽车才能获得较好的制动效果。此外，在汽车制动过程中，除车轮旋转平面的纵

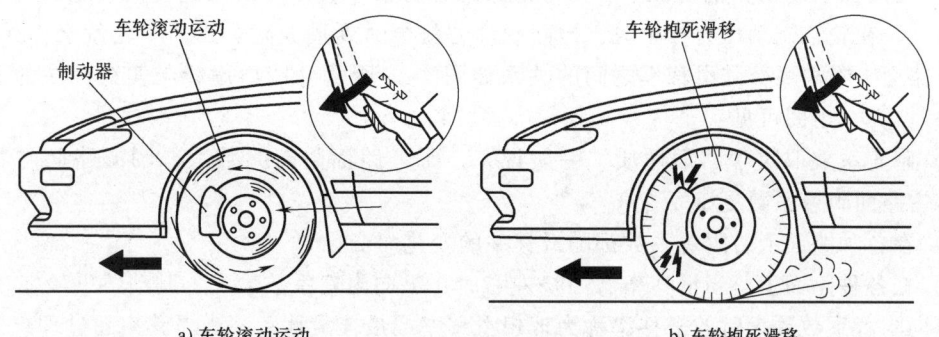

a) 车轮滚动运动　　　　　　　　　　b) 车轮抱死滑移

图 7-1　制动车轮运动状态

向附着力外，还有垂直于车轮旋转平面的横向附着力。纵向附着力决定汽车纵向运动，影响汽车的制动距离；横向附着力则决定汽车的横向运动，影响汽车的转向控制能力和行驶稳定性。

1. 车轮滑移率 S 的定义

当汽车匀速行驶时，实际车速 v（即车轮中心的纵向速度）与车轮速度 v_w（即车轮滚动的圆周速度）相等，车轮在路面上的运动为纯滚动运动。然而，在汽车实际运行过程中，当驾驶人踩下制动踏板后，在制动器摩擦力矩的作用下，车轮的角速度减小，实际车速与车轮速度之间就会产生一个速度差，轮胎与地面之间就会产生相对滑移。

轮胎滑移的程度用滑移率 S 来表示。车轮滑移率是指实际车速 v 与车轮速度 v_w 之差同实际车速 v 的比率，其表达式为

$$S = \left(\frac{v - v_w}{v}\right) \times 100\%$$

式中　S——车轮滑移率；

v——车速（车轮中心纵向速度），单位为 m/s；

v_w——车轮速度（车轮瞬时圆周速度），单位为 m/s。

当 $v = v_w$ 时，滑移率 $S = 0$，车轮自由滚动。

当 $v_w = 0$ 时，滑移率 $S = 100\%$，车轮完全抱死滑移。

当 $v > v_w$ 时，滑移率 $0 < S < 100\%$，车轮既滚动，又滑移。滑移率越大，车轮滑移程度越大。

2. 车轮滑移率 S 的影响因素

在制动过程中，车轮抱死滑移的根本原因是制动器制动力大于轮胎-路面附着力。因此，影响车轮滑移率的因素包括以下几个方面。

1）汽车载重量。

2）前、后轴的载荷分布情况。

3）轮胎种类及轮胎与路面的附着状况。

4）路面性质和路面状况。

5）制动力大小及其增长速率。

3. 车轮滑移率 S 与附着系数的关系

汽车纵向附着系数和横向附着系数对滑移率有很大影响。试验证明，在地面附着条件差（如在冰雪路面上制动）的情况下，由于道路附着力很小，使可以得到的最大地面制动力减小。因此，在轮缸制动压力很小时，地面制动力就会达到最大附着力，车轮就会抱死滑移。在不同路面上附着系数与滑移率之间的关系如图7-2a所示（图中虚线与实线标注的上下顺序一一对应）。由图可见：

1）附着系数取决于路面性质。一般说来，干燥路面附着系数大，潮湿路面附着系数小，冰雪路面附着系数更小。

2）在各种路面上，附着系数都随滑移率的变化而变化。

3）在各种路面上，当滑移率为 20% 左右时，纵向附着系数最大，制动效果最好。

纵向附着系数最大时的滑移率称为理想滑移率或最佳滑移率。当滑移率超过理想滑移率时，纵向附着系数减小，产生的地面制动力随之下降，制动距离将增长。滑移率大于理想滑

移率后的区域称为非稳定制动区,如图 7-2b 所示。

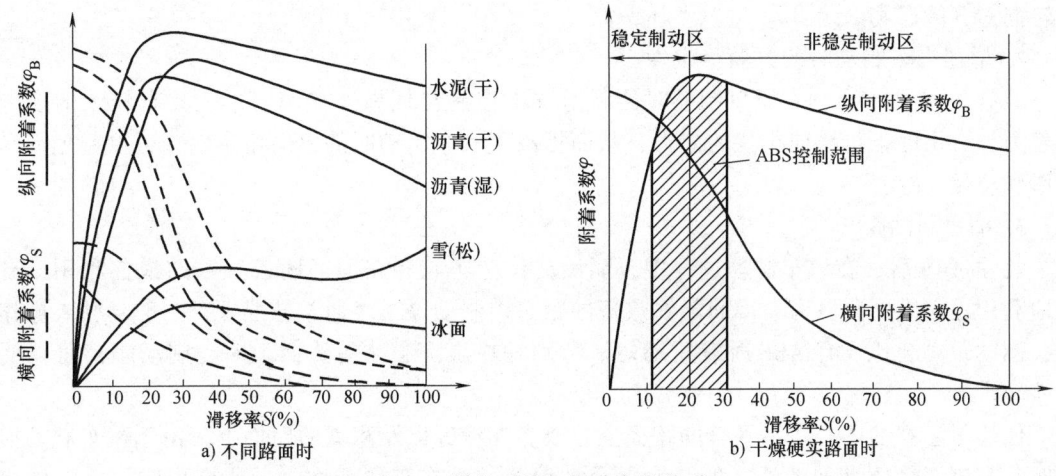

图 7-2 附着系数与滑移率的关系

横向附着系数是研究汽车行驶稳定性的重要指标之一。横向附着系数越大,汽车制动时的行驶稳定性和保持转向控制的能力越强。当滑移率为零时,横向附着系数最大;随着滑移率的增加,横向附着系数逐渐减小。

4. 车轮抱死制动的危害

当车轮抱死时,横向附着系数接近于零,汽车将失去行驶稳定性和转向控制能力,其危害性极大。从图 7-2 中可以看出,当滑移率为零时,横向附着系数最大;随着滑移率的增加,横向附着系数越来越小;当车轮抱死时,横向附着系数几乎为零,此时横向附着力几乎为零,其危害表现如下:

1) 方向稳定性差。由于横向附着力很小,汽车失去抵抗横向外力的能力,后轮很容易发生横向滑移、甩尾、旋转等,使汽车失去方向稳定性。

2) 失去转向控制能力。汽车转向行驶时,尽管驾驶人此时在操纵转向盘,但由于前轮维持汽车转弯运动能力的横向附着力丧失,汽车仍按原来惯性行驶方向滑动,很可能冲入其他车道或冲出路面,从而失去转向控制能力。

制动防抱死系统是在汽车制动状态下,将车轮滑移率控制在 10%~30% 的最佳范围内。ABS 通过电子控制器、车轮转速传感器和制动压力调节器,对作用于制动轮缸内的制动液压力进行快速的自动调节(每秒约 15 次),使制动车轮尽可能保持在最佳的滑移率范围内运动,从而使汽车的实际制动过程接近于最佳制动状态,如此可提高制动时的方向稳定性、增强转向控制能力、缩短制动距离,减少交通事故。

二、防抱死制动系统的作用

由于 ABS 能够使被控制的车轮获得较大的纵向和横向附着力,可大大提高汽车的行驶性能。它具体有以下几个方面的作用。

1. 改善汽车制动时的转向操纵性

对于没有 ABS 的汽车,在紧急制动时,如果前轮抱死,横向附着力几乎为零,那么汽车就会丧失转向操纵性，此时即使转动转向盘，汽车也不能转向，只能沿着惯性力的方向前进，最后无法躲避障碍物。而装用 ABS 以后，因汽车仍有足够的转向操纵性，所以可以通过转向避开障碍物。

2. 增加汽车制动时的方向稳定性

装有 ABS 的汽车，在紧急制动时能将滑移率控制在理想滑移率附近，具有较大的横向附着力，有足够抵抗横向干扰的能力，从而提高了汽车制动时的方向稳定性，可以避免汽车侧滑和甩尾。

3. 缩短制动距离

装用 ABS 后，在汽车制动过程中，能始终保持车轮和路面间附着系数的最佳利用，有效地利用最大纵向附着力，因而能在最短的距离内制动停车。通常情况下，一般驾驶人操作时，制动距离会比没有 ABS 时有所缩短。特别是在湿滑和冰雪路面上时，制动距离可以明显缩短。

但值得注意的是，在不平整的路面上，或者在沙砾以及积雪的路面上，由于汽车制动抱死时，其表面物质（如沙砾、积雪等）会被铲起并堆在车轮前面，形成楔形物，反而构成一种阻力，有益于汽车制动。装有 ABS 的车辆的制动距离会比没有 ABS 的车辆的制动距离稍长。

4. 减少轮胎磨损

装有 ABS 的汽车在制动时，车轮处于边滚动边滑移状态，避免了制动时车轮抱死在地面上的拖滑，从而可以减少轮胎局部磨损，提高了轮胎的使用寿命。

5. 缓解驾驶人的紧张情绪

装有 ABS 的汽车，驾驶人在制动时，只需把脚尽力放在制动踏板上，ABS 就会代替驾驶人自动进入最佳制动状态，驾驶人可以比较放心地操纵转向盘，特别是在冰雪道路上，可以减少驾驶人的不安全感。

6. 使用方便、工作可靠

ABS 的运用与常规制动装置的运用几乎没有区别，制动时驾驶人只要正常制动即可。遇到雨雪路滑，驾驶人也没有必要用一连串的点制动方式进行制动，ABS 根据车轮的实际转速自动进入工作状态，使制动保持在最佳工作状态，同时，ABS 工作十分可靠，并有自诊断能力。

但 ABS 也存在以下不足。

1）ABS 不能提供超越车轮与路面所能承受的最大制动力，ABS 性能的好坏受整车制动系统状况的影响。

2）ABS 不能取代驾驶人的制动，只能在驾驶人制动时，帮助其达到较好的制动效果。

3）松散的沙土和积雪较深的路面制动，车轮抱死制动要比 ABS 工作时的制动距离短。这是因为在这些路面上车轮制动抱死时，其表面物质如积雪会被铲起并堆在车轮前面，形成一种阻力，使制动距离变短，而在装有 ABS 的汽车上，由于车轮不会抱死，反而没有这种效果。

三、防抱死制动系统的类型

ABS 分为机械式和电子式两大类。目前，纯机械式 ABS 已经淘汰，主要采用机电一体化的电子控制式 ABS。电子控制式 ABS 的种类很多，分类方法简要介绍如下。

1. 按产生制动压力的动力源分类

按产生制动压力动力源的不同可分为液压式 ABS、气压式 ABS、气液混合式 ABS。在轿车中液压式 ABS 应用最广泛，本章主要介绍液压式 ABS。

2. 按结构形式分类

ABS 按制动压力调节器和制动主缸的结构形式分为分离式和整体式两种。

（1）分离式 ABS　分离式 ABS 的特点是压力调节装置和制动主缸各自独立，通过制动管路与制动主缸和制动助力器相连。分离式结构的制动压力调节装置在汽车上布置比较灵活，成本较低，无需对汽车的布置做较大改动，尤其适合将 ABS 作为选择装备时采用。但采用分离式制动压力调节装置会使制动管路比较复杂，管路接头也相应地增加。

（2）整体式 ABS　整体式 ABS 的特点是将制动压力调节装置与制动主缸或制动助力器构成一个整体。采用整体式结构可以使制动系统非常紧凑，管路接头较少。但整体式 ABS 结构复杂，成本较高，高级轿车采用较多。

3. 按 ECU 所依据的控制参数分类

（1）以车轮滑移率 S 为控制参数　ECU 根据车速和车轮转速传感器的信号计算车轮的滑移率，作为控制制动力的依据。当计算的滑移率 S 超出设定值时，ECU 就会输出减小制动力的信号，通过制动压力调节器减小制动压力，使车轮不被完全抱死；当滑移率低于设定值时，ECU 输出增大制动力信号，制动压力调节器使制动力增大。通过这样不断地调整制动压力，控制车轮的滑移率在设定的最佳范围。

这种直接以滑移率为控制参数的 ABS，需要得到准确的车身相对于地面的移动速度信号和车轮转速信号。车轮转速信号容易得到，但取得车身移动速度信号则较难。到目前为止，此类 ABS 应用还很少见。

（2）以车轮角加速度为控制参数　ECU 根据车轮的车速传感器信号计算车轮角加速度，作为控制制动力的依据。一个是角减速度的门限值，作为被抱死的标志；一个是角加速度的门限值，作为制动力过小、车速过高的标志。制动时，当车轮角减速度达到门限值时，ECU 输出减小制动力信号；当车轮转速升高至角加速度门限值，ECU 输出增加制动力的信号，如此不断地调整制动压力，使车轮不被抱死，处于边滚边滑的状态。

4. 按制动压力调节器形式分类

按制动压力调节器的形式可分为循环式和可变容积式两种。

（1）循环式制动压力调节器　循环式制动压力调节器是在制动主缸与轮缸之间串联一电磁阀，直接控制轮缸的制动压力。这种压力调节系统的特点是制动压力油路和 ABS 控制压力油路相通。也就是说，循环式制动压力调节器是用电磁阀直接控制轮缸制动压力，如图 7-3 所示。图中蓄能器的功用是在"减压"过程中将从轮缸流经电磁阀的制动液暂时储存起来。回油泵也称为再循环泵，其作用是将"减压"过程中从制动蓄能器的

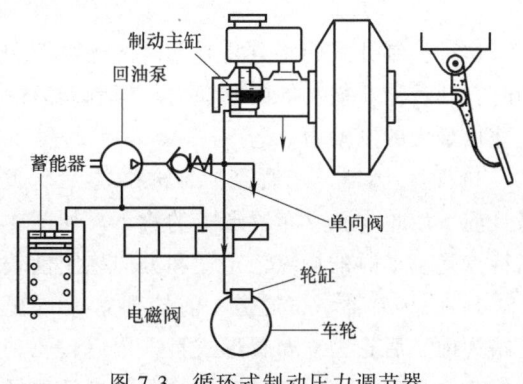

图 7-3　循环式制动压力调节器

制动液泵回制动主缸。

（2）可变容积式制动压力调节器　在汽车原有制动管路上增加一套液压控制装置，用它控制管路中制动液容积的增减，从而控制制动压力的变化。即可变容积式制动压力调节器是电磁阀间接控制制动压力，如图7-4所示。这种压力调节系统的特点是制动压力油路和ABS控制压力油路是相互隔开的。

5. 按ABS布置形式的分类

ABS的布置形式是指轮速传感器的数量、制动压力调节器控制的通道数和对各车轮制动器制动压力的控制方式，可分为七种类型。

1）四传感器、四通道、四轮独立控制。这种类型的ABS适用于双制动管路为前、后轮独立布置形式的汽车，如图7-5所示，具有4个轮速传感器和4个控制通道，系统根据各轮速传感器的信号分别对各车轮进行单独控制。

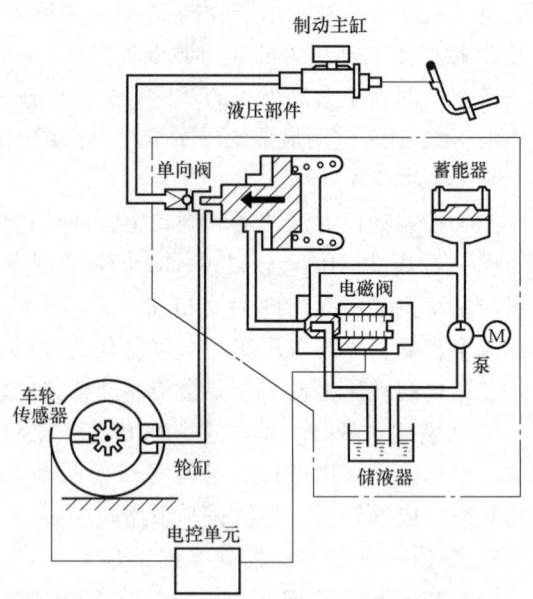

图7-4　可变容积式制动压力调节器

这种控制方式的特点是制动效能和制动时的操纵性最好，但在左、右车轮所处的路面条件不同时，汽车制动时的方向稳定性较差，易出现汽车制动跑偏现象。

2）四传感器、四通道、前轮独立-后轮低选择控制。这种类型的ABS适用于双制动管路为交叉形式布置的汽车，如图7-6所示，具有4个轮速传感器和4个控制通道，系统根据各轮速传感器的信号分别对两前轮进行单独控制，而对两后轮采用低选择控制，即以易抱死的后轮为标准对两后轮进行控制。

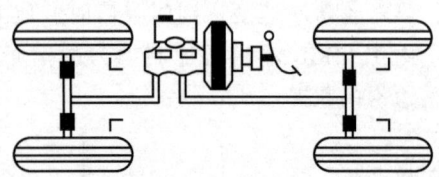 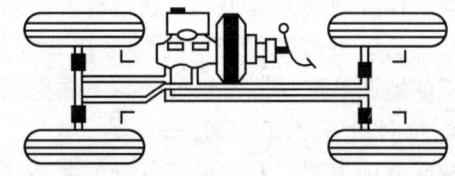

图7-5　四传感器、四通道、四轮独立控制　　图7-6　四传感器、四通道、前轮独立-后轮低选择控制

这种控制方式的特点是制动时的操纵性和方向稳定性均较好，但制动效能稍差。汽车制动时，两后轮获得相等的制动力，但制动力的大小以易抱死车轮为标准，则另一侧车轮将不能获得最大的制动力。

3）四传感器、三通道、前轮独立-后轮低选择控制。这种类型的ABS适用于双制动管路且前、后轮为独立布置形式的汽车，如图7-7所示，具有4个轮速传感器。这种控制方式的特点是制动时的操纵稳定性和方向稳定性较好，但制动效能稍差。

4）三传感器、三通道、前轮独立-后轮低选择控制。这种类型的ABS仅适用于双制动管路为前、后轮独立布置形式且采用后轮驱动的汽车，如图7-8所示，后轮的速度信号由装在差速器上的一个测速传感器检测，按低选择方式对两后轮进行制动控制。这种控制方式的特点是操纵稳定性和方向稳定性较好，结构较简单，但制动效能稍差。

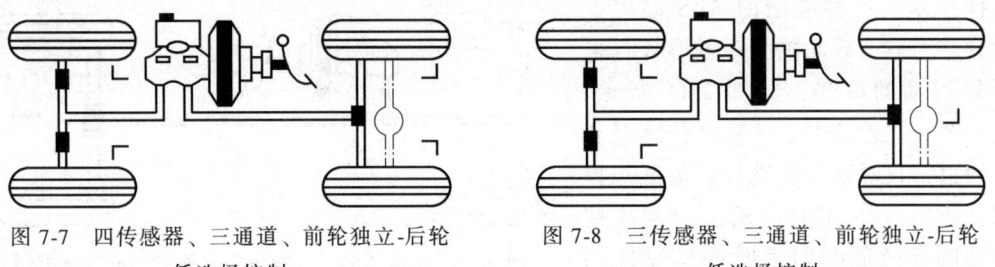

图 7-7　四传感器、三通道、前轮独立-后轮低选择控制　　　图 7-8　三传感器、三通道、前轮独立-后轮低选择控制

5）四传感器、两通道、前轮独立控制。这种类型的 ABS 是一种简易的防抱死制动系统，如图 7-9 所示，两前轮独立控制，通过 PV 阀（比例阀）按一定比例将制动压力传至后轮。它一般用于双制动管路为交叉形式布置的汽车上。

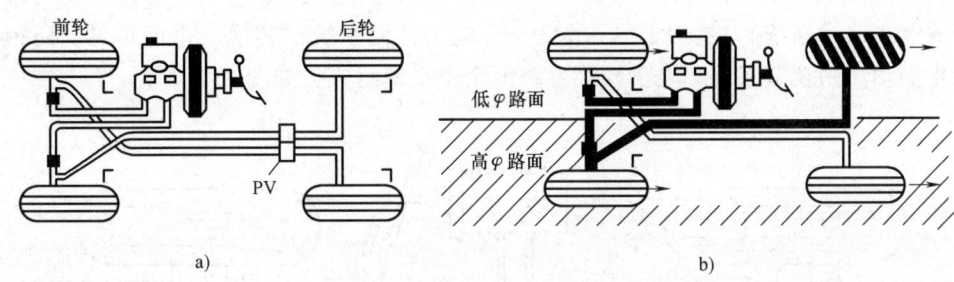

图 7-9　四传感器、两通道、前轮独立控制

这种控制方式的特点是若制动汽车的左、右车轮所处地面附着系数不同时，处于附着系数较高的路面一侧的前轮制动压力较高，与其对角的后轮也将获得较高的制动压力，但该侧后轮处于附着系数较低的路面一侧，该侧后轮易抱死，处于另一对角上的前、后轮则与此相反，这样对保持汽车制动时的方向稳定性有利，但与前述三通道和四通道的 ABS 相比，后轮的制动力有所降低，汽车的制动效能稍有下降。

6）四传感器、两通道、前轮独立-后轮低选择控制。这种类型的 ABS 的布置形式与第 5 种类型基本相同，如图 7-10 所示，只是用 SLV 阀（低选择阀）代替第 5 种类型中的 PV 阀，这样可使汽车在不对称路面上制动时，通过 SLV 阀传至处于低附着系数路面一侧的后轮的制动压力只升至与低附着系数路面一侧的前轮相同，从而防止处于低附着系数路面一侧的后轮抱死，其效果更接近三通道或四通道控制的 ABS。

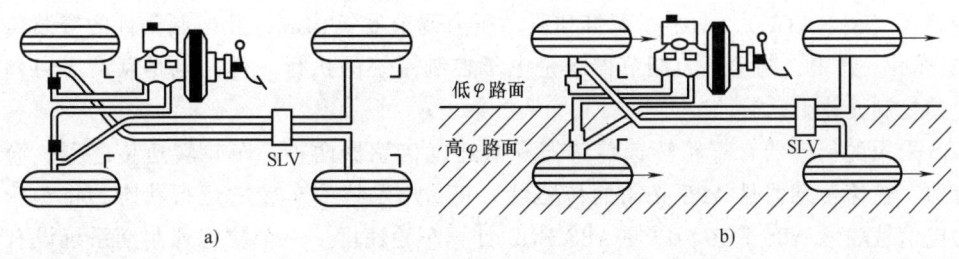

图 7-10　四传感器、两通道、前轮独立-后轮低选择控制

7）一传感器、一通道、后轮近似低选择控制。这种类型的ABS适用于制动管路为前、后轮独立布置形式且采用后轮驱动的汽车，如图7-11所示，通过一个装在差速器上的轮速传感器和一个通道，只对两后轮进行近似低选择控制，此类ABS不对前轮进行制动控制，其制动效能和制动时的操纵性均较差。

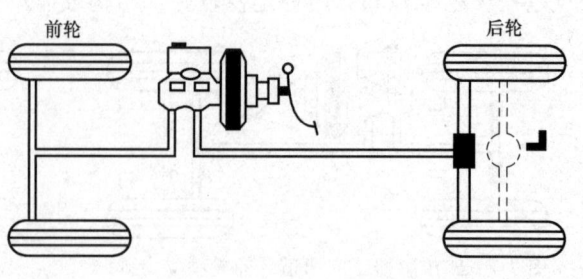

图7-11　一传感器、一通道、后轮近似低选择控制

四、防抱死制动系统的基本组成与控制原理

1. 基本组成

虽然各型汽车防抱死制动系统的结构形式各不相同，但都是在常规制动系统（液压制动系统或气压制动系统）的基础上，增设一个电子控制系统而构成。由此可见，防抱死制动系统由制动压力调节系统和电子控制系统两个子系统组成，如图7-12所示。

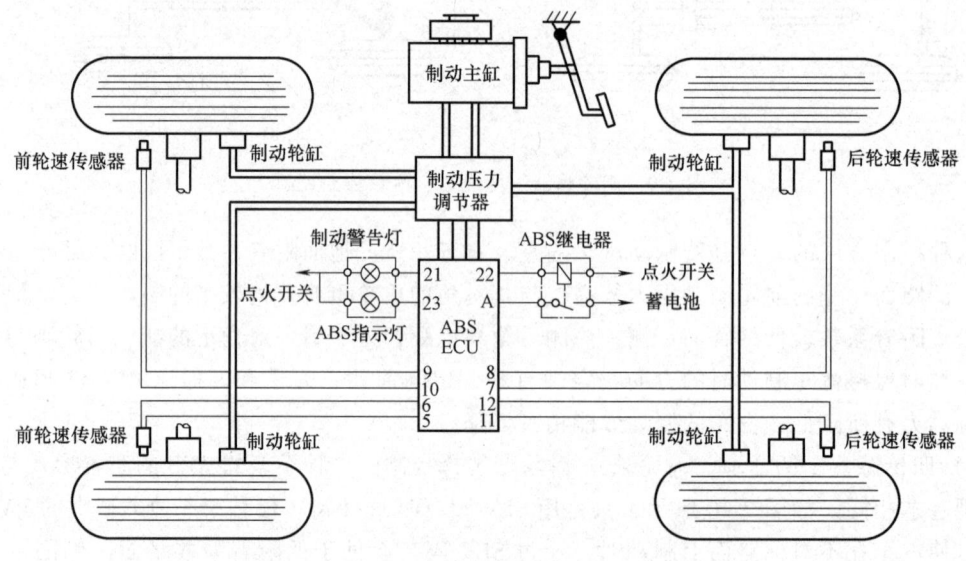

图7-12　防抱死制动系统（ABS）组成简图

（1）电子控制系统　防抱死制动电子控制系统由轮速传感器、制动灯开关、防抱死电控单元（ABS ECU）、ABS指示灯和制动压力调节器等构成，其控制部件的安装位置如图7-13所示。其中，制动压力调节器既是电子控制系统的执行元件，也是制动压力调节系统的原始控制元件。

ABS采用的传感器有车轮转速传感器和减速度传感器两种。车轮转速传感器，简称轮速传感器。轮速传感器是ABS必需的传感器，其功用是检测车轮的运行状态，将车轮转速变换为电信号输入ABS ECU，以便ABS ECU计算车轮速度。一个防抱死制动系统设有2~4个轮速传感器，轿车一般采用4个，载货汽车一般采用2个。减速度传感器仅在控制精度较

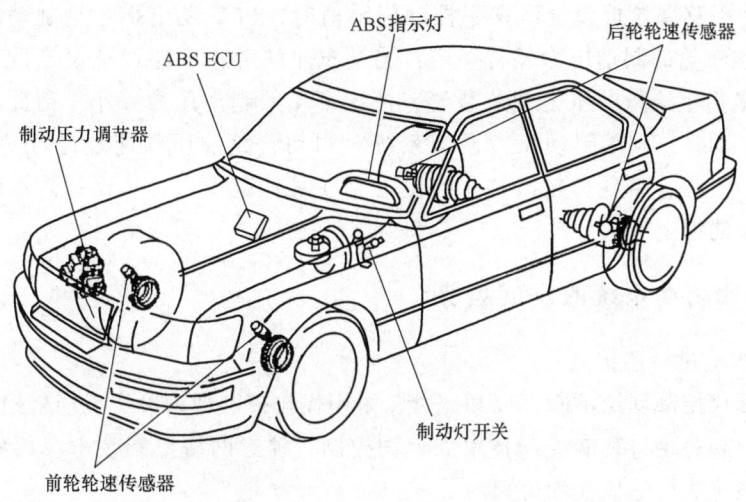

图 7-13 防抱死制动电子控制系统控制部件的安装位置

高的 ABS 中采用，其功用是检测汽车车身的减速度，以便 ABS ECU 判别路面状况并采取相应的控制措施。减速度传感器又分为纵向减速度传感器和横向减速度传感器。防抱死制动系统电控单元（ABS ECU）又称为防抱死制动电子控制器，主要功用是接收轮速传感器、减速度传感器和控制开关信号，计算汽车的轮速、车速、减速度和滑移率，并输出控制指令控制制动压力调节器等执行元件工作。

ABS ECU 具有失效保护和故障自诊断功能，一旦发现故障，ABS ECU 就会终止电子控制系统工作，恢复到常规制动状态。与此同时，还将控制 ABS 故障指示灯发光，警告驾驶人制动系统发生故障。

制动压力调节器的功用是根据防抱死制动电控单元（ABS ECU）发出的控制指令，驱动制动压力调节器中的电磁阀和回液泵电动机工作，使制动压力"升高""保持"或"降低"，从而实现制动压力自动调节。

（2）制动压力调节系统　制动压力调节系统是由常规制动系统和制动压力调节器组成。常规制动系统主要由制动主缸、制动助力器、制动轮缸、制动管路和制动器（盘式或鼓式制动器）等组成。因为汽车制动动力源分为液压和气压两种，所以制动压力调节系统相应地有液压调节系统和气压调节系统。轿车普遍采用液压调节系统，载货汽车普遍采用气压调节系统。本书主要介绍轿车普遍采用的液压调节系统。在液压调节系统中，制动压力调节器又称为液压调节器，主要由电磁阀、单向阀和回液泵电动机等组成。

2. 防抱死制动系统的控制原理

ABS 的制动过程分为常规制动和 ABS 调节制动两部分，当 ABS 检测认定制动车轮未发生抱死或没有抱死趋势时，汽车制动系统执行常规制动过程；而当系统认定车轮有抱死趋势时，便开始进行 ABS 控制。

汽车在制动过程中，ECU 接收来自车轮转速传感器的信号，再根据设定的控制逻辑对车轮转速传感器输入的信号进行处理，计算汽车的参考车速、各车轮的速度和减速度，确定各车轮的滑移率，并将滑移率与设定滑移率控制门限值进行比较。若无车轮抱死（即所有车轮的滑移率均在设定的滑移率控制门限值内），ABS 不起作用，制动过程为常规制动过程；当某车轮的滑移率接近设定滑移率控制门限值时，ECU发出指令给制动压力调节装置（执行器），使该车轮的制动压力保持一定；当某车轮的滑移率超过了设定滑移率控制门限值时，ECU发出指令给制动压力调节装置，使该车轮的制动压力减小。由此可见，ABS制动过程就是在制动时，利用制动压力调节系统对制动管路油压高速地进行"增压-保压-减压"的循环调节过程，将各车轮滑移率范围控制在最佳范围内，从而缩短制动距离，提高车轮制动时的方向稳定性。

五、防抱死制动系统的发展趋势

1. 控制技术会进一步提高

随着各种现代控制理论不断发展和完善，采用优化控制理论可实现伺服控制和高精度控制。未来的发展趋势是将智能控制技术如模糊控制、神经网络控制技术应用到ABS中，可以进一步提高系统的自适应性和可靠性。

2. 系统的体积与质量减小，结构简化

在保证安全性的前提下，尽量减小ABS的体积和质量。减小ABS体积和质量的主要途径是采用计算机辅助设计优化ABS零部件的结构设计，减小ABS零部件的尺寸，增加集成度。目前，经过优化的ABS已将制动主缸、压力调节器和电子控制单元等集成为一体，从而大大减小了体积和成本。

3. 控制功能的扩展和集成

将各个功能不同的汽车电子控制系统集成为综合的汽车控制系统。在实现各自基本功能的前提下，形成新的具有更强大功能的集成电控系统是汽车电子控制的必然趋势，也是ABS的发展方向。如ABS与驱动防滑（ASR）系统集成，形成ABS/ASR系统，这样既可以在制动时又可以在起步和加速时控制车轮上的转矩，以提高车轮附着力的利用率，从而改善汽车的制动性能或加速性能；ABS与电子稳定性程序（ESP）系统集成，形成ABS/ASR/ESP综合控制系统，可解除汽车制动、起步和转向时对驾驶人的高要求，使车辆在各种状况下保持最佳的稳定性，在转向过度或转向不足的情形下效果更加明显；ABS与汽车巡航自动控制（ACC）系统集成，形成ABS/ASR/ACC综合控制系统。ACC装置是近年来发展起来的一项汽车主动安全技术，该系统能自动控制车距，并实时自动调节车速，可在较大程度上避免碰撞事故发生，具有良好的安全行驶效果。

另外，ABS利用CAN总线技术与其他控制系统的信息交换和共享，提高整体控制性能。

课题二 防抱死制动系统主要零部件的结构与工作原理

一、车轮转速传感器

ABS中的传感器主要是指车轮转速传感器，其作用是检测汽车车轮的转速，并将其转为电信号后输入ECU，用于计算、判断，以决定是否开始进行防抱死控制。车轮转速传感器又称为轮速传感器、车轮速度传感器等。目前用于汽车ABS的主要有电磁式和霍尔式两种类型。

1. 电磁式车轮转速传感器

(1) 基本结构　目前大多数车轮转速传感器都采用电磁式转速传感器。车轮转速传感器由电磁感应传感头和信号转子两部分组成，其外形如图7-14a所示。传感头用来产生感应电压，通常由永久磁铁、电磁线圈和极轴等构成。极轴与永久磁铁相连，感应线圈套在极轴外面。根据极轴的结构不同，电磁式车轮转速传感头又可分为凿式极轴传感头（图7-14b）、柱式极轴传感头（图7-14c）等，但其基本工作原理都是相同的。

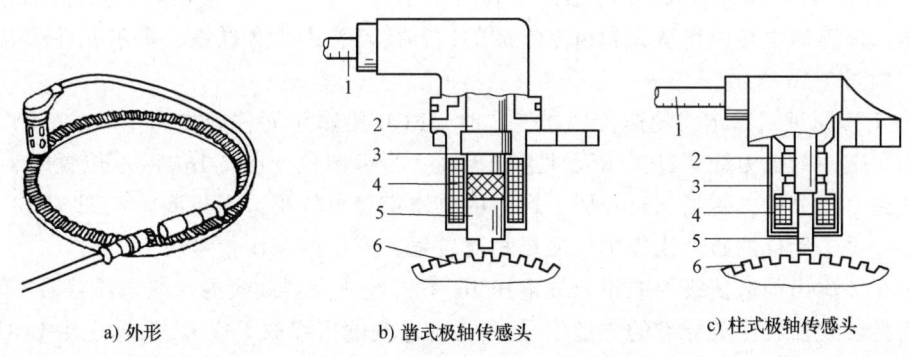

图 7-14　电磁式车轮转速传感器结构
1—电缆　2—永久磁铁　3—外壳　4—感应线圈　5—极轴　6—信号转子（齿圈）

传感头是一个静止部件，一般都安装在车轮附近不随车轮转动的部件上，如制动底板、转向节、半轴套管等处。信号转子是一个齿圈，齿数多少与车型、ABS ECU 有关。信号转子是一个运动部件，一般安装在随车轮一起转动的部件上，如轮毂、半轴、制动盘等处。传感头与齿圈之间的空气间隙很小，通常只有 0.5~1mm。此传感器一定要安装牢固，只有这样才能保证汽车在制动过程中的振动不会干扰或影响传感器信号。为了避免灰尘与飞溅的水、泥等对传感器工作的影响，在安装前可在传感器上涂覆防锈油。

(2) 工作原理　电磁式车轮转速传感器输出的电压信号如图7-15所示。电磁式转速传感器的工作原理与发动机点火系统中电磁脉冲信号发生器的工作原理相同。交变信号的频率与齿圈的齿数和转速成正比。齿圈的齿数一定，因而轮速传感器输出的交变电压信号的频率只与相应的车轮转速成正比，所以通过

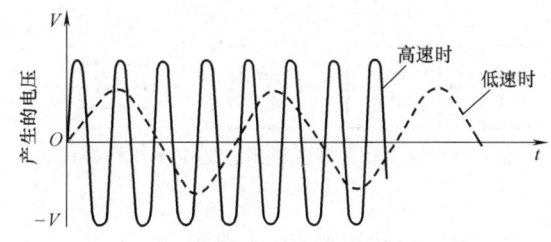

图 7-15　电磁式车轮转速传感器输出的电压信号

轮速传感器输出的频率信号就可以确定车轮的转速。另外，在传感头与齿圈的间隙一定时，交变电压的幅值也决定于磁通变化率，在一定范围内，交变电压的幅值也随车轮转速成正比变化。当车轮不转时，感应电压幅值为零。

电磁式轮速传感器存在以下缺点。

1) 电磁式轮速传感器向 ABS ECU 输送的电压信号的强弱随转速的变化而变化，信号幅值一般在 1~15V 的范围内变化，但是当车速很低时，传感器输出的电压信号低于1V，则 ABS ECU 无法检测到如此微弱的信号，ABS 也就无法正常工作。

2) 电磁式轮速传感器频率响应较低。当车轮转速过高时，传感器的频率响应跟不上，容易产生错误信号。

3) 电磁式轮速传感器的抗电磁波干扰能力较差，尤其在输出信号幅值较小时。

但由于电磁感应式轮速传感器结构简单、成本低、坚固耐用，特别适用于汽车行驶中的恶劣环境，至今仍被广泛应用。

2. 霍尔式轮速传感器

(1) 基本结构　霍尔式轮速传感器是利用霍尔效应原理产生与车轮转速相对应的电压脉冲信号。传感器也是由传感头和齿圈组成的，其传感头由永久磁铁、霍尔元件和电子电路等组成，如图7-16所示。

(2) 工作原理　霍尔式轮速传感器工作时，ECU给霍尔元件施加一个5V或8V的基准电压，永久磁铁的磁力线穿过霍尔元件通向齿圈。当齿圈位于图7-16a所示位置时，穿过霍尔元件的磁力线分散，磁场相对较弱，产生的电压信号也较小；当齿圈位于图7-16b所示位置时，穿过霍尔元件的磁力线集中，磁场相对较强，产生的电压信号较大。

霍尔元件输出的毫伏级的准正弦波电压U_1首先经放大器放大为伏级电压信号U_2，然后送往施密特触发器转换成标准的方波信号U_3，再送到输出级放大成U_4后输送给ECU，如图7-17所示。电子线路中的各等级波形如图7-18所示，其工作频率为20kHz，输出信号电压幅值为7~14V。

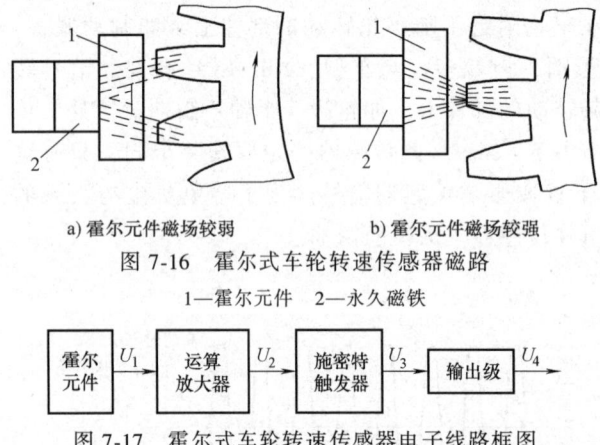

a) 霍尔元件磁场较弱　　b) 霍尔元件磁场较强

图7-16　霍尔式车轮转速传感器磁路

1—霍尔元件　2—永久磁铁

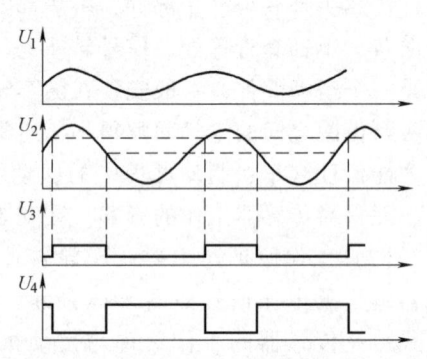

图7-18　霍尔式车轮转速传感器电子线路中各等级电压波形图

图7-17　霍尔式车轮转速传感器电子线路框图

霍尔式轮速传感器具有以下优点。

1) 输出的电压信号强弱不随转速的变化而变化。在汽车电源电压为12V的条件下，信号的幅值保持在11.5~12V不变，即使当车速下降很低时也不变。

2) 频率响应高。传感器频率响应高达20kHz，用于ABS中相当于车速为1000km/h时所检测的信号频率，因此不会出现高速时频率响应跟不上的问题。

3) 抗电磁波干扰能力强。由于其输出信号电压不随车轮转速的变化而变化，且幅值高，所以具有很强的抗电磁干扰能力。

由于上述原因，霍尔式传感器不仅广泛应用于汽车ABS，也广泛应用于汽车其他控制系统的转速检测。

二、ABS ECU

ABS ECU 是 ABS 的控制核心，其作用是通过接收来自车轮转速传感器、其他传感器的信号和各种控制开关信号，根据设定的控制程序，通过数学计算和逻辑判断计算出车轮转速、车轮加（减）速度、车轮滑移率，并判断出车轮是否有抱死的趋势，然后向制动压力调节器发出制动压力调节的指令，控制制动力调节器执行调节轮缸制动压力的任务。

ABS ECU 采用了两个微处理器 CPU，其中一个为主控 CPU，另一个为辅控 CPU，主要目的是保证 ABS 的安全性。两个 CPU 接收同样的输入信号，在运算处理过程中，通过通信模块对两个微处理器的处理结果进行比较。如果两个微处理器的处理结果不一致，则微处理器立即发出控制指令使 ABS 退出工作，防止系统发生逻辑错误。

ABS ECU 的内部电路结构主要由信号输入电路、运算电路、电磁阀控制电路以及安全保护电路等组成。图 7-19 为所示四传感器、四通道控制 ABS ECU 的内部电路框图。

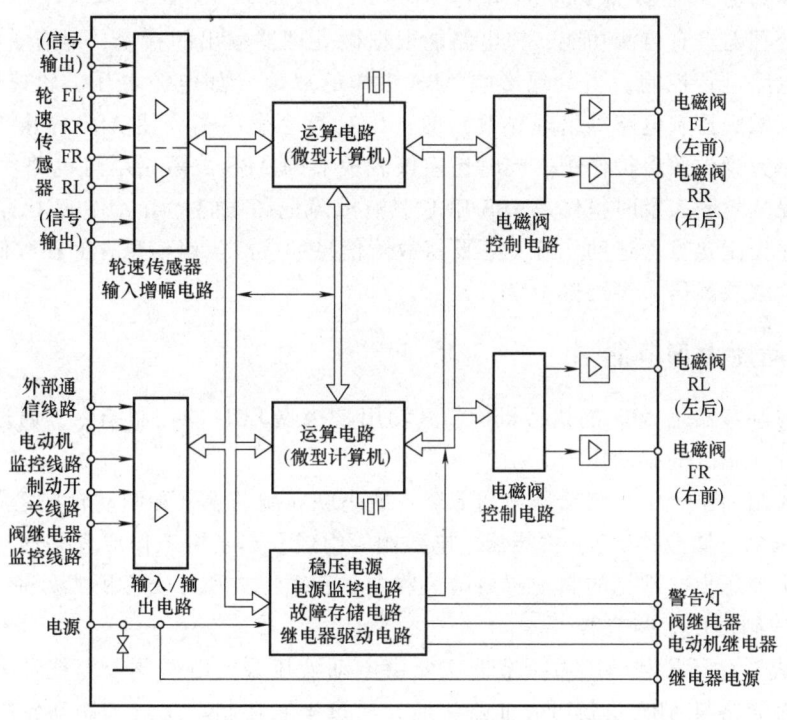

图 7-19　四传感器、四通道控制 ABS ECU 的内部电路框图

1. 信号输入电路

信号输入电路由低通滤波电路和整形放大电路等组成，其功用是对轮速传感器输入的交变电压信号进行处理，并传送给主控 CPU 和辅控 CPU。与此同时，信号处理电路还要接收点火开关、制动灯开关、液位开关等外部信号。

2. 运算电路

运算电路是 ABS ECU 的核心，主要由微处理器构成，其功用是根据轮速传感器和控制开关信号，按照预先编制的程序进行数学计算和逻辑判断，形成相应的控制指令。运算电路

按照设定的程序，根据轮速传感器输入的轮速信号计算出车轮瞬时速度，然后得出加（减）速度、参考车速和滑移率，最后根据加、减速度和滑移率形成相应的控制指令，再向电磁阀控制电路输出制动压力"降低""保持"或"升高"的控制信号。

计算电路不仅能够监测自己内部的工作过程，而且还能监测系统控制部件的工作状况，如轮速传感器、回液泵电动机工作电路，电磁阀工作电路等，当监测到电路工作不正常时，立即向安全保护电路输出指令，使 ABS 停止工作。

3. 输出电路

输出电路即电磁阀控制电路，其作用是接收来自运算电路输送来的电磁阀的控制指令，控制大功率晶体管向电磁阀线圈及继电器线圈提供控制电流，以此来控制电磁阀的工作，实现制动压力"升高""保持"或"降低"的调节功能。

4. 安全保护电路

安全保护电路由电源监控、故障记忆和 ABS 指示灯驱动电路等组成，其主要功用是接收蓄电池（或发电机）的电压信号，监控电源电压是否在稳定范围内，同时将 12V 或 14V 电源电压变换为 ECU 工作需要的 5V 电压。

由于微处理器具有监测功能，该电路能根据微处理器输出的指令，对有关继电器电路、ABS 指示灯电路进行控制。当发现影响 ABS 工作的故障（如电源电压、轮速传感器信号、运算电路、电磁阀控制电路等出现异常）时，CPU 就会发出指令使 ABS 停止工作，恢复常规制动功能，起到失效保护作用。同时接通仪表板上的 ABS 故障指示灯电路使 ABS 故障指示灯发亮，提醒驾驶人及时检修。ABS ECU 具有故障记忆功能，当 ABS ECU 监测到 ABS 出现故障时，除控制执行上述动作外，还要将故障信息编成故障码信息存储在存储器中，以备故障诊断时读取故障码，供维修参考。

三、制动压力调节器

制动压力调节器是 ABS 的执行机构，其功用是接收 ECU 的控制指令，通过电磁阀的动作控制车轮制动轮缸的制动压力。

在液压式制动系统中，制动压力调节器一般串联在制动主缸和制动轮缸之间，主要由供能装置（液压泵、储液器等）、蓄能器、电磁阀等组成。其基本工作原理是通过电磁阀直接或间接控制轮缸压力。常见的制动压力调节器主要有循环式和可变容积式两种。

1. 循环式制动压力调节器

（1）组成　循环式制动压力调节器主要由电动液压泵、电磁阀及蓄能器等组成，其特点是制动压力油路与 ABS 控制压力油路相通，通过串联在制动主缸和制动轮缸之间的电磁阀直接控制制动管路中油液的流动，使制动油液在轮缸内外不断循环，以达到调节轮缸制动压力的目的。

1）电磁阀。循环式制动压力调节器常用的电磁阀有三位三通电磁阀，其基本结构及工作位置如图 7-20 所示。阀上有三个通道（即三通）分别与制动主缸、轮缸及储液器连接。ABS ECU 通过控制电磁线圈电流的大小使阀内柱塞（可动铁心）有三种不同的工作位置（即三位）：增压、保压、减压。

2）电动液压泵。电动液压泵的作用是当电磁阀在"减压"过程中，将制动轮缸流出的制动液经储液器泵回制动主缸。如图 7-21 所示，电动液压泵多为柱塞泵，由电动机带动凸轮驱动,泵内有两个单向阀,上阀为进油阀,下阀为出油阀。柱塞上行时,轮缸及储液器的压力油推开上进油阀进入泵体内。柱塞下行,进油孔关闭,使泵腔内压力升高,使出油阀打开,将制动液压回制动主缸。

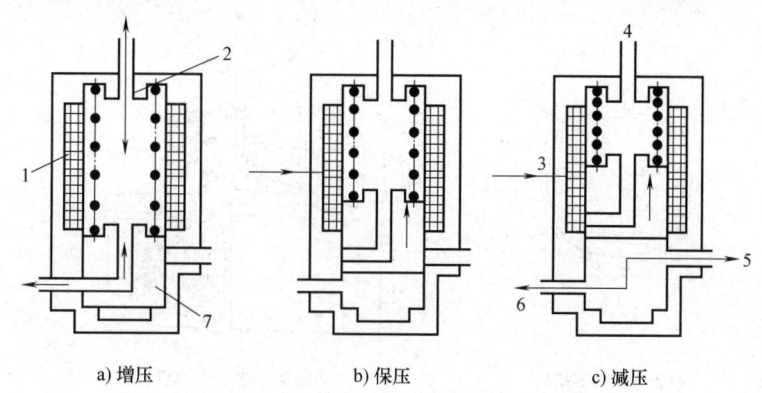

a) 增压　　　　　　b) 保压　　　　　　c) 减压

图 7-20　三位三通电磁阀的三种工作位置

1—线圈　2—固定铁心　3—电流　4—通主缸　5—通储液器　6—通轮缸　7—可动铁心

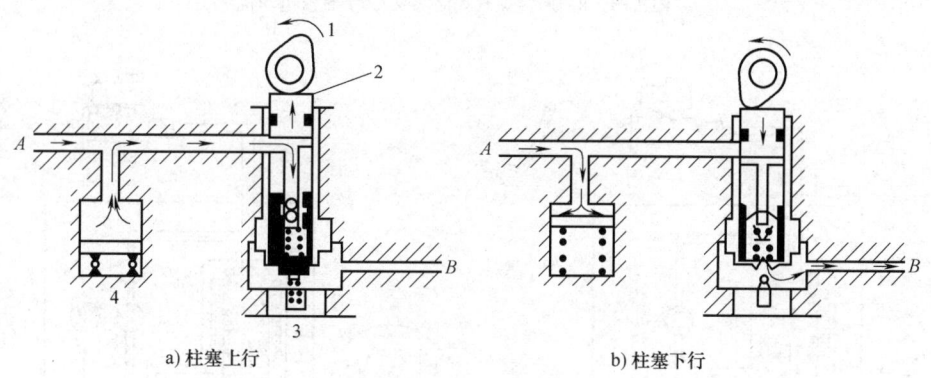

a) 柱塞上行　　　　　　b) 柱塞下行

图 7-21　电动液压泵

1—凸轮　2—油泵柱塞　3—油泵　4—储液器

3) 蓄能器。蓄能器串联在电动液压泵和电磁阀之间,用于存储来自电动液压泵的高压制动液,以备在制动过程中增加制动压力。气囊式蓄能器如图 7-22 所示,膜片将蓄能器分为上、下两个腔,上腔内充满了高压氮气。高压制动液进入蓄能器的下腔内,通过膜片的上移压缩上腔内的高压氮气,使高压氮气的压力进一步提高,反过来又推动膜片下移,使下腔的制动液的压力又进一步提高,下腔制动液压力增大以暂时存储制动液和能量。

(2) 工作过程

1) 升压过程（常规制动）。如图 7-23 所示,电磁线圈中无电流流过,电磁阀处于升压位置,此时制动主缸与轮缸直通,由制动主缸来的制动液直接进入轮缸,轮缸压力随主缸压力而增减。此时 ABS 不工作,电动油泵也不需要工作。

2) 保压过程。当 ECU 向电磁线圈通入一个较小的保持电流（约为最大电流的 1/2）时,电磁阀处于保持压力位置,如图 7-24 所示。此时主缸、轮缸和回油孔相互隔离密封,轮缸中保持一定的制动压力。

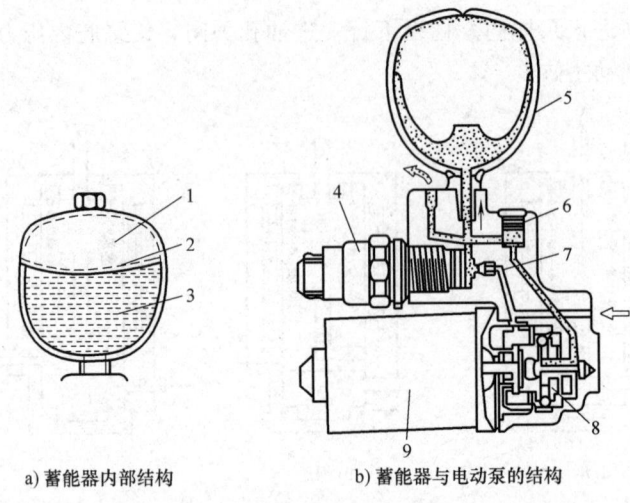

a) 蓄能器内部结构 b) 蓄能器与电动泵的结构

图 7-22 气囊式蓄能器
1—氮气 2—膜片 3—高压制动液 4—压力控制/压力警示开关 5—蓄能阀 6—单向阀
7—限压阀 8—回转球阀式活塞泵 9—直流电动机

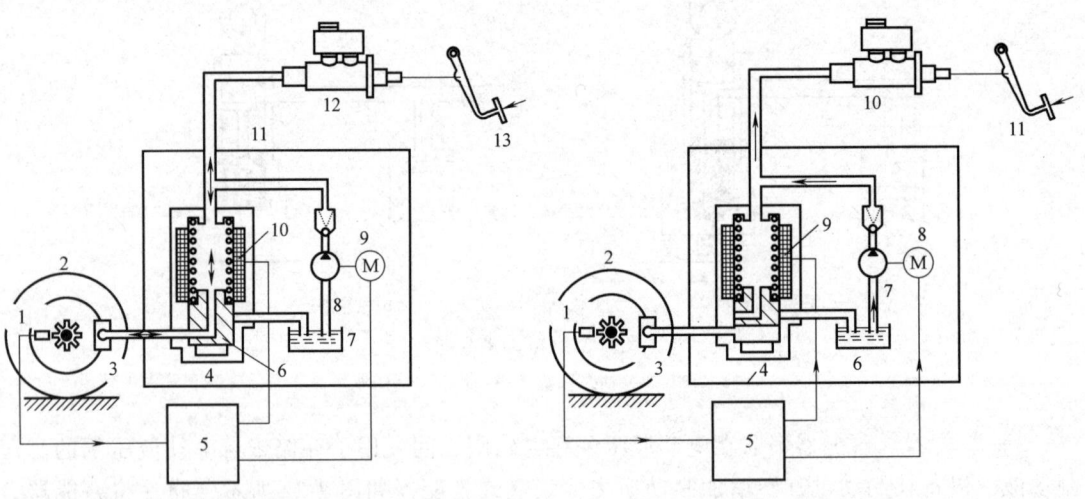

图 7-23 常规制动（升压）过程
1—传感器 2—车轮 3—轮缸 4—电磁阀
5—ECU 6—柱塞 7—储液器 8—泵 9—电动机
10—线圈 11—液压部件 12—主缸 13—踏板

图 7-24 保压过程
1—传感器 2—车轮 3—轮缸 4—电磁阀
5—ECU 6—储液器 7—泵 8—电动机
9—线圈 10—主缸 11—踏板

3）减压过程。当 ECU 向电磁线圈通入一个最大电流时，电磁阀处于减压位置，此时电磁阀将轮缸与回油通道或储液器接通，轮缸中制动液经电磁阀流入储液器，轮缸压力下降，如图 7-25 所示。

2. 可变容积式制动压力调节器

(1) 组成 可变容积式制动压力调节器是在原有的制动管路中并联一套液压控制装置，该装置中有一个类似活塞的部件。工作时根据 ECU 的指令，该装置首先将制动轮缸和制动总缸隔离,然后通过电磁阀的开启或电动机的转动等,控制活塞在调压缸中运动,使调压缸至制动轮缸的容积发生变化。容积增大,实现制动压力减小;容积减小,实现制动压力增大;容积不变,实现压力保持。此种压力调节方式在德尔科 ABS、本田 4WALB 等 ABS 中采用。

可变容积式制动压力调节器主要由电磁阀、控制活塞、液压泵、蓄能器等组成。

(2) 工作过程

1) 常规制动。ECU 不给电磁线圈通电,电磁阀将控制活塞的工作腔与回油管路接通,控制活塞在强力弹簧的作用下推至最左端。活塞顶端推杆将单向阀打开,

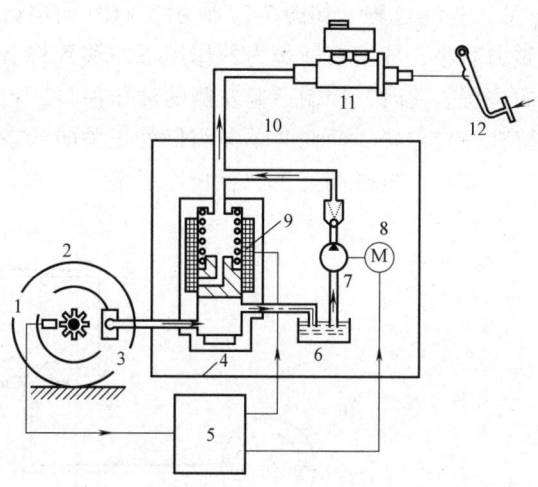

图 7-25 减压过程

1—传感器 2—车轮 3—轮缸 4—电磁阀 5—电子控制器
6—储液器 7—泵 8—电动机 9—线圈
10—液压部件 11—主缸 12—踏板

使制动主缸与轮缸的制动管路接通,制动主缸的制动液直接进入轮缸,轮缸压力随主缸压力变化而变化。这种工作状态是 ABS 工作之前或工作之后的常规制动工况。

2) 减压过程。如图 7-26 所示,ECU 向电磁线圈通入一个大电流,电磁阀内的柱塞在电磁力作用下克服弹簧弹力移到右边,将蓄能器与控制活塞工作腔管路接通。蓄能器(液压泵)的压力油进入控制活塞工作腔推动活塞右移,单向阀关闭,制动主缸与轮缸之间的通路被切断,同时,由于控制活塞的右移,使轮缸的容积增大,制动压力减小。此时,电磁阀处于"减压"位置。

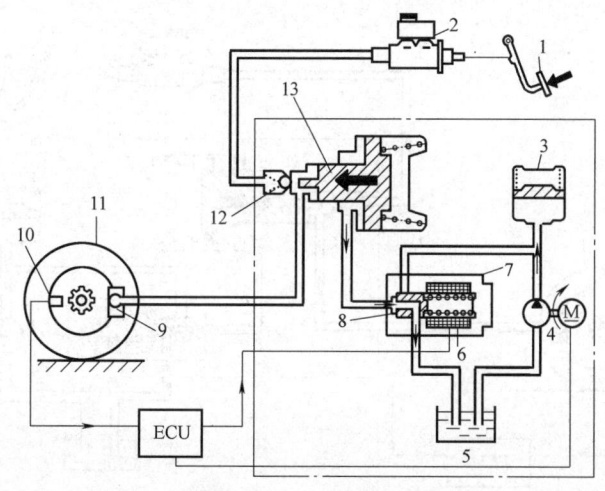

图 7-26 减压过程

1—制动踏板 2—制动主缸 3—蓄能器 4—电动泵 5—储液室
6—电磁线圈 7—电磁阀 8—柱塞 9—制动轮缸 10—转速传感器
11—车轮 12—单向阀 13—控制活塞

3）保压过程。如图7-27所示，ECU向电磁线圈通入一个较小的电流，由于电磁线圈的电磁力减小，柱塞在弹簧力的作用下左移到将蓄能器、回油管及控制活塞工作腔管路相互关闭的位置。此时，控制活塞左侧的油压保持一定，控制活塞在油压和强力弹簧的共同作用下保持在一定位置，而此时单向阀仍处于关闭状态，轮缸的容积也不发生变化，制动压力保持一定。此时，电磁阀处于"保压"位置。

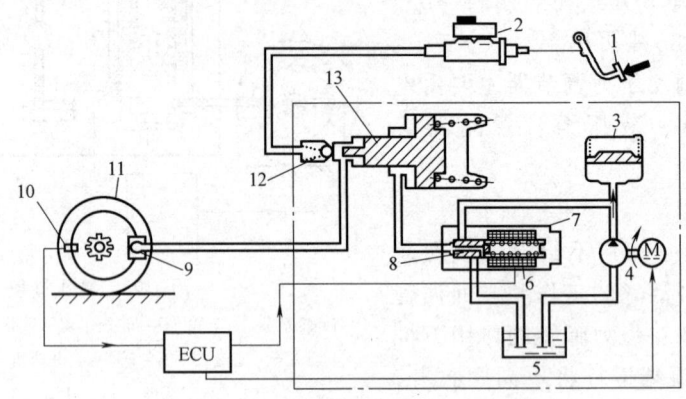

图7-27 保压过程

1—制动踏板 2—制动主缸 3—蓄能器 4—电动泵 5—储液室 6—电磁线圈 7—电磁阀
8—柱塞 9—制动轮缸 10—转速传感器 11—车轮 12—单向阀 13—控制活塞

4）增压过程。如图7-28所示，ECU切断电磁线圈中的电流，柱塞回到左端的初始位置，控制活塞工作腔与回油管路接通，控制活塞左侧控制油压的解除，控制液流回储液器。控制活塞在强力弹簧的作用下左移，轮缸容积变小，压力升高至初始值。当控制活塞左移至最左端时，单向阀被打开，轮缸压力将随主缸压力的增大而增大。此时，电磁阀处于"增压"位置。

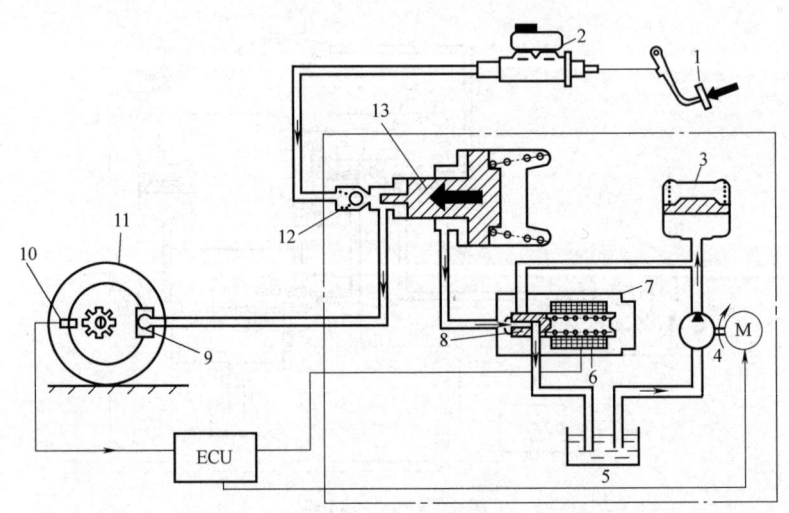

图7-28 增压过程

1—制动踏板 2—制动主缸 3—蓄能器 4—电动泵 5—储液室 6—电磁线圈
7—电磁阀 8—柱塞 9—制动轮缸 10—转速传感器 11—车轮 12—单向阀 13—控制活塞

课题三　MK20-Ⅰ型防抱死制动系统

桑塔纳 2000GSi、一汽大众捷达王轿车均采用了美国 ITT 公司研制的 MK20-Ⅰ型 ABS，属于三通道、四传感器的液压对角线双回路 ABS，前轮独立控制，后轮低选择控制，制动压力调节器为循环式。MK20-Ⅰ型 ABS 还装备在桑塔纳 3000、捷达、都市先锋、赛欧及奇瑞等汽车上。

一、系统组成

图 7-29 所示为桑塔纳 2000GSi 轿车 MK20-Ⅰ型 ABS 的布置，系统主要由四个车轮转速传感器（两前轮为 G45/G47，两后轮为 G44/G46）、电控单元（ECU）、液压控制单元 N55（含电磁阀）、电动液压泵 V64、ABS 故障指示灯 K47、制动装置警告灯 K118 等组成。其中电动液压泵 V64、液压控制单元 N55 和电控单元（ECU）集成一体，简称液压电子控制单元（HECU）或 ABS 控制器，如图 7-30 所示。

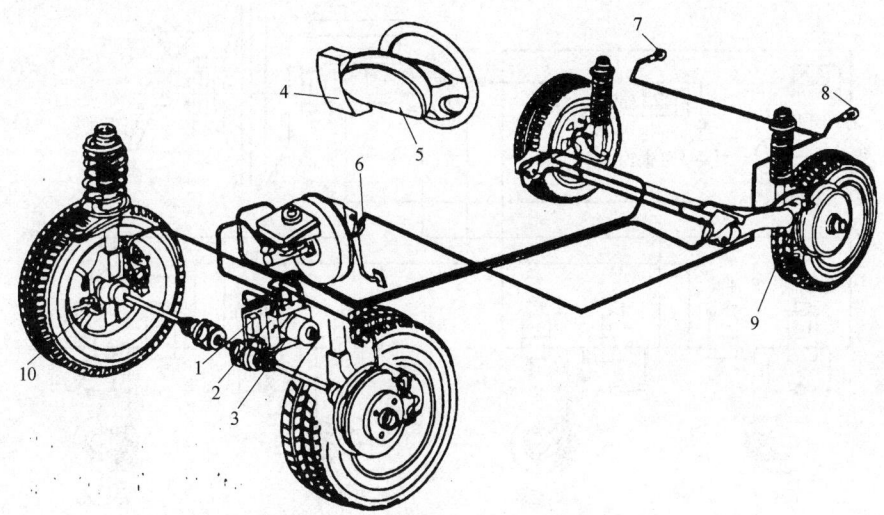

图 7-29　MK20-Ⅰ型 ABS 的布置
1—ABS 电控单元 J104　2—ABS 液压控制单元 N55　3—ABS 液压泵 V64　4—ABS 故障指示灯 K47
5—制动装置警告灯 K118　6—制动灯开关 F　7—右制动灯 M10　8—左制动灯 M9
9—左后车轮转速传感器 G46　10—右后车轮转速传感器 G44

二、主要部件结构与工作原理

1. 车轮转速传感器

MK20-Ⅰ型 ABS 共有四个电磁式车轮转速传感器，前车轮转速传感器的齿圈共 43 个齿，安装在传动轴上，传感头则安装在转向节上；后车轮转速传感器的齿圈也为 43 个齿，安装在后轮毂上，传感头则安装在固定支架上。当齿圈每转动一圈，在传感器的感应线圈内会产生与齿圈齿数相同的交流信号并送往 ECU。

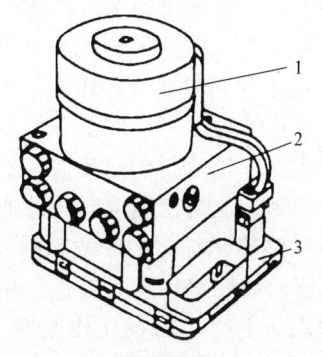

图 7-30　液压电子控制单元（HECU）
1—电动液压泵　2—液压控制单元　3—电子控制单元

2. 液压电子控制单元（HECU）

液压电子控制单元安装在制动主缸和制动轮缸之间，采用整体式结构将液压控制单元 N55、电动液压泵 V64 和电控单元（ECU）集成于一体，主要任务是转换执行 ECU 指令，自动调节制动压力。

(1) 液压控制单元 N55　其作用是执行电控单元（ECU）的指令，通过阀体内的电磁阀自动调节制动压力。液压控制单元 N55 主要由八个二位二通电磁阀组成，每个车轮的制动轮缸的制动压力由两个电磁阀控制，一个是进油阀，一个是出油阀。进油阀为常开电磁阀，出油阀为常闭电磁阀。MK20-Ⅰ型 ABS 液压管路系统如图 7-31 所示，制动管路采用 X 管路布置方式，左前轮与右后轮为一条制动管路，右前轮与左后轮为一条制动管路。它们在制动主缸和轮缸之间建立联系，使制动油液在制动主缸、轮缸以及专门设置的低压储液罐中循环流动。

如果 ABS 出现故障，ECU 将使进油阀和出油阀始终处于常态，使常规制动系统工作而 ABS 不工作。

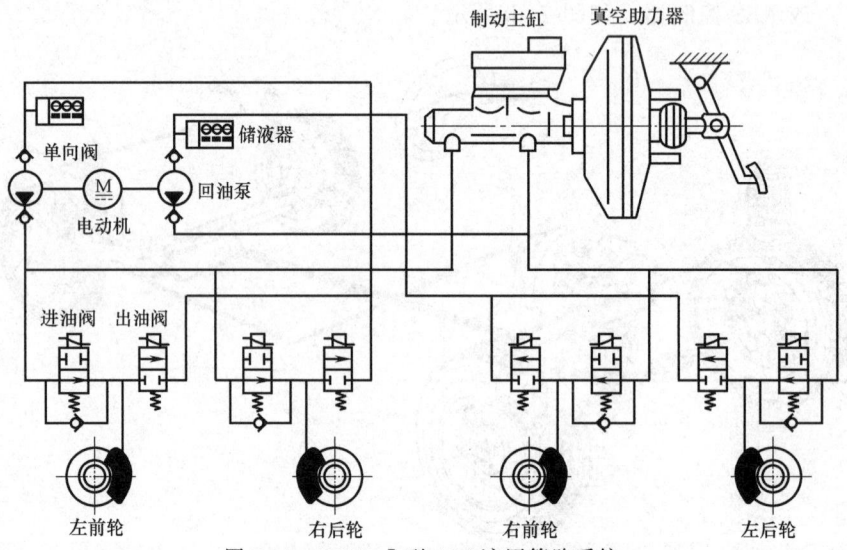

图 7-31　MK20-Ⅰ型 ABS 液压管路系统

(2) 电动液压泵 V64　其作用是将在制动减压阶段流入低压储液罐的制动液及时送回制动主缸，同时在制动增压阶段从低压储液罐中吸取剩余制动液，泵入制动循环系统，增加制动效能。液压泵采用柱塞式结构，由 ECU 控制的四磁极四电刷永磁直流电动机驱动。

(3) 低压储液罐　其作用是暂时储存来自轮缸的制动液，采用弹簧活塞式结构。

(4) 电子控制单元（ECU）　由输入电路、数字控制器、输出电路和警告电路组成，其主要任务是连续检测来自四个车轮转速传感器的脉冲信号，计算出车轮转速、减速度及滑移率，确定四个车轮的制动抱死情况，在需要 ABS 工作的前提下向循环式制动压力调节器发出相应的指令，通过控制电磁阀的通断和液压泵的工作来调节制动压力。

(5) 故障指示灯　ABS 故障指示灯为黄色，用于指示 ABS 自诊断系统是否检测到 ABS 有故障。制动装置警告灯为红色，用于指示制动液液位过低或驻车制动装置未解除。

3. MK20-Ⅰ型 ABS 的工作原理

(1) 常规制动过程　MK20-Ⅰ型 ABS 的常规制动过程如图 7-32 所示，制动开始时，驾驶人踏下制动踏板，制动主缸产生制动油压，由于制动压力较低，车轮的滑移率没有达到

ABS 起作用的条件，ABS ECU 不给任何电磁阀通电，来自制动主缸的制动液通过常开的进油阀进入轮缸，出油阀处于关闭状态，制动过程为常规制动，制动轮缸内的压力随制动主缸压力的升高而升高。

（2）保压过程　MK20-Ⅰ型 ABS 的保压过程如图 7-33 所示，当驾驶人继续踏下制动踏板，油压继续升高到车轮出现抱死趋势时，ABS ECU 发出指令，给进油阀通电，进油阀关闭，出油阀仍然不通电，因此出油阀仍然关闭。制动轮缸的油压保持不变。

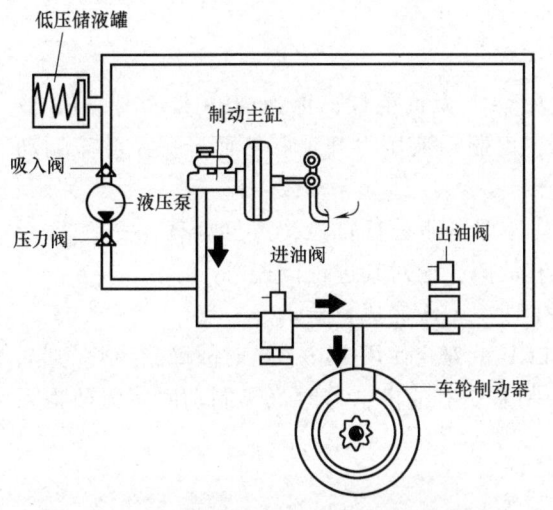

图 7-32　MK20-Ⅰ型 ABS 的常规制动过程　　　图 7-33　MK20-Ⅰ型 ABS 的保压过程

（3）减压过程　MK20-Ⅰ型 ABS 的减压过程如图 7-34 所示，当保持制动压力不变，车轮仍有抱死趋势时，ABS ECU 发出指令，给出油阀通电，出油阀打开，而进油阀继续保持通电，进油阀关闭，制动轮缸内的部分制动液经出油阀进入储液器，并由液压泵泵入制动主缸，因此制动轮缸内的制动压力降低。

（4）增压过程　MK20-Ⅰ型 ABS 的增压过程如图 7-35 所示，当减压后车轮转速增加到一定值时，ABS ECU 即发出指令，使进油阀和出油阀都断电，因此进油阀打开，来自制动主缸和液压泵制动液再次进入轮缸，制动轮缸内的制动压力升高。

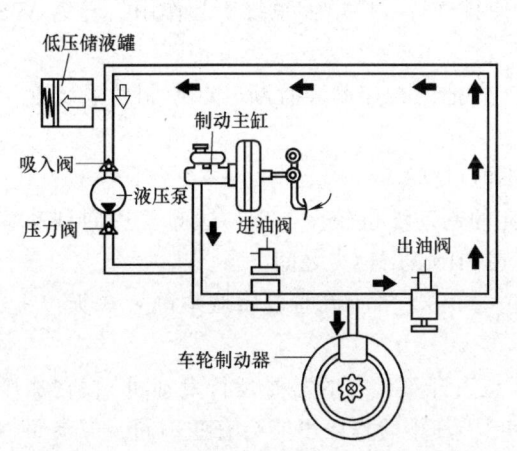 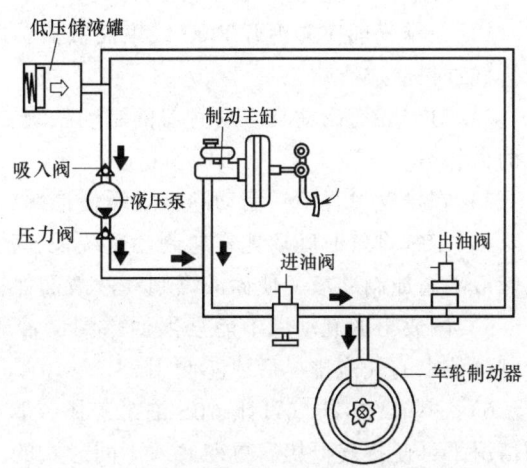

图 7-34　MK20-Ⅰ型 ABS 的减压过程　　　图 7-35　MK20-Ⅰ型 ABS 的增压过程

实训任务

实训一　防抱死制动系统的使用与维护

一、正确使用

1. 掌握仪表板上 ABS 指示灯的亮灭情况。

1) 汽车仪表板上有两个制动警告灯：其中一个为黄色灯，称为 ABS 灯（标 ABS 或 ANTI-LOCK）；另一个为红色，称为 BRAKE 灯，由制动液压力开关和液面开关及驻车制动灯开关控制。

2) 当点火开关接通，ABS ECU 就立即对其外部电路进行自检，黄色灯亮，一般 3s 后熄灭。如果灯不亮或一直亮，均说明 ABS 电路有故障，应对其进行检查。

3) 发动机起动后，车速第一次达到 60km/h 时，ABS 完成自检。

4) 在工作中，若 ABS 工作失常，则 ABS ECU 就停止使用 ABS，这时故障指示灯亮起，并存储故障码。说明 ABS ECU 已发现防抱死控制系统有故障，这时汽车制动时将无防抱死功能，因此要及时检修。

2. 制动液性能要求及合理使用

1) ABS 制动液要满足沸点高、运动黏度低，对金属、橡胶无腐蚀等性能。

2) 长期保存后，性能仍具有良好的稳定性。

3) 在使用中，在高、低温频繁变化时，其化学性质应无太大的变化。

4) 吸湿沸点要高。吸湿沸点是指制动液在吸湿率（含水量）为 3.5% 时的沸点。

5) 当吸湿率达到 3% 时，就应更换制动液，或每两年更换制动液。

3. 正确排气

当更换制动器、打开了制动管路、更换了制动系统液压部件，或是制动踏板发软、变低、效果变差时，就需要对 ABS 进行排气。

ABS 排气时应注意以下几点：

1) 在排气前应先拆开 ECU 线束插接器，以使排气过程中电控系统不起作用，避免 ABS 对排气过程造成影响。

2) 对于装有制动真空助力器的制动系统，应先把助力控制装置断开，使制动系统处于无助力状态。

3) 在排气过程中，制动踏板要缓慢地踩，不能过猛。

4) ABS 排气时间要比普通制动系统长，消耗的制动液也较多，需要边排气边向制动总缸储液罐添加制动液，使储液罐制动液液面保持在 MIN 与 MAX 之间。

5) 刚放出的制动液不能马上回添到储液罐中，需要在加盖的玻璃瓶中静置 3 天以上，待制动液中的气泡排尽后才能使用。

6) 一些 ABS 排气可让 ABS 油泵工作（打开点火开关，有的需要运行发动机），在加压的情况下可使排气更快、更彻底。不同形式的 ABS，其排气程序可能会有些不同，应参照相应的保养手册进行排气操作。

二、防抱死制动系统使用注意事项

ABS即现代汽车防抱死制动系统，其作用是在紧急情况下驾驶人猛踩制动踏板时避免车轮抱死，最大限度地保持制动时的方向稳定性，提高车辆的主动安全性。ABS作为一种主动安全装置，在现代汽车上已经得到广泛运用。由于ABS在制动过程中的控制方式及工作过程与以往普通的制动系统有所区别，所以在使用及维修保养方面也与传统的制动系统有所不同，在使用ABS时应着重注意以下几点：

1. 做好制动液的选用、更换及补充工作

在ABS中，由于有更多、更为精密的金属零件，制动液的通路更长、更曲折，制动液反复经历压力增大和减小的循环，其工作温度和压力较常规制动系统中的制动液更高。因此，所选的制动液必须具有恰当的黏度、更强的抗氧化性能、较好的耐腐蚀性、较高的沸点。一般都选用DOT4（醇基型）的制动液，不要选用DOT5的制动液，由于DOT5是硅基型制动液，会对橡胶件产生较强的损害。

制动液最好每年更换一次。由于DOT4是醇基型制动液，具有较强的吸湿性，随着使用时间的延长，其中的含水量会不断增多。含水分的制动液不仅使系统内部产生腐蚀，而且在寒冷的气候条件下，还会使制动液的黏度变大，影响制动液在制动系统中的流动，使制动变得迟缓，导致制动距离延长。

在ABS中，ABS ECU通常根据液位开关输入的信号对储液室的制动液液位进行监测。当制动液液位过低时，ABS将自动关闭，因此应定期对储液室中的制动液液位进行检查，并及时补充制动液。

更换和储存的制动液及器皿要清洁，不要让污物、灰尘进入液压控制装置。制动液不要沾到ABS ECU和导线上。加注后要按规定的方式进行放气，每种ABS都有规定的放气方式，各轮缸的放气顺序也不相同。

2. 防静电与过电压

ABS ECU对静电、过电压都非常敏感，稍有不慎就会损坏ABS ECU中的芯片，造成整个ABS瘫痪，因此在点火开关接通时不要插拔ABS ECU上的插接器。在给蓄电池充电时，要将蓄电池从车上拆下来或摘下蓄电池电缆线后再进行。

3. 维修保养注意事项

装有ABS的车辆应严格遵循规定的轮胎气压标准，同时要保持同轴轮胎气压的均衡，严禁使用不同规格的轮胎。

在维修ABS液压控制装置之前，切记先给ABS卸压，并切断ABS的电源。因制动管路的压力很高，例如制动主缸和制动压力调节器设计在一起的整体式ABS，其蓄能器存储了高达18MPa的压力，修理前如果忽视卸压作业，可能使高压力制动液喷出伤人。卸压的方法很简单，只需关闭点火开关，反复踩动制动踏板30~40次，直到感觉不到阻力为止。

维修轮速传感器时一定要十分小心。ABS轮速传感器及齿圈均安装在各个车轮上，因此要经常保持传感器感应头及齿圈的清洁，防止有泥污、油污，特别是磁铁性物质粘附在其表面，从而导致传感器失效或输给ABS ECU的信号错误而影响ABS的正常工作。拆卸轮速传感器时不要碰伤传感器头部，不要用传感器齿圈当作撬面，以免损坏。安装时应先涂敷防锈油，安装过程中不可敲击或用蛮力。要注意检查轮速传感器感应头与齿圈之间的间隙，调整该间隙时应用非磁性塞尺。此外，轮毂轴承轴向间隙过大会直接影响ABS的正常工作。

维修中要注意轮速传感器的安装位置，车型不同，轮速传感器的安装位置也有差别，轮速传感器的齿圈一般压装在轮毂上，有的轮速传感器的齿圈就安装在制动盘上，与不带齿圈的制动盘没有两样，更换制动盘时如果不加以区别而更换上未装齿圈的制动盘，就会使ABS失去作用。

更换制动衬块时，应先对制动管路放气，将制动管路内的制动液排除，防止轮缸的污垢被压入制动管路中，引起ABS ECU做出错误的判断以及损坏其他部件。

4. 驾驶操作注意事项

ABS制动时，制动轮缸的高速收放动作会使高压的制动液被频繁挤压，产生较大的声音，制动踏板也会有抖动和顶脚现象。驾驶时不要被这种现象困扰，这种声音和振颤都是正常的，而且可以让驾驶人由此而感知ABS在工作。在紧急情况下使用ABS制动要毫不犹豫地始终用力将制动踏板踩到底，不放松。这样才能保证足够和连续的制动力，使ABS有效地发挥作用。不要反复踩制动踏板，由于ABS紧急制动时车轮不抱死，前轮仍有导向作用，驾驶人可以边踩制动踏板边打转向盘进行紧急避险。

在行车中，驾驶人应经常注意仪表板上的ABS故障指示灯情况。如果发现闪烁或常亮不灭，则说明ABS已脱离工作状态。此时制动系统已转入传统制动系统工作状态，车辆仍然可以继续行驶，但已不具备ABS功能。应尽快送去检修，查明故障原因并予以排除。

实训二 防抱死制动系统的基本检修

一、防抱死制动系统检查前的一些常规性检查

1) ABS故障指示灯是什么时候亮的，或者ABS故障指示灯在什么工作状态下亮，什么工作状态下不亮，找出规律性，以便作进一步检查。

2) 必须保证常规性制动系统处于完好状态。把ABS的熔丝拔掉，路试踩制动踏板时应四轮有拖印。这是因为ABS工作的前提条件是液压制动本身能将四个车轮抱死。常规制动系统必须保证有足够的油压，油压不足时ABS退出控制。

3) 电路部分：蓄电池极柱头有无氧化，蓄电池的电压是否正常，蓄电池正、负极线实不实。蓄电池提供的电压过低，ABS将不参与工作。ABS的熔断器连接实不实，各条导线连接实不实，特别要注意检查ABS电动液压泵的搭铁线实不实，因为该泵工作时自身的振动量是很大的。

4) 如果轮速传感器信号时有时无，应检查传感器是否太脏，脏了后切割能力不够，传递信号速度慢，灵敏度低。检查齿圈是否掉齿，掉齿后信号失准。检查传感器有无松动，导线及插接器有无松脱。

5) 轮胎的直径、轮胎断面的宽度和原厂规定的是否一致，这些发生了变化，汽车车轮的运转速度和原设计的就不一样，ABS就无法正常工作。另外，轮胎气压亏得过多，也会造成ABS故障指示灯时亮时不亮。上述各方面经检查，如没有什么问题，就可以对ABS进行正式检查。

二、轮速传感器的检修

1. 轮速传感器的维护

采用前盘后鼓制动器的汽车，后轮的轮速传感器上的磁性更容易吸收制动块上摩擦下来的铁粉，由于轮速传感器感应头与齿圈（信号转子）的间隙很小，大部分汽车只有 0.50～0.80mm（电磁感应式轮速传感器间隙越小，磁场强度就越大），但轮速传感器间隙过小，容易和信号转子发生运动干涉。轮速传感器间隙过大，磁场强度就会明显下降，信号就会不良。轮速传感器触头上铁粉吸附得过多，切割能力就下降，轮速传感器发出的信号就可能不准确。另外，轮速传感器被脏油污染或吸附上其他污物也会发生类似故障。在维护时必须将吸附的铁粉用清洗剂清除，然后用布擦干净，重新装配，螺栓拧紧力矩为 $10N \cdot m$。

轮速传感器感应头与齿圈之间正确的间隙是非常重要的。检查时要用塞尺沿四周测量轮速传感器感应头与齿圈间的间隙。有的轮速传感器的间隙是不可以调节的，如齿圈没有受损伤而间隙不合适（过大、过小或不均匀），通常是因为轮速传感器轴节变形。而轮速传感器是严禁敲打和靠近高温的，否则很容易导致轮速传感器发生消磁现象，从而影响 ABS 的正常工作。许多车的轮速传感器固定在弹簧钢片上，旧车弹簧钢片刚度下降，也会改变间隙，维修上需更换该弹簧钢片。

齿圈的学名叫作轮速传感器转子（脉冲信号发生器）。老车型没有轮速传感器转子护罩，车运行中车轮轧飞起来的石子飞溅到转子上，一旦削掉个别齿，转子所发出的脉冲信号就不准了。若转子上如果有齿被削掉或损坏，则必须更换转子。

2. 轮速传感器安装时需注意的事项

转子的安装必须十分牢固可靠，转子的松动会使间隙处于变化中，而使轮速传感器发出的信号失准。转子紧挨着轮速传感器，使用久了有时会发生磁化。如磁化严重，应进行退磁或更换。转子一般为磁导率较高的铁，为了防止在使用过程中氧化生锈，可在脉冲环表面薄薄地涂一层既有润滑作用又有清洁作用的润滑油，如自动变速器的润滑油（ATF 兼有润滑和清洁作用）。但注意润滑油一定要少抹，千万不要滴到轮速传感器上。也不要抹润滑脂和脏的润滑油，它们会吸收制动器的粉末和灰尘。这两种情况都会使轮速传感器信号失真。轮速传感器的更换并不复杂，但安装时要格外注意，转速传感器感应头和转子间的空气间隙是重要的结构参数之一，间隙准确与否对轮速传感器能否准确反映车轮运动状态的数据信号影响很大。安装轮速传感器时，要使传感器中心垂直于转子的脉冲环齿面。装配时还需注意，不要将轮速传感器的导线电缆或线束缠绕起来。这是因为轮速传感器线束是可以修理的，而导线一旦破裂就会导致发生严重故障。

3. 轮速传感器故障的检查方法

1）用万用表检测传感器感应线圈电阻，如果电阻过大或过小，均说明传感器不良，应予以更换。

2）用交流电压表测量传感器的输出信号电压，在车轮转动时，电压表应该有电压指示，电压值应随车轮转速的增加而升高，一般情况下，应达 2V 以上。

3）用示波器检测传感器的输出信号电压波形，正常的信号电压波形应是均匀、稳定的正弦电压波形。如果无信号电压或有缺损，应拆下传感器作进一步检查。

4）用 ABS 故障指示灯检测轮速传感器。用 ABS 故障指示灯检测轮速传感器，通常当车速达到15~35km/h时如ABS故障指示灯亮,则说明ABS轮速传感器可能有故障;当直线行驶车速在15~35km/h时如ABS故障指示灯不亮,则说明轮速传感器和车速传感器自身没有故障。

如在良好的路上直线行驶时ABS故障指示灯不亮,转弯和颠簸时ABS故障指示灯亮则可能是轮毂轴承预紧力过小,造成轮速传感器间隙变化。轮毂轴承松动造成轮速传感器间隙不稳定,有时还会出现制动拖痕。

不用举升汽车,双手抓住车轮上方内侧,使劲向外侧晃动,如感觉到有旷量,则说明轮毂轴承预紧力过小,轮毂轴承的正常轴向间隙轿车通常应在0.05mm。旋转轮毂时应非常轻松,沿轴向拉动轮毂时又感觉不到有间隙为合适。

ABS ECU对轮速传感器的检测是采用比照法。即通过不同轮速传感器信息比较,发现异常的轮速传感器。当出现某个轮速传感器的故障码时,拔去其他轮速传感器的线束,故障指示灯就会熄灭。

轮速传感器和车速传感器用ABS故障指示灯检测的另一种方法是用二柱举升器使四轮悬空,起动发动机,挂入D档,观察ABS故障指示灯是否亮,三通道后轮驱动的汽车若故障指示灯亮,则表示装在变速输出轴上或减速器壳上的车速传感器不良。如果ABS故障指示灯不亮,则应分别用手旋转左右两侧的前轮。单独旋转一侧车轮时ABS故障指示灯亮,则表明该轮速传感器正常;反之,如果ABS故障指示灯不亮,则表明该侧轮速传感器不良,应作进一步检测。前轮驱动的汽车若故障指示灯亮则说明两个前轮转速传感器中有一个有故障。用手旋转左右两侧后轮,起动后单独旋转一侧后轮时如果ABS故障指示灯亮,则说明该轮速传感器正常;反之,如ABS故障指示灯不亮,则说明该侧轮速传感器不良。

除轮速传感器故障外,电动液压泵继电器或液压调压器内的电磁阀电路不良,也会在汽车低速区域出现ABS故障指示灯亮,诊断时应注意区分。

三、ABS ECU 的检查

ABS ECU的故障检查方法如下。

1)检查ABS ECU线束插接器有无松动,连接导线有无松脱。

2)检查ABS ECU线束插接器各端子的电压或电阻,如果与标准值不符,与之相连的部件和线路正常,则应更换ABS ECU再试。

3)直接采用替换法检验,即在检查传感器、继电器、电磁阀及其线路均无故障时,会怀疑ABS ECU有否故障。这时可以用新的ABS ECU替代,如果故障现象消失,那么怀疑就被证实。

四、ABS 压力调节器的检查

1. 制动压力调节器的可能故障

1)制动压力调节器电磁阀线圈不良。

2)制动压力调节器中的阀有泄漏。

2. 制动压力调节器故障的检查方法

1)用万用表检测电磁阀线圈的电阻,如果电阻无穷大或过小,则均说明其电磁阀有故障。

项目七 汽车防抱死制动系统

2)加电压试验,将制动压力调节器电磁阀加上其工作电压,看阀能否正常动作。如果不能正常动作,则应更换制动压力调节器。

3)解体后检查,如果怀疑是制动压力调节器有问题,则应在制动压力调节器内无高压制动液时,仔细拆开调节器进行检查。

五、ABS 控制继电器的检查

ABS 控制继电器的常见故障有触点接触不良、继电器线圈不良等,检查方法如下。

1)对继电器施加其正常的工作电压,看继电器能否正常动作;若能正常动作,则用万用表检测继电器触点间的电压和电阻,正常情况下触点闭合时的电压为零。若电压大于 0.5V,则说明触点接触不良。

2)用绝缘电阻表检测继电器线圈的电阻,电阻值应在正常范围之内。

六、蓄能器内压力过低报警

蓄能器内的制动液液压正常压力为 14~18MPa,如果压力降到 14MPa,压力控制开关可通过接通继电器搭铁线,起动电动液压泵。如蓄能器、电动液压泵或继电器不良,蓄能器内的制动液压压力下降到 7.23MPa 以下时,ABS ECU 会发出报警信号,ABS 故障指示灯被点亮,ABS 退出控制,汽车恢复到常规制动状态。20s 后红色常规制动警告灯也被点亮。

七、驻车制动拖滞报警

行驶时未松开驻车制动手柄,或驻车制动拉索调整不当,当驻车制动开关闭合搭铁,红色常规制动警告灯常亮不熄,直到松开驻车制动。车速达到 4km/h 以上时还未松开驻车制动,某些车型 ABS 故障指示灯也会亮。

巩固练习

一、填空题

1. 防抱死制动系统(ABS)能防止_____而出现的_____、_____等现象,从而充分发挥_____,最大限度地_____,以提高汽车在制动过程中的_____和_____,从而满足行车安全的需要。

2. 当车轮抱死时,_____接近于零,汽车将失去_____和_____,其危害性极大。

3. 防抱死制动系统(ABS)按照产生制动压力动力源的不同可分为_____系统、_____系统、_____系统。在轿车中_____系统应用最广泛。

4. 防抱死制动系统(ABS)按制动压力调节器的形式可分为_____和_____两种。

5. ABS 采用的传感器有_____传感器和_____传感器两种。_____传感器又称为车轮转速传感器,简称轮速传感器,其功用是_____,将_____电信号输入 ABS ECU,以便 ABS ECU 计算_____。

6. ABS ECU 具有_____和_____功能,一旦发现故障,ABS ECU 就会终止_____,恢复到_____。

7. 制动压力调节器的功用是_____出的控制指令，驱动制动压力调节器中的_____和_____工作，使制动压力"_____""_____"或"_____"，从而实现制动压力自动调节。

8. 制动压力调节系统由_____和_____组成。

9. ABS的制动过程分为_____制动和_____制动两部分，当ABS检测认定_____时，汽车制动系统执行_____过程；而当系统认定车轮有抱死趋势时，便开始_____控制。

10. ABS ECU的内部电路结构主要由_____、_____、_____以及_____等组成。

11. 制动压力调节器是ABS的_____，其功用_____制动压力。

12. 可变容积式制动压力调节器工作过程分为_____、_____、_____、_____四个阶段。

二、判断题

1. 评价制动性能的指标主要有制动效能和制动稳定性。（   ）
2. 纵向附着系数在滑移率为50%左右时最大。（   ）
3. 地面制动力的最大值等于制动器制动力。（   ）
4. 制动压力调节器的功用是接收ECU的指令，通过电磁阀的动作来实现车轮制动器制动压力的自动调节。（   ）
5. 刚放出的制动液不能马上添回储液罐，需在加盖的玻璃瓶中静置12h以上，待制动液中的气泡排尽后才能使用。（   ）
6. 汽车制动时产生侧滑及失去转向能力与车轮和地面间的横向附着力无关。（   ）
7. 车轮抱死时将导致制动时的汽车稳定性变差。（   ）
8. 电控ABS主要由传感器、电子控制单元和执行机构组成。（   ）
9. 在可变容积式压力调节器中，常规制动时电磁线圈无电流通过。（   ）
10. 在制动过程中，车轮抱死滑移的根本原因是制动器制动力大于轮胎-道路附着力。（   ）
11. 当滑移率超过理想滑移率时，纵向附着系数增大，产生的地面制动力随之上升，制动距离将缩短。（   ）
12. 当车轮抱死时，横向附着系数接近于零，汽车将失去行驶稳定性和转向控制能力，但其危害性并不太大。（   ）
13. 当ABS检测认定制动车轮未发生抱死时，汽车制动系统执行常规制动过程；而当系统认定车轮有抱死趋势时，便开始进行ABS控制。（   ）
14. 安全保护电路的主要功用是接收蓄电池（或发电机）的电压信号，监控电源电压是否在稳定范围内。（   ）

三、思考题

1. 车轮制动时怎样会出现抱死现象？它与哪些因素有关？
2. 分析滑移率与附着系统的关系。

项目七 汽车防抱死制动系统

3. 防抱死制动系统的分类有哪几种？在整车上的布置形式有哪几种？
4. 防抱死制动系统的基本组成部件有哪些？各部件的作用是什么？简述防抱死制动系统的控制原理。
5. 电子控制防抱死制动系统的功用是什么？电子控制防抱死制动系统的发展趋势是什么？
6. 参照实物说出 ABS 各部件的名称、功能作用、安装位置、工作原理。
7. 简要分析电子控制防抱死制动系统的控制过程。
8. 试比较电磁式轮速传感器和霍尔式轮速传感器各有什么特点。
9. 三位三通电磁阀的结构和工作原理是什么？
10. 简述液压循环式制动压力调节器的工作原理。
11. 简述液压变容积式制动压力调节器的工作原理。
12. ABS ECU 的功用是什么？由哪几部分组成？
13. 如何合理使用 ABS？在 ABS 使用过程应注意哪些事项？

项目八 汽车驱动防滑与行驶稳定控制系统

学习目标：

通过本项目的学习，了解驱动防滑控制系统（ASR）的基础理论、控制方式、ASR与ABS的联系与区别；掌握驱动防滑控制系统的基本组成及控制原理；掌握驱动防滑控制系统（ASR）各组成部分的结构与工作原理；掌握电子稳定程序控制系统的基本组成及控制原理；熟悉丰田雷克萨斯LS400型轿车防滑转控制系统（ABS/TRC）的基本组成和工作原理，能够对该系统进行电路分析、工作过程分析；能够对雷克萨斯LS400 ABS/TRC系统进行故障诊断与检修。

理论知识

课题一 驱动防滑控制系统概述

一、驱动防滑控制系统的基本理论

汽车驱动防滑电子控制系统（Anti-Slip Regulation，ASR），是继防抱死制动系统（ABS）之后应用于车轮防滑转的电子控制系统。"滑转"是指当车轮转动而车身不动或者汽车的行驶速度低于转动车轮的轮缘速度时，轮胎与地面之间就有相对的滑转；而"滑移"是指汽车在制动过程中汽车的行驶速度高于车轮轮缘速度时，轮胎与地面之间出现的相对滑动现象。

众所周知，汽车在起步、加速或冰雪路面上行驶时，容易出现打滑现象。这是因为汽车发动机传递给车轮的最大驱动力是由轮胎与路面之间的附着系数和地面作用在驱动轮上的法向反力的乘积（即附着力）决定的。当传递给车轮的驱动力超过附着力时，车轮就会发生打滑空转（即滑转）。当汽车在低附着系数路面（如泥泞路面、冰雪路面）上行驶时，由于地面对车轮施加的反作用转矩很小，在起步、加速时甚至行驶时驱动轮就会发生滑转。因此在驱动力不足的情况下，汽车将无法前进，发动机输出的功率大部分消耗在车轮的滑转上，不仅浪费燃油、加速轮胎磨损，而且降低车辆的通过性能和机动能力。

防止驱动轮滑转曾采用过许多办法，如驱动轮安装防滑链，使用防滑的雪地轮胎和带防滑钉的防滑轮胎等。随着电子技术的发展，现代汽车普遍使用了汽车驱动轮防滑控制系统（ASR）。ASR系统的主要功用是防止汽车在起步、加速过程中以及在滑溜路面行驶时出现的滑转现象，尤其是防止汽车在非对称路面或转向时驱动轮出现滑转，通过降低发动机的输出转矩或控制制动系统的制动力等措施来减小传递给驱动车轮的驱动力，防止驱动力超过轮胎与路面之间的附着力而导致驱动轮滑转，提高车辆的通过性，改善汽车的方向操纵性和行驶稳定性。

ASR与ABS密切相关，都是汽车行驶的主动安全系统，两个系统通常同时采用。

1. 驱动力与附着力的关系

当发动机输出转矩增大时，驱动力随之增大。但是，驱动力的增大受到附着力的限制，驱动力的最大值只能等于轮胎与路面之间的附着力。当驱动力超过附着力时，驱动轮将在路面上滑转。经常看到，当驾驶人想使汽车快速起步而用力踩下加速踏板时，尽管车轮快速转动，但是汽车却原地不动，其原因就是传递给车轮的驱动力超过了附着力。

2. 滑转率与附着系数的关系

（1）滑转率　汽车车轮打滑有两种情况：一是汽车制动时车轮抱死滑移，二是汽车驱动时车轮滑转。防抱死制动系统（ABS）是防止车轮在制动时抱死而滑移，而防滑转控制系统（ASR）则是防止驱动车轮原地滑转。

驱动轮的滑转程度用滑转率 S_d 表示，其表达式为

$$S_d = \frac{v_w - v}{v_w} \times 100\%$$

式中　v_w——车轮速度（车轮瞬时圆周速度），单位为 m/s；

v——汽车行驶速度（车轮中心纵向速度），单位为 m/s。

当 $v_w = v$ 时，滑转率 $S_d = 0$，车轮自由滚动。

当 $v = 0$ 时，滑转率 $S_d = 100\%$，车轮完全处于滑转状态。

当 $v_w > v$ 时，滑转率 $0 < S_d < 1$，车轮既滚动，又滑动。滑转率越大，车轮滑转程度也就越大。

（2）滑转率与附着系数的关系　车轮滑移率和滑转率与纵向附着系数的关系如图8-1所示。

1）附着系数随路面性质的不同而发生大幅度的变化。

2）在各种路面上，附着系数均随滑转率或滑移率的变化而变化，且在各种路面上当滑转率或滑移率为20%左右时，附着系数达到最大值。当滑转率或滑移率继续增大时，附着系数逐渐减小。

驱动轮防滑控制系统（ASR）的基本控制原理是在车轮滑转时，将滑转率控制在最佳滑转率（10%~30%）范围内，从而获得较大的附着系数，使路面能够提供较大的附着力。车辆装备防滑控制系统（ASR）之后，当汽车在起步、加速或冰雪路面上行驶时，驾驶人无须特别小心地踩加速踏板，ASR系统就能

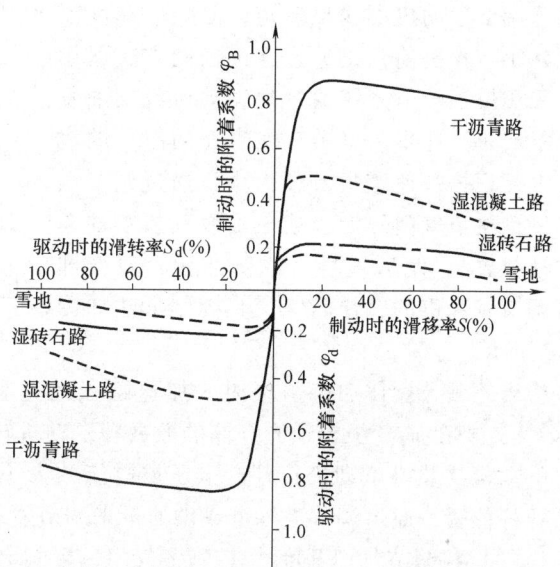

图8-1　车轮滑移率和滑转率与纵向附着系数的关系

根据路面状况调节驱动轮,使驱动轮保持最佳的驱动力。

二、驱动防滑控制系统的控制方式

防止驱动轮滑转的控制方式主要有控制发动机的输出转矩、控制驱动轮的制动力以及控制防滑转差速器的锁止程度三种。这些控制方法的最终目的都是调节驱动轮上的驱动力,并将驱动轮的滑转率控制在最佳滑转率范围内。

1. 控制发动机的输出转矩

通过调节发动机的输出转矩来调节驱动轮的驱动力,是实现防滑转控制的方式之一。这种控制方式能够保证发动机输出转矩与地面提供的驱动转矩之间达到匹配,因此可以改善燃油经济性,减少轮胎磨损,使汽车具有良好的行驶稳定性和乘坐舒适性。对于前轮驱动的汽车,能够得到良好的转向操纵性。在装备电子控制燃油喷射系统(EFI)的汽车上,普遍采用这种方法来实现防滑转控制。

控制发动机输出转矩一般采用控制点火时间、控制燃油供给量、控制节气门开度等手段。

(1)控制点火时间　由发动机原理可知,减小汽油发动机的点火提前角或切断个别气缸的点火电流,均可降低发动机的输出转矩。

现代汽车普遍采用电子点火系统,其点火时刻是根据发动机转速、负荷以及冷却液温度等信号确定。在汽车行驶过程中,防滑调节电控单元(ASR ECU)根据轮速传感器和车速传感器信号即可计算确定驱动轮滑转率的大小,通过减小点火提前角,即可降低发动机的输出转矩。当驱动轮滑转率很大,延迟点火时刻不能达到控制滑转率的目的时,则可中断个别气缸点火来进一步减小滑转率。

在中断个别气缸点火时,为了防止排放增加和三元催化转化器过热,在中止个别缸的点火时必须相应地中断该缸的燃油喷射。恢复点火时,点火时刻应缓慢提前,保证发动机输出转矩平稳增加。

(2)控制燃油供给量　短时间中断供油也可调节发动机的输出转矩,但响应速度没有减小点火提前角迅速。这种控制方法适用于采用燃油喷射系统的汽油发动机或柴油发动机汽车。在采用电子节气门(油门)的汽车上,根据加速踏板行程大小,通过调节汽油发动机节气门开度(或柴油发动机喷油泵拉杆位置),使进气量(或供油量)改变即可调节发动机的输出转矩,其控制方法如图8-2所示。

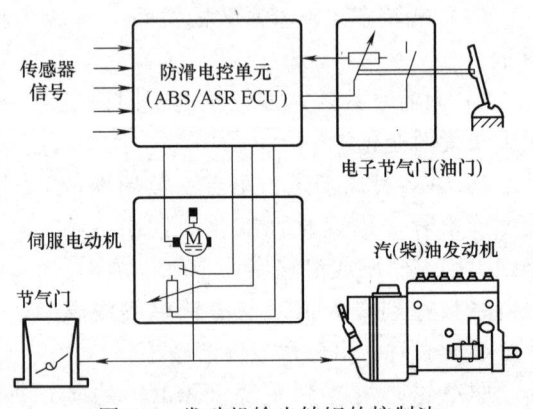

图 8-2　发动机输出转矩的控制法

当驾驶人操作加速踏板时,加速踏板的行程信号由传感器输入防滑电控单元(ASR ECU),ASR ECU根据预先存储的数据和发动机转速、冷却液温度、进气温度等信号确定伺服电动机(步进电动机)控制电压或电流的大小,再由伺服电动机调节节气门开度或喷油泵拉杆位置,通过调节进气量或供油量来调节发动机的输出转矩。

(3)控制节气门开度　控制节气门位置(开度)可以控制进入气缸的进气量,能够显著改变发动机的输出转矩。现代汽车普遍采用这种控制方式。

在采用电子控制燃油喷射系统（EFI）的汽车上，ASR ECU 根据轮速传感器和车速传感器信号计算确定驱动轮滑转率的大小之后，通过控制节气门开度和燃油喷射量等即可调节发动机的输出转矩。当驱动轮滑转率超出规定值范围时，ASR ECU 便向执行器发出控制指令，减小节气门的开度、缩短喷油器的喷射时间或中断个别喷油器喷油，便可迅速降低发动机的输出转矩，从而防止驱动轮滑转。

2. 控制驱动轮的制动力

控制驱动轮的制动力实际上是利用差速器的差速效能来获得较大的驱动力，其控制原理如图 8-3 所示。

处于高附着系数 φ_H 路面上的右侧驱动轮能够产生的驱动力为 F_H，处于低附着系数 φ_L 路面上的左侧驱动轮能够产生的驱动力为 F_L。根据差速器转矩等量分配特性，此时汽车的驱动力只取决于低附着系数路面上的驱动力 F_L。尽管右侧驱动轮能够产生的驱动力为 F_H，但是其获得的驱动力只能与左侧

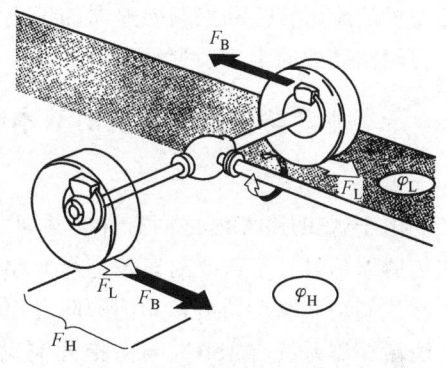

图 8-3 驱动轮制动力的控制原理

驱动轮能够产生的驱动力 F_L 相等（$F_H = F_L$），即两只驱动轮能够获得的驱动力为 $F_{tL} = F_L + F_H = 2F_L$。为了阻止低附着系数路面上行驶的左侧驱动轮产生滑转，对其施加一个制动力 F_B，通过差速器的差速作用，在右侧驱动轮上也会产生相同作用力 F_B（$F_H = F_L + F_B$），此时两只驱动轮能够获得的驱动力就为 $F_{tL} = F_L + F_H = 2F_L + F_B$，即驱动力增大了制动力 F_B 值，发动机的输出转矩就可按增大后的驱动力进行调节。

对驱动轮施加制动力是使驱动轮保持最佳滑转率且响应速度较快的控制方法，一般作为仅采用控制节气门开度来调节发动机输出转矩的补充控制。在设计控制系统时，为了保证乘坐舒适性，制动力不能太大；此外，为了避免制动器过热，施加制动力的时间不能过长，因此，这种方法只限于低速行驶时短时间使用。

3. 控制差速器的锁止程度

控制差速器的锁止程度必须采用防滑转差速器进行控制。防滑转差速器是一种由 ASR ECU 控制的可锁止差速器，其控制原理如 8-4 所示。在防滑转差速器向车轮输出驱动力的输出端设置有一个离合器。调节作用在离合片上的油液压力，即可调节差速器的锁止程度。油压逐渐降低时，差速器锁止程度逐渐减小，传递给驱动轮的驱动力就逐渐减小；反之，油压升高时，驱动力将逐渐增大。油液压力来自蓄能器的高压油液，压力大小由防滑调节系统的电控单元（ASR ECU）通过控制电磁阀使压力"升高""保持""降低"进行调节，并由压力传感器和驱动轮上的轮速传感器反馈给电控单元，从而实现反馈控制。通过调节防滑转差速器的锁止程度，即

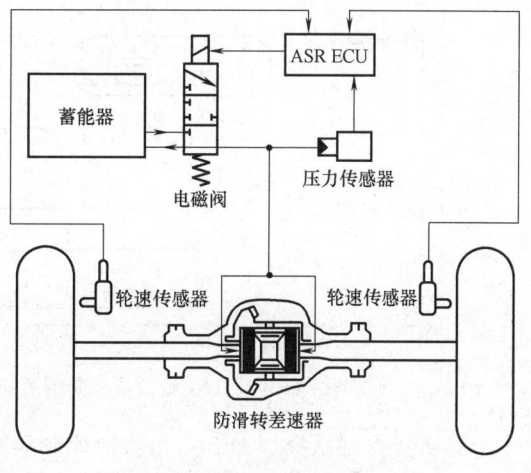

图 8-4 防滑转差速器的控制原理

可调节传递给驱动轮的驱动力,因此汽车在各种附着系数不同的路面上起步和行驶时,都具有较好的稳定性和操纵性。对于越野汽车,则可大大提高越野通过性。

上述介绍了防止驱动轮滑转的三种控制方法。在汽车实际装备的 ASR 系统中,为了充分发挥电子控制系统的控制功能并有效地防止驱动轮滑转,一般都将不同的控制方法组合在一起进行控制。常用的组合方式有组合控制发动机的输出转矩和驱动轮的制动力、组合控制发动机的输出转矩和控制差速器的锁止程度。本项目主要介绍以组合控制发动机输出转矩和驱动轮制动力的丰田系列轿车防滑转控制系统。

三、驱动防滑控制系统的基本组成及控制原理

1. 基本组成

由于 ASR 和 ABS 之间有许多共同之处,如都是用来控制车轮对地面的滑动,都需要轮速传感器信号,都需要对车轮进行制动等,所以通常将 ASR 与 ABS 组合成一体,构成具有防抱死制动和驱动防滑转功能的防滑控制(ABS/ASR)系统。雷克萨斯 LS300、LS400 型轿车防滑控制系统(ASR)与防抱死制动系统(ABS)组成简图如图 8-5 所示。ASR 系统和 ABS 都是由液压控制系统和电子控制系统两个子系统组成,并组合在一起。该系统不仅能够实现 ABS 功能,而且还能够实现 ASR 系统功能。

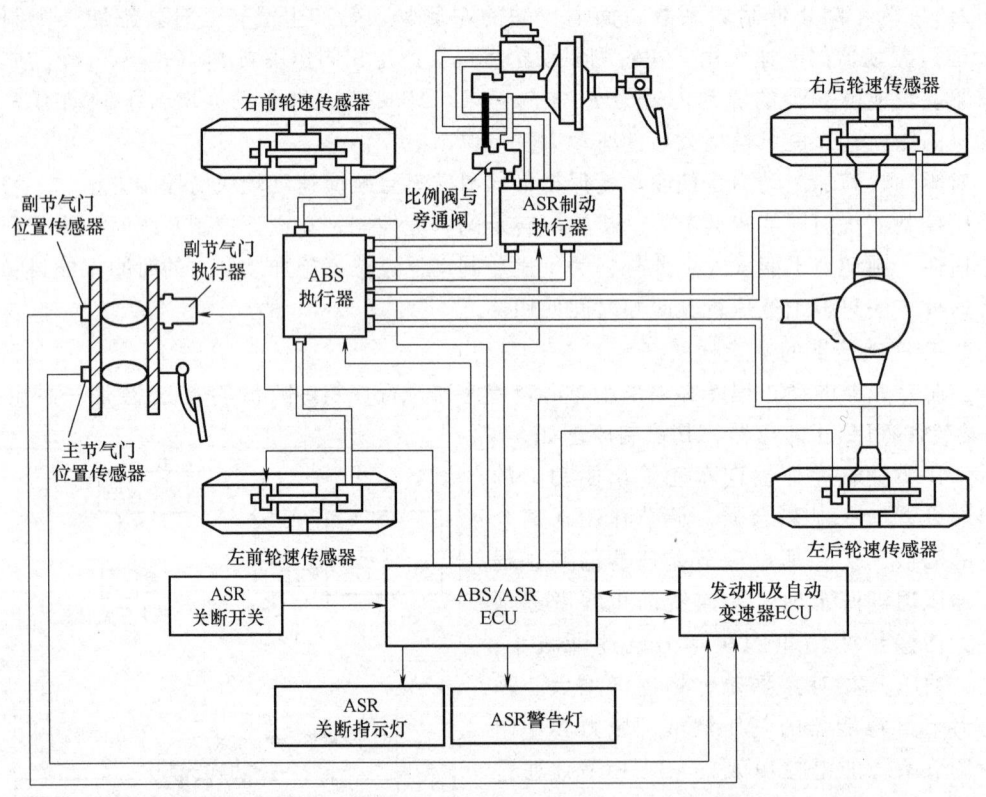

图 8-5 雷克萨斯 LS300、LS400 型轿车防滑控制系统(ASR)与防抱死制动系统(ABS)组成简图

将防滑控制系统(ASR)与防抱死制动系统(ABS)结合在一起是控制驱动轮制动力的最佳方案。这是因为对于前轮驱动汽车,考虑到舒适性和操纵稳定性,对 ASR 和 ABS 制动

压力的建立速度有不同要求。一般说来，ASR系统制动压力的建立速度比ABS制动压力的建立速度要慢。驱动轮的制动力可直接使用ABS的液压系统进行控制，只需在ABS的液压控制系统中增设一些ASR系统液压调节装置即可。防滑液压控制系统是在防抱死制动系统的基础上，增设了液压调节器（即ASR系统执行器）、ASR系统液压泵和蓄能器、由步进电动机控制的发动机副节气门装置，以及一些ASR系统的控制开关及显示灯。

2. 控制原理

发动机的输出转矩利用步进电动机调节副节气门开度进行调节，驱动轮的制动力利用ASR系统执行器结合ABS进行控制。在制动驱动轮产生差速作用（即驱动轮转速不同，两个半轴产生差动作用）时，控制驱动轮的制动力可使驱动力得到充分发挥，从而改善行驶稳定性和转向性能，这种作用对于两侧车轮所处路面的附着系数不同时更为显著。因此，这种控制系统特别适用于装备燃油喷射电控发动机和ABS的前轮驱动汽车。

当发动机起动后，ABS/ASR ECU根据轮速传感器产生的车轮转速信号以及参考车速，计算出驱动轮的滑移率和滑转率。当ABS/ASR ECU判定驱动轮的滑转率超过设定值时，ABS/ASR ECU就会控制发动机输出转矩和对驱动轮施加制动来避免发生滑转现象。

控制发动机输出转矩时，ABS/ASR ECU首先向发动机与自动变速器ECU发出控制指令，然后由发动机与自动变速器ECU向副节气门执行器（步进电动机）发出控制指令进行控制。当ASR系统起作用时，步进电动机转动，其轴一端的驱动齿轮就驱动节气门轴上的扇形齿轮转动，使节气门的开度减小（副节气门在ASR系统不起作用时处于全开状态），即使主节气门开度不变，发动机的进气量也会随副节气门开度减小而减小，从而使发动机输出转矩减小，驱动轮的驱动力随之减小。

控制驱动轮的驱动力时，ABS/ASR ECU直接向ABS和ASR系统的液压调节装置发出控制指令，通过调节制动液压力降低、保持和升高来调节滑转率。当滑转率降低到设定值后，ABS/ASR ECU便发出减少或停止制动的指令。当驱动轮再次滑转，其滑转率超出设定值时，ABS/ASR ECU和发动机与自动变速器ECU再次发出控制指令，重新开始控制循环，直到滑转率减小到设定值范围为止。

在ASR系统处于防滑转控制过程中，如果驾驶人踩下制动踏板进行制动，ASR会自动退出控制状态，不会影响制动过程的正常进行。

在采用ASR系统的汽车上一般都装有ASR系统关断开关，驾驶人可通过此开关对ASR系统是否起作用进行人为干预。该开关闭合，ASR系统不起作用，ASR系统关断指示灯会持续点亮。

ASR系统也具有故障自诊断功能和失效保护功能。系统正常工作时，ASR系统警告灯闪亮，提醒驾驶人现在可能正在湿滑路面行驶，须谨慎驾驶；ABS/ASR系统一旦发现系统有影响正常工作的故障时，ABS/ASR ECU会自动关闭ASR系统，并将ASR系统警告灯持续点亮，向驾驶人发出检修警示信号。

课题二 ASR系统主要零部件的结构与工作原理

ABS/ASR ECU的组成如图8-6所示，该系统主要由传感器、ASR ECU、执行机构三大部分组成。

一、ASR系统传感器

ASR系统的传感器主要是车轮转速传感器和节气门位置传感器。车轮转速传感器与ABS共用，而节气门位置传感器则与发动机电控系统共用。车轮转速传感器、节气门位置传感器的结构及原理可参见前面章节的内容，在此不再重述。

ASR系统专用的信号输入装置是ASR系统选择开关，通过人为操作选择是否启用ASR系统，如关断ASR系统选择开关，则ASR系统停止作用。在汽车维修检查及故障诊断过程中，当需要将汽车驱动车轮悬空转动时，应首先关闭ASR系统选择开关，否则ASR系统可能会对驱动车轮施以制动，从而影响故障诊断与维修。

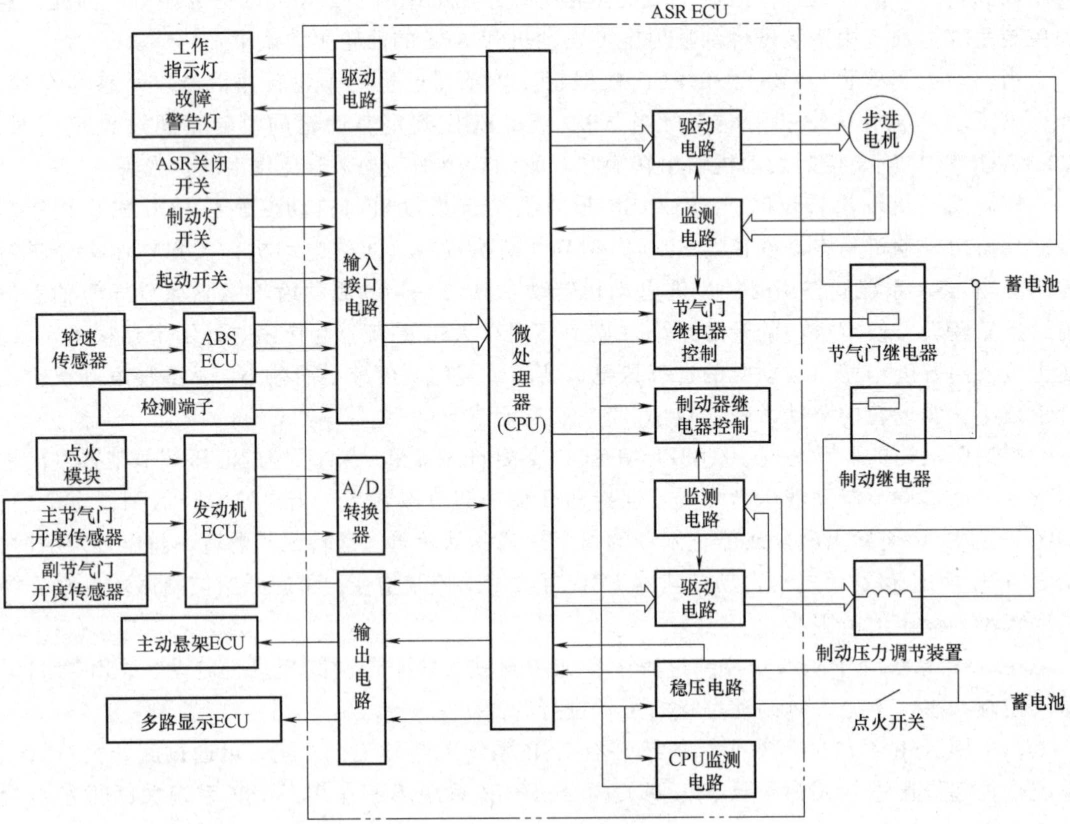

图 8-6　ABS/ASR ECU 的组成

二、ASR系统电控单元

ASR系统电控单元（ASR ECU）以微处理器为核心，由输入/输出电路及电源等组成。ASR系统与ABS的一些信号输入和处理是相同的，为减少电子元器件的应用数量，结构更加紧凑，ASR系统电控单元与ABS电控单元组合在一起。图8-6所示为ABS/ASR组合ECU实例。ASR ECU的输入信号来自ABS ECU、发动机电控单元和几个选择控制开关等。根据上述输入信号，ASR ECU通过计算、处理后向ASR系统制动压力调节器与发动机节气门开度驱动装置发出工作指令，并通过指示灯显示当前的工作状态。一旦ASR ECU检测到任何故障，则立即停止 ASR 系统调节。此时，车辆仍可以保持常规方式行驶，同时系统会将检测出的故障信息存入 ECU 的 RAM，所诊断的故障码输出到多路显示执行器，并让故障指示灯闪烁。

三、ASR 系统执行机构

ASR 系统的执行机构包括制动压力调节器和节气门驱动装置。

1. 制动压力调节器

ASR 系统制动压力调节器执行电控单元（ASR ECU）的指令，对滑转车轮施加制动力，并控制制动力的大小，以使驱动轮的滑转率处于目标范围内。高压蓄能器是 ASR 系统的制动压力源，而制动压力调节电磁阀可以调节驱动轮制动压力的大小。ASR 系统制动压力调节器的结构形式有独立式和组合式两种。前者指 ASR 系统与 ABS 制动压力调节器彼此分立的结构形式，它比较适合将 ASR 系统作为选装系统的车辆，布置较灵活；但结构不紧凑，连接点较多，易泄漏。后者是将两套压力调节装置合二为一的结构形式，其特点与独立式结构相反。

（1）独立式制动压力调节器　独立式制动压力调节器是指 ASR 系统制动压力调节器和 ABS 制动压力调节器在结构上各自分开，其工作原理如图 8-7a 所示。

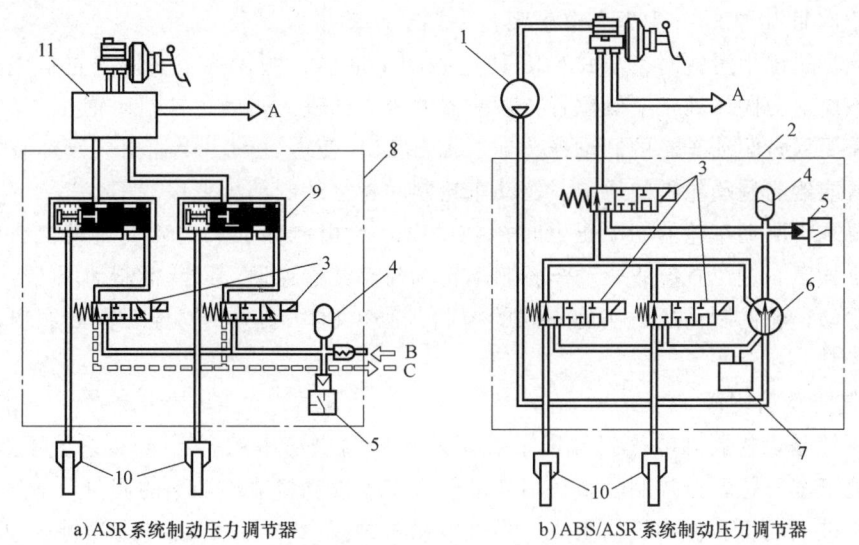

图 8-7　制动压力调节器的工作原理

1—液压泵　2—ABS/ASR 制动压力调节器　3—电磁阀　4—蓄能器　5—压力开关　6—循环泵
7—储液器　8—ASR 制动压力调节器　9—调压缸　10—驱动车轮制动器　11—ABS 制动压力调节器
A—至非驱动车轮制动轮缸　B—接液压泵　C—接储液器

在 ASR 系统不起作用时，电磁阀不通电，阀体位于左侧位置，调压缸的右腔与储液器相通，由于右腔压力较低，调压缸的活塞被回位弹簧推到右边极限位置，ABS 制动压力调节器与驱动车轮的制动轮缸经调压缸左腔连通。因此，在 ASR 系统不起作用时，对 ABS 无任何影响。

当驱动车轮出现滑转而需要对驱动车轮实施制动时，ASR ECU 输出控制信号，使电磁阀线圈通电而移至右侧位置。此时，调压缸右腔与储液室隔断而与蓄能器连通，蓄能器内具有一定压力的制动液推动调压缸的活塞左移，切断 ABS 制动压力调节器与驱动车轮制动轮缸之间的液压通道。同时，随调压缸活塞左移压缩左腔内的制动液，使调压缸左腔和驱动车轮制动轮缸内的制动压力增大。

当需要保持驱动车轮的制动压力时，ASR ECU 使电磁阀半通电（最大电流的一半），阀体处于中间位置，调压缸与储液器和蓄能器的液压通道均切断，于是调压缸活塞保持原位不动，使驱动车轮制动轮缸内的制动压力保持不变。

当需要减小驱动车轮的制动压力时，ASR ECU 使电磁阀断电，阀体在其回位弹簧力的作用下回到左侧位置，调压缸右腔与蓄能器隔断而与储液器连通。于是调压缸右腔压力下降，其活塞在回位弹簧作用下右移，调压缸左腔和驱动车轮制动轮缸内的制动压力下降。

在汽车行驶中，ASR ECU 就是通过对电磁阀的上述控制，实现对驱动车轮制动力的控制，将车轮的滑转率控制在目标范围之内。

（2）组合式制动压力调节器　组合式制动压力调节器是指 ASR 系统制动压力调节器与 ABS 制动压力调节器在结构上组合为一个整体，称为 ABS/ASR 系统制动压力调节器，其工作原理如图 8-7b 所示。

在 ASR 系统不起作用时，电磁阀Ⅰ（图 8-7b 中最上面的电磁阀）不通电。汽车在制动过程中如果车轮出现抱死现象，则 ABS 起作用，通过控制电磁阀Ⅱ（图 8-7b 中下左电磁阀）和电磁阀Ⅲ（图 8-7b 中下右电磁阀）来调节制动压力。

当驱动车轮出现滑转时，ASR ECU 使电磁阀Ⅰ通电，阀体移至右侧位置；电磁阀Ⅱ和电磁阀Ⅲ不通电，阀体处于左侧位置；蓄能器的压力油进入驱动车轮制动轮缸，以增大制动压力。当需要保持驱动车轮的制动压力时，ASR ECU 使电磁阀Ⅰ半通电，阀体移至中间位置，切断蓄能器与制动轮缸的通道，驱动车轮制动轮缸的制动压力保持不变。

当需要减小驱动车轮的制动压力时，ASR ECU 给电磁阀Ⅱ和电磁阀Ⅲ通电，电磁阀Ⅱ和电磁阀Ⅲ移至右侧位置，将驱动车轮制动轮缸与储液器连通，以降低制动压力。如果需要对左、右驱动车轮的制动压力实施不同的控制，ASR ECU 则分别对电磁阀Ⅱ和电磁阀Ⅲ实行不同的控制。

2. 节气门驱动装置

ASR 系统是以控制副节气门开度来控制发动机输出功率的。当 ASR 系统不起作用时，副节气门处于全开位置，控制副节气门开度便可实现发动机输出功率的调节。节气门驱动装置一般由步进电动机和传动机构组成。步进电动机根据 ASR ECU 输出的控制脉冲信号使副节气门转动规定的转角。副节气门进行驱动防滑控制的结构示意图如图 8-8 所示。

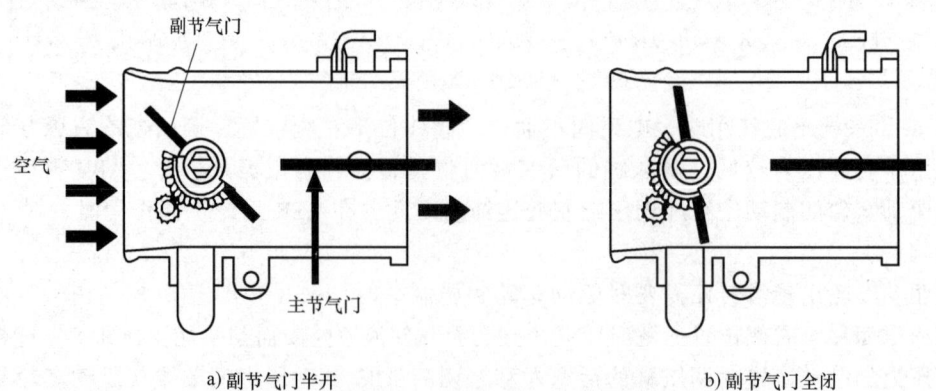

a) 副节气门半开　　　　　　　　　　　b) 副节气门全闭

图 8-8　副节气门进行驱动防滑控制的结构示意图

在 ASR 系统不起作用时，副节气门处于全开的位置；当需要减小发动机的驱动力来控制驱动轮滑转时，ASR ECU 就输出控制信号，使副节气门驱动装置工作，改变副节气门的开度，以达到控制发动机输出功率，进而抑制驱动车轮的滑转的目的。

课题三　典型驱动防滑控制系统

一、驱动防滑控制系统的组成

以丰田雷克萨斯 LS400 型轿车驱动防滑控制系统（丰田公司称为牵引力控制系统 TRC）与 ABS 组合在一起的控制系统为例说明，该系统不仅具有防抱死制动功能，而且具有防滑转调节功能，其组成简图如图 8-9 所示。在控制驱动轮制动力的过程中，ASR 通过调节副节气门的开度和对驱动轮施加制动力来实现驱动轮防滑调节。丰田系列轿车的 TRC 同 ABS 一样，也是由液压控制系统和电子控制系统两个子系统组成。

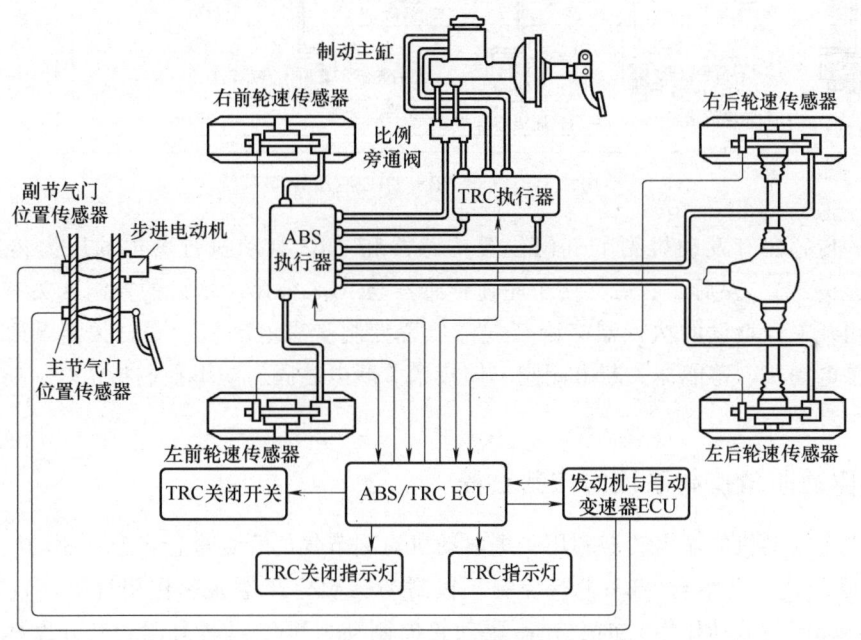

图 8-9　丰田汽车 ABS/TRC 控制系统组成简图

1. 驱动防滑液压控制系统

驱动防滑液压控制系统是在防抱死制动液压控制系统的基础上，增设 TRC 制动执行器（即 TRC 液压调节器）而构成的，如图 8-10 所示。TRC 液压调节器由主缸关断电磁阀、溢流阀、回液泵、回液泵电动机、蓄能器、蓄能器关闭电磁阀和储液罐关断电磁阀等组成。驱动防滑调节电控单元（TRC ECU）与 ABS ECU 组合为一体，称为 ABS/TRC ECU。

2. 驱动防滑电子控制系统

驱动防滑电子控制系统也是由传感器、控制开关、电控单元和执行器组成的。驱动防滑电子控制系统是在 ABS 的基础上增设了传感器、控制开关、电控单元和执行器。丰田雷克萨斯 LS400 型轿车防抱死制动电子控制系统与防滑电子控制系统电路如图 8-11 所示。

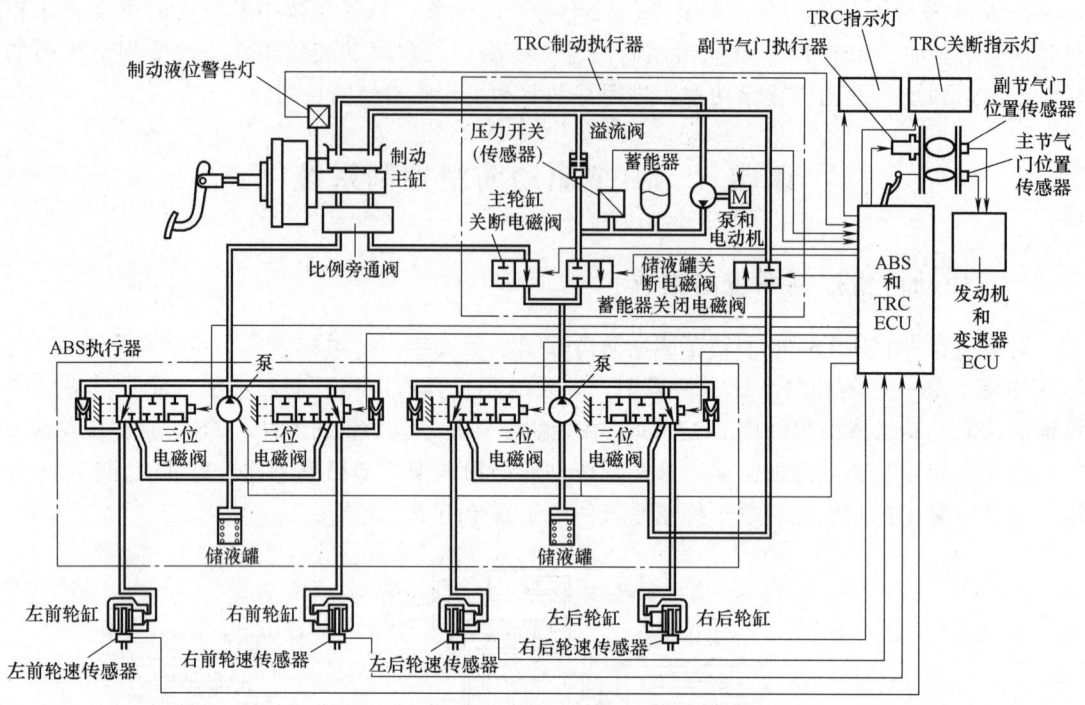

图 8-10 丰田汽车 ABS/TRC 液压控制系统

增设的传感器有发动机副节气门位置传感器和 TRC 制动执行器中的压力传感器（开关），左前、右前、左后、右后共四个轮速传感器与 ABS 公用。增设的控制开关有防滑转调节系统关闭开关。增设的执行器有副节气门位置控制步进电动机、主缸关断电磁阀、回液泵、回液泵电动机、蓄能器关断电磁阀、储液罐关断电磁阀、防滑控制指示灯、防滑控制系统关闭指示灯等。

二、驱动防滑控制系统的控制过程

丰田汽车发动机的输出转矩利用步进电动机对副节气门开度进行调节，驱动轮的制动力利用 TRC 系统执行器结合 ABS 进行控制。在制动驱动轮产生差速作用（即驱动轮转速不同，两个半轴产生差动作用）时，控制驱动轮的制动力可使驱动力得到充分发挥，从而改善行驶稳定性和转向性能，这种作用对于两侧车轮所处路面的附着系数不同时更为显著。因此，这种控制系统特别适用于装备电控燃油喷射式发动机和 ABS 的前轮驱动轿车。

当发动机起动后，ABS/TRC ECU 便根据轮速传感器产生的车轮转速信号以及参考车速，计算确定驱动轮的滑移率和滑转率。在滑移率和滑转率未达到设定门限值时，ABS 执行器和 TRC 制动执行器中的电磁阀均不通电，各电磁阀处于图 8-10 所示的初始状态，蓄能器中制动液的压力保持在一定范围之内，副节气门控制步进电动机不通电，副节气门保持在全开位置。

1. 防抱死制动控制过程

在驾驶人踩下制动踏板进行制动时，制动主缸的制动液将通过各个调压电磁阀进入各制动轮缸，各制动轮缸的压力将随制动主缸的压力变化而变化。当 ABS/TRC ECU 根据轮速传

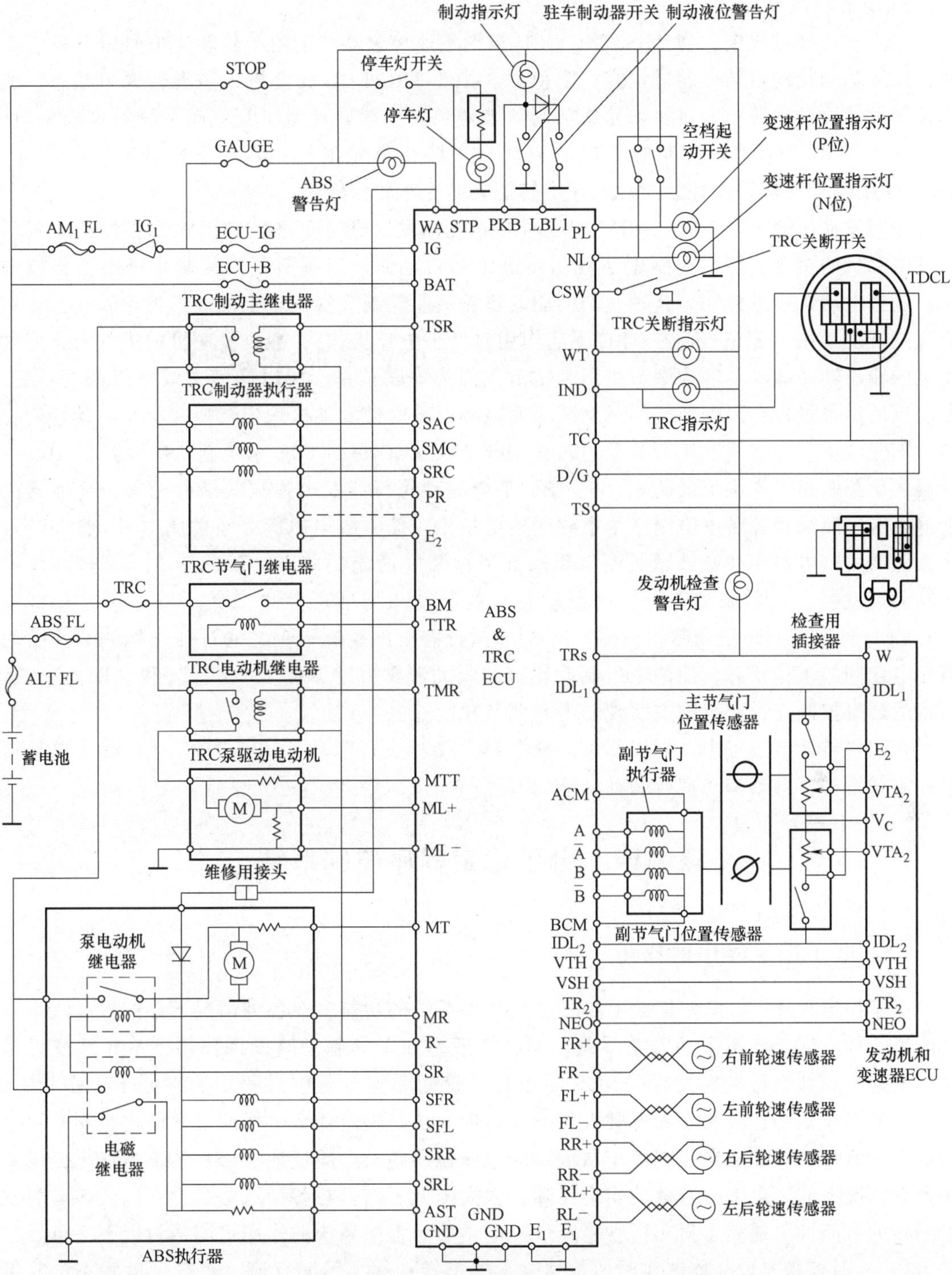

图 8-11 丰田雷克萨斯 LS400 型轿车防抱死制动电子控制系统与防滑电子控制系统

感器输入的信号判定某个车轮的滑移率达到设定门限值而趋于抱死时，ABS/TRC ECU 就会进入防抱死制动控制状态，通过控制 ABS 执行器中相应通道的电磁阀工作，使制动轮缸中的制动液压力"降低""保持"和"升高"来防止车轮抱死滑移。

2. 防滑转调节过程

在汽车行驶过程中，当 ABS/TRC ECU 根据轮速传感器产生的车轮转速信号以及参考车速，计算驱动轮的滑转率超过设定门限值时，ABS/TRC ECU 就会进入防滑转调节状态，通过控制发动机输出转矩和对驱动轮施加制动来避免发生滑转现象。当汽车行驶速度较低时，ABS/TRC ECU 一般采用控制驱动轮的驱动力来防止车轮滑转；当汽车行驶速度较高时，ABS/TRC ECU 一般采用控制发动机输出转矩来防止车轮滑转。

控制发动机输出转矩时，ABS/TRC ECU 首先向发动机与变速器 ECU 发送控制副节气门步进电动机的指令，然后控制副节气门步进电动机动作。当副节气门控制步进电动机通电时，步进电动机步进转动，其轴一端的驱动齿轮就驱动副节气门轴上的扇形齿轮转动，使副节气门开度减小（副节气门在 TRC 不起作用时处于全开状态），减少发动机的进气量，使发动机的输出转矩减小。因为副节气门与主节气门为串联关系，所以即使主节气门开度不变，发动机的进气量也会因副节气门开度减小而减小，从而使发动机输出转矩减小，驱动轮的驱动力随之减小。控制驱动轮的驱动力时，ABS/TRC ECU 将向 TRC 系统制动执行器和 ABS 执行器发出控制指令来调节滑转率。向 TRC 系统制动执行器发出主缸关断电磁阀、蓄能器关断电磁阀和储液罐关断电磁阀三个电磁阀通电指令，使主缸电磁阀处于关闭（断流）状态，使蓄能器关断电磁阀和储液罐关断电磁阀处于打开（通流）状态，蓄能器中具有较高压力的制动液就会进入后制动轮缸，后制动轮缸的制动压力即可随之增大。与此同时，ABS/TRC ECU 再像控制防抱死制动一样，向 ABS 执行器发出控制指令，通过独立地调节两后轮调压电磁阀的工作状态，使两个后制动轮缸的制动液压力"升高""保持"和"降低"，从而将滑转率控制在设定范围内实现防滑转调节功能。

在防滑转调节过程中，如果驾驶人踩下制动踏板进行制动，ABS/TRC ECU 就会自动退出控制状态，不会影响防抱死制动功能的发挥。

课题四 电子稳定程序控制系统

一、电子稳定程序的作用

电子稳定程序（ESP）集成了 ABS、ASR 等系统的功能，在各种情况下都能提高汽车行驶的稳定性，属于汽车主动安全系统。ABS 一般是在车辆制动时发挥作用，ASR 系统只是在车辆起步和加速行驶时发挥作用。而 ESP 系统则在整个行驶过程中始终处于工作状态，不停地监控车辆的行驶状态和驾驶人的操作行为，从而决定什么时候通过发动机控制系统主动地修正汽车的行驶方向，把汽车从危险的边缘拉回到安全的境地。ESP 系统为汽车提供了在紧急情况下的一个十分有效的安全保障，大大降低了汽车在各种道路状况下以及转弯时发生翻转的可能性，提高了汽车行驶稳定性。电子稳定程序系统的作用可归纳为以下三点。

1）实时监控。ESP 能够实时监控驾驶人的操控动作、路面反应、汽车运动状态，并不断向发动机和制动系统发出控制指令。

2）主动干预。ESP 可以通过主动调控发动机的转速，调整每个车轮的驱动力和制动力来修正汽车的过度转向和转向不足。

3）警报。当驾驶人操作不当或路面异常而致使车轮出现滑转时，ESP 会用警告灯警示驾驶人。提示驾驶人不要猛踩加速踏板，控制好转向盘的操作，以确保行车安全。

二、电子稳定程序的功能

汽车在转向时的操纵稳定性至关重要，图 8-12 所示为汽车在转向时的运动情况。汽车在转弯时，要使车辆按驾驶人意图顺利、安全转弯，要实现两种运动形式：其一是车轮绕自身轴线的旋转运动（行驶运动），其二是车轮绕垂直轴的旋转运动（转向运动）。因此，车身要产生两个方向的

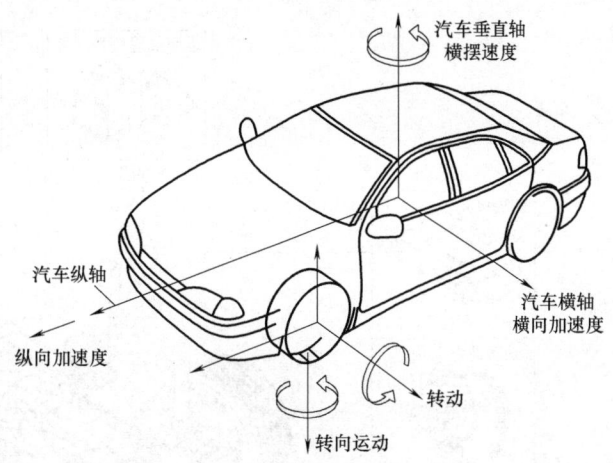

图 8-12 汽车在转向时的运动情况

加速：沿汽车纵轴线方向的纵向加速度和沿汽车横轴线方向的横向加速度。如果汽车在转弯时纵向加速度过大，车辆将产生转向困难，无法顺利转弯，造成转向不足；如果横向加速度过大，车轮将剧烈侧滑，车辆会发生转向过度并导致车辆"甩头摆尾"的情况。

无论是不足转向还是过度转向都可能使汽车操纵失控，导致严重的交通事故。ESP 的功能就是当检测到汽车没有按照驾驶人的驾驶意图行驶时，通过有选择地制动或者干预发动机的工作来稳定车辆，使汽车按照驾驶人的驾驶意图行驶，改善汽车的操纵稳定性，提高汽车的行驶安全性。

三、电子稳定程序的组成及控制原理

1. ESP 的组成

电子稳定程序（ESP）系统是在 ABS/ASR 系统的基础上发展起来的，因此大部分元件与 ABS/ASR 系统共用，也是由传感器、电控单元及执行器三部分组成。博世 ESP 系统的组成及各部件安装位置如图 8-13 所示。

（1）传感器 ESP 作为保证行车安全的一个重要电控系统，其各个传感器的正常工作是进行有效控制的基础。博世 ESP 系统在 ABS/ASR 基础上增加了转向角传感器、偏转率传感器、纵向及横向加速度传感器等。

转向角传感器用于检测转向盘的转角信号（包括转角的大小和转动速率），这一信号反映了驾驶人的操作意图。偏转率传感器（也叫横摆角速度传感器）用于检测汽车翻转的信号。这种传感器像一个罗盘，时刻监测汽车的准确姿态，并记录下汽车每个可能的翻转运动。ESP 中的加速度传感器有沿汽车前进方向的纵向加速度传感器（用于四轮驱动车辆）和垂直于前进方向的横向加速度传感器，基本原理相同，只是成 90°夹角安装。

（2）电控单元（ECU） ESP 系统一般与 ABS/ASR 系统共用 ECU，它是将 ABS/ASR 系统 ECU 的功能进行扩展后再进行 ABS/ASR ESP 控制。系统包括输入信号放大电路、运算电路、执行器控制电路、稳压电源电路、电磁屏蔽电路等。

1）输入信号放大电路。对各传感器信号进行滤波、整形后送往运算电路单元。

2）运算电路。主要进行车轮速度、车轮加减速度、汽车行驶速度、车辆名义（期望）

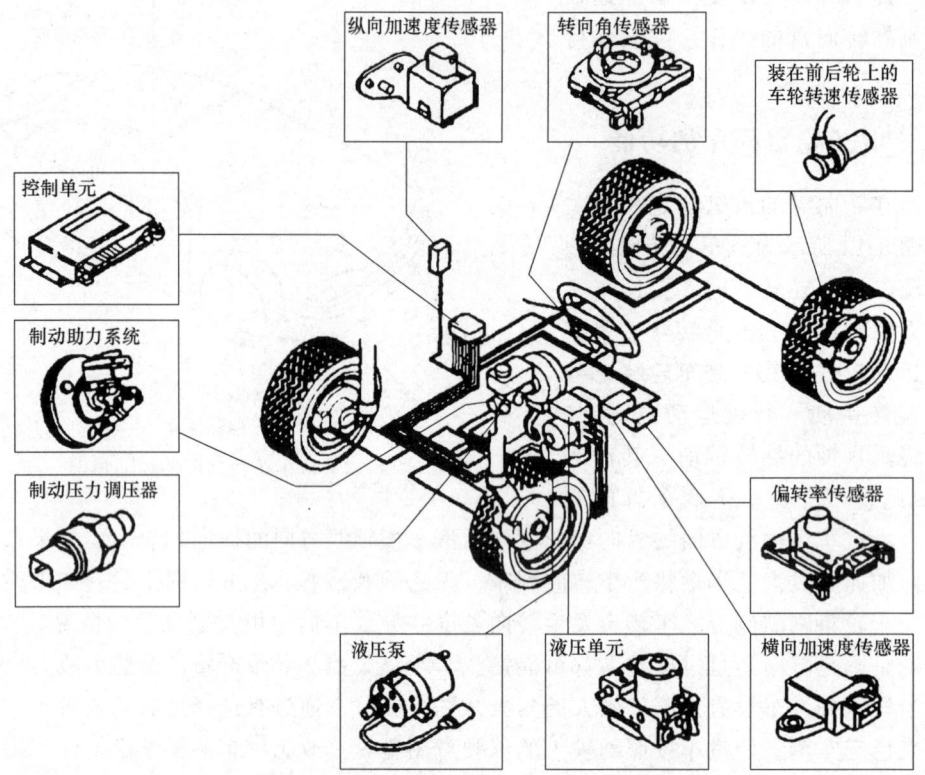

图 8-13 博世 ESP 的组成及各部件安装位置

侧偏角、实际侧偏角、名义（期望）横摆角速度、实际横摆角速度、汽车侧向加速度、车轮滑移率等控制参数的计算以及电磁阀和副节气门的开启控制运算和监控运算。ESP 控制系统一般采用两套相同而独立的运算电路进行相同的运算和数据传输，通过比较，确保系统的可靠性。

3）执行器控制电路。根据运算电路的信号对电磁阀、副节气门（或电子节气门）的开关时刻和频率进行控制，以调整车轮的滑移率和汽车的侧偏角。

4）稳压电源监控、故障存储、继电器驱动电路。对 ESP 控制器内部电压进行调节和监控，对出现的故障进行监控和故障码的存储。

5）电磁屏蔽电路。采用电磁屏蔽措施，防止发动机的点火高压线在跳火时所产生的强电磁场对 ESP 系统的控制单元和传感器信号产生影响。

（3）执行器 在 ABS/ASR 系统执行器的基础上，改进了通往各车轮的液压通道，增加了 ESP 警告灯和 ESP 蜂鸣器等。

2. ESP 的控制原理

汽车安全性方面最重要的就是避免发生事故，也就是所谓的主动安全。汽车规避事故的功能是汽车重要而又基本的性能，它可帮助避免或自动地避免事故的发生。电子稳定程序系统（ESP）的作用主要是在汽车将要出现失控时，主动地参与避免事故发生的控制过程，有效地增加了汽车稳定性。

1）转向不足。对于不带 ESP 的车辆，当前轮发生侧滑时，会使转弯半径增大，从而出

现车辆转向不足,如图 8-14a 所示。而对于装备有 ESP 的汽车,此时会使用发动机和变速器管理系统有意识地对位于弯道内侧的后轮实施瞬间制动,以防止车辆驶出弯道,如图 8-14b 所示。

2)转向过度。对于不带 ESP 的车辆,当车轮发生侧滑时,会使转弯半径减少,从而出现车辆转向过度,如图 8-15a 所示。而对于带 ESP 的汽车,此种情况下会使用发动机和变速器管理系统有意识地对位于弯道外侧的前轮实施瞬间制动,以防止车辆甩尾,如图 8-15b 所示。

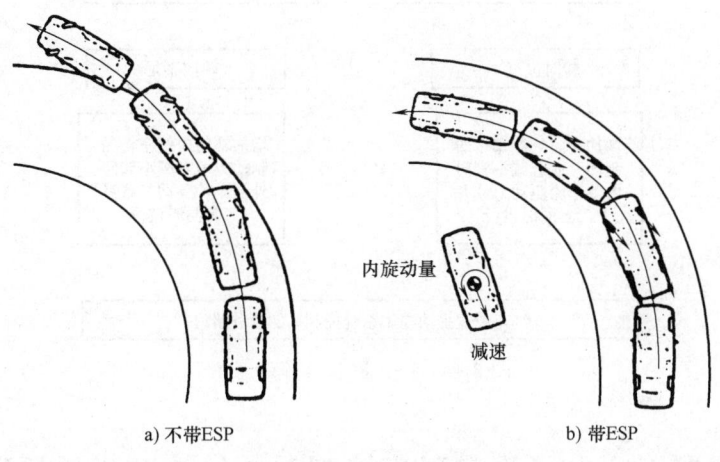

a) 不带ESP　　　　　　　　b) 带ESP

图 8-14　转向不足

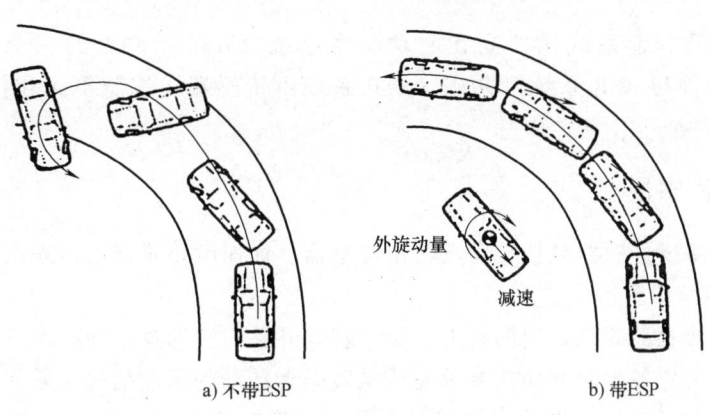

a) 不带ESP　　　　　　　　b) 带ESP

图 8-15　转向过度

ESP 系统的控制原理是,传感器实时地检测驾驶人的行驶意图和车辆的实际行驶情况。其中,转向角传感器用来收集驾驶人的转向意图,车轮转速传感器(每个车轮上都装有一个)、偏转率传感器、纵/横向加速度传感器等用来监测车辆运动状况。ECU 根据各传感器的信号计算出车辆的实际运动轨迹,如果实际运动轨迹与理论运动轨迹(驾驶人意图)有偏差,或者检测出某个车轮打滑(丧失抓地能力),ECU 就会首先通知副节气门控制机构(或电子节气门)减小开度(收油),然后通知制动系统对某个车轮进行制动,来修正运动轨迹。当实际运动轨迹与理论运动轨迹相一致时,ESP 自动解除控制。ESP 控制过程示意图如图 8-16 所示。

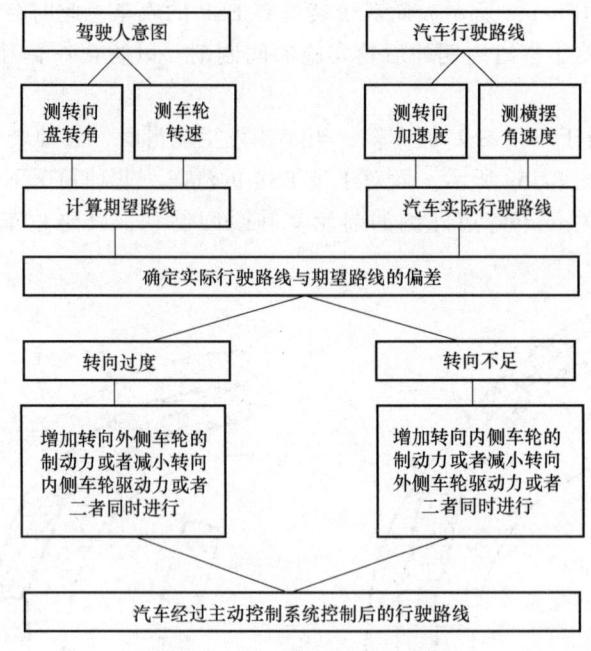

图 8-16　ESP 控制过程示意图

课题五　电子稳定程序控制系统结构及工作原理

电子稳定程序控制系统是建立在驱动防滑系统（ASR）之上的一个非独立的系统，系统的大部分元件与 ASR 系统可共用。ESP 系统由传感器、控制单元和执行元件三部分组成。

一、ESP 传感器

ESP 系统的主要传感器包括转向盘转角传感器、加速度传感器、横摆角速度传感器等。

1. 转向盘转角传感器

转向盘转角传感器安装在转向柱上，位于转向开关与转向盘之间，与安全气囊螺旋电缆集成为一体。该传感器检测并向控制单元传送转向盘转动的角度信号。若无此信号，则车辆无法确定行驶方向，ESP 将失效。传感器测量的角度范围是 ±720°，对应的转向盘转 4 圈。图 8-17 所示为转向盘转角传感器的外形图。

该传感器是根据光栅原理进行测量的，如图 8-18 所示，安装在转向柱上的编码盘包含了经过编码的转动方向、转角等信息。编码盘由两个齿环（绝对环和增量环）组成，光学传感器 2、4 分别扫描这两个环。当编码盘随转向盘转动时，齿盘间断地遮挡发光光源，使光学传感器的输出电压发生变化。位于内侧的增量环上的齿槽大小相等且均匀分布，产生的电压脉冲信号是均匀的；而位于外侧绝对环上的齿槽大小不一、分布不均匀，产生的信号也不均匀，接通点火开关并且转向角传感器转过一定角度后，ECU 可以通过两组脉冲序列来确定当前转向盘的绝对转角。转向盘转角传感器与 ECU 的通信通过 CAN 总线完成，且是 ESP 系统中唯一直接由 CAN 总线向控制单元传递信号的传感器。

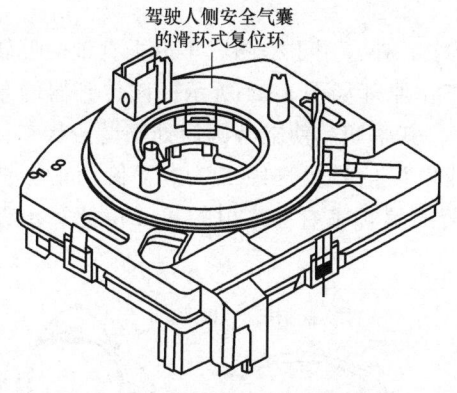

图 8-17 转向盘转角传感器的外形

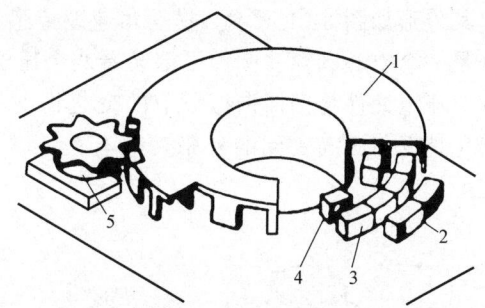

图 8-18 转向盘转角传感器的工作原理
1—编码盘 2、4—光学传感器 3—光源 5—旋转计数器

用诊断仪或示波器对转向盘转角传感器进行诊断，ECU 可诊断出"传感器无信号""设定错误""电子故障""不可靠信号"等故障。

2. 横向加速度传感器

由于物理原因，横向加速度传感器应尽可能靠近车辆重心，所以安装在转向柱下方偏右侧前仪表台内。

横向加速度传感器主要是用以检测车辆沿垂直轴线发生转动的情况，并给控制单元提供转动速度的信号。当车绕垂直方向轴线偏转时，传感器内的输出信号发生变化，ECU 根据此计算横向加速度。如果无此信号，控制单元将无法计算出车辆的实际行驶状态，ESP 功能将失效。

横向加速度传感器的外形如图 8-19 所示，其工作原理如图 8-20 所示，横向加速度传感器是由霍尔传感器、永久磁铁、减振板、片簧等组成。当横向加速度作用在车辆上时，减振板随传感器机体及车辆一起摆动，而永久磁铁则由于惯性摆动时间慢于减振板。由于减振板在振动中会产生电子涡流，将产生一个与永久磁铁形成的磁场方向相反的磁场。在两个叠加的磁场作用下，霍尔元件中产生一个变化的电压，该电压的大小与横向加速度的大小成比例。

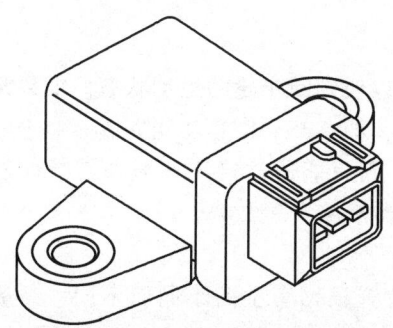

图 8-19 横向加速度传感器的外形

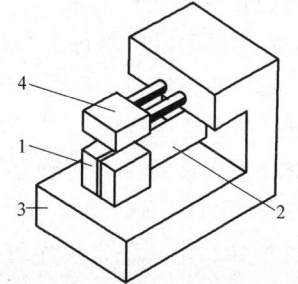

图 8-20 横向加速度传感器的工作原理
1—永久磁铁 2—片簧 3—减振板 4—霍尔传感器

用诊断仪或万用表对横向加速度传感器进行诊断，ECU 可以诊断出"线路断路""对正、负极短路""传感器损坏"等故障。

3. 横摆角速度传感器

横摆角速度传感器一般尽可能安装在靠近汽车中心处，用于检测汽车沿垂直轴的偏转程度。其外形如图 8-21 所示。横摆角速度传感器的工作原理如图 8-22 所示，该传感器的基本部分是一个空心圆筒，圆筒下部装着八个压电元件，其中四个使空心圆筒处于谐振状态，另外四个压电元件将圆筒谐振波节的变化情况转变成电压信号输送给 ECU。而圆筒谐振波节的变化情况与圆筒受到的外来转矩有关，即与圆筒的偏转率有关。电控单元由此算出偏转程度。

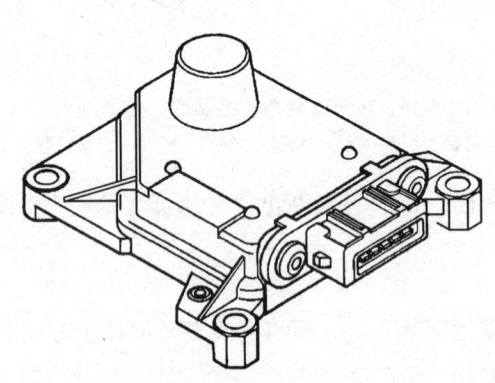

图 8-21 横摆角速度传感器的外形

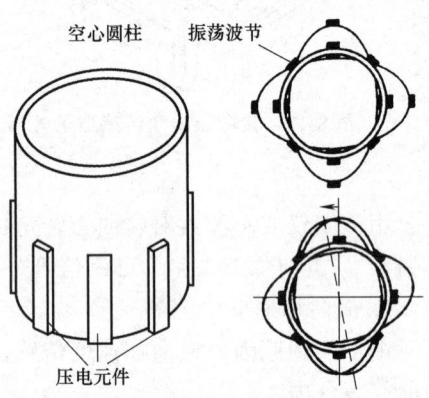

图 8-22 横摆角速度传感器的工作原理

横摆角速度传感器、横向加速度传感器的安装位置基本相同，输出都是 0~5V 的模拟量，且由于汽车颠簸造成的信号波动特性一致，有些车型将它们封装在同一模块中。可用诊断仪或万用表对偏转率传感器和横向加速度传感器进行诊断。

4. 制动压力传感器

制动压力传感器装在行驶动力调节液压泵上，提供电控单元制动系统的实际压力，电控单元相应地计算出作用在车轮上的制动力和整车的纵向力大小。如果没有制动压力，信号系统将无法计算出正确的侧向力，因此 ESP 失效。此时，ECU 可以诊断出"线路断路""对正极短路""对负极短路"等故障。该传感器不能从液压泵中拧出，损坏时需要和液压泵一起更换。

5. 车轮转速传感器

车轮转速传感器用以检测每个车轮的实际转速，以便判断车轮的运动状态。如果没有信号，则 ABS、ESP 警告灯亮，表明系统无法正常工作，即 ABS、ESP 功能失效。对于电磁式传感器，可通过测量电阻检测；对于霍尔式传感器，则只能通过检测波形来判断性能的好坏。此时，ECU 可以诊断出"传感器无信号""传感器断路"等故障。

6. ASR/ESP 开关

如图 8-23 所示，电子稳定程序（ESP）开关的位置根据车型的不同而不同，一般在组合仪表区。其作用是按此开关可关闭 ASR/ESP 功能，并由仪表上的警告灯指示出来，再次按压此开关可重新激活 ASR/ESP 功能。如果驾驶人忘记重新激活 ASR/ESP，再次起动发动机后系统可被重新激活。

在三种情况下，ESP 不应工作：ESP 开关处于关闭状态，车辆从积雪或松软地面驶出时；车辆带防滑链行驶时；车辆在功率试验台上开动时。

项目八　汽车驱动防滑与行驶稳定控制系统

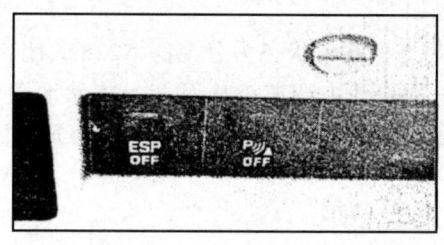
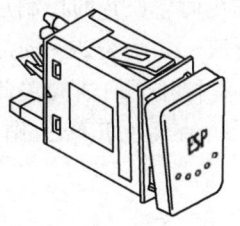

图 8-23　ESP 开关

在三种情况下，ESP 系统将不能被关闭：ESP 正在工作；超过一定的车速；系统出现故障，此时组合仪表上的 ESP 警告灯会报警。

二、ESP 电控单元

ESP 电控单元与液压控制单元合成一体，如图 8-24 所示，电子控制单元主要负责整个系统的信息运算分析和控制指令的发出。为了保障系统的可靠性，在系统中有两个处理器，二者用同样的软件处理信号数据，并做相互监控比较。这种双配置的系统称为主动冗余系统。

控制单元出现故障，驾驶人仍可做一般的制动操作，但 ABS/ASR/ESP 功能失效。

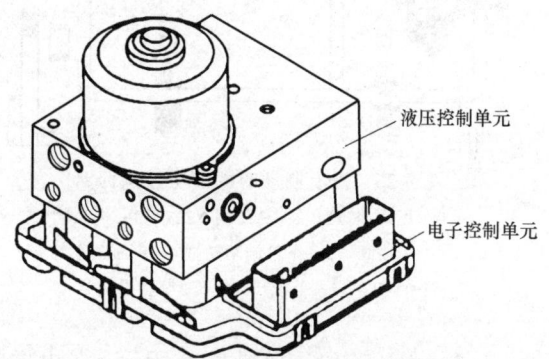

图 8-24　ESP 电控单元和液压控制单元

三、ESP 执行元件

ESP 执行元件包括 ESP 液压控制单元、电子节气门、ESP 警告灯等。

液压控制单元由电磁阀、行驶动力调节液压泵、回油泵等组成，电磁阀有 12 个，8 个用于 ABS 控制，4 个用于 ESP 控制。液压控制单元内部电路图如图 8-25 所示。ECU 通过控制液压控制单元的电磁阀，达到控制 ABS/ASR/ESP 的目的。

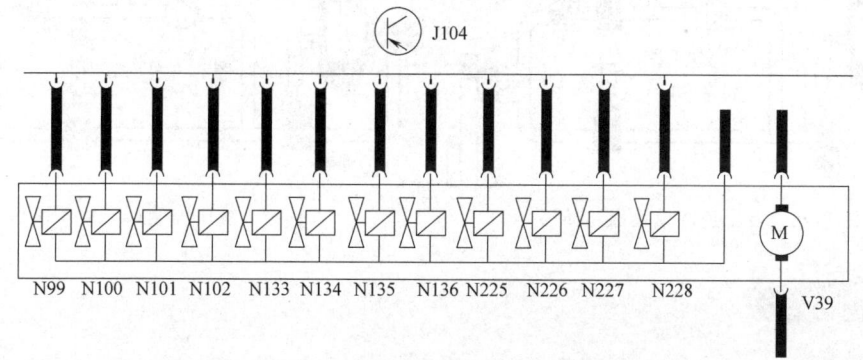

图 8-25　液压控制单元内部电路图

该系统有两条对角线控制回路，每条回路上多了两个控制电磁阀（分配阀和高压阀），如果系统某一个阀工作不正常，ESP 系统将关闭。图 8-26 所示为没有制动时的液压控制回路。当 ESP 起作用时，ESP 的控制过程如下。

（1）增压阶段　如图 8-27 所示，各电磁阀的状态为分配阀 N225 关闭、高压阀 N227 打开、ABS 的进油阀打开、回油阀关闭，行驶动力调节液压泵开始将储油罐中的制动液输送到制动管路中，回油泵也开始工作，使车轮制动轮缸中的制动压力加大，系统处于增压状态。

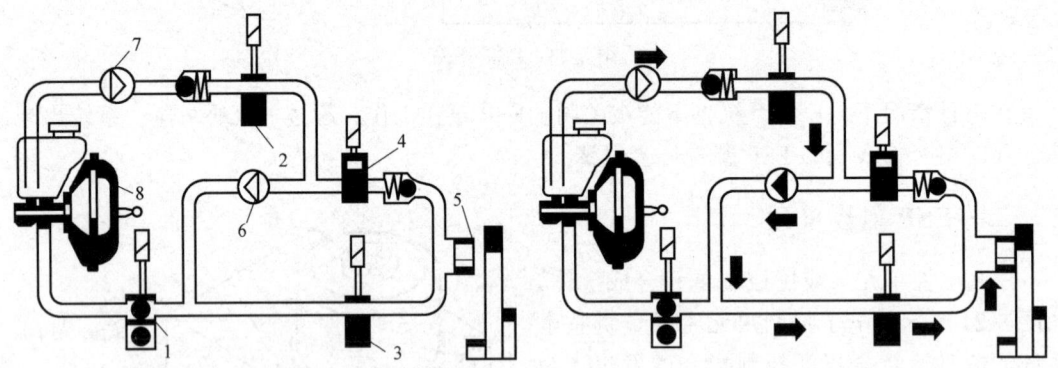

图 8-26　没有制动时的液压控制回路　　　　　图 8-27　液压控制单元增压阶段
1—分配阀 N225　2—高压阀 N227　3—进油阀
4—回油阀　5—车轮制动轮缸　6—回油泵
7—行驶动力调节液压泵　8—制动助力器

（2）保压阶段　如图 8-28 所示，各电磁阀的状态为分配阀 N225 关闭、高压阀 N227 关闭、进油阀关闭、回油阀关闭、回油泵停止工作，系统处于保压状态。

（3）减压阶段　如图 8-29 所示，各电磁阀的状态为分配阀 N225 打开、高压阀 N227 关闭、进油阀关闭、回油阀打开，制动液通过串联式制动主缸流回储油罐中，系统处于减压状态。

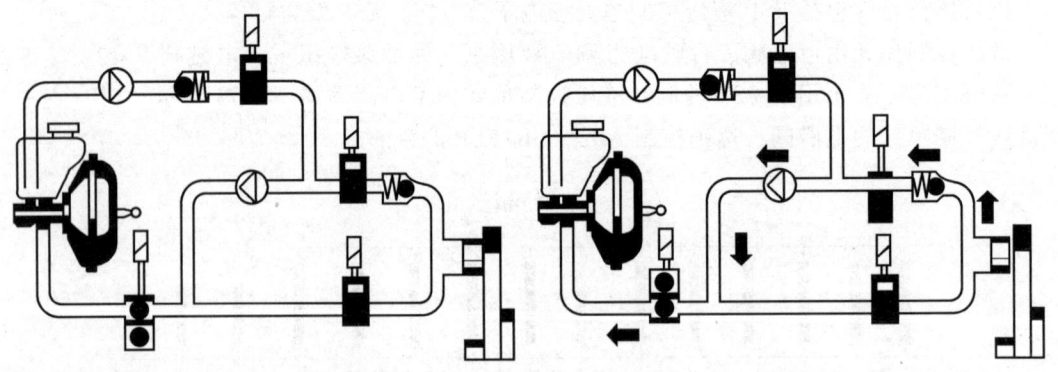

图 8-28　液压控制单元保压阶段　　　　　图 8-29　液压控制单元减压阶段

实训任务

实训　ASR 系统的故障诊断与检修

以丰田雷克萨斯 LS400 汽车 ASR 系统为例，介绍 ASR 系统的故障诊断与检查方法。

一、ABS/ASR 故障诊断步骤

1) 确认故障情况和故障症状。

2) 对系统进行直观检查，看是否有制动液渗漏、导线破损、制动液液位过低等现象存在。

3) 用电子控制单元诊断仪（解码器）或通过 ABS 故障指示灯及 ASR 关闭指示灯调取故障码，从维修手册查找故障码所代表的内容。

4) 根据故障码揭示的故障情况，利用必要的工具对故障部位进行深入检查，确定故障部位和故障原因。

5) 排除故障。

6) 如果上述两灯仍然点亮，可能是系统中仍有故障存在，应排除故障；也可能故障已经排除。

7) ABS 故障指示灯或 ASR 工作指示灯不再持续点亮后，进行路试，以验证系统已经恢复正常工作。

二、丰田雷克萨斯 LS400 轿车 ASR 的检修

丰田雷克萨斯 LS400 轿车的 ASR 又称为 TRC，该车 ASR 与 ABS 结合在一起，具有防抱死制动和驱动防滑转功能。该车 ASR 的电路组成及工作原理参照图 8-11。

1. ASR 的故障自诊断

（1）检查故障指示灯　当点火开关接通时，仪表板上的 ASR 故障指示灯会亮起，3s 后 ASR 故障指示灯熄灭。如果点火开关接通时，ASR 故障指示灯不亮或 3s 后不熄灭，应为不正常，需进行检查。

（2）故障码的读取　把点火开关置于 ON 位置，用 SST（专用维修工具）连接 TDCL（检查插接器）的端子 T 和端子 E，从组合仪表上的 TRC 指示灯闪烁方式读取故障码。在跨接 TDCL 时，指示灯熄灭 4s 后，显示故障码，首先显示故障码的十位数，每次闪烁持续 0.5s，熄灭 0.5s，十位数显示完后，指示灯熄灭 2.5s，接着显示个位数，两个故障码之间指示灯熄灭 2.5s，若同时有两个或两个以上的故障码，则数字最小的先显示。

（3）故障码的清除　用 SST 连接检查插接器的端子 T 和 E，在 3s 内将制动踏板踩下不少于 8 次，即可清除 ECU 中存在的故障码。检查 TRC 指示灯是否显示出正常码，若正常，则表示故障码全部清除。从检查插接器上拆下 SST，故障指示灯应熄灭。

2. ASR 的检测

1) 电源电压。在点火开关关断和接通时，BAT 端子上的电压均应为 10~14V；在点火开关断开时 G 端子上的电压应为 0V，点火开关接通时，该端子电压应为 10~14V。

2) 空档起动开关两端子 PL、NL 上的电压。PL、NL 两端子上的电压在点火开关关断时，均为 0V；当点火开关接通、变速杆在 P 位或 N 位时均为 10~14V，其他位置时为 0V。

3) 制动开关 SP 端子上的电压。在制动灯开关接通时，STP 端子上的电压应为 10~14V；制动灯开关断开时应为 0V。

4) 制动液液面高度警告开关 LBL_1 端子上的电压。在点火开关接通和制动液液面高度开关断开时，LBL_1 端子上的电压值应为 10~14V；液位开关接通时，应小于 1V。

5) ASR 切断开关 CSW 端子上的电压。在点火开关接通时，按下 ASR 切断开关，其端子电压为 0V；放开 ASR 切断开关，则应约为 5V。

6) ASR 制动主继电器 TSR 端子上的电压。点火开关接通时，TSR 端子上的电压应为 10~14V。

7) ASR 节气门继电器端子 BTH 和端子 TTR 上的电压。在点火开关接通时，端子 BTH 和端子 TTR 上的电压均应为 10~14V；点火开关断开时均为 0V。

8) ASR 制动压力调节器各端子上的电压。在点火开关接通时，SMC、SAC、SRC 三个端子上的电压值均应为 10~14V；PR、VC 两端子上的电压值均应约为 5V。

9) 与发动机和自动变速器电子控制单元相关的端子电压。

① 端子 IDL_1 和端子 IDL_2 上的电压。在点火开关接通时，若节气门关闭，电压应为 0V；若节气门开启，电压应为 5V。

② 端子 VTH 和端子 VSH 上的电压。在点火开关接通时，若节气门关闭，电压约为 0.6V；若节气门开启，电压约为 3.8V。

③ 端子 TR_2 上的电压。在点火开关接通时，约为 5V。

④ 端子 TR_3 上的电压。在点火开关接通和发动机检查灯打开时，约为 1.2V；若发动机运转且发动机检查灯关闭时，为 10~14V。

⑤ 端子 NEO 上的电压。在点火开关接通且发动机停熄时，其电压约为 5V；急速时，约为 2.5V。

10) ASR 关闭指示灯端子 WT 上的电压。在点火开关接通时，若指示灯断开，电压应为 10~14V；若指示接通，电压应为 0V。

11) 故障诊断插座 TC、TS 和 D/C 三个端子上的电压。

① 端子 TC 上的电压。在点火开关接通时，其电压应为 10~14V。

② 端子 TS 上的电压。在点火开关接通时，其电压应为 10V。

③ 端子 D/G 上的电压。在点火开关接通时，其电压应为 10~14V。

④ L_2 两端子上的电压。在点火开关接通时，若节气门关闭，电压应为 0V；若节气门开启，电压应为 5V。

巩固练习

一、填空题

1. 汽车驱动防滑电子控制系统，它是继_____系统之后应用于_____的电子控制系统。

2. "滑转"是指当_____或者汽车的行驶速度_____时，轮胎与地面之间的_____；而"滑移"是指汽车在_____过程中汽车的_____速度高于车轮_____时，_____之间出现的相对滑动现象。

3. 汽车在_____、_____或_____路面上行驶时，容易出现_____现象。

4. 汽车驱动轮防滑控制（ASR）系统的主要功用是防止_____、_____中以及在_____路面行驶时出现的_____现象。

5. 汽车驱动轮防滑控制（ASR）系统通过_____或_____等来减小传递给驱动车

项目八　汽车驱动防滑与行驶稳定控制系统

轮的驱动力，防止_____与路面之间的附着力而导致驱动轮滑转，提高车辆的_____性，改善_____性和_____性。

6. 汽车车轮打滑有两种情况，一是_____；二是_____。

7. 防止驱动轮滑转的控制方式主要有_____、_____以及_____三种。这些控制方法的最终目的都是_____，并将驱动轮的_____控制在最佳滑转率范围内。

8. ASR 系统的传感器主要是_____传感器和_____传感器。

9. ASR 制动压力调节器执行_____的指令，对滑转车轮施加_____，并控制_____大小，以使驱动轮的_____处于目标范围内。

10. ASR 系统是以控制_____来控制发动机输出功率的。

11. 电子稳定程序（ESP）集成了_____等系统的功能，在各种情况下都能提高汽车_____性，属于汽车_____系统。

12. 转向无论是_____还是_____都可能使汽车_____，导致严重的交通事故。

13. ESP 执行元件包括_____、_____、_____等。

二、判断题

1. ASR 专用的信号输入装置是 ASR 选择开关，将 ASR 选择开关关闭，ASR 就不起作用。（　　）

2. 所谓的单独方式是，ASR 制动压力调节器和 ABS 制动压力调节器在结构上是一体的。（　　）

3. 中央差速器能把变速器输出的动力可以按 2∶1 的比例分配到前、后驱动轮上。（　　）

4. 发动机输出功率控制的常用方法有辅助节气门控制、燃油喷射量控制和延迟点火控制。（　　）

5. ASR 系统通过改变发动机辅助节气门的开度来控制发动机的输出功率。（　　）

6. 丰田车系防抱死制动与驱动防滑（ABS/TRC）工作时，当需要对驱动轮施加制动力矩时，TRC 的三个电磁阀都不通电。（　　）

7. 丰田车系防抱死制动与驱动防滑（ABS/TRC）工作时，当需要对驱动轮保持制动力矩时，ABS 的两个电磁阀通较大的电流。（　　）

8. 丰田车系防抱死制动与驱动防滑（ABS/TRC）工作时，当需要对驱动轮减小制动力矩时，ABS 的两个电磁阀通较小的电流。（　　）

9. 丰田车系防抱死制动与驱动防滑系统（ABS/TRC）工作时，当无需对驱动轮施加制动力矩时，各个电磁阀都通电且 ECU 控制步进电动机转动使副节气门保持开启。（　　）

10. 滑转率是车轮转动速度与车身行驶速度的速度差占车轮转动速度的百分比。（　　）

11. 防滑转电子控制系统也是由传感器、控制开关、电控单元和执行器组成的。（　　）

12. 在防滑转调节过程中，如果驾驶人踩下制动踏板进行制动时，系统不会进入制动状态。（　　）

13. 汽车安全性方面最重要的就是避免发生事故，也就是所谓的主动安全。（　　）

14. 由于物理原因，横向加速度传感器应尽可能靠近车辆重心，所以安装在转向柱下方偏右侧前仪表台内。（　　）

15. 横摆角速度传感器一般尽可能安装在靠近汽车中心处，用于检测汽车沿垂直轴的偏

249

转程度。（　　）

16. 如果没有信号，则 ABS、ESP 故障指示灯亮，表明系统无法正常工作，即 ABS、ESP 功能失效。（　　）

三、思考题

1. 驱动防滑控制系统（ASR）的作用是什么？
2. 如何理解驱动力与附着力的关系、滑转率与附着系数的关系？
3. 驱动防滑控制系统（ASR）有哪些控制方式？
4. 叙述 ASR 系统的基本组成与控制原理。
5. ASR 与 ABS 有哪些联系与区别？
6. ASR 系统制动压力调节器和 ABS 制动压力调节器有何联系？
7. 装备 ASR 系统的汽车在冰雪路面快速起步时，驱动轮会滑转吗？试分析说明。
8. 电控驱动防滑系统（ASR）主要由哪几部分组成？
9. 步进电动机控制副节气门是如何实现防滑控制的？
10. 防滑转压力调节器是如何实现防滑控制的？
11. ASR ECU 是如何工作的？它与 ABS ECU 有哪些联系？
12. 结合 ASR 系统实物，说出系统各部件的名称及作用。
13. 结合 ASR 系统实物，叙述 ASR 系统与 ABS 工作情况的区别。
14. 试分析雷克萨斯 LS400 ABS/TRC 系统的工作过程？
15. 如何理解雷克萨斯 LS400 ABS/TRC 系统的故障自诊断功能？
16. 如何进行雷克萨斯 LS400 ABS/TRC 系统的检测？
17. 简述电子稳定程序（ESP）的作用、功能。
18. 简述电子稳定程序（ESP）的组成及控制原理。

项目九 汽车电控悬架控制系统

学习目标：

通过本项目的学习，了解汽车悬架控制的必要性以及电控悬架系统的分类；理解电控悬架系统的功能；掌握电控悬架系统常用的传感器、EMS ECU、执行器的构造与工作原理；掌握悬架控制系统中弹簧刚度控制、减振器阻尼控制、车身高度控制以及电控悬架系统综合控制的基本原理；能够正确分析电控悬架系统的系统电路图及其故障诊断与排除；熟悉常见典型汽车电控悬架系统的组成、工作原理以及检修方法。

理论知识

课题一 电控悬架系统概述

电控悬架系统通常称为电子调节悬架系统（Electronic Modulated Suspension System，EMS）。汽车运行中，当路面状况、行驶速度、行驶状态和载荷发生变化时，电控悬架系统能自动调节车身高度、悬架刚度和减振器阻尼力的大小，从而较好地保持汽车的乘坐舒适性和操纵稳定性。

一、电控悬架系统的功能

电子调节悬架就是通过各种传感器不断监测车辆的运行状况，并通过调整机构及时改变悬架的各种参数，使车辆的操控性和舒适性达到最佳的平衡状态。具体功能如下：

1）降低因路面不平引起的加速度和车身急剧跳动对乘员的影响。由于路面的输入是随机的，一般无专用设备的汽车无法探测路面的平整度，但可以通过加速度传感器在汽车行驶过程中所产生的电压信号波动大小来判断路面的好坏。如果加速度幅值较小，则在同一速度下路面质量就好，此时电子控制单元（ECU）就可以通过调节机构来使悬架阻尼变小；反之，控制悬架阻尼使之变大，以使振动迅速衰减，达到降低车身振动、提高乘坐舒适性的目的。

2）减少汽车行驶时的车身姿态变化。车身的姿态控制应包括三项控制功能，即转向时的车身侧倾控制、制动时的车身点头控制、起步时的车身俯仰控制。在急速转向的情况下，应加大悬架阻尼值，以减少车身侧倾。当驾驶人猛打转向盘时，安装在转向器上的转向传感器把转向盘的转角及变化速度传给电子控制单元（ECU），由它对悬架发出指令，使之处于合适的状态。抑制制动时车身点头和突然起步时车身俯仰，则应增加悬架阻尼值。通过以上途径使车身的姿态控制在最优的范围之内。

3) 保证在弯曲路段和高速行驶时的操纵稳定性。汽车在弯曲路面或者高速行驶时，可根据路面状况适时地调节减振器的阻尼，以达到增加轮胎接地性的目的，从而提高汽车的操纵稳定性。

在装备电子控制悬架系统的汽车上，当汽车急转弯、急加速或紧急制动时，乘坐人员能够感到悬架较为坚硬，而在正常行驶时能够感到悬架比较柔软。电控悬架系统还能平衡地面反作用力，使其对车身的影响减小到最低程度。因此，随着汽车电子技术的发展与进步，许多中高档轿车、大客车以及越野汽车都装备了电控悬架系统。

二、电控悬架系统的分类

1. 按有无动力源分类

电控悬架系统按有无动力源可分为半主动悬架和主动悬架两大类。

（1）半主动悬架 半主动悬架通常是由可变特性的弹簧和减振器组成的悬架系统，它不能随外界的输入进行最优控制和调节，但可以根据路面的激励和车身的响应按存储在计算机内的各种条件下弹簧和减振器的优化参数对弹簧刚度和悬架的阻尼进行自动调整，使车身的振动控制在某个范围之内。半主动悬架是无源控制，即它没有一个动力源为悬架提供连续的能量输入。因此，汽车在转向、起动、制动等工况时不能对悬架刚度和阻尼力进行有效控制。半主动悬架的结构示意图如图9-1所示。

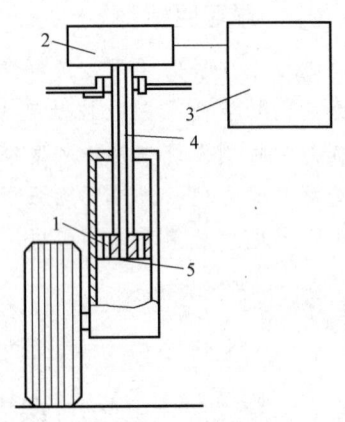

图 9-1 半主动悬架的结构示意图
1—节流孔 2—步进电动机
3—电子控制单元
4—阀杆 5—阀门

（2）主动悬架 主动悬架需要一个动力源（液压泵或空气压缩机等）为悬架系统提供连续的动力输入，是一种有源控制。主动悬架可以根据汽车行驶条件的变化，主动改变悬架的刚度和阻尼系数，在汽车行驶速度变化时以及在汽车起动、制动、转向等工况时，主动悬架都可以进行有效的控制。此外，它还可以根据需要自动调整车身高度。

2. 按悬架介质的不同分类

电控悬架系统按悬架介质的不同可分为两种类型：一种是控制液压来调节悬架的阻尼力及弹簧刚度和车身高度，另外一种是控制气压来调节车身高度和阻尼弹簧的刚度。这些控制形式根据厂家的设计需要，既可以独立使用，也可以综合使用。

（1）液压式电控主动悬架 液压式悬架系统以油为介质压缩气室中的氮气，实现刚度调节，以管路中的小孔节流形成阻尼特性，调节悬架的阻尼力。

（2）空气式电控主动悬架 空气式主动悬架采用空气弹簧，通过改变空气弹簧中的主、副空气室通气孔的截面积来改变气室压力，以实现悬架刚度控制，并通过对气室充气或排气实现汽车高度控制。

3. 按控制目的的不同分类

按悬架控制目的的不同可分为车身高度控制系统、弹簧刚度控制系统、减振器阻尼控制系统、综合控制系统等形式。

课题二 电控悬架系统主要零部件的结构与工作原理

现代汽车电控悬架系统结构形式多种多样，但它们的基本组成却是相同的，即由感应汽车运行状况的各种传感器、开关、电子控制单元及执行机构等组成。传感器一般有车身高度传感器、车速传感器、加速度传感器、转向盘转角传感器、节气门位置传感器等；开关主要有模式选择开关、制动灯开关、高度控制开关和车门灯开关等；执行机构有可调节减振器阻尼力的电动机、可调节弹簧刚度的步进电动机和可调节车身高度的电磁阀等。

电控悬架系统的一般工作原理是，利用传感器（包括控制开关）的信号对汽车行驶时路面的状况和车身的状态以及驾驶人意愿进行检测，并将检测到的信号输入悬架控制单元（EMS ECU）进行分析处理，计算机通过计算得出指令信息，经过驱动电路控制悬架系统的执行器动作，完成相应的悬架特性参数及车身高度的调整。图9-2所示为电控悬架系统的基本组成。

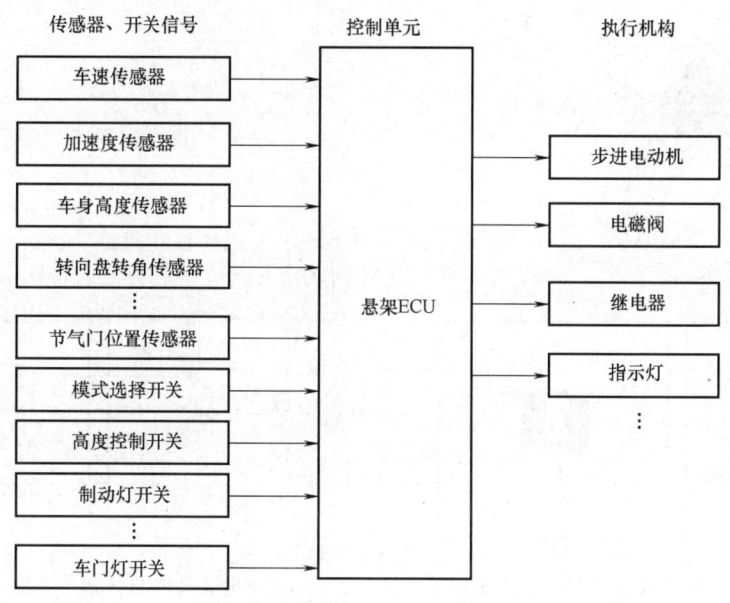

图 9-2 电控悬架系统的基本组成

一、传感器和控制开关

1. 转向盘转角传感器

转向盘转角传感器用于检测转向盘的中间位置、转动方向、转动角度和转动速度。在电控悬架系统中，EMS ECU 根据车速传感器信号和转向盘转角传感器信号，判断汽车转向时侧向力的大小和方向，以控制车身的侧倾。

现代汽车多采用光电式转向盘转角传感器，图9-3所示为丰田汽车电控悬架系统上应用的光电式转向盘转角传感器的安装位置和结构。在转向盘的转向轴上装有一个带窄缝的圆盘，传感器的发光元件（即发光二极管）和光接收元件（光电晶体管）相对地装在遮光盘两侧形成遮光器。由于圆盘上的窄缝等距均匀分布，当转向盘的转轴带动圆盘转动时，窄缝圆盘将扫过遮光器中间的空穴，从而在遮光器的输出端（即可进行 ON/OFF 转换）形成脉冲信号。光电式转向盘转角传感器的工作原理如图9-4所示，电路原理如图9-5所示。

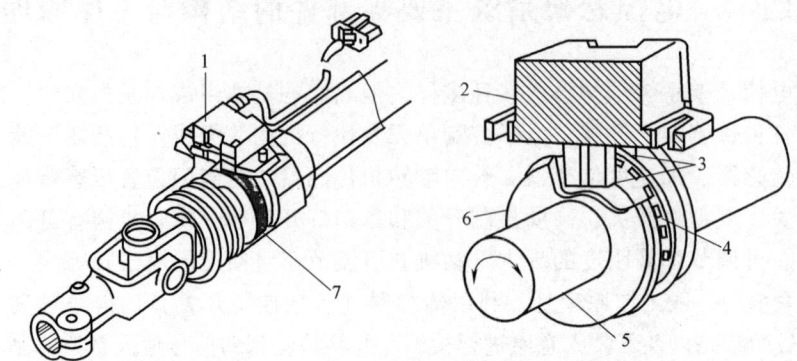

图9-3 光电式转向盘转角传感器的安装位置和结构

1、2—转向盘转角传感器 3—光电元件 4—遮光盘 5—转向轴 6、7—传感器圆盘

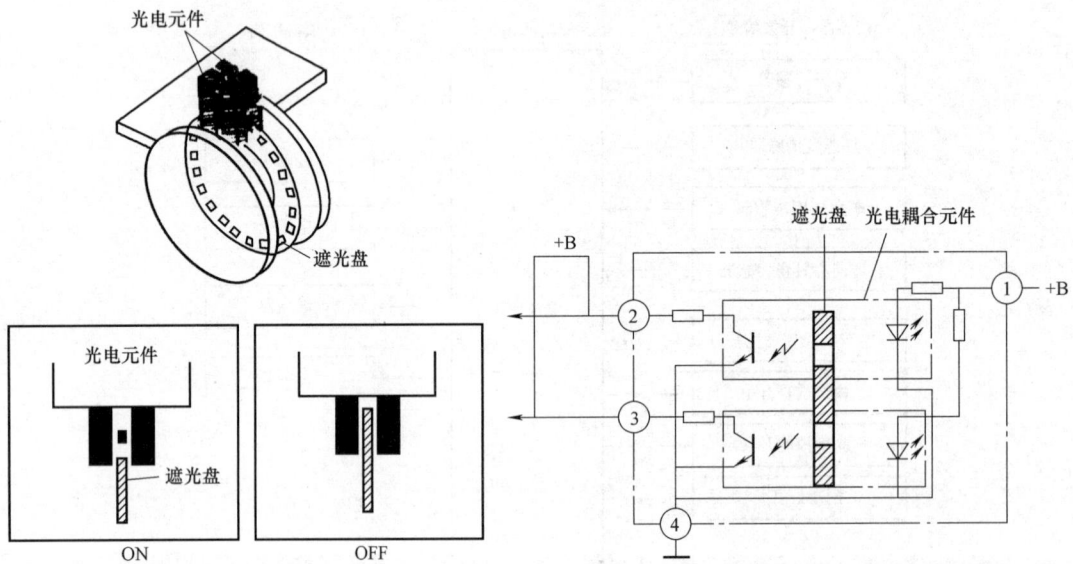

图9-4 光电式转向盘转角传感器的工作原理　　图9-5 光电式转向盘转角传感器的电路原理

当转动转向盘时，带窄缝的圆盘使遮光器之间的光束产生通断变化，遮光器的这种反复开关状态产生与转向轴转角成一定比例的一系列数字信号，EMS ECU可根据此信号的变化来判断转向盘的转角与转速。同时，传感器在结构上采用两组光电耦合器，可根据检测到的脉冲信号的相位差来判断转向盘的偏转方向。这是因为两个遮光器在安装上使它们的ON/OFF变换的相位错开90°，通过判断哪个遮光器首先转变为ON状态，即可检测出转向轴的偏转方向。例如：向左转时，左侧遮光器总是先于右侧遮光器达到ON状态；而向右转时，右侧遮光器总是先于左侧遮光器达到ON状态。

2. 加速度传感器

在汽车车轮打滑时，不能以转向盘转角传感器和汽车行驶速度正确判断车身侧向力的大小，可以利用加速度传感器直接检测出车身纵向加速度和横向加速度。横向加速度传感器主要用于检测汽车转向时汽车因离心力的作用而产生的横向加速度，并将加速度信号转换为电信号输入EMS ECU，使EMS ECU能够确定需要改变悬架系统的阻尼力的大小及空气弹簧中空气压力的大小，以维持汽车车身的最佳姿态。

常用的加速度传感器有差动变压器式和钢球位移式两种。

（1）差动变压器式加速度传感器　差动变压器式加速度传感器的工作原理如图 9-6 所示。在给差动变压器式加速度传感器的励磁线圈（一次绕组）通以交流电的情况下，当汽车转弯（或加、减速）行驶时，心杆在汽车横向力（或纵向力）的作用下产生位移，随着心杆位置的变化，检测线圈（二次绕组）的输出电压发生变化。因此，检测线圈的输出电压与汽车横向力（或纵向力）一一对应，反映了汽车横向力（或纵向力）的大小。悬架系统电子控制装置根据此输入信号即可正确判断汽车横向力（或纵向力）的大小，从而对车身姿势进行控制。

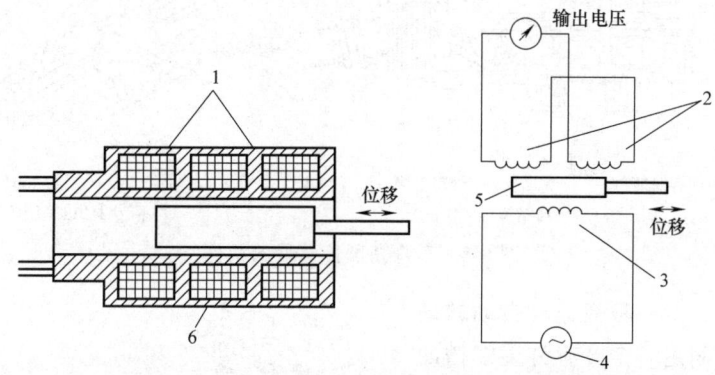

图 9-6　差动变压器式加速度传感器的工作原理
1、2—二次绕组　3、6—一次绕组　4—电源　5—心杆

（2）钢球位移式加速度传感器　钢球位移式加速度传感器的结构如图 9-7 所示。根据所检测的力（横向力、纵向力或垂直力）不同，加速度传感器的安装方向也不一样。

当汽车转弯行驶时，钢球在汽车横向力的作用下产生位移，随着钢球位置的变化，造成线圈的输出电压发生变化。因此，悬架系统电子控制装置根据加速度传感器输入的信号即可正确判断汽车横向力的大小，从而实现对汽车车身姿势的控制。

除此之外，还有半导体加速度传感器，如三菱某汽车中采用的 G 传感器就是一个小型半导体加速度计，它安装于汽车前端，用于确定汽车转向时的横向加速度。根据储气筒中空气压力的大小，通过低压开关和高压开关打开或关闭空气压缩机。

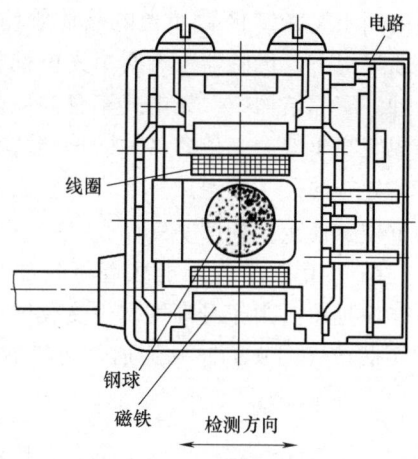

图 9-7　钢球位移式加速度传感器的结构

在压力传感器中有个弹性膜片，当空气压力变化时弹性膜片随之移动，弹性膜片的移动通过一个电位计转换为电压信号输入 EMS ECU。

有些汽车如丰田雷克萨斯 LS400 轿车利用发动机节气门位置传感器信号来判断汽车是否在进行纵向急加速以及利用节气门位置传感器检测纵向加速度大小。汽车起动或者加速时，动力传动模块将节气门位置传感器信号转换成加速信号，将加速信号提供给 EMS ECU，再由 EMS ECU 控制执行器调节汽车行驶姿态达到最佳状态。

3. 车身高度传感器

车身高度传感器又称为车身位置传感器。在汽车行驶过程中，当车辆载荷变化时，车身高度就会发生变化，车身高度传感器的作用是检测汽车行驶时车身高度的变化情况（汽车悬架的位移量），并转换成电信号输入 EMS ECU，以便调节车身高度。

车身高度一般都采用光电式高度传感器进行检测，其结构如图 9-8 所示，主要由光电耦合元件、遮光盘、壳体和防护盖等组成。

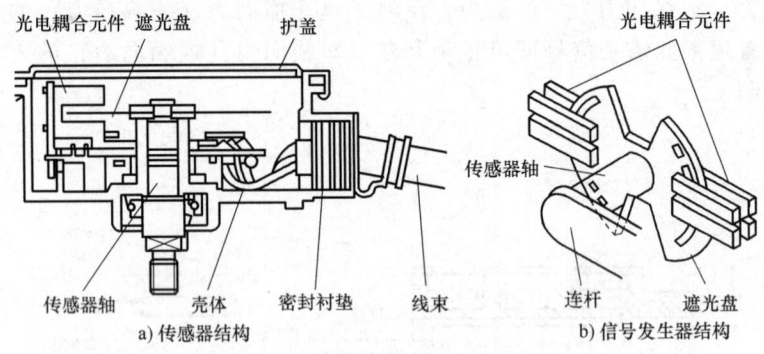

图 9-8　车身高度传感器的结构

在传感器上，有一根靠连杆带动转动的转轴，转轴上固定一个开有许多窄槽的圆盘，圆盘两边是由发光二极管和光电晶体管组成的光电耦合器。每一个光电耦合器由四组发光二极管和光电晶体管组成。一般情况下，传感器中有两个光电耦合器组件。实际结构中，光电式车身高度传感器固定在车架上，传感器轴的外端装有导杆，导杆的另一端通过一连杆与独立悬架的下摆臂连接，如图 9-9 所示。

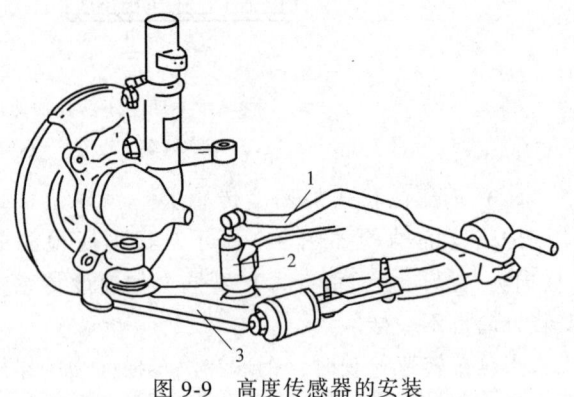

图 9-9　高度传感器的安装
1—导杆　2—传感器　3—下摆臂

图 9-10 所示为光电式高度传感器的工作原理图。当车身高度发生变化时（如汽车载荷发生变化），导杆将随悬架摆臂的上下移动而摆动（图 9-9），从而通过传感器转轴驱动圆盘转动。

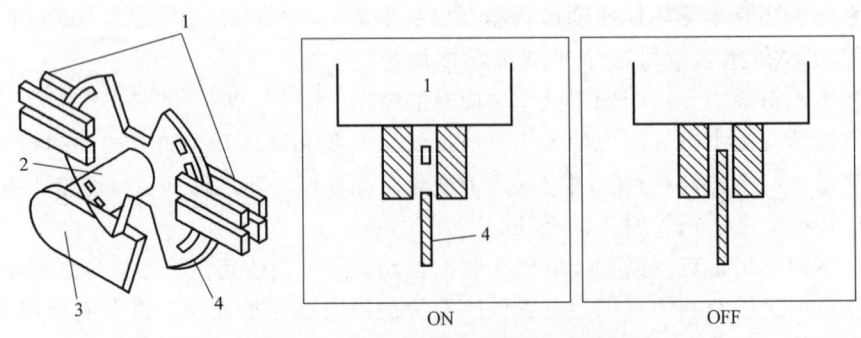

图 9-10　光电式高度传感器的工作原理
1—遮光器　2—传感器轴　3—导杆　4—圆盘

当传感器轴转动时，就会带动固定在轴上的遮光盘一同转动。当遮光盘上的透光槽处于发光二极管与光电晶体管之间时，光电晶体管受到光线照射而导通（ON），耦合元件输出端（SH）输出为低电平"0"（0~0.3V）；当遮光盘上的透光槽不在发光二极管与光电晶体管之间时，光电晶体管不受光线照射而截止（OFF），耦合元件输出端（SH）输出为高电平"1"（4.7~5.0V）。根据光电耦合元件输出的信号，即可判定车身高度的高低。为了将车身高度变化转换成电信号，在遮光盘的两侧装有四组光电耦合元件。四组光电耦合元件的电路如图9-11所示，MES ECU根据各组光电耦合元件的输出信号判断圆盘转过的角度，从而判定车身高度和车高区间，判定结果见表9-1。

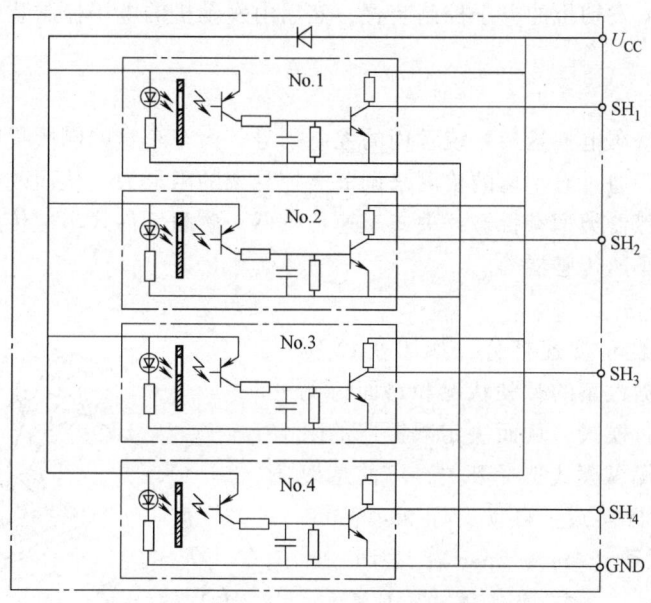

图9-11 四组光电耦合元件的电路

表9-1 车身高度与四组耦合元件输出信号的关系

光电耦合元件输出信号状态				车高区间/mm	车身高度定判结果	备注
SH_1	SH_2	SH_3	SH_4			
1	1	0	1	15	过高	
1	1	0	0	14		
0	1	0	0	13		
0	1	0	1	12	偏高	
0	1	1	1	11		
0	1	1	0	10		
0	0	1	0	9		
0	0	1	1	8	正常	由上往下车身降低
0	0	0	1	7		
0	0	0	0	6		
1	0	0	0	5	偏低	
1	0	0	1	4		
1	0	1	1	3		
1	0	1	0	2		
1	1	1	0	1	过低	
1	1	1	1	0		

在汽车行驶过程中，车身高度传感器一般每隔 8ms 测定一次车身高度。当电控悬架系统电子控制单元（EMS ECU）判定的结果需要调节车身高度时，立即发出控制指令，操纵高度控制开关和空气压缩机给空气弹簧充气（使车身升高）或放气（使车身降低），从而将车身高度调节到规定值，高度调节范围一般为 10~30mm。从操纵高度控制开关到起动空气压缩机（或开始排气）需要大约 2s 的时间，从压缩机开始充气（或开始排气）到完成高度调节需要 20~40s 的时间。

4. 节气门位置传感器

悬架控制系统中利用节气门位置传感器信号来判断汽车是否在进行急加速。节气门位置传感器先将信号输入发动机的电子控制装置，然后由发动机的电子控制装置将此信号输入悬架电子控制装置。

5. 车速传感器

车速传感器是汽车电控悬架系统常用的控制信号，汽车车身的侧倾程度取决于车速和汽车转向半径的大小。通过对车速的检测来调节电控悬架的阻尼力，从而改善汽车行驶的安全性。常用的车速传感器类型有舌簧开关式车速传感器、磁阻元件式车速传感器、磁脉冲式车速传感器和光电式车速传感器等。

6. 模式选择开关

模式选择开关位于变速杆旁，如图 9-12 所示。驾驶人可以根据汽车的行驶状况和路面情况选择合适的悬架运行模式，从而决定减振器的阻尼力。驾驶人通过操纵模式选择开关，可使悬架系统工作在四种运行模式：自动、标准（Auto、Normal）；自动、运动（Auto、Sport）；手动、标准（Manu、Normal）；手动、运动（Manu、Sport）。当选择自动档时，悬架系统可以根据汽车的行驶状态自动调节减振器的阻尼力，以保证汽车的乘坐舒适性和操纵稳定性。当选择手动档时，悬架系统的阻尼力只有标准（中等）和运动（硬）两种状态转换。

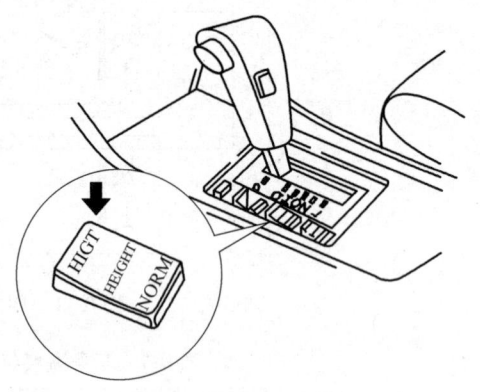

图 9-12 模式选择开关

7. 高度控制开关

高度控制开关可接通或关断 EMS ECU 的 12V 电源，当电控悬架系统工作或其他系统工作时，必须接通开关。可强制停止 EMS ECU 对车身高度自动控制，防止车辆在维修时空气弹簧中的空气排出，导致发生车辆"趴下"现象发生。高度控制开关安装在行李舱内，举升汽车时关闭，在顶起车辆或吊车时，务必要关断这个开关。如果没有关掉该开关而顶起车辆，空气就会从气缸排出，当放下车辆时，车身底部就会撞到千斤顶，从而导致汽车不能行驶。

8. 制动灯开关

检测制动灯电路通断，判断汽车制动状况，用于向 EMS ECU 提供制动信息，EMS ECU 根据制动灯开关提供的信号，并参考车速信号对相关悬架的刚度进行调整，以抑制车身"点头"。

二、悬架系统电控单元

EMS ECU 是一台小型专用计算机，一般由输入电路、微处理器、输出电路和电源电路等组成，如图 9-13 所示。它是悬架控制系统的控制核心，具有多种功能。

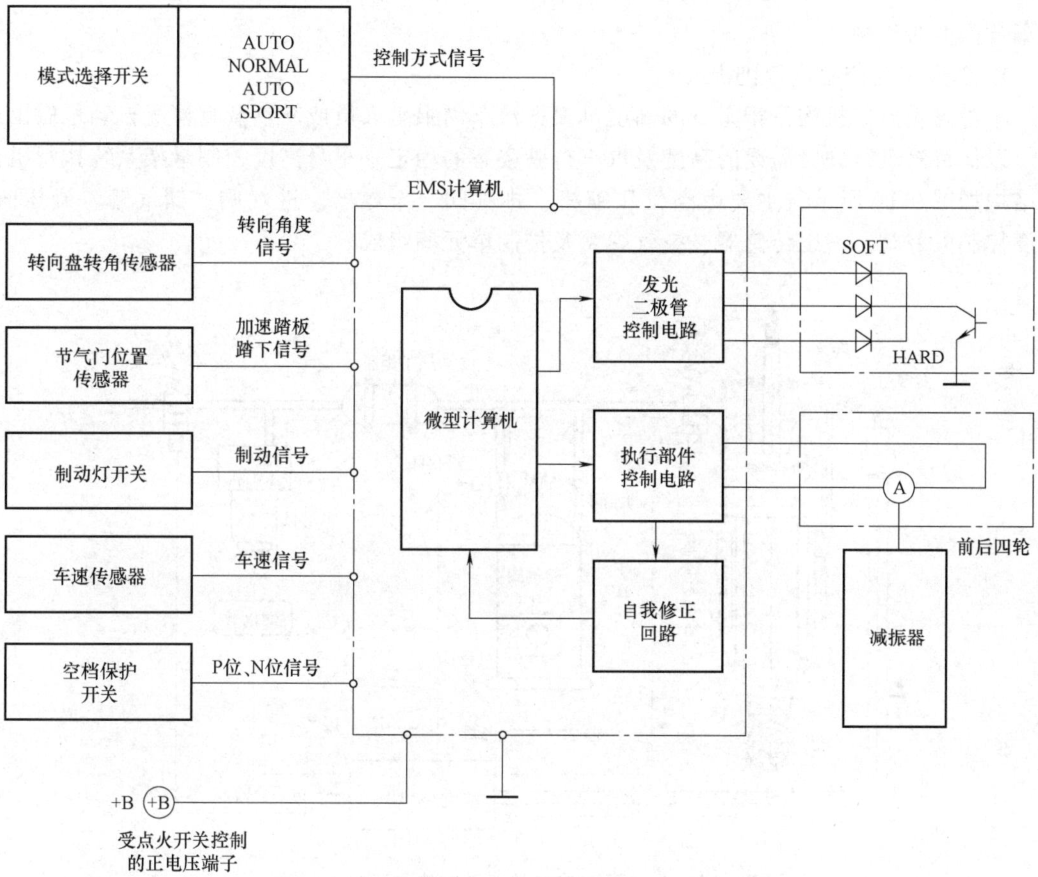

图 9-13　电控悬架系统（EMS ECU）电路

（1）提供稳压电源　EMS ECU 内部所用电源和供各种传感器的电源均由稳压电源提供。

（2）传感器信号放大　用接口电路将输入信号（如各种传感器信号、开关信号）中的干扰信号除去，然后放大、变换、比较极值，从而变换为适合输入控制装置的信号。

（3）输入信号的计算　EMS ECU 根据预先写入只读存储器（ROM）中的程序对各输入信号进行计算，并将计算结果与内存的数据进行比较后，向执行机构（如电动机、电磁阀、继电器等）发出控制信号。当输入 ECU 的信号除了开关信号外还有电压信号时，还应进行 A/D 转换。

（4）驱动执行机构　EMS ECU 用输出驱动电路将输出驱动信号放大，然后输送到各执行机构（如电动机、电磁阀、继电器等）以实现对汽车悬架参数的控制。

（5）故障检测　EMS ECU 用故障检测电路来检测传感器、执行器、线路等的故障，当发生故障时，将信号送入 EMS ECU，目的在于即使发生故障，也须使悬架系统安全工作，而且修理故障时容易确定故障所在的位置。

三、执行机构

电控悬架系统的执行机构可以是电磁阀、步进电动机或泵气电动机等,它们接收来自 EMS ECU 的控制指令,准确、快速和及时地做出动作反应,实现对弹簧刚度、减振器阻尼或车身高度的控制。

1. 车身高度控制执行机构

车身高度控制机构是指车身的高度可根据汽车内乘坐人员或车辆载重情况自动地做出调整,以保持汽车行驶所需要的高度及汽车行驶姿态的稳定。车身高度控制悬架系统执行机构的结构如图 9-14 所示,主要由空气压缩机、排气阀、干燥器、进气阀、储气罐、调压阀、高度控制电磁阀、高度传感器、空气弹簧及控制单元等组成。

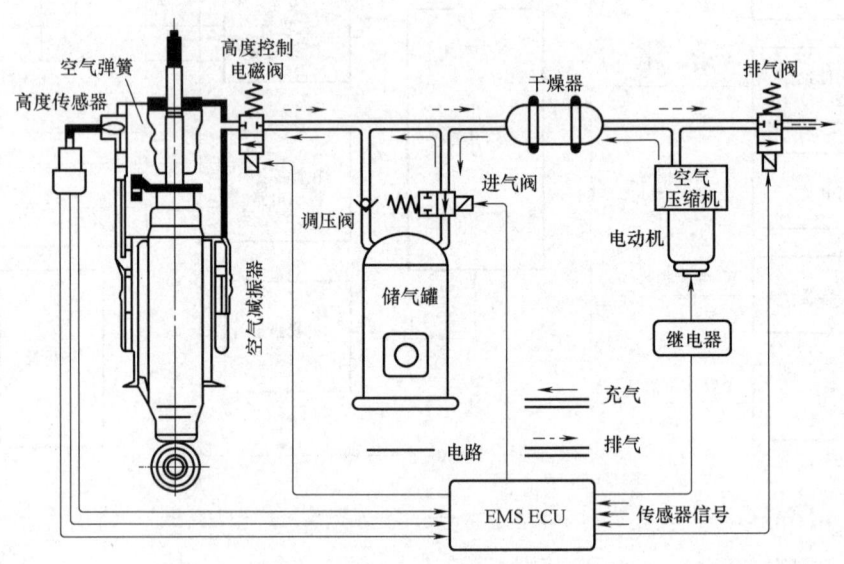

图 9-14 车身高度控制悬架系统执行机构的结构

直流电动机带动空气压缩机工作,从压缩机出来的压缩空气进入干燥器,经干燥后进入储气罐,储气罐的气体压力由调压阀进行调节。EMS ECU 根据车高传感器信号的变化和驾驶人选择的控制模式(正常模式或高模式)指令,给控制车高的电磁阀发出指令。当车身需要升高时,电磁阀动作,压缩空气进入空气悬架的主气室,主气室的充气量增加,从而使车身上升。如果电磁阀不动作,则悬架主气室的气量保持不变,车身维持在一定的高度。当乘客增加而使车身高度降低时,车高传感器输出的车高信号将与 EMS ECU 存储的车高信息不符,控制单元就会发出指令,电磁阀通电打开,给悬架主气室充气,直到车高达到规定的高度为止。当车身需要下降时,空气压缩机停止工作,电磁阀通电打开,同时排气阀也通电打开,悬架主气室的气体通过电磁阀、空气管路、干燥器、排气阀而排出,从而使车身下降。

干燥器的封闭容器内装有硅胶,在压缩空气经干燥器送至储气罐时,硅胶将压缩空气中的水分吸出。在排气阀打开、压缩空气经排气阀从系统中排出时,通过抽气喷嘴从干燥器内将吸出的潮湿气雾排出。

图 9-15 所示为空气压缩机的结构。图 9-16 所示为二位二通电磁阀控制的车身高度控制阀，通过控制向主气室内进气（将进气路与主气室相通）和排气（将主气室与大气相通），实现车身高度的调节。

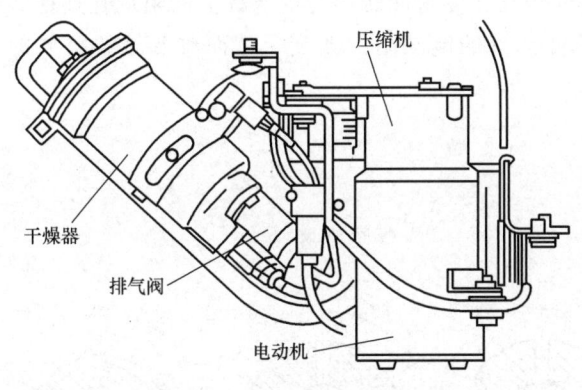

图 9-15　空气压缩机的结构

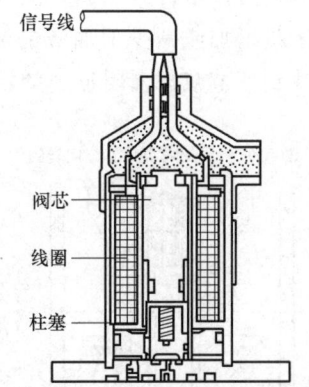

图 9-16　二位二通电磁阀控制的车身高度控制阀

2. 弹簧刚度控制执行机构

空气悬架气动缸的基本结构如图 9-17 所示。气动缸由封入的低压惰性气体、阻尼力可调的减振器、旋转式膜片、主气室、副气室和悬架执行元件组成。主气室是可变容积的，在其下部有一个可伸展的隔膜，压缩空气进入主气室可升高悬架的高度，反之使悬架高度下降。空气悬架气动缸主、副气室设计为一体，这样既省空间，又减轻了重量。悬架的上方与车身相连，下方与车轮相连，随着车身与车轮的相对运动，主气室的容积在不断变化。主气室与副气室之间有一个通道，气体可以相互流通。改变主、副气室气体通道的大小，就可以改变空气悬架的刚度。减振器的活塞通过中心杆（阻尼调整杆）和悬架控制执行器相连接。执行器带动调整杆可以改变活塞阻尼孔的大小，从而改变减振器的阻尼系数。

3. 阻尼力控制执行机构

阻尼力控制执行机构主要由可调阻尼力的减振器和电动机式执行器两部分组成。

（1）可调阻尼力减振器　可调阻

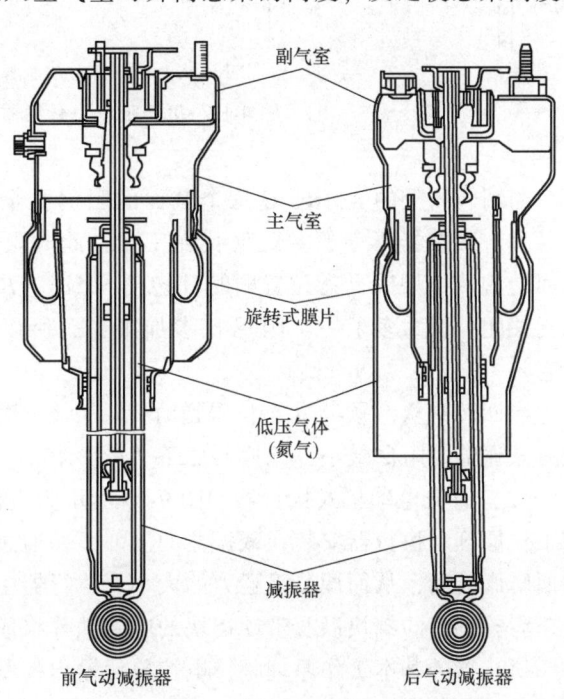

图 9-17　空气悬架气动缸的基本结构

尼力减振器主要由缸筒、活塞杆及阻尼调节杆、回转阀等构成，其结构和工作原理如图9-18所示。阻尼调节杆的上端与执行器相连，调节杆的下端装有回转阀，回转阀上有三个阻尼孔（位于 A、B、C 截面处），活塞杆上有两个阻尼孔。缸筒中的油液一部分经活塞上的阻尼孔在缸筒的上下两腔流动；一部分经回转阀与活塞杆上通的阻尼孔在缸筒的上下两腔间流动。执行器通过调节杆带动回转阀相对于活塞杆转动，使得回转阀与活塞杆上的阻尼孔连通或切断，于是增加或减少了油液的流通面积，使油液的流动阻力改变，从而改变悬架阻尼的大小，达到调节减振器阻尼力的目的。

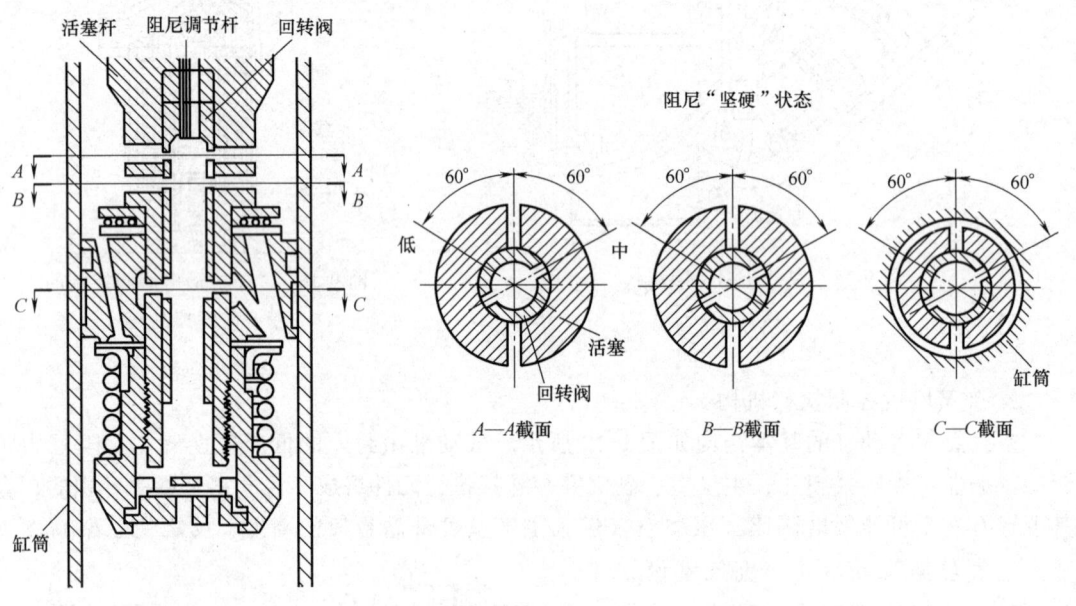

图 9-18 可调阻尼力减振器的结构和工作原理

当回转阀上的 A、B、C 三个截面的阻尼孔全部被回转阀封住时（图 9-18 所示位置），这时只有减振器下面的主阻尼孔在工作，此时阻尼为最大，减振器被调节到"硬"状态。当回转阀从"硬"状态位置顺时针转动60°时，B 截面的阻尼孔打开，A、C 两截面的阻尼孔仍关闭。因为多了一个阻尼孔参加工作，所以减振器处于"运动"状态，也称为中间状态。

当回转阀从"硬"状态位置逆时针转动60°时，A、B、C 三个截面的阻尼孔全部打开，此时减振器的阻尼最小，减振器处于"软"状态。

（2）直流电动机式执行器　图9-19所示为直流电动机式减振器阻尼控制执行器的结构和工作原理。执行器安装在减振器的上部，并通过其上的调节杆与回转阀相连接，并可以带动回转阀转动，从而调节阻尼力的大小。执行器主要由直流电动机、小齿轮、扇形齿轮限制减速齿轮旋转的挡块以及带动挡块的电磁铁等组成。

执行器的基本工作原理是，电控单元输出控制信号使电磁线圈通电，从而控制挡块的动作（如将挡块与扇形齿轮的凹槽分离）。另外，直流电动机根据输入的电流方向做相应方向的旋转，从而驱动减速齿轮向对应方向偏转，带动调节杆改变减振器的回转阀与活塞杆阻尼

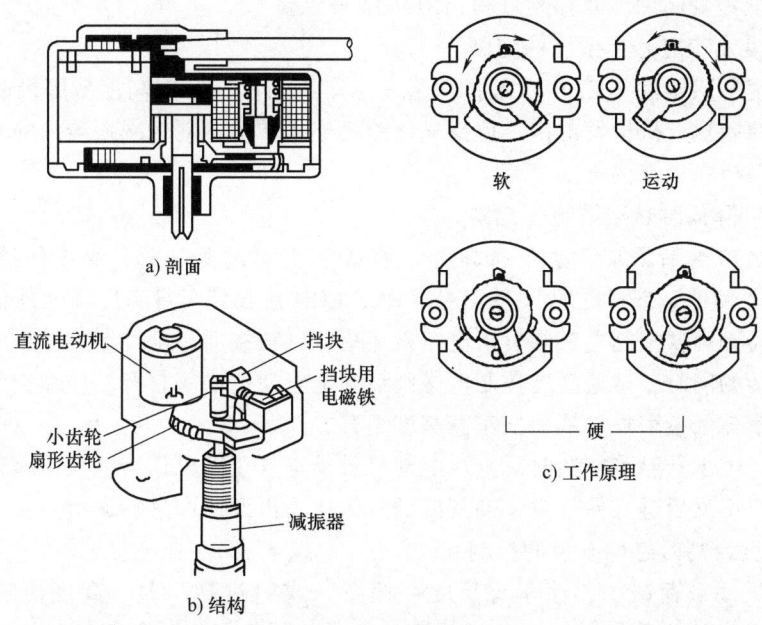

图 9-19 直流电动机式减振器阻尼控制执行器的结构及工作原理

孔的连通情况,使减振器的阻尼力按需要的阻尼力大小和方向改变。当阻尼力调整合适后,电动机和电磁线圈都断电,挡块重新进入减速齿轮(扇形齿轮)的凹槽,使被调整好的阻尼力大小能稳定地保持。

(3)步进电动机式执行器 步进电动机式执行器的基本结构如图 9-20 所示。执行器主要由步进电动机、驱动小齿轮、扇形齿轮、电磁线圈、制动杆、阻尼调节杆、刚度调节杆等组成。步进电动机式执行器不同于前面所介绍的直流电动机式减振器阻尼力调节执行器,步进电动机式执行器除了控制减振器的回转阀进行阻尼调节外,还要驱动主、副气室的阀芯进行悬架刚度调节,为了适应频繁变化的工况,并保证精确的定位,驱动动力采用了直流步进电动机。

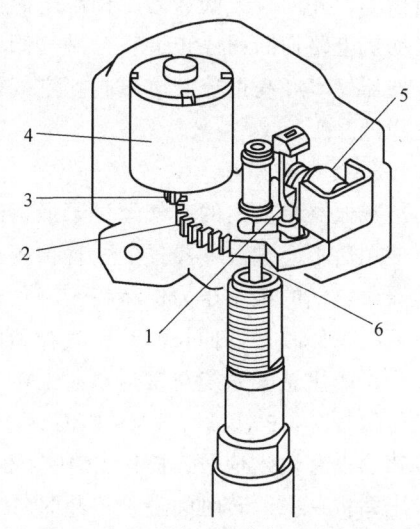

图 9-20 步进电动机式执行器的基本结构
1—挡块 2—扇形齿轮 3—驱动小齿轮
4—步进电动机 5—电磁线圈 6—阻尼调节杆

课题三 电控悬架系统控制原理

一、车身高度的控制

车身高度控制系统在汽车乘员或载荷变化时自动调节车身高度的原理是,当乘员或载荷增加时,EMS ECU 将自动调高悬架使车身高度升高;反之,当乘员或载荷减小时,EMS

ECU将自动调低车身高度，其控制过程如图9-14所示。

1. 车身高度不变时悬架系统的控制

当车身高度传感器输入EMS ECU的信号表示车身高度在设定高度范围内时，EMS ECU将向车身高度控制执行机构发出指令使空气压缩机停止转动，空气减振器内的空气量保持不变，车身高度保持在正常位置。

2. 车身高度降低时悬架系统的控制

当汽车乘员或载荷增加，使车身高度"偏低"或"过低"时，高度传感器将向EMS ECU输入车身"偏低"或"过低"的信号。EMS ECU接收到车身高度降低的信号时，立即向压缩机继电器和高度控制电磁阀发出电路接通指令，在接通高度控制空气压缩机继电器电路使压缩机运转的同时，接通高度控制电磁阀线圈电路使电磁阀打开，压缩空气进入空气弹簧主气室，气室充气量增加，从而使车身高度上升。

空气压缩机继电器触点接通时，直流电动机带动空气压缩机运转，从压缩机输出的压缩空气进入干燥器干燥后进入储气罐，储气罐的气体压力由调压阀进行调节。

3. 车身高度升高时悬架系统的控制

当汽车乘员或载荷减少，使车身高度"偏高"或"过高"时，高度传感器将向EMS ECU输入车身升高的信号。EMS ECU接收到该信号时，立即向空气压缩机继电器发出电路切断指令，并向排气阀和高度控制电磁阀发出电路接通指令，压缩机继电器触点迅速断开，使电动机电路切断而停止运转，排气阀和高度控制电磁阀线圈电路接通使电磁阀打开，空气从减振器气室经高度控制电磁阀、空气软管、干燥器、排气阀排出，气室空气量减少使车身高度降低。

4. 系统保护措施

从减振器中放出的空气经过干燥器时，带走了干燥剂中的湿气。这样，干燥剂经过一段时间使用后不会被湿气浸透。这种保护干燥剂的再生干燥系统为许多空气悬架系统所采用。干燥器中空气的最小压力保持55~165kPa，从而保证系统中有一定量的空气。这样在乘员或载荷减少使减振器伸长时，空气弹簧的气室也不致凹瘪。

为了防止悬架系统正常运动时EMS ECU使车身升高或降低，在高度传感器发出车身高度变化信号7~13s以后，EMS ECU才会向执行元件发出控制信号。在这段时间内，如果高度传感器没有输入信号，EMS ECU就不会改变车身高度。另一个预防措施是EMS ECU控制空气压缩机一次运转时间最长不超过2min，排气电磁阀打开最长时间不超过1min。这样可以防止系统泄漏时压缩机不停地工作，并阻止排气孔不停地放气。

在行李舱中设有一个高度控制自动切断（ON/OFF）开关。当车身高度上升到极限值时，高度控制自动切断（ON/OFF）开关将切断系统控制电路使高度调节系统停止工作，防止后部车身升高过多或拖车时产生意外运动。

二、空气弹簧悬架刚度的控制

在汽车行驶过程中，为了防止或抑制车身出现"点头""侧倾""后坐"等现象，需要调节悬架的空气弹簧悬架刚度。例如，当汽车紧急制动时，为了抑制点头现象，EMS ECU将根据制动灯开关接通信号和车速传感器提供的车速高低信号，向前空气弹簧执行元件发出指令使其气压升高，增大前空气弹簧的刚度，同时控制后空气弹簧执行元件使后空气弹簧放气，减小其刚度。当控制单元计算的车速变化量表明无须防点头控制时，就使前、后空气弹簧恢复到原来的压力。

空气弹簧悬架刚度调节原理如图 9-21 所示，在主气室与副气室之间的气阀阀体上设有大小两个通道。气阀控制杆由步进电动机驱动，控制杆转动时，阀芯随之转动。阀芯转过一定角度时，气体通道的大小就会改变，主、副气室之间气体的流量就会改变，从而使空气弹簧悬架的刚度发生变化。空气弹簧悬架的刚度分为"低""中""高"三种状态。

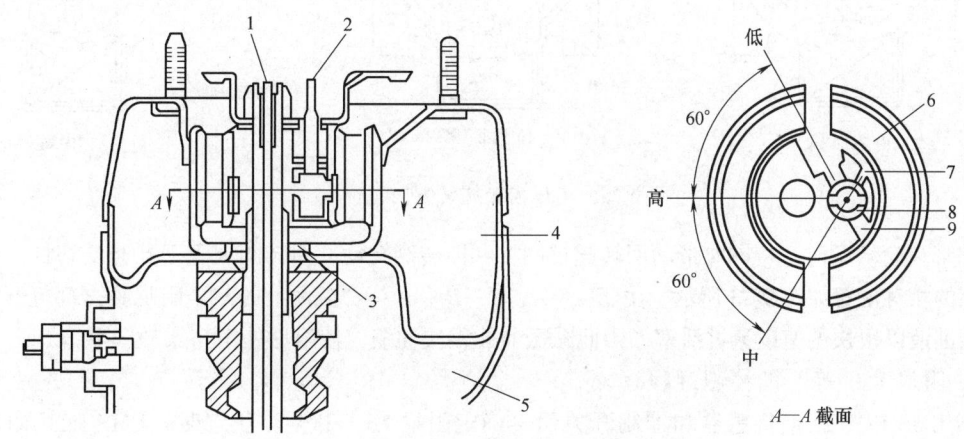

图 9-21 空气弹簧悬架刚度调节原理
1—阻尼调节杆 2—空气阀控制杆 3—主、副气室通路 4—副气室
5—主气室 6—气阀体 7—小气体通路 8—阀体 9—大气体通路

当气阀控制杆带动阀芯旋转到图中所示"高"位置时，阀芯的开口被封闭，主、副气室之间的气体通道切断，两个气室之间的气体不能流动。与此同时，高度控制电磁阀和压缩机继电器接通，空气充入主气室使空气压力升高、密度增大。因为在悬架振动过程中，缓冲任务主要由主气室的气体承担，所以悬架刚度处于"高"状态。

当气阀控制杆带动阀芯在如图 9-21 所示位置的基础上沿顺时针方向旋转 60°，使阀芯开口转到对准图中"低"位置时，气体大通道构成通路，主气室的气体经阀芯中央的气孔、阀体侧面的气孔通道与副气室气体相通，两气室之间的气体流量大。与此同时，高度控制电磁阀和排气阀接通，部分空气从排气阀排出，因此主气室的空气减少、压力降低、密度减小，使悬架刚度处于"低"状态。

当气阀控制杆带动阀芯在如图 9-21 所示位置的基础上沿逆时针方向旋转 60°，使阀芯开口对准图中"中"位置时，气体小通道构成通路，主、副气室之间的气体流量很小。与此同时，高度控制电磁阀和压缩机继电器断电，因此主气室空气量变化很小，从而使悬架刚度处于"中"状态。

三、减振器阻尼的控制

1. 阻尼"柔软"的控制

当 EMS ECU 根据传感器和控制开关信号确定阻尼为"柔软"状态时，EMS ECU 便向步进电动机发出控制指令使其沿顺时针方向旋转，因此小齿轮驱动扇形齿轮沿逆时针方向转动，直到扇形齿轮凹槽的一边靠在挡块上为止，如图 9-22a 所示。

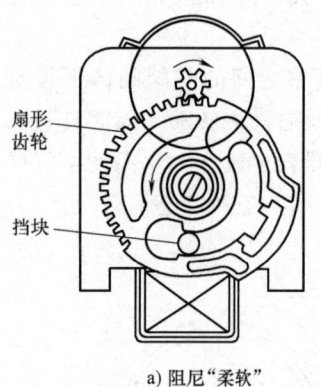 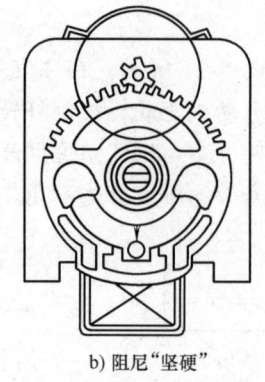 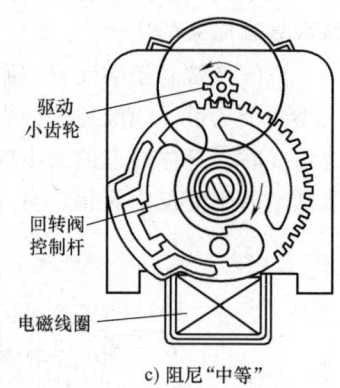

a) 阻尼"柔软"　　　　　　b) 阻尼"坚硬"　　　　　　c) 阻尼"中等"

图 9-22　扇形齿轮旋转方向与位置

扇形齿轮转动时，将同时带动回转阀控制杆和回转阀转动，回转阀上阻尼孔与活塞杆上减振油液孔的相对位置如图9-23所示。由于 A—A、B—B 和 C—C 截面上的三个阻尼孔全部打开，允许减振油液以很快的速度流过活塞，因此减振器能很快伸缩，使阻尼处于"柔软"状态。

2. 阻尼"中等"的控制过程

当 EMS ECU 根据传感器和控制开关信号确定阻尼为"中等"状态时，EMS ECU 向步进电动机发出控制指令使其沿逆时针方向旋转，因此小齿轮便驱动扇形齿轮沿顺时针方向转动，直到扇形齿轮凹槽的另一边靠在挡块上为止（从"柔软"位置开始计算，其转角约为120°），如图 9-22c 所示。与此同时，扇形齿轮带动回转阀控制杆和回转阀旋转，回转阀上的阻尼孔与活塞杆上的减振油液孔的相对位置见表9-2。由于只有 B—B 截面上的阻尼孔打开，允许减振油液流过活塞的流动速度不快也不慢，因此减振器能以缓慢的速度伸缩，使阻尼处于"中等"状态。

表 9-2　阻尼孔与减振油液孔的相对位置

阻尼	阻尼孔位置		
	A—A截面阻尼孔	B—B截面阻尼孔	C—C截面阻尼孔
坚硬			
中等			
柔软			

3. 阻尼"坚硬"的控制过程

当 EMS ECU 根据传感器和控制开关信号确定阻尼为"坚硬"状态时，EMS ECU 将同时向步进电动机和电磁线圈发出控制指令，使步进电动机和扇形齿轮从阻尼"柔软"或"中等"的极限位置旋转约60°（从"柔软"的极限位置顺时针旋转60°，从"中等"的极限位置逆时针旋转60°），接通电磁线圈电流，其电磁吸力将挡块吸出，使挡块进入扇形齿轮凹槽中间部位的一个凹坑内，如图9-22b所示。与此同时，扇形齿轮带动回转阀控制杆和回转阀旋转，回转阀上的阻尼孔与活塞杆上的减振油液孔的相对位置见表9-2所示。由于 A—A、B—B 和 C—C 截面上的三个阻尼孔全部关闭，减振油液不能流动，因此减振器伸缩非常缓慢，使阻尼处于"坚硬"状态。

4. 变阻尼悬架系统指示灯的控制

EMS ECU 除了向执行元件发出控制信号外，同时还向汽车仪表板上的三个悬架系统指示灯发出控制指令。当减振器处于"柔软"阻尼状态时，控制左边指示灯发亮；当减振器处于"中等"阻尼位置时，控制左边和中间共两个指示灯发亮；当减振器处于"坚硬"阻尼位置时，控制三个指示灯全部发亮。悬架系统指示灯在接通点火开关时，大约发亮 2s 后熄灭，以便驾驶人检查指示灯及其线路是否完好。如果 EMS ECU 发现系统有故障，将使这些指示灯闪烁，提示驾驶人系统有故障。

四、雷克萨斯 LS400 轿车电控悬架

现代汽车采用的电控悬架系统中，通常会同时使用空气弹簧和变阻尼减振器。其中，空气弹簧用于调节车身高度和刚度，减振器控制系统用于调节减振器阻尼。图 9-23 所示为雷克萨斯 LS400 轿车电控悬架系统的组成。

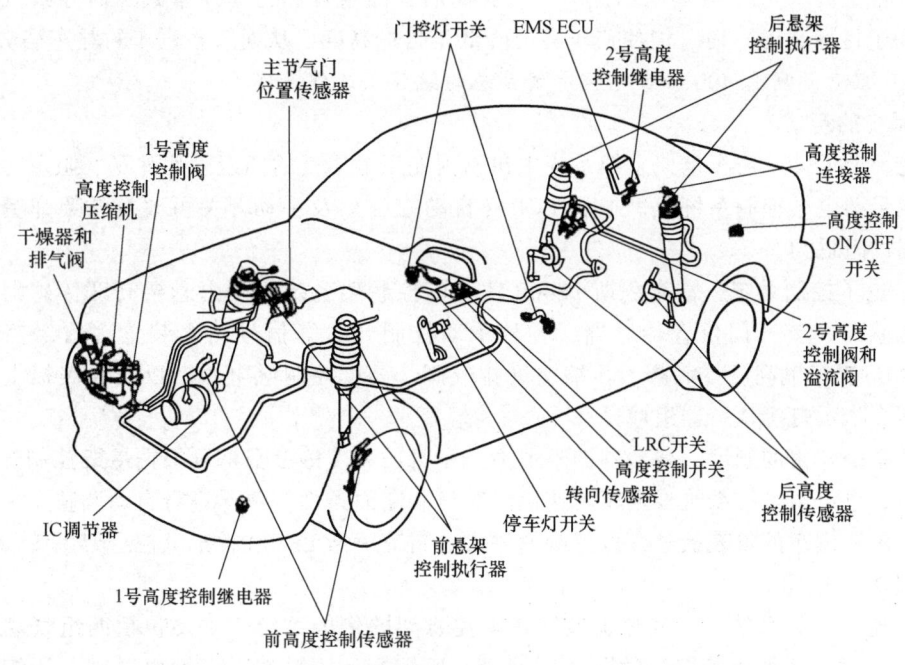

图 9-23 雷克萨斯 LS400 轿车电控悬架系统的组成

雷克萨斯 LS400 轿车电控悬架系统电子调整空气悬架中装有起弹簧作用的压缩空气，弹簧刚度和汽车车身高度可根据驾驶条件自动控制，减振器的阻尼大小也由电子控制，以抑制车辆侧倾、制动时前部点头和高速行驶时后部下沉等汽车姿态变化，因此能明显保持乘坐的舒适性和操纵的稳定性。

（一）雷克萨斯 LS400 轿车电控悬架系统的控制功能

1. 弹簧刚度和减振器阻尼力控制功能

（1）防侧倾控制　在车辆转向时，使弹簧刚度和减振器阻尼变成"坚硬"状态，能抑制侧倾而使汽车的姿势变化减至最小，以改善操纵性。

（2）防点头控制　在车辆制动时，使弹簧刚度和减振器阻尼变成"坚硬"状态，能抑

制汽车前部点头而使汽车的姿势变化减至最小,以改善乘坐舒适性。

(3) 防后坐控制 在车辆加速时,使弹簧刚度和减振器阻尼变成"坚硬"状态,能抑制汽车后部后坐而使汽车的姿势变化减至最小,以改善乘坐舒适性。

(4) 高车速控制 在车辆高速行驶时,使弹簧刚度变成"坚硬"状态或使减振器阻尼力变成"中等"状态,能改善汽车的行驶稳定性和操纵性。

(5) 不平坦路面控制 汽车在不平坦路面上行驶时,使弹簧刚度和减振器阻尼力根据需要转变成"中等"或"坚硬"状态,能抑制汽车在不平坦路面上行驶的上下振动。

2. 车身高度的控制

(1) 自动高度控制 根据车辆的负载变化情况,自动调节使车身的高度相应地变化,保持在最佳的位置。

(2) 高车速控制 当车辆高速行驶时,若高度控制开关在"高"位置时,汽车高度会降低至"正常"状态,从而改善汽车高速行驶时的稳定性。

(3) 点火开关 OFF 控制 当点火开关关闭后,因乘客和行李质量减少而导致汽车高度变高(高于目标高度)时,能使汽车高度降低至目标高度,从而改善汽车的驻车姿势。

(二) 雷克萨斯 LS400 轿车电控悬架系统的组成及工作原理

1. 系统的组成

雷克萨斯 LS400 轿车电控悬架系统中包括内充压缩空气的四组悬架弹簧、阻尼力可调的减振器及悬架电子控制系统等。通过 ECU(自动控制)及手动开关可改变悬架弹簧的刚度和减振器的阻尼力。

(1) 电子控制系统 雷克萨斯 LS400 轿车电控悬架系统主要由悬架高度传感器、转向盘转角传感器、节气门位置传感器、各种手动控制开关等信号输入装置、悬架控制单元(EMS ECU)、车辆高度控制阀、压缩空气排气阀、高度控制继电器,以及仪表板上的各种显示仪表、指示灯等执行器组成。

悬架系统弹簧的刚度、减振器的阻尼力、车身的高度等参数都可根据悬架控制开关的位置来确定,也可由电控系统根据车辆速度、载荷和路面条件等情况进行自动调整,并将悬架的状态显示在汽车的仪表板上,以提醒驾驶人。雷克萨斯 LS400 轿车电控悬架系统的组成和原理如图 9-24 所示。

(2) 空气弹簧系统 空气弹簧系统是电控悬架的供能系统,主要包括四组气动减振器(气压缸)、供应系统压缩空气的空气压缩机、压缩空气干燥器、高度电磁阀、压缩空气排气阀、压缩空气管路等。

2. 雷克萨斯 LS400 轿车电控悬架系统的工作原理

(1) 减振器阻尼力和空气弹簧刚度的调节 雷克萨斯 LS400 轿车电控悬架的刚度和阻尼都是可自动调节的系统工作时,车身高度传感器、转向盘转角传感器和车速传感器的信号会传递给 ECU,ECU 可以判断出车辆的工况和路面状况等信息,并且计算出悬架参数的理想数值,进而控制安装在悬架端部的执行器,调整减振器的阻尼力,减振器阻尼孔的截面积越大,则阻尼力越小;还可以调整空气弹簧的刚度,进入空气悬架副气室的空气量越多(储气空间越大),则空气弹簧的刚度越小。

(2) 车身高度的调节 雷克萨斯 LS400 轿车的车身高度可以由驾驶人设定在一定范围内,当系统进行自动控制工作时,可根据车身高度传感器的信号测出实际的车身高度,并将

项目九 汽车电控悬架控制系统

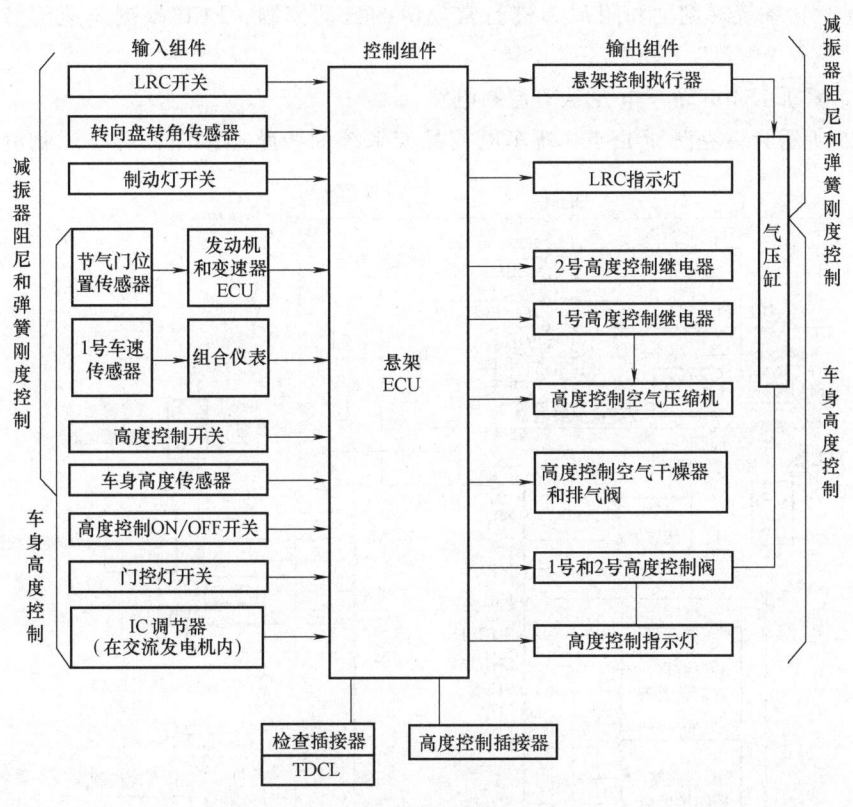

图 9-24 雷克萨斯 LS400 轿车电控悬架系统的组成和原理

信号传输给 ECU，ECU 将该信号与其内部存储的设定高度相比较。如果车身高度低于设定高度，则控制空气压缩机运转，高度控制阀打开，压缩空气进入主气室，可伸缩的气缸在气体压力作用下伸长，使车身升高，当车身升高到目标高度时，微机控制压缩机停转，高度控制阀关闭，使汽车的车身保持在设定高度；如果车身高度高于设定高度，则 ECU 控制高度控制阀及排气阀打开，气缸主气室的压缩空气排到大气中去，使得气缸压缩，车身高度下降，当车身高度下降到设定的高度值时，高度控制阀和排气阀关闭，从而使汽车保持在设定高度。因此，无论实际载荷如何变化，车身高度都可以控制在理想的高度。

3. 雷克萨斯 LS400 轿车电控悬架的控制方法

雷克萨斯 LS400 轿车电控悬架的操作非常简单方便，系统中共有三个操作选择开关，分别为高度控制 ON/OFF 开关、高度控制开关和用于调节减振器阻尼力的 LRC 开关。

（1）高度控制 ON/OFF 开关　此开关安装于汽车尾部行李舱左侧，当把此开关打到 ON 位置时，系统可按选择方式进行车身高度的自动控制；当把此开关置于 OFF 位置时，系统不执行车身高度控制。

（2）高度控制开关　此开关安装于驾驶室内，在变速杆旁边，用于选择控制车身高度。当高度控制开关置于 HIGH 位置时，系统对车身高度进行自动调整，车身高度偏高；当高度控制开关处于 NORM 位置时，系统对车身高度进行自动调整，车身高度为常规值。

（3）LRC 开关　此开关安装于高度控制开关附近，用来选择控制悬架的刚度、阻尼力参数的模式。当开关位于 SPORT 位置时，系统进入高速行驶自动控制；当此开关处于

NORM 位置时，系统对刚度和阻尼力进行常规值的自动控制，ECU 根据车速信号自动控制悬架处于"软""中等""硬"三个位置。

4. 雷克萨斯 LS400 轿车电控悬架控制电路

图 9-25 所示为雷克萨斯 LS400 轿车电控悬架系统的线路连接图，可参照此电路图对控

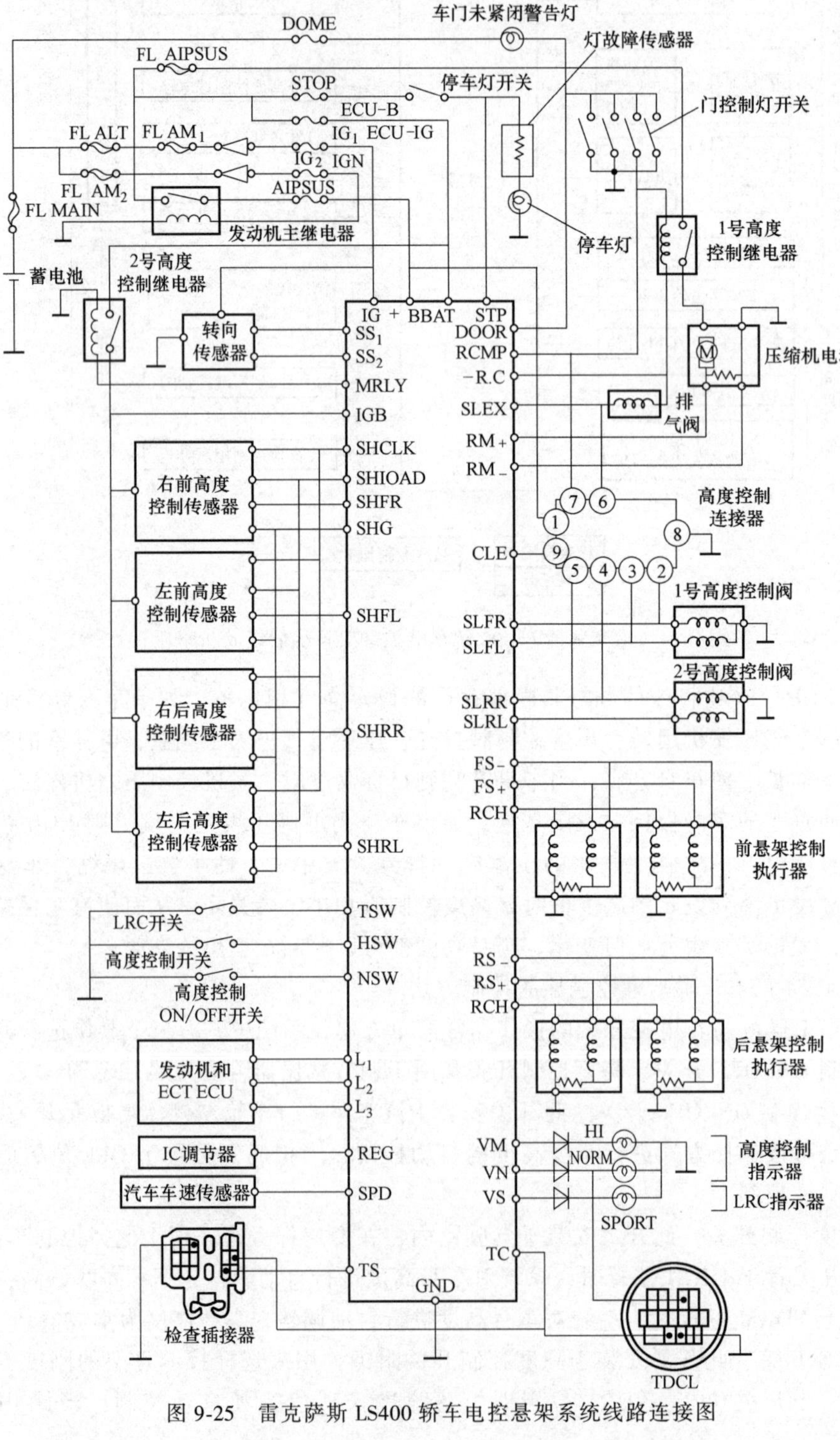

图 9-25 雷克萨斯 LS400 轿车电控悬架系统线路连接图

制系统的电路进行检查与维修。

实训任务

实训一　电控悬架控制系统的基本检查

本实训以丰田 LS400 汽车电控悬架系统为例来进行介绍。

在电控悬架系统进行检修时,应先进行基本检查,以确认电控悬架系统的故障性质,避免将故障复杂化。

基本检查的内容有车身高度调整功能检查、减压阀检查、漏气检查、车身高度初始调整和指示灯检查。

1. 车身高度调整功能检查

其检查步骤如下:

1) 检查轮胎气压是否正确。
2) 检查汽车高度。
3) 起动发动机,将高度控制开关从 NORM 位置切换到 HIGH 位置。

检查电控悬架完成高度调整所需的时间和汽车车身高度的变化量。正常时,在升高过程中,按下高度控制开关到压缩机起动的时间约为 2s,从压缩机起动到完成高度调整需 20~40s,车高的调整为 10~30mm。在降低过程中,按下高度控制开关到排气电磁阀打开的时间约为 2s,从压缩机起动到完成高度调整需 20~40s,车高的调整为 10~30mm。

2. 减压阀检查

打开点火开关,跨接电控悬架系统高度控制插接头中的端子 3 和端子 6,如图 9-26 所示。开启空气压缩机一段时间后,检查减压阀应有空气逸出(注意:连接时间不能超过 15s),如图 9-27 所示。然后将点火开关关闭,清除故障码(因迫使空气压缩机运行时,EMS ECU 会记录下故障码)。

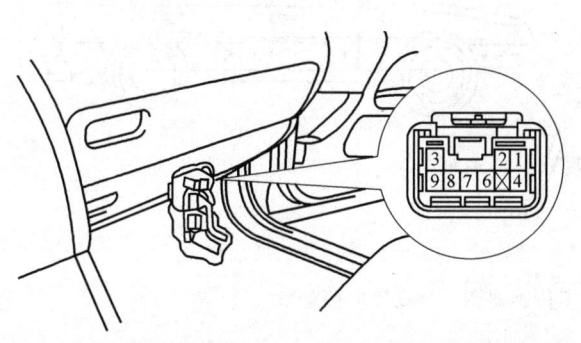

图 9-26　高度控制插接器

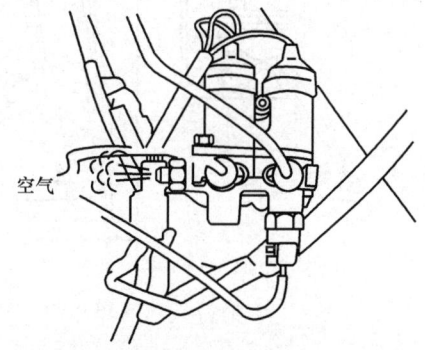

图 9-27　检查减压阀

3. 漏气检查

检查各管路有无压缩空气泄漏,具体步骤如下:

1) 将肥皂水涂在所有空气管路接头上,如图 9-28 所示。

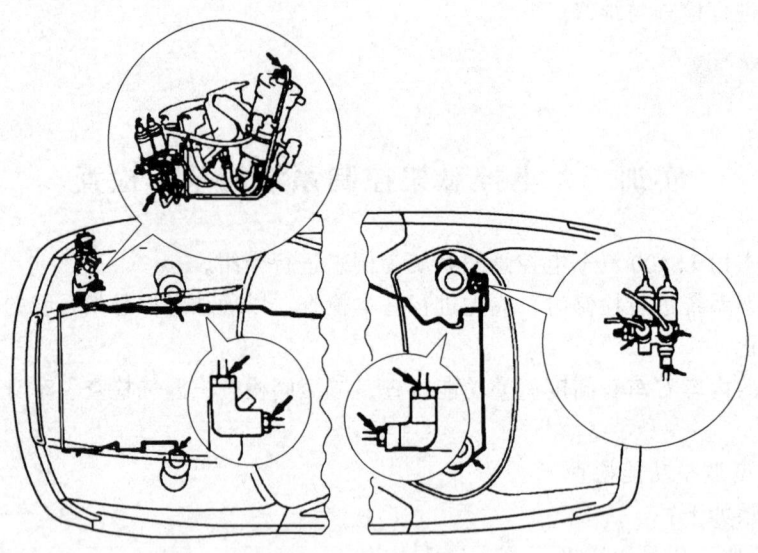

图 9-28 检查漏气

2) 在空气压缩机插接器端子之间加 12V 电压,使压缩机运转,在空气管路中建立空气压力。

3) 检查空气管路接头处是否有气泡出现。

4) 如果有气泡出现,则表明有漏气现象,此时应进行必要的修理。

4. 车身高度初始调整

此项调整是使车身初始高度处于标准范围,以避免由此引起的故障误诊断。可通过调节悬架车身高度传感器的调节杆来调节悬架高度,如图 9-29 所示。

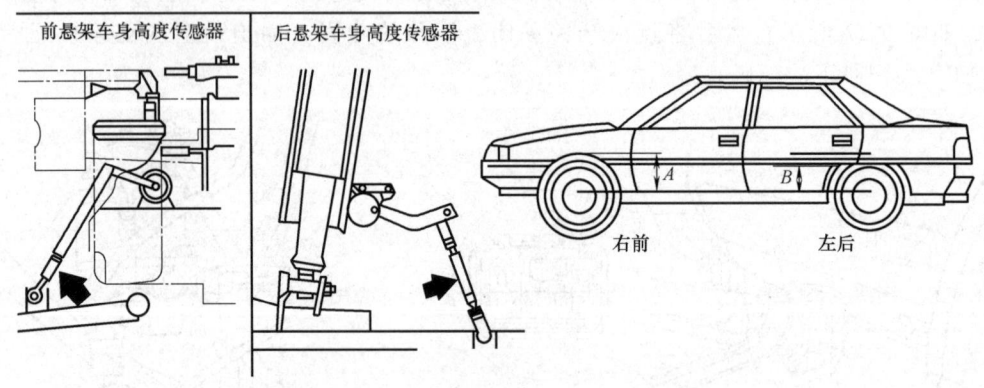

图 9-29 车身高度传感器调节杆长度的调整

前悬架高度传感器调节杆长度为 53.5mm,后悬架高度传感器调节杆长度为 27.5mm。调节杆螺母旋转一圈,调整高差为 4mm;螺母在调节杆移动 1mm,相应的车高变化 2mm。前悬架高度传感器调节杆可调极限为 8mm,后悬架高度传感器调节杆可调极限为 11mm。

在进行汽车高度调整时,将汽车停放在水平地面上,高度控制开关处于 NORM 位置。悬架高度的人工调节步骤详见表 9-3。

项目九 汽车电控悬架控制系统

表 9-3 悬架高度的人工调节步骤

序号	检查项目	操作要点
1	检查车身高度	测量汽车车身高度,看是否在标准范围以内,否则进行调整
2	调整车身高度	拧松车身高度传感器连接杆上的两只锁紧螺母
		转动车身高度传感器连接杆的螺栓以调节长度(车身高度传感器连接杆每转一圈,汽车高度改变约 4mm)
		检查图 9-29 所示的车身高度传感器连接杆的尺寸是否小于极限值(极限值:前、后悬架均为 13mm)
		暂时拧紧两只锁紧螺母,再检查一次汽车高度
		拧紧锁紧螺母,拧紧力矩为 4.4N·mm
3	检查车轮定位	汽车高度调整完成后,需检查车轮定位情况

5. 指示灯检查

1)点火开关置于 ON。

2)LRC 指示灯(SPORT 指示灯)和 HEIGHT 指示灯(NORM 和 HI 指示灯)应点亮 2s。指示灯的位置如图 9-30 所示。

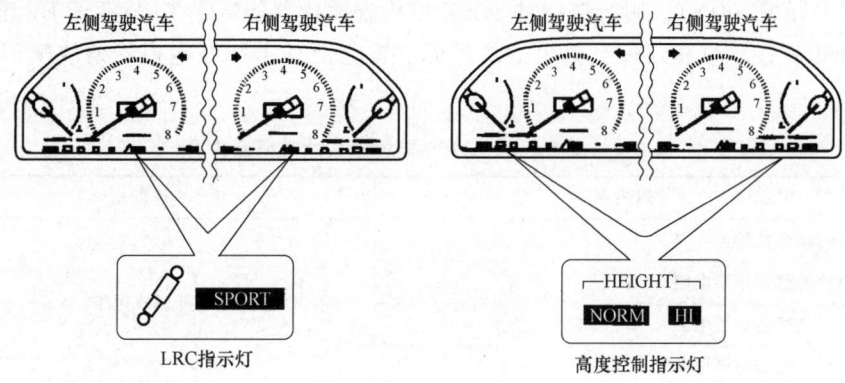

图 9-30 指示灯的位置

3)如果 NORM 指示灯以每 1s 的间隔闪亮时,则表明 ECU 中存有故障码。如果出现故障,则应检查相应的电路。

实训二 电控悬架控制系统的故障诊断与检修

本实训以雷克萨斯 LS400 汽车电控悬架系统为例来进行介绍。

一、电控悬架的检修

电控悬架系统中一般都设有故障自诊断系统,该系统可以监测、诊断悬架系统的工作情况以及工作中出现的故障。当系统出现故障时,电控单元将故障信息以故障码的形式存入存储器内;同时,仪表板上的高度控制 NORM 指示灯点亮,以提示驾驶人系统出现故障。

1. 悬架系统检修过程中的注意事项

1)当用千斤顶将汽车顶起时,应把高度控制 ON/OFF 开关拨到 OFF 位置。如果在高度控制 ON/OFF 开关拨到 ON 位置的情况下顶起汽车,则 ECU 中会记录一个故障码。如果记录了故障码,则务必将其从存储器中清除掉。

备注:当将高度控制 ON/OFF 开关拨到 OFF 位置时,会显示故障码 71;当将开关重新拨到 ON 位置时,该故障码即被消除。

2) 在放下千斤顶前,应将汽车下面所有的物体搬走。这是因为在维修过程中可能进行了空气悬架的放气、空气管路拆检等操作,此时空气弹簧中的主气室可能无气或存有少量剩余气体,汽车落地后,因自身的重量使车身高度很低,就会将下面的物体压住。

3) 在开动汽车之前,应起动发动机将汽车的高度调整到正常状态。这是因为在维修时空气弹簧中的空气被放掉,车身高度变得很低,如果此时汽车起步,则势必会造成车身与悬架或轮胎相互碰撞。因此,维修后应首先起动发动机,用空气压缩机给空气弹簧气室输送压缩空气,使汽车高度恢复正常,这样汽车便可正常行驶。

4) 前安全气囊碰撞传感器安装在空气压缩机和 1 号车身高度控制阀上面。除非必要时,不要触及这个传感器。若要触及,必须按照安全气囊维修中的说明,在维修前拆下前安全气囊碰撞传感器,避免影响安全气囊系统的正常工作。

2. 读取故障码

打开点火开关(ON),用跨接线将 TDCL 或检查插接器的端子 Tc 与端子 E1 连接,读取高度控制 NORM 指示灯在仪表上输出的故障码。雷克萨斯 LS400 电控悬架故障码及内容见表 9-4。

表 9-4 雷克萨斯 LS400 电控悬架故障码及内容

故障码	故障内容	诊断结论
11	右前高度传感器电路	高度传感器电路开路或短路
12	左前高度传感器电路	
13	右后高度传感器电路	
14	左后高度传感器电路	
21	前悬架控制执行电路	悬架控制执行器电路开路或短路
22	后悬架控制执行电路	
31	1 号高度控制阀电路	高度控制阀电路开路或短路
33	2 号高度控制阀电路(用于后悬架)	
34	2 号高度控制阀电路(用于左悬架)	
35	排气阀电路	排气阀电路开路或短路
41	1 号高度控制继电器电路	1 号高度控制继电器电路开路或短路
42	压缩机电机电路	压缩机电动机断路;压缩机电机被锁住
51	至 1 号高度控制继电器的维持电路	供至 1 号高度控制继电器的电流约通 8.5min 以上
52	至排气阀的持续电流	供至排气阀的电流约通 6min 以上
61	悬架控制信号	ECU 失灵
71	高度控制 ON/OFF 开关电路	高度控制 ON/OFF 开关在 OFF 位置高度控制 ON/OFF 开关电路开路
72	悬架控制执行器电源电路	悬架控制执行器电源电路开路;AIR SUS 熔丝烧断

3. 清除故障码

进行下面任何一项操作均可将保存在计算机存储器内的故障码清除。

关闭点火开关，找到中央接线盒，拆下其中的给电控单元供电的熔丝（ECU-B+）10s以上。

关闭点火开关，用跨接线将高度控制插接器的端子9与端子8连接，同时使检查插接器的端子Ts与E1连接。保持在这一状态10s以上，然后接通点火开关并脱开以上各端子。

二、电控悬架系统常见故障诊断

如果自诊断系统显示正常故障码，可是汽车悬架系统故障仍然出现，此时就应该根据故障的现象进行人工判断排除。电控悬架系统常见故障就是悬架刚度和阻尼系数控制失灵以及高度控制失灵。

1. 悬架刚度和阻尼系数控制失灵

（1）LRC指示灯显示状态不变

现象：不管如何操作悬架刚度和阻尼系数控制开关（LRC），LRC指示灯显示状态保持原样不变。

原因：悬架刚度和阻尼系数控制开关（LRC）电路故障，悬架电子控制单元（ECU）有故障。

（2）悬架刚度和阻尼系数控制失效

现象：汽车在行驶时，悬架刚度和阻尼系数不随着行驶状况、路况、汽车姿态变化而调节。

原因：悬架控制执行器电路有故障，悬架控制执行器电源电路故障，端子Tc与端子Ts电路有故障，悬架刚度和阻尼系数控制开关（LRC）电路故障，空气弹簧减振器故障，悬架电子控制单元（ECU）有故障。

（3）只有防侧倾控制失效

现象：汽车在急转弯行驶时有侧倾现象，其他方面正常。

原因：转向传感器电路故障，悬架电子控制单元（EMS ECU）有故障。

（4）只有防后坐控制失效

现象：汽车在急加速行驶时车身后部有下沉（后坐）现象。

原因：节气门位置信号电路故障，悬架电子控制单元有故障。

（5）只有防前倾控制失效

现象：汽车在紧急制动时车身前部有下沉（前倾）现象，其他均正常。

原因：停车灯开关电路故障，车速传感器电路故障，悬架电子控制单元有故障。

（6）只有高速控制失效

现象：汽车在高速行驶时明显感到悬架比较软，操纵稳定性较差。

原因：车速传感器电路故障，悬架电子控制单元有故障。

2. 高度控制失灵

（1）高度控制指示灯的显示不随高度控制开关操作而变化

现象：高度控制开关无论转换在何种模式，高度指示灯显示模式不变。

原因：高度控制开关电路故障，调节器电路故障，高度控制电源电路故障，高度控制传感器故障，悬架电子控制单元有故障。

（2）汽车高度控制功能失效

现象：汽车在行驶、驻车、乘员和行李质量变化时，车高没有变化。

原因：调节器电路故障，高度控制电源电路故障，高度控制开关电路故障，高度控制 ON/OFF 开关有故障，高度控制传感器故障，悬架电子控制单元有故障。

（3）只有高速时汽车高度控制失效

现象：汽车在高速行驶时，高度不降低而维持原样。

原因：车速传感器电路故障，悬架电子控制单元有故障。

（4）汽车高度变化不符合控制逻辑

现象：汽车在行驶、驻车、乘员和行李质量变化时，车高变化不大或产生相反的变化。

原因：空气泄漏，高度控制传感器故障，悬架电子控制单元有故障。

（5）汽车有高度调节作用，但是车高不均匀

现象：汽车在行驶、驻车、乘员和行李质量变化时，车高虽然有变化，但是前后左右高低不一致。

原因：高度控制阀、排气阀电路故障，高度控制传感器连接杆调整不当。

（6）汽车高度调节值与标准不符

现象：汽车有高度调节作用，但是汽车高度升高或降低不符合规定高度。

原因：高度控制传感器连接杆调整不当。

（7）汽车高度要么特别高，要么特别低

现象：调整车高时，汽车处于非常高或非常低的位置。

原因：高度控制传感器有故障。

（8）关闭了高度控制，汽车高度控制仍起作用

现象：虽然将高度控制 ON/OFF 开关拨到关闭（OFF）位置，汽车在行驶、驻车、乘员和行李质量变化时，车高依然按控制逻辑进行调节。

原因：高度控制 ON/OFF 开关有故障，悬架电子控制单元有故障。

（9）汽车驻车时汽车高度非常低

现象：汽车驻车时，片刻或一至两天左右高度下降很多。

原因：空气泄漏，空气弹簧减振器故障。

（10）空气压缩机的驱动电动机长时间运转不停机

现象：汽车在高度升高后，很长时间压缩机驱动电动机仍在工作，不停机。

原因：空气泄漏，高度控制继电器电路有故障，压缩机驱动电动机电路有故障，悬架电子控制单元有故障。

（11）点火开关 OFF 控制不起作用

现象：点火开关拧到 OFF 位置时，汽车高度并不下降为驻车状态。

原因：门控制开关电路有故障，高度控制电源电路故障，悬架电子控制单元有故障。

（12）车门打开后，点火开关 OFF 控制不解除

现象：只要将汽车某一扇门打开，点火开关 OFF 控制仍有作用，并没有解除。

原因：门控制开关电路有故障，悬架电子控制单元有故障。

项目九　汽车电控悬架控制系统

巩固练习

一、填空题

1. 电控悬架系统的功能有_____、_____、_____。
2. 电子控制悬架系统按介质的不同可分为_____和_____；按控制目的不同分为_____、_____、和_____。
3. 任何电控悬架系统都由_____、_____、_____三部分组成。
4. 电控悬架系统应用的传感器有_____、_____、_____、_____、_____等。
5. 电控悬架系统应用的控制开关有_____、_____、_____等。
6. 电控悬架系统的执行机构有_____，_____和_____等。
7. 阻尼力控制执行机构主要由_____和_____两部分组成。
8. 悬架电控单元（EMS ECU）是一台小型_____，一般由_____、_____、输出电路和_____等组成。
9. 车身高度控制系统在_____或_____时_____高度。
10. 现代汽车采用的电控悬架系统中，通常同时使用了空气弹簧和变阻尼减振器，空气弹簧用于_____，减振器控制系统用于_____。

二、判断题

1. 装有电控悬架系统的汽车无论车辆负载多少，都可以保持汽车高度一定，车身保持水平。（　　）
2. 装有电控悬架系统的汽车在高速行驶时，可以使车高降低，以减少空气阻力，提高操纵的稳定性。（　　）
3. 装有电控悬架系统的汽车可以防止汽车急转弯时车身横向摇动和换档时车身纵向摇动。（　　）
4. 转向盘转角传感器用于检测转向盘的中间位置、转动方向、转向角度和转动速度。（　　）
5. 在电控悬架系统中，电子控制单元根据车速传感器和转角传感器的信号，判断汽车转向时侧向力的大小和方向，以控制车身的侧倾。（　　）
6. 在车轮打滑时，能以转向角和汽车车速正确判断车身侧向力的大小。（　　）
7. 当选择手动档时，悬架系统的阻尼力只有标准（中等）和运动（硬）两种状态的转换。（　　）
8. 为改变汽车的侧倾刚度，可通过改变纵向稳定杆的扭转刚度来实现。（　　）
9. 雷克萨斯 LS400 轿车是用转角传感器、节气门位置传感器、高度传感器、G 传感器和压力传感器五个传感器来检测汽车行驶状态的。（　　）
10. 在检测汽车电控空气悬架时，当用千斤顶将汽车顶起时，应将高度控制 ON/OFF 开

关拨到 ON 位置。（　　）

11. 在检测汽车电控空气悬架时，在开动汽车之前，应起动发动机将汽车的高度调整到正常状态。（　　）

12. 在汽车行驶过程中，为了防止或抑制车身出现"点头""侧倾""后坐"等现象，需要调节悬架的空气弹簧悬架刚度。（　　）

三、思考题

1. 为什么要对汽车悬架进行控制？电控悬架系统的控制功能有哪些？
2. 按照不同的分类标准，电控悬架可以分成哪几种？
3. 电控悬架系统中常用的传感器主要有哪些？常用的执行机构有哪些？
4. 电控悬架系统由哪几部分组成？简述各组成零部件的工作原理。
5. 简述电控悬架系统车身高度的控制过程。
6. 简述电控悬架系统空气弹簧悬架刚度的控制过程。
7. 简述电控悬架系统减振器阻尼的控制过程。
8. 简述电控悬架电控单元（EMS ECU）的组成和功用。
9. 雷克萨斯 LS400 电子控制悬架系统各组成部件有哪些？其控制功能有哪些？
10. 叙述电控悬架控制系统的基本检查项目和方法。
11. 电控悬架系统检修过程中应该注意哪些事项？
12. 叙述电控悬架系统常见的故障诊断方法。

项目十 汽车电控动力转向控制系统

> **学习目标：**
>
> 通过本项目的学习，了解电控动力转向系统的作用、分类、特点，了解四轮转向控制系统的功能、优点、类型；了解流量控制式、反力控制式、阀灵敏度控制式三种电控液压式动力转向系统的结构与工作原理；掌握电动式电控动力转向系统的结构与工作原理；熟悉电控液压式四轮转向系统主要零部件的构造、功能、工作原理；了解转向角比例控制的四轮转向系统和车速前馈控制四轮转向系统的结构、控制原理；掌握液压式电控动力转向系统的检修方法；掌握电动式电控动力转向系统的故障诊断与检修方法。

理论知识

课题一 电控动力转向系统

汽车电控动力转向（Electric Power Steering，EPS）系统，是建立在普通动力转向系统基础上的一套电子控制系统，这种转向系统能够根据汽车的运行状态控制动力转向辅助系统的工作，如根据车辆行驶速度、转向盘转角、转向盘转动速度以及车轮侧滑量等因素，控制转向过程中辅助系统的工作。电控动力转向系统在汽车低速行驶时，可使转向轻便、灵活；当汽车在中高速区域转向时，又能保证提供最优的动力放大倍率和稳定的转向手感，从而提高了高速行驶的操纵稳定性和驾驶舒适性。

一、电控动力转向系统的分类及特点

电控动力转向系统，根据动力源的不同可分为液压式电控动力转向系统和电动式电控动力转向系统。液压式电控动力转向系统在传统的液压动力转向系统的基础上增设了控制液体流量的电磁阀、车速传感器和电控单元等，电控单元根据检测到的车速信号，控制电磁阀，使转向动力放大倍率实现连续可调，从而满足高、低速时的转向助力要求。电动式电控动力转向系统利用直流电动机作为动力源，电控单元根据转向参数和车速等信号，控制电动机转矩的大小和方向，电动机的转矩由电磁离合器通过减速器减速增矩后，加在汽车的转向机构上，使之得到一个与工况相适应的转向作用力。

因此，为了满足现代汽车对转向系统的要求，电控动力转向系统应具有以下特点。

1）良好的操纵性。转向操作必须轻便、灵活、平顺，具有很好的随动性，能保证转向盘与转向轮之间具有准确的一一对应关系，同时能保证转向轮可维持在任意转向角位置。

2）有高度的转向灵敏度。转向轮对转向盘应具有灵敏的响应。

3）具有良好的稳定性。具有良好的直线行驶稳定性和转向自动回正能力，即在转向后转向盘应当能自动回到直线行驶的位置，回转的速度要平稳、适当，使残留的角速度尽可能小。

4）助力效果能随车速变化和转向阻力的变化进行相应的调整：低速时有较大的助力效果，以克服路面的转向阻力；高速时要有适当的路感，以避免因转向过轻而发生事故。

5）工作可靠。转向系统是安全件，如果不能转向或失去控制，就会发生车毁人亡的事故，因此应有故障预警功能。当计算机控制系统或助力系统发生故障时，转向系统仍然应保持人力转向功能。

6）节省能源。在保证转向性能的前提下，尽可能降低转向系统的动力消耗。

二、液压式电控动力转向系统

液压式电控动力转向系统是在传统的液压式动力转向系统的基础上增设电子控制装置而构成的。根据控制方式的不同，液压式电控动力转向系统又可分为流量控制式、反力控制式和阀灵敏度控制式三种形式。

1. 流量控制式 EPS 系统

流量控制式 EPS 系统结构如图 10-1a 所示，该系统主要由车速传感器、电磁阀、助力转向控制阀、助力转向液压泵和电子控制单元（ECU）等组成。电磁阀安装在通向转向动力缸活塞两侧油室的油道之间，当电磁阀的阀芯完全开启时，两油道就被电磁阀旁路。ECU 根据车速传感器的信号，控制电磁阀阀芯的开启程度，从而控制转向动力缸活塞两侧油室的旁路液压油流量来改变转向助力。

当车速很低时，ECU 输出的脉冲控制信号占空比很小，通过电磁阀线圈的平均电流很小，电磁阀阀芯开启程度也很小，旁路液压油流量小，从而使液压助力作用大，使转向盘操纵轻便。当车速提高时，ECU 输出的脉冲控制信号占空比增大，使电磁阀线圈的平均电流增大，电磁阀阀芯的开启程度增大，旁路液压油流量增大，从而使液压助力作用减小，以增加转向盘的路感。

图 10-1b 所示为系统电磁阀结构，图 10-1c 所示为电磁阀驱动信号。由图 10-1c 可以看出，驱动电磁阀电磁线圈的脉冲电流信号频率基本不变，但随着车速增大，脉冲电流信号的占空比将逐渐增大，使流过电磁线圈的平均电流值随车速的升高而增大。

图 10-1d 所示为系统电路图。动力转向 ECU 是 EPS 的核心控制元件，它根据车速传感器提供的车速信号，通过改变旁通电磁阀驱动信号占空比的方式调节转向力。其电路受点火开关控制，由电源电路、车速传感器电路、电磁阀控制电路和搭铁电路组成。

总之，流量控制式 EPS 系统就是根据车速传感器的信号控制电磁阀阀芯的开启程度，从而控制转向动力缸活塞两侧油室的旁路液压油流量，来改变转向盘上的转向力。车速越高，流过电磁阀线圈的平均电流值越大，电磁阀阀芯的开启程度越大，旁路液压油流量越大，而液压助力作用越小，使转动转向盘的力加大，增加路感。

2. 反力控制式 EPS 系统

反力控制式 EPS 系统如图 10-2 所示，主要由转向控制阀、分流阀、电磁阀、转向动力缸、转向液压泵、储油箱、车速传感器及 ECU 等组成。其中，转向控制阀是在传统的整体

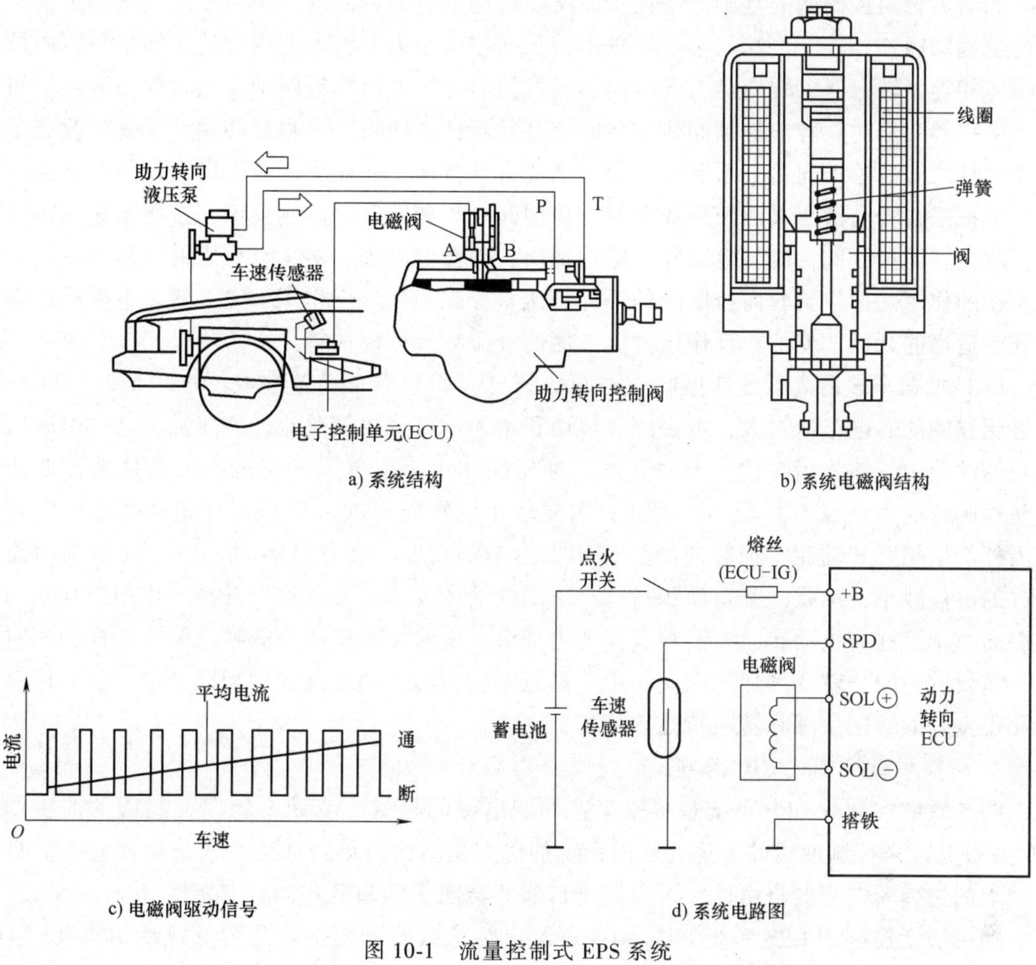

项目十 汽车电控动力转向控制系统

图 10-1 流量控制式 EPS 系统

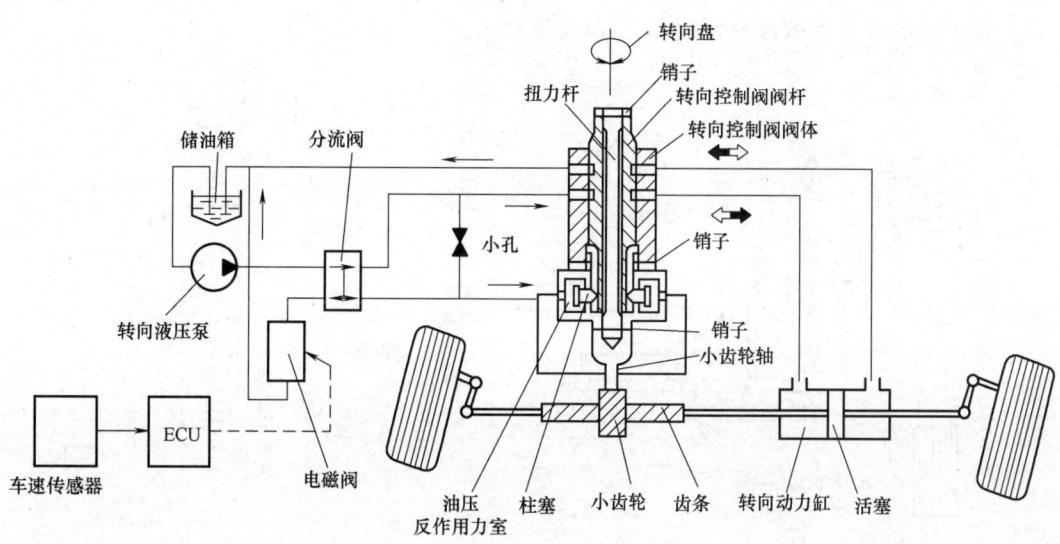

图 10-2 反力控制式 EPS 系统

转阀式动力转向控制阀的基础上增设了油压反作用力室而构成的。扭力杆的上端通过销子与转向控制阀阀杆相连,下端与小齿轮轴用销子连接。小齿轮轴的上端部通过销子与转向控制阀阀体相连。转向时,转向盘上的转向力通过扭力杆传递给小齿轮轴。当转向力增大,扭力杆发生扭转变形时,转向控制阀体和转向控制阀阀杆之间将发生相对转动,于是就改变了阀体和阀杆之间油道的通断关系和工作液压油的流动方向,从而实现转向助力作用。分流阀的作用是把来自转向液压泵的液压油向转向控制阀一侧和电磁阀一侧分流,按照车速和转向要求,改变转向控制阀一侧与电磁阀一侧的油压,确保电磁阀一侧具有稳定的液压油流量。固定小孔的作用是把供给转向控制阀的一部分流量分配到油压反作用力室一侧。电磁阀根据需要开启适当的开度,使油压反作用力室一侧的液压油流回储油箱。

ECU 根据车速的高低线性控制电磁阀的开口面积。当车辆停驶或速度较低时,ECU 使电磁阀线圈的通电电流增大,电磁阀开口面积增大。经分流阀分流的液压油,通过电磁阀回流到储油箱中,使作用在柱塞上的背压(油压反作用力室压力)降低,于是柱塞推动转向控制阀阀杆的力(反力)较小,因此只需要较小的转向力就可使扭力杆扭转变形,使阀体与阀杆产生相对转动而实现转向助力作用。当车辆在中、高速转向时,ECU 使电磁阀线圈通过的电流减小,电磁阀开口面积就减小,因此油压反作用力室油压升高,作用于柱塞的背压提高。于是柱塞推动转向控制阀阀杆的力增大,此时要使阀体与阀杆之间作同样的相对转角,需要的转向力就要增加,因此在中、高速时转向力会随速度的增加而增加,从而使驾驶人获得良好的转向手感和转向特性。

3. 阀灵敏度控制式 EPS 系统

阀灵敏度控制式 EPS 系统是根据车速控制电磁阀直接改变动力转向控制阀的油压增益(阀灵敏度)来控制油压的。这种转向系统的优点是结构简单、部件少、价格便宜,而且具有较大的选择转向力的自由度,可以获得自然的转向手感和良好的转向特性。

阀灵敏度控制式 EPS 系统如图 10-3 所示。转子阀的可变小孔分为低速专用小孔(1R、1L、2R、2L)和高速专用小孔(3R、3L)两种,在高速专用可变孔的下边设有旁通电磁阀回路。该系统的阀部等效液压回路如图 10-4 所示。其工作过程如下。

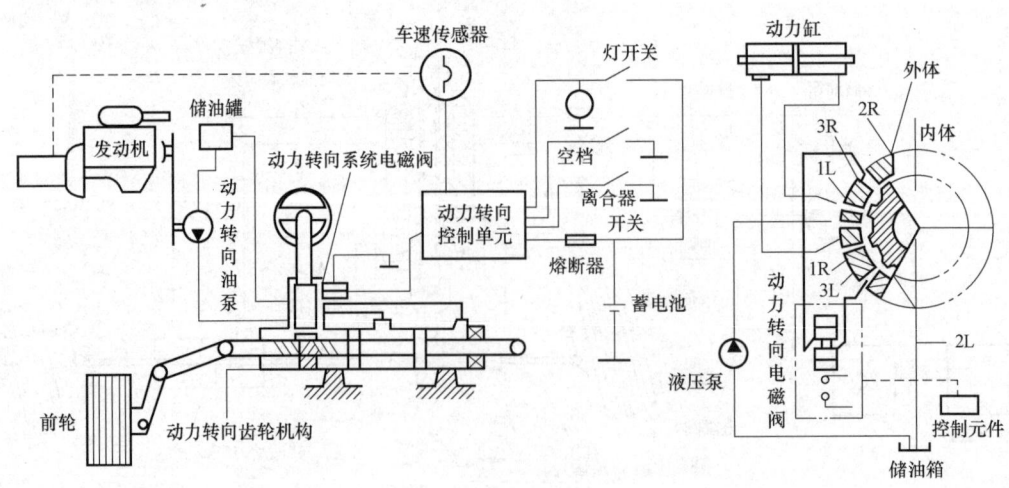

图 10-3 阀灵敏度控制式 EPS 系统

当车辆停止时，电磁阀完全关闭，如果此时向右转动转向盘，则高灵敏度低速专用小孔 1R 及 2R 在较小的转向力矩作用下即可关闭，转向油泵的高压液压油经 1L 流向动力缸右腔室，其左腔室的液压油经 3L、2L 流回储油箱，此时具有轻便的转向特性。而且施加在转向盘上的转向力矩越大，可变小孔 1L、2L 的开口面积越大，节流作用越小，获得的转向助力也越大。

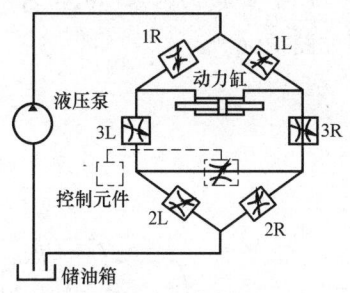

图 10-4 阀灵敏度控制式 EPS 系统的阀部等效液压回路

随着车辆行驶速度的提高，在 ECU 输出的控制信号使电磁阀的开度线性增加。如果向右转动转向盘，则转向油泵的高压液压油经 1L、3R 旁通电磁阀流回储油箱。此时转向动力缸右腔室的转向助力油压就取决于旁通电磁阀和灵敏度低的高速专用可变孔 3R 的开度。

当车速高时，电磁阀的开度大，旁路流量大，转向助力作用小；在车速不变的情况下，施加在转向盘上的转向力越小，高速专用小孔 3R 的开度越大，转向助力作用也越小，当转向力增大时，3R 的开度逐渐减小，获得的转向助力也随之增大。

三、电动式电控动力转向系统

电动式 EPS 系统是汽车动力转向的一种先进方式，是用车载 ECU 来控制的电动动力转向装置，能根据不同情况产生适合各种车速的动力转向，不受发电机停止运转的影响，在停车时，驾驶人也可获得最大的转向动力；汽车在行驶过程中，电子控制装置可调整电动机的助力以及改善路感。由于该动力转向装置不是由发电机直接驱动，电动机只是在转向时才接通，故可节省燃油，电动式 EPS 系统相比液压式动力转向系统更轻便、紧凑、可靠，有助于四轮转向的实现，并能促进悬架系统的发展。近年来随着微型计算机在汽车上的广泛应用，电动式 EPS 的应用也越来越广泛。

电动式 EPS 系统的主要特点如下。

1）电动机、减速器、转向柱和转向齿轮箱可以制成一个整体，管道、液压泵等无须单独占据空间，易于装车。

2）增加了电动机和减速器，而取消了液压管道等部件，使整个系统趋于小型轻量化。

3）液压泵仅在必要时用来使电动机运转，故可以节能。

4）因为零件的数目少，不需要加油和抽空气，所以在生产线上的装配性好。由此，从发展的角度看，电动式 EPS 系统将成为标准件装备在汽车上。

1. 电动式 EPS 系统的组成

电动式 EPS 系统的组成如图 10-5 所示，通常由转矩传感器、转向轴、电子控制单元（ECU）、电动机、电磁离合器和减速机构等组成。

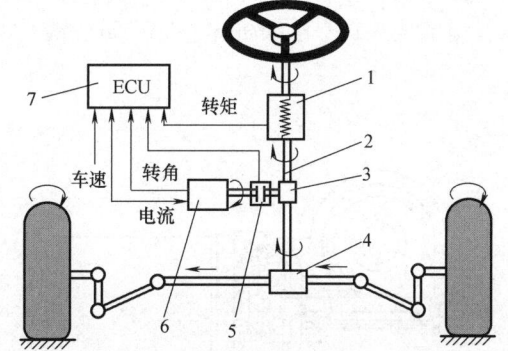

图 10-5 电动式 EPS 系统的组成
1—转矩传感器 2—转向轴 3—减速机构
4—齿轮齿条式转向器 5—电磁离合器
6—电动机 7—电子控制单元（ECU）

(1) 转矩传感器　转矩传感器用于测量转向盘与转向器之间的转向力矩，其结构及原理如图 10-6 所示。

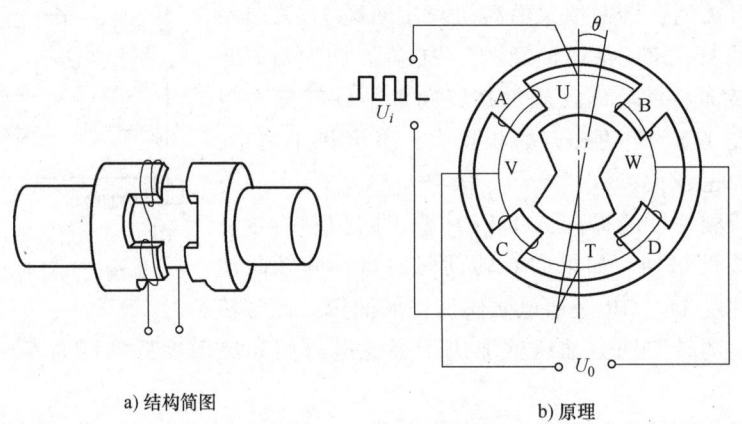

a) 结构简图　　　　　　　　　　b) 原理

图 10-6　转矩传感器的结构及原理

在转矩传感器输出轴的极靴上分别绕有 A、B、C、D 四个线圈，并连接成一个桥式回路，同时在线圈的 U、T 两端输入连续的脉冲电压 U_i。当转向盘处于中间位置（直线行驶）时，扭力杆的纵向对称面处于图示输出轴极靴 AC、BD 的对称平面上，由于每个极靴上的磁通量均相等，因而由线圈组成的电桥处于平衡状态，在 V、W 两端的电位差 $U_0 = 0V$。转向时，由于扭力杆与输出轴极靴之间发生相对的扭转变形，定子与转子之间产生角位移 θ。这时，极靴 A、D 间的磁阻增大，B、C 间的磁阻减小，各极靴的磁通量产生了差别，使电桥失去平衡。于是，在 V、W 之间就出现电位差 U_0。这个电位差与扭力杆的扭转角 θ 和输入电压 U_i 成正比。由于扭转角 θ 与作用于扭力杆上的转向力矩成比例，所以通过测量 V、W 两端的电位差 U_0 就可获得转向盘的转向力矩。

(2) 直流电动机　直流电动机通常采用永磁式电动机，其结构如图 10-7 所示。电动机的输出转矩控制是通过控制其输入电流来实现的，而电动机的正转和反转则是由 ECU 输出的正反转触发脉冲控制的。电动机正反转控制电路如图 10-8 所示，A_1、A_2 为电动机正反转信号触发端，当 A_1 端有触发信号输入时，晶体管 VT_3 导通，晶体管 VT_2 得到基极电流也导通，电流经 VT_2、电动机 M、VT_3 到搭铁，电动机正转。当 A_2 端有触发信号输入时，晶体

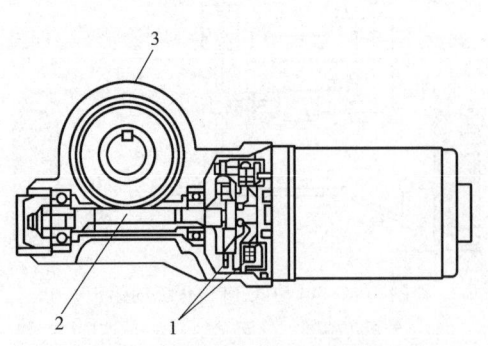

图 10-7　永磁式直流电动机的结构
1—电磁离合器　2—涡轮　3—斜齿轮

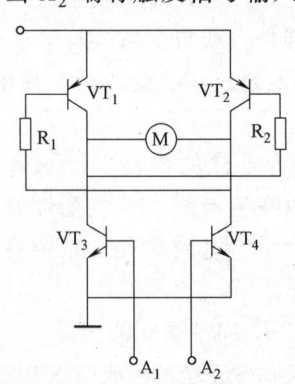

图 10-8　电动机正反转控制电路

管 VT_4 导通，晶体管 VT_1 得到基极电流也导通，电流经 VT_1、电动机 M、VT_4 到搭铁，电动机反转。电动机的电流大小可由触发信号电流的大小控制。

（3）电磁离合器　电动式 EPS 系统通常采用单片干式电磁离合器，其结构如图 10-9 所示。装在电动机输出轴上的主动轮内装有电磁线圈，通过滑环引入电流。当离合器通电时，电磁线圈产生的电磁力使压板与主动轮端面压紧。于是，电动机的动力经主动轮、压板、花键、从动轴传递给减速机构。

（4）减速机构　电动式 EPS 系统的减速机构与电动机相连，起减速增矩的作用。蜗轮蜗杆减速机构一般应用在转向轴助力式 EPS 系统上。

图 10-10 所示蜗轮蜗杆减速机构中，蜗杆 5 与电动机 3 的输出轴相连，通过蜗轮 6 和蜗杆 5 的啮合传动将电动机的转矩作用到转向轴 1 上，以实现转向助力。

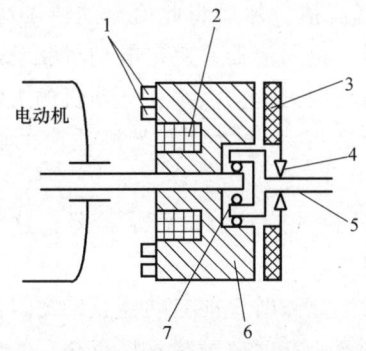

图 10-9　单片干式电磁离合器的结构
1—滑环　2—线圈　3—压板　4—花键
5—从动轴　6—主动轮　7—球轴承

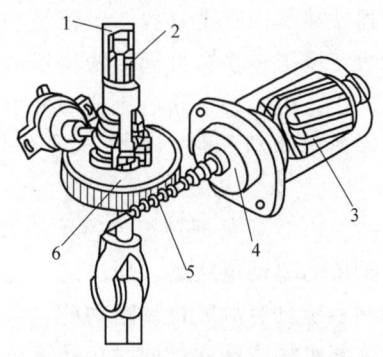

图 10-10　蜗轮蜗杆减速机构
1—转向轴　2—扭杆　3—电动机
4—离合器　5—蜗杆　6—蜗轮

（5）电子控制单元　电动式 EPS 系统电子控制单元的基本组成如图 10-11 所示，其核

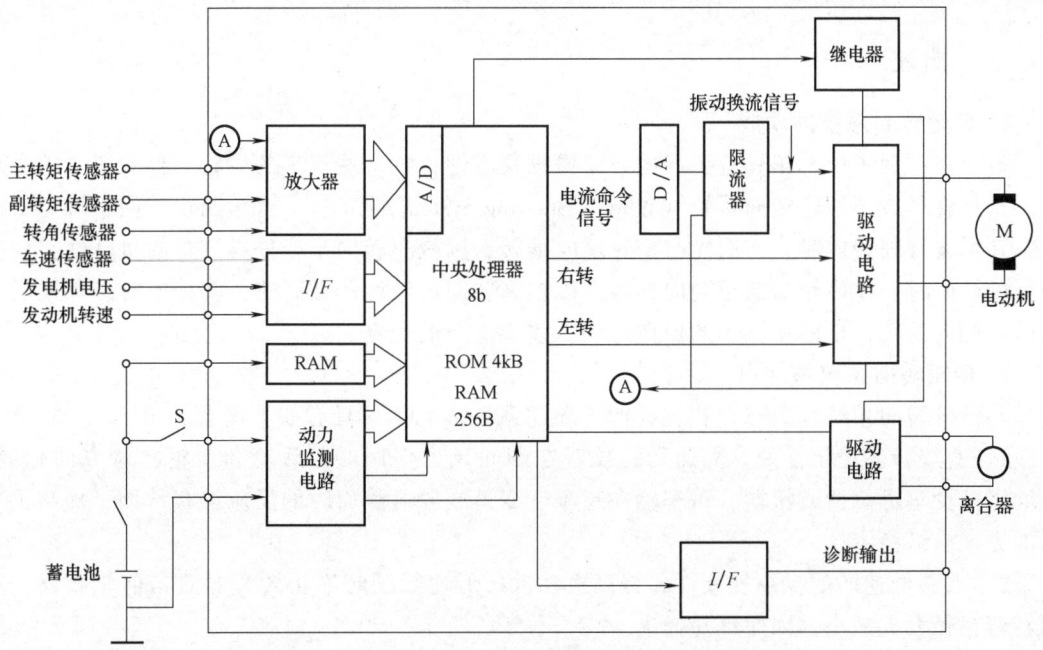

图 10-11　电动式 EPS 系统电子控制单元的基本组成

心是一个具有256B的RAM、4kB的ROM、8b字长的单片机（中央处理器）。外围电路还有10bA/D（模拟/数字）转换器、8bD/A（数字/模拟）转换器、I/F（电流/频率）转换器、放大电路、动力监测电路、驱动电路等。

2. 电动式EPS系统的工作原理

在操纵转向盘时，转矩传感器根据输入转向力矩的大小产生相应的电压信号，转矩传感器信号经过A/D转换器被输入到中央处理器（CPU），CPU根据这些信号和车速计算出最优化的助力转矩。ECU把已经计算出来的参数值作为电流命令值送到D/A转换器并转换为模拟量，再将其输入到电流控制电路；电流控制电路把来自微处理器的电流命令值同电动机电流的实际值进行比较，产生一个差值信号，该差值信号被送到驱动电路，该电路可驱动动力装置并向电动机提供控制电流，即当转矩传感器和转角传感器的信号经A/D转换器处理后，微处理器就在其内存中寻找与该信号相匹配的电动机电流值，然后将此值输送给D/A转换器进行数字模拟转换，处理后的模拟信号再送给限流器，由限流器来决定电动机驱动电路电流值的大小，由驱动电路电流值的大小调整电动机转向辅助力矩的大小，电动机的力矩经离合器和减速增矩机构后，加在汽车的转向机构上，使之得到一个与工况相适应的转向作用力。

同时，ECU还根据转矩传感器的转矩方向输出电动机的旋转方向指示信号，这个信号输入电动机的驱动电路后，便决定了电动机的旋转方向。

控制系统具有故障自诊断功能，当动力转向系统发生故障时，能自动停止助力，离合器脱开，恢复机械式转向；同时，计算机可以记忆故障内容，并使故障指示灯点亮，维修时可根据故障码找出故障原因。

课题二 四轮转向控制系统

一、概述

1. 四轮转向系统的功能

近年来，为了使汽车具有更好的方向操纵稳定性，在一些汽车的后轮上也安装了转向系统，这样就形成了四轮转向系统（Wheels Steering System，4WS）。汽车四轮转向系统的功能是：在低速行驶转向时，使后轮与前轮反向偏转，以减小转向半径提高汽车的机动性；在中速行驶转向时，使后轮与前轮同向偏转，以提高转向灵敏性；在高速行驶转向时，也使后轮与前轮同向偏转，以减小汽车的横摆运动，改善汽车的稳定性。

2. 四轮转向系统的优点

与前轮转向系统（2WS）相比，四轮转向系统（4WS）具有如下优点。

1）直线行驶稳定性好。高速行驶或者在侧向风力作用时，后轮和前轮转弯方向相同，有助于减少车辆侧滑或扭摆。对车辆在超车、变道或躲避障碍时的反应均有帮助，提高了车辆的方向操纵稳定性。

2）改善低速时的操纵轻便性，提高机动性。低速行驶时后轮转弯方向与前轮相反，车辆转弯半径大大减小，因而更易操纵。

3）转向能力强，转向响应快，可以显著提高车辆的转向性能。车辆在高速行驶或在湿滑路面上的转向特性更加稳定，且对转向输入的响应更迅速、更准确。

3. 四轮转向系统的特性

采用四轮转向系统的车辆，在低速行驶时为逆相转向（前、后轮旋转方向相反），使转弯时具有较小的转弯半径，灵活性良好；中高速时为同相转向（前、后轮旋转方向相同），以提高在高速时的抗侧风能力及车道变换或车辆转弯时的操纵稳定性。

（1）4WS 车辆的低速转向特性　汽车在低速转向时，可以认为车辆的前进方向与车体的朝向是一致的，因此在各车轮上几乎不会产生旋转向心力。四轮行进方向的垂直线会交于一点，车辆就以该点（转向中心）为中心进行转向。车辆低速转向时，在前轮转向角相同的前提下，4WS 车的转弯半径可以更小，内轮差也可缩小，因此转向性能更好。以一般轿车为例，如果后轮逆相转 5°，则整车最小转弯半径可减小约 0.5m，内轮差可减少约 0.1m。低速时四轮转向的行驶轨迹如图 10-12 所示。

（2）4WS 车辆的高速转向特性　高速转向运动应该是尽可能使车体朝向与前进方向一致，防止多余的自转运动，使前、后轮产生足够的旋转向心力。采用四轮转向的车辆，可以通过对后轮进行同相转向操作使后轮与前轮产生同样的侧偏角，在不增加前轮转角的前提下增大车辆的旋转向心力，以抑制过多的自转运动，就可以达到车体朝向与前进方向一致的稳定转向状态。中、高速时四轮转向的行驶轨迹如图 10-13 所示。

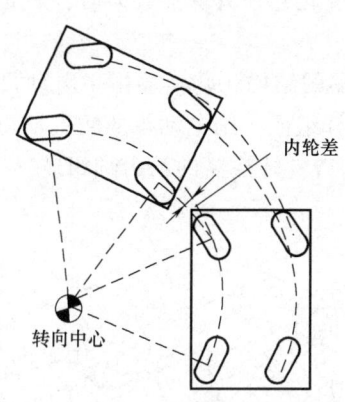

图 10-12　低速时四轮转向的行驶轨迹

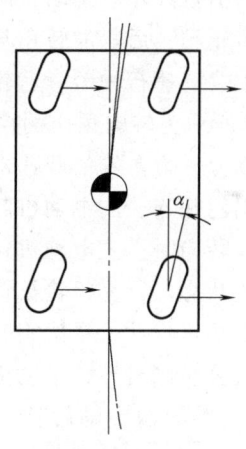

图 10-13　中、高速时四轮转向的行驶轨迹

四轮转向系统的控制方式主要有转向角比例控制系统、车速前馈控制系统和横摆角速度比例控制系统等。

二、转向角比例控制四轮转向系统

转向角比例控制的四轮转向系统是指后轮转角与前轮转角成比例，在低速区前、后轮逆相，而中、高速区同相的转向操纵控制，使车体的前进方向与车体朝向一致，得到稳定的转向性能。

1. 系统的组成

图 10-14 所示为转向角比例控制四轮转向系统的组成，系统主要由车速传感器、转向角比传感器、转向控制单元、4WS 转换器、转向枢轴、前/后转向齿轮箱等组成。

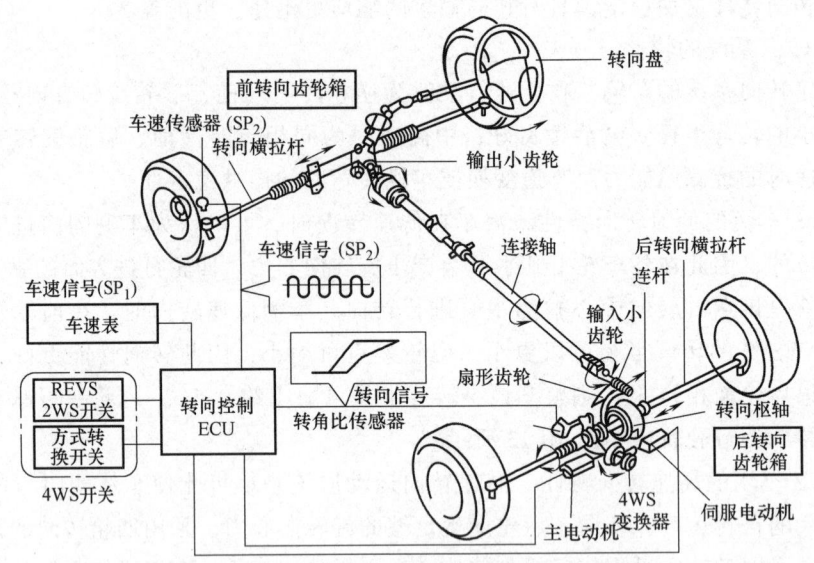

图 10-14 转向角比例控制四轮转向系统的组成

前、后轮的转向机构机械连接，转向盘的转动传到前轮转向齿轮箱（齿轮齿条式），齿条带动前转向横拉杆左右运动，以控制前轮转向。同时，输出小齿轮旋转，通过连接轴传递到后轮转向齿轮箱，后轮的转角与转向盘的转角成比例变化，使其低速转向时，后轮与前轮反相转动，中、高速行驶时，后轮与前轮同相转动。

图 10-15 所示为转向角比例控制四轮转向系统转换器的结构，转换器由主电动机和副电动机的驱动部分、行星轮的减速部分以及旋转连杆的蜗杆组成。副电动机的输出轴与行星齿轮机构的太阳轮相连，主电动机与行星架相连，齿圈与 4WS 转换器的输出轴相连。

车辆低速转向时，主电动机转动，而副电动机就处于停止状态。行星齿轮机构中的太阳轮固定不动，主电动机带动行星架旋转，行星轮围绕着太阳轮进行公转和自转，带动齿圈旋转，以此带动 4WS 转换器的输出轴旋转，使连杆逆相位方向旋转。

车辆高速转向时，主电动机不工作，行星架固定不动，副电动机驱动太阳轮旋转，通过行星轮带动齿圈旋转，带动 4WS 转换器的输出轴旋转，使连杆同相位方向旋转。

2. 系统控的制原理

转向角比例控制四轮转向系统控制原理，如图 10-16 所示。

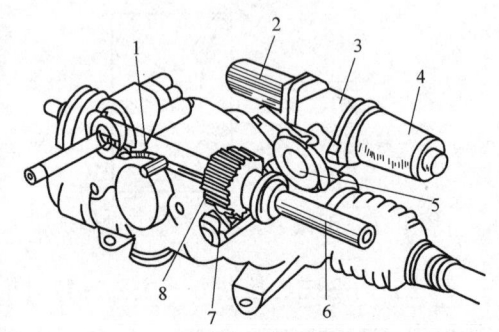

图 10-15 转向角比例控制四轮转向系统转换器的结构

1—偏心轴 2—辅助电动机 3—4WS 转换器
4—主电动机 5—4WS 转换器输出轴 6—连接杆
7—涡轮 8—转角比检测用齿轮

（1）转角比控制　根据转角比传感器、车速传感器控制主电动机，实现对转角的控制。驾驶人可使用四轮转向模式选择开关，选择 NORMAL 或 SPORT 模式。

（2）两轮转向选择功能　当两轮转向选择开关设定在 ON，且变速器被挂入倒档位置时，后轮转向量被设置为零。

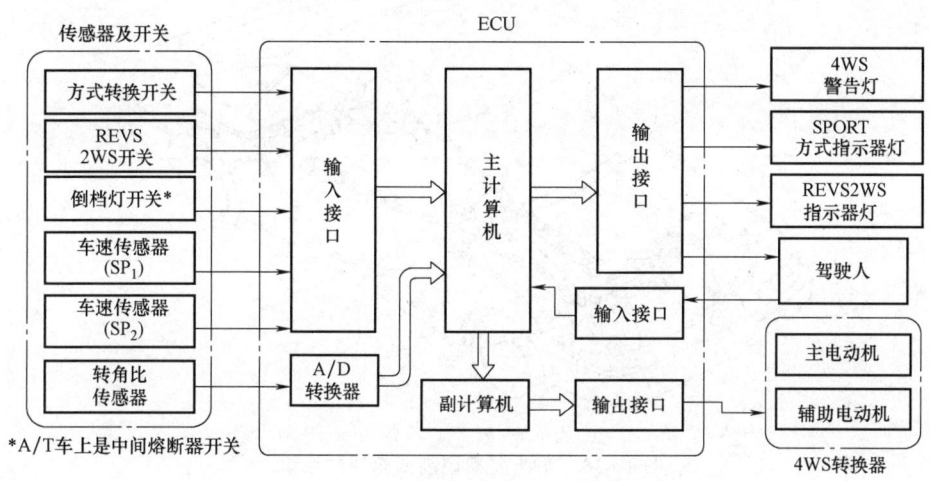

图 10-16 转向角比例控制四轮转向系统控制原理

(3) 故障诊断控制 当主电动机、车速传感器、转角比传感器和 ECU 出现异常情况时，防误操作控制点亮驾驶室内的"四轮转向警告灯"，提示驾驶人，同时将故障以故障码的形式存储到故障存储器。

三、车速前馈控制四轮转向系统

车速前馈控制四轮转向系统的工作特点是后轮偏转的方向和转角大小主要受车速高低的控制，这种四轮转向装置根据事先设计的程序规定，当车速达到某一预定值时（通常为 35~40km/h），后轮能与前轮同方向偏转；当车速低于某一预定值时，则与前轮反方向偏转。车速感应型四轮转向装置的汽车转向过程中，车速与转向比的关系曲线如图 10-17 所示。

车速前馈控制四轮转向系统中，由于采用机械和随车速变化的油压控制，使后轮偏转角的控制不够精确。在电子控制液压式四轮转向系统中，由于采用了电子相位控制系统，使后轮偏转角度控制更精确。

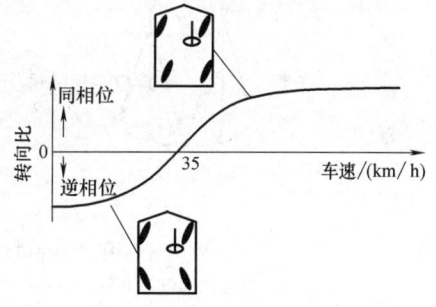

图 10-17 车速与转向比的关系曲线

1. 系统的组成

车速前馈控制四轮转向系统如图 10-18 所示，主要由转向盘、转向油泵、前动力转向器、后轮转向传动轴、车速传感器、电子控制单元、后轮转向系统组成。

(1) 前轮转向器和后轮转向传动轴 前轮转向器和后轮转向传动轴的结构如图 10-19 所示，前轮转向器为齿轮齿条式，但将齿条加长，与固定在后轮转向传动轴上的小齿轮啮合。当转动转向盘使齿条水平移动时，齿条一方面控制前轮转向动力缸工作，推动前轮转向，同时将转向盘转动的方向、快慢和转动的角度传给后轮转向传动轴，驱动该轴转动，以控制后轮转向。

(2) 后轮转向控制系统 后轮转向控制系统如图 10-20 所示，主要包括相位控制机构、液压控制阀、后轮转向动力缸等组成。

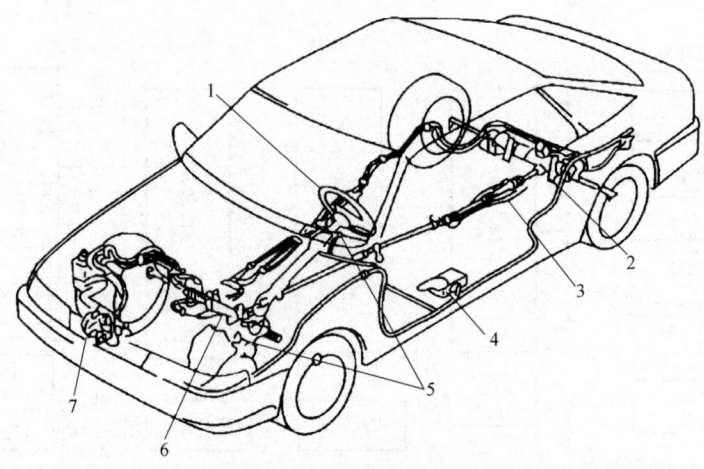

图 10-18 车速前馈控制四轮转向系统
1—转向盘 2—后轮转向系统 3—后轮转向传动轴 4—电子控制单元
5—车速传感器 6—前动力转向器 7—转向油泵

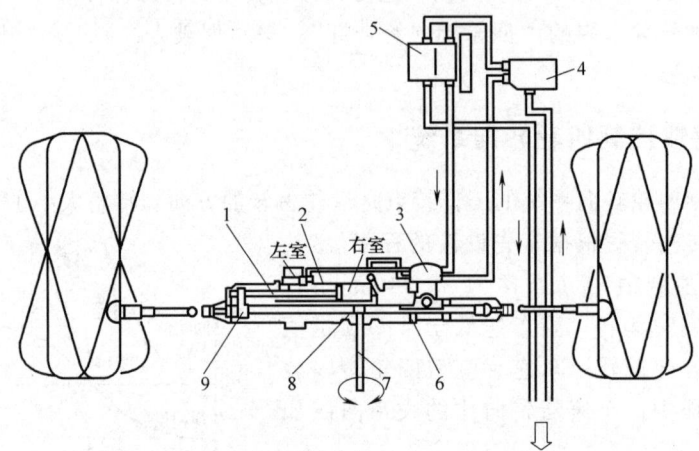

图 10-19 前轮转向器和后轮转向传动轴的结构
1—转向动力缸活塞杆 2—转向动力缸 3—转向控制阀 4—转向油泵 5—储液罐
6—转向齿条 7—后轮转向传动轴 8—转向齿轮 9—连接板

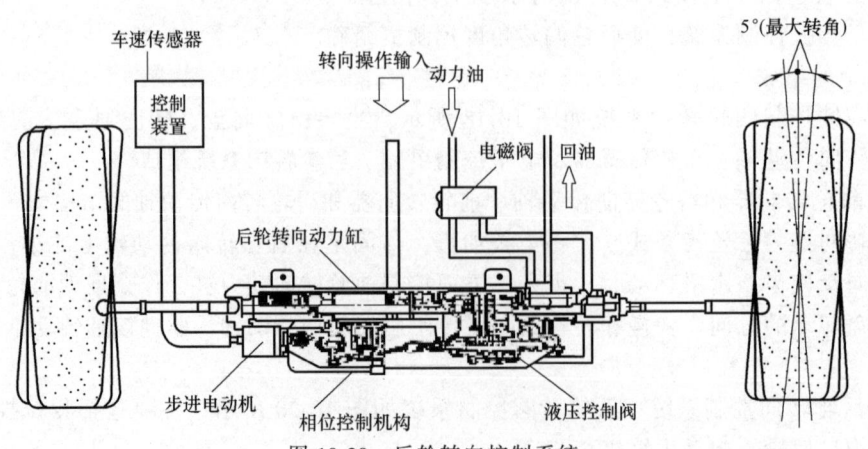

图 10-20 后轮转向控制系统

（3）相位控制机构　相位控制机构的结构如图 10-21 所示，包括步进电动机、扇形齿轮、摆臂、大锥齿轮、小锥齿轮、液压控制阀联杆等组成。后轮转向传动轴与转向齿轮连接并输入前转向齿条的运动状态。一个前/后车轮转向角比传感器安装在扇形控制齿板。

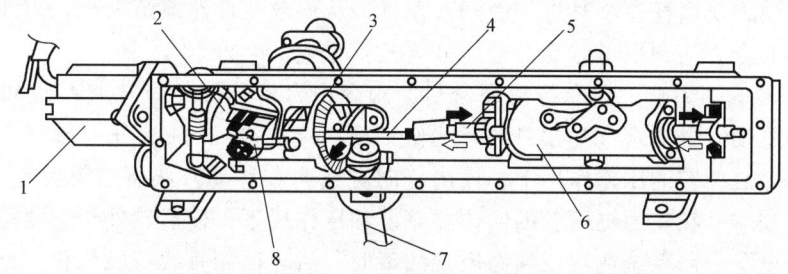

图 10-21　相位控制机构的结构

1—步进电动机　2—扇形齿轮　3—锥齿轮　4—控制杆
5—控制滑阀杆　6—液压控制阀　7—后转向输入轴　8—铰接臂

1）步进电动机。它用螺栓固定在壳体一端，电动机输出轴装一锥齿轮，与固定在蜗杆轴上的另一锥齿轮啮合，蜗杆轴的转动将使扇形控制齿板摆动。步进电动机接收车速传感器的电信号而转动，转动结果使扇形控制齿板正向摆动或逆向摆动一定角度，从而将摆臂拉向或推离步进电动机。

2）液压控制阀联杆。其一端连接摆臂，中间穿过大锥齿轮上的孔，另一端与液压控制阀主动杆连接。大锥齿轮的旋转运动是由小锥齿轮驱动的，而小锥齿轮的转动是由后轮转向传动轴驱动的。由此可见，液压控制阀联杆的运动是摆臂运动和大锥齿轮运动的合成，即液压控制阀联杆的运动受车速和前轮转向运动的综合影响。

（4）液压控制阀　液压控制阀的结构如图 10-22 所示，它是一种滑阀结构，其滑阀的位

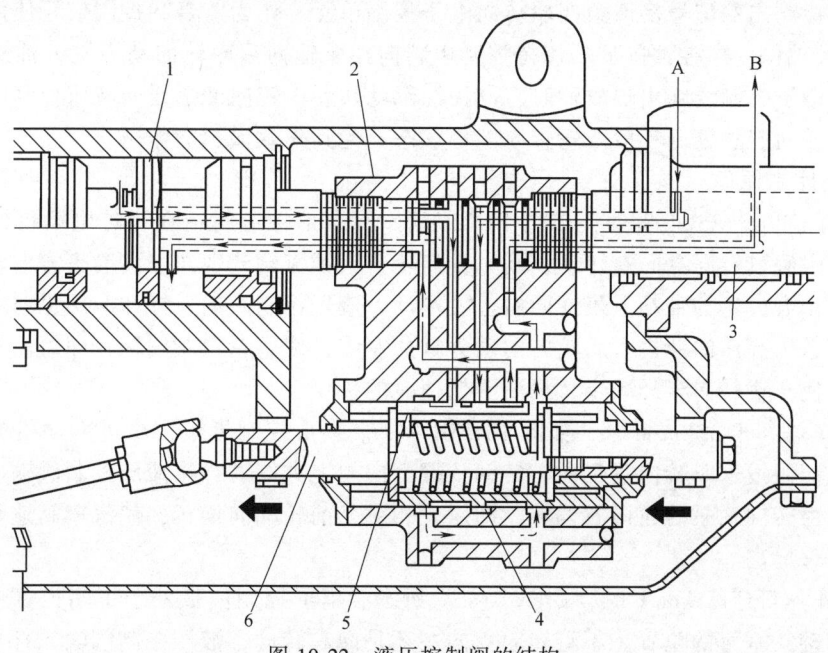

图 10-22　液压控制阀的结构

1—动力缸活塞　2—阀套　3—动力输出杆　4—滑阀　5—回油道　6—液压控制阀主动杆　A—进油口　B—回油口

置取决于车速和前轮转向系统转角。图中表示滑阀向左移动的过程，此时油泵送来的油液通过液压控制阀进入动力缸右腔，同时动力缸左腔通过液压控制阀与储液罐相通。在动力缸左、右腔压力的作用下，动力输出杆左移，使后轮向右偏转。因为阀套与动力输出杆固定在一起，所以当动力输出杆左移时将带动阀套左移，从而改变油路通道大小，当油压与回位弹簧及转向阻力的合力达到平衡时动力输出杆（连同阀套）停止移动。

（5）后轮转向动力缸　阀套将滑阀密封，阀套内含有连接相位控制系统和动力缸的油道。输出杆穿过动力缸活塞（输出杆与动力缸活塞固定连接），两端分别与左、右转向横拉杆连接，在动力缸两腔的压差作用下，输出杆向左或向右移动，从而使得后轮做相应偏转。当汽车直线行驶时，在动力缸两腔的回位弹簧及油压作用下，使后轮处于直线行驶位置。此功能也使得当电子控制系统或液压回路出现故障时，后轮回到直线行驶位置，使四轮转向变成一般的两轮转向工作状态。

（6）电子控制系统　电控液压式四轮转向系统电子控制系统由四轮转向电控单元、转角比传感器和电控油阀组成。

1）四轮转向电控单元。四轮转向电控单元的功用如下。

① 根据车速传感器送来的电脉冲信号计算汽车的行驶速度，再根据车速的高低计算汽车转向时前、后轮的转角比。

② 比较前/后轮理论转角比与当时的前/后轮实际转角比，并向步进电动机发出正转或反转及转角大小的运转指令。另外，还可以起到监视控制四轮转向电控系统工作是否正常的作用。

③ 发现四轮转向机构工作出现异常时，点亮警告灯，并断开电控油阀的电源，使四轮转向处于两轮转向状态。

2）转角比传感器。转角比传感器的功用是检测相位控制系统中的扇形控制齿板的转角位置，并将检测出的信号反馈给四轮转向电子控制单元，作为监督和控制信号使用。

3）电控油阀。电控油阀的功用是控制由转向油泵输向后轮转向动力缸的油路通断。当液压回路或电子控制线路出现故障时，电控油阀就切断由转向油泵通向液压控制阀的油液通道，使四轮转向装置处于一般两轮转向工作状态，起到失效保护的作用。

2. 系统控制原理

1）当车速低于35km/h时，如图10-23a所示。扇形控制齿板在步进电动机的控制下向负方向偏转。假设转向盘向右转动，则小锥齿轮、大锥齿轮分别向空白箭头方向转动，摆臂在扇形齿板和大齿轮的带动下最终向右上方摆动，液压控制阀输入杆和滑阀也向右移动，由转向油泵输送的高压油液进入后轮转向动力缸的左腔，使后轮向左偏转，即后轮相对于前轮反向偏转，使车辆转向半径减小，提高了低速时的机动性。

2）当车速高于35km/h时，如图10-23b所示。扇形控制齿板在步进电动机的控制下向正方向移动。假设这时转向盘仍向右转动，摆臂向左上方摆动，将液压控制阀输入杆和滑阀向左拉动，由转向油泵后轮向右偏转，即后轮相对于前轮同向偏转，使汽车高速行驶时的操纵稳定性显著提高。

3）当车速等于35km/h时，如图10-23c所示。扇形控制齿板处于中间位置，摇臂处于与大锥齿轮轴线垂直的位置。不管转向盘向左还是向右转动，液压控制阀输入杆均不产生轴向位移，后轮保持与汽车纵向轴线平行的直线行驶状态。

项目十 汽车电控动力转向控制系统

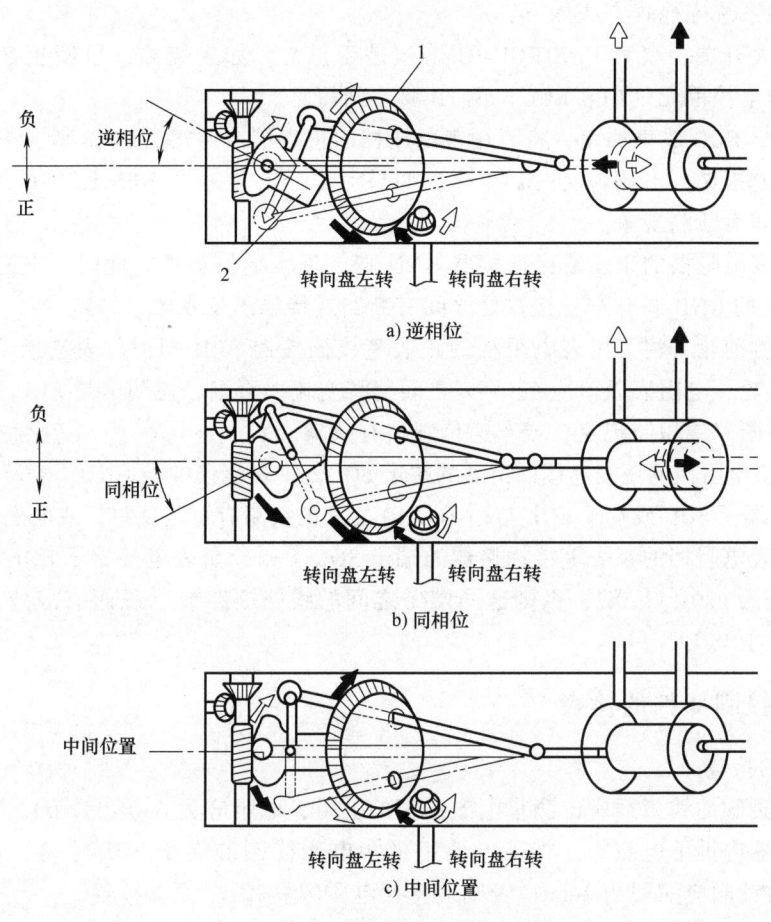

图 10-23 后轮转向系统的控制原理
1—大锥齿轮 2—扇形控制齿板

实训任务

实训一 流量控制式电控动力转向系统的检修

以雷克萨斯轿车流量控制式 EPS 系统为例说明电控液压式动力转向系统的检修方法，雷克萨斯轿车 EPS 系统的结构与工作原理如图 10-1 所示。该系统在低速或停车时，可以增加油压，减少加在转向盘上的转向力；而在高速时，可以降低油压，增加转向力，具有相对的转向灵敏性。

一、电子控制系统故障诊断

流量控制式 EPS 系统常见的故障有低速或发动机怠速时转向沉重、高速行驶时转向过度灵敏。在检查电子控制系统之前，应先察看胎压、悬架和转向杆件及球形接头的润滑情况；检查前轮定位、动力转向泵油压是否正常；各导线插接器是否连接牢靠，转向柱是否弯曲等。电子控制系统的检查方法如下：

1）打开点火开关，察看 EPS ECU-IG 熔丝是否正常。如果烧毁，重新更换后又烧毁，则表明此熔丝与电控单元（EPS ECU）的+B 脚之间短路。

2）拔下 EPS ECU 线束插座，将万用表电压档的正表笔接插接器的+B 脚（从背面插入，以下同），负表笔搭铁，电压应为 10~14V。如果无电压，则表明 EPS ECU-IG 熔丝与 EPS ECU 的+B 脚之间有断路现象。

3）将万用表电阻档的正表笔接插接器 GND 脚，负表笔仍搭铁，此时，电阻值应为零。否则，EPS ECU 的 GND 脚与车身接铁处之间有断路或接触不良现象。

4）顶起一侧前轮，将万用表电阻档的正表笔接插接器 SPD 脚，负表笔接 GND 脚。然后转动支起的车轮，电阻表阻值应在 0~∞ 之间交替变化。否则，说明 EPS ECU 的 SPD 与车速传感器之间有断路或短路现象，或车速传感器有故障。

5）将万用表电阻档的正表笔接插接器的端子 SOL，负表笔接端子 GND，表所指示的电阻值应为∞。否则端子 SOL 或端子 SOL 与端子 GND 之间的线路有短路现象，或电磁阀有故障。

6）将万用表电阻档的正表笔接插接器的端子 SOL（+），负表笔接端子 SOL（-）。两端子之间的电阻应为 6.0~11.0Ω，否则这两端子之间的线路断路或电磁阀有故障。如果电阻正常，则应检查 EPS ECU。

二、电子控制部件的检查

1. 电磁阀的检查

1）拔下电磁阀的线束插座，测量电磁线圈的电阻，电阻应为 6.0~11.0Ω。

2）从转向器内拆下电磁阀，将蓄电池正极接电磁线圈的端子 SOL（+），负极接端子 SOL（-），这时针阀应缩回约 2mm，否则应更换电磁阀。

2. ECU 的检查

1）顶起汽车，拆下 ECU，起动发动机。

2）在不拔下 ECU 插接器、发动机怠速运转的情况下，用万用表电压档测量 ECU 的 SOL 和 GN 两端子之间的电压，然后将变速器挂上档，并使车速达到 60km/h，仍按上述接法再测电压，电压应比原来增加 0.07~0.22V。如果无电压，则应更换 EPS ECU。

实训二　电动式电控动力转向系统的故障诊断与检修

以三菱轿车 EPS 系统为例来说明电动式电控动力转向系统的故障诊断与检修方法。

一、三菱轿车 EPS 系统的组成与工作原理

三菱轿车 EPS 系统的电子控制系统组成如图 10-24 所示。该系统在其设定车速以上时，变为常规转向机构（不起助力作用）；当系统发生故障时，系统将切断电动机电流，变为常规转向系统，同时速度表内的 EPS 警告灯亮起，以提醒驾驶人。EPS 控制系统由一个微型计算机、一个半导体芯片（MC6805）及其外围电路组成。

当点火开关接通时，EPS ECU 与蓄电池接通，EPS 控制系统开始工作。当在发动机起动后，交流发电机 L 端子电压输送给控制器（EPS ECU），感知发动机在运转，EPS 控制系

统转为工作状态。当汽车在行驶过程中，EPS ECU 根据车速和转向力矩传感器的信号，经过对比运算后，向电动机和电磁离合器发出控制指令（电信号），使电动机通过相应的电流而转动，电动机由输出轴经减速机构驱动小齿轮，使小齿轮产生转向助力。电动机电流的大小分为六种情况，如图 10-25 所示。当车速在 30km/h 以上时，EPS 控制系统将切断离合器和电动机电流，使离合器分离，电动机停止工作，电动转向系统变为常规转向工作模式；当车速在 27km/h 以下时，EPS 控制系统使离合器通电接合，电动机电流接通，变为电动助力转向工作模式。

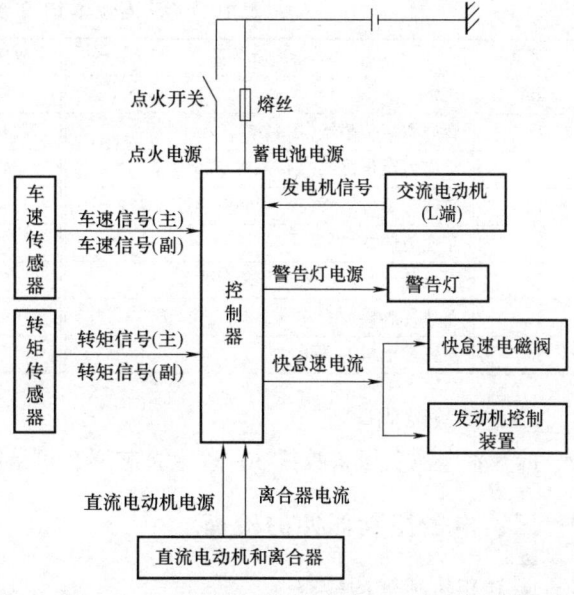

图 10-24 三菱轿车 EPS 系统的电子控制系统组成

二、电子控制系统故障诊断

1. EPS 警告灯的检查

当点火开关处于 ON 位置时，EPS 警告灯应点亮，发动机起动后警告灯熄灭为正常。警告灯不亮时，应检查灯泡是否损坏，熔丝和导线是否断路。若发动机起动后，警告灯仍亮时，首先应考虑该系统是否处于熔断状态（只有常规转向工作，无电动助力），然后进行自诊断操作。

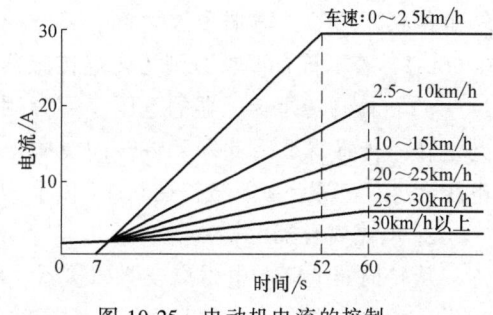

图 10-25 电动机电流的控制

2. 故障自诊断

将 LED 灯接在自诊断插座的 2 号端子与搭铁之间，如图 10-26a 所示。接通点火开关 ON 档，通过 LED 灯的闪烁显示故障码。如果有多个故障码，则将故障码以由小到大的顺序显示出来。故障码波形如图 10-26b 所示。三菱轿车 EPS 系统故障码含义见表 10-1。

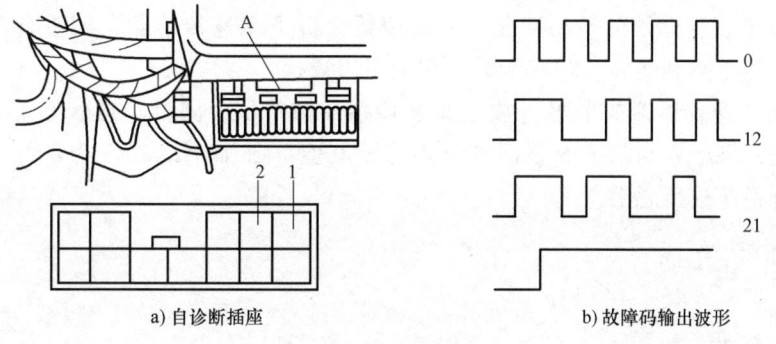

a) 自诊断插座　　　　　　　　　b) 故障码输出波形

图 10-26 自诊断操作

1—多点燃油喷射　2—电动助力转向　A—连接片

表 10-1　三菱轿车 EPS 系统故障码含义

故障码	检查诊断项目	故障码	检查诊断项目
0	正常	41	直流电动机
11	转向力矩传感器(主)	42	直流电动机电流
12	转向力矩传感器(副)	43	直流电动机过电流
13	转向为矩传感器(主、副侧电压差过大)	44	直流电动机锁止
21	车速传感器(主)	51	电磁离合器
22	车速传感器(主、副侧压差过大)	54	EPS 控制器
23	车速传感器(主)电压急减	55	转向力矩传感器 E/F 回路不良
31	交流发电机 L 端子	—	EPS 控制器(电脑)不良

3. 清除故障码

拆开蓄电池负极搭铁线 30s 以上再装回，可清除故障码。

三、电子控制部件的检查

1. 转矩传感器的检查

（1）检测转向力矩传感器线圈的电阻　从转向器总成上拔下转矩传感器插接器，测量转矩传感器端子 3 与端子 5 之间，端子 8 与端子 10 之间的电阻，其标准值应为 2.18kΩ±0.66kΩ，若不符合要求，则为转矩传感器异常。

（2）检测转矩传感器的电压　用万用表直流电压档测量上述各端子之间的电压，用以判定转矩传感器是否良好。将转向盘置于中间位置，如果测得电压约为 2.5V，则为良好；电压在 4.7V 以上为断路，在 0.3V 以下为短路。

2. 电磁离合器的检查

从转向器上断开电磁离合器插接器，将蓄电池的正极接到 1 号端子上，蓄电池的负极与端子 6 相接，在接通与断开端子 6 的瞬间，离合器应有工作声音。若没有声音，则表明电磁离合器有故障，应更换转向器总成。

3. 直流电动机的检查

从转向器上断开电动机插接器，给电动机加上蓄电池电压，电动机应有转动声音。若电动机没有声音，则应更换转向器总成。

4. 车速传感器的检查

（1）检查车速传感器的转动情况　从变速器上拆下车速传感器，用手转动车速传感器的转子检查其能否顺利运转，若有卡滞，则应予以更换。

（2）检测车速传感器的电阻　拔下车速传感器插接器，测量车速传感器插接器端子 1 与端子 2 之间，端子 4 与端子 5 之间的电阻值，其值等于 165Ω±20Ω 为良好。若与上述不符，则必须更换车速传感器。

巩固练习

一、填空题

1. 电控动力转向系统在汽车低速行驶时可使_____；当汽车在中、高速区域转

项目十　汽车电控动力转向控制系统

向时，又能保证_____和_____，从而提高了_____。

2. 液压式电控动力转向系统在传统的液压动力转向系统的基础上增设了_____、_____和_____等。

3. 反力控制式主要由_____、_____、_____、_____、_____、_____及_____等组成。

4. 电动式电控动力转向系统利用_____为动力源，电控单元根据_____和控制_____。

5. 根据控制方式的不同，液压式电控动力转向系统又可分为_____、_____和_____三种形式。

6. 流量控制式 EPS 系统主要由_____、_____、_____、_____和_____等组成。

7. 阀灵敏度控制式 EPS 系统是根据_____直接改变_____增益（阀灵敏度）来控制油压的。

8. 电动式 EPS 系统能根据_____产生_____，不受发电机停止运转的影响，在停车时，_____；汽车在行驶过程中，电子控制装置可调整_____。

9. 转矩传感器用于测量_____。

10. 汽车四轮转向系统在低速行驶转向时，使后轮_____，以减小转向半径提高汽车的机动性；在中速行驶转向时，使后轮_____，以提高转向灵敏性；在高速行驶转向时，也使后轮_____，以减小_____，改善_____。

11. 在电控液压式四轮转向系统中，由于采用了_____，使_____更精确。

12. 转向角比例控制的四轮转向系统是指_____与_____，在低速区_____，而中、高速区_____，使_____，得到稳定的转向性能。

13. 车速前馈控制四轮转向系统的工作特点是_____，这种四轮转向装置根据事先设计的程序规定，当车速达到某一预定值时（通常为 35～40km/h），_____；当车速低于某一预定值时，则_____。

二、判断题

1. 汽车电控动力转向系统在汽车在中、高速区域转向时，能保证提供最优的动力放大倍率和稳定的转向手感。（　　）

2. 电动式电控动力转向系统利用直流电动机作为动力源。（　　）

3. 流量控制式 EPS 系统车速越高，流过电磁阀电磁线圈的平均电流值越大。（　　）

4. 阀灵敏度控制式 EPS 系统可以获得自然的转向手感和良好的转向特性。（　　）

5. 电动式 EPS 系统所采用的直流电动机通常采用线绕式直流电动机。（　　）

6. 在操纵转向盘时，转矩传感器根据输入转向力矩的大小产生出相应的电压信号，转矩传感器信号经过 A/D 转换器被输入中央处理器（CPU）。（　　）

7. EPS ECU 能根据转矩传感器的转矩方向输出电动机的旋转方向指示信号。（　　）

8. 四轮转向系统按控制方式的不同分为机械式，液压式、电控液压式三种类型。（　　）

9. 电控液压式四轮转向系统电子控制系统由四轮转向电子控制单元、转角比传感器和电控油阀组成。（   ）

10. 在检查流量控制式 EPS 系统之前，应先察看胎压、悬架和转向杆件及球形接头的润滑情况。（   ）

三、思考题

1. 简述电控动力转向系统的特点。
2. 简述流量控制式 EPS 系统的结构与工作原理。
3. 简述反力控制式 EPS 系统的结构与工作原理。
4. 简述阀灵敏度控制式 EPS 系统的结构与工作原理。
5. 电动式 EPS 系统由哪几部分构成？
6. 电动式 EPS 系统转矩传感器的作用是什么？
7. 电动式 EPS 系统是如何控制转向助力，改善转向路感的？
8. 简述电动式 EPS 系统的工作原理。
9. 简述四轮转向系统的功能和优点。
10. 简述转向角比例控制四轮转向系统的结构与工作原理。
11. 简述车速前馈控制四轮转向系统的结构与工作原理。
12. 简述流量控制式电控动力转向系统的检修方法。
13. 简述电动式电控动力转向系统的故障诊断与检修方法。

项目十一 汽车巡航控制系统

学习目标：

通过本项目的学习，了解巡航控制系统的作用、意义；掌握巡航控制系统的基本组成和控制原理；掌握巡航控制系统主要零部件的结构与工作原理；掌握汽车巡航控制系统的使用维护与检修方法。

理论知识

课题一 概 述

巡航控制系统（Crusie Control System，CCS）是一种为了减轻驾驶人的疲劳强度，提高乘坐舒适性，使汽车行驶在发动机有利转速范围内的汽车自动行驶装置。当汽车在长距离的高速公路上行驶时，启动巡航控制系统就可以自动将汽车固定在特定的行驶速度上，免除驾车者长时间脚踏加速踏板之苦。同时，它还可以在巡航状态下对预定的车速进行加速和减速的调节。

一、现代汽车采用巡航控制系统的意义

现代汽车采用巡航控制系统的意义主要体现在以下几点。

1. 减轻驾驶人的劳动强度，提高行驶安全性

在汽车行驶过程中，当车速达到一定值（超过40km/h）后，只要驾驶人操作巡航开关设定一个想要恒速行驶的车速，CCS ECU 就能自动控制发动机节气门开度使汽车保持在设定的速度恒速行驶，不需要驾驶人踩踏加速踏板，使驾驶人的劳动强度大大减轻。当汽车在高速公路或高等级公路上长时间行驶时，更能充分发挥巡航控制系统的优点，因为巡航行驶不用踩踏加速踏板，驾驶人的劳动强度大大减轻，所以行驶安全性将大大提高。

2. 行驶速度稳定，提高乘坐舒适性

在巡航行驶过程中，无论汽车在上坡或下坡路面上行驶，还是在平坦路面上行驶或在风速变化的情况下行驶，只要是在发动机功率允许范围之内，汽车行驶速度都将保持设定的巡航车速基本不变。

3. 节省燃料消耗，提高燃油经济性和排放性能

实践证明，汽车在相同行驶条件下，利用巡航行驶可以节省15%左右的燃料。这是因为巡航控制系统与发动机燃油喷射系统以及自动变速器控制系统是相互配合工作的，巡航车

速被控制在经济车速范围内，汽车巡航行驶时的燃料供给与发动机功率之间处于最佳配合状态，与此同时，有害气体的排放量也将大大减少。

二、巡航控制系统的基本组成与控制原理

1. 基本组成

汽车巡航控制系统主要由车速传感器、节气门位置传感器、控制开关、电控单元（CCS ECU）和执行机构等部件组成。图 11-1 所示为雷克萨斯 LS400 型轿车巡航控制系统控制部件的安装位置。

巡航控制系统的车速传感器和节气门位置传感器既可与发动机控制系统和电控自动变速系统公用，也可专门设置独立使用。车速传感器和节气门位置传感器的功用是分别向 CCS ECU 提供汽车行驶速度信号和发动机节气门开度信号。

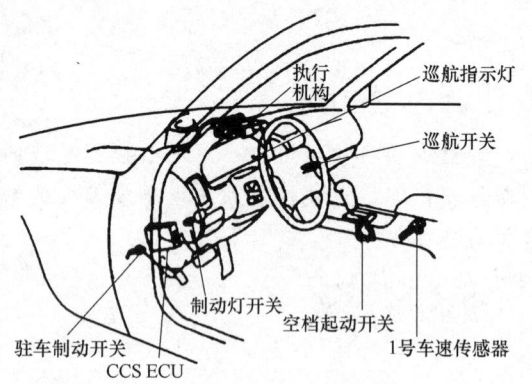

图 11-1 雷克萨斯 LS400 型轿车巡航控制系统控制部件的安装位置

控制开关主要有巡航开关、制动灯开关、驻车制动开关、点火开关、离合器开关（仅对手动变速器汽车）或空档起动开关（对于自动变速器汽车）等。巡航开关的功用是将恒速、加速或减速、恢复原速以及取消巡航行驶等指令信号输入 CCS ECU，其他开关的功用是将各种状态信息输入 CCS ECU，以便 CCS ECU 确定是否进行巡航控制。

CCS ECU 是巡航控制系统的控制核心，具有计算、逻辑判断、记忆存储、故障诊断等功能。

执行机构又称为执行器，分为气动式和电动式两种。气动式主要由速度伺服装置和电磁阀等组成。电动式主要由电动机（永磁式或步进式电动机）、减速机构和电磁离合器等组成。执行机构的功用是根据 CCS ECU 指令，通过节气门拉索（钢缆）调节发动机节气门的开度，使车速保持恒定。

2. 控制原理

巡航控制系统的基本控制原理如图 11-2 所示，输入电控单元（CCS ECU）的信号有两

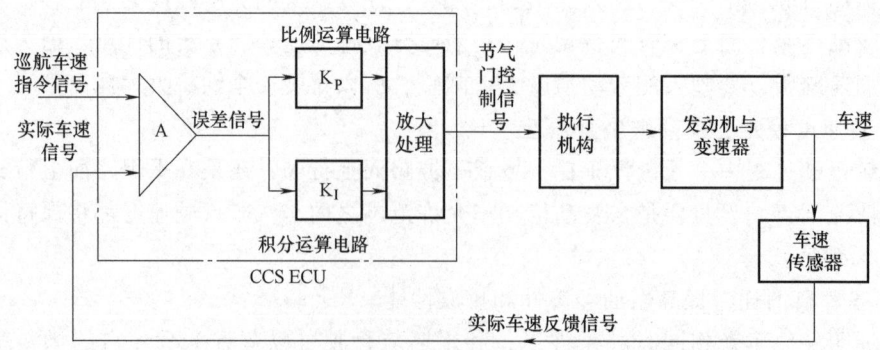

图 11-2 巡航控制系统的基本控制原理

个：一个是驾驶人根据行驶条件，通过巡航开关设定的巡航车速指令信号；另一个是车速传感器输入的实际车速反馈信号。

当巡航车速指令信号和实际车速反馈信号输入 CCS ECU 后，CCS ECU 的比较器经过比较运算便可得到两个信号之差，称为误差信号。误差信号经过比例运算和积分运算后，再经过放大处理就可得到控制节气门开度大小的控制信号，CCS ECU 将控制指令发送给执行机构，执行机构就可驱动节气门拉索调节发动机节气门开度的大小，将实际车速迅速调节到驾驶人设定的车速值，从而实现恒速控制，即实现巡航控制。

在控制过程中，当实际车速低于驾驶人设定的巡航车速值时，CCS ECU 将向执行机构发出增大节气门开度的指令，使实际车速升高到巡航车速。反之，当实际车速高于驾驶人设定的巡航车速值时，CCS ECU 将向执行机构发出减小节气门开度的指令，使实际车速降低到巡航车速，从而使实际车速基本保持在驾驶人设定的巡航车速值不变。

3. 控制过程

巡航电控单元（CCS ECU）作为巡航控制系统的控制核心，控制方法一般都采用"比例-积分计算法"进行控制，又称为"PI"控制方式。比较器运算得到的误差信号经过比例运算电路线性放大后，输出的信号将正比于误差信号；积分运算放大电路设置有一条斜率可调的输出控制线，用以在短时间内将车速误差调节到趋近于零的很小范围，控制线控制的巡航车速与节气门开度之间的关系如图 11-3 所示。节气门控制信号则由比例运算电路和积分运算电路输出信号叠加而成。

当汽车在平坦路面上以设定的巡航车速 v_0 行驶时，设节气门开度为 θ_0，如果此时 CCS ECU 向执行机构发出指令使节气门开度

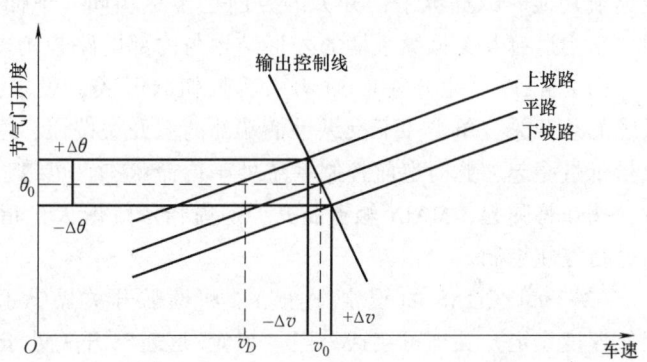

图 11-3 控制线控制的巡航车速与节气门开度之间的关系

保持不变，则汽车将以设定的巡航车速 v_0 行驶。当车辆遇到坡道上坡行驶或逆风行驶时，由于坡道阻力或风阻增加将使车速降低到 v_D，不能以设定的巡航车速 v_0 行驶，CCS ECU 必须向执行机构发出指令使节气门开度增大（即节气门旋转角度增大 $\Delta\theta$），才能使实际车速接近于设定的巡航车速行驶。同理，当车辆下坡或顺风行驶时，节气门旋转角度将减小 $\Delta\theta$，实际车速将比巡航车速 v_0 高 Δv。

由此可见，为使汽车巡航车速 v_0 不受行驶阻力变化的影响，巡航电控单元（CCS ECU）内部积分运算放大电路 K_1 控制的控制线应尽可能使车速变化范围减小，即控制线的斜率应尽可能小。由于按 P_1（比例）控制方式设置了控制线，当汽车行驶在上、下坡道路以及风阻等因素导致行驶阻力变化时，控制系统只要将节气门开度调整 $\pm\Delta\theta$，就可将车速变化幅度限制在 $\pm\Delta v$ 的微小范围内。

课题二 巡航控制系统主要零部件的结构与工作原理

汽车巡航控制系统主要零部件有车速传感器、节气门位置传感器、巡航行驶控制开关、

巡航控制电控单元（CCS ECU）和巡航执行机构。

一、巡航行驶控制开关

1. 巡航开关

巡航开关是巡航控制系统的主要控制开关，其功用是将恒速、加速或减速、恢复巡航车速以及取消巡航行驶等指令信号输入巡航控制电控单元（CCS ECU），以便 CCS ECU 确定是否进行恒速控制。

巡航开关实际上是一个类似于风窗玻璃刮水与洗涤开关的组合手柄开关，一般都由"MAIN"（主开关）、"SET/COAST"（设定/巡航）、"RES/ACC"（恢复/加速）和"CANCEL"（取消）四个功能开关组成。巡航开关一般都安装在转向盘右下侧偏上位置，并随转向盘一同转动，以便于驾驶人操作。在驾驶人转动转向盘的同时，即可用右手手指拨动组合手柄开关进行巡航控制的有关操作。在每项功能开关的旁边，标注有完成相应功能时开关手柄的操纵方向。

各型汽车用巡航开关的工作原理基本相同。但是，巡航开关的外形结构各不相同，在设定巡航功能时，操纵手柄开关的方向也不尽相同。下面以图 11-4 所示丰田雷克萨斯 LS400 型轿车用巡航开关操纵手柄的外形结构与内部电路为例进行说明。

（1）MAIN（主开关） 主开关为按钮式开关，设在开关操纵手柄的端部，是巡航控制系统的总开关。单击一下操纵手柄端部的主开关按钮，主开关触点接通，组合仪表板上的巡航指示灯亮起，此时巡航控制系统处于待命状态，可以进行巡航控制。再次单击主开关按钮时，按钮将弹起，MAIN 触点断开，巡航指示灯熄灭，指示巡航控制系统处于关闭状态，不能进行巡航控制。

（2）SET/COAST（设定/巡航） 将巡航开关操纵手柄向下拨动并保持在向下位置时，巡航速度设定开关即可接通。当"设定/巡航"开关处于接通位置时，只要按住操纵手柄不动，汽车就会不断加速。当车速达到驾驶人想要巡航行驶的车速（车速应在 40km/h 以上，低于 40km/h 不能进行巡航行驶）时松开操纵手柄，手柄将自动复位，此时巡航控制系统就会使汽车以松开操纵手柄时的车速保持恒速行驶。

（3）RES/ACC（恢复/加速） 向上拨动操纵手柄对，巡航速度"恢复/加速"开关即可接通。在汽车以设定的巡航速度行驶过程中，当驾驶人踩下加速踏板超车或踩下制动踏板制

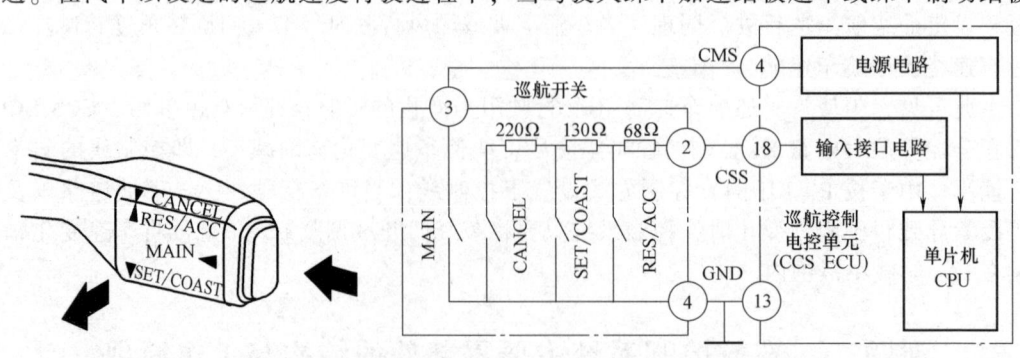

a）巡航开关操纵手柄外形　　　　　　　　　　b）巡航开关电路图

图 11-4　丰田雷克萨斯 LS400 型轿车用巡航开关操纵手柄的外形结构与内部电路

动，或将自动变速器变速杆拨到前进档（D位）以外的位置时会导致车速升高或降低，如果此时想要恢复到原来设定的巡航车速，那么将巡航开关操纵手柄向上抬起并保持在该位置使"恢复/加速"开关保持接通，汽车即可迅速加速或减速并恢复到原来设定的巡航车速行驶。但是，如果行驶车速已经低于40km/h，则巡航车速不能恢复。

（4）CANCEL（取消） 将巡航开关操纵手柄向驾驶人方向拨动，即可接通巡航速度"取消"开关来解除巡航行驶。

2. 制动灯开关

在装备巡航控制系统的汽车上，制动灯开关是一个双闸开关，即制动灯开关是在原有常开触点的两端，并联一个常闭触点构成。常开触点连接在CCS ECU与制动灯电路中，常闭触点连接在CCS ECU与巡航执行机构（电磁离合器线圈或电磁阀线圈）电路中。当驾驶人踩下制动踏板时，常开触点闭合接通制动灯电路，同时向CCS ECU输入一个表示制动的信号，CCS ECU立即关闭巡航控制程序解除巡航控制状态。与此同时，制动灯开关的常闭触点断开，切断巡航执行机构电路，使巡航执行机构动力传递路线切断。

3. 驻车制动开关

在汽车行驶过程中，当制动系统发生故障时，就需要通过操作驻车制动器来降低车速。当拉紧驻车制动器时，驻车制动开关触点闭合，在接通制动警告灯电路的同时，还向CCS ECU输送一个表示驻车制动器处于制动状态的信号，CCS ECU接收到该信号后将解除巡航行驶状态。

4. 空档起动开关

在汽车行驶过程中接通自动变速的空档（N位）时，说明驾驶人想要减速停车。因此，在装备巡航控制系统的汽车上，空档起动开关还有一个功用就是向巡航电控单元（CCS ECU）输入一个电信号，以便CCS ECU解除巡航行驶状态。

5. 离合器开关

离合器开关的功用是当汽车处于巡航状态行驶时，如果驾驶人踩踏离合器踏板，离合器开关触点就会闭合，并向CCS ECU输入一个电信号，以便CCS ECU解除巡航控制状态。

二、巡航控制电控单元

图11-5所示为巡航控制系统电控单元（CCS ECU）的电路框图，其功用是接收车速传感器、巡航开关、制动灯开关、驻车制动开关、空档起动开关或离合器开关、发动机电控单元（ECU）以及自动变速系统电控单元（ECT ECU）的信号，经过信号转换与处理、计算（比例-积分计算）、逻辑判断、记忆存储、功率放大等处理后，向巡航执行机构输出控制指令信号，驱动执行器动作，从而实现巡航控制或解除巡航行驶状态。

CCS ECU根据驾驶人操作"设定/巡航"（SET/COAST）开关输入的设定车速信号、车速传感器输入的实际车速信号、各种开关输入信号以及发动机电控单元、自动变速器电控单元输入的信号，按照只读存储器（ROM）中预先编制的程序进行计算处理之后，向执行机构驱动电路发出指令，改变节气门开度，使实际车速达到设定的巡航车速。

三、巡航控制执行机构

汽车巡航控制系统的执行机构又称为速度伺服装置，其功用是根据巡航电控单元（CCS

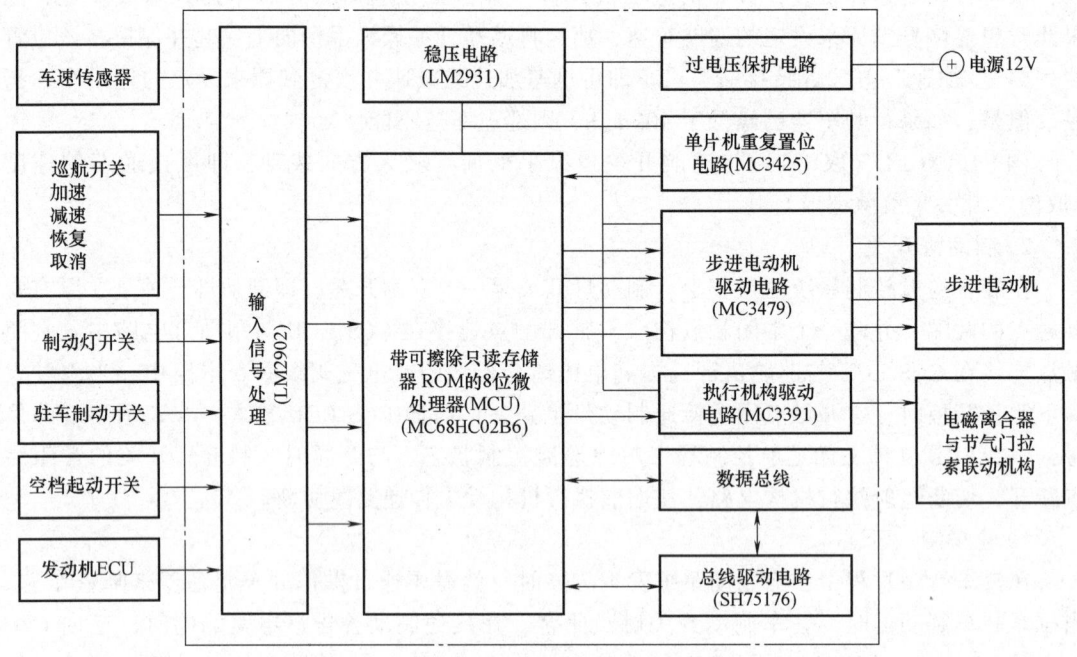

图 11-5　巡航控制系统电控单元（CCS ECU）电路框图

ECU）的控制指令，通过操纵节气门拉索来改变发动机节气门开度，使汽车加速、减速或保持恒定的速度行驶。

巡航控制系统执行机构的组成如图 11-6 所示，主要由驱动电动机、电磁离合器、减速机构和电位计等组成。

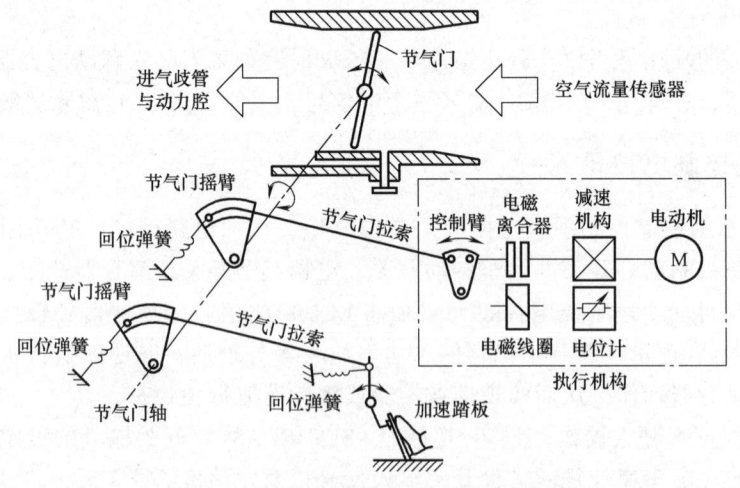

图 11-6　巡航控制系统执行机构的组成

1. 驱动电动机

驱动电动机是执行机构的动力源，可采用永磁式或步进式直流电动机。电机转动时通过减速机构和电磁离合器带动控制臂转动，控制臂又通过专用节气门拉索拉动节气门摇臂转动，调节节气门开度。

2. 电磁离合器

电磁离合器安装在驱动电动机与控制臂之间，其结构如图11-7所示，在巡航行驶过程中，当驾驶人踩下制动踏板或实际车速超过设定巡航车速一定值（一般为15km/h左右）或车速传感器发生故障时，CCS ECU 将立即发出控制指令使离合器分离，防止发生事故，故又称为安全电磁离合器。

由于只有在电磁离合器接合的情况下驱动电动机转动才能改变节气门开度进入巡航控制，当未进入巡航控制状态时，将电磁离合器线圈电路设计为接通状态，使离合器初始状态设计为接合状态。将离合器初始状态设计为接合状态时，节气门摇臂将随驱动电动机转动而转动，不仅能够保证巡航执行机构迅速响应，而且能够防止发生"游车"（车速时快时慢现象），从而提高巡航行驶稳定性和乘坐舒适性。

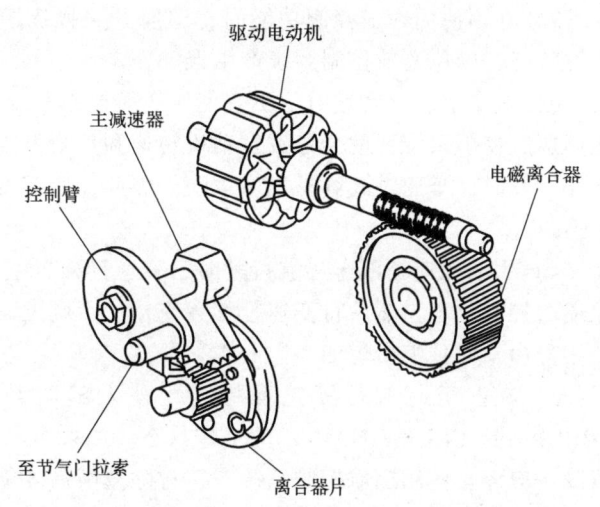

图11-7 电磁离合器的结构

3. 电位计

在巡航执行机构中，一般都装有一只由滑片电阻器构成的电位计（即转角或位移传感器），电位计的结构如图11-8所示，其功用是检测执行机构中控制臂转动的角度或拉索的位移量，并将信号输入（CCS ECU）。CCS ECU 将这个信号存储在存储器中，如果设定车速与实际车速有差异，巡航控制 ECU 就根据这个信号确定应将节气门开度改变多少，使节气门开度与设定车速相匹配。该信号的另一个作用是用于 CCS ECU 诊断执行机构是否发生故障，当 CCS ECU 向执行机构发出控制指令后，如果电位计信号没有变化或超过设计值，则将判定执行机构有故障。

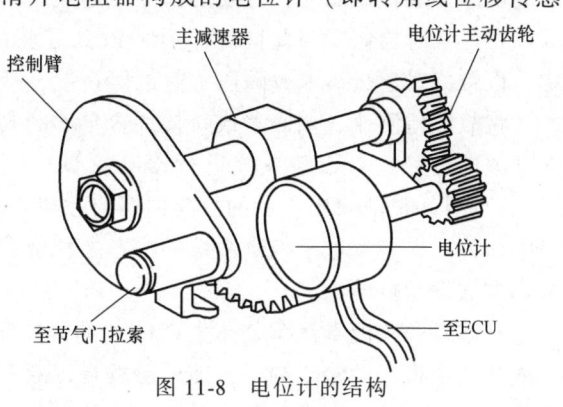

图11-8 电位计的结构

实训任务

实训 汽车巡航控制系统使用维护与检修

一、汽车巡航控制系统的正确使用

汽车巡航控制系统在使用中必须注意以下几点。

1）在交通拥堵场合，在雨、雪或大风天气行驶以及在冰、雪等湿滑路面上行驶时，不宜使用巡航控制系统。这是因为在上述情况下，不能保证巡航控制系统正常发挥效能。

2）在不使用巡航控制功能时，巡航开关操纵手柄上的主开关（MAIN）按钮应当置于断开状态，以免巡航控制系统产生误动作。

3）汽车上、下陡坡时，不宜使用巡航控制系统。这是因为汽车在陡坡上行驶时，如果使用巡航控制系统，就会导致发动机转速和负荷发生很大变化，燃油经济性就会降低。汽车下坡行驶时，车速过高容易发生危险。因此，应将变速器换入低档，利用发动机制动来控制车速。

4）手动变速器汽车巡航行驶时，变速杆移置空档之前必须先踩离合器踏板，即首先解除巡航控制状态，然后将变速杆移置空档，否则发动机转速会骤然升高，不仅影响发动机的使用寿命，而且浪费燃油。

5）在汽车巡航行驶过程中，驾驶人随时都要注意观察仪表板上的巡航指示灯（CRUISE 或 CRUISE MAIN）的工作状态。如果指示灯闪烁发亮，则表明巡航控制系统发生故障，应停止使用巡航控制系统，待排除故障后才能继续使用。

二、巡航控制系统的自诊断测试

汽车电子控制巡航系统都具有故障自诊断功能。在进行故障自诊断测试时，首先应检查巡航指示灯（CRUISE MAIN）电路是否正常。巡航指示灯设置在组合仪表板上。

在汽车巡航行驶过程中，如果车速传感器或执行机构等部件发生故障，CCS ECU 就会自动解除巡航控制功能，并发出指令使巡航指示灯闪亮报警，提醒驾驶人巡航控制系统发生故障，应及时检修。与此同时，CCS ECU 还将故障内容编成代码存入随机存储器（RAM）中，以维修时通过读取故障码了解故障情况，从而有的放矢地进行检修。

将故障检测仪、调码器或跨接线等自诊断测试工具与汽车上的诊断插座连接后，接通点火开关即可触发自诊断系统进行诊断测试。根据读取的故障码查阅被测车型的《维修手册》，即可知道故障码表示的故障内容与故障原因。诊断插座（TDCL）是故障诊断通信接口的简称。在装备电子控制系统的汽车上，都设有诊断插座，一般安装在熔断器盒上、仪表板下方或发动机舱内。

日本以及欧洲各汽车公司生产的大部分轿车均可利用"跨接线"跨接诊断插座上某两个或某几个指定的接线端子，即可触发自诊断系统来读取故障码。由于各型汽车诊断插座的形状、安装位置、端子分布、跨接端子的名称以及故障码的显示方式各不相同，因此，自诊断测试方法各有不同。下面以丰田雷克萨斯LS400型轿车电子控制巡航系统为例，说明利用跨接线进行诊断测试的方法。

1. 读取故障码

丰田雷克萨斯LS400型轿车设有两个诊断插座，发动机舱与驾驶室各设置一个。发动机舱内的检查插接器设在熔断器盒旁边，可用于读取与清除故障码；驾驶室内的诊断插座设在仪表板左下方或仪表台下面的工具箱内，用于数据传输。通过诊断插座可以对发动机燃油喷射系统（EFI）、变速器电子控制系统（ECT）、防抱死制动系统（ABS）、空调器系统（A/C）、安全气囊系统（SRS）、空气悬架系统、牵引力控制系统（TRC）、巡航控制系统（CCS）等进行自诊断测试。

丰田和夏利车系采用的诊断插座有三种形式,诊断插座上设有防护盖,打开防护盖即可看到图中所示端子的排列情况。读取丰田雷克萨斯轿车巡航控制系统故障码的操作方法如下。

1) 检查巡航指示灯电路。当点火开关、巡航主开关(MAIN)接通时,巡航指示灯发亮 3~5s 后应当自动熄灭。如果巡航指示灯不亮或常亮不灭,说明指示灯或其电路有故障,应予以检修后再进行诊断测试。

2) 将点火开关转到接通点火 ON 位置。

3) 用跨接线连接诊断插座(TDCL)的端子 Tc 与 E_1,如图 11-9 所示。

4) 利用巡航指示灯闪烁规律读取故障码。如果巡航控制系统功能正常,则指示灯闪烁波形及时间如图 11-10a 所示,每 0.52s 闪烁一次,每次灯亮与灯灭时间均为 0.26s,高电平时灯亮,低电平时灯灭。如果控制系统存储有故障码,指示灯的闪烁波形及时间将如图 11-10b 所示。故障码均为两位数字。故障指示灯先显示十位数字,后显示个位数字。同一数字灯亮与灯灭时间均为 0.52s,十位数字与个位数字之间的间隔为 1.5s。如果有多个故障码,则在故障码与故障码之间的间隔为 2.5s,并按故障码的大小由小到大顺序显示。故障码全部输出后,间隔 4.5s 再重复显示。只要诊断插座上端子 Tc 与端子 E_1 保持跨接,就会继续重复显示。丰田雷克萨斯轿车巡航控制系统故障码的含义见表 11-1。

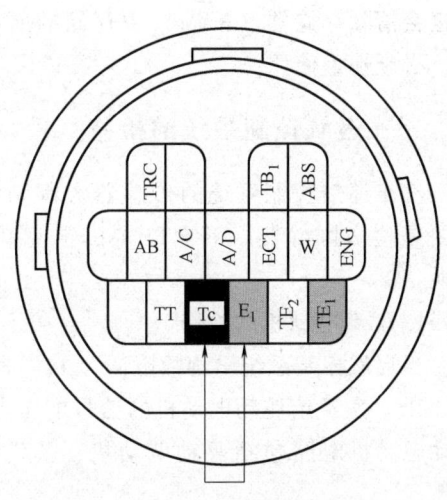

图 11-9 丰田雷克萨斯 LS400 轿车诊断插座形式与接线端子排列位置

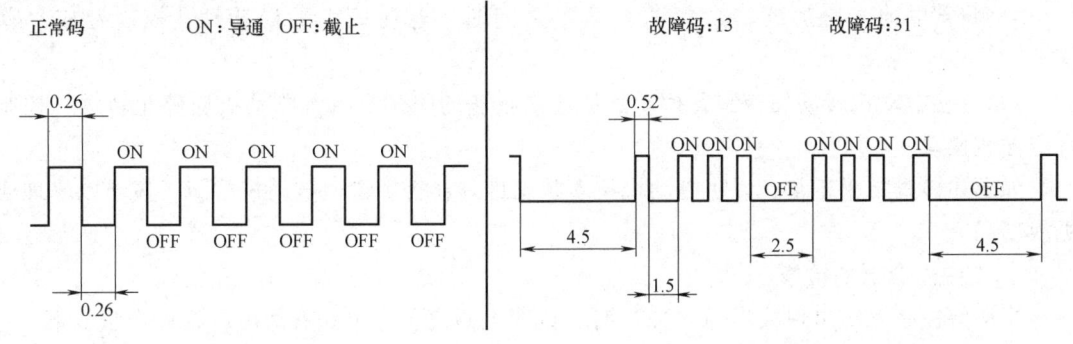

a) 正常码显示时间　　　　　　　　b) 故障码"13""31"显示时间

图 11-10 故障码显示时间(单位:s)

表 11-1 丰田雷克萨斯轿车巡航控制系统故障码的含义

故障码	故障内容	故障码	故障内容
11	电动机电流过大或电路短路	23	实际车速低于设定车速 16km/h 以上
12	电磁离合器或其线圈电路故障	31	控制开关电路故障
13	电动机电路断路或电磁离合器线圈电路断路	32	控制开关电路故障
21	车速传感器或其线路故障	34	控制开关电路故障

汽车电子控制技术

5）故障码读取完毕，断开点火开关，拆下跨接线，盖好诊断插座护盖。

2. 清除故障码

根据故障指示灯（CRUISE MAIN）闪烁显示的故障码查阅《维修手册》中表示的故障原因将故障排除后，故障码仍将存储在ECU的存储器中，并不能随故障排除而自动消除。因此，为了便于以后检修，排除故障后必须清除故障码。

丰田轿车清除故障码的方法是，将熔断器盒中的DOME熔断器拔下10s以上，即可清除存储器中的故障码。清除故障码的另一种方法是将蓄电池搭铁线拆下10s以上，这种方法同时也会清除存储器（RAM）中存储的所有信息（包括时钟、音响和防盗系统的密码），因此，必须慎重使用。

三、巡航控制系统的检修

汽车巡航控制系统的传感器大都与其他电子控制系统公用，因此检修巡航控制系统主要是检修执行器。下面以丰田雷克萨斯LS400型轿车CCS系统的执行机构检修为例说明。

1. 驱动电动机的检修

当巡航控制系统出现故障码"11"时，说明驱动电动机电路的电流过大。主要原因是CCS ECU发送给驱动电动机的信号电压占空比过大且不能调节或电动机电路有短路故障等。驱动电动机电路包括驱动电动机、节气门控制臂位置传感器以及连接线路等，检查方法如下。

1）拔开电动机与电控单元之间的线束插接器。

2）将蓄电池正极接到插接器端子5上、蓄电池负极接到插接器端子4上，使电磁离合器接通电源，如图11-11所示。

3）将蓄电池电压加到其余每两个端子之间时，电动机应平稳转动、控制臂应平稳摆动。

4）驱动电动机转动使控制臂摆动到加速或减速的限位点时，电动机应停止转动、控制臂应停止摆动。

如上述检查结果正常，说明电动机技术状态良好；否则说明电动机故障，应予以修理或更换新品。

2. 电磁离合器的检修

当巡航控制系统出现故障码"12"时，说明电磁离合器电路有故障，检修方法如下。

1）测量电磁离合器线圈的电阻值是否正常。拔开电动机与电控单元之间的线束插接器，将万用表拨到OHM×200Ω档，测量接线端子3与搭铁之间的电阻值，正常阻值应为40Ω。如果阻值为零或无穷大，则说明有短路或断路故障，应予以修理或更换新品。

2）检查节气门控制臂的动作情况。拔开电动机与电控单元之间的线束插接器，当电磁离合器断电时，用手应能转动控制臂，如图11-12所示；当电磁离合器通电时，用手则不能转动控制臂。如果用手转动控制臂的动作情况与此不符，说明电磁离合器有故障，应予以修理或更换新品。

项目十一　汽车巡航控制系统

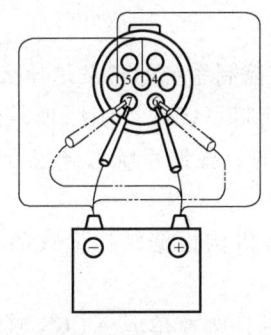

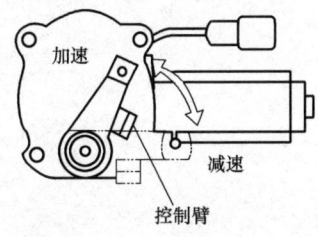

图11-11　驱动电动机的检修

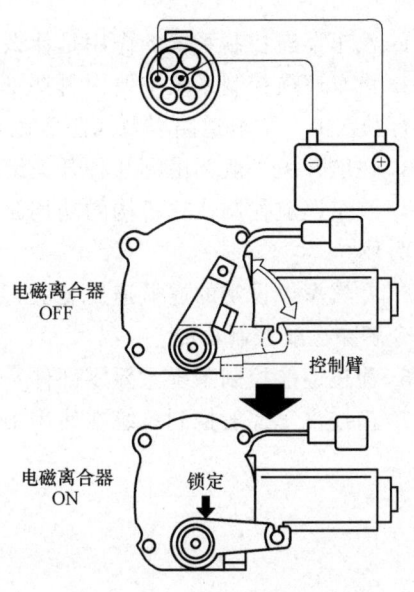

图11-12　节气门控制臂的检查

巩固练习

一、填空题

1. 巡航控制系统是一种为了减轻_____，提高_____，使汽车行驶在发动机有利转速范围内的汽车自动行驶控制装置。

2. 汽车巡航控制系统主要由_____、_____、_____、和_____等部件组成。

3. 巡航控制系统的_____和_____既可与发动机控制系统和电子控制自动变速系统公用，也可专门设置独立使用。

4. CCS ECU 是巡航控制系统的控制核心，具有_____、_____、_____、故障诊断等功能。

5. 汽车巡航控制系统的执行机构又称为速度伺服装置，其功用是_____。

二、判断题

1. 汽车在巡航状态下对预定的车速进行加速和减速的调节。（　　）
2. 汽车巡航控制系统可以节省燃料消耗，提高燃油经济性和排放性能。（　　）
3. 巡航控制系统的车速传感器和节气门位置传感器只能独立使用。（　　）
4. 巡航电控单元（CCS ECU）控制方法一般都采用"比例-积分计算法"进行控制。（　　）
5. 汽车巡航控制系统的执行机构又称为速度伺服装置。（　　）
6. 巡航开关实际上是一个类似于风窗玻璃刮水与洗涤开关的组合手柄开关。（　　）

三、思考题

1. 汽车巡航控制系统的作用是什么？现代汽车采取巡航控制系统的意义是什么？
2. 汽车巡航控制系统主要由哪些部件组成？汽车巡航控制系统的控制原理是什么？当汽车行驶在上、下坡道路以及风阻等因素导致行驶阻力增大时，控制系统怎样进行控制？
3. 巡航开关一般都由哪几种开关组成？其功用是什么？
4. 汽车巡航控制执行机构的功用是什么？巡航控制执行机构根据结构形式的不同可分为哪两种？
5. 在汽车以设定的巡航速度行驶过程中遇到哪些情况时，电控单元（CCS ECU）将发出指令解除巡航控制功能？
6. 简述巡航控制系统主要零部件及其工作原理。
7. 简述汽车巡航控制系统在使用中必须注意的问题。

项目十二 汽车安全气囊系统

学习目标：

通过本项目的学习，了解安全气囊系统的作用、分类；掌握安全气囊系统的基本组成、控制原理与工作过程；掌握安全气囊系统主要零部件的结构与工作原理；掌握汽车安全气囊系统的使用与维护方法。

理论知识

课题一 概 述

汽车安全气囊系统（Supplemental Restraint System，SRS），也称为辅助防护气囊系统，在汽车发生碰撞时能够起到安全防护作用，因此人们一直都将其称为安全气囊系统。

安全气囊系统是座椅安全带的辅助控制装置，只有在使用安全带的条件下，才能充分发挥保护驾驶人和乘员的作用。为了充分发挥安全气囊系统的保护作用，确保汽车驾驶人和乘员的人身安全，在汽车行驶时一定要系好安全带。

一、安全气囊系统的功用与分类

1. 安全气囊系统的功用

当汽车发生碰撞时，汽车与汽车或汽车与障碍物之间的碰撞，称为一次碰撞。一次碰撞后，汽车速度将急剧减慢，减速度急剧增大，驾驶人和乘员就会受到较大惯性力的作用而向前移动，使人体与转向盘、风窗玻璃或仪表台等构件发生碰撞，这种碰撞称为二次碰撞。在车辆事故中，二次碰撞是导致驾驶人和乘员遭受伤害的主要原因。

安全气囊系统的功用是，当汽车遭受碰撞，导致驾驶人和乘员的惯性力急剧增大时，使安全气囊迅速膨胀，在驾驶人、乘员与车内构件之间铺垫一个气垫，利用安全气囊排气节流的阻尼作用来吸收人体惯性力产生的动能，从而减轻人体遭受伤害的程度。正面安全气囊主要保护驾驶人和乘员的面部与胸部，侧面安全气囊主要保护驾驶人和乘员的头部与腰部。

2. 安全气囊系统分类

按总体结构的不同，安全气囊系统可分为机械控制式 SRS 和电子控制式 SRS 两大类。机械控制式 SRS 早已被淘汰，汽车目前装备的均为电子控制式 SRS。

按 SRS 功能的不同，电子控制式 SRS 可分为正面 SRS（保护人体面部与胸部）、侧面 SRS（保护人体颈部与腰部）、护膝 SRS 和头部 SRS 四大类。

按安全气囊数量的不同可分为单 SRS、双 SRS 和多 SRS。单 SRS 只装备驾驶席安全气囊。20 世纪 90 年代以前生产的汽车基本上都装备单 SRS。双 SRS 装备有驾驶席和前排乘员席两个安全气囊，20 世纪 90 年代后生产的大多数轿车都装备了双 SRS。装备三个或三个以上安全气囊的 SRS 称为多 SRS。

二、安全气囊系统的组成与控制原理

下面以正面安全气囊系统为例，说明安全气囊系统的基本组成、控制原理与工作过程。

1. 基本组成

汽车安全气囊系统（SRS）主要由碰撞传感器、防护传感器、安全气囊电控单元（SRS ECU）、气囊组件和 SRS 指示灯等组成。正面 SRS 配装有左前碰撞传感器和右前碰撞传感器，侧面 SRS 配装有左侧碰撞传感器和右侧碰撞传感器，防护传感器一般都安装在 SRS ECU 内部，SRS 指示灯安装在组合仪表板上。SRS 零部件的安装位置如图 12-1 所示，控制电路由备用电源电路、故障记忆电路、故障诊断与监测电路、点火引爆电路等组成，如图 12-2 所示。

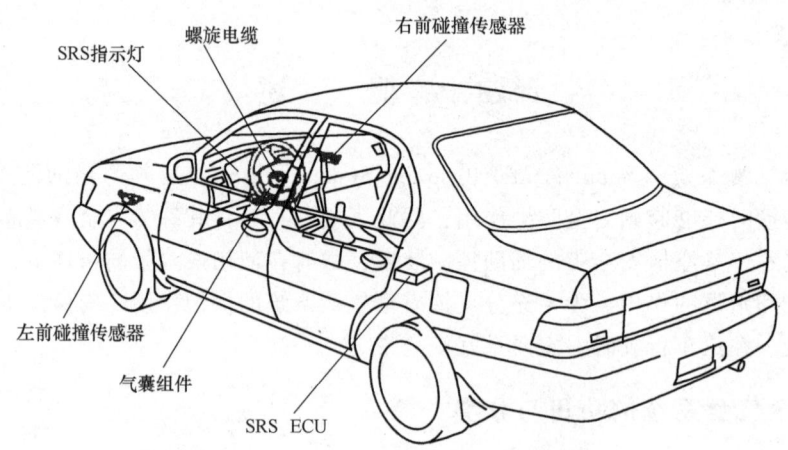

图 12-1　SRS 系统零部件的安装位置

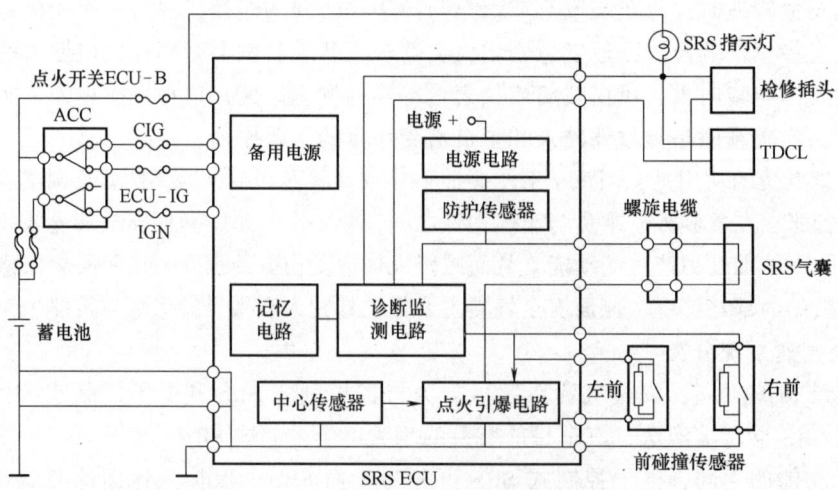

图 12-2　SRS 控制电路框图

2. 控制原理

安全气囊系统的控制原理如图 12-3 所示,当汽车遭受前方一定角度范围内的碰撞时,安装在汽车前部和 SRS ECU 内部的碰撞传感器都会检测到汽车突然减速的信号,并将信号输入 SRS ECU,以便判断是否发生碰撞。当汽车遭受碰撞且减速度达到设定阈值时,SRS ECU 发出控制指令将气囊组件中的点火器(电雷管)电路接通,电雷管引爆使点火剂(引药)受热爆炸(即电热丝通电发热引爆炸药)。当点火剂引爆时,迅速产生大量的热量,充气剂受热分解并释放出大量氮气(固态叠氮化钠受热 300℃ 时就会分解出氮气)充入气囊,使气囊冲开气囊组件上的装饰盖向驾驶人和乘员方向膨胀,在人体与车内构件之间铺垫一个气垫,驾驶人和乘员面部与胸部压靠在充满气体的气囊上,将人体与车内构件之间的碰撞变为弹性碰撞,通过气囊产生变形和排气节流来吸收人体碰撞产生的动能,从而达到保护人体的目的。

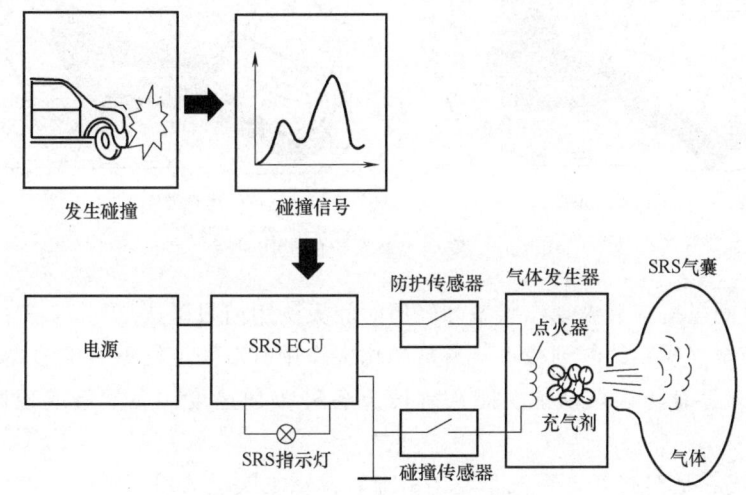

图 12-3 安全气囊系统的控制原理

3. 工作过程

安全气囊系统的工作过程一般可分为五个阶段,如图 12-4 所示。

1)发生碰撞约 10ms 后,气囊达到引爆极限,点火器使点火剂引爆并产生大量的热量,使充气剂(固态叠氮化钠)受热分解,驾驶人尚未动作,如图 12-4a 所示。

2)发生碰撞约 40ms 后,气囊完全充满,体积最大,驾驶人身体向前移动,安全带斜系在驾驶人身上并拉紧,部分冲击能量被吸收,如图 12-4b 所示。

3)发生碰撞约 60ms 后,驾驶人头部及身体上部压向气囊,气囊和气囊上的排气孔在气体和人体压力作用下排气节流吸收人体与气囊之间弹性碰撞产生的动能,如图 12-4c 所示。

4)发生碰撞约 110ms 后,大部分气体已从气囊逸出,驾驶人身体回靠到座椅靠背上,汽车前方恢复视野,如图 12-4d 所示。

5)发生碰撞约 120ms 后,碰撞危害解除,车速降低至零。

由此可见,气囊从开始充气到完全充满约需 30ms。从汽车遭受碰撞开始到气囊收缩为止,所用时间约为 120ms,而人们眨一下眼皮所用时间约为 200ms。因此,安全气囊在碰撞

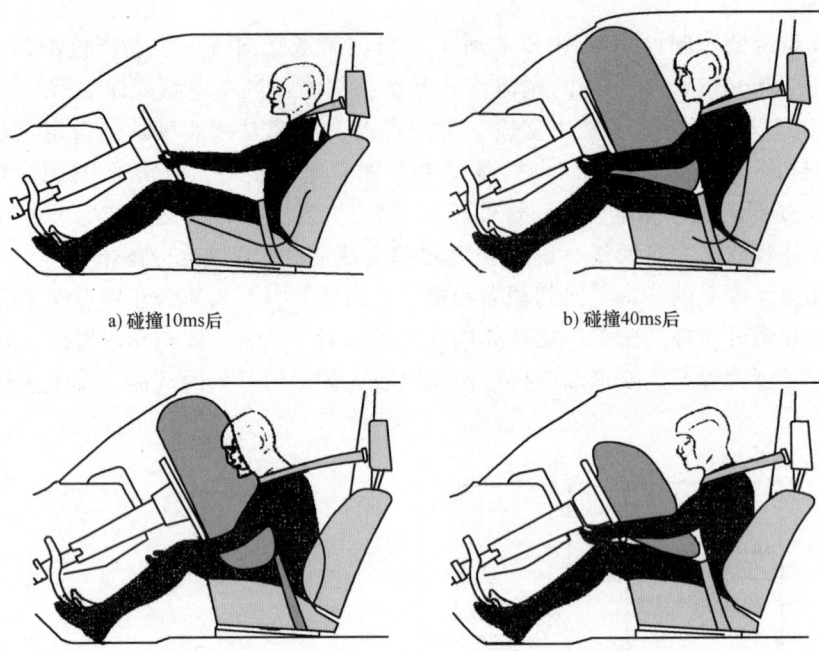

a) 碰撞10ms后
b) 碰撞40ms后
c) 碰撞60ms后
d) 碰撞110ms后

图 12-4　安全气囊系统的工作过程

过程中的动作时间极短,气囊动作状态和经历时间无法用肉眼确认。

为了确保安全气囊系统起到减小对乘员的伤害作用,对安全气囊系统的要求如下。

1) 安全可靠,有防误爆功能。能正确区分各种负加速度,在颠簸或轻微碰撞时不能引爆。

2) 灵敏度高,适时打开。在汽车发生碰撞时,在二次碰撞前打开。

3) 有自诊断功能。

4) 电控安全气囊要有备用电源。

课题二　安全气囊系统主要零部件的结构与工作原理

安全气囊系统由碰撞传感器、电控单元(SRS ECU)、气囊组件和 SRS 指示灯四部分组成。气囊组件和 SRS 指示灯是安全气囊系统的执行元件。

一、碰撞传感器

碰撞传感器用来检测汽车碰撞信息,并把碰撞信号传输给电子控制单元(SRS ECU)。碰撞传感器类型较多,分类也较复杂。按所承担任务的不同,可分为车前碰撞传感器、中央碰撞传感器和安全传感器;按在电子控制装置内、外位置的不同,可分为内碰撞传感器和外部碰撞传感器;按结构原理分,又可分为全机械式、机电式和电子式三种。不论如何分,这些传感器的作用基本都是一样的,都是检测碰撞信息,在碰撞时产生碰撞信号,并且把碰撞信号传给电子控制单元,以使电子控制单元分析判断是否引爆安全气囊。下面介绍几种常用的碰撞传感器。

1. 滚球式碰撞传感器

滚球式碰撞传感器又称为偏压磁铁式碰撞传感器，主要由铁质滚球、永久磁铁、导缸、固定触点和壳体等组成。两个触点分别与传感器引线端子连接。滚球用来感测减速度的大小，在导缸内可移动或滚动。壳体上印制有箭头标记，箭头方向与传感器结构有关，有的规定指向汽车前方，有的规定指向汽车后方。因此，在安装传感器时，箭头方向必须符合使用说明书规定。

滚球式碰撞传感器的工作原理如图12-5所示。当传感器处于静止状态时，在永久磁铁的磁力作用下，导缸内的滚球被吸向磁铁，两个触点与滚球分离，如图12-5a所示，传感器电路处于断开状态，这时无信号输出。

当汽车遭受碰撞且减速度达到设定阈值时，滚球产生的惯性力将大于永久磁铁的电磁吸力。在惯性力的作用下，滚球就会克服磁力沿导缸向两个固定触点运动并将固定触点接通，如图12-5b所示，这时有碰撞信号输出给SRS ECU。

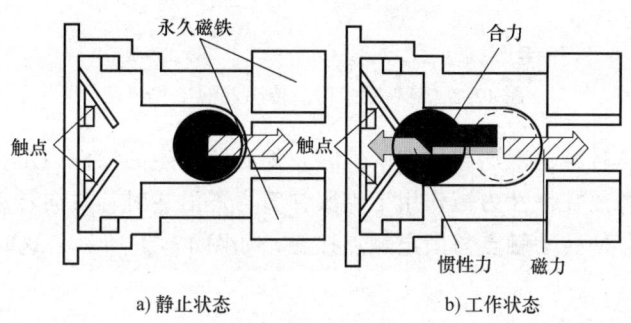

图12-5 滚球式碰撞传感器的工作原理

2. 偏心锤式碰撞传感器

偏心锤式碰撞传感器又称为偏心转子式碰撞传感器。丰田、马自达轿车SRS采用了这种传感器，其结构如图12-6所示，主要由偏心锤1与8、锤臂2与15、转动触点臂3与11、转动触点6与13、固定触点10与16、回位弹簧19、挡块9、壳体4与12等组成。

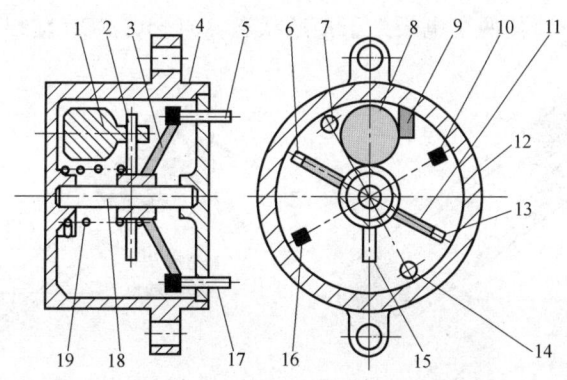

图12-6 偏心锤式碰撞传感器的结构

1、8—偏心锤 2、15—锤臂 3、11—转动触点臂 4、12—壳体 5、7、14、17—固定触点引线端子
6、13—转动触点 9—挡块 10、16—固定触点 18—传感器轴 19—回位弹簧

转子总成安装在传感器轴 18 上，由偏心锤 1、转动触点臂 3 与 11、转动触点 6 与 13 组成，偏心锤偏心地安装在偏心锤臂上。转动触点臂 3 与 11 两端固定有触点 6 与 13 组成，触点随触点臂一起转动。两个固定触点 10 与 16 绝缘固定在传感器壳体上，并用导线分别与传感器接线端子 7、14 连接。

偏心锤式碰撞传感器的工作原理如图 12-7 所示。当传感器处于静止状态时，在回位弹簧弹力作用下，偏心锤与挡块保持接触，转子总成处于静止状态，转动触点与固定触点分离，如图 12-7a 所示，传感器电路处于断开状态，这时无碰撞信号输出。

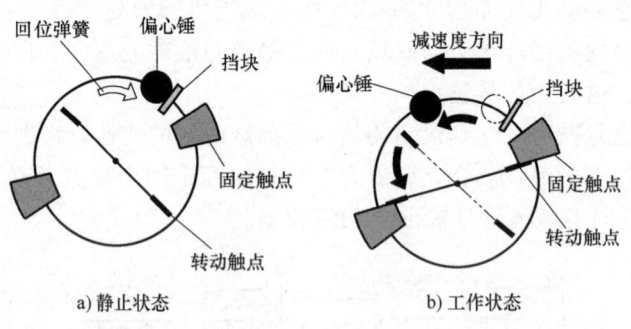

a) 静止状态 　　　　　　　b) 工作状态

图 12-7　偏心锤式碰撞传感器的工作原理

当汽车遭受碰撞且减速度达到设定阈值时，偏心锤产生的惯性力矩将大于回位弹簧弹力产生的力矩，转子总成在惯性力矩作用下克服弹簧力矩沿逆时针方向转动一定角度，同时带动转动触点臂转动，使转动触点与固定触点接触，如图 12-7b 所示。这时有碰撞信号输出给 SRS ECU。

3. 水银开关式碰撞传感器

水银开关式碰撞传感器利用水银具有良好的导电特性而制成，其结构如图 12-8a 所示，主要由水银、壳体、电极和密封螺塞组成。

水银开关式碰撞传感器的工作原理如图 12-8b 所示。当传感器处于静止状态时，水银在其重力作用下处于图 12-8a 所示位置，传感器的两个接线端子处于断开状态。当汽车发生碰撞且减速度达到设定阈值时，水银产生的惯性力在其运动方向的分力将克服其重力的分力而将水银抛向传感器电极，使两个电极处于接通状态，向 SRS ECU 输出碰撞信号。

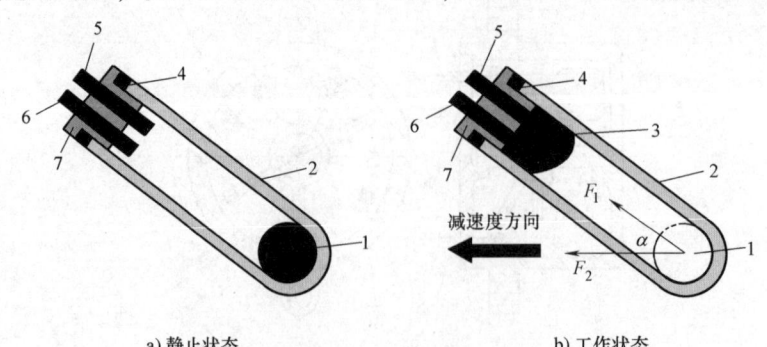

a) 静止状态 　　　　　　　b) 工作状态

图 12-8　水银开关式碰撞传感器的结构与工作原理

1—水银（静态位置）　2—壳体　3—水银（动态位置）　4—密封圈　5—电极（接点火器）　6—电极（接电源）　7—密封螺塞　F_1—水银运动方向分力　F_2—惯性力　α—水银运动方向与水平方向之间的夹角

水银开关式碰撞传感器安装在中央控制器内，用来防止系统在非碰撞状态下引起气囊误动作，因此水银开关式碰撞传感器又叫做安全传感器。

二、安全气囊系统电控单元

安全气囊系统电控单元（SRS ECU）是安全气囊系统的核心部件，其主要功用是接收碰撞传感器传来的信号，并与预存的值进行分析、比较，判断是否引爆气囊。

安全气囊系统电控单元主要由引爆控制电路、驱动电路、存储电路和诊断电路等组成，其内部结构如图12-9所示。

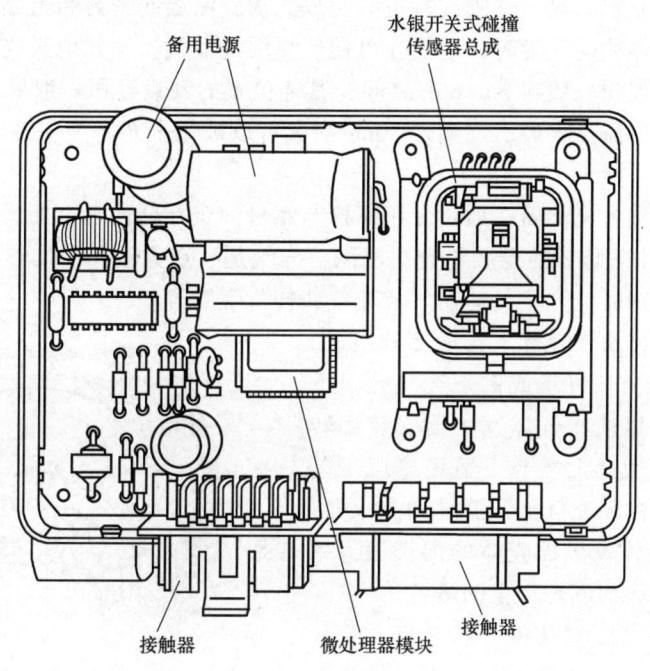

图12-9 安全气囊电子控制单元的内部结构

引爆控制电路在接收到碰撞传感器传输来的碰撞信号后，首先与预设值进行分析、比较，当达到或超过预设值后，确认是碰撞信号，于是向驱动电路发出指令，由驱动电路接通点火电路，引爆火药和气体发生器，使气体充入气囊，气囊膨胀展开。

自诊断电路里有个自检程序，当点火开关接通后，自检程度对整个系统进行检查，如有故障，仪表板上的安全气囊故障警告灯将闪烁，提示驾驶人安全气囊系统有故障，应尽快排除，同时将故障内容以故障码的形式存储起来，以备检修时调用。如无故障，则又返回到自检程序，对整个系统重新进行巡回检测，一直循环下去。

备用电源实际上是一个储能电容器，它包括直流稳压器和蓄能器。备用电源的作用是在汽车发生碰撞事故后，在汽车电源断路的情况下，仍能为安全气囊提供电能，保障安全气囊正常工作。当汽车正常行驶时，发电机给电容器充电，电容器储存一部分电能。当汽车发生碰撞造成电源线路断路后，电容器将所存储的电能提供给安全气囊，保证安全气囊正常引爆。

三、安全气囊组件

安全气囊组件主要由气囊、气体发生器和点火器组成。同一辆车内所有气囊组件的组成和工作原理基本相同,但结构尺寸有所不同。

1. 气囊

气囊按位置分为驾驶人气囊、乘员气囊、侧面气囊等。驾驶人气囊一般叠放于转向盘中,气囊上表面有一个质量非常轻的衬垫,衬垫既起保护作用,又起装饰作用,当气囊被引爆时,在强大的气囊膨胀力作用下,衬垫被掀开,充满气体的气囊由衬垫内胀出。

气囊多采用尼龙布涂氯丁橡胶或有机硅制成,橡胶涂层起密封和阻燃作用。气囊后面有几个泄气孔,当人体冲向气囊时,泄气孔可使气囊缓慢泄气,很好地吸收冲击能量。完全充气后,驾驶人气囊容积一般在35~65L之间,其他位置的气囊容积一般要大一些。气囊充气比较迅速,气体发生器点火后,气囊在30ms内就可以被完全充满。

2. 气体发生器

气体发生器又称为充气器,通过专用螺栓与螺母固定在转向盘上的气囊支架上,其结构如图12-10所示,由气体发生器盖、金属滤网、充气剂、点火器和引爆炸药组成,其功用是在点火器引爆点火剂时,产生气体向气囊充气,使气囊膨开。

气体发生器壳体由上盖和下盖两部分组成。在上盖上制有若干个长方形或圆形充气孔。下盖上制有安装孔,以便将气体发生器安装到转向盘上的气囊支架上。上盖与下盖用冷压工艺压装成一体,壳体内装充气剂、滤网和点火器。金属滤网安放在气体发生器壳体的内表面,用以过滤充气剂和点火剂燃烧产生的渣粒。

充气剂普遍采用叠氮化钠片状合剂。叠氮化钠的分子式为NaN_3,是无色六方形晶体,有剧毒。目前,大多数气体发生器都是利用热效反应产生氮气而充入气囊。在点火器引爆点火剂瞬间,点火剂会产生大量的热量,固态叠氮

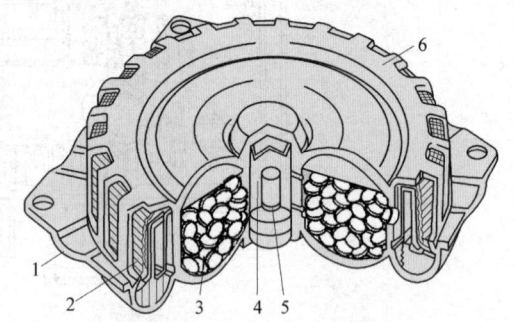

图12-10 气体发生器的结构
1—下盖 2—金属滤网 3—充气剂
4—引爆炸药 5—点火器 6—上盖

化钠受热立即分解释放氮气,并从充气孔充入气囊。虽然氮气是无毒气体,但是叠氮化钠的副产品有少量的氢氧化钠和碳酸氢钠(白色粉末)。这些物质是有害的,因此,在清洁气囊膨开后的车内空间时,应保证通风良好并采取防护措施。充气剂做成片状合剂的目的是便于填装到气体发生器壳体内部。

3. 点火器

气囊点火器外包铝箔,安装在气体发生器内部的中央位置,其结构如图12-11所示,主要由引爆炸药1、药筒2、引药3、电热丝4、电极10和引出导线7等组成。

点火器的所有部件均装在药筒内。点火剂包括引爆炸药和引药。引出导线与气囊连接插头连接。当插接器插头拔下或插座未完全接合时,短路片将两根引线跨接,防止静电或误通电将电热丝电路接通使点火剂引爆而造成气囊误膨开。

点火器的功用是,当SRS ECU发出点火指令使电热丝电路接通时,电热丝迅速红热引

项目十二 汽车安全气囊系统

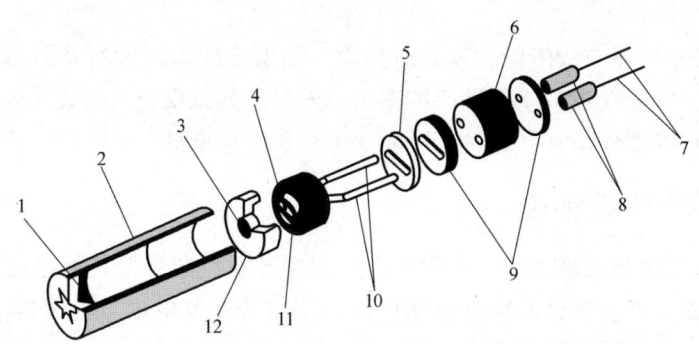

图 12-11 气囊点火器的结构

1—引爆炸药 2—药筒 3—引药 4—电热丝 5—陶瓷片 6—磁铁 7—引出导线
8—瓷管 9—瓷片 10—电极 11—电热头 12—药托

爆引药,引药瞬间爆炸产生热量,药筒内的温度和压力急剧升高并冲破药筒,使充气剂(叠氮化钠)受热分解释放氮气充入气囊。

四、SRS 指示灯

SRS 指示灯又称为 SRS 警告灯,安装在驾驶室仪表板面膜下面,并在面膜表面相应位置制作有气囊动作图形或字母"SRS""AIR BAG""SRS AIR BAG"等指示。

SRS 指示灯的功用是,指示安全气囊系统功能是否正常。当点火开关拨到 ON 或 ACC 位置后,如果指示灯发亮或闪亮约 6s 后自动熄灭,表示 SRS 功能正常。如果指示灯不亮、一直发亮或在汽车行驶途中突然发亮或闪亮,说明自诊断测试系统发现 SRS 故障,应及时排除。自诊断系统在控制 SRS 指示灯发亮或闪亮的同时,还会将所发现的故障编成故障码存储在存储器中。

实训任务

实训 安全气囊系统的使用与维护

当使用、维护和保养装有安全气囊的车辆时,必须按规定的要求去做,否则安全气囊不但起不到安全保护作用,还可能引起严重事故。

一、安全气囊的正确使用

1)安全气囊必须和安全带配合使用,才能取得良好的效果。安全气囊是一种辅助性防护装置,以往的实践证明,安全气囊与安全带配合起来使用,才能使乘员在严重的碰撞事故中得到最好的保护。因此,乘员在车辆运行时一定要系好安全带。

2)儿童要坐后排。因为安全气囊主要是给成年人设计的,对儿童的保护效果不佳,所以乘坐装有安全气囊的车辆时儿童要坐后排。

3)不要让安全气囊受到高温烘烤。安全气囊的一些元器件中有火药、引爆管等易燃易爆危险品,因此不要让它们受到高温烘烤。在运输保管时也必须严格按要求进行,否则会产生严重后果。

4）当发现安全气囊有故障时，要及时排除。如果有故障而没有及时排除，那么万一发生严重碰撞事故，安全气囊不能提供保护作用。同时，如果安全气囊发生误爆，则可能给驾驶人或车上乘员造成意外伤害，有时还可能发生交通安全事故。

二、安全操作注意事项

1）对安全气囊进行维修工作，必须在点火开关转在关断位置且蓄电池负电缆拆下120s以上才可进行。因为安全气囊系统有备用电源，所以若在蓄电池负电缆拆下后不到120s就开始维修，则安全气囊可能会被引爆。

2）非安全气囊专业维修人员不得进行安全气囊的检查、维修工作。

3）不可挪用其他车辆的气囊系统配件，如需更换零件，应装用新零件。

4）安全气囊膨胀后不可再用，应换新件。

5）在修理过程中，如果可能对传感器有冲击作用，则在修理前应先拆下安全气囊传感器并等维修完工后，再装好传感器。

6）应用数字式万用表诊断电路系统的故障，不能用普通万用表。

7）千万不要去测量气囊引爆管的电阻，否则可能触发引爆管，使气囊充气膨胀。

8）安全气囊的连线是特殊颜色的导线，不能任意改动安全气囊系统的线路和元器件结构。

三、安全气囊系统的故障诊断

安全气囊系统由很多元器件及导线组成，在长期的使用过程中，某些元器件或导线可能会出现故障。安全气囊系统本身设置有自诊断系统，当系统发生故障时，电子控制装置就会点亮仪表板上的故障警告灯（SRS）报警，提示驾驶人安全气囊系统有故障，同时把故障以故障码的形式存储起来。维修人员可以调取故障码，通过查取故障码掌握故障内容，根据故障内容去检修安全气囊系统，直至排除故障。

车型不同，读取安全气囊故障码的操作步骤可能差异很大。按操作方式分一般可分为手工调码和解码器调码两种，其故障诊断程序如图12-12所示。

下面以本田雅阁轿车为例来说明安全气囊的故障诊断方法。

1. 故障警告灯的检查

转动点火开关至ON位置，安全气囊电子控制单元（SRS ECU）会对系统进行一次检测，这时仪表板上的SRS灯会点亮。6s后，当系统通过检测正常时，SRS灯会熄灭。如果有故障，SRS灯会一直点亮。另外，如果打开点火开关后，SRS灯一直不亮或行车时亮起，也表示安全气囊有故障。

2. 人工读取故障码的方法

1）关闭点火开关。

2）将专用工具短路插头插入自诊断接头（图12-13）。

3）打开点火开关。

4）读取故障码。点火开关打开后，仪表板上的SRS警告灯开始闪烁，通过闪烁时间的长短和次数来显示故障码。如果故障码不止一个，故障警告灯将按由小到大的次序依次

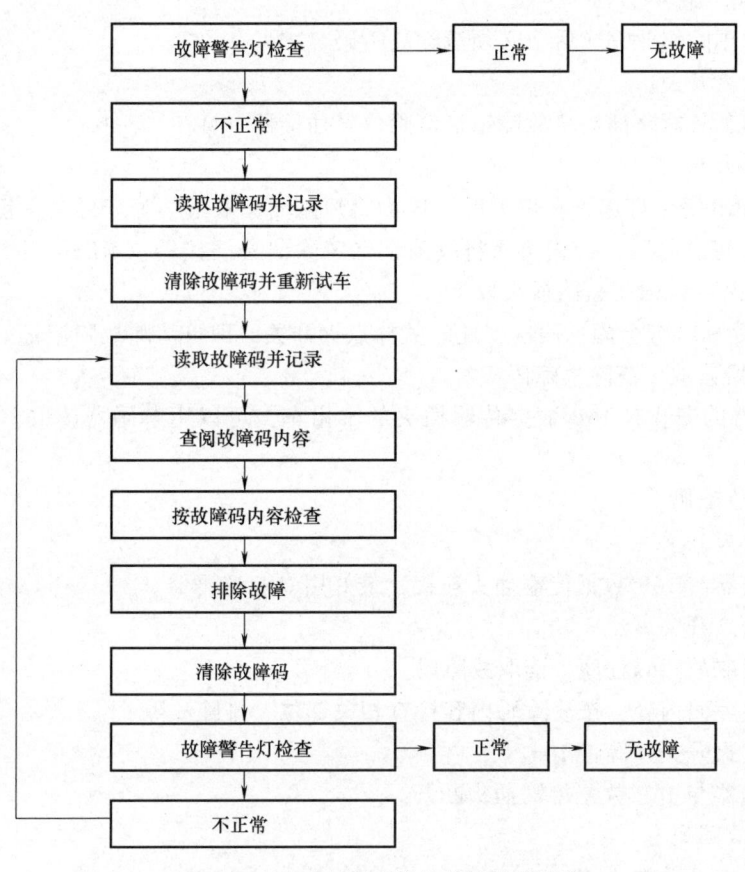

图 12-12 安全气囊系统的故障诊断程序

闪烁。

5)故障码由 1~2 位数构成。1 位数的故障码通过有规律的短闪烁来显示。2 位数的故障码则通过有规律的长、短闪烁组合来显示,其中,长闪烁的次数代表十位数,短闪烁的次数代表个位数,如图 12-14 所示,分别表示故障码为"12""23"。

6)故障码全部闪烁显示完成一遍之后,会从头再来继续闪烁。

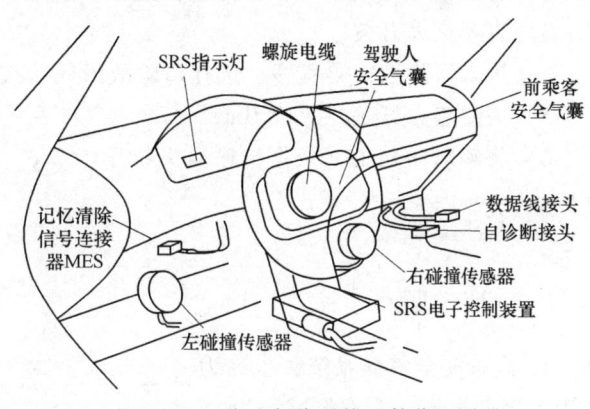

图 12-13 安全气囊系统元件位置图

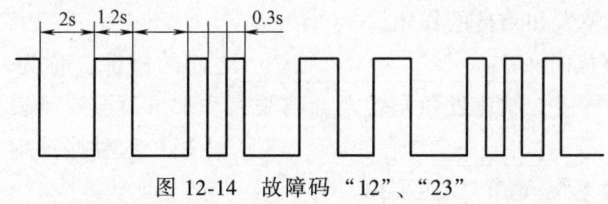

图 12-14 故障码"12"、"23"

3. 人工清除故障码方法

1）当故障排除作业完成后，必须清除故障码。

2）关闭点火开关。

3）用专用工具短路插头将故障记忆清除信号插接器（MES）跨接。

4）打开点火开关。

5）6s 后 SRS 警告灯熄灭，熄灭后，4s 内将短路插头取下，等灯再次亮起。

6）当 SRS 灯亮起后，4s 内再次将故障记忆清除信号插接器（MES）用短路插头跨接，4s 后 SRS 灯熄灭，4s 内将短路插头取下。

7）等 4s 后 SRS 灯会闪烁两次，此时关掉点火开关，即可清除故障记忆。

4. 用解码器读取、清除故障码

对后期生产的安装有 16P 数据传输插头的本田车，可以用解码器读取，清除安全气囊故障码。

（1）读取故障码

1）关闭点火开关。

2）将解码器与 16P 数据传输插头连接，最好用专业解码器。

3）打开点火开关。

4）进入读取故障码程序，读取故障码。

5）查看故障码内容，按故障码内容检查相关部位，排除故障。

6）关闭点火开关并等待 10s。

7）将解码器与 16P 数据传输插头断开。

（2）清除故障码

1）关闭点火开关。

2）将解码器与 16P 数据传输插头连接。

3）打开点火开关。

4）进入清除故障码程序，选择清除故障码，按确认即可清除故障码。

5）关闭点火开关并等待 10s。

6）将解码器与 16P 数据传输插头断开。

巩固练习

一、填空题

1. 汽车安全气囊系统，也称为_____，在汽车_____时能够起到安全防护作用，因此人们一直都将其称为_____。

2. 安全气囊系统是_____的辅助控制装置，只有在使用_____的条件下，才能充分发挥保护驾驶人和乘员的作用。

3. 当汽车发生碰撞时，_____之间的碰撞，称为一次碰撞。一次碰撞后，汽车速度将急剧减慢，减速度急剧增大，驾驶人和乘员就会受到较大惯性力的作用而向前移动，使人体与_____碰撞，这种碰撞称为二次碰撞。

4. 汽车安全气囊系统（SRS）主要由_____、_____、_____、

气囊组件和_____等组成。

5. 碰撞传感器用来检测_____信息,并把_____。

6. 安全气囊系统_____是安全气囊系统的核心部件,其主要功用是接收碰撞传感器传来的信号,并与预存的值进行_____、_____,判断_____。

7. 安全气囊系统电控单元（SRS ECU）主要由_____、_____、_____和_____等组成。

8. 安全气囊组件主要由_____、_____和_____组成。同一辆车内所有气囊组件的_____基本相同,但_____有所不同。

二、判断题

1. 只有在使用安全带的条件下,才能充分发挥安全气囊保护驾驶人和乘员的作用。(   )

2. 汽车与汽车或汽车与障碍物之间的碰撞,称为一次碰撞。(   )

3. 在车辆事故中,一次碰撞是导致驾驶人和乘员遭受伤害的主要原因。(   )

4. 二次碰撞是导致驾驶人和乘员遭受伤害的主要原因。(   )

5. 安全气囊在碰撞过程中气囊动作状态和经历时间可用肉眼确认。(   )

6. 安全气囊备用电源实际上是一个储能电感器。(   )

7. 叠氮化钠是六方形晶体,无色无毒。(   )

三、思考题

1. 简述安全气囊系统的功用。
2. 安全气囊系统是由哪几部分组成的?简述安全气囊系统的控制原理。
3. 简述安全气囊系统的工作过程。
4. 为了确保安全气囊系统起到减小对乘员的伤害作用,对安全气囊系统的要求是什么?
5. 对照实物叙述安全气囊系统主要零部件的结构与工作原理。
6. 安全气囊系统使用中应注意哪些问题?安全气囊系统维修操作中应注意哪些事项?

参 考 文 献

[1] 张建才. 汽车电子控制技术 [M]. 成都：西南交通大学出版社，2013.
[2] 樊继东，杨正才，吕科. 汽车电子控制技术 [M]. 西安：西安交通大学出版社，2016.
[3] 苗元元. GDI汽油机电控燃油喷射系统控制策略的研究 [D]. 长沙：湖南大学，2017.
[4] 吴文琳. 汽车传感器检修方法精讲 [M]. 北京：人民邮电出版社，2012.
[5] 朱彩云，张忠传. 汽车电器与电子控制系统检修 [M]. 北京：机械工业出版社，2010.
[6] 张培全，景艳，张颂. 车用柴油机电控技术 [M]. 北京：机械工业出版社，2012.
[7] 徐向阳. 汽车电器与电子控制技术 [M]. 北京：机械工业出版社，2012.
[8] 赵学斌，王凤军. 汽车电器与电子控制技术 [M]. 北京：机械工业出版社，2015.
[9] 郑劲，张子成. 汽车底盘电控系统与检修 [M]. 北京：化学工业出版社，2012.
[10] 于金诺. 汽车底盘及车身电控系统维修 [M]. 北京：机械工业出版社，2010.
[11] 明光星，李晗. 汽车发动机电控系统原理与检修一体化教程 [M]. 北京：机械工业出版社，2013.
[12] 陈志恒，胡宁. 汽车电控技术 [M]. 北京：高等教育出版社，2008.
[13] 张俊. 汽车发动机电控技术 [M]. 北京：机械工业出版社，2011.
[14] 柳炽伟. 汽车故障诊断与检测技术 [M]. 北京：中国铁道出版社，2012.
[15] 王加升. 汽车发动机电控技术 [M]. 北京：北京理工大学出版社，2010.
[16] 王绍铱，夏群生，李建秋，等. 汽车电子学 [M]. 北京：清华大学出版社，2005.
[17] 祁红琴，李淑君. 汽车电控技术 [M]. 北京：北京大学出版社，2008.
[18] 舒华，姚国平. 汽车电子控制技术 [M]. 北京：人民交通出版社，2008.
[19] 高洪一，康国初. 汽车电子技术 [M]. 北京：北京交通大学出版社，2007.
[20] 李鹏，张鹏. 汽车底盘电子控制技术 [M]. 北京：北京理工大学出版社，2011.
[21] 李良洪. 桑塔纳轿车电气与电控系统维修 [M]. 北京：电子工业出版社，2002.
[22] 闵思鹏，江冰. 汽车底盘电控系统原理与检修 [M]. 北京：北京大学出版社，中国林业出版社，2007.